ЭФФЕКТ ЛЮЦИФЕРА

Почему хорошие люди превращаются в злодеев

ФИЛИП ЗИМБАРДО

Перевод с английского

5-е издание

Москва
2018

УДК 159.9.07
ББК 88.6
З-62

Переводчик Анна Стативка
Редактор Андрей Бирюков

Зимбардо Ф.

З-62 Эффект Люцифера. Почему хорошие люди превращаются в злодеев / Филип Зимбардо ; Пер. с англ. — 5-е изд. — М.: Альпина нон-фикшн, 2018. — 740 с.

ISBN 978-5-91671-834-8

Что побуждает хороших людей творить зло? Опираясь на исторические примеры и собственные исследования, автор знаменитого Стэнфордского тюремного эксперимента показывает, как ситуационные процессы и групповые взаимодействия людей соединяются в одну страшную силу, способную превратить приличных мужчин и женщин в монстров. Проясняя причины, вызывающие эти опасные метаморфозы, и предлагая способы противостояния, Зимбардо рисует явление во всем его многообразии, начиная от должностных преступлений, жестокого обращения с заключенными и пыток в тюрьме Абу-Грейб и заканчивая организованным геноцидом. Эта провокационная книга безжалостно обнажает природу человеческого поведения и заставляет нас задуматься о том, на что мы на самом деле способны — каждый по отдельности и вместе с другими, и по-новому взглянуть на самих себя.

УДК 159.9.07
ББК 88.6

Все права защищены. Никакая часть этой книги не может быть воспроизведена в какой бы то ни было форме и какими бы то ни было средствами, включая размещение в сети интернет и в корпоративных сетях, а также запись в память ЭВМ для частного или публичного использования, без письменного разрешения владельца авторских прав. По вопросу организации доступа к электронной библиотеке издательства обращайтесь по адресу mylib@alpina.ru.

ISBN 978-5-91671-834-8 (рус.)
ISBN 978-0-8129-7444-7 (англ.)

© Philip G. Zimbardo, Inc., 2007
© Издание на русском языке, перевод, оформление. ООО «Альпина нон-фикшн», 2018

Оглавление

Предисловие 7
Благодарности 17
Дополнительные материалы 19

ГЛАВА ПЕРВАЯ
Психология зла: ситуационные трансформации характера 23

ГЛАВА ВТОРАЯ
Воскресенье: неожиданные аресты 54

ГЛАВА ТРЕТЬЯ
Воскресенье: начинаются унизительные ритуалы 81

ГЛАВА ЧЕТВЕРТАЯ
Понедельник: бунт заключенных 107

ГЛАВА ПЯТАЯ
Вторник: две неприятности — гости и мятежники 141

ГЛАВА ШЕСТАЯ
Среда: ситуация выходит из-под контроля 171

ГЛАВА СЕДЬМАЯ
Власть даровать свободу 215

ГЛАВА ВОСЬМАЯ
Четверг: столкновение с реальностью 250

ГЛАВА ДЕВЯТАЯ
Пятница: все исчезает в темноте — 279

ГЛАВА ДЕСЯТАЯ
Значение и выводы Стэнфордского тюремного эксперимента: алхимия трансформаций характера — 310

ГЛАВА ОДИННАДЦАТАЯ
Стэнфордский тюремный эксперимент: этика и практические результаты — 363

ГЛАВА ДВЕНАДЦАТАЯ
Исследование социальных мотивов: власть, конформизм и подчинение — 400

ГЛАВА ТРИНАДЦАТАЯ
Исследование социальных мотивов: деиндивидуация, дегуманизация и зло бездействия — 449

ГЛАВА ЧЕТЫРНАДЦАТАЯ
Злоупотребления и пытки в Абу-Грейб: причины и действующие лица — 482

ГЛАВА ПЯТНАДЦАТАЯ
Суд над Системой: соучастие командования — 549

ГЛАВА ШЕСТНАДЦАТАЯ
Сопротивление ситуационному влиянию и торжество героизма — 629

Примечания — 681
Об авторе — 724
Предметно-именной указатель — 725

Предисловие

Мне бы очень хотелось сказать, что эта книга — плод любви. Но это не так. Я работал над ней два года, и за все это время ни разу не испытал этого прекрасного чувства. С тяжелым сердцем я смотрел видеозаписи Стэнфордского тюремного эксперимента (СТЭ), снова и снова перечитывал их распечатки. Время стерло из моей памяти всю степень дьявольской изощренности охранников, масштабы страданий заключенных, степень моей пассивности, позволявшей злоупотреблениям продолжаться столько, сколько я хотел, — мое собственное зло бездействия.

Еще я забыл, что первую часть этой книги начал писать еще тридцать лет назад, по контракту с другим издателем. Но тогда я быстро оставил эту затею, поскольку был не готов вновь переживать совсем свежие впечатления. Я рад, что тогда не стал упорствовать и отказался писать, потому что самое подходящее время наступило именно сейчас. Я стал мудрее и способен более зрело отнестись к этой сложной задаче. Более того, параллели между злоупотреблениями в тюрьме Абу-Грейб и событиями Стэнфордского тюремного эксперимента прибавили достоверности нашему опыту в Стэнфордской тюрьме, а это, в свою очередь, помогло прояснить психологические мотивы ужасающих злоупотреблений в другой, реальной тюрьме.

Второй серьезной эмоциональной трудностью во время работы над этой книгой стало мое личное и весьма активное участие в расследовании злоупотреблений и пыток в Абу-

Грейб. Как свидетель-эксперт со стороны одного из военных полицейских, охранников этой тюрьмы, я действовал скорее как журналист, чем как социальный психолог. Я стремился выяснить все, что только можно. Я вел с ним долгие беседы, разговаривал и переписывался с членами его семьи, собирал информацию о его работе в исправительных учреждениях США, о его службе в армии, я беседовал с другими военными, служившими в той же тюрьме. Мне хотелось поставить себя на его место, стать начальником ночной смены в блоке 1А, который нес службу с четырех часов дня до четырех часов утра сорок дней подряд, без выходных.

Как свидетель-эксперт я должен был давать показания во время судебного процесса. Мои свидетельства касались ситуационных факторов, способствовавших злоупотреблениям, в которых участвовал мой подопечный. Поэтому мне предоставили доступ к нескольким сотням фотографий, запечатлевших издевательства над заключенными. Это была весьма малоприятная задача. Кроме того, мне предоставили все доступные в то время отчеты различных военных и гражданских следственных групп. Мне сказали, что в суде запрещено пользоваться записями, и мне пришлось учить наизусть столько выводов и заключений, сколько я смог запомнить. Эта умственная работа усугубила огромное эмоциональное напряжение, возникшее после того, как сержанту Айвену «Чипу» Фредерику вынесли жесткий приговор, и я стал неофициальным психологом-консультантом для него и его жены Марты. Со временем я стал для них «дядей Филом».

Я был вдвойне расстроен и разозлен сначала нежеланием военных принять хоть одно из множества смягчающих обстоятельств, о которых я говорил на судебном процессе, объяснявших жестокое поведение Чипа и способных уменьшить срок его тюремного заключения. Прокурор и судья отказались рассматривать даже саму идею того, что ситуационные факторы могут оказывать влияние на поведение личности. Они придерживались стандартной концепции индивидуализма, которую разделяют большинство людей нашей культуры. Они считали, что поведение сержанта Чипа Фредерика было целиком и полностью обусловлено его порочными наклонностями («диспозициями») и стало следствием его добровольного и осознанного решения совершать зло. Мое возмущение усугублялось еще и тем, что отчеты нескольких «независимых» следственных групп недвусмысленно указывали, что за злоупотребления охранников несут ответственность и офицеры более высокого ранга, оказавшиеся неэффективными лидерами или халатно относившиеся к своим обязанностям. Эти отчеты, составленные под руководством генералов и бывших высокопоставленных государственных чиновников, ясно показали, что именно военное и административное руководство создало «бочку меда», в которой несколько хороших солдат стали «ложкой дегтя».

Если бы я написал эту книгу вскоре после окончания Стэнфордского тюремного эксперимента, то ограничился бы выводами о том, что в том или ином контексте ситуационные факторы играют в формировании нашего поведения гораздо более важную роль, чем мы думаем или признаем. Но при этом я упустил бы из виду общую картину: более мощные силы, превращающие добро в зло, — силы Системы, сложное переплетение могущественных влияний, которые и создают Ситуацию. Большое количество данных, накопленных социальной психологией, подтверждает идею о том, что в определенном контексте ситуационные факторы оказываются сильнее свойств личности. В нескольких главах мы рассмотрим аргументы, подтверждающие эту точку зрения. Однако обычно психологи не спешат принимать во внимание глубинные силы, действующие в политической, экономической, религиозной, исторической и культурной сферах, способствующие созданию тех или иных ситуаций и определяющие их как законные и допустимые либо как незаконные и недопустимые. Целостное понимание мотивов человеческого поведения требует признания степени и границ влияния и личностных, и ситуационных, и системных факторов.

Для коррекции или предотвращения нежелательного поведения отдельных людей или групп нужно понимать, какие силы, достоинства и слабые места вносят все эти факторы в ту или иную ситуацию. Затем нужно более полно представлять себе весь комплекс ситуационных сил, которые действуют в определенных условиях, где проявляется данное поведение. Умение их изменять или избегать помогает устранить нежелательные реакции личности гораздо эффективнее, чем коррекционные меры, направленные исключительно на изменение поведения человека в определенной ситуации. Для этого нужно принять концепцию общественного здоровья, отказавшись от стандартной медицинской модели, основанной на лечении отдельных симптомов и коррекции отдельных актов антисоциального поведения. И если при этом мы не станем лучше осознавать реальную мощь Системы, неизменно скрытую завесой тайны, и не начнем понимать, по каким законам и правилам она живет, поведенческие изменения останутся нестабильными, ситуативными и иллюзорными. На страницах этой книги я много раз повторяю, что попытки понять ситуационные и системные аспекты поведения человека не оправдывают этого человека и не освобождают его от ответственности за безнравственные, незаконные или жестокие деяния.

Значительную часть своей профессиональной карьеры я посвятил психологии зла — я изучал насилие, анонимность, агрессию, вандализм, пытки и терроризм. Поэтому не могу не отметить ситуационные силы, воздействующие на меня самого. Я вырос в бедной семье в Нью-Йорке, в южном Бронксе. Во многом именно это «гетто» сформировало мои взгляды на жизнь и мои приоритеты. Жизнь в городском гетто требует постоянного приспособления к законам улицы. Всегда нужно знать, кто обладает властью, которую может использовать против вас или же вам на пользу, кого лучше избегать, а с кем нужно «дружить». Для этого надо уметь расшифровывать тонкие сигналы ситуации, указывающие на то, когда следует делать ставки, а когда надо воздержаться, как создавать взаимные обязательства и каким образом можно превратиться из середнячка в лидера.

В те времена, еще до того, как Бронкс пал жертвой героина и кокаина, это гетто было пристанищем бедных, и самым ценным, что было у здешних детей, лишенных игрушек, были другие дети, товарищи по играм. Одни из них стали преступниками или жертвами преступлений; другие, казавшиеся мне вполне хорошими, очень плохо кончили. Иногда было совершенно ясно, почему. Например, отец Донни наказывал его за все, что считал «проступком»: при этом он раздевал Донни донага и заставлял становиться голыми коленками на рис в ванной. В других ситуациях этот «отец-мучитель» был весьма обаятельным, особенно общаясь с дамами, жившими в том же доме. Донни, травмированный таким «воспитанием», еще подростком оказался в тюрьме. Другой мой приятель вымещал свой гнев, свежуя живых кошек.

Чтобы войти в банду, нужно было пройти «инициацию» — что-то украсть, подраться с другим мальчишкой, совершить какой-то смелый поступок, напугать девчонок и еврейских детишек, идущих в синагогу. Все эти поступки вовсе не считались злыми или даже плохими; это был просто знак повиновения лидеру группы и нормам банды.

Для нас, детей, олицетворением власти Системы были большие и страшные дворники, прогонявшие нас со ступенек домов, и бессердечные домовладельцы, способные выселить семью, которая не могла вовремя заплатить арендную плату, — у всех на глазах они запросто выносили на улицу ее пожитки. Я до сих пор чувствую позор этих семей. Но нашими худшими врагами были полицейские, гонявшие нас, когда мы играли в «хоккей» посреди улицы (клюшкой была метла, а шайбой — резиновый мячик). Без всяких причин они отбирали у нас метлы и запрещали играть. В нашем районе не было детской площадки, у нас были только улицы, а розовый резиновый мячик не представлял никакой опасности для прохожих. Как-то раз мы спрятали метлы, увидев, что к нам приближаются полицейские. Они задержали меня и стали спрашивать, где метлы. Я отказался отвечать; один из полицейских сказал, что арестует меня, потащил к машине и сильно ударил головой о дверь. После этого я никогда уже особенно не доверял людям в форме.

С таким воспитанием, в отсутствие какого бы то ни было родительского контроля — в те дни дети и родители не «тусовались» на улицах вместе — мой интерес к человеческой природе, и особенно к ее темной стороне вполне объясним. На самом деле «Эффект Люцифера» зрел во мне много лет, с детства в гетто и во время моего обучения психологии. Именно он побуждал меня задавать серьезные вопросы и искать ответы с помощью доказательств, основанных на опытах.

Структура этой книги несколько необычна. Она начинается с вводной главы, где в общих чертах обсуждается тема трансформаций человеческого характера, когда хорошие люди и ангелы начинают вдруг совершать плохие, злые и даже дьявольские поступки. Это приведет нас к фундаментальному вопросу о том, как хорошо мы на самом деле знаем себя, насколько мы способны предсказать свое собственное поведение в таких ситуациях, с которыми прежде никогда не сталкивались. Способны ли мы, подобно Люциферу, любимому ангелу Господа, поддаться искушению и совершить то, что для других немыслимо?

В главах, посвященных Стэнфордскому тюремному эксперименту, подробно описывается обширное исследование трансформаций личности студентов колледжа, игравших случайным образом присвоенные им роли заключенных или охранников в «искусственной тюрьме», которая в итоге стала ужасающе похожа на реальную. Хронология событий в этих главах представлена в виде киносценария. Это рассказ от первого лица в настоящем времени, с минимумом психологических интерпретаций. Только завершив описание эксперимента (а нам пришлось закончить его раньше, чем мы планировали), мы проанализируем его выводы, опишем и интерпретируем полученные данные и поразмышляем о психологических процессах, которые мы наблюдали в процессе эксперимента.

Один из основных выводов Стэнфордского тюремного эксперимента заключается в том, что глубокое, но скрытое влияние нескольких ситуационных переменных может оказаться сильнее воли человека и может подавить его сопротивление. Этот вывод мы рассмотрим более подробно в следующих главах, где подкрепим его данными обширных психологических исследований. Мы увидим, как участники этих исследований — и студенты колледжей, и «простые граждане» — приспосабливаются, подчиняются, повинуются и охотно поддаются искушениям, делая то, что не могли себе и представить, пока не оказались в силовом поле ситуационных факторов. В книге в общих чертах описан целый ряд психологических процессов, способных заставить хороших людей творить зло — деиндивидуализировать других, повиноваться власти, проявлять пассивность перед лицом угрозы, оправдывать себя и искать рациональные объяснения своему поведению. Дегуманизация — один из основных процессов, заставляющих обычных, нормальных людей спокойно или даже с энтузиазмом творить зло. Дегуманизация — нечто вроде «катаракты мозга», мешающей человеку ясно мыслить и заставляющей его считать, что другие люди — это не люди. Страдающие этой «катарактой» видят в других лишь врагов, которые несомненно заслуживают страданий, пыток и уничтожения.

Вооружившись набором исследовательских инструментов, мы перейдем к анализу причин ужасающих злоупотреблений и пыток в иракской тюрьме Абу-Грейб, совершенных американскими военными полицейскими — охранниками этой тюрьмы. Утверждения о том, что эти безнравственные действия были всего лишь проявлением садистских наклонностей нескольких «плохих солдат», так называемой «ложки дегтя»[1], мы проанализируем, сравнивая ситуационные факторы и психологические процессы, действовавшие и в этой тюрьме, и в нашей Стэнфордской темнице. Мы подробно поговорим о Месте, Человеке и Ситуации и проанализируем причины, которые привели к оскорбительному поведению, запечатленному в серии отвратительных «трофейных фотографий», сделанных охранниками во время издевательств над заключенными.

Затем мы двинемся от отдельного человека к ситуации, а от нее — к Системе. Мы изучим отчеты нескольких следственных групп по делу об этих злоупотреблениях, свидетельства множества юридических источников и организаций по правам человека. А затем я займу место обвинителя, чтобы привлечь к суду Систему. Используя ограничения нашей правовой системы, в соответствии с которой за преступления судят только

---

[1] В 2004 г., когда в прессе появились скандальные фотографии пыток заключенных в тюрьме Абу-Грейб, представители администрации Буша прибегли к известной метафоре и объявили военных полицейских, замешанных в этой истории, единственной «ложкой дегтя» в «бочке меда» доблестной американской армии, а сам инцидент — единичным случаем, хотя это не соответствовало действительности. — *Прим. пер.*

отдельных людей, а не ситуации или системы, я предъявлю обвинения четырем офицерам высшего ранга, а затем и всей структуре военного и административного командования, созданной администрацией Буша. Читатель в роли присяжного заседателя сможет сам решить, доказывают ли мои аргументы вину Системы, точно так же, как и вину отдельных обвиняемых.

В последней главе наше довольно мрачное путешествие в сердце и разум тьмы снова приведет нас к свету. Мы поговорим о самых лучших сторонах человеческой природы, о том, что может сделать каждый из нас, чтобы не поддаться тлетворному влиянию Ситуации и Системы. Во всех описанных исследованиях, как и в реальной жизни, всегда встречаются те, кто устоял и не поддался соблазну. От зла их уберегали не какие-то врожденные таинственные добродетели, а скорее понимание, хотя и интуитивное, того, какой может быть интеллектуальная и социальная тактика сопротивления. Я расскажу о ряде таких стратегий и тактик, которые могут помочь читателю противостоять нежелательному социальному влиянию. Мои рекомендации основаны на моем собственном личном опыте и на работах моих коллег, социальных психологов, экспертов в области влияния и убеждения. (Эти данные приводятся и подробно обсуждаются на сайте этой книги: http://lucifereffect.com.)

Когда большинство в конце концов сдается и бунтуют лишь единицы, этих бунтовщиков можно считать героями, ведь им удается устоять перед влиянием могущественных сил, заставляющих других приспосабливаться, слушаться и повиноваться. Мы привыкли считать, что герои — какие-то особенные люди. Они не похожи на нас, простых смертных, они способны совершать храбрые поступки или жертвовать жизнью. Я согласен, что такие особенные люди и вправду существуют, но среди героев они, скорее, исключение. Далеко не все герои идут на такие жертвы, и это действительно люди особой породы, например те, кто посвящает всю свою жизнь служению человечеству. Гораздо чаще люди, которых мы считаем героями, — это герои момента, герои ситуации, они действуют решительно, услышав призыв. Поэтому наше путешествие закончится на позитивной ноте. Мы поговорим об обычном герое, живущем в каждом из нас. В противоположность концепции «банальности зла», утверждающей, что самые позорные акты жестокости по отношению к своим собратьям совершают не маньяки-убийцы, а самые простые люди, я предложу понятие «банальности героизма» и разверну знамя «обычного героя», который слышит призыв служить человечеству, когда наступает время действовать. И когда звучит этот призыв, наш герой знает, что он обращен к нему. Этот призыв пробуждает лучшие качества человеческой природы, открывает в нас способность встать выше могущественного давления ситуации и Системы. И это — яркое свидетельство человеческого достоинства, противостоящего злу.

Благодарности

Эта книга никогда бы не увидела свет без всех тех, кто помогал мне на каждом этапе этого долгого путешествия — от теоретической концепции до ее практической реализации на этих страницах.

ОПЫТНЫЕ ИССЛЕДОВАНИЯ

Все началось в августе 1971 г., в Стэнфордском университете, где мы спланировали и провели необычный эксперимент, а потом проанализировали его результаты. Нас побудил к этому эксперименту семинар, посвященный психологии тюремного заключения, проведенный под руководством Дэвида Джаффе; в дальнейшем он стал начальником нашей «Стэнфордской тюрьмы». Чтобы подготовиться к основному эксперименту, лучше понять менталитет заключенных и персонала исправительных учреждений, а также исследовать важнейшие аспекты психологической природы тюремного опыта, я провел в Стэнфордском университете летний курс, посвященный этим темам. Я вел его вместе с другим преподавателем, Эндрю Карло Прескоттом, недавно получившим условно-досрочное освобождение после нескольких длительных отсидок в калифорнийских тюрьмах. Карло стал неоценимым консультантом и энергичным председателем нашей комиссии по условно-досрочному освобождению. На каждой стадии этого необычного исследовательского проекта в нем принимали активное участие два аспиранта, Уильям Кертис Бэнкс и Крейг Хейни.

Крейг использовал этот опыт как «трамплин» для невероятно успешной карьеры в сфере психологии и права. Он стал известным защитником прав заключенных, написал вместе со мной множество статей и разделов книг — по разным темам, связанным с исправительными учреждениями. Я благодарю каждого из них за вклад в исследование, а также за участие в интеллектуальном и практическом анализе его результатов. Кроме того, я выражаю благодарность всем студентам, которые добровольно вызвались участвовать в эксперименте. Даже сейчас, спустя несколько десятилетий, некоторые из них не могут его забыть. И здесь, и в следующих главах я снова хочу извиниться перед ними за все те страдания, которые они перенесли во время эксперимента и после него.

Дополнительные материалы

После окончания тюремного эксперимента мы перевели его архивные видеозаписи в DVD-формат и расшифровали стенограммы. Эта задача легла на плечи Шона Бруича и Скотта Томпсона, двух выдающихся студентов Стэнфорда. Шон и Скотт выделили самые важные эпизоды этих записей, а также собрали огромное количество справочных материалов, касающихся различных аспектов исследования.

Таня Зимбардо и Марисса Аллен помогали выполнять еще одну задачу. Они собрали и систематизировали обширные справочные материалы: вырезки из газет и журналов, мои заметки и др. Другая команда студентов Стэнфорда, в первую очередь Къеран О'Коннор и Мэтт Эстрада, провели экспертную проверку справочных материалов. Мэтт также расшифровал аудиозапись моего интервью с сержантом Чипом Фредериком, превратив ее в читабельный текст.

Я очень ценю обратную связь с коллегами и студентами — Адамом Брекенриджем, Стивеном Бенке, Томом Блассом, Роуз Макдермот и Джейсон Вивер — читавшими первый и второй черновики нескольких глав этой книги. Особую благодарность за помощь в создании раздела последней главы, посвященного сопротивлению нежелательному влиянию, я выражаю Энтони Пратканису и Синди Ван. Я также благодарю Зено Франко за сотрудничество в разработке новых представлений о психологии героизма.

Я стал лучше понимать ситуацию в тюрьме Абу-Грейб и других очагах военных действий благодаря опыту и мудрости уорент-офицера[1] Марчи Дрюи и полковника Ларри Джеймса, военного психолога. Дуг Брейсуэлл непрерывно снабжал меня полезными источниками информации в Интернете, связанными с проблемами, о которых я пишу в двух главах книги, посвященных событиям в Абу-Грейб. Гэри Майерс, адвокат сержанта Фредерика, который без всякого вознаграждения выполнял свои обязанности в течение длительного времени, также предоставил мне все исходные материалы и данные, необходимые для понимания ситуации. Адам Зимбардо провел прекрасный анализ сексуального характера «трофейных фотографий», ставших результатом «забав» охранников ночной смены блока 1А.

Я выражаю искреннюю благодарность Бобу Джонсону, коллеге-психологу, моему соавтору вводного учебника по психологии «Основные концепции» (Core Concepts). Боб прочитал всю рукопись и внес множество ценных предложений. То же сделал Саша Любомирски, помогавший координировать усилия Боба и Роуз Зимбардо. Роуз — профессор английской литературы, благодаря ей каждое предложение этой книги наилучшим образом выражает мои идеи. Я искренне благодарю этих людей за то, что они выполняли этот тяжкий труд с таким изяществом и здравым смыслом.

За дотошную и бережную правку я благодарю Уилла Мерфи, моего редактора из издательства Random House, — он продемонстрировал искусство, утраченное многими нынешними редакторами, и постоянно предпринимал отважные попытки ограничить текст только самыми важными темами. Линн Андерсон, великолепный и проницательный литературный редактор, в сотрудничестве с Винсеном Ла Скалой сделали мой текст более последовательным и ясным. А Джон Брокман был не просто моим агентом, но настоящим ангелом-хранителем этой книги.

Наконец, в те дни, когда я писал эту книгу по десять часов в сутки, днем и ночью, мое страждущее тело готовили к следующему раунду творчества массажист Джерри Хубер из центра Healing Winds Massage в Сан-Франциско и Энн Холлингсуорт

---

[1] Уорент-офицеры — в армии США категория военнослужащих между сержантским и офицерским составом. — *Прим. ред.*

из центра Gualala Sea Spa, когда я работал в своем укрытии в Си-Ранч.

Всем моим помощникам, членам семьи, друзьям, коллегам и студентам, благодаря которым я смог превратить свои мысли в слова, а слова — в рукопись и книгу, я выражаю свою самую искреннюю благодарность.

С наилучшими пожеланиями,

Фил Зимбардо

М. Эшер, «Предел — круг 4 (ад и рай)» © 2013 The M. C. Escher Company The Netherlands.
All rights rights reserved. www.mcescher.com.

ГЛАВА ПЕРВАЯ

Психология зла: ситуационные трансформации характера

*Он в себе
Обрел свое пространство и создать
В себе из Рая — Ад и Рай из Ада*

Он может.

Джон Мильтон. Потерянный рай[1]

Взглянитe на этот замечательный рисунок. А теперь закройте глаза и постарайтесь его вспомнить.

Что вы видите в своем воображении? Белых ангелов, танцующих в темном небе? Или черных демонов, рогатых чертей, обитающих в ярко-белом пространстве ада? В этой иллюзии художника Маурица Эшера можно увидеть и то, и другое. Однажды осознав, что добро и зло неразрывно связаны, уже невозможно видеть одно без другого. На следующих страницах я не позволю вам вернуться к удобному разделению между *вашей* доброй, невинной стороной и злой, грешной стороной *других*. «Способен ли я на зло?» Я хочу, чтобы в процессе нашего путешествия по незнакомым территориям вы снова и снова задавали себе этот вопрос.

Рисунок Эшера демонстрирует три психологические истины. Первое: мир наполнен и добром, и злом — так всегда было и всегда будет. Второе: границы между добром и злом проницаемы и расплывчаты. И, наконец, третье: ангелы могут стать демонами, а демоны, хотя это иногда трудно постичь, способны стать ангелами.

Возможно, этот рисунок напомнил вам об окончательной трансформации добра во зло, о превращении Люцифера

---

[1] Цит. по: Мильтон Дж. Потерянный рай / Пер. А. Штейнберга. М., 1982.

в Сатану. Люцифер, «светоносец», был любимым ангелом Господа, но потом поставил под сомнение Его авторитет и вместе с другими падшими ангелами был низвергнут в ад. «Лучше быть Владыкой Ада, чем слугою Неба!» — восклицает Сатана, «противник Господа», в «Потерянном рае» Мильтона[1]. В аду Люцифер-Сатана начинает лгать, давать пустые обещания, провозглашать громкие лозунги, потрясать копьями, трубить в трубы и размахивать флагами — примерно так, как это делают некоторые современные национальные лидеры. В аду, на конференции Демонических сил, где присутствуют все главные демоны, Сатана окончательно понимает, что не сможет вернуться на небеса, победив Господа в открытом бою [1].

Но политический соратник Сатаны, Вельзевул, предлагает поистине дьявольское решение: он призывает отомстить Господу, развратив Его величайшее творение, человечество. Сатана успешно соблазняет Адама и Еву ослушаться Господа и познать зло. Господь постановляет, что они будут спасены в свое время. Но с тех пор Сатане позволено манипулировать этим обещанием и вербовать ведьм, чтобы соблазнять людей творить зло. Позже посредники Сатаны стали жертвами ревностных инквизиторов, желавших избавить мир от порока. Но их ужасающие методы создали новую системную форму зла, которой раньше не видел мир.

Грех Люцифера заключается в том, что мыслители Средневековья называли «*cupiditas*»[2]. Для Данте грехи, растущие из этого корня, — самые тяжкие, «грехи волка». Это такое духовное состояние, когда «черная дыра» в человеке столь глубока, что ее не могут заполнить ни власть, ни деньги. Для тех,

---

[1] Цит. по: Мильтон Дж. Потерянный рай / Пер. А. Штейнберга. М., 1982.

[2] Cupiditas — алчность, жадность, неуемное стремление к богатству или к власти над другими. Cupiditas — это желание уподобить себе или поглотить все «другое», не похожее на нас. Например, похоть и сексуальное насилие — формы cupiditas: это попытки использовать другого человека как вещь ради удовлетворения собственных желаний; убийство ради выгоды — тоже cupiditas. Это противоположность концепции caritas, когда мы воспринимаем себя как часть круга любви, в котором каждый отдельный человек ценен сам по себе, а также в отношениях с другими. Максима «поступай с другими так же, как хочешь, чтобы поступали с тобой», — довольно бледное выражение идеи caritas. Возможно, лучше всего отражает эту концепцию латинское Caritas et amor, Deus ibi est — «где caritas и любовь, там Бог».

кто страдает смертельной болезнью под названием *cupiditas*, все, что существует за границами их личности, ценно лишь в том случае, если это можно как-то использовать или поглотить. Виновные в этом грехе попадают в девятый круг Ада Данте и замерзают в ледяном озере. При жизни они заботились лишь о самих себе, и теперь навечно заключены в ледяное и безучастное «Я». Заставляя людей подобным образом думать только о самих себе, Сатана и его слуги отвергают гармонию любви, объединяющую все живые существа.

Грехи волка заставляют человека отвергать милосердие, благодать Господню, и делать единственным своим благом — и своей тюрьмой — самого себя. В девятом круге Геенны грешники, одержимые духом ненасытного волка, навеки заточены в ледяной тюрьме, которую создали для себя сами, где заключенный и тюремщик слились воедино в реальности эгоцентризма.

В научном исследовании происхождения Сатаны историк Элайн Пейглс предлагает провокационный взгляд на психологическое значение Сатаны как зеркала человечества:

> «Сатана очаровывает нас тем, каким образом он выражает качества, выходящие за рамки всего, что мы обычно считаем человеческим. Сатана пробуждает не только алчность, зависть, похоть и гнев, которые мы отождествляем с худшими нашими побуждениями; не только то, что мы называем зверством, и из-за чего людей иногда сравнивают с животными («скотами»)... Он заставляет нас верить, что зло, в его наихудшем проявлении, связано со сверхъестественным. С тем, в чем мы с содроганием видим дьявольскую противоположность определения Господа как "великого Ты", о котором говорил Мартин Бубер[1] [2]».

Зло пугает нас и в то же время завораживает. Мы создаем мифы о замыслах дьявола и начинаем так в них верить, что го-

---

[1] Бубер, Мартин (Buber, Martin), еврейско-немецкий религиозный философ, писатель, переводчик и комментатор Библии. Согласно его воззрениям, Бог, великое Ты, делает возможными «Я — Ты»-отношения между человеком и другими существами. — *Прим. пер.*

товы мобилизовать на борьбу со злом все силы. Мы отвергаем «другое» как чуждое и опасное, потому что оно нам незнакомо, но при этом сексуальная разнузданность и аморальность тех, кто не похож на нас, будоражат наше воображение. Профессор религиоведения Дэвид Франкфуртер завершает свои поиски «дьявола во плоти» размышлениями о социальных представлениях об этом «дьявольском другом».

> Представления о *социально* другом как о дикаре-людоеде, демоне, колдуне, вампире или обо всем этом вместе взятом составляют постоянный репертуар символики извращенности. Мы рассказываем истории о дикости, свободных нравах и всяческих пороках и уродствах людей, находящихся на периферии или на задворках общества. Между тем то сочетание ужаса и удовольствия, с которым мы размышляем об этих других — и которое стало одной из причин жестокости колонизаторов, миссионеров и армий, вступающих на земли этих других, — определенно влияет на нас также и на уровне индивидуальной фантазии [3].

ТРАНСФОРМАЦИИ: АНГЕЛЫ, ДЕМОНЫ И МЫ, ПРОСТЫЕ СМЕРТНЫЕ

«Эффект Люцифера» — моя попытка понять процессы трансформации, заставляющие хороших и обычных людей совершать плохие и дьявольские поступки. Мы попробуем ответить на фундаментальный вопрос: «Что заставляет людей творить зло?» Однако мы не станем обращаться к традиционному религиозному дуализму добра и зла, благодетельной природы и развращающего воспитания. Мы поговорим о реальных людях, занятых обычными делами, поглощенных работой, пытающихся остаться на плаву в зачастую бурных водах человеческой природы. Мы постараемся понять, какие трансформации происходят в их характерах, когда они сталкиваются с мощными ситуационными факторами.

Давайте начнем с определения зла. Я предлагаю очень простое, психологическое определение: зло — *это осознанный,* намеренный поступок, совершаемый с целью нанести вред, оскорбить, унизить, дегуманизировать или уничтожить других людей, которые ни в чем не виноваты; или использование личной власти и авторитета Системы для того, чтобы поощрять людей или позволять им совершать подобные поступки от ее имени. Коротко говоря, «зная, что такое хорошо, поступать плохо» [4].

От чего зависит эффективность человеческого поведения? Что определяет наши мысли и действия? Что заставляет некоторых вести моральную, добродетельную жизнь? Почему другие так легко скатываются к безнравственности и становятся преступниками? На чем основаны наши представления о человеческой природе? На предположении о том, что внутренние детерминанты ведут нас вверх, к вершинам добра, или вниз, в пучину зла? Достаточно ли внимания мы уделяем внешним факторам, определяющим наши мысли, чувства и действия? До какой степени человек является продуктом ситуации, момента, толпы? И есть ли поступок, совершенный кем-то из смертных, которого не смогли бы совершить мы с вами — никогда, ни при каких обстоятельствах?

Обычно мы прячемся за эгоцентричными и иллюзорными представлениями о том, что мы не такие, как все. Этот психологический щит позволяет нам верить, что по любому тесту, оценивающему добродетельность, наши показатели будут выше средних. Слишком часто сквозь толстую оболочку личной неуязвимости мы глядим вверх, на звезды, забывая при этом смотреть вниз, на скользкую дорогу под ногами. Такие эгоцентричные предубеждения чаще можно обнаружить в культурах, делающих акцент на личной независимости, например в странах Европы и в США, и реже в культурах, ориентированных на коллективное, например в Азии, Африке и на Среднем Востоке [5].

Во время нашего путешествия по пространствам добра и зла я попрошу вас поразмышлять над тремя вопросами. Хорошо ли вы знаете себя, свои достоинства и недостатки? На чем основано ваше знание себя — на анализе своего поведения в знакомых ситуациях или на тех случаях, когда вы сталкивались с совершенно новыми ситуациями, где привычные стратегии поведения теряли силу? И хорошо ли вы знаете тех, с кем чаще всего общаетесь — членов семьи, друзей, сотрудников и любимых? Одна из идей этой книги состоит в том, что наше знание себя обычно основано на весьма ограниченном опыте, полученном в знакомых ситуациях, где есть определенные правила, законы, политика и ограничивающие факторы. Мы ходим в школу, на работу, на вечеринки, ездим в отпуск; оплачиваем счета и платим налоги — изо дня в день, из года в год. Но что будет, если мы попадем в совершенно новую и незнакомую ситуацию, где наши привычки оказываются бесполезными? Например, переходя на новую работу, идя на первое свидание с незнакомцем, о котором узнали на сайте знакомств, вступая в какую-то организацию, оказываясь под арестом, записываясь в армию, вступая в секту или добровольно участвуя в эксперименте. Когда правила игры меняются, старые привычки не приводят к ожидаемым результатам.

В нашем путешествии, по мере того как мы будем сталкиваться с разными формами зла, я прошу вас постоянно спрашивать себя: «А как бы я поступил в этой ситуации?» На этом пути мы увидим геноцид в Руанде, массовое самоубийство и убийства прихожан Храма народов в джунглях Гайаны, резню в деревне Милай (Сонгми)[1] во Вьетнаме, ужасы нацистских концентрационных лагерей, пытки военной и гражданской полиции во всем мире, сексуальное насилие над прихожанами со стороны католических священников и изощренные методы мошенничества руководителей скандальных корпораций Enron и WorldCom. В итоге мы обнаружим общие качества всех этих злодеяний и посмотрим, как они проявились в недавно открывшихся злоупотреблениях по отношению к мирным жителям Ирака, заключенным тюрьмы Абу-Грейб. Благодаря исследованиям в сфере социальной психологии, в первую очередь благодаря эксперименту, получившему название «Стэнфордский тюремный эксперимент», мы найдем одну особенно важную нить, связывающую все эти злодеяния.

---

[1] В русскоязычной традиции: резня в Сонгми. Далее в тексте дается двойной вариант перевода. — *Прим. пер.*

Зло: неизменное и внутреннее или изменчивое и внешнее?

Нам приятна мысль о том, что хороших людей от плохих отделяет непреодолимая пропасть. Как минимум по двум причинам. Во-первых, эта мысль порождает бинарную логику, согласно которой Зло можно рассматривать как отдельную сущность. Обычно мы воспринимаем Зло как некое качество, с рождения свойственное одним людям и не свойственное другим. Из плохих семян в конце концов вырастают плохие деревья. Такова уж их судьба. Мы считаем примерами подобных злодеев Гитлера, Сталина, Пол Пота, Иди Амина, Саддама Хусейна и других тиранов нашего времени, совершавших массовые убийства. Мы также считаем злодеями, хоть и не такими ужасными, наркоторговцев, насильников, торговцев людьми на рынке сексуальных услуг, мошенников, тех, кто обирает пожилых людей и запугивает наших детей.

Кроме того, дихотомия «добро — зло» снимает с «хороших людей» ответственность. Они могут позволить себе даже не задумываться о том, что тоже могут способствовать созданию или существованию условий, которые приводят к правонарушениям, преступлениям, вандализму, унижениям, запугиванию, изнасилованиям, пыткам, террору и насилию. «Так устроен мир, и его не изменить, по крайней мере, мне это не под силу».

Альтернативная точка зрения рассматривает зло как процесс. Она утверждает, что на злодеяния способен каждый из нас, для этого нужны лишь подходящие обстоятельства. В любой момент человек может проявить те или иные качества (скажем, интеллект, гордость, честность или порочность). Наш характер может меняться, сдвигаться к «хорошему» или к «плохому» полюсу человеческой природы. Такая точка зрения предполагает, что мы приобретаем те или иные качества на основании опыта, целенаправленного развития или внешнего вмешательства, например, когда та или иная способность открывает нам новые возможности. Короче говоря, мы учимся быть хорошими или плохими независимо от нашей наследственности, личностных особенностей или семейной истории [6].

Альтернативные концепции: диспозиции личности, ситуационные и системные факторы

Итак, есть две точки зрения на зло: «зло как отдельная сущность» и «зло как процесс». Точно так же существует контраст между диспозициями личности[1] и ситуационными мотивами поведения. Как мы понимаем необычное поведение, неожиданные ситуации, аномалии, в которых не видим смысла, когда сталкиваемся с такими явлениями? Традиционный подход призывает нас определить врожденные качества личности, которые приводят к тому или иному поведению: генетическую наследственность, личные качества, характер, свободную волю и другие аспекты диспозиции, т. е. предрасположенности. Если мы столкнулись с жестоким поведением, нужно искать садистские черты личности. Если мы видим героический поступок, нужно искать гены, отвечающие за предрасположенность к альтруизму.

Недавно по Соединенным Штатам прокатилась целая серия перестрелок, в которых были убиты и ранены ученики и учителя средних школ [7]. В Англии два десятилетних мальчика похитили из торгового центра двухлетнего Джейми Балджера, а потом жестоко и хладнокровно его убили. В Палестине и Ираке молодые мужчины и женщины становятся террористами-смертниками. Многие жители европейских стран во время Второй мировой войны прятали евреев от нацистов, хотя и знали, что если их разоблачат, они и их семьи будут расстреляны. «Разоблачители» во многих странах мира рискуют свободой и жизнью, открыто обличая несправедливость и безнравственность лидеров своих стран. Почему?

Традиционные представления (распространенные среди тех, кто принадлежит к культуре, придающей особое значение индивидуализму) побуждают искать мотивы патологии

---

[1] Диспозиция личности — предрасположенность к определенному восприятию условий деятельности и к определенному поведению в этих условиях. В социальной психологии существует так называемое диспозициональное направление — подход к индивидууму, особо выделяющий устойчивые качества (черты личности), присущие человеку и обеспечивающие постоянство его поведения с течением времени и с изменением ситуаций. Первым выдвинул теорию черт личности американский психолог Гордон Олпорт. — *Прим. пер.*

или героизма внутри личности. Современная психиатрия ориентирована на диспозицию — как и современная клиническая психология, психология личности и психодиагностика. На этой концепции основаны практически все институты нашего общества — в том числе юридические, медицинские и религиозные. Они считают, что вину, болезнь и грех нужно искать внутри виновного, больного и грешника. Поиск причин начинается с вопроса «кто?». Кто несет ответственность? Кто это сделал? Кто виноват? Кто должен получить по заслугам?

А социальные психологи (такие как я), пытаясь понять причины необычного поведения, склонны избегать поспешных выводов о диспозиции или предрасположенности. Они предпочитают начинать с вопроса «что?». Что за условия могут привести к тем или иным реакциям? Что за обстоятельства привели к данному поведению? Как воспринимали ситуацию ее участники? Социальные психологи спрашивают: в какой степени действия человека определяются внешними факторами, ситуационными переменными и процессами, уникальными для данной ситуации?

Концепция предрасположенности относится к ситуационному подходу, как медицинская модель здоровья относится к модели общественного здоровья[1]. Медицинская модель пытается найти источник болезни внутри пациента. По контрасту, исследователи — сторонники концепции общественного здоровья считают, что причины болезни находятся в окружающей среде, создавая благоприятные для нее условия. Иногда больной человек — конечный продукт патогенных факторов окружающей среды, и если эти факторы не изменить, они повлияют и на других людей, несмотря на все попытки улучшить здоровье отдельного человека. Например, в рамках диспозиционного подхода ребенку, у которого возникли проблемы с обучением, можно назначить множество медицинских и поведенческих средств, по-

---

[1] Концепция общественного здоровья (Public Health as System) — система научных и практических мер и адекватных структур медицинского и немедицинского характера, деятельность которых направлена на реализацию концепции охраны и укрепления здоровья населения, профилактику заболеваний и травм, увеличение продолжительности активной жизни и трудоспособности посредством объединения усилий общества. — *Прим. пер.*

могающих преодолеть эти проблемы. Но очень часто, особенно в бедных семьях, на мозг ребенка негативно влияет свинец, содержащийся в краске, которой красят стены дешевых арендованных квартир, а кроме того, он плохо учится из-за самой бедности — это ситуационный подход. Эти альтернативные точки зрения — не просто абстрактные вариации в рамках концептуального анализа. Они создают совершенно разные подходы к решению личных и социальных проблем.

Подобный анализ важен для всех нас, ведь в повседневной жизни мы все — психологи-самоучки, мы пытаемся выяснить, почему люди делают то, что делают, и что делать, чтобы они вели себя лучше. Но в западной индивидуалистической культуре редкий человек не заражен предубеждениями о предрасположенности. Мы склонны прежде всего искать мотивы, качества характера, наследственность и патологии отдельного человека. Пытаясь понять причины поведения других людей, мы обычно склонны переоценивать важность их личных качеств и недооценивать важность ситуационных факторов.

В следующих главах я предложу весомый набор доказательств в противовес диспозиционному подходу. Это расширит наши горизонты и позволит нам увидеть, как характер человека трансформируется под влиянием ситуации, где действуют мощные внешние силы. Люди и ситуации обычно находятся в состоянии динамического взаимодействия. Обычно мы считаем, что наша личность всегда неизменна во времени и пространстве. Но это далеко не всегда так. Работая в одиночестве, мы ведем себя иначе, чем когда находимся в группе; в романтичной обстановке мы проявляем себя иначе, чем в школе; общаясь с близкими друзьями, мы иные, чем в толпе незнакомцев; за границей мы ведем себя не так, как дома.

«Молот ведьм» и «окончательное решение» инквизиции

Один из первых документальных источников, в котором диспозиционный подход широко используется для различения зла и избавления мира от его пагубного влияния, можно найти в тексте, который стал библией инквизиции, — Malleus Maleficarum, «Молот ведьм» [8]. Это была настольная книга каждого судьи инквизиции. Она начинается с загадки, которую должен решить начинающий инквизитор: почему в мире, которым управляет добрый и всесильный Бог, существует зло? Возможный ответ: Бог допускает зло, чтобы испытать человеческие души. Уступите его искушениям — и отправитесь в ад; сопротивляйтесь ему — и вознесетесь на небеса. Но Бог сделал так, чтобы дьявол не смог сам влиять на людей, ведь он уже развратил Адама и Еву. Тогда дьявол решил найти посредников на Земле. Ими стали ведьмы — промежуточное звено между дьяволом и людьми, которых им предстоит совращать с пути истинного.

Чтобы положить конец злу, в католических странах стали находить и уничтожать ведьм. Нужны были методы, помогающие выявлять ведьм, заставлять их признаться в ереси, а потом уничтожать. Механизм выявления и уничтожения ведьм (который в наше время могли бы назвать «окончательным решением») был простым и незамысловатым: надо было узнать через шпионов, кого люди считают ведьмами или колдунами, проверить ведьмовскую природу подозреваемых, выбивая из них признания с помощью пыток, и убить тех, кто не прошел проверку. Нам трудно серьезно относиться к подобному примитивному мышлению, однако оно привело к созданию тщательно разработанной системы массового террора и пыток. В результате были истреблены тысячи людей — именно этот упрощенный взгляд на сложную проблему зла подбрасывал дров в костры инквизиции. «Ведьмы» стали отдельной презренной категорией. Это позволяло найти простое и понятное решение проблемы социального зла: достаточно просто обезвредить столько носителей зла, сколько удается найти, а потом замучить их, сварить в масле или сжечь на костре.

Поскольку церковью и ее альянсами с государством управляли мужчины, неудивительно, что ведьмами чаще всего объявляли женщин, а не мужчин. Подозреваемые обычно были маргиналами или чем-то угрожали церкви: это были вдовы, бедные, уроды, калеки, а иногда слишком гордые и сильные люди. Ужасный парадокс инквизиции состоит в том, что горячее и зачастую искреннее желание искоренить зло привело к злодеяниям таких масштабов, каких прежде не видел мир. В этом процессе государство и церковь использовали орудия и методы пыток, ставшие вопиющим извращением любых идеалов человеческой добродетели. Удивительная природа человеческого разума, способная создавать великие произведения искусства, науку и философию, была извращена до крайности и породила «творческие» методы жестокости, предназначенные для того, чтобы сломать волю человека. Орудия ремесла инквизиции до сих пор используются в тюрьмах всего мира, в военных и гражданских исправительных заведениях, где пытки — обычное дело (как мы увидим позже, когда будем говорить о тюрьме Абу-Грейб) [9].

Системы создают нисходящие иерархии власти

Я обратил внимание на власть систем, когда понял, как общественные институты создают механизмы, воплощающие их идеологию — скажем, о причинах зла — в реальные процессы и методы, например в охоту на ведьм. Другими словами, мои представления о человеческом поведении стали значительно шире, когда я глубже разобрался в том, каким образом возникают ситуационные условия, как их формируют факторы более высокого порядка — факторы *систем* власти. Чтобы понять сложные модели поведения, необходимо принимать во внимание не только предрасположенность и ситуацию, но и влияние системы.

Жестокие, незаконные или безнравственные поступки представителей силовых ведомств — полицейских, служащих исправительных учреждений и солдат — принято считать чем-то вроде «ложки дегтя в бочке меда». Считается, что такие поступки — редкое исключение из правил. Те, кто их совершал, находятся по одну сторону непроницаемой границы между добром и злом, а все остальные, «бочка меда» — по другую сторону. Но кто это определяет? Обычно это делают те, кто защищает Систему. Они хотят изолировать проблему, чтобы направить внимание в выгодном для себя направлении и снять ответственность с тех, кто находится «наверху» и виновен в создании тяжелых условий труда или несет ответственность за отсутствие контроля и руководства. Привычка все объяснять «ложкой дегтя» игнорирует «бочку меда» и ее возможности развращать тех, кто к ней принадлежит. Системный анализ, напротив, занимается создателями «бочки», теми, кто обладает властью решать, какой будет эта «бочка».

Именно властвующая элита, производители «бочки», оставаясь за кулисами, часто создают условия жизни для всех нас, кому существовать в среде, возникшей благодаря все той же элите. Социолог Чарльз Райт Миллс прекрасно описывает эту «черную дыру» власти:

> «Властвующая элита состоит из тех, чье положение позволяет оставаться вне тех условий, в которых живут обычные люди; их положение позволяет им принимать решения, имеющие серьезные последствия. Принимают ли они такие решения или нет — имеет меньшее значение, чем сама значимость их положения: их отказ действовать, отказ принимать решения сами по себе зачастую имеют более важное значение, чем их решения как таковые. Они стоят во главе обширных иерархий и организаций современного общества, они управляют большими корпорациями, руководят государственной машиной и утверждают ее прерогативы. Они возглавляют военные организации, они занимают стратегические командные посты в социальной структуре, где сегодня сосредоточены эффективные средства власти, а также богатство и известность, которыми наслаждаются представители "элиты" [10]».

Если интересы представителей разных групп политической власти совпадают, они начинают определять реальность, в которой мы живем, — как предвидел Джордж Оруэлл в романе «1984». Военно-корпоративно-религиозный комплекс — окончательная мегасистема, управляющая сегодня основными ресурсами страны и качеством жизни большинства американцев.

Когда власть испытывает постоянный страх, она становится страшна.

Эрик Хоффер. Страстное состояние ума
(The Passionate State of Mind)

Власть создавать «врага»

Власти предержащие обычно не совершают злодеяний сами, как и главари мафии, которые оставляют грязную работу рядовым «бойцам». Системы создают иерархии, где влияние и связи направлены сверху вниз — и лишь очень редко снизу вверх. Если властвующая элита хочет уничтожить враждебное государство, она обращается к экспертам по пропаганде, которые разрабатывают программу ненависти. Что может заставить граждан одной страны настолько возненавидеть граждан другой, чтобы начать их изолировать, пытать и даже убивать? Для этого нужен «образ врага», психологическая конструкция, глубоко укореняемая в умах граждан страны с помощью пропаганды, которая превращает других людей во «врагов». «Образ врага» — самый сильный мотив для солдата, он заряжает его оружие патронами ненависти и страха. Образ страшного врага, угрожающего личному благополучию граждан и национальной безопасности страны, заставляет матерей и отцов отправлять сыновей на войну и позволяет правительствам расставлять приоритеты по-новому, заменяя орудия труда орудиями войны.

Это делается с помощью слов и образов. Перефразируя старую пословицу, когда слово бьет, то и палка не нужна. Все начинается с создания стереотипных представлений о «другом», с дегуманизированного образа «другого», как никчемного или как всесильного, демонического, абстрактного монстра, несущего тотальную угрозу нашим самым дорогим ценностям и убеждениям. В атмосфере всеобщего страха, когда вражеская угроза кажется неизбежной, разумные люди начинают вести себя абсурдно, независимые люди подчиняются бессмысленным приказам, мирные люди превращаются в воинов. Выразительные и зловещие образы врага на плакатах, на телевидении, на обложках журналов, в кино и в Интернете запечатлеваются в глубинах лимбической системы, структуры примитивного мозга, и этот процесс сопровождается сильными чувствами страха и ненависти.

Социальный философ Сэм Кин блестяще описывает, как пропаганда практически любой страны, которая готовится к войне, создает «образ врага», и демонстрирует трансформирующее влияние «образа врага» на душу человека [11]. Желания устранить эту угрозу оправдывают вторичные, искусственные объяснения, предназначенные для официальных документов. Они нужны не для того, чтобы критически оценить будущие — или уже существующие — жертвы и разрушения.

Самый крайний случай применения «образа врага» — это, конечно же, геноцид, спланированное уничтожение одним народом всех тех, кого велено считать его врагами. Мы знаем о том, каким образом пропагандистская машина Гитлера превратила соседей, сотрудников и даже друзей-евреев в презираемых врагов государства, заслуживающих «окончательного решения». Этот процесс стартовал с учебников для начальной школы, где евреев стали изображать презренными и не достойными ни малейшего сострадания. Здесь я хотел бы кратко рассмотреть недавний пример геноцида и изнасилований как оружия против человечности. Затем я покажу, как один аспект этого сложного психологического процесса, аспект дегуманизации, можно исследовать в условиях управляемого эксперимента, изолируя важнейшие элементы для систематического анализа.

ПРЕСТУПЛЕНИЯ ПРОТИВ ЧЕЛОВЕЧНОСТИ: ГЕНОЦИД, ИЗНАСИЛОВАНИЯ И ТЕРРОР

Не менее трех тысяч лет мировая литература убеждает нас, что любой человек и любое государство способны творить зло. В летописи Троянской войны Гомера Агамемнон, полководец греческой армии, говорит своим людям перед сражением с врагами:

> Чтоб никто не избег от погибели черной
> И от нашей руки; ни младенец, которого мать

Носит в утробе своей, чтоб и он не избег! Да погибнут
В Трое живущие все и, лишенные гроба, исчезнут![1]

Эти ужасные слова принадлежат достойному гражданину одного из самых цивилизованных государств того времени, родины философии, юриспруденции и классической драмы.

Мы живем в «век массовых убийств». В XX веке более 50 млн человек стали жертвами систематических убийств, узаконенных правительствами и исполняемых солдатами и гражданскими лицами, охотно выполняющими приказ убивать. Начиная с 1915 г. в Оттоманской Турции были убиты 1,5 млн армян. В середине XX века нацисты ликвидировали не менее 6 млн евреев, 3 млн советских военнопленных, 2 млн поляков и сотни тысяч представителей «нежелательных» народов. Советская империя Сталина уничтожила 20 млн русских, политика Мао Цзэдуна привела к еще большему числу смертей — было убито около 30 млн граждан Китая. В Камбодже коммунистический режим красных кхмеров уничтожил 1,7 млн жителей своей страны. Партия «Баас» Саддама Хусейна обвиняется в убийствах 100 000 курдов в Ираке. В 2006 г. разразился геноцид в суданской провинции Дарфур, которого почти весь мир предпочел не заметить [12].

И почти те же слова, которые произнес Агамемнон три тысячелетия назад, прозвучали совсем недавно, в далекой африканской стране Руанде, когда представители господствующего народа хуту принялись истреблять своих соседей, принадлежащих к этническому меньшинству тутси. Одна женщина, жертва этого геноцида, вспоминает, как один из мучителей сказал ей: «Мы собираемся убить всех тутси, и когда-нибудь дети хуту будут спрашивать, как выглядели дети тутси».

Изнасилование Руанды

Миролюбивые представители народа тутси, граждане центральноафриканской страны Руанды, однажды обнаружили, что оружием массового поражения могут быть простые мо-

---

[1] Цит. по: Гомер. Илиада. Пер. Н. И. Гнедича.

тыги. Систематическое уничтожение тутси их соседями, хуту, началось весной 1994 г. В течение нескольких месяцев геноцид охватил всю страну. Батальоны смерти, вооруженные мотыгами и дубинками, усыпанными гвоздями, убивали тысячи невинных мужчин, женщин и детей. В отчете Организации Объединенных Наций сказано, что за три месяца было убито от 800 000 до 1 млн руандийцев. Эта резня стала самой жестокой за всю историю Африки. Было уничтожено три четверти населения тутси.

По приказу властей хуту убивали бывших друзей и ближайших соседей. Десять лет спустя один убийца-хуту сказал в интервью: «Хуже всего было убивать соседа; мы часто вместе выпивали, его коровы паслись на моей земле. Он был мне почти родственником». Одна женщина-хуту описала, как забила до смерти соседских детей, смотревших на нее с наивным изумлением, потому что их семьи всю жизнь жили по соседству и дружили. Она вспоминает, как какой-то государственный чиновник сказал ей, что тутси — их враги. Потом он дал ей дубинку, а ее мужу — мотыгу, чтобы они могли устранить эту угрозу. Она оправдывала свои действия тем, что оказывала детям «услугу» — если бы она не убила их, они стали бы беспомощными сиротами, ведь их родители были уже убиты.

До недавних пор систематическим изнасилованиям руандийских женщин как тактике террора и духовного уничтожения почти не уделяли внимания. По некоторым данным, изнасилования начались с того, что лидер хуту, майор Сильвестр Кекумбиби, сперва изнасиловал дочь своего бывшего друга-тутси, а потом отдал ее на растерзание другим мужчинам. По ее словам, он сказал ей: «Мы не будем тратить на тебя пули; мы тебя изнасилуем, и это будет гораздо хуже».

В истории были подобные случаи — например, изнасилования китайских женщин японскими солдатами в Нанкине (далее мы поговорим об этом подробнее). Но тогда, на фоне других событий, эти ужасы остались незамеченными, и китайцы не желали их вспоминать, а тем более о них рассказывать. Но о психологических мотивах изнасилований руандийских женщин известно довольно много [13].

Жители деревни Бутаре оказали сопротивление ополченцам хуту, и временное правительство отправило туда специального представителя, чтобы подавить «восстание». Посланница занимала пост министра по делам семьи и женщин, она была любимой дочерью деревни Бутаре — здесь она выросла. Ее звали Полин Ньирамасухуку, она принадлежала к народу тутси, была в прошлом социальным работником и читала лекции о правах женщин. Она была единственной надеждой этой деревни. Но эта надежда не оправдалась. Полин приготовила ужасную ловушку. Она объявила жителям деревни, что на местном стадионе Красный Крест обеспечит им питание и убежище; на самом деле на стадионе их ждали вооруженные головорезы-хуту (интерахамве). В итоге почти все жители деревни были убиты. Их расстреляли из пулемета, в толпу безоружных, ничего не подозревающих людей бросали гранаты, а оставшихся в живых по одному добивали мотыгами.

Полин отдала солдатам приказ: «Прежде чем убить женщин, вы должны их изнасиловать». Другой группе головорезов она приказала сжечь живьем семьдесят женщин и девочек, которых они взяли в плен, и даже принесла для этого бензин из своей машины. Она снова побуждала мужчин насиловать своих жертв перед тем, как их убить. Один парень сказал переводчику, что солдаты не могли никого изнасиловать, потому что «убивали весь день и устали. Мы только разлили бензин по бутылкам, облили женщин и подожгли».

Одну девушку по имени Роуз изнасиловал сын Полин, Шалом. Он заявил, что мать «разрешила» ему насиловать женщин-тутси. Эту девушку единственную оставили в живых, чтобы она могла предоставить Богу отчет об этом геноциде. Ей пришлось наблюдать, как насилуют ее мать и убивают еще двадцать ее родственников.

В отчете ООН указано, что всего за несколько тех ужасных месяцев было изнасиловано как минимум 200 000 женщин, и многие из них позже были убиты. «Некоторых насиловали копьями, стволами ружей, бутылками и ветками банановых деревьев. Половые органы калечили мотыгами, обливали их кипящей водой и кислотой; им отрезали грудь» (с. 85).

«Более того, изнасилования, совершавшиеся обычно по очереди, как правило, сопровождались другими физическими пытками и происходили на глазах у зрителей, что позволяло максимально терроризировать и запугивать их» (с. 89). Все это использовалось и для укрепления социального единства среди убийц-хуту. Дух товарищества среди мужчин часто является побочным продуктом групповых изнасилований.

Жестокость и бесчеловечность не знали границ. «На глазах у мужа 45-летнюю руандийку изнасиловал ее 12-летний сын — интерахамве приставил тесак к его горлу, а остальных пятерых маленьких детей заставляли раздвинуть ей ноги» (с. 116). В Руанде до сих пор продолжается стремительное распространение СПИДа среди выживших жертв изнасилований. «Используя страшную болезнь как апокалиптический кошмар, как биологическое оружие, вы уничтожаете саму возможность продолжения рода, насылая смерть на будущие поколения», — пишет Чарльз Строзье, профессор истории Колледжа уголовного права им. Джона Джея в Нью-Йорке (с. 116).

Как же подступиться хотя бы немного к пониманию тех сил, которые превратили Полин в преступницу нового типа: женщину — врага женщин? В этом могут помочь данные истории и социальной психологии, объясняющие, как распределяются в обществе статус и власть. Во-первых, эта женщина попала под влияние общего представления о том, что женщины-хуту имеют более низкий статус по сравнению с красивыми и высокомерными женщинами-тутси. Тутси выше ростом, у них более светлая кожа и более «европейские» черты лица. Поэтому они больше нравятся мужчинам, чем женщины-хуту.

Расовые различия между тутси и хуту были искусственно созданы бельгийскими и немецкими колонизаторами в начале XX века, потому что им нужно было как-то отличать друг от друга племена, члены которых в течение многих столетий вступали в смешанные браки, говорили на одном языке и разделяли одну религию. Они выдали всем руандийцам удостоверения личности, где было указано, к какому племени относится человек, к большинству, хуту, или к меньшинству, тутси. При этом тутси обычно были лучше образованы и занимали высокие административные должности. Это стало еще одной причиной скрытой мстительности Полин. Кроме того, она была «выскочкой», единственной женщиной в правительстве, и ей нужно было продемонстрировать начальству лояльность, повиновение и патриотическое рвение. Поэтому она стала организатором преступлений, которых женщины никогда раньше не совершали. Кроме того, массовые убийства и изнасилования было легче провоцировать, называя их просто абстрактными «мерами» и обзывая тутси дегуманизирующим прозвищем: это были «тараканы», которых нужно было «истребить». Вот живое документальное свидетельство: в «образе врага» лица были раскрашены в цвета ненависти, а холст уничтожен.

По словам Николь Бержевен, адвоката Полин на процессе, связанном с ее участием в геноциде, невозможно представить, что человек преднамеренно вдохновлял на такие чудовищные преступления: «Участвуя в судебных процессах, связанных с убийствами, понимаешь, что все мы уязвимы. Мы не можем себе представить, что способны на подобные действия. Но постепенно понимаешь, что это может случиться с каждым. Это могло случиться со мной, это могло случиться с моей дочерью. Это могло случиться с вами» (с. 130).

Еще ярче подтверждает один из основных тезисов этой книги профессиональное мнение Элисон де Форже из правозащитной организации Human Rights Watch, которая исследовала множество подобных варварских преступлений. Де Форже призывает нас увидеть в этих злодеяниях наше собственное отражение:

> «Возможность подобного поведения таится в глубинах каждого из нас. Упрощенные представления о геноциде позволяют нам дистанцироваться от тех, кто его совершает. Эти люди так ужасны, что мы не можем и помыслить, что способны на что-то подобное. Но если вспомнить невероятное давление, которое испытывали на себе эти люди, мы вынуждены признать их человечность — и это вызывает тревогу. Мы вынуждены объективно взглянуть на ситуацию и спросить себя: "А как бы я поступил на их месте?" Иногда ответ неутешителен» (с. 132).

Французский журналист Жан Хатцфельд взял интервью у десяти ополченцев-хуту, отбывающих наказание за убийства тысяч мирных тутси [14]. Признания этих людей — фермеров, ревностных христиан и даже одного бывшего учителя — ужасающе бесстрастная и безжалостная хроника немыслимой жестокости. Слова этих людей вынуждают нас снова и снова встречаться с невообразимым: человек может забыть о собственной человечности ради бессмысленной идеологии, выполняя и перевыполняя приказы харизматичных лидеров, призывающих убивать всех, кого они объявляют «врагами». Вот несколько таких свидетельств, перед которыми бледнеет даже «Хладнокровное убийство»[1] Трумена Капоте.

> «Я стал убивать так часто, что в этом уже не было ничего особенного. Я хочу, чтобы вы поняли: от первого человека, которого я убил, и до последнего я не пожалел ни об одном из них».

> «Мы выполняли приказ. Когда мы строились, то испытывали какой-то подъем. Мы собирались в команды на футбольном поле и шли на охоту, как единомышленники».

> «Любому, кто не хотел убивать, потому что жалел этих людей, нужно было следить за своими словами, чтобы не выдать своих сомнений, иначе его могли обвинить в предательстве».

> «Мы убили всех, кого нашли [спрятавшимися] в кустах. Мы не выбирали, не ждали и не боялись. Мы резали знакомых, резали соседей, резали всех».

> «У нас были соседи-тутси — мы знали, что они ни в чем не виноваты, но мы думали, что это из-за тутси у нас такая тяжелая жизнь. Мы больше не смотрели на них по отдельности, мы уже не узнавали в них тех, кем они были, даже друзей и соседей. Они стали угро-

---

[1] «Хладнокровное убийство» (In Cold Blood) — роман американского писателя Трумена Капоте, основанный на истории реального преступления, совершенного в 1959 г. в Канзасе, и раскрывающий природу насилия как сложного социального и психологического феномена. — *Прим. пер.*

зой, большей, чем все, что мы пережили вместе с ними, большей, чем наша дружба. Мы так рассуждали и поэтому убивали».

«Когда мы ловили тутси на болотах, мы не считали их людьми. Я имею в виду, такими же людьми, как мы, с такими же мыслями и чувствами. Охота была жестокая, охотники тоже были жестокими, жертвы были жестоки — жестокость была сильнее разума».

Особенно волнующее свидетельство зверских убийств и изнасилований принадлежит Берте, выжившей женщине тутси. В то же время оно иллюстрирует тему, к которой мы скоро вернемся:

«Я и раньше знала, что человек может убить другого человека. Такое происходит сплошь и рядом. Теперь я знаю, что даже человек, с которым вы делили еду, с которым вы рядом спали, даже он может вас убить просто так. Самый близкий сосед может запросто вас убить: вот чему меня научил этот геноцид, и мои глаза больше не смотрят на мир так, как раньше».

В книге «Рукопожатие с дьяволом» (Shake Hands with the Devil) [15] генерал-лейтенант Ромео Даллер, командующий силами ООН в Руанде, приводит ужасающие описания того, что он видел. Благодаря своей героической изобретательности он смог спасти тысячи людей. Но этот бесстрашный военный командир чувствовал себя опустошенным, потому что не всегда мог добиться действенной помощи от Организации Объединенных Наций, хотя она могла бы предотвратить множество других злодеяний. В итоге у него развилось тяжелое посттравматическое стрессовое расстройство — психологическое последствие резни [16].

Изнасилования в Нанкине, Китай

Жестокость, связанная с изнасилованиями, настолько выразительна и ужасна, и в то же время ее так легко себе представить, что она становится символом других, поистине невообразимых злодеяний войны. В течение всего нескольких кровавых месяцев 1937 г. японские солдаты забили до смерти от 260 000 до 350 000 мирных жителей Китая. Погибло больше людей, чем во время атомных бомбардировок в Японии, и больше, чем мирных жителей в большинстве европейских стран во время Второй мировой войны.

Кроме количества убитых нам важно знать «творческие» методы, придуманные мучителями и делающие даже смерть желанной. Писательница Айрис Чанг провела расследование этих ужасных событий и обнаружила, что мужчин-китайцев использовали как чучела во время обучения обращению со штыком и «соревнований» по обезглавливанию. Было изнасиловано от 20 000 до 80 000 женщин. Солдаты часто этим не ограничивались — они разрезали женщинам животы, отрезали груди, живьем прибивали своих жертв гвоздями к стене. Отцов заставляли насиловать своих дочерей и сыновей, а матерей и других членов семьи — наблюдать за этим [17].

Война порождает жестокость и оправдывает варварское обращение со всеми, кто считается «врагом», недочеловеком, демоном, другим. Насилие в Нанкине приобрело печальную известность благодаря ужасающим крайностям, к которым прибегали солдаты, чтобы унизить и уничтожить невинных мирных жителей, «вражеское население». Но если бы эти события были чем-то исключительным, а не обычным фрагментом полотна истории бесчеловечного отношения к мирным людям, можно было бы подумать, что это какая-то аномалия. Но это не так. Британские солдаты убивали и насиловали мирных жителей во время войны за независимость в Америке. В конце Второй мировой войны и в 1945–1948 гг. солдаты Советской армии изнасиловали около 100 000 берлинских женщин. Помимо изнасилований и убийств более 500 мирных жителей в 1968 г. во время резни в Милай (Сонгми), согласно недавно обнародованным секретным материалам Пентагона, было еще 320 случаев злодеяний американцев против мирного населения во Вьетнаме и Камбодже [18].

Дегуманизация и отключение внутреннего контроля в лабораторных условиях

Предположим, что почти все люди почти всегда следуют моральным принципам. Но давайте представим себе, что моральные принципы — это нечто вроде рычага переключения передач, который иногда оказывается в нейтральном положении. И когда это происходит, мораль «отключается». Если при этом «машина» оказалась на склоне, она вместе с водителем покатится вниз. И тогда все зависит от обстоятельств, а не от умений или намерений водителя. Мне кажется, эта простая аналогия хорошо иллюстрирует одну из основных тем теории отключения внутреннего контроля, которую разработал мой коллега из Стэнфорда Альберт Бандура. В следующих главах мы рассмотрим эту теорию, которая объясняет, почему хорошие люди иногда совершают плохие поступки. Я хочу обратиться к экспериментальному исследованию, которое провели А. Бандура и его ассистенты. Оно прекрасно иллюстрирует ту легкость, с которой моральные принципы можно «отключить» с помощью методов, дегуманизирующих потенциальную жертву [19]. Давайте рассмотрим прекрасный эксперимент Бандуры, демонстрирующий всю мощь методов дегуманизации, когда всего одного слова оказывается достаточно, чтобы вызвать агрессию по отношению к жертве. Давайте посмотрим, как проходил этот эксперимент.

Представьте себе, что вы — студент колледжа и добровольно вызвались участвовать в исследовании, посвященном решению проблем в группе. Вы входите в команду из трех человек, двое других — тоже студенты вашего колледжа. Ваша задача состоит в том, чтобы помочь студентам из другого колледжа улучшить навыки решения проблем в группе, наказывая их за ошибки. Наказанием служат удары током; от пробы к пробе силу тока можно увеличивать. Ассистент записывает ваши имена, имена участников группы ваших «учеников» и уходит, чтобы сообщить экспериментатору, что можно начинать исследование. Всего будет десять проб, и каждый раз вы можете сами определять силу удара током, который получат студенты другой группы, сидящие в соседней комнате.

Тут вы «случайно» слышите, как ассистент по внутренней связи жалуется экспериментатору, что студенты другой группы — «какие-то животные». Эта «случайность» — тоже часть сценария эксперимента, но вы этого не знаете. Есть еще две группы, куда случайным образом попали другие студенты, такие же, как и вы. Ассистент называет студентов из этих других групп «хорошими ребятами» или вообще ничего о них не говорит.

Оказывают ли эти простые слова какое-то влияние на ваше поведение? Сначала кажется, что нет. В первой пробе все группы отвечают одинаково и получают удары низкой силы, примерно второго уровня. Но скоро оказывается, что комментарии ассистента о незнакомых студентах из других групп все-таки имеют значение. Если вы ничего не знаете о своих «учениках», то постоянно выбираете среднюю силу тока, примерно пятого уровня. Если вы считаете их «хорошими ребятами», то относитесь к ним гуманнее и выбираете значительно более низкую силу тока, близкую к третьему уровню. А к тем, кого обозвали «животными», вы не испытываете ни малейшего сострадания. И когда те ошибаются, вы выбираете все более высокую силу тока, значительно превышающую силу тока в других группах. Вы устойчиво продвигаетесь к восьмому уровню.

Давайте задумаемся о тех психологических процессах в вашей голове, которые запускают простые слова ассистента. Вы случайно услышали, как незнакомый вам человек говорит какому-то «боссу», которого вы никогда не видели, что другие студенты — это «животные». Эта единственная оценка меняет ваше отношение к этим другим. Она стирает из вашей памяти образы друзей-сокурсников, которые не так уж отличаются от вас. И тем самым эта оценка оказывает мощное влияние на ваше поведение. Последующие рационализации, к которым прибегали студенты, чтобы объяснить, почему они выбирали такую большую силу тока для студентов-«животных», «давая им хороший урок», оказались не менее удивительными. Этот контролируемый эксперимент, исследующий скрытые психологические процессы, которые происходят в ситуациях реального насилия, мы подробнее обсудим в главах 12 и 13, когда будем говорить о том, как психологи-бихевиористы исследуют различные аспекты психологии зла.

> *Наша способность произвольно «включать» и «выключать» свои моральные принципы... объясняет, почему люди могут быть ужасающе жестоки в один момент и полны сострадания в следующий.*
>
> Альберт Бандура [20]

Ужасные образы тюрьмы Абу-Грейб

Я написал эту книгу, потому что хотел лучше понять, как и почему солдаты американской военной полиции в тюрьме Абу-Грейб в Ираке совершали физическое и психологическое насилие по отношению к заключенным. В мае 2004 г. фотоснимки этих злоупотреблений облетели весь мир, и все мы впервые в истории своими глазами увидели, как американцы, мужчины и женщины, применяют невообразимые пытки к мирным людям, которых они вроде бы должны были охранять. Мучители и жертвы были запечатлены в большой коллекции цифровых документов, наглядно подтверждающих порочность солдат, участвовавших в этих жестоких эскападах.

Зачем они сохраняли фотографические доказательства своих незаконных действий? Ведь они понимали, что если снимки кто-нибудь увидит, то неприятностей не избежать. На этих «трофейных фотографиях», напоминающих снимки охотников прошлого, позирующих на фоне убитых животных, мы видим улыбающихся мужчин и женщин, издевающихся над «этими животными». На снимках мы видим, как заключенных избивают руками, кулаками и ногами; прыгают им на ноги; мы видим раздетых донага людей с мешками на головах, выстроенных в ряды и пирамиды; мы видим мужчин с женскими трусами на голове; мы видим, как мужчин-заключенных заставляют мастурбировать или имитировать фелляцию, а улыбающиеся женщины-охранницы с энтузиазмом снимают все это фотоаппаратом и видеокамерой; мы видим заключенных, подвешенных на балках камер; стоящих на четвереньках в собачьих ошейниках; мы видим, как людей травят служебными бойцовскими собаками.

Каноническим образом, который рикошетом отлетел из этой темницы на улицы Ирака, а оттуда — во все уголки земного шара, стал образ «человека-треугольника»: заключенный в треугольном капюшоне стоит на картонном ящике в напряженной позе с вытянутыми руками, а к его пальцам присоединены электропровода. Ему сказали, что если от усталости он упадет с ящика, то получит удар током и умрет, как на электрическом стуле. Неважно, что провода никуда не ведут; важно, что человек, запечатленный на этом снимке, поверил в эту ложь. Можно только догадываться, что он испытывал. Были еще более отвратительные фотографии, которые американское правительство решило не показывать общественности, потому что они, без всяких сомнений, нанесли бы сокрушительный удар по репутации американских войск, по администрации президента Буша и окончательно подорвали бы доверие к ним. Я видел сотни этих снимков, и они действительно ужасны.

Я был по-настоящему шокирован при виде таких страданий, такой демонстрации высокомерия, таких бесчеловечных оскорблений и унижений беспомощных заключенных. Я был поражен и тем, что одна из участниц всех этих зверств, девушка, которой едва исполнился двадцать один год, назвала все эти ужасы «просто шутками и играми».

Я был потрясен, но не удивлен. СМИ и «обычные люди» всего мира не могли понять, как эти семь мужчин и женщин, которых военное начальство объявило «плохими солдатами» и «ложкой дегтя в бочке меда», могли творить такие ужасы. Но я задавал себе другой вопрос: какие обстоятельства сложились в этом тюремном блоке? Каким образом они побудили хороших солдат совершать такие плохие поступки? Безусловно, ситуационный анализ подобных преступлений не оправдывает их с нравственной точки зрения. Скорее, я хотел найти смысл в этом безумии. Я хотел понять, как и почему характеры этих молодых людей подверглись столь сильной трансформации за столь короткое время. Что было в этой ситуации такого, что заставило их творить все эти невероятные вещи?

Параллельные вселенные:
Абу-Грейб и Стэнфордская тюрьма

Я был потрясен образами и историями злоупотреблений по отношению к заключенным в «театре ужасов» Абу-Грейб.

Но не удивлен. И не случайно. Ведь раньше я уже видел нечто подобное. Тридцать лет назад я стал свидетелем не менее устрашающих сцен. Это было в ходе проекта, которым я руководил и который сам же и создал: голые заключенные, закованные в цепи, с мешками на головах; охранники, наступающие на спины заключенных, которые отжимаются от пола; охранники, подвергающие заключенных сексуальным унижениям; заключенные, переживающие невероятный стресс. Некоторые кадры, снятые во время моего эксперимента, почти в точности повторяли фотографии, сделанные в той далекой, печально известной иракской тюрьме Абу-Грейб.

Студенты колледжа, игравшие роли охранников и заключенных в экспериментальной тюрьме, которую мы создали в Стэнфордском университете летом 1971 г., почти в точности повторяли действия реальных охранников в реальной иракской тюрьме в 2003 г. И я не только видел все это своими глазами, я нес личную ответственность за создание условий, в которых подобные злоупотребления стали возможны. Как научный руководитель проекта, я разработал эксперимент, в рамках которого нормальные, здоровые, интеллектуально развитые студенты колледжа случайным образом получали роли охранников или заключенных во вполне реалистичной экспериментальной «тюрьме», где им предстояло провести несколько недель. Мы с моими ассистентами Крейгом Хейни, Кертисом Бэнксом и Дэвидом Джаффе хотели лучше понять некоторые мотивы, движущие психологией заключенного.

Как обычные люди приспосабливаются к обстановке такого учреждения? Как дисбаланс власти между охранниками и заключенными отражается в их повседневном взаимодействии? Если поместить хороших людей в плохое место, что победит — люди или место? Можно ли избежать насилия, обычного для большинства реальных тюрем, в тюрьме, где содержатся хорошие мальчики из среднего класса? Вот некоторые вопросы, которые мы хотели исследовать в ходе эксперимента, который начинался как простой опыт из области тюремной жизни.

ИССЛЕДУЯ ТЕМНУЮ СТОРОНУ ЧЕЛОВЕЧЕСКОЙ ПРИРОДЫ

Наш путь, как сказал бы Мильтон, приведет нас в «зримую тьму». Он приведет нас туда, где процветает зло — в любом значении этого слова. Мы встретим людей, которые очень плохо вели себя по отношению к другим, часто руководствуясь высокими целями, благородной идеологией и моральным долгом. В этом путешествии мы встретимся с демонами, но возможно, будем разочарованы их банальностью и тем, насколько они похожи на наших соседей. С вашего разрешения я стану вашим гидом на этом пути и приглашу вас встать на место этих демонов, попрошу смотреть на мир их глазами. Это поможет вам увидеть зло с точки зрения его активного участника, увидеть его рядом, собственными глазами. Иногда эта картина будет по-настоящему уродливой. Но только исследуя и понимая причины зла, можно что-то изменить, встретить зло лицом к лицу, трансформировать его с помощью мудрых решений и новаторских социальных акций.

Эксперимент проходил в подвале Джордан-холла, где расположен факультет психологии Стэнфордского университета. Я опишу его обстановку, чтобы вы почувствовали, каково было быть заключенным, охранником или начальником тюрьмы в это время и в этом особом месте. Это исследование широко освещалось в СМИ и было описано в некоторых наших публикациях, но полностью его историю мы никогда не раскрывали. Я расскажу о событиях в том порядке, как они разворачивались, от первого лица, в настоящем времени, в хронологической последовательности восстанавливая основные моменты каждого дня и каждой ночи. Затем мы поговорим о значении и выводах Стэнфордского тюремного эксперимента — этических, теоретических и практических. Мы расширим основания психологических исследований зла и обсудим некоторые экспериментальные и полевые психологические исследования, иллюстрирующие влияние ситуационных факторов на поведение личности. Мы подробно обсудим результаты детальных исследований конформизма, повиновения, деиндивидуации, дегуманизации, отключения внутреннего контроля и зла бездействия.

«Люди — не пленники судьбы, они пленники только собственного разума», — сказал президент Франклин Рузвельт. Тюрьма — это метафора несвободы и в буквальном, и в переносном смысле. Стэнфордский тюремный эксперимент, изначально задуманный как символическая тюрьма, в умах ее охранников и заключенных стал тюрьмой реальной, и даже слишком реальной. Какие еще тюрьмы мы создаем для себя? Как они ограничивают нашу свободу? Невротические расстройства, низкая самооценка, застенчивость, предрассудки, стыд и суеверный страх перед террористами — вот лишь некоторые химеры, не дающие нам быть свободными и счастливыми, искажающие восприятие окружающего мира [21].

Поняв все это, мы вновь обратимся к событиям в тюрьме Абу-Грейб. Но мы пойдем дальше газетных заголовков и телевизионных штампов и попробуем выяснить, что на самом деле означало быть тюремным охранником или заключенным в той отвратительной тюрьме, в обстановке всех тех злоупотреблений. И здесь мы снова поговорим о пытках. И неважно, что со времен инквизиции они приняли новые формы. Я приглашу вас с собой на заседания военного трибунала над одним из американских военных полицейских, и мы увидим некоторые негативные последствия действий солдат. При этом мы пустим в ход все, что знаем о трех компонентах социальной психологии, сосредоточившись на том, как ведут себя люди в особых ситуациях, которые возникли и существуют благодаря определенным системным факторам. Мы устроим воображаемый судебный процесс над всей системой командования в армии США, чиновниками ЦРУ и представителями высшего руководства страны — над всеми соучастниками в деле создания неэффективной системы, породившей пытки и злоупотребления в тюрьме Абу-Грейб.

В первой части последней главы мы предложим некоторые принципы и рекомендации о том, как противостоять нежелательному социальному влиянию, как сопротивляться притягательным приманкам профессионалов по промыванию мозгов. Мы хотим знать, каким образом тактики управления сознанием лишают нас свободы выбора и заставляют уступать тирании конформизма, подчинения и разъедающих душу сомнений и страхов. Я знаю, как сильна может быть власть ситуации. Но при этом я не склонен недооценивать способность человека действовать разумно и критично, на основании достоверной информации, и осознанно направлять свое поведение для достижения определенных целей. Понимая, как проявляется социальное влияние, осознавая, что любой из нас уязвим для его незаметной, но мощной власти, мы можем стать более мудрыми и сознательными потребителями и не окажемся легкой добычей всевозможных авторитетов, групповых мотивов, громких призывов и стратегий подчинения.

Я хочу закончить, с точностью до наоборот изменив вопрос, с которого мы начали. Я хочу, чтобы вы подумали не о том, способны ли вы творить зло, а о том, способны ли вы стать героем. Мой последний аргумент — понятие «банальности героизма». Я верю, что героем может стать каждый из нас. В подходящий момент, в определенной ситуации мы способны принять решение и действовать так, чтобы помочь другим, несмотря на риск и личные жертвы. Но прежде чем мы доберемся до этого счастливого конца, нам придется пройти долгий путь. Итак, *andiamo*[1]!

> *«Ты — мой», — сказала миру власть.*
> *Мир превратил в темницу власти трон.*
> *Любовь сказала миру: «Я — твоя».*
> *Мир стал ей вольным домом.*
>
> Рабиндранат Тагор.
> Одинокие птицы (Stray Birds) [22]

---

[1] Пошли (ит.). — *Прим. ред.*

ГЛАВА ВТОРАЯ

Воскресенье: неожиданные аресты

Едва ли эти молодые люди понимают, что сегодня церковные колокола Пало-Альто звонят по ним. Скоро их жизнь изменится совершенно неожиданным образом.

Воскресенье, 14 августа 1971 г., без пяти десять утра. Температура воздуха около двадцати градусов тепла, влажность, как обычно, низкая, видимость не ограничена; над нами — безоблачное ярко-голубое небо. В Пало-Альто, Калифорния, начинается еще один прекрасный летний день, который выглядит, как на рекламной открытке. Но здесь не признают других дней. Несовершенства и беспорядка в этом западном раю не терпят, так же, как и мусора на улицах или сорняков в саду у соседа. Как прекрасно жить в такой день в таком месте!

Это рай, где американская мечта стала реальностью, ее окончательным воплощением. Население Пало-Альто — около 60 000 человек, а его главное отличие — 11 000 студентов, которые живут и учатся на расстоянии примерно мили от Палм-драйв, вдоль которой по направлению к главному входу в Стэнфордский университет выстроились сотни пальм. Стэнфорд похож на город в городе. Его территория — больше 32 квадратных километров, здесь есть своя полиция, своя пожарная охрана и свое почтовое отделение. Всего в часе езды на север — Сан-Франциско. Но Пало-Альто безопаснее, чище, тише — и белее. Почти все чернокожие живут по другую сторону шоссе 101, в восточной части города, Ист Пало-Альто. По сравнению с многоэтажными домами, к которым я привык, домики на одну или две семьи в Ист Пало-Альто напоминают приличный пригород, где мечтал бы жить мой школьный учитель, если бы ему удалось накопить достаточно денег, подрабатывая по вечерам таксистом.

И все же среди этого оазиса недавно стали назревать проблемы. В Окленде партия «Черные пантеры» выдвигает лозунги самоопределения черных американцев и призывает «всеми возможными способами» сопротивляться расизму. Тюрьмы становятся рекрутинговыми центрами для новой породы политических заключенных. Их идейный вдохновитель Джордж Джексон вместе с другими «братьями Соледад»[1] скоро предстанет перед судом по обвинению в предполагаемом убийстве тюремного охранника. Набирает ход движение за гражданские права женщин. Оно намерено положить конец отношению к женщине как к существу второго сорта и открыть для нее новые возможности. Непопулярная война во Вьетнаме все еще не закончена, и список жертв растет с каждым днем. В попытках прекратить антивоенные манифестации правительство Никсона — Киссинджера применяет против антивоенных активистов все более жестокие методы, но это лишь усугубляет ситуацию. «Военно-промышленный комплекс» стал врагом нового поколения, и оно открыто бросает вызов его ценностям: агрессии, коммерции и эксплуатации. Для тех, кому нравится жить в истинную эпоху перемен, этот «дух времени» не имеет аналогов в новейшей истории.

ОБЩЕЕ ЗЛО, ОБЩЕЕ БЛАГО

Меня поражал контраст между атмосферой анонимности, в которой я жил в Нью-Йорке, и чувством принадлежности к сообществу и собственной индивидуальности, которые я нашел в Пало-Альто. Я решил провести простой полевой экспе-

---

[1] Джордж Джексон — американский заключенный, в тюрьме ставший борцом за права афроамериканцев, марксистом, писателем, членом партии «Черные пантеры». Убит при попытке бегства из тюрьмы Сан-Квентин 21 августа 1971 г. «Братья Соледад» — трое темнокожих заключенных, в том числе Дж. Джексон, тюрьмы Соледад в Калифорнии, которых обвинили в убийстве тюремного надзирателя 16 января 1970 г. в ответ на убийство трех заключенных. Дело «братьев Соледад» вызвало широкий резонанс и привлекло внимание граждан США к расовым проблемам. — *Прим. пер.*

римент, чтобы проверить, достоверны ли эти различия. Меня интересовали антисоциальные последствия анонимности. Что происходит, когда люди находятся в ситуации, провоцирующей агрессию, и при этом уверены, что их никто не узнает и не накажет? Под влиянием идеи о том, что «маски» высвобождают агрессивные импульсы, как это прекрасно описано в «Повелителе мух», я провел такое исследование. Оказалось, что испытуемые, находившиеся в ситуации «деиндивидуации», охотнее причиняли боль другим, чем те, кто чувствовал себя «узнаваемым» [1]. Теперь я хотел выяснить, как поступят добропорядочные граждане Пало-Альто в ответ на искушение в ситуации, провоцирующей вандализм. Я разработал полевой эксперимент с использованием съемки скрытой камерой. Мы оставили на улицах Пало-Альто пустую брошенную машину. Для сравнения, мы оставили такую же машину за три тысячи миль, в нью-йоркском Бронксе. Вполне приличные машины просто стояли на улице, рядом с кампусами Нью-Йоркского университета в Бронксе и Стэнфордского университета в Пало-Альто. И там и там машина стояла на улице с открытым капотом и снятыми номерными знаками — верными признаками угона, призванными ввести граждан в искушение вандализма. Члены моей исследовательской группы [2] незаметно наблюдали и фотографировали действия прохожих в Бронксе и снимали их скрытой видеокамерой в Пало-Альто.

В Бронксе первые вандалы появились еще до того как мы настроили записывающее оборудование. Грабить машину принялась целая семья. Папочка отдавал приказы: мамочке следовало почистить багажник, а сыну — заглянуть в бардачок. Отец семейства тем временем снимал аккумулятор. Потом проходившие и проезжавшие мимо люди то и дело останавливались, чтобы лишить наш беспомощный автомобиль всего мало-мальски ценного. Это было настоящее соревнование в разрушении. За этим эпизодом последовал парад вандалов, методично разбиравших нашу бедную нью-йоркскую машину на части, а потом уничтоживших то, что от нее осталось.

Журнал *Time* опубликовал печальный рассказ, посвященный этой городской анонимности в действии. Статья называлась «Дневник брошенного автомобиля» [3]. За несколько дней мы зафиксировали 23 случая вандализма по отношению к нашему несчастному олдсмобилю, брошенному в Бронксе. Вандалы казались совершенно обычными гражданами. Все это были белые, хорошо одетые взрослые люди. Именно такие, как они, обычно требуют усилить полицейскую охрану, ужесточить борьбу с преступностью, и «совершенно согласны» с утверждением какой-нибудь анкеты о необходимости укреплять законность и правопорядок. Против ожиданий, только один из актов вандализма был совершен детьми — они просто отдались радости разрушения. Что еще удивительнее, все акты вандализма произошли средь бела дня, и нам даже не понадобилась инфракрасная фотопленка. Привычка к анонимности не требует темноты.

Какова же была судьба машины, оставленной в Пало-Альто? Она ведь была не менее привлекательной приманкой для вандалов. Тем не менее за целую неделю мы не зафиксировали ни одного случая вандализма! Люди проходили и проезжали мимо, смотрели на машину, но никто к ней даже не притронулся. Ну, не совсем. Однажды во время дождя некий заботливый джентльмен закрыл капот. (Господь запрещает мочить мотор!) Когда я наконец отогнал автомобиль в кампус Стэнфордского университета, трое свидетелей немедленно вызвали полицию, чтобы сообщить о возможном угоне оставленного автомобиля [4]. Вот мое рабочее определение «сообщества»: люди настолько заботятся о своем городе или районе, что, столкнувшись с необычной или, возможно, криминальной ситуацией, происходящей на их территории, готовы действовать. Я полагаю, что такое просоциальное поведение основано на предположении о взаимном альтруизме. Люди верят, что на их месте другие сделали бы то же самое, чтобы защитить чью-то собственность или другого человека.

Вывод из этого небольшого опыта заключается в том, что условия, заставляющие нас чувствовать себя анонимными — когда мы думаем, что другие нас не знают или им все равно, — часто способствуют антиобщественному, эгоистичному поведению. Мое более раннее исследование продемонстрировало, что анонимность — это сила, толкающая человека на агрессивные действия против других людей в условиях, когда можно нарушать обычные табу, запрещающие насилие по отношению к другим. Опыт с брошенной машиной расширил эти выводы и показал, что атмосфера анонимности является предварительным условием для нарушения общественного порядка.

Любопытно, что эта демонстрация стала единственным практическим доказательством, подтверждающим концепцию преступности, получившую название «теория разбитых окон». Эта теория гласит, что *атмосфера запустения* наряду с наличием преступников стимулирует преступления [5]. Окружение и атмосфера, позволяющие людям оставаться анонимными, ослабляют ощущение личной и гражданской ответственности за свои действия. Это наблюдается во многих организациях — в школах, в офисах, в армии и в тюрьмах. Сторонники теории разбитых окон утверждают, что если привести район в порядок — убрать с улиц брошенные машины, стереть надписи на стенах, вставить разбитые окна, — количество преступлений и беспорядков на городских улицах снизится. Есть доказательства, что такие превентивные меры оказались весьма действенными в некоторых городах, например в Нью-Йорке, но были не так эффективны в других городах.

В таких местах, как Пало-Альто, спокойно и тихо расцветает дух сообщества: здесь люди заботятся о физическом и социальном качестве своей жизни, а также имеют достаточно средств, чтобы улучшать и то и другое. Здесь атмосфера проникнута ощущением справедливости и доверия, составляющим контраст с агрессивными проявлениями несправедливости и цинизма, которые люди ежедневно наблюдают в некоторых других местах. Например, в Пало-Альто люди верят, что полицейское управление действительно борется с преступностью и сдерживает зло. И это действительно так, потому что здешние полицейские хорошо образованны, профессионально подготовлены, дружелюбны и честны. Полиция здесь следует правилам и поэтому действует справедливо, даже если иногда люди забывают, что полицейские — это всего лишь «синие воротнички», хотя они и одеты в полицейскую униформу, и если в городском бюджете не хватает средств, их могут уволить. Но иногда даже лучшие полицейские позволяют авторитету власти встать выше человечности. В таких местах, как Пало-Альто, это бывает редко. Но именно такой случай, как ни странно, связан с предысторией Стэнфордского тюремного эксперимента, который начался с «большого взрыва».

СТУДЕНЧЕСКИЕ ВОЛНЕНИЯ В СТЭНФОРДЕ И В ДРУГИХ УНИВЕРСИТЕТАХ

Единственным пятном на репутации в высшей степени достойных городских властей и граждан Пало-Альто стали жестокие столкновения со студентами-радикалами Стэнфорда. В 1970 г. студенты выступили против действий Соединенных Штатов в Индокитае. Когда они начали громить здания университетского городка, я помог организовать конструктивные антивоенные выступления с участием нескольких тысяч других студентов: мы хотели показать, что насилие и вандализм просто привлекают негативное внимание СМИ, но не помогают прекратить войну, а наша мирная тактика, напротив, может в этом помочь [6]. К сожалению, новый ректор университета, Кеннет Питцер, запаниковал, вызвал полицию, и, как во многих подобных ситуациях по всей Америке, полицейские потеряли профессиональное самообладание и принялись избивать детей, которых обязаны защищать. Еще более жестокие столкновения между полицейскими и студентами произошли в университете Висконсина (в октябре 1967 г.), в Кентском государственном университете в Огайо (в мае 1970 г.) и в Государственном университете Джексона в Миссисипи (тоже в мае 1970 г.). Полиция стреляла в студентов колледжа, их калечили и убивали местные полицейские и национальные гвардейцы — эти доблестные защитники граждан. (Подробности описаны в примечании [7].)

New York Times, 2 мая 1970 г., с. 1, 9:

«Всплеск антивоенных выступлений в кампусах — в первую очередь против событий в Камбодже — вчера принял множество форм и привел к следующим инцидентам.

После митинга и нападения на штаб Службы подготовки офицеров резерва в кампусе Колледж-Парк студенты Мэрилендского университета устроили столкновения с государственной полицией. В ответ губернатор штата Мэриленд Марвин Мандель поднял по тревоге два подразделения Национальной гвардии.

Около 2300 студентов и преподавателей Принстонского университета большинством голосов решили устроить забастовку как минимум до понедельника. На этот день запланирован массовый митинг, это приведет к бойкоту всех общественных институтов... Студенческая забастовка в Стэнфордском университете переросла в беспорядки в кампусе. Студенты забросали полицию камнями, а полиция использовала слезоточивый газ, чтобы рассеять демонстрантов».

В отчете о забастовках в Стэнфорде зафиксирован уровень насилия, никогда раньше не замеченный в этом буколическом университетском городке. Полицию вызывали в кампус не менее 13 раз. Было арестовано больше 40 человек. Самые серьезные демонстрации произошли 29 и 30 апреля 1970 г., после того как стало известно, что американцы вторглись в Камбоджу. Были вызваны полицейские даже из Сан-Франциско, студенты забросали их камнями. В кампусе впервые был использован слезоточивый газ. Ректор Питцер назвал эти дни «трагическими». Пострадало около 65 человек, в том числе многие полицейские.

Между сообществом Стэнфордского колледжа, полицией Пало-Альто и бескомпромиссными, «жесткими» городскими властями возникло напряжение. Это был странный конфликт, потому что здесь никогда раньше не было подобной любви-ненависти, существовавшей, например, в отношениях между городскими властями Нью-Хейвена и студентами Йельского университета, которые я наблюдал, когда был аспирантом в Йеле.

Новый начальник полиции Пало-Альто, капитан Джеймс Зеркер, принявший бразды правления в феврале 1971 г., попытался рассеять враждебность, возникшую в результате действий его предшественника во время студенческих забастовок.

Я обратился к нему с просьбой о сотрудничестве в рамках программы «деполяризации» между городской полицией и студентами Стэнфорда, и он охотно согласился [8]. Молодые офицеры водили студентов на «экскурсии» по новому сверкающему зданию полицейского управления, а студенты в ответ приглашали полицейских пообедать в студенческой столовой и послушать лекции. Затем я предположил, что, возможно, полицейским-новичкам было бы интересно принять участие в наших исследованиях. Это было бы еще одно свидетельство того, что разумные люди способны находить разумные решения даже самых сложных социальных проблем. Однако именно так я невольно содействовал появлению в Пало-Альто нового пристанища зла.

Капитан Зеркер согласился, что было бы интересно исследовать, как полицейские адаптируются к своей новой роли, и какие факторы помогают новичку превратиться в «хорошего полицейского». Прекрасная идея, ответил я, но для этого нужен большой грант, которого у меня нет. Однако у меня был небольшой грант, предназначенный для исследования психологии тюремных охранников; это, правда, узкая функциональная роль, связанная также с более ограниченной территорией. Как насчет того, чтобы создать «тюрьму», в которой молодые полицейские и студенты колледжа смогли бы сыграть роли и охранников, и заключенных? Капитану эта идея понравилась. В дополнение к данным, которые я мог получить в таком исследовании, это был бы хороший личный опыт для его людей. Поэтому он согласился, чтобы несколько полицейских-новичков приняли участие в создании нашей искусственной тюрьмы. Я обрадовался: этот небольшой успех позже позволил мне добиться, чтобы его офицеры «арестовали» студентов, которым скоро предстояло стать нашими заключенными.

Когда все было почти готово к началу эксперимента, капитан отказался от идеи использовать своих людей в роли «заключенных» или «охранников». Он сказал, что не может отпустить их со службы на целых две недели. Но он хотел продолжать сотрудничество и добровольно вызвался помочь в моем тюремном исследовании любым другим способом.

Я сказал, что идеальный способ начать исследование как можно более реалистично и драматично — чтобы аресты мнимых «заключенных» провели настоящие полицейские. Это заняло бы всего несколько часов в воскресенье утром и, конечно же, было очень важно для успеха исследования: «заключенные» внезапно теряли свободу, как это происходит при реальных арестах — а не являлись бы в Стэнфорд и добровольно «садились в тюрьму» в качестве участников исследования. Капитан неохотно согласился и пообещал, что в воскресенье утром дежурный сержант выделит для этого задания одну полицейскую машину.

КАТАСТРОФА: ПРОЕКТ МОЖЕТ СОРВАТЬСЯ В САМОМ НАЧАЛЕ

Я совершил ошибку: не получил от капитана письменного подтверждения его обещания. Реальность требует письменных документов (если соглашение не записано на аудио- или видеопленку). Я понял это в субботу и позвонил в полицию, чтобы получить подтверждение. Капитан Зеркер уже уехал на уик-энд. Плохое предзнаменование.

Как я и ожидал, в воскресенье дежурный сержант вовсе не собирался поручать полицейскому управлению Пало-Альто проведение неожиданных массовых арестов студентов колледжа в связи с предполагаемыми уголовными преступлениями. И уж тем более он не станет этого делать без письменного разрешения руководства. Это был опытный полицейский, который вовсе не хотел впутываться в какой-то эксперимент, проводимый личностью из тех, кого вице-президент страны Спиро Агню обозвал «бесплодными интеллектуалами-снобами». Очевидно, у его людей были более важные дела, чем играть в полицейских и воров ради какого-то дурацкого эксперимента. Он считал, что психологические эксперименты — это просто-напросто вмешательство в личную жизнь других людей и вытаскивание на свет Божий того, что посторонним знать не нужно. Должно быть, он считал, что психологи могут читать мысли, посмотрев вам в глаза. Поэтому он опустил глаза и сказал: «Мне очень жаль, профессор. Я бы и рад вам помочь, но правила есть правила. Я не могу дать своим ребятам другое задание, не получив официального разрешения».

Я уже ждал продолжения, вроде «приходите в понедельник, когда капитан будет на месте». Мне показалось, что мое так тщательно спланированное исследование закончилось, так и не начавшись. Все было готово: в подвале здания факультета психологии Стэнфорда мы оборудовали тюремные «камеры»; «охранники» выбрали для себя униформу и с нетерпением ждали, когда привезут первых «заключенных»; была приготовлена еда на первый день; дочь моего секретаря вручную сшила униформу для «заключенных»; в «камерах» было установлено оборудование для видео- и аудиозаписи; мы заручились поддержкой студенческой поликлиники, юридического отдела, пожарной охраны и полиции кампуса; взяли напрокат кровати и постельное белье. Мы приложили массу усилий, чтобы все как следует организовать, ведь нам предстояло заботиться в течение двух недель о двух дюжинах добровольцев, одна половина которых должна была день и ночь оставаться в «тюрьме», а вторая — работать посменно, по 8 часов. Раньше я никогда не проводил экспериментов, которые требовали бы больше часа на одну пробу. Столько усилий — и все могло рассыпаться из-за простого «нет».

Твердо зная, что предусмотрительность — главное качество ученого, а помощь верных друзей — основной капитал обитателя Бронкса, и ожидая подобного сценария с того момента, как я узнал, что капитан Зеркер ушел со сцены, я убедил телережиссера с телеканала KRON из Сан-Франциско заснять захватывающее событие — неожиданные аресты студентов — для сюжета вечерней программы новостей. Я рассчитывал, что участие СМИ смягчит сопротивление официальных лиц, а заманчивая перспектива оказаться на телеэкране склонит полицейских на мою сторону.

«Очень жаль, сержант, что мы не можем сегодня сделать то, на что рассчитывал капитан. С нами телеоператор с четвертого канала, и он должен снять сюжет об арестах для вечерней программы новостей. Это было бы хорошим паблисити для полицейского управления, но может быть, капитан и не слишком расстроится, что вы решили изменить наши общие планы».

«Ну, я же не сказал, что я против, я просто не уверен, что мои люди готовы это сделать. Я ведь не могу отвлекать их от работы».

Тщеславие мне имя: время теленовостей

«Почему бы нам не поручить это двум офицерам? Если они не возражают, что их покажут по телевидению, когда они совершают обычные полицейские аресты, то, может быть, мы могли бы действовать так, как хотел бы капитан?»

«Мы согласны, сержант», — говорит младший офицер, Джо Спарако, приглаживая свои волнистые темные волосы и бросая взгляд на оператора с большой камерой, которую тот с невозмутимым видом держит на плече. «Сегодня воскресное утро, ничего не происходит, а это, кажется, может оказаться интересным».

«Ладно, капитан, наверное, знает, что делает; если все уже оговорено, я не хочу создавать проблем. Но вот что я вам скажу: вы будете отвечать на все звонки и прекратите эксперимент, если вдруг мне понадобится».

Я вмешиваюсь: «Офицеры, не могли бы вы записать свои имена для репортера, чтобы он правильно произнес их перед камерой?» Мне нужно было заручиться их поддержкой, что бы ни случилось на улицах Пало-Альто до того, как все наши «заключенные» будут арестованы и пройдут формальную процедуру задержания в управлении.

«Похоже, это важный эксперимент, раз его снимает телевидение и все такое, да, профессор?» — спрашивает другой полицейский по имени Боб, поправляя галстук и машинально положив руку на пистолет.

«Кажется, телевизионщики думают именно так, — говорю я, прекрасно понимая безосновательность этого заявления, — неожиданные аресты, вы же понимаете. Это довольно необычный эксперимент, который может привести к интересным результатам; поэтому ваш шеф и дал добро. Вот имена и адреса девяти "подозреваемых", которых нужно будет арестовать. Я буду в машине вместе с Крейгом Хейни, моим научным ассистентом. Мы будем ехать за вашей полицейской машиной. Вам придется ехать медленно, чтобы оператор успел снять все ваши действия. Арестуйте их одного за другим, в соответствии со стандартной процедурой, зачитайте им правило Миранды[1], обыщите их и наденьте наручники, как сделали бы с любым опасным подозреваемым. Первые пять подозреваемых обвиняются в краже, статья 459 Уголовного кодекса. Другие четверо подозреваются в вооруженном ограблении, статья 211. Привезите каждого в управление, чтобы зарегистрировать их, взять отпечатки пальцев, заполнить идентификационные карточки и сделать все, что вы обычно делаете в таких случаях.

Затем отведите каждого в камеру предварительного заключения и выберите следующего подозреваемого из списка. Из камеры предварительного заключения мы перевезем "заключенных" в нашу тюрьму. Единственное исключение из правил, о котором мы вас просим, — завязать заключенному глаза перед тем, как поместить его в камеру, одной из вот этих повязок. Когда мы будем его перевозить, мы хотим, чтобы он не видел нас и не знал, куда мы его везем. Их увезут Крейг, другой мой помощник Керт Бэнкс и один из наших "охранников", Венди».

«Звучит прекрасно, профессор, мы с Бобом отлично с этим справимся, никаких проблем».

ИТАК, ИСТОРИЯ НАЧИНАЕТСЯ [9]

Мы покидаем кабинет сержанта и направляемся вниз, чтобы проверить комнату для допросов, — Джо и Боб, Крейг, оператор (его зовут Билл) и я. Все сияет новизной; это крыло здания главного городского офисного центра Пало-Альто построено совсем недавно. Оно находится поблизости — и в то же время очень далеко — от здания старой тюрьмы, которое потихоньку разрушается, но не от того, что тюрьма переполнена, а просто от старости. Я хотел, чтобы офицеры и оператор участвовали в процессе от первого до последнего ареста, и чтобы процедуры ареста как можно точнее соответствовали стандартным

---

[1] Правило Миранды — юридическое требование в США, согласно которому перед допросом подозреваемый в совершении преступления должен быть уведомлен о своих правах. Названо по фамилии преступника-рецидивиста, сыгравшего важную роль в становлении этого правила. — *Прим. ред.*

правилам. Чуть раньше я рассказал оператору о целях исследования, но сделал это очень кратко, потому что был занят переговорами с сержантом. Мне пришло в голову, что я должен изложить всем участникам некоторые процедурные детали эксперимента, а также причины, по которым я решил его провести. Это помогло бы укрепить командный дух и показать, что я достаточно внимателен к ним и готов ответить на все вопросы.

«Эти ребята знают, что их собираются арестовать? Мы должны им сказать, что это эксперимент, или что?»

«Джо, они все добровольно вызвались участвовать в исследовании тюремной жизни. Они отозвались на наше объявление в газетах, в котором мы приглашали студентов колледжа, которые хотят заработать 15 долларов в день, приняв участие в двухнедельном эксперименте по психологии заключенных, и...»

«Вы хотите сказать, что эти ребята получат по 15 долларов в день за то, что просто две недели просидят в тюремной камере, ничего не делая? Мы с Джо тоже не отказались бы от такого. Похоже на шальные деньги».

«Возможно. Возможно, это шальные деньги, и если мы обнаружим что-нибудь интересное, то повторим исследование, и полицейские тоже смогут попробовать себя в роли заключенных и охранников. Мы обсуждали это с вашим шефом».

«Ну, в таком случае можете на нас рассчитывать».

«Как я сказал, мы отобрали девятерых студентов, которых вы скоро арестуете, из большой группы, примерно из ста человек, ответивших на наши объявления в *Palo Alto Times* и *The Stanford Daily*. Мы отсеяли явно ненормальных, тех, кто в прошлом подвергался арестам по любым причинам, и тех, у кого есть какие-то проблемы со здоровьем или психикой. С оставшимися мы провели часовые интервью, чтобы провести их психологическую оценку. Кроме того, все они беседовали с моими помощниками, Крейгом Хейни и Кертом Бэнксом. В результате из этих добровольцев мы выбрали 24 человека, которые и станут участниками исследования».

«15 долларов умножить на 24 и на 14 — вам придется заплатить уйму денег. Надеюсь, не из вашего кармана, док?»

«Всего получится 5040 долларов, но исследование поддерживает государственный грант Управления морских исследований, я получил его для изучения антисоциального поведения, так что мне не придется платить участникам самому».

«Наверное, все студенты хотят быть охранниками?»

«Нет, наоборот, никто не захотел быть охранником; всех больше привлекала роль заключенных».

«С чего бы это? Вроде бы охранником быть веселее и безопаснее, чем заключенным, по крайней мере, мне так кажется. Другое дело, что 15 баксов за то, чтобы круглые сутки изображать заключенного, — это мало. Охранники, которые работают обычную смену, получат больше».

«Правильно, мы планируем, что охранники будут работать по восемь часов. У нас три команды из трех охранников, которые будут круглосуточно охранять девятерых заключенных. Но наши студенты хотели быть заключенными, потому что они думают, что рано или поздно действительно могут оказаться в тюрьме — например, за уклонение от армии, нарушение правил дорожного движения или за участие в забастовках за гражданские права или в антивоенных выступлениях. Почти все они сказали, что никогда не представляли себя в роли тюремных охранников, ведь поступили в колледж не для того, чтобы пополнить ряды тюремной охраны. И хотя все они участвуют в эксперименте прежде всего из-за денег, некоторые хотят научиться чему-то полезному, попробовав себя в новой роли».

«Как вы отбирали охранников? Спорим, вы выбрали самых рослых парней?»

«Нет, Джо, мы распределили добровольцев на две группы случайным образом, это все равно что подбросить монетку. Если выпадает орел, доброволец получает роль охранника; если решка — то роль заключенного. Охранники только вчера узнали, какая роль им досталась. Они пришли в нашу небольшую "тюрьму" в подвале здания факультета психологии Стэнфорда, чтобы помочь нам закончить подготовку. Мы хотели, чтобы они познакомились с этим местом. Каждый из них выбрал себе униформу в местном магазине военных товаров, и сейчас они ждут, когда все начнется».

«Они прошли какое-то обучение, как быть охранниками?»

«К сожалению, у меня не было на это времени, но вчера мы провели для них краткий курс; никаких определенных инструкций о том, как действовать, они не получили. Главное — обеспечивать порядок, не применять насилия к заключенным и не позволить им бежать. Я также попытался объяснить им особенности психологии мышления заключенных, которые переживают ощущение бессилия, — а мы хотим, чтобы наша тюрьма была похожа на настоящую.

Ребят, которых вы собираетесь арестовать, мы просто попросили ждать дома, в общежитии или в другом назначенном месте, если они далеко живут. Мы сказали, что свяжемся с ними сегодня утром».

«И они нас дождутся, да, Джо? Мы покажем им, как оно на самом деле».

«Меня кое-что смущает».

«Конечно, Джо, давайте все проясним. Вы тоже, Билл, если хотите что-то узнать, чтобы потом передать режиссеру вечерних новостей, спрашивайте».

«У меня такой вопрос, док: зачем прилагать столько усилий, самим строить тюрьму в подвале, арестовывать этих студентов, платить все эти деньги, когда у нас и так достаточно тюрем и преступников? Почему бы просто не понаблюдать за тем, что происходит в окружной тюрьме или в Сан-Квентине? Разве вы не выяснили бы того, что хотите знать об охранниках и заключенных в настоящих тюрьмах?»

Джо попал в точку. Я мгновенно оказался в привычной роли преподавателя, жаждущего донести свою мысль до заинтересованных слушателей. «Мне интересно исследовать, — начал я, — что значит, с психологической точки зрения, быть заключенным или охранником. Как меняется человек, адаптируясь к новой роли? Возможно ли всего за несколько недель приобрести новую идентичность, которая отличается от привычной личности?

Социологи и криминалисты проводили исследования реальной тюремной жизни, но все эти исследования имеют несколько серьезных недостатков. Исследователям никогда не удавалось наблюдать все стороны тюремной жизни. Их наблюдения обычно были ограничены строгими рамками, они не имели непосредственного доступа к заключенным и тем более к охранникам. В тюрьмах есть только два типа людей: персонал и заключенные, а исследователи — просто посторонние, и все в тюрьме относятся к ним с подозрением, если не с недоверием. Исследователи могли видеть лишь то, что им показывали во время экскурсий. Им редко удавалось заглянуть за "фасад" тюремной жизни. Мы хотим лучше понять глубинную структуру отношений между заключенными и охранниками, воссоздав *психологическую* атмосферу тюрьмы и получив возможность наблюдать, делать записи и документировать весь процесс превращения обычных людей в заключенных или в охранников».

«Да, я согласен, тогда все это имеет смысл, — вмешался Билл, — но есть большая разница между вашей Стэнфордской "тюрьмой понарошку" и реальными тюрьмами — там совсем другие заключенные и охранники, чем у вас. В реальной тюрьме мы имеем дело с социопатами, с жестокими парнями, которым ничего не стоит нарушить закон или напасть на охранников. Нужны действительно крутые охранники, чтобы их контролировать, готовые, если нужно, свернуть им шеи. Ваши милые стэнфордские мальчики совсем не такие грубые и жестокие, как настоящие охранники и заключенные».

«А я вот что думаю, — говорит Боб. — Почему вы думаете, что эти дети из колледжа, которые знают, что получают 15 долларов в день за то, что ничего не делают, просто не просидят там две недели и как следует не поразвлекаются за ваш счет, док?»

«Во-первых, я должен заметить, что не все наши испытуемые — студенты Стэнфорда. Многие приехали со всей страны и даже из Канады. Как вы знаете, летом в район Залива[1] съезжается много молодых людей, и мы принимали в команду тех, кто только что окончил летнюю школу в Стэнфорде

---

[1] Имеется в виду так называемая Область залива Сан-Франциско (San Francisco Bay Area, или просто Bay Area) — крупная конурбация (скопление крупных, средних и малых городов без выраженного центра) в северной Калифорнии, сформировавшаяся вокруг залива Сан-Франциско и названная его именем. — *Прим. ред.*

или в Беркли. Но вы правы, в нашей Стэнфордской тюрьме не будет обычных обитателей тюрем. Мы очень старались выбрать совершенно нормальных, здоровых ребят, со средними показателями по всем психологическим тестам, которые мы проводили. Вместе с Крейгом — вот он — и другим моим аспирантом, Кертом Бэнксом, мы тщательно отобрали наших испытуемых из всех, с кем проводили интервью».

Крейг, терпеливо ожидавший моего знака, что ему тоже можно вставить слово, с готовностью добавил: «В реальной тюрьме, когда мы наблюдаем, скажем, драку заключенных, или когда охранник бьет заключенного, мы не можем определить, в чем причина — в сложившихся обстоятельствах или в характере человека. Действительно, среди заключенных есть жестокие социопаты, а среди охранников встречаются настоящие садисты. Но объясняют ли их личностные качества все или почти все, что происходит в тюрьме? Вряд ли. Нужно принимать во внимание ситуацию».

Я просиял от блестящей речи Крейга. Я разделял его скепсис относительно диспозиционного подхода, но чувствовал себя уверенно, потому что Крейг так хорошо все объяснил полицейским. Я продолжал, в своем лучшем лекторском стиле:

«Суть в том, что наше исследование попытается отделить то, что люди приносят в тюремную ситуацию, от того, что ситуация выявляет в людях, которые в ней оказались. Благодаря предварительному отбору наши испытуемые представляют собой репрезентативную выборку образованных молодых мужчин из среднего класса. Это однородная группа студентов, они более или менее похожи друг на друга. Распределив среди них роли случайным образом, мы получили две группы, "охранников" и "заключенных", которые сопоставимы между собой — то есть взаимозаменяемы. Наши "заключенные" не более жестоки, враждебны или неуправляемы, чем "охранники", а "охранники" не слишком авторитарны и не одержимы властью. Сейчас "заключенные" и "охранники" практически одинаковы. Никто не хотел быть охранником; никто не совершал никаких преступлений, заслуживающих тюремного заключения и наказания. Будут ли эти ребята так же похожи друг на друга через две недели? Повлияют ли новые роли на их личные качества?

Увидим ли мы какие-то трансформации в их характерах? Вот это мы и хотим выяснить».

Крейг добавил: «Иначе говоря, мы хотим поместить хороших людей в плохую ситуацию и посмотреть, что победит».

«Спасибо, Крейг, мне это нравится, — с чувством сказал Билл, оператор. — Режиссер наверняка захочет использовать этот комментарий в вечерней программе. У телеканала сегодня утром нет коммуникастера, и мне придется и снимать, и самому выбирать ракурсы. Время идет, профессор. Я готов, мы можем начинать?»

«Конечно, Билл. Но, Джо, я так и не ответил на ваш первый вопрос».

«На какой?»

«Знают ли "заключенные", что их аресты — часть эксперимента. Нет, не знают. Их просто попросили утром находиться в определенном месте. Скорее всего, они поймут, что арест — это начало исследования, ведь они знают, что не совершали преступлений, в которых их обвинят. Если они спросят вас об эксперименте, отвечайте туманно, не говорите ни да, ни нет. Просто выполняйте свои обязанности, как будто это настоящий арест; игнорируйте любые вопросы и протесты».

Крейг не смог удержаться и добавил: «В каком-то смысле арест, как и все остальное, что их ждет, должно стать сочетанием реальности и иллюзии, роли и их настоящей личности».

Немного цветасто, подумал я, но, по сути, верно. Перед тем как включить сирену на своей белоснежной полицейской машине, Джо надевает солнцезащитные очки с зеркальными стеклами, вроде тех, что носили охранники в фильме «Хладнокровный Люк»[1] — сквозь такие стекла никто не увидит ваших глаз. Мы с Крейгом понимающе улыбаемся друг другу — мы знаем, что все наши охранники будут носить

---

[1] «Хладнокровный Люк» (Cool Hand Luke) — голливудский фильм, вышел на экраны в 1968 г. Люк (Ньюмен) попадает в тюрьму за мелкое хулиганство. За свой упрямый и упорный характер Люк получает от сокамерников уважительное прозвище Люк Хладнокровный, а с ним и ненависть надзирателей за стремление к свободе и непокорный прав. Три побега, три ареста и три жестоких наказания не сломили его волю к жизни, он становится героем для остальных заключенных, героем-одиночкой, восставшим против системы. Фильм получил премию «Оскар». — *Прим. пер.*

такие же очки. Они дадут ощущение анонимности, а это один из элементов нашего плана по созданию атмосферы обезличенности. Искусство, жизнь и эксперимент начинают сливаться воедино.

«В МОЮ ДВЕРЬ ПОСТУЧАЛ ПОЛИЦЕЙСКИЙ» [10]

«Мама, мама, к нам пришел полицейский, он хочет арестовать Хабби», — пронзительно кричит самая младшая дочь семейства Уитлоу.

Миссис Декстер Уитлоу не расслышала, но по крику Нины поняла: что-то случилось, и нужно участие отца.

«Пожалуйста, попроси отца разобраться», — миссис Уитлоу занята, совесть ее неспокойна: ее осаждают дурные предчувствия по поводу нововведений в церкви, из которой она только что вернулась. В последнее время она много думает и о Хабби, готовясь к тому, что будет видеть своего красивого, белокурого, голубоглазого мальчика всего два раза в год. Она втайне молится о нем. Но в его отъезде в колледж есть и положительная сторона: разлука наверняка охладит слишком очевидную страсть Хабби к его школьной подружке. Для мужчины хорошая карьера должна быть важнее поспешной женитьбы. Она часто ему это повторяет.

Единственный недостаток, который она видит в своем прекрасном ребенке, заключается в том, что он иногда слишком увлекается, когда встречается с друзьями. Например, в прошлом месяце они шутки ради разрисовали крышу школы, а недавно перевернули и сорвали несколько дорожных знаков. «Это просто глупо и по-детски, Хабби, это может плохо кончиться!»

«Ма-ам, папы нет дома, он уехал играть в гольф с мистером Марсденом, а Хабби внизу, и его забирает полицейский!»

«Хабби Уитлоу, вы обвиняетесь по статье 459 Уголовного кодекса, кража со взломом. Я отвезу вас в полицейское управление, чтобы зарегистрировать ваше задержание. Прежде чем я вас обыщу и надену на вас наручники, я должен сообщить вам о ваших правах». Джо помнит, что телекамера записывает для потомков эту классическую сцену ареста. Он держится как настоящий суперкоп, говорит строго и неторопливо, словно следователь Джо Фрайдей в сериале «Сети зла». «Позвольте ясно объяснить вам некоторые факты: вы имеете право хранить молчание и не обязаны отвечать ни на какие вопросы. Все, что вы скажете, может и будет использовано против вас в суде, в соответствии с нормами общего права. Прежде чем отвечать на какие-либо вопросы, вы имеете право встретиться с адвокатом, и адвокат может присутствовать во время допроса. Если у вас нет средств, чтобы нанять адвоката, вам будет предоставлен государственный защитник, и он будет представлять вас на всех этапах слушаний. Вы понимаете свои права? Хорошо. Соблюдая эти права, я забираю вас в центральное управление, чтобы зарегистрировать ваше задержание за совершение преступления, в котором вас обвиняют. А теперь спокойно следуйте за мной и садитесь в полицейскую машину».

Миссис Уитлоу ошеломленно наблюдает, как обыскивают ее сына, как на него надевают наручники, как, пригнув ему голову, сажают в патрульную машину, будто обычного преступника, которых она каждый день видит по телевизору. Призвав на помощь все свое самообладание, она вежливо спрашивает: «Что происходит, офицер?»

«Мэм, у меня есть приказ арестовать Хабби Уитлоу по обвинению в краже, он…»

«Я знаю, офицер, я говорила ему не трогать эти дорожные знаки, я просила его не общаться с этими мальчишками Дженнингсами».

«Мама, ты не поняла, это начало...»

«Офицер, Хабби — хороший мальчик. Мы с его отцом с радостью оплатим замену всего, что они испортили. Это же была всего лишь шутка, они не хотели причинить вреда».

К этому моменту на почтительном расстоянии уже собралась небольшая группа соседей, привлеченных любопытным зрелищем. Миссис Уитлоу изо всех сил старается не обращать на них внимания, чтобы не отвлекаться от своей главной задачи — снискать расположение полицейского, чтобы он получше отнесся к ее сыну. «Если бы Джордж был дома, он знал бы, что делать, — думает она. — Вот что бывает, когда по воскресеньям гольф становится важнее Господа».

«Ладно, поехали, мы спешим; до обеда нам нужно сделать еще несколько арестов», — говорит Джо, сажая подозреваемого в полицейскую машину.

«Мама, папа все знает, спроси его, он подписал разрешение, все в порядке, не волнуйся, это просто начало...»

Вой сирены полицейской машины и огни ее мигалки привлекают новых любопытствующих соседей, которые начинают утешать бедную миссис Уитлоу, — ведь ее сын казался таким хорошим мальчиком.

Хабби впервые испытывает неловкость, наблюдая, как расстроилась мать. Он чувствует себя виноватым, сидя на заднем сиденье полицейской машины, в наручниках, отделенный от полицейского сетчатой перегородкой. «Так вот каково это — чувствовать себя преступником», — думает он, и его щеки внезапно краснеют от смущения, когда он слышит, как сосед, мистер Палмер, тычет в него пальцем и говорит своей дочери: «Куда катится этот мир? Даже сын Уитлоу оказался преступником!»

В управлении процедура регистрации проходит с привычной эффективностью, учитывая готовность подозреваемого сотрудничать. Боб присматривает за Хабби, а Джо обсуждает с нами, как прошел первый арест. Мне кажется, что он занял слишком много времени, если учесть, что у нас еще восемь арестов.

Но оператор хочет, чтобы все происходило медленнее, ему нужно найти лучший ракурс для съемки, потому что он может снять лишь несколько красивых эпизодов арестов — тогда получится целостный сюжет. Мы соглашаемся, что следующий арест можно провести еще медленнее и дать ему возможность снять все эпизоды, но потом — независимо от качества съемки — на первом месте будет эксперимент, и аресты будут ускорены. За полчаса мы арестовали только одного Уитлоу; с такими темпами мы потратим на аресты почти весь день.

Я понимал, что полицейские согласились сотрудничать благодаря телевидению, и поэтому волнуюсь, что как только съемка будет закончена, они могут отказаться продолжить аресты наших «заключенных». Мне очень интересно наблюдать за всем, что происходит, и я знаю, что успех этой стадии эксперимента зависит не только от меня. Очень многое может пойти не так, как надо, и хотя большинство проблем я предвидел и пытался заранее их предотвратить, но всегда может случиться неожиданность, способная разрушить даже самые лучшие планы. В реальном мире — «в поле», как говорят социологи — слишком много непредсказуемых случайностей. В чем прелесть лабораторных исследований: условия задает экспериментатор, все под контролем, исследуемый находится в сфере влияния исследователя. Это напоминает слова из руководства по ведению допросов для полицейских: «Никогда не допрашивайте подозреваемого или свидетеля у него дома; доставьте его в полицейский участок; здесь допрос вести легче из-за отсутствия знакомой обстановки и недостатка социальной поддержки; кроме того, вам не придется беспокоиться о незапланированных помехах».

Я пытаюсь мягко убедить полицейских немного ускорить темп, но Билл то и дело просит позволить ему снять еще один план, еще в одном ракурсе. Джо завязывает Хабби глаза. Наконец, форма С11–6 Бюро опознаний и расследований в уголовном процессе заполнена, вся необходимая информация записана, взят полный комплект отпечатков пальцев. Осталось только сфотографировать задержанного. Чтобы сэкономить время, мы могли бы сделать снимок полароидом прямо в нашей тюрьме. Можно будет провести съемку после того, как все заключенные наденут униформу. Хабби проходит процесс регистрации безо всяких комментариев и эмоций — после того, как на его первую и единственную шутку Джо резко ответил: «Ты что, слишком умный, или что?» Теперь Хабби сидит в маленькой камере предварительного задержания в полицейском управлении, с повязкой на глазах, одинокий и беспомощный, спрашивая себя, зачем он ввязался в эту авантюру и стоит ли игра свеч. Его утешает лишь то, что если ему будет слишком тяжело, отец и двоюродный брат, государственный защитник, вытащат его отсюда, расторгнув контракт.

«ХРЮ-ХРЮ, ЗА ВАМИ ПРИШЛИ СВИНЬИ»

Следующий арест происходит в небольшой квартирке в Пало-Альто.

«Эй, Дуг, проснись, черт побери, это полиция. Одну минутку, пожалуйста, он уже идет. Эй, штаны надень».

«Какая полиция? Что им надо? Эй, Сьюзи, не волнуйся, успокойся, мы ничего не сделали, у них нет никаких доказательств. Дай я поговорю с этими свиньями. Я знаю свои права. Эти фашисты нам ничего не сделают».

Боб видит, что с этим парнем могут возникнуть проблемы и прибегает к тактике дружеского убеждения.

«Мистер Дуг Карлсон?»

«Да, ну и что?»

«Сожалею, но вы обвиняетесь в нарушении статьи 459 Уголовного кодекса, кража со взломом, я должен задержать вас и отвезти в управление. Вы имеете право хранить молчание, вы имеете…»

«Хватит, я знаю свои права, я же зачем-то учусь в колледже. Где ордер на мой арест?»

Пока Боб думает, как бы потактичнее решить эту проблему, Дуг слышит перезвон колоколов из соседней церкви. «Сегодня же воскресенье!» Он совсем забыл, что сегодня воскресенье!

Он думает: «Арест? Что, игра уже началась? Ну ладно, я поступал в колледж не для того, чтобы стать свиньей-полицейским, но в один прекрасный день меня могли арестовать по-настоящему, например, в прошлом году, когда я участвовал в антивоенной забастовке в Кэле. Я ведь сказал интервьюеру — кажется, его звали Хейни — я делаю это не из-за денег и не из-за опыта, потому что вся эта затея кажется мне дурацкой, и я не думаю, что из этого что-то получится. Но я хочу понять, смогу ли выдержать жизнь в тюрьме как политический заключенный.

Я смеюсь, когда вспоминаю этот идиотский вопрос: "Оцените вероятность того, что вы сможете продолжать участие в тюремном эксперименте в течение двух недель, по шкале от 0 до 100". Сто процентов, без проблем. Это же не настоящая тюрьма, а просто имитация. Если мне не понравится, я просто уйду. Кстати, интересно, как они восприняли мой ответ на вопрос: "Чем вы хотели бы заниматься через десять лет?" — "Идеальным занятием, которое, я надеюсь, поможет изменить мир в будущем, для меня была бы революция".

Кто я? Чем я уникален? Как они восприняли мой прямой и простой ответ: "По религиозным убеждениям я атеист. С "общепринятой точки зрения" я фанатик. По политическим убеждениям я социалист. С точки зрения психического здоровья — здоров. С экзистенциально-социальной точки зрения я расколот на части, дегуманизирован, отчужден — но редко плачу"».

Дуг с независимым видом сидит на заднем сиденье полицейской машины, которая несется в управление. Он размышляет об угнетении бедных и необходимости отобрать власть у капиталистов и военных, захвативших все в этой стране. «Как хорошо быть заключенным, — думает он. — Все лучшие революционные идеи родились в тюрьме». Он чувствует родство с одним из «братьев Соледад» Джорджем Джексоном, чьи письма ему так нравятся, и знает, что в солидарности всех угнетенных таится сила, способная совершить революцию. Возможно, этот небольшой эксперимент станет первым шагом в тренировке его разума и тела для возможной борьбы против фашистов, правящих Америкой.

Офицер, регистрирующий задержанного в управлении, игнорирует дерзкие комментарии Дуга. Рост, вес и отпечатки пальцев успешно зафиксированы. Офицер ведет себя по-деловому. Джо легко откатывает каждый палец, получая ясный отпечаток, даже когда Дуг пытается напрягать руку. Дуг немного удивлен тем, какой сильной оказалась эта полицейская свинья. А может быть, это он сам ослабел от голода, потому что не успел позавтракать. Эти неприятные процедуры вызывают у него слегка параноидальную мысль: «А вдруг эти стэнфордские крысы сдали меня настоящим полицейским? Какой я дурак, что так много разболтал им о себе, — теперь они используют эту информацию против меня».

«Эй, мистер полицейский, — спрашивает Дуг слегка дрожащим голосом, — скажите мне еще раз, в чем меня обвиняют?»

«Кража со взломом. Это ваш первый арест, и всего через пару лет вы можете получить условно-досрочное освобождение».

«Я ГОТОВ К АРЕСТУ, СЭР»

Следующий арест происходит в заранее оговоренном месте у подъезда дома моего секретаря Розанн. Предстоит арестовать Тома Томпсона. Том сложен как молодой бычок, рост 170 см, 77 кг рельефной мускулатуры и стрижка «ежиком». Если на свете и есть здравомыслящие люди, то этот восемнадцатилетний парень — один из их лучших представителей. Во время интервью мы спросили его: «Чем бы вы хотели заниматься через десять лет?» Его ответ нас удивил: «Где и чем — неважно, но эта работа будет связана с организацией и повышением эффективности в неорганизованных и неэффективных сферах государственного управления».

Матримониальные планы: «Я планирую жениться только после того, как добьюсь солидного финансового положения».

Лечились от чего-нибудь? Как насчет наркотиков, транквилизаторов, правонарушений? «Я никогда не совершал никаких преступлений. Я до сих пор помню, как в пять или шесть лет мы с отцом пошли в магазин за покупками, и я увидел, как отец взял с полки конфету. Мне было стыдно, что он так поступил».

Чтобы не платить за жилье, Том Томпсон ночует на заднем сиденье своей машины, и ее нельзя назвать удобным или подходящим помещением для учебы. Недавно ему пришлось «прибить паука, который меня два раза укусил, в глаз и в губу».

Тем не менее он только что окончил полный курс летней школы, чтобы улучшить свою кредитную историю. 45 часов в неделю он работает в разных местах, а питается остатками еды в студенческой столовой, чтобы сэкономить деньги на обучение в следующем семестре. Благодаря упорству и бережливости Том планирует получить диплом на полгода раньше срока. В свободное время он много занимается спортом, и это, очевидно, объясняет полное отсутствие в его жизни свиданий с девушками и близких друзей.

Платное участие в тюремном эксперименте — идеальная работа для Тома, поскольку его учеба и летняя работа уже закончились, а ему нужны деньги. Трехразовое питание, настоящая кровать, а возможно и горячий душ — для него это все равно что выигрыш в лотерею. Он воспринимает следующие две недели как оплаченные каникулы.

Ему не приходится долго сидеть на корточках у подъезда дома №450 на Кингсли-стрит, где он ждет начала своих злоключений в нашем эксперименте. Рядом с его «шеви-65» останавливается полицейская машина. За ней едет фиат Хейни с нашим неустрашимым оператором, который снимает последний арест. Затем ему предстоит вести съемку в здании полицейского управления, а потом — в нашей «тюрьме». Билл хочет вернуться на телеканал с самыми горячими кадрами для скучной программы воскресных вечерних новостей.

«Я — Том Томпсон, сэр. Я готов к аресту и не стану оказывать сопротивления».

Боб воспринимает это заявление с подозрением. Может быть, этот парень — придурок, и сейчас он попытается продемонстрировать то, чему научился на уроках каратэ? Немедленно щелкают наручники, даже раньше, чем звучит правило Миранды. Обыск на предмет спрятанного оружия проводится тщательнее, чем при других арестах, потому что Боб не доверяет парням, которые не оказывают сопротивления. Уж слишком дерзко, слишком самоуверенно ведет себя этот парень в ситуации ареста; обычно за таким поведением кроется какая-то ловушка: у парня где-то спрятана «пушка», его адвокат уже строчит обвинение в неправомерном аресте или будет еще какая-то неожиданность. «Я не психолог, — говорил потом мне Джо, — но этот Томпсон какой-то странный, он похож на военного — на сержанта вражеской армии».

К счастью, в это воскресенье в Пало-Альто не зафиксировано никаких правонарушений, ни одна кошка не застряла на дереве, и Боб с Джо успевают спокойно закончить все аресты, строго по форме. К середине дня все «заключенные» зарегистрированы, перевезены в нашу тюрьму и оказываются в нетерпеливых руках новоявленных «охранников». Этим ребятам предстоит покинуть солнечный рай Пало-Альто и спуститься по небольшой бетонной лестнице в подвал здания факультета психологии, Джордан-холл, на Серра-стрит. Для некоторых это будет дорога в ад.

ГЛАВА ТРЕТЬЯ

Воскресенье: начинаются унизительные ритуалы

Всех заключенных с завязанными глазами ведут вниз по лестнице Джордан-холла в нашу небольшую тюрьму. «Охранники» приказывают им раздеться догола, встать лицом к стене, положить на нее руки и расставить ноги. «Заключенные» стоят в этой неудобной позе довольно долго. «Охранники» не обращают на них внимания, они заняты последними приготовлениями — убирают на хранение вещи «заключенных», приводят в порядок комнату «охранников» и застилают кровати в трех камерах. Прежде чем выдать униформу, каждого заключенного обсыпают имитацией порошка-дезинфектанта против вшей, как это делают с новоприбывшими в настоящих тюрьмах. Без всякой инициативы со стороны руководства некоторые охранники начинают отпускать комментарии по поводу гениталий заключенных, шутить насчет маленьких пенисов и неровно висящих яичек. Настоящие мужские шутки!

У заключенных все еще завязаны глаза, им выдают униформу — ничего особенного, просто коричневые миткалевые робы с опознавательными номерами впереди и сзади. Номера мы купили в магазине для скаутов и пришили к робам. Нейлоновый женский чулок служит чем-то вроде шапочки, стягивающей длинные волосы некоторых заключенных. Это замена бритья головы, которое обычно является обязательным ритуалом для новобранцев в армии и новичков в некоторых тюрьмах. Головной убор также является одним из методов уничтожения индивидуальности и создает среди заключенных атмосферу анонимности. Затем заключенные надевают резиновые шлепанцы, к одной их лодыжке пристегивают цепь — постоянное напоминание о том, что теперь они в тюрьме. Они будут помнить об этом даже во сне, когда начнут переворачиваться с боку на бок, и цепь будет больно бить по ноге. Заключенным запрещено носить нижнее белье, и когда они наклоняются, виден голый зад.

Итак, заключенные полностью экипированы. Охранники снимают с их глаз повязки. Заключенные могут полюбоваться своим новым видом, глядя в большое зеркало, прислоненное к стене. Снимки полароидом фиксируют портреты заключенных для регистрационных карточек, где вместо имени стоит опознавательный номер. Так начинаются их унижения, почти так же, как это происходит во многих других организациях, от военных учебных лагерей до тюрем, больниц и тех печальных мест, где люди занимаются самой «грязной», низкооплачиваемой работой.

«Не двигайте головой; не двигайте ртом; не двигайте руками; не двигайте ногами; ничем не двигайте. Заткнитесь и стойте, где стоите», — рявкает охранник Арнетт, впервые демонстрируя свою власть [1]. Он и два охранника из другой смены, Дж. Лендри и Маркус, начали угрожающе поигрывать своими полицейскими дубинками, как только заключенные начали переодеваться. Первые четверо заключенных выстроены в ряд. Им объясняют основные правила, которые охранники и начальник тюрьмы сформулировали во время встречи днем раньше. «Мне не нравится, когда босс недоволен моей работой, — говорит Арнетт, — поэтому я вас предупреждаю, что нужно вести себя так, чтобы босс был мною доволен. Внимательно слушайте эти правила. Вы должны обращаться к другим заключенным, называя их только по номерам. К охранникам нужно обращаться "господин надзиратель"».

Приводят новых заключенных. Они точно так же проходят дезинфекцию, переодеваются и присоединяются к товарищам, выстроенным у стены для инструктажа. Охранники стараются держаться очень серьезно. «Некоторые из вас уже знают правила, но другие до сих пор не понимают, как себя вести. Поэтому нужно выучить правила». Охранник медленно, серьезно и внушительно читает каждое правило. Заключенные сутулятся, ерзают, с интересом рассматривают этот новый странный мир. «№ 7258, встань ровно. Заключенные, руки по швам».

Арнетт начинает экзаменовать заключенных на знание правил. Он требователен и критичен, изо всех сил старается оставаться серьезным и демонстрировать военную выправку. Кажется, он хочет показать, что просто выполняет свою работу, ничего личного. Заключенные ведут себя совсем иначе; они хихикают, улыбаются, никто не принимает его всерьез. Они не спешат играть роль заключенных. Пока.

«Отставить смех!» — приказывает охранник Дж. Лендри. Коренастый, с длинными, густыми светлыми волосами, Лендри на полголовы ниже Арнетта, высокого, худого парня с орлиными чертами лица, темно-каштановыми вьющимися волосами и плотно сжатыми губами. Внезапно входит начальник тюрьмы, Дэвид Джаффе. «Сейчас вам будут зачитаны все правила. Встаньте по стойке смирно у этой стены», — говорит Арнетт. Джаффе — мой аспирант из Стэнфорда, он невысокого роста, около 165 см, но сейчас кажется, что он стал выше. Он стоит очень прямо, плечи отведены назад, голова высоко поднята. Он уже освоился в роли начальника.

Я наблюдаю за происходящим через маленькое замаскированное окошко в стене, отгораживающей крошечное помещение в южной части тюрьмы. Здесь же установлены видеокамера и система аудиозаписи Ampex. Из этого укрытия Керт Бэнкс и другие участники нашей исследовательской группы будут вести запись особых мероприятий в течение следующих двух недель: как заключенные едят, их переклички, визиты родителей, друзей и тюремного священника, а также возможные беспорядки. У нас нет возможности вести запись постоянно, поэтому мы будем делать это выборочно. В этом же помещении мы, экспериментаторы и другие посетители, сможем видеть происходящее, не вмешиваясь и оставаясь незаметными, наблюдая и записывая. Мы можем наблюдать и записывать лишь то, что происходит прямо напротив нашего помещения.

Мы не видим того, что происходит в камерах, но можем это слышать. Камеры прослушиваются с помощью аудиоустройств. Мы хотим знать, о чем будут говорить заключенные. Они не знают, что за плафонами ламп спрятаны микрофоны. Прослушивание позволит нам выяснить, что они думают и чувствуют, когда рядом нет охранников, и о чем беседуют между собой. Это также поможет нам вовремя среагировать, если кому-то из заключенных потребуется особое внимание или кто-то из них будет испытывать слишком сильное напряжение.

Я поражен важным видом начальника Джаффе и удивлен, впервые увидев его в спортивной куртке и галстуке. В то время было модно одеваться в стиле хиппи, и студенты редко носили другую одежду. Нервничая, он крутит свои большие усы, как у Сони Боно, изо всех сил стараясь войти в новую роль. Я сказал Джаффе, что он должен будет представиться группе заключенных в качестве начальника тюрьмы. Он отнесся к этому без энтузиазма, потому что не любит действовать напоказ и быть на виду. Это скромный и спокойный парень. В предыдущие дни его не было в городе, поэтому он не участвовал в разработке планов и устройстве тюрьмы. Он приехал только вчера, как раз на встречу с охранниками.

Джаффе чувствует себя немного не в своей тарелке, тем более что Крейг и Керт — аспиранты, а он только студент. Возможно, ему не по себе еще и оттого, что он — самый невысокий среди шести участников нашей команды: все они выше 180 см. Но он держит спину прямо и ведет себя уверенно и серьезно.

«Как вы, вероятно, уже знаете, я начальник тюрьмы. Все вы показали, что не способны правильно вести себя в обществе, по той или иной причине. Так или иначе, вам недостает ответственности, которую несут добропорядочные граждане нашей великой страны. В данном исправительном учреждении мы собираемся помочь вам понять, какова ваша ответственность как граждан этой страны. Вы слышали правила. Скоро они будут вывешены в каждой камере. Мы хотим, чтобы вы запомнили правила и могли повторить в нужном порядке. Если вы будете следовать всем этим правилам, хорошо себя вести, если вы раскаетесь в своих правонарушениях и продемонстрируете надлежащее поведение, мы прекрасно поладим. Надеюсь, мне не придется встречаться с вами слишком часто».

Это была поразительная импровизация. За ней следует приказ охранника Маркуса — он заговорил впервые: «Поблагодарите начальника тюрьмы за эту прекрасную речь». Девять заключенных хором говорят «спасибо», но не слишком искренне.

ПРАВИЛА, ПО КОТОРЫМ ВЫ БУДЕТЕ ЖИТЬ

Настало время сделать ситуацию немного более официальной и ознакомить новоявленных заключенных со сводом правил, которые будут руководить их поведением в течение следующих двух недель. Джаффе вместе со всей командой охранников после довольно горячей дискуссии закончил разработку этих правил только вчера [2].

После небольшого совещания охранник Арнетт и начальник тюрьмы Джаффе решают, что Арнетт громко прочтет весь набор правил: первая демонстрация власти дневной смены охранников. Арнетт начинает читать, медленно и внятно. Вот эти 17 правил:

1. Заключенные должны сохранять тишину во время отдыха, после того как будет выключен свет, во время еды и всякий раз, когда находятся за пределами тюремного двора.
2. Заключенные должны есть только в предназначенное для еды время.
3. Заключенные должны участвовать во всех тюремных мероприятиях.
4. Заключенные должны содержать свою камеру в чистоте. Кровати должны быть заправлены, личные вещи должны быть опрятными и аккуратными. Пол должен быть безупречно чистым.
5. Заключенные не должны передвигать, портить, царапать или каким-либо другим образом повреждать стены, потолки, окна, двери или любое другое тюремное имущество.
6. Заключенные ни при каких обстоятельствах не должны включать и выключать освещение в камерах.
7. Заключенные должны обращаться друг к другу только по номерам.
8. Заключенные всегда должны обращаться к охранникам «господин надзиратель», а к начальнику тюрьмы — «господин начальник тюрьмы».
9. Заключенные ни при каких обстоятельствах не должны называть свое пребывание в тюрьме «экспериментом»

или «моделированием». Они остаются заключенными, до тех пор, пока не будут условно-досрочно освобождены.

«Мы добрались до половины. Надеюсь, вы слушаете внимательно, потому что вам нужно будет держать все их в голове, а мы будем время от времени проверять, хорошо ли вы их выучили», — предупреждает охранник своих новых «подчиненных».

10. Заключенным разрешается оставаться в туалете не более пяти минут. Заключенным запрещено заходить в туалет в течение часа после запланированного времени на посещение туалета. Посещение туалета контролируют охранники.
11. Курение — это привилегия. Курить разрешается после еды или по усмотрению охраны. Заключенные не должны курить в камерах. Злоупотребление этой привилегией приведет к ее полной отмене.
12. Письма — это привилегия. Вся входящая и исходящая почта будет просматриваться и подвергаться цензуре.
13. Свидания — это привилегия. Заключенные, которым разрешается принимать посетителей, должны встречать их у двери во двор. Свидания будут проходить в присутствии охраны, которая может прерывать их по своему усмотрению.
14. Все заключенные в каждой камере должны вставать всякий раз, когда в камеру входят начальник тюрьмы, суперинтендант или любые другие посетители. Затем заключенные должны ждать разрешения сесть или возобновить свои занятия.
15. Заключенные должны при любых обстоятельствах подчиняться приказам охраны. Приказ охраны заменяет собой любой письменный приказ. Приказ начальника тюрьмы заменяет собой и приказы охраны, и письменные правила. Наивысший приоритет имеет приказ суперинтенданта.
16. Заключенные должны сообщать охранникам обо всех нарушениях правил.

«И последнее, но самое важное, правило, которое вам нужно всегда помнить: правило номер 17», — произносит охранник Арнетт зловещим тоном:

17. Отказ повиноваться любому из вышеупомянутых правил может привести к наказанию.

Позже, в течение той же смены, охранник Дж. Лендри решает, что пришло время действовать решительнее и перечитывает правила, добавляя свои личные комментарии: «Заключенные — это члены исправительного сообщества. Чтобы в сообществе был порядок, заключенные должны соблюдать следующие правила».

Джаффе согласно кивает. Ему уже нравится идея о тюремном сообществе, где разумные люди, создавшие эти правила, и те, кто этим правилам следует, могут сосуществовать в полной гармонии.

Первая перекличка в этом странном месте

В соответствии с планом, разработанным во время встречи днем раньше, Дж. Лендри продолжает утверждать авторитет охранников и дает инструкции по поводу переклички. «Итак, чтобы вы запомнили свои номера, мы попросим вас их прочитать, слева направо, и сделайте это быстро». Заключенные выкрикивают свои номера — случайные четырех- или трехзначные числа, пришитые у них на рубашках.

«Неплохо, но я хочу, чтобы вы встали по стойке смирно». Заключенные неохотно вытягиваются по стойке смирно.

«Вы слишком медленно выполняете приказ. Десять отжиманий от пола!» (Отжимания скоро станут главным элементом тактики контроля и наказания в руках охранников.)

«Ты что улыбаешься? — спрашивает Джаффе. — Я вижу, тут кто-то улыбается. Здесь нет ничего смешного, у вас серьезные проблемы, ребята».

Скоро Джаффе покидает двор и возвращается в комнату для наблюдения, чтобы обсудить с нами, удалась ли ему эта первая сцена. Почти хором Крейг, Керт и я выдаем поглаживание его эго:

«Отлично, Дэйв, то, что нужно!»

Первоначальная цель переклички — административная; нужно убедиться, что все заключенные на месте, что никто не сбежал и не остался в камере, потому что заболел или требует особого внимания. В нашем случае у переклички есть еще одна цель — она помогает заключенным привыкнуть к номерам. Мы хотим, чтобы они начали воспринимать себя и других как заключенных под номерами, а не как людей с именами. Поразительно, как изменится со временем смысл переклички в нашей тюрьме: от способа запоминания номеров до открытого форума, где охранники во всей полноте демонстрируют свою власть над заключенными. Обе группы студентов — участников исследования, которые вначале были почти одинаковыми, постепенно начинают входить в свои роли, и переклички становятся публичной демонстрацией изменений в характерах — и «охранников», и «заключенных».

Заключенные, наконец, отправляются в камеры — учить правила и знакомиться с сокамерниками. Камеры, внешний вид которых по-тюремному безлик, — это небольшие помещения, три на три с половиной метра. Вместо прежней мебели мы поставили в них по три койки, сдвинутые вместе. Другой мебели здесь нет, за исключением камеры № 3, где есть раковина и кран. Воду мы отключили, но охранники могут ее включить, например, в качестве вознаграждения для «хороших» заключенных, помещенных в эту специальную камеру. Обычные двери мы заменили сделанными на заказ черными дверями с железными решетками и окошком в центре. На каждой двери написан номер камеры.

Камеры расположены одна за другой, вдоль правой стороны «двора», если смотреть из комнаты для наблюдений за перегородкой. Двор — это длинный узкий коридор, около трех метров в ширину и почти двенадцать метров в длину. Окон в нем нет, только рассеянное неоновое освещение. Единственный выход находится в конце коридора, напротив одностороннего экрана. Запасного выхода нет, и поэтому у нас есть несколько огнетушителей на случай пожара — мы разместили их по распоряжению Комитета Стэнфордского университета по опытам на человеке, который рассмотрел и одобрил наш эксперимент. (Но, как мы скоро убедились, огнетушители могут превратиться в грозное оружие.)

Вчера охранники наклеили на стены специальные знаки с надписью «Стэнфордская окружная тюрьма». Есть еще знак, запрещающий курить без разрешения, и еще одна, довольно зловещая табличка на двери камеры одиночного заключения: «Карцер». Это небольшая комнатка, расположенная напротив камер. Здесь была кладовка, и почти вся его площадь заставлена коробками, оставляя всего около квадратного метра простого пространства. Сюда будут отводить непослушных заключенных в наказание за различные нарушения. В этой каморке заключенный сможет стоять, сидеть на корточках или на полу в полной темноте — столько, сколько решат охранники. Отсюда слышно, что происходит во дворе, а стук в дверь карцера кажется очень громким.

Заключенные распределены по камерам случайным образом: в камере № 1 оказываются заключенные № 3401, № 5704 и № 7258; в камере № 2 — заключенные № 819, № 1037 и № 8612; а в камере № 3 — заключенные № 2093, № 4325 и № 5486. Так содержат военнопленных, когда врагов захватывают целыми подразделениями и помещают в тюрьму группами. В обычной тюрьме все иначе — в ней существует уже сложившееся сообщество, в которое вступает каждый новый обитатель. И именно из этого сообщества он потом выходит на свободу.

В целом наша тюрьма была гораздо более гуманным учреждением, чем обычные лагеря для военнопленных, и наверняка более просторной, чистой и аккуратной, чем суровая тюрьма Абу-Грейб (между прочим, Саддам Хусейн «прославил» ее пытками и убийствами задолго до американских солдат). Все же, несмотря на относительный «комфорт», в Стэнфордской тюрьме начались злоупотребления, которые можно назвать мрачными предшественниками злоупотреблений в тюрьме Абу-Грейб, совершавшихся американскими военными полицейскими много лет спустя.

Адаптация к ролям

Охранники «входят в роль» не сразу. Из отчетов, которые составляются в конце каждой из трех смен, видно, что Венди чувствует себя неловко; он не знает, как стать хорошим охранником, он хотел бы пройти какой-нибудь инструктаж, но в то же время считает, что с заключенными нельзя быть слишком мягким. Охранник Джефф Лендри, младший брат Джона Лендри, отмечает, что испытывает чувство вины во время унизительных ритуалов, когда заключенным приходится долго стоять обнаженными в неудобных позах. Он жалеет, что не попытался остановить некоторые действия других охранников, которые не одобряет. Вместо того чтобы выразить свое несогласие, он просто при любой возможности покидает двор, чтобы не участвовать в неприятных сценах. Охранник Арнетт, аспирант факультета социологии, несколькими годами старше других, сомневается, что методы приема заключенных оказывают желаемый эффект. Он считает, что во время его смены были проблемы с безопасностью, и что другие охранники ведут себя слишком мягко. Хотя в первый день Арнетт почти не общался с заключенными, он уже может назвать нарушителей спокойствия и тех, чье поведение «приемлемо». Он отмечает также нечто такое, что не было замечено во время наших наблюдений; правда, на эту странность обратил внимание офицер Джо, арестовывавший Тома Томпсона, ныне заключенного № 2093.

Арнетту не нравится, что Том-2093 «слишком послушен» и «неукоснительно следует всем приказам и инструкциям» [3]. (Действительно, другие заключенные позже пренебрежительно назовут № 2093 «сержантом» как раз из-за его склонности бездумно следовать приказам. Он внес в нашу ситуацию определенные ценности, которые могли вступить в конфликт с ценностями охранников, и это нельзя было оставлять без внимания. Именно это заметил в Томе полицейский во время ареста.)

Заключенному № 819, наоборот, все кажется «забавным» [4]. Во время первых перекличек он откровенно развлекается, и ему кажется, что некоторые охранники думают так же. Заключенный № 1037, видимо, понимает, что со всеми остальными обращаются так же унизительно, как и с ним, но не относится к этому серьезно. Его больше беспокоит, что он голоден: он съел только легкий завтрак и ждет обеда, которого все нет. Он думает, что отказ кормить заключенных обедом — это еще одно самовольное наказание со стороны охранников, хотя почти все заключенные ведут себя хорошо. На самом деле мы просто забыли про обед, потому что аресты заняли много времени и было множество других дел. Кроме того, один из студентов, выбранный на роль охранника, в последний момент отказался от участия в эксперименте. К счастью, к ночной смене мы смогли заменить его другим претендентом. Так появился охранник Барден.

Приходит очередь ночной смены

Охранники ночной смены приходят к ее началу, в 18.00. Они надевают униформу, примеряют темные очки с зеркальными стеклами, вооружаются свистками, наручниками и дубинками. Они отмечаются в комнате охранников, расположенной в нескольких шагах от входа во двор, в отдельном коридоре, где также находятся кабинеты начальника и суперинтенданта, и на дверях висят соответствующие таблички. В комнате охранников дневная смена приветствует новых коллег, заверяет их, что все в порядке, все на месте, но кто-то из охранников добавляет, что некоторые заключенные еще не совсем привыкли к обстановке. За ними стоит понаблюдать, и чтобы привести их «в чувство», нужно немного на них надавить. «Не волнуйтесь, мы с ними разберемся, завтра мы их *построим*», — уверенно заявляет один из вновь прибывших охранников.

Наконец, в семь часов вечера подают первую еду. Меню очень простое, как в студенческой столовой. Тарелки стоят на столе во дворе [5]. За столом помещается только шесть человек, и трое заключенных ждут, пока поужинают первые шестеро. Им приходится довольствоваться тем, что осталось. Заключенный № 8612 тут же пытается уговорить остальных устроить сидячую забастовку — протест против «недопустимых» тюремных условий, — но все проголодались, устали и не настроены на активные действия. Заключенный № 8612 — это наш дерзкий Дуг Карлсон, анархист, который пререкался с полицейскими во время ареста.

Заключенные возвращаются в камеры. Им приказывают сохранять тишину, но заключенные № 819 и 8612 не слушаются, громко разговаривают и смеются. Пока им это сходит с рук. Заключенный № 5704, самый высокий из всех, до сих пор вел себя тихо, но ему очень хочется курить, и он требует вернуть ему сигареты. Ему говорят: чтобы заработать право на сигарету, нужно быть хорошим заключенным. № 5704 возражает, он считает, что это нарушение правил, но напрасно. По правилам эксперимента любой участник может в любой момент уйти домой, но раздраженные заключенные, кажется, об этом забыли. Они могли бы воспользоваться угрозой уйти, чтобы добиться улучшения условий или отмены бессмысленных изматывающих обрядов, но никто не уходит. Заключенные медленно свыкаются с новыми ролями.

Последняя задача начальника тюрьмы Джаффе в этот первый день — сообщить заключенным, что скоро их ждут свидания с друзьями и родными. Все заключенные, у кого есть друзья или живущие поблизости родственники, должны написать им о возможности посещения. Джафф описывает правила написания писем и дает каждому, кто просит, ручку, бумагу с логотипом Стэнфордской окружной тюрьмы и конверт с маркой. В конце короткого «сеанса правописания» заключенные должны написать письма и вместе с ручками отдать их охранникам. Он объясняет, что охранники по своему усмотрению могут запретить заключенному переписку, потому что он нарушает правила, не может назвать свой личный номер или по любой другой причине. Как только письма написаны и сданы охранникам, заключенным приказывают выйти из камер для первой переклички ночной смены. Конечно, прежде, чем отнести письма на почту, охранники, в целях безопасности, читают их и снимают с них копии для нашего архива. Так свидания и письма становятся инструментами, с помощью которых охранники неосознанно и весьма эффективно ужесточают контроль над заключенными.

Перекличка приобретает новый смысл

Что касается перекличек, они, полагал я, должны служить двум целям: помочь заключенным привыкнуть к своим личным номерам и убедиться в начале каждой смены, что все заключенные на месте. Во многих тюрьмах переклички также служат средством дисциплины. Первая перекличка оказалась довольно невинной, но скоро ночные и утренние переклички превратятся в настоящие пытки.

«Так, ребята, сейчас у нас небольшая перекличка! Будет весело», — говорит с ухмылкой охранник Хеллман.

Охранник Джефф Лендри быстро добавляет:
«Чем лучше вы будете себя вести, тем быстрее мы закончим».

Усталые заключенные по одному выходят во двор, они молчаливы, угрюмы и не смотрят друг на друга. День был очень длинный, и кто знает, что еще их ждет, прежде чем они смогут, наконец, лечь спать.

Джефф Лендри командует:
«Повернитесь, руки на стену. Никаких разговоров! Вы что, хотите простоять здесь всю ночь? Так и будет, если вы не будете вести себя как следует».

«Называем свои номера! — вставляет Хеллман. — Я хочу, чтобы вы сделали это быстро, и я хочу, чтобы вы сделали это громко».

Заключенные подчиняются.

«Я не расслышал, нам придется повторить сначала. Эй, ребята, это слишком медленно, так что давайте еще раз».

«Правильно, — подхватывает Лендри, — придется повторить».

Звучат несколько первых номеров, и Хеллман кричит:
«Стоп! Это что, громко? Может, вы меня не услышали? Я сказал громко, и я сказал четко!»

«Давай посмотрим, могут ли они назвать свои номера в обратном порядке. Попробуем с другого конца», — шутливо говорит Лендри.

«Эй! Никто не смеется! — грубо выкрикивает Хеллман. — Мы будем заниматься этим всю ночь, пока вы не сделаете это как следует».

Некоторые заключенные начинают понимать, что между двумя охранниками, Хеллманом и младшим Лендри, идет борьба за власть. Заключенный № 819, который до сих пор не воспринимает все это всерьез, громко смеется: его забавляет, как Лендри и Хеллман выпендриваются друг перед другом на глазах у заключенных.

«Эй, № 819, разве я сказал, что можно смеяться? Ты меня не расслышал?» — Хеллман впервые по-настоящему злится. Он подходит прямо к № 819 и толкает его дубинкой в грудь. Потом Лендри отталкивает второго охранника и приказывает № 819 отжаться двадцать раз от пола. Тот молча подчиняется.

Хеллман снова встает перед строем заключенных: «А теперь спойте».

Заключенные снова начинают расчет, но Хеллман его прерывает:

«Кажется, я сказал, что вы должны петь! Может, шапки вам на уши давят?»

Его приказы и методы контроля становятся все более творческими. Он заставляет заключенного № 1037 пропеть его номер. Тот фальшивит, и Хеллман требует, чтобы тот двадцать раз подпрыгнул. Когда тот заканчивает, Хеллман добавляет:

«А теперь еще десять раз, лично для меня. И чтобы на этот раз эта штука не звенела».

Но нельзя прыгать так, чтобы цепь на ногах не зазвенела, и этот приказ выполнить невозможно. Кажется, охранники начинают получать удовольствие, отдавая приказы и вынуждая заключенных подчиняться.

Заключенные произносят свои номера нараспев, и это действительно забавно. Но два охранника все равно недовольны.

«В этом нет ничего забавного, — говорят они. — Это ужасно, это очень, очень плохо».

«Теперь еще раз, — продолжает Хеллман. — Я хочу, чтобы вы пели, и я хочу, чтобы это звучало *приятно*».

Заключенным, одному за другим, приказывают отжиматься от пола, потому что они поют слишком медленно или слишком вяло.

В сопровождении начальника тюрьмы входит новый охранник, Барден. Энергичный дуэт Хеллмана и Лендри немедленно приказывает заключенным повторить свои идентификационные номера, а не только рассчитаться от одного до девяти, как они это делали раньше. Конечно, с точки зрения поддержания порядка это не имеет никакого смысла. Теперь Хеллман настаивает, чтобы заключенные не смотрели на свои номера, когда их произносят, потому что уже должны были их запомнить. Если кто-то произносит свой номер неправильно, наказание ждет всех: дюжина отжиманий от пола. Все еще конкурируя с Лендри за первое место в иерархии охранников, Хеллман становится все более жестким: «Мне не нравится, что вы произносите номер, когда *опускаетесь к полу*. Я хочу, чтобы вы это делали, когда *поднимаетесь*. Эй, № 5486, еще десять отжиманий, лично для меня». Заключенные послушно и все быстрее выполняют приказы. Но это только подстегивает охранников. Начинаются новые требования.

Хеллман: «Неплохо. Но почему вы не поете? Вы, ребята, плохо поете, мне не нравится».

Лендри: «Не думаю, что они поют как надо. Пойте как следует, это должно быть приятно для уха».

Заключенные № 819 и № 5486 продолжают развлекаться, но, как ни странно, подчиняются всем требованиям охранников.

Новый охранник, Барден, входит в роль еще быстрее других, но он не проходил инструктажа, и ему остается только наблюдать за действиями товарищей.

«О, это было неплохо! Теперь вы сделаете это так, как нравится мне. № 3401, иди-ка сюда и исполни нам соло. Какой твой номер?»

Бардену удается перещеголять двух других охранников. Он подходит к заключенным и вытаскивает их из строя, заставляя исполнять соло перед остальными.

Выбор падает на заключенного Стью-819. Его заставляют повторять одну и ту же мелодию снова и снова. Но его исполнение никак не устраивает охранников. Они пересмеиваются между собой: «Определенно, он не умеет петь!» — «Точно, совсем не умеет». — «Еще десять раз».

Хеллман оценил первые шаги Бардена в роли охранника, но не готов уступить лидерство — ни ему, ни Лендри. Он просит заключенных произнести номер того, кто стоит рядом. Если он не может этого сделать (а большинство не может) следуют новые отжимания от пола. «№ 5486, ты, кажется, устал. Ты что, ни на что не способен? Давай, еще пять раз».

Хеллман придумал новый творческий план, как сделать так, чтобы Джерри-5486 навсегда запомнил свой номер: «Сначала *пять* отжиманий, потом *четыре* прыжка, потом *восемь* отжиманий и *шесть* прыжков. Так ты точно запомнишь свой номер, заключенный 5486».

Он придумывает все более изощренные наказания. На наших глазах рождается злой гений.

Лендри уходит в дальний конец двора, очевидно уступая лидерство Хеллману. Увидев это, Барден подходит ближе, занимая его место. Но он не конкурирует с Хеллманом. Он поддерживает его, комментируя или уточняя его команды. Тем не менее Лендри участвует в спектакле. Он подходит ближе и требует еще одной переклички. Неудовлетворенный последней попыткой, он приказывает девяти усталым заключенным рассчитаться на первый-второй, затем на первый-третий и так далее. Очевидно, он не так креативен, как Хеллман, но вполне способен с ним конкурировать. № 5486 сбит с толку и продолжает отжиматься.

Вмешивается Хеллман: «Я хочу, чтобы вы рассчитались на первый-седьмой, но я знаю, что у вас на это не хватит мозгов, так что идите и принесите свои одеяла».

Лендри пытается продолжить: «Подождите, подождите, мы еще не закончили. Руки на стену».

Но Хеллман не уступает лидерство. В самой уверенной манере он игнорирует последние слова Лендри и приказывает заключенным взять простыни и одеяла, застелить кровати и оставаться в камерах до следующего приказа. Хеллман, взявший на себя ответственность за хранение ключей, запирает камеры.

ПЕРВЫЕ ПРИЗНАКИ БУНТА

В конце смены, покидая двор, Хеллман кричит заключенным:
«Эй, господа, вам понравилась перекличка?»
«Нет, сэр!»
«Кто это сказал?»
Заключенный № 8612 говорит, что это он. И добавляет, что родители научили его не лгать. Все три охранника мчатся во вторую камеру, хватают № 8612, при этом он поднимает вверх сжатый кулак, как делают диссиденты-радикалы, и кри-

чит: «Вся власть народу!» Его тащат в карцер — ему выпала честь быть его первым обитателем. Охранники демонстрируют, какой принцип их объединяет: они не потерпят инакомыслия. Лендри повторяет вопрос Хеллмана:

«Эй, вам понравилась перекличка?»

«Да, сэр», — бормочут заключенные.

«Да, сэр что?»

«Да, сэр, господин надзиратель».

«Уже лучше».

Больше никто не рискует открыто бросить вызов авторитету охранников, и трое кабальеро шествуют по коридору друг за другом, словно на военном параде. Прежде чем зайти в комнату охранников, Хеллман заглядывает во вторую камеру и напоминает ее обитателям: «Я хочу, чтобы эти кровати были заправлены по-настоящему ровно». Заключенный № 5486 позже сказал, что когда № 8612 отвели в карцер, он почувствовал себя очень подавленным. А еще испытывал чувство вины из-за того, что не вмешался. Но он нашел рациональное объяснение своему поведению: он не хотел жертвовать своим комфортом или тоже оказаться в карцере, ведь «это всего лишь эксперимент» [6].

Прежде чем в 22.00 будет выключен свет, заключенным разрешают последний раз сходить в туалет. Для этого нужно разрешение, и по одному или по двое им завязывают глаза и ведут в туалет, — через входную дверь в тюрьму и далее кружным путем по коридору, а потом через шумную котельную, чтобы они не понимали, где находятся. Позже эта громоздкая процедура будет упрощена, и заключенных станут водить в туалет всех вместе. Иногда, чтобы еще больше сбить их с толку, их будут возить туда на лифте.

Сначала заключенный Том-2093 говорит, что ему нужно больше времени, потому что он стесняется и не может помочиться. Охранники отказывают, но другие заключенные объединяются, проявляют настойчивость, и № 2093 дают еще несколько минут. «Нам нужно было настоять на том, что у нас есть определенные потребности», — дерзко заявил потом заключенный № 5486 [7]. Такие небольшие инциденты, накапливаясь, могут дать заключенным новую коллективную идентичность, показать, что они — не просто группа случайных людей, пытающихся выжить в одиночку. Мятежник Дуг-8612 считает, что охранники просто играют роли, что их поведение — только шутка, но они «переигрывают». Он намерен продолжать попытки организовать заключенных, чтобы отвоевать себе хоть какую-то власть. А длинноволосый заключенный Хабби-7258, наоборот, признавался: «По мере того как проходил день, мне все больше хотелось быть охранником» [8]. Ни один из охранников не захотел быть заключенным, что вовсе не удивительно.

Другой непослушный заключенный, № 819, проявил характер в письме к членам семьи. Он просит их прийти к нему во время часов для посещений. И добавляет: «Всю власть угнетаемым братьям, победа неизбежна. Я не шучу, я здесь так счастлив, как только может быть счастлив заключенный!» [9]. Играя в карты в своей комнате, охранники ночной смены и начальник тюрьмы разрабатывают план первой переклички утренней смены — и новых унижений для заключенных. Вскоре после начала смены охранники встанут у дверей камер и разбудят подопечных громким пронзительным свистом. Это поможет новым охранникам войти в роли и в то же время не даст спать заключенным. Лендри, Бардену и Хеллману нравится этот план. Продолжая игру, они обсуждают, что еще можно сделать во время своей следующей смены. Хеллман считает, что главное — «как следует развлекаться». Он решил вести себя «круто», как в фильмах про дедовщину в армии или про тюрьму, например, в «Хладнокровном Люке» [10].

Барден занимает критическую позицию, он сторонник «золотой середины», самый умеренный охранник ночной смены. Джефф Лендри начинал ярко, но постепенно стал подчиняться творческим идеям Хеллмана и, наконец, уступил ему первенство. Позже Лендри станет играть роль «хорошего охранника», будет по-дружески общаться с заключенными и не станет делать ничего, что могло бы ухудшить их положение. Если Барден объединится с Лендри, вместе они смогут унять «крутизну» Хеллмана. Но если Барден встанет на сторону крутого парня, Лендри потеряет авторитет, и среди охранников этой смены возникнет весьма зловещая расстановка сил. В своих записках, которые он писал после окончания эксперимента, Барден признавался, что испытал беспокойство, когда ему неожиданно позвонили в шесть вечера и попросили как можно скорее приехать в Стэнфордскую тюрьму.

Надевая полувоенную форму, он чувствовал себя глупо. С ней никак не вязались его густые темные волосы и борода. Он боялся, что будет выглядеть нелепо, и заключенные поднимут его на смех. Он сознательно решил не смотреть им в глаза, не улыбаться и относиться к происходящему серьезно. В отличие от Хеллмана и Лендри, вполне уверенно играющих свои новые роли, Барден чувствует себя неуверенно. Он считает других охранников «опытными сотрудниками», хотя они вошли в роли всего за несколько часов до него. Больше всего в его новом наряде ему нравится большая полицейская дубинка, вызывающая ощущение власти и безопасности, когда он держит ее в руке, постукивает ею по прутьям дверей камер, стучит по двери карцера или просто взвешивает в руке, — скоро это станет его обычным жестом. Общая беседа в конце смены с новыми приятелями возвращает его к старой личности, и образ опьяневшего от власти охранника исчезает. Тем не менее он убеждает Лендри, что им нужно стать одной командой, держать заключенных в узде и не допускать никакого непослушания.

Пронзительный свист в половине второго ночи

Утренняя смена заступает в два часа ночи и уходит в десять утра. Приходит новый охранник — Андре Серос, еще один длинноволосый и бородатый молодой человек. К нему присоединяется Карл Венди. Как вы помните, Венди помогал дневной смене перевозить заключенных из полицейского управления в нашу тюрьму, и поэтому, еще не приступив к своим обязанностям, он уже чувствует себя уставшим. Как и у Бардена, у него длинные густые волосы. Третий охранник, Майк Варниш, сложен как борец, коренастый, мускулистый, но ниже ростом, чем двое других. Когда начальник тюрьмы говорит им, что они должны объявить о своем появлении, неожиданно разбудив заключенных, все трое радуются, что смогут начать свою смену с большого переполоха.

Заключенные крепко спят в своих темных, тесных камерах. Некоторые храпят. Внезапно тишину нарушает громкий свист, звучат крики: «Подъем! Просыпайтесь и выходите на перекличку! Эй вы, спящие красавицы, пора посмотреть, научились ли вы делать перекличку!» Ошеломленные заключенные выстраиваются в ряд у стены и машинально рассчитываются, а три охранника по очереди придумывают новые варианты расчета. Перекличка с непременными отжиманиями от пола и прыжками в наказание за ошибки продолжается почти час. Заключенные измучены. Наконец, им приказывают вернуться в камеры и лечь спать. Подъем через несколько часов. Некоторые заключенные позже сообщат, что как раз тогда почувствовали первые признаки искажения времени, были сбиты с толку, истощены и рассержены. Некоторые признаются, что впервые начали думать о том, не прекратить ли участие в эксперименте.

Охранник Серос, который сначала чувствовал себя неловко в своей униформе, теперь с удовольствием надевает эффектные очки с зеркальными стеклами. Они вызывают у него чувство «безопасной власти». Но громкий свист, отдающийся эхом в темном помещении, его немного пугает. Ему кажется, что он слишком мягкосердечен и поэтому не сможет быть хорошим охранником. Он пытается превратить свой смех в «садистскую ухмылку» [11]. Он охотно поддерживает все предложения начальника тюрьмы по поводу все новых и новых садистских способов ужесточить перекличку. Варниш позже признавался: он знал, что ему будет трудно быть жестоким охранником, и поэтому наблюдал за другими, чтобы понять, как себя вести в этой необычной роли. Так поступает большинство из нас, оказавшись в незнакомой ситуации. Он считал, что главная задача охранников — создать обстановку, в которой заключенные потеряли бы привычную идентичность и приняли новую.

Первые наблюдения и первые проблемы

Мои заметки того времени зафиксировали следующие вопросы, на которых нужно было сосредоточить внимание в ближайшие дни и ночи: будет ли расти самовольная жестокость охранников или она достигнет какой-то точки равновесия? Можно ли рассчитывать, что охранники, идя домой и размышляя о том, чем здесь занимались, будут раскаиваться и стыдиться своей жестокости? Будут ли они потом вести себя доброжелательнее? Возрастет ли устная агрессивность? Превратится ли она в физическое насилие? Скука во время утомительной восьмичасовой смены уже заставила охранников развлекаться, используя заключенных в качестве игрушек. Как охранники будут справляться со скукой в следующие дни эксперимента? Справятся ли заключенные со скукой круглосуточной жизни в камерах? Смогут ли они сохранить определенную меру достоинства, отстаивать свои права, объединятся ли в своих протестах или полностью подчинятся требованиям охранников? Сколько времени пройдет, прежде чем первый заключенный решит, что с него хватит, и выйдет из эксперимента? Уйдут ли за ним другие? Мы наблюдали очень разный стиль поведения у охранников дневной и ночной смены. Как поведут себя охранники утренней смены?

Очевидно, потребовалось время, чтобы студенты вошли в новые роли. Они чувствовали себя неуверенно и несколько неловко. Все еще есть ощущение, что это — не настоящая тюрьма, а просто эксперимент «по мотивам тюремной жизни». Возможно, нашим добровольцам так и не удастся пересечь психологический барьер, за которым человек чувствует, что он надолго заключен в тюрьму, что он лишился свободы и не может действовать по собственной воле. Можно ли ожидать такого результата — ведь это все-таки эксперимент, несмотря на всю реальность полицейских арестов? Во время встречи с охранниками в субботу я попытался внушить им, что наша тюрьма по психологическому воздействию ничем не отличается от настоящих. Я описал им некоторые типы «менталитета», характерные для взаимодействия между заключенными и тюремными охранниками в реальных тюрьмах. Я узнал о них от нашего тюремного консультанта, бывшего заключенного Карло Прескотта, и из курса летней школы по психологии тюремного заключения, который мы только что провели. Меня волновало, что я, возможно, дал охранникам слишком много указаний, и они просто будут вести себя в соответствии с ними, вместо того чтобы постепенно осваивать новые роли в процессе личного опыта. Пока мне казалось, что охранники ведут себя по-разному и не следуют предварительному сценарию. Вот что было во время той предварительной консультации охранников.

ПРЕДВАРИТЕЛЬНАЯ КОНСУЛЬТАЦИЯ ОХРАННИКОВ В СУББОТУ

Готовясь к эксперименту, наши сотрудники встретились со студентами, получившими роли охранников, чтобы обсудить цели эксперимента, объяснить их обязанности и предложить способы, позволяющие держать заключенных под контролем, не используя при этом физических наказаний. Девятерых охранников случайным образом распределили по трем сменам, еще трое остались в резерве, на случай чрезвычайных ситуаций. Я кратко рассказал, почему мы решили исследовать психологию тюремной жизни. Затем «начальник тюрьмы» Дэвид Джаффе описал некоторые процедуры и обязанности охранников, а Крейг Хейни и Керт Бэнкс, как психологи-консультанты, подробно описали процедуру предстоящих воскресных арестов и перевозки новых заключенных в нашу тюрьму.

Объясняя цели эксперимента, я сказал, что, на мой взгляд, любая тюрьма — это физическая метафора потери свободы, и каждый из нас по разным причинам переживает ее по-своему. Как социальные психологи, мы хотим понять, какие психологические барьеры создает между людьми тюрьма. Конечно, не все можно выяснить с помощью эксперимента, ведь наша тюрьма — не настоящая. Заключенные знают, что проведут в ней не долгие годы, как обитатели настоящих тюрем, а всего две недели. Они знают, что есть предел той жестокости, с которой мы можем обращаться с ними в экспериментальной среде, в отличие от реальных тюрем, где заключенных избивают, бьют электрическим током, подвергают групповым изнасилованиям, а иногда даже убивают. Я подчеркнул, что мы ни в коем случае не имеем права физически оскорблять «заключенных».

Я объяснил, что, несмотря на эти ограничения, мы хотим создать психологическую атмосферу, копирующую некоторые особенности атмосферы многих реальных тюрем, о которых я недавно узнал.

«Мы не можем применять к ним физическое насилие или пытки, — сказал я, — но можем создать атмосферу скуки. Можем создать ощущение фрустрации. Можем заставить их испытывать страх, до некоторой степени. Можем создать ощущение произвола, ощущение, что их жизнью управляет некий случай, которым полностью управляем мы, система, вы, я, Джаффе. У них не будет никакого личного пространства, они будут под постоянным наблюдением — мы будем видеть все, что они делают. У них не будет никакой свободы действий. Они не смогут сделать и сказать ничего, чего мы не разрешаем. Разными методами мы будем лишать их индивидуальности. Они будут носить униформу, никто и никогда не будет называть их по имени; у них будут номера, и их будут называть только по номерам. В целом все это должно создать у них ощущение беспомощности. Вся власть будет принадлежать нам, у них никакой власти не будет. Главный вопрос исследования звучит так: что они сделают, чтобы попытаться вернуть себе власть, вернуть себе определенную степень индивидуальности, получить некоторую свободу, отвоевать хоть какое-то личное пространство? Смогут ли заключенные действовать против нас, пытаясь хотя бы отчасти вернуть то, что у них было на свободе?» [12].

Я обратил внимание наших начинающих охранников на то, что заключенные, вероятно, будут считать все это «игрой», но нам, сотрудникам тюрьмы, предстоит ввести заключенных в необходимое психологическое состояние и поддерживать его до конца исследования. Мы должны заставить их почувствовать, что они оказались в настоящей тюрьме; мы ни при каких условиях не должны называть все это исследованием или экспериментом. Ответив на вопросы будущих охранников, я кратко описал распределение обязанностей между тремя сменами, чтобы у каждой смены была своя задача. Затем я прояснил, что кажущаяся наименее привлекательной ночная смена будет, скорее всего, самой легкой, ведь как минимум половину времени заключенные будут спать. «У вас будет сравнительно мало работы, хотя вы не сможете спать. Вы должны быть начеку на случай, если они начнут что-то замышлять». Вопреки моему предположению, что ночная смена будет самой легкой, в итоге ей досталось больше всего работы. И вела себя эта смена с заключенными грубее других.

Здесь я должен повторить, что вначале я интересовался больше заключенными и их адаптацией к тюремной ситуации, а не охранниками. Охранники казались мне исполнителями второстепенных ролей, которые должны были создать у заключенных ощущение того, что они находятся в настоящей тюрьме. Думаю, здесь сыграло роль мое происхождение: выходец из низших слоев общества, я отождествлял себя с заключенными, а не с охранниками. Конечно, мое отношение к тюрьмам было сформировано тесным общением с Прескоттом и другими бывшими заключенными, с которыми я недавно познакомился. Поэтому моя речь должна была помочь охранникам «войти в роль»: я хотел кратко обрисовать некоторые ключевые ситуационные и психологические процессы, характерные для реальной тюрьмы. Со временем нам стало ясно, что наблюдать за поведением охранников не менее, а иногда даже более интересно, чем за поведением заключенных. Смогли бы мы получить те же результаты без этой встречи, если бы ограничились только поведенческим контекстом и описали роли? Как мы скоро увидим, несмотря на наши однобокие рекомендации, охранники вначале не спешили использовать методы подавления. Только через какое-то время воздействие новых ролей и ситуационных факторов привело к тому, что охранники превратились в правонарушителей, жестоко обращающихся с заключенными. За это зло, появившееся в Стэнфордской окружной тюрьме, я несу полную личную ответственность.

С другой стороны, наши охранники не прошли никакого формального обучения. Мы просили их обеспечивать порядок, пресекать попытки к бегству, ни в коем случае не использовать против заключенных физическую силу, и дали общую информацию о негативных аспектах психологии тюремного заключения. Эта процедура была очень похожа на введение в должность сотрудников реальных исправительных учреждений. Часто у них нет никакого специального обучения, и им позволено использовать любые силовые методы, особенно в критических обстоятельствах. Правила, которые зачитали заключенным начальник тюрьмы и охранники, как и мои инструкции во время встречи с охранниками, представляли собой вклад Системы в создание ряда начальных ситуативных условий, бросивших вызов ценностям, отношениям и личностным особенностям, которые внесли в эту уникальную ситуацию участники эксперимента. Скоро мы увидим, как был разрешен конфликт между влиянием ситуации и ролью личности.

Охранники

Дневная смена: 10.00–18.00

Арнетт, Маркус, Лендри (Джон)

Ночная смена: 18.00–2.00

Хеллман, Барден, Лендри (Джефф)

Утренняя смена: 2.00–10.00

Венди, Серос, Варниш

Резервные охранники

Морисмо, Питерс

Заключенные

Камера № 1

№ 3401 — Глен

№ 5704 — Пол

№ 8612 — Дуг

Камера № 2

№ 7258 — Хабби

№ 819 — Стюарт

№ 1037 — Рич

Камера № 3

№ 2093 — Том «сержант»

№ 4325 — Джим

№ 5486 — Джерри

ГЛАВА ЧЕТВЕРТАЯ

Понедельник: бунт заключенных

После первых дня и ночи, показавшихся нам бесконечными, наступил понедельник — день тяжелый, тоскливый и утомительный для всех нас. Но ровно в 6 утра снова раздается пронзительный свист, и заключенные просыпаются. Они, сонные, выходят из камер, протирают глаза, натягивают свои шапочки и робы, распутывают цепи на лодыжках. Они вялые и угрюмые. № 5704 позже сказал нам, что встретил новый день с тоской, зная, что ему придется снова пройти «через все это дерьмо, а может, и кое-что похуже» [1].

Охранник Серос поднимает за подбородки опущенные головы — в первую очередь заключенного № 1037, который, кажется, спит на ходу. Он толкает их в плечо, заставляя выпрямиться, тычками исправляя осанку. Он похож на маму, которая готовит своих сонных детей к первому школьному дню, только немного грубее. Пришло время еще раз повторить правила и сделать утреннюю зарядку, прежде чем будет подан завтрак.

Венди проявляет инициативу:

«Итак, мы с вами будем повторять эти правила, пока вы их не запомните» [2].

Его энергия заразительна; Серос начинает ходить вдоль строя заключенных, размахивая дубинкой. Заключенные повторяют правила недостаточно быстро, он теряет терпение и кричит:

«Шевелитесь, шевелитесь!»

Серос похлопывает дубинкой по открытой ладони, этот звук явно свидетельствует о сдержанной агрессии.

В течение нескольких минут Венди читает инструкции по поводу туалета. Он повторяет их много раз, пока заключенные слово в слово не повторят, как долго можно там находиться, и что при этом нужно соблюдать тишину.

«№ 819 думает, что это забавно. Возможно, для него у нас есть кое-что особенное».

Охранник Варниш держится в стороне, почти ничего не делая. Серос и Венди меняются ролями. Заключенный № 819 продолжает улыбаться и даже смеется над нелепостью ситуации.

«№ 819, здесь нет ничего смешного!»

Тем временем Сероса сменяет охранник Маркус. Он снова читает правила.

Серос: «Громче! Заключенные должны сообщать охранникам о любых нарушениях правил».

Заключенных заставляют петь правила. Очевидно, после множества повторений они выучили их назубок. Затем приходит черед инструкций по поводу того, что койки нужно заправлять как в армии.

«С этого момента ваши полотенца должны быть свернуты и аккуратно сложены в ногах кровати. Не кое-как брошены, а аккуратно сложены, понятно?» — спрашивает Венди.

Заключенный № 819 начинает паясничать. Он перестал делать зарядку и отказывается продолжать. Другие тоже останавливаются и ждут, когда их приятель присоединится к ним. Охранники просят его продолжать, и он подчиняется — ради товарищей.

«Прекрасно, № 819, теперь посидишь в карцере», — заявляет Венди.

№ 819 отправляется в одиночную камеру, но с непокорным видом. Пока он неторопливо шагает по коридору вдоль строя заключенных, самый высокий охранник, Карл Венди, с удовольствием демонстрирует свою власть.

«Итак, какой сегодня день?»

В ответ заключенные что-то бормочут.

«Громче. Вы счастливы?»

«Да, господин надзиратель».

Варниш, пытаясь войти в игру и казаться при этом «крутым», спрашивает:

«Все вы счастливы? Двое ничего не сказали».

«Да, господин надзиратель».

«№ 4325, какой сегодня день?»

«Сегодня хороший день, господин надзиратель».

«Нет. Сегодня *прекрасный* день!»

«Да, сэр, господин надзиратель».

Заключенные начинают петь: «Это прекрасный день, господин надзиратель».

«№ 4325, какой сегодня день?»

«Сегодня хороший день».

Венди: «Неправильно. Сегодня *прекрасный* день!»

«Да, сэр. *Прекрасный* день».

«А ты, № 1037?»

№ 1037 отвечает преувеличенно бодро и саркастически: «Сегодня *прекрасный* день».

Венди: «Так и есть. Ладно, возвращайтесь в камеры и чтобы через три минуты там были чистота и порядок. Потом встаньте в ногах своих кроватей».

Он инструктирует Варниша о том, как осматривать камеры. Три минуты спустя охранники входят в камеры. Заключенные стоят у кроватей по стойке «смирно».

НАЗРЕВАЕТ БУНТ

Совершенно очевидно, что выходки охранников все больше раздражают заключенных. Кроме того, они проголодались и устали, потому что не выспались ночью. Но они продолжают шоу и добросовестно заправляют кровати. Тем не менее Венди недоволен.

«Ты говоришь, это аккуратно, № 8612? Это полный бардак, все переделать». — С этими словами он срывает с кровати одеяло и простыню и бросает их на пол.

№ 8612 инстинктивно кидается к нему и кричит: «Что ты сделал? Я же только что ее заправил!»

Венди захвачен врасплох. Он отталкивает заключенного, бьет его кулаком в грудь и кричит, чтобы придать себе уверенности: «Охрана, чрезвычайная ситуация во второй камере!»

Все трое охранников окружают заключенного № 8612 и грубо тащат его в карцер, где он присоединяется к спокойно сидящему № 819. В темноте и тесноте бунтари начинают планировать восстание. Но они пропускают поход в туалет, куда других сопровождают парами. Скоро им становится трудно терпеть, и они решают затаиться, но поднять мятеж чуть позже. Что интересно, охранник Серос позже сказал нам, что ведя заключенного в туалет и обратно, ему было трудно играть роль охранника, потому что там не было внешних физических атрибутов тюрьмы — туалет находился за ее пределами. Как и большинство других охранников, он утверждал, что во время походов в туалет с заключенными он действовал более жестко и был более требовательным, чтобы не выйти из роли. Охранникам было труднее быть «крутыми», оставаясь один на один с заключенным. Они также испытывали чувство стыда: взрослые люди превратились в «туалетный патруль» [3].

Пара повстанцев, сидящих в карцере, пропускает и завтрак, который подают в 8 утра во дворе. Одни заключенные едят, сидя на полу, другие — стоя. Они игнорируют правило «не разговаривать», беседуют и обсуждают возможность голодовки, чтобы показать свою солидарность. Они приходят к выводу, что пора начать выдвигать требования, чтобы испытать свою силу. Нужно потребовать вернуть им очки, лекарства и книги; нужно отказаться делать зарядку. Те, кто раньше вел себя спокойно, даже № 3401, единственный доброволец азиатско-американского происхождения, возбуждены благодаря своей открытой поддержке зачинщиков.

После завтрака заключенные № 7258 и 5486 проверяют новый план и отказываются выполнять приказ вернуться в камеры. Это вынуждает трех охранников силой затолкать их в камеры. Такое неповиновение должно было бы привести их в карцер, но он уже и так переполнен, больше двух человек там просто не поместится. Среди нарастающего шума я с удивлением слышу, что заключенные из третьей камеры добровольно вызвались помыть тарелки. Этот жест согласуется с готовностью сотрудничать заключенного Тома-2093, но противоречит настроению его сокамерников, которые планируют бунт. Возможно, они хотят разрядить обстановку и сбросить растущее напряжение между охранниками и заключенными.

Кроме этого любопытного исключения, заключенные постепенно выходят из-под контроля. Утренняя тройка охранников решает, что заключенные несерьезно относятся к их власти и поэтому не слушаются. Они приходят к выводу, что пора принять жесткие меры. Во-первых, они устанавливают часы утренней работы. Например, сегодня заключенным предстоит вымыть стены и полы в тюрьме. Затем, в первом порыве коллективной творческой мести, охранники забирают одеяла с кроватей заключенных из первой и второй камер, выносят их из здания, и волочат их по кустам, пока одеяла не покрываются шипами и колючками. Если заключенные не хотят быть исколоты, им придется потратить не меньше часа на то, чтобы вытащить колючки, — конечно, если они хотят спать под одеялами. Заключенный № 5704 выходит из себя и возмущается бессмысленностью этого занятия. Как раз этого и добивались охранники. Бессмысленные и бесполезные задания — необходимый атрибут их власти. Охранники хотят наказать мятежников и заставить всех остальных слушаться. Отказавшийся было выполнять бессмысленную работу № 5704 соглашается — он думает, что этим задобрит охранника Сероса и заработает сигарету. Поэтому он начинает послушно выбирать сотни колючек из одеяла. Смысл этой работы — порядок, контроль и власть: кому она принадлежит и кто хочет ее получить.

Охранник Серос спрашивает: «В этой тюрьме вы получаете только лучшее, согласны?»

Заключенные невнятно бормочут, изображая согласие.

«Вы совершенно правы, господин надзиратель», — отвечает голос из третьей камеры.

Но № 8612, только что выпущенный из карцера и вернувшийся во вторую камеру, высказывает другое мнение: «Да пошел ты в жопу, господин надзиратель».

Ему приказывают закрыть свою грязную пасть.

Это — первые ругательства, прозвучавшие в ходе эксперимента. Я ожидал, что охранники будут часто ругаться, чтобы соответствовать роли «крутых мачо», но ошибся. Однако Дуг-8612 без всякого смущения начинает сыпать ругательствами.

Охранник Серос: «Мне было странно командовать. Я чувствовал, что мы все равны. Вместо этого я заставлял заключенных кричать друг другу: "Ты — куча дерьма!" Я не верил своим ушам, когда они послушно снова и снова повторяли это по моей команде» [4].

Венди добавил: «Я заметил, что вошел в роль охранника. Я не испытывал неловкости; наоборот, я стал более властным. Заключенные не слушались, и я хотел наказать их за то, что они разрушают нашу систему» [5].

Следующие признаки непослушания проявляет небольшая группа заключенных, Стью-819, Пол-5704, и впервые 7258, прежде послушный Хабби. Они срывают со своих роб идентификационные номера и громко протестуют против недопустимых условий содержания. Охранники немедленно принимают ответные меры — приказывают им раздеться догола и находиться в таком виде, пока их номера не будут пришиты обратно. Охранники отступают в свою комнату, они все еще не привыкли к собственному превосходству. Пока они нетерпеливо ждут конца своей слишком длинной первой смены, во дворе повисает зловещая тишина.

Дневная смена, добро пожаловать на бунт

Незадолго до 10 утра появляется дневная смена. Пока охранники переодеваются, они узнают, что ситуация вышла из-под контроля и все не так спокойно, как было вчера, перед их уходом. Заключенные из первой камеры забаррикадировали дверь и отказываются выходить. Охранник Арнетт немедленно берет на себя инициативу и просит охранников утренней смены остаться в тюрьме до тех пор, пока конфликт не будет улажен. Его тон подразумевает, что утренняя смена так или иначе виновата в случившемся.

Предводитель бунта, Пол-5704, убедил своих товарищей из первой камеры, Хабби-7258 и Глена-3401, что пришло время выступить против нарушения договора, который они заключили с властями (т. е. со мной). Они придвинули свои кровати к двери камеры, завесили дверной проем одеялами и выключили свет. Охранники не могут открыть дверь и вымещают свой гнев на обитателях второй камеры, где сидят главные нарушители спокойствия, ветераны карцера Дуг-8612 и Стью-819 — и с ними Рич-1037. Охранники предпринимают неожиданную контратаку, врываются во вторую камеру, хватают три койки и вытаскивают их во двор, а № 8612 отчаянно сопротивляется. В камере — возня, удары и крики. Все это слышно во дворе.

«К стене!»

«Дай мне наручники!»

«Сейчас получишь!»

№ 819 дико кричит: «Нет, нет, нет! Это же только *эксперимент*! Оставьте меня в покое! Дерьмо, отпусти меня, придурок! Вы не заберете у нас эти гребаные кровати!»

№ 8612: «Чертов опыт! Это просто гребаный опытный эксперимент! Это не тюрьма. Хренов доктор *Зимбарго*!»

Арнетт удивительно спокойным голосом говорит: «Когда заключенные из первой камеры будут вести себя как положено, мы вернем ваши кровати. Повлияйте на них любыми средствами, чтобы они вели себя как положено».

Еще более спокойный голос заключенного отвечает охранникам: «Это *наши кровати*. Вы не можете их забрать».

В полном замешательстве голый заключенный № 8612 жалобно произносит: «Они забрали у нас одежду, они забрали у нас кровати! Этого не может быть! Они забрали у нас одежду, они забрали у нас кровати! — и добавляет: — В *настоящей* тюрьме такого не делают».

Как ни странно, другой заключенный отвечает: «Делают» [6].

Охранники громко смеются. № 8612 просовывает руки между прутьями двери камеры, поворачивает их ладонями вверх, в просительном жесте, с удивленным выражением лица и говорит новым, странным тоном. Охранник Дж. Лендри требует его убрать руки, но Серос действует грубее и бьет дубинкой по прутьям. № 8612 убирает руки как раз вовремя, чтобы ему не разбили пальцы. Охранники смеются.

Затем они направляются к третьей камере, а № 8612 и № 1037 кричат товарищам из третьей камеры, чтобы те тоже забаррикадировались.

«Придвиньте кровати к двери!» «Поставьте одну горизонтально, а вторую — вертикально! Не впускайте их! Они заберут у вас кровати!»

«Они забрали у нас кровати! Вот дерьмо!»

№ 1037 вне себя: «Бейте их! Сопротивляйтесь! Пришло время для настоящей революции!»

Охранник Лендри вооружен большим огнетушителем. Он стреляет во вторую камеру зарядами углекислого газа, охлаждающего кожу, вынуждает заключенных отбежать назад.

«Заткнитесь и отойдите от двери!» (Как ни парадоксально, это именно тот огнетушитель, на наличии которого настаивал комитет по опытам на человеке на случай чрезвычайной ситуации!)

Но кровати из третьей камеры уже вытаскивают в коридор. Мятежники из второй камеры чувствуют, что их предали.

«Третья камера, что происходит? Мы же сказали вам забаррикадировать двери!»

«Разве это солидарность? Это кто, Сержант (№ 2093)? Сержант, если это из-за тебя, то ничего удивительного, потому что мы и так знаем, кто ты такой».

«Эй, первая камера, держите свои кровати. Не впускайте их».

Охранники понимают, что вшестером они смогут подавить бунт заключенных, но в будущем им придется действовать только втроем против девяти заключенных, и это будет нелегко. Но ничего страшного: Арнетт объясняет остальным охранникам психологическую тактику «разделяй и властвуй». Нужно сделать третью камеру «элитной» и дать ее обитателям особые привилегии — мыться и чистить зубы, вернуть им кровати, постельные принадлежности и включить в их камере воду.

Охранник Арнетт громко объявляет, что заключенные из третьей камеры ведут себя хорошо, «и их кровати вернут, когда будет восстановлен порядок в первой камере».

Охранники уговаривают «хороших заключенных» убедить остальных вести себя «правильно».

«Ну, если бы мы знали, что значит неправильно, мы бы им сказали!» — восклицает один из «хороших заключенных».

Венди отвечает: «Вам не нужно знать, что значит неправильно. Просто попросите их успокоиться».

№ 8612 кричит: «Первая камера, мы с вами, все трое!»

Затем он высказывает туманную угрозу в адрес охранников, которые толкают его назад. Все еще голый, с полотенцем вокруг бедер, он кричит: «Эй, ребята, вы что, думаете, мы раскрыли все карты?»

Дело сделано, и охранники устраивают небольшой перерыв, чтобы покурить и подумать, что делать с первой камерой, где забаррикадирована дверь.

Рич-1037 отказывается выйти из второй камеры, и трое охранников выносят его на руках, бросают на пол, надевают наручники ему на лодыжки и тянут за ноги во двор. Он и бунтарь № 8612 продолжают кричать о неприемлемых условиях, они просят всех заключенных поддержать бунт. Охранники пытаются освободить вторую кладовку в коридоре, чтобы устроить там еще один карцер, куда можно было бы посадить № 1037. Вытаскивая коробки, чтобы освободить место в кладовке, они тянут его по полу назад в камеру. Его ноги все еще скованы наручниками.

Охранники Арнетт и Лендри совещаются и находят простой способ навести хоть какой-то порядок в этом бедламе: начать перекличку. Перекличка всегда помогает навести порядок. В строю по стойке смирно стоят всего четверо заключенных. Для начала охранники приказывают им назвать свои номера.

«Мой номер 4325, господин надзиратель».

«Мой номер 2093, господин надзиратель».

Перекличка продолжается, хотя в ней участвуют только три «хороших мальчика» из третьей камеры и № 7258, голый, с полотенцем вокруг бедер. Что примечательно, № 8612 выкрикивает свой номер из карцера, но насмешливым тоном.

Охранники снова тащат № 1037 и запирают в кладовке в коридоре, превращенной во второй карцер. Тем временем № 8612 продолжает кричать суперинтенданту тюрьмы: «Эй, Зимбардо, тащи сюда свою задницу!» Я принимаю решение не вмешиваться, но понаблюдать за этой конфронтацией и попытками охранников восстановить законность и порядок.

В ретроспективных дневниках заключенных (завершенных после окончания эксперимента) есть некоторые интересные комментарии. Пол-5704 пишет, что искажение восприятия времени уже начинает влиять на мышление заключенных. «После того как утром мы забаррикадировались в камере, я заснул, потому что плохо спал ночью. Когда я проснулся, то подумал, что уже наступило утро следующего дня, но день еще не закончился, еще даже обеда не было!» Днем он снова заснул, а когда проснулся, то решил, что наступила ночь, но было только пять часов вечера. Искажение восприятия времени отметил также № 3401, он очень проголодался и злился, что до сих пор нет обеда. Он думал, что уже девять или десять вечера, хотя было всего пять часов.

Хотя охранники подавили бунт и использовали его как предлог для усиления давления и контроля над «опасными заключенными», многие обитатели тюрьмы довольны тем, что им хватило смелости бросить вызов системе. № 5486 отметил, что у него «было хорошее настроение, мы были вместе, готовы устроить заваруху. Мы придумали "бунт против прыжков". Больше никаких насмешек, никаких прыжков, никакого подчинения». Он добавил, что чувствовал, будто его действия зависят от того, поддержат ли его сокамерники из «хорошей камеры». Если бы он был в первой или второй камере, то «поступил бы так же, как они» и бунтовал бы более яростно. Для самого маленького, хрупкого заключенного, Глена-3401, студента азиатско-американского происхождения, бунт стал боевым крещением: «Я предложил придвинуть кровати к двери, чтобы не пускать охранников. Обычно я спокоен, но мне не нравится, когда со мной так обращаются. Я помогал организовать наше восстание и принимал в нем активное участие, для меня это было важно. Это придало мне уверенности. Я считаю это самым важным событием моей жизни. Это было какое-то самоутверждение; после этой баррикады я лучше узнал самого себя» [7].

После обеда можно устроить побег

Первая камера все еще забаррикадирована, а некоторые мятежники сидят в карцере. Так что пообедать удастся немногим. Для «хорошей третьей камеры» охранники приготовили самое лучшее угощение. Они получат его на виду у непослушных товарищей. Но заключенные из третьей камеры снова нас удивляют: они отказываются от еды. Охранники пытаются убедить их только попробовать эти восхитительные блюда. Заключенные проголодались, потому что съели всего лишь легкий завтрак из овсянки и скудный ужин вчера вечером, но обитатели третьей камеры не могут позволить себе стать предателями, «крысами-штрейкбрехерами». Весь следующий час во дворе висит странная тишина. Однако обитатели третьей камеры охотно сотрудничают во время рабочих часов, т. е. продолжают вытаскивать колючки из одеял. Заключенному Ричу-1037 предлагают выйти из карцера и тоже взяться за работу, но он отказывается. Он предпочитает сравнительное спокойствие в темноте. По правилам заключенный может провести в карцере не больше часа, но № 1037 сидит в одиночке уже два часа, как и № 8612.

Тем временем в первой камере двое заключенных спокойно приступают к реализации первой стадии нового плана побега. Длинными и крепкими ногтями (благодаря игре на гитаре) Пол-5704 откручивает винты электрощитка. Сняв крышку, заговорщики хотят использовать ее острый край как отвертку и отвинтить дверной замок камеры. Один из них притворится больным, и когда охранник поведет его в туалет, он откроет главную входную дверь в холле. Извещенный свистом, второй выскочит из камеры. Они собьют с ног охранника и сбегут на волю! Как и в настоящей тюрьме, заключенные проявляют удивительные творческие способности, делая оружие из любых подручных средств и изобретая изощренные планы побега. Время и угнетение — отцы всех мятежных изобретений.

Но удача не на их стороне. Охранник Джон Лендри, делая обычный обход, поворачивает ручку двери первой камеры, и она падает на пол со звучным глухим стуком. Начинается паника. «На помощь! — кричит Лендри. — Побег!»

К нему спешат Арнетт и Маркус, они блокируют дверь, достают наручники и сковывают беглецов-неудачников вместе, уложив их на пол камеры. Конечно же, один из нарушителей спокойствия — № 8612, и он в очередной раз оказывается в карцере.

Чтобы успокоить массы, нужна хорошая перекличка

С тех пор, как началась дневная смена, прошло несколько тревожных часов. Пора усмирить этих дикарей, пока не возникли новые проблемы.

«Хорошее поведение вознаграждается, а плохое поведение не вознаграждается».

Я уже узнаю этот спокойный, уверенный голос: это Арнетт. Вместе с Лендри они строят подопечных для очередной переклички. Командует Арнетт. Он стал лидером дневной смены.

«Руки на стену, на эту стену. Давайте проверим, хорошо ли вы выучили свои номера. Как мы уже делали, произносим свой номер, начиная с этого конца».

Начинает Сержант. Он отвечает быстро и громко, задавая тон. Его подхватывают другие заключенные. № 4325 и № 7258 отвечают быстро и послушно. От Джима-4325, крупного, мускулистого, метр девяносто ростом, мы пока слышали мало, хотя, если бы он захотел, то мог бы доставить охранникам массу проблем. Глен-3401 и Стью-819, наоборот, всегда говорят медленнее, с очевидной неохотой уступая бессмыслице. Арнетт недоволен и применяет собственные методы контроля — заставляет заключенных рассчитываться самыми творческими способами. Они рассчитываются на первый-третий, потом в обратном порядке — всяческими вариантами, которые он придумывает, чтобы бессмысленно усложнить задачу. При этом Арнетт проявляет недюжинные творческие способности, как и Хеллман. Но Арнетт, кажется, не получает от этого такого удовольствия, как лидер другой смены. Для него это просто работа, которую нужно выполнять хорошо.

Лендри предлагает, чтобы заключенные снова пропели свои номера. Арнетт спрашивает: «Вы делали это вчера вечером? Им понравилось петь?»

Лендри: «Я думаю, вчера вечером им понравилось».

Но несколько заключенных отвечают, что им не нравится петь.

«Ну что же, вам придется учиться делать то, что вам не нравится; это нужно для возвращения в общество нормальных людей», — говорит Арнетт.

№ 819 возражает: «У нормальных людей нет номеров».

Арнетт отвечает: «У нормальных людей и не должно быть номеров! А у вас есть номера, потому что вы здесь!»

Лендри объясняет, как петь номера: как гаммы, «до-ре-ми». Заключенные подчиняются и поют гаммы, стараясь изо всех сил, сначала от «до» к «си», а потом по нисходящей, от «си» к «до». Не поет только № 819.

«№ 819 не умеет петь; повторяем все сначала».

№ 819 начинает объяснять, почему не может петь. Но Арнетт разъясняет цель этого упражнения: «Я тебя не спрашиваю, *почему* ты не можешь петь, твоя задача — *научиться*».

Арнетт критикует заключенных за плохое пение, но утомленные заключенные только хихикают и ерничают, издавая фальшивые ноты.

В отличие от своих товарищей охранник Джон Маркус кажется вялым. Он редко участвует в общих акциях во дворе. Напротив, он добровольно делает то, для чего нужно покинуть тюрьму, например принести еду из столовой колледжа. Вся его фигура говорит о том, что его не вдохновляет образ «крутого мачо»; он сутулится, плечи и голова опущены вниз. Я прошу начальника тюрьмы Джаффе поговорить с ним и попросить серьезнее относиться к своим обязанностям, за выполнение которых ему платят. Джаффе уводит его со двора для серьезного разговора.

«Охранники должны понимать, что им нужно быть достаточно жесткими. Успех этого эксперимента зависит от поведения охранников, которое должно быть предельно реалистичным», — говорит ему Джаффе.

Маркус не соглашается: «Мой личный опыт показывает, что жесткое, агрессивное поведение не дает результатов».

Джаффе возражает ему, объясняя, что цель эксперимента — не перевоспитать заключенных, а понять, как тюрьма меняет человека, столкнувшегося с ситуацией, когда вся власть принадлежит охранникам.

«Но эта ситуация влияет и на *нас*. Мне тяжело даже надевать униформу охранника».

Джаффе пытается успокоить его: «Я вас понимаю. Но нам нужно, чтобы вы действовали определенным образом. Сейчас нам нужно, чтобы вы играли роль "жесткого охранника". Нам нужно, чтобы вы реагировали по-хамски, что ли. Мы пытаемся создать стереотип охранника, а ваш личный стиль слишком мягкий».

«Хорошо, я попытаюсь вести себя иначе».

«Спасибо, я знал, что мы можем на вас рассчитывать» [8]. Тем временем заключенные № 8612 и № 1037 остаются в одиночках. Но теперь они громко жалуются на нарушение правил. Никто не обращает на них внимания. И тот и другой просят позвать врача. № 8612 кричит, что он заболел, что плохо себя чувствует. По его словам, ему мерещится, будто его арестантская шапочка все еще у него на голове, хотя он знает, что ее там нет. Его требование встретиться с начальником тюрьмы будет удовлетворено в тот же день, но немного позже.

В четыре часа в «хорошую» третью камеру возвращают кровати, и охранники переключают свое внимание на обитателей мятежной первой камеры. Охранников ночной смены просят прийти пораньше. Вместе с дневной сменой они штурмуют камеру, «стреляя» огнетушителем в приоткрытую дверь, чтобы напугать заключенных. Они раздевают трех бунтарей донага, забирают у них кровати и угрожают лишить ужина, если они и дальше откажутся повиноваться. Голодные, потому что пропустили обед, заключенные ведут себя угрюмо и безучастно.

Комитет по рассмотрению жалоб заключенных Стэнфордской окружной тюрьмы

Я понимаю, что ситуация заходит в тупик, и прошу начальника тюрьмы объявить по громкоговорителю, что заключенные должны избрать трех представителей в недавно созданный комитет по рассмотрению жалоб заключенных Стэнфордской окружной тюрьмы, который встретится с суперинтендантом Зимбардо, как только определит, с какими жалобами заключенные хотят к нему обратиться. Позже, из письма, которое Пол-5704 отправил своей девушке, мы узнали, что он гордится тем, что товарищи избрали его главой комитета. Это весьма показательные слова, они демонстрируют, как сужаются горизонты заключенных, как они теряют перспективу и начинают жить «в текущем моменте».

Комитет по рассмотрению жалоб, состоящий из трех избранных участников, Пола-5704, Джима-4325 и Рича-1037, сообщает мне, что договор с заключенными нарушается во множестве пунктов. Они подготовили целый список: охранники проявляют физическую и словесную агрессию; прибегают к ненужным оскорблениям; питание не соответствует оговоренным условиям; они требуют, чтобы им вернули книги, очки и таблетки; им недостаточно одного запланированного свидания с друзьями и родственниками; некоторым нужна религиозная служба. Они утверждают, что все эти пункты оправдывают необходимость открытого неповиновения, чем они и занимались целый день.

В очках с зеркальными стеклами я легко вхожу в роль суперинтенданта. «Я уверен, — начинаю я, — что нам удастся уладить любые разногласия мирным путем, к взаимному удовлетворению». Я отмечаю, что комитет по рассмотрению жалоб — прекрасный первый шаг в этом направлении. Я готов сотрудничать с ним до тех пор, пока он представляет интересы всех остальных заключенных.

«Но вы должны понять, что грубость и физические действия охранников спровоцированы вашим плохим поведением. Вы сами создали эту ситуацию, нарушив график и посеяв панику среди охранников, которые еще мало знакомы со своей работой. Они лишили вас привилегий, но ведь не стали применять физическую силу к непослушным заключенным».

Члены комитета понимающе кивают.

«Я обещаю, что этот список жалоб сегодня вечером будет рассмотрен персоналом тюрьмы, мы устраним негативные факторы, насколько это возможно, и учтем некоторые ваши предложения. Для начала завтра я приглашу тюремного священника и устрою еще один день посещений на этой неделе».

«Очень хорошо, спасибо» — говорит глава комитета, Пол-5704.

Другие кивают, соглашаясь с тем, что мы сделали важный шаг по направлению к более цивилизованным условиям тюремного заключения.

Мы встаем, пожимаем друг другу руки, и они уходят, умиротворенные. Я надеюсь, что они попросят товарищей успокоиться, и в будущем нам удастся избежать подобных конфликтов.

ЗАКЛЮЧЕННЫЙ № 8612 НАЧИНАЕТ СДАВАТЬ

Дуг-8612 не настроен сотрудничать. Он не верит, что жалобы комитета будут услышаны. Он не слушается охранников и снова оказывается в карцере, где непрерывно стучит ладонью в дверь. Он заявляет, что заболел и требует позвать начальника тюрьмы. Скоро начальник тюрьмы Джафф приглашает его в свой кабинет и выслушивает жалобы на произвол и «садизм» охранников. Джаффе говорит заключенному, что *его* поведение провоцирует охранников. Если он будет сотрудничать, Джаффе проследит за тем, чтобы охранники были с ним помягче. № 8612 говорит, что если этого не случится тотчас же, он выйдет из эксперимента. Обеспокоенный его жалобами на здоровье, Джаффе спрашивает, нужен ли ему врач. № 8612 пока отказывается. Его отводят обратно в камеру, и здесь он снова начинает кричать, обращаясь к заключенному Ричу-1037, который все еще сидит в одиночке, громко жалуется на невыносимые условия и опять требует врача.

Кажется, заключенный № 8612 доволен разговором с начальником тюрьмы, но продолжает сердито кричать, настаивая на встрече с «суперинтендантом, с этим гребаным доктором Зимбардо». Я соглашаюсь немедленно с ним встретиться.

Тюремный консультант осаживает дерзкого заключенного

Днем я решил устроить первый визит в тюрьму нашего консультанта, Карло Прескотта, который помог мне разработать множество аспектов эксперимента, позволяющих достоверно воспроизвести заключение в настоящей тюрьме. Карло недавно условно-досрочно освободился из тюрьмы Сан-Квентин после семнадцати лет заключения. До этого он сидел в тюрьмах Фолсом и Вакавилль, главным образом за вооруженные ограбления. Я встретил его несколько месяцев назад, во время одного семинара, организованного студентами-социопсихологами и посвященного поведению человека в институциональной среде[1]. Карло пригласил один мой студент, чтобы тот поделился с участниками проекта личными впечатлениями о тюремной жизни.

Карло вышел из тюрьмы всего четыре месяца назад и был полон гнева на несправедливость тюремной системы. Он поносил американский капитализм, расизм, подстрекателей войны и так далее. Но он оказался удивительно мудрым и проницательным человеком, прекрасно понимающим суть социального взаимодействия, к тому же исключительно красноречивым обладателем глубокого баритона, способным часами говорить без запинки. Мне были интересны взгляды этого человека, тем более что мы были почти одногодками — мне было тридцать восемь, ему сорок — и оба выросли в гетто, Восточного и Западного побережья. Но пока я учился в колледже, Карло сидел в тюрьме. Мы быстро подружились. Я стал его доверенным лицом, терпеливым слушателем его длинных монологов, психологом-консультантом и «антрепренером» для работы и лекций. Его первой работой стала должность второго преподавателя нового курса летней школы в Стэнфордском университете, посвященного психологии тюремного заключения. Карло не только в мельчайших подробностях рассказал студентам о собственном тюремном опыте, но и убедил других быв-

---

[1] Институциональная среда — совокупность основополагающих политических, социальных и юридических правил, которая образует базис для производства, обмена и распределения. Термин предложен в 1971 г. американскими экономистами Д. С. Нортом (нобелевский лауреат 1993 г.) и Л. Девисом. — *Прим. ред.*

ших заключенных поделиться опытом. Во время этого курса мы приглашали тюремных охранников, тюремных юристов и других людей, хорошо знакомых с американской тюремной системой. Этот опыт и активное участие Карло помогли придать нашему небольшому эксперименту своеобразную достоверность, не имеющую аналогов ни в одном другом подобном социальном исследовании.

Около семи вечера. Мы с Карло смотрим видеозапись одной из сегодняшних перекличек. Потом мы уходим в мой кабинет, чтобы обсудить, как идут дела и как лучше всего организовать завтрашний день посещений. Внезапно в кабинет врывается начальник тюрьмы Джаффе, докладывающий, что № 8612 совершенно неуправляем, хочет выйти из эксперимента и настаивает на встрече со мной. Джаффе не может сказать наверняка, то ли № 8612 просто хочет обманом выйти из тюрьмы, а потом наделать нам каких-нибудь неприятностей, то ли он действительно заболел. Он настаивает, что в ситуации должен разбираться я, а не он.

«Конечно, приведите его, я с ним поговорю», — говорю я.

В мой кабинет входит угрюмый, непокорный, разгневанный и смущенный молодой человек.

«В чем проблема, юноша?»

«Я больше не могу этого выносить, охранники меня изводят, они выбрали меня жертвой, меня все время сажают в карцер, и...»

«Ну, из того, что я видел, а я видел все, следует, что вы сами их провоцируете; вы самый непослушный и непокорный заключенный во всей тюрьме».

«Мне все равно, вы все нарушили договор, я не ожидал, что со мной будут так обращаться, вы...» [9]

«Закрой рот, придурок! — яростно набрасывается на № 8612 Карло. — Чего ты не можешь выносить, а? Отжиманий от пола, прыжков, что охранники тебя обзывают и кричат на тебя? Это ты называешь "изводят"? Не перебивай меня! И ты орешь, что тебя на пару часов закрыли в этой кладовке? Я тебе кое-что объясню, милый мальчик. В Сан-Квентине ты не продержался бы и дня. Все почувствовали бы, как от тебя разит страхом и слабостью. Охранники били бы тебя по голове, а прежде чем запихнуть тебя в настоящий карцер, в холодную бетонную яму, в которой я сидел неделями без перерыва, они бросили бы тебя нам. Снаффи или какой-нибудь другой главарь банды купил бы тебя за две-три пачки сигарет, и твоя задница кровоточила бы целыми днями. Причем это было бы только начало на твоем пути вниз».

№ 8612 шокирован яростью Карло. Мне нужно как-то спасать положение: я чувствую, что Карло по-настоящему взбешен. Я вижу, что наша «тюрьма» ожила в его памяти годы мучений, от которых его отделяют всего несколько месяцев.

«Карло, спасибо за объяснения, что такое настоящая тюрьма. Но прежде чем мы пойдем дальше, я должен кое-что узнать у этого заключенного. № 8612, вы понимаете, что в моей власти заставить охранников оставить вас в покое, если вы примете решение остаться и сотрудничать? Вам деньги нужны? Уйдете раньше — получите меньше».

«Да, конечно, но...»

«Хорошо, тогда договорились: охранники отстанут от вас, вы остаетесь, получаете свои деньги, и все, что от вас требуется взамен, — время от времени сотрудничать, т. е. делиться со мной некоторой информацией, которая могла бы быть мне полезной, чтобы управлять этой тюрьмой».

«Ну, я не знаю...»

«Обдумайте мое предложение, и если позже, после хорошего ужина, вы все-таки решите уйти — пожалуйста, вам заплатят за то время, что вы отработали. Но если вы решите продолжать, получить все деньги, если вы хотите, чтобы от вас отстали охранники, и если вы согласны со мной сотрудничать, то мы можем забыть о проблемах первого дня и начать сначала. Идет?»

«Возможно, но...»

«Не нужно решать прямо сейчас, подумайте о моем предложении и примите решение сегодня вечером, ладно?»

№ 8612 спокойно говорит: «Ну, ладно».

Я отвожу его в соседний кабинет начальника тюрьмы, который должен отконвоировать его во двор. Я говорю Джаффе, что № 8612 пока не решил, что он будет делать, и примет решение позже.

Я придумал эту сделку в духе Фауста прямо на ходу. Я действовал как коварный тюремный администратор, а не как добродушный профессор, которым привык себя считать. Как суперинтендант, я не хочу, чтобы № 8612 уходил, — это может негативно повлиять на других заключенных. Я думаю, что от него можно добиться сотрудничества, если охранники умерят свою прыть и прекратят его оскорблять. Но я предложил № 8612, лидеру мятежников, стать «стукачом», информатором, делиться со мной информацией в обмен на особые привилегии. Согласно «кодексу заключенного» стукач имеет самый низкий статус, часто его держат в одиночной камере, потому что если другие узнают, что он стукач, его просто убьют. Затем мы с Карло отправляемся ужинать в ресторан Ricky's, где я пытаюсь на время забыть об этой безобразной ситуации, наслаждаясь новыми историями Карло и порцией лазаньи.

Заключенный объявляет товарищам, что отсюда никто не может уйти

Во дворе охранники Арнетт и Дж. Лендри выстроили заключенных вдоль стены и проводят очередную перекличку перед окончанием этой долгой дневной смены. Охранники снова подшучивают над слишком вялым и медлительным Стью-819, а его товарищи хором поют:

«Спасибо, господин надзиратель, за прекрасный день!»

Входная дверь со скрипом открывается. Заключенные, как по команде, поворачивают головы и смотрят, как № 8612 возвращается со встречи с тюремными властями. Перед тем как отправиться ко мне в кабинет, он объявил всем, что это будет его прощальная встреча. Он уходит из эксперимента. Никто и ничто не заставит его остаться. Теперь Дуг-8612 идет мимо своих товарищей во вторую камеру и ложится на койку.

«№ 8612, выйти и встать к стене», — приказывает Арнетт.

«Пошел ты», — отвечает тот вызывающе.

«К стене, № 8612».

«Да пошел ты!» — отвечает № 8612.

Арнетт: «Кто-нибудь, помогите ему!»

Дж. Лендри спрашивает Арнетта: «У вас есть ключ от наручников, сэр?»

Все еще в камере, № 8612 кричит: «Если уж мне придется здесь остаться, я не собираюсь терпеть это дерьмо!»

Дуг-8612 не спеша выходит во двор, где половина заключенных стоит в строю по обе стороны второй камеры и открывает всем ужасную новость: «Я имею в виду именно это. Я имею в виду, что *не могу уйти!* Я только что говорил с врачами и юристами, и…»

Он замолкает. Непонятно, что он хочет сказать. Другие заключенные начинают хихикать. № 8612 стоит перед строем, игнорируя требования встать у стены; своим поведением он, кажется, ошарашил товарищей. Он продолжает декламировать высоким плаксивым голосом: «*Я не могу уйти! Они не разрешили мне уйти! Отсюда никто не может уйти!*»

Хихиканье сменяется нервным смехом. Охранники игнорируют № 8612, продолжая искать ключи от наручников. Они хотят надеть наручники на № 8612 и снова отправить его в карцер, если он не прекратит паясничать.

Один из заключенных спрашивает № 8612: «Ты хочешь сказать, что ты не можешь расторгнуть контракт?»

Другой в отчаянии спрашивает, не обращаясь ни к кому конкретно: «Я могу расторгнуть свой контракт?»

Арнетт жестко обрывает его: «Разговорчики в строю! Позже у вас будет время поговорить с № 8612».

Заявление одного из уважаемых лидеров бунта — сокрушительный удар по решимости и уверенности заключенных. Позже Глен-3401 говорил об эффекте, который произвели слова № 8612: «Он сказал, что мы не можем уйти. Мы почувствовали себя настоящими заключенными. Может быть, ты был заключенным в эксперименте Зимбардо, может быть, тебе за это платят, но, черт побери, я был заключенным. Настоящим заключенным» [10].

Глен-3401 начинает выдумывать самые худшие сценарии: «Ужасно пугала мысль о том, что мы отдали на две недели свою жизнь, свою душу и тело. Вдруг оказалось, что мы — настоящие заключенные, и побег невозможен, по крайней мере без каких-то решительных мер со множеством неизвестных последствий. Может быть, нас снова арестует полиция Пало-Альто? Заплатят ли нам? Как мне вернуть свой бумажник?» [11]

Рич-1037, весь день конфликтовавший с охранниками, тоже был ошеломлен этой новостью. Позже он говорил: «Мне сказали, что я не могу уйти. Тут я почувствовал, что это настоящая тюрьма. Я не могу передать, что я испытывал в этот момент. Я чувствовал себя совершенно беспомощным. Таким беспомощным, как никогда раньше» [12].

Для меня было очевидно, что № 8612 оказался сразу в нескольких затруднительных положениях. Он разрывался между желанием остаться крутым лидером повстанцев и нежеланием быть жертвой охранников, желанием остаться и получить деньги, в которых он очень нуждался, и нежеланием становиться моим информатором. Вероятно, он думал, что сможет стать двойным агентом, лгать или вводить меня в заблуждение по поводу действий заключенных, но не был уверен, что выдержит этот обман. Ему нужно было немедленно отклонить мое предложение — привилегии в обмен на статус официального «стукача», — но он этого не сделал. Если бы он сразу настоял на том, чтобы уйти, мне пришлось бы его отпустить. Возможно, ему стало стыдно, что он так быстро спасовал перед Карло, издевавшимся над ним. Все это были игры ума, и он пытался разрешить собственный внутренний конфликт, сказав другим, что я не позволил ему уйти, и возлагая тем самым вину на Систему.

Вероятно, ничто не могло сильнее подействовать на заключенных, чем неожиданная новость, будто в этом эксперименте они лишились свободы и не могут уйти по первому требованию, у них нет права уйти по своему желанию. Именно в этот момент Стэнфордский тюремный эксперимент превратился в Стэнфордскую тюрьму. Не из-за спущенных сверху решений или действий персонала, а вследствие шедшего снизу заявления одного из заключенных. Точно так же, как бунт заключенных заставил охранников считать их опасными, заявление заключенного о том, что никто не сможет уйти, кардинально изменило отношение наших «мнимых заключенных» к своему новому статусу. Они действительно почувствовали себя беспомощными.

МЫ СНОВА С ВАМИ: ПРИШЛА ОЧЕРЕДЬ НОЧНОЙ СМЕНЫ

Положение заключенных нельзя назвать таким уж скверным; однако приближается время ночной смены. По двору расхаживают Хеллман и Барден, которые ждут, когда уйдет дневная смена. Они поигрывают дубинками, кричат что-то обитателям второй камеры и угрожают заключенному №8612. Они приказывают ему отойти от двери, показывают на огнетушитель и громко спрашивают, не хотят ли заключенные прохладного углекислого душа.

Кто-то из заключенных спрашивает охранника Джеффа Лендри:

«Господин надзиратель, у меня есть вопрос. Сегодня у одного из нас день рождения. Можно нам его поздравить?»

Прежде чем Лендри успевает ответить, Хеллман кричит из коридора: «Мы споем Happy Birthday во время переклички. Теперь пора ужинать, по три человека».

Заключенные сидят за столом, накрытым в центре двора, и жуют свой скудный ужин. Разговаривать запрещено.

Просматривая видеозаписи этой смены, я вижу, как Барден вводит через главные двери одного заключенного. Он только что попытался бежать; теперь он стоит по стойке «смирно» в центре коридора, рядом с обеденным столом. У него завязаны глаза. Лендри спрашивает его, как он открыл замок двери. Тот отказывается выдать тайну. С его глаз снимают повязку, Джефф угрожающе предупреждает: «Если мы увидим тебя рядом с этим замком, №8612, то у нас найдется для тебя нечто действительно горяченькое».

Неудачливый беглец — не кто иной, как Дуг-8612! Лендри заталкивает его обратно в камеру, где №8612 снова начинает выкрикивать ругательства, еще громче, чем раньше, и поток нецензурной брани затопляет двор. Хеллман устало говорит, обернувшись ко второй камере: «№8612, твоя игра уже всем надоела. Очень надоела. Это уже даже не смешно».

Охранники спешат к обеденному столу, чтобы остановить разговор №5486 с сокамерниками, которым запретили общаться. Джефф Лендри кричит на №5486: «Эй, ты! Мы не можем совсем оставить тебя без ужина, но можем забрать то, что осталось. Ты уже поел. Начальник говорит, что мы не можем лишить тебя еды, но что-то ты уже съел! Мы можем забрать остальное».

Потом он обращается ко всем: «Ребята, кажется, вы забыли о тех привилегиях, которые мы можем вам дать».

Он напоминает им о завтрашних свиданиях с друзьями и родственниками — если заключенный окажется в одиночке, он может быть их лишен. Те заключенные, которые продолжают есть, говорят, что помнят о свиданиях во вторник в семь и с нетерпением их ждут.

Джефф Лендри настаивает, чтобы № 8612 снова надел шапочку, которую снял во время ужина. «Мы же не хотим, чтобы твои волосы попали тебе в еду и ты из-за этого заболел».

№ 8612 отвечает странно, кажется, он начинает терять ощущение реальности: «Я не могу надеть ее на голову, она слишком тесная. У меня заболит голова. Что? Я знаю, что это странно. Именно поэтому я пытаюсь отсюда выбраться... они продолжают говорить "нет, у тебя не заболит голова", но я знаю, что она заболит».

Рич-1037 тоже выглядит подавленным и отрешенным. У него неподвижный взгляд, он говорит медленно и монотонно. Он лежит на полу своей камеры, непрерывно кашляет и настойчиво требует встречи с суперинтендантом. (Я встречаюсь с ним, вернувшись с ужина, даю ему таблетки от кашля и говорю, что он может уйти, если чувствует, что больше не может терпеть, но лучше все-таки не тратить столько времени и сил на попытки бунтовать. Он говорит, что чувствует себя лучше и обещает постараться.)

Потом охранники переключаются на Пола-5704, который начинает вести себя самоувереннее, как будто хочет занять место бывшего лидера повстанцев Дуга-8612.

«Что ты такой мрачный, № 5704?» — спрашивает Лендри, а Хеллман начинает постукивать дубинкой по прутьям двери камеры, издавая громкие лязгающие звуки. Барден добавляет: «Как ты думаешь, понравятся им эти звуки после отбоя, например, сегодня ночью?»

№ 5704 пытается отшутиться, но охранники не смеются, хотя некоторые заключенные начинают хихикать. Лендри говорит: «О, хорошо, очень хорошо. Продолжай в том же духе. Нам уже становится смешно. Я не слышал таких смешных шуток уже лет десять».

Охранники стоят в уверенных позах, в один ряд и смотрят на № 8612, который медленно ест в одиночестве. Одну руку охранники держат на поясе, а второй угрожающе покачивают дубинками. Они демонстрируют, что выступают единым фронтом.

«У нас тут кучка бунтарей и революционеров!» — восклицает Джефф Лендри.

Вдруг № 8612 вскакивает из-за стола, бежит к задней стене и разрывает сверху донизу черную ткань, закрывающую видеокамеру. Охранники хватают его, оттаскивают назад и снова сажают в карцер. Он саркастически говорит: «Сожалею, парни!»

Один из них отвечает: «Ты сожалеешь, да? Скоро мы тебе кое-что покажем, вот тогда ты будешь сожалеть по-настоящему».

Хеллман и Барден начинают стучать в дверь карцера дубинками, а № 8612 кричит, что от такого оглушительного шума у него еще больше болит голова.

Дуг-8612 вопит: «Черт, прекрати, придурок, у меня уши болят!»

Барден: «Может, в следующий раз ты подумаешь об этом, прежде чем паясничать и снова оказаться в карцере, а, № 8612?»

№ 8612 отвечает: «Да пошел ты, отвяжись, чувак! В следующий раз я выбью дверь, я тебе обещаю!» (Он угрожает выбить дверь в свою камеру, входную дверь, а может быть, имеет в виду стену, за которой находится камера наблюдения.)

Кто-то из заключенных спрашивает, покажут ли сегодня вечером кино. Когда заключенным описывали условия содержания в тюрьме, им обещали киносеансы. Кто-то из охранников отвечает: «Я не знаю, будет ли у вас *вообще когда-нибудь* кино!»

Охранники громко обсуждают, что будет, если пострадает тюремное имущество. Хеллман берет копию тюремных правил и читает правило о нанесении ущерба тюремному имуществу. Прислонившись к косяку двери первой камеры и поигрывая дубинкой, он, кажется, с каждым мгновением становится все увереннее и упивается своей властью. Вместо кино заключенным придется поработать, говорит Хеллман, обращаясь к другим охранникам.

Хеллман: «Ладно, минуточку внимания. Сегодня у нас есть для вас новое развлечение. Третья камера, вы отдыхаете и расслабляетесь, можете делать, что хотите, потому что помыли свои тарелки и хорошо поработали. Вторая камера, вам еще придется поработать. Первая камера, у нас есть большое одеяло, и вам придется вытащить из него *все* колючки. Офицер, дайте им его, пусть первая камера как следует поработает, если они хотят спать под одеялами без колючек».

Лендри вручает Хеллману несколько одеял, покрытых колючками.

«Смотрите, какая красота! — он продолжает свой монолог: — Только посмотрите на это одеяло, леди и джентльмены! Посмотрите на это одеяло! Разве это не шедевр? Я хочу, чтобы вы вытащили из этого одеяла все колючки до одной, потому что под ним вам придется спать».

Кто-то из заключенных говорит: «Мы лучше будем спать на полу».

Лендри отвечает просто: «Спите как хотите».

Интересно наблюдать, как Джефф Лендри колеблется между ролями «крутого» и «хорошего» охранника. Он все еще полностью не уступил контроль Хеллману. Стремясь добиться, хотя бы отчасти, такого же господства, Лендри все-таки испытывает больше сочувствия к заключенным, чем Хеллман. (В интервью после эксперимента наблюдательный заключенный Джим-4325 сказал, что Хеллман был «плохим» охранником и прозвал его Джоном Уэйном[1]. Братьев Лендри он считает «хорошими» охранниками; большинство других заключенных тоже согласны, что Джефф Лендри скорее «хороший», чем «плохой».)

Заключенный из третьей камеры спрашивает, можно ли получить какие-нибудь книги. Хеллман предлагает выдать

---

[1] Джон Уэйн (настоящее имя — Мэрион Роберт Моррисон) — американский актер, которого называли королем вестерна, символ суровой мужественности. Его герои — почти всегда люди грубоватые, авторитарного склада, несгибаемые в своих пристрастиях и взглядах, традиционалисты и суперпатриоты. — *Прим. ред.*

всем «несколько экземпляров правил», чтобы было что почитать перед сном. Приходит время очередной переклички.

«Итак, никто не валяет дурака сегодня вечером, помните? Начнем перекличку с № 2093, чтобы как следует потренироваться», — говорит он.

Барден набрасывается на строй заключенных и приблизившись вплотную к их лицам, говорит: «Мы не учили вас так рассчитываться. Громко, четко и быстро! № 5704, ты говоришь слишком медленно! Для начала попрыгай немного».

Охранники начинают наказывать всех без разбора; теперь для наказания не нужна причина.

№ 5704 не собирается подчиняться: «Не буду я этого делать!»

Барден пытается нагнуть его, заключенный нагибается, но недостаточно низко.

«Ниже, чувак, ниже!» — Барден толкает его дубинкой в спину.

«Ты, не толкай меня».

«Ты сказал "не толкай"?» — насмешливо переспрашивает Барден.

«Да, я сказал, не толкай меня!»

«Ложись и отжимайся, — приказывает Барден. — А теперь возвращайся в строй».

Барден действует намного решительнее и энергичнее, чем раньше, но «альфа-самцом», очевидно, все еще остается Хеллман. Но когда Барден и Хеллман составляют динамичную пару, Джефф Лендри неожиданно отступает на задний план или вообще исчезает со двора.

Даже лучшего заключенного, № 2093-Сержанта, без всяких причин заставляют отжиматься и прыгать.

«Очень хорошо! Смотрите, как он хорошо это делает! У него *куча* энергии сегодня вечером, — говорит Хеллман. Потом он переключается на № 3401: — Ты улыбаешься? С чего бы это?»

Вмешивается его коллега, Барден: «Ты улыбаешься, № 3401? Ты думаешь, это забавно? Ты что, не хочешь спать сегодня ночью?»

«Прекратите улыбаться! Это не цирк. Если я увижу, что кто-то улыбается, все будут прыгать очень долго!» — заявляет Хеллман.

Понимая, что заключенным нужно немного развеять мрачную атмосферу, Хеллман говорит Бардену, надеясь развлечь угрюмых заключенных: «Офицер, знаете тот анекдот о безногой собаке? Каждую ночь ее хозяин выносит ее *побегать*».

Они с Барденом смеются, но замечают, что заключенные даже не улыбаются. Барден шутливо упрекает Хеллмана: «Им не нравится ваш анекдот, офицер».

«Тебе понравился мой анекдот, № 5486?»

Джерри-5486 честно отвечает: «Нет».

«Раз тебе не понравился мой анекдот, иди сюда и сделай десять отжиманий. И еще пять за то, что не улыбаешься, всего пятнадцать».

Хеллман в ударе. Он заставляет заключенных встать лицом к стене; когда они поворачиваются обратно, он стоит в забавной позе, показывая «однорукого продавца карандашей»: одна рука в штанах, палец торчит в районе промежности, как будто у него эрекция. Заключенным велят *не смеяться*. Но некоторые все-таки смеются, и их заставляют отжиматься или приседать. № 3401 говорит, что ему не смешно, но ему тоже приходится отжиматься — за честность. Потом всем приказывают петь свои номера. Хеллман спрашивает Сержанта-2093, похоже ли это на пение.

«По-моему, это похоже на пение, господин надзиратель».

Хеллман заставляет его отжиматься, потому что не согласен.

Неожиданно Сержант спрашивает: «Я могу сделать больше отжиманий, сэр?»

«Можешь сделать еще десять, если хочешь».

Тогда Сержант бросает ему еще более демонстративный вызов: «Я должен отжиматься, пока не *упаду*?»

«Конечно!» — Хеллман и Барден не знают, как реагировать на эту колкость, но заключенные смотрят друг на друга в тревоге, понимая, что Сержант может спровоцировать новые наказания, которым потом подвергнут всех остальных. Его поведение начинает всех по-настоящему пугать.

Потом заключенных просят рассчитаться в сложном порядке, и Барден насмешливо добавляет: «Это должно быть нетрудно для ребят с таким хорошим образованием!»

В сущности, он по традиции подшучивает над образованными людьми, над этими «интеллектуалами-снобами», хотя он и сам студент.

Заключенных спрашивают, нужны ли им одеяла и кровати. Все говорят, что нужны.

«И что же вы сделали, мальчики, — спрашивает Хеллман, — чтобы заслужить кровати и одеяла?»

«Мы вынули из одеял все шипы», — отвечает кто-то.

Хелманн запрещает говорить «шипы», нужно говорить «колючки». Это простой пример использования языка как инструмента власти, а язык, в свою очередь, создает реальность. Как только заключенный называет шипы «колючками», Барден разрешает ему взять подушку и одеяло. Хеллман возвращается с одеялами и подушками и раздает их всем, кроме заключенного № 5704. Он спрашивает его, почему он так долго не мог взяться за работу. «Тебе нужна подушка? Почему я должен давать тебе подушку, если ты не хочешь работать?»

«Потому что у меня хорошая карма», — пытается пошутить № 5704.

«Я спрашиваю тебя еще раз: почему я должен дать тебе подушку?»

«Потому что я прошу вас об этом, господин надзиратель».

«Но ты взялся за работу только через десять минут после всех остальных, — говорит Хеллман. — Смотри, в будущем начинай работать, когда тебе говорят».

Несмотря на плохое поведение № 5704, Хеллман, наконец, смягчается и дает ему подушку.

Чтобы Хеллман окончательно не затмил его авторитет, Барден говорит № 5704: «Поблагодари его как следует».

«Спасибо».

«Еще раз. Скажи: "Благословляю вас, господин надзиратель"».

Сарказм льет через край.

Хеллман успешно отдаляет № 5704 от его друзей-революционеров, заставляя просить подушку. Примитивные личные интересы начинают побеждать солидарность заключенных.

С днем рождения, заключенный № 5704

Заключенный Джерри-5486 напоминает охранникам, что они обещали поздравить с днем рождения № 5704. Это довольно любопытно, ведь заключенные очень устали, и охранники собираются отпустить их по камерам спать. Возможно, это попытка восстановить что-то из нормальных ритуалов внешнего мира или же маленький шаг к исправлению ситуации, которая быстро становится совершенно ненормальной.

Барден говорит Хеллману: «Нам поступила просьба от заключенного № 5486, офицер. Он хочет спеть Happy Birthday».

Хеллману не нравится, что песня предназначена для № 5704. «Это твой день рождения, а ты так плохо работал!»

№ 5704 отвечает, что не должен работать в свой день рождения. Охранники прохаживаются вдоль строя и просят каждого громко сказать, хочет ли он спеть Happy Birthday для № 5704. Все соглашаются, что нужно спеть. Тогда заключенному Хабби-7258 велят запевать, и это первые приятные звуки за весь день и всю ночь. Но заключенные называют адресата поздравления по-разному. Одни поют «с днем рождения, товарищ», другие — «с днем рождения, № 5704». Услышав это, Хеллман и Барден начинают вопить вдвоем.

Барден напоминает им: «Этого джентльмена зовут № 5704. Поем сначала!»

Хеллман хвалит № 7258 за его исполнение: «Ты задал темп свинга и не фальшивил». Он со знанием дела говорит о музыкальном размере, демонстрируя свое музыкальное образование. Но потом просит, чтобы они спели снова в более традиционном стиле, и заключенные подчиняются. Но исполнение не устраивает охранников, и им снова приказывают: «Еще раз! Больше энтузиазма! День рождения — только раз в году!»

Этот перерыв в обычной рутине, инициированный заключенными, чтобы всем вместе пережить хоть какие-то положительные чувства, превращается в очередной повод продемонстрировать расстановку сил: кто здесь командует, а кто подчиняется.

Последний эмоциональный срыв и освобождение № 8612

Выключают свет, и Дуга-8612, наконец, в очередной раз выпускают из карцера. Он в ярости кричит: «Эй, Иисус, я сгораю изнутри! Ты что, не видишь?»

Во время второго визита к Джаффе, он яростно кричит о своих мучениях. «Я хочу уйти! У меня все горит внутри! Я не выдержу еще одну ночь! Я просто не могу это выдержать! Мне нужен юрист! Я имею право попросить юриста? Свяжитесь с моей матерью!»

Хотя он не забыл, что это просто эксперимент, но продолжает неистовствовать: «Вы влезли мне в голову, в мою голову! Это эксперимент, это договор, а не рабство! Вы не имеете никакого права трахать мне мозги!»

Он угрожает выйти на свободу, чего бы это ни стоило, даже порезать вены! «Я сделаю все, чтобы выйти! Я разломаю ваши камеры, я перебью ваших охранников!»

Начальник тюрьмы изо всех сил пытается его успокоить, но № 8612 ничего не хочет слушать; он кричит все громче и громче. Джаффе заверяет № 8612, что как только он сможет связаться с одним из наших психологов-консультантов, его просьбу серьезно рассмотрят.

Скоро, после позднего ужина, возвращается Крейг Хейни. Прослушав аудиозапись этой драматичной сцены, он беседует с № 8612, пытаясь определить, нужно ли его выпустить прямо сейчас, действительно ли он переживает сильный эмоциональный стресс. В этот момент мы все еще не были уверены, что № 8612 не симулирует. Во время предварительного интервью мы узнали, что в прошлом году он был лидером антивоенных активистов в своем университете. Как он мог «сломаться» всего за 36 часов?

Но № 8612 был по-настоящему растерян. Позже он сказал нам: «Я сам не мог понять, это на меня так повлиял тюремный опыт, или я сам [намеренно] вызвал у себя эти реакции».

Внутренний конфликт, который пережил Крейг Хейни, принимая решение самостоятельно, так как я еще не вернулся с ужина, он ярко описал позднее следующими словами:

«Сейчас эта ситуация кажется несложной, но тогда она меня испугала. Я был аспирантом второго года обучения, мы вложили в этот проект много времени, сил и денег, и я знал, что, отпустив участника раньше времени, мы поставим под угрозу весь план эксперимента, который так тщательно составили и осуществили. Никто из организаторов эксперимента не ожидал подобных событий, и конечно, у нас не было плана действий на случай таких непредвиденных обстоятельств. С другой стороны, было очевидно, что этот парень очень остро переживает свой короткий опыт пребывания в Стэнфордской тюрьме, мы не ожидали такого ни от кого из участников, даже к концу второй недели. Поэтому я решил освободить заключенного № 8612. Интересам эксперимента я предпочел этические, гуманные соображения» [13].

Крейг связался с девушкой заключенного № 8612, она быстро приехала и забрала его и его вещи. Крейг напомнил им обоим, что если это состояние будет продолжаться, утром Дуг может обратиться в студенческую поликлинику, потому что мы договорились с его сотрудниками о помощи в случае подобных реакций.

К счастью, Крейг принял правильное решение, руководствуясь гуманными и юридическими соображениями. Оно было тем более верным, что учитывало возможное отрицательное влияние на сотрудников тюрьмы и заключенных, если бы № 8612 и дальше оставался в тюрьме, находясь в состоянии эмоционального смятения. Но когда Крейг сообщил Кертису и мне, что решил отпустить № 8612, мы восприняли эту новость скептически и решили, что он пал жертвой актерского таланта заключенного № 8612. Только после долгого обсуждения всех имеющихся фактов мы согласились, что он поступил правильно. Но нам еще нужно было разобраться, почему эта чрезвычайная реакция возникла так внезапно, почти в самом начале нашего двухнедельного рискованного предприятия. Психологические тесты не выявили у № 8612 ни намека на психическую нестабильность, но мы убедили себя, что его эмоциональный срыв стал результатом чрезмерной чувствительности его натуры и слишком сильной реакции на искусственные тюремные условия. Вместе с Крейгом и Кертисом мы устроили нечто вроде «мозгового штурма» и пришли к выводу, что должно быть, в процессе отбора участников имелся изъян, из-за чего тестирование смогла пройти «пограничная» личность. При этом мы отбросили другую возможность: что ситуационные силы, действующие в нашей «тюрьме», оказались для № 8612 слишком сильными.

Что означал этот наш вывод? Мы оказались посреди эксперимента, разработанного для того, чтобы продемонстрировать, что ситуационные факторы важнее диспозиционных, и все же сделали выбор в пользу диспозиционного подхода!

Позднее Крейг удачно сформулировал нашу ошибку: «Только позже мы заметили очевидный парадокс: первую же неожиданную и яркую демонстрацию власти ситуации в нашем исследовании мы объяснили "диспозициями личности", обратившись как раз к той теории, которую собирались развенчать» [14].

Мы все еще не понимали, есть ли в поведении № 8612 какие-то скрытые мотивы. С одной стороны, он мог действительно потерять контроль над собой из-за слишком сильного напряжения, и тогда, конечно, его нужно было освободить. С другой стороны, сначала он мог притвориться «сумасшедшим» — он знал, что если бы у него получилось, нам бы пришлось его освободить. Или, возможно, неожиданно для себя он дошел до временного «сумасшествия», не выдержав собственного притворства. Позднее в отчете № 8612 усложняет простые причины своих действий:

«Я ушел, но должен был остаться. Это было очень плохо. Революция не может быть легкой, и я должен это понимать. Я должен был остаться, потому что фашистам только на руку, если они думают, что [революционные] лидеры дезертируют при первых же трудностях, что они просто-напросто манипуляторы. Я должен был бороться за то, что считал правильным, и не думать о собственных интересах» [15].

Вскоре после того, как № 8612 вышел на свободу, один из охранников подслушал, как заключенные из второй камеры обсуждают план, в соответствии с которым Дуг должен был вернуться на следующий день вместе с группой сторонников, разгромить тюрьму и освободить заключенных. Мне этот слух казался совершенно неправдоподобным, пока на следующее утро один из охранников не доложил, что видел № 8612, крадущегося по коридору факультета психологии. Я приказал охранникам схватить его и вернуть в тюрьму, потому что он, видимо, вышел на свободу обманом: он вовсе не был больным, а просто обманул нас. Теперь я был уверен, что нужно быть готовым к нападению на нашу тюрьму. Как предотвратить возможное насилие? Что делать, чтобы тюрьма осталась целой и невредимой — ой, то есть чтобы эксперимент продолжался?

ГЛАВА ПЯТАЯ

Вторник: две неприятности — гости и мятежники

Заключенные устали и измучены, у многих затуманенный взгляд, и наша небольшая тюрьма начинает благоухать, словно мужской туалет в нью-йоркском метро. Кажется, некоторые охранники превратили посещение туалета в редкую привилегию, и никогда не предоставляют ее после отбоя. Ночью заключенным приходится справлять нужду в ведра, стоящие в камерах, и охранники иногда отказываются опорожнять их до самого утра. Многие заключенные начинают возмущаться и жаловаться. Кажется, вчерашний нервный срыв заключенного № 8612 создал среди них «эффект домино». Они заявляют, что больше не выдержат, — мы слышим, как они говорят об этом в камерах.

На этом весьма неприглядном холсте нам нужно нарисовать привлекательную картину для родителей, друзей и подруг заключенных, которые сегодня вечером придут их навестить. Конечно, своему собственному сыну я не позволил бы оставаться в таком месте, если бы увидел очевидные признаки истощения и стресса уже на третий день эксперимента. Но размышления о том, как нам справиться с этой проблемой, пришлось отложить из-за более срочного дела: прошел слух, что в любой момент на нашу тюрьму могут напасть бунтовщики с заключенным № 8612 во главе. Возможно, это случится сегодня, возможно, во время визитов посетителей, когда мы окажемся в самом уязвимом положении.

Для утренней смены охранников, заступивших в два часа ночи, день только начинается. Ночная смена все еще здесь. После совещания в комнате охранников, где было решено, что нужно ужесточить правила, чтобы контролировать заключенных и предотвратить дальнейшие мятежи, все шестеро охранников одновременно выходят во двор.

Мы наблюдаем за ними, и нам становится ясно, что в вопросе лидерства размер все-таки имеет значение. Самые высокие охранники — это Хеллман, лидер ночной смены; Венди, который постепенно становится лидером утренней смены, и Арнетт, глава дневной смены. Самые невысокие охранники, Барден и Серос, оказываются в подчинении у своих высоких лидеров. Оба они ведут себя крайне высокомерно, агрессивно, часто кричат на заключенных — и больше всех склонны к физическому воздействию. Они толкают и пинают заключенных, вытаскивают их из строя. Именно они тащат непокорных в камеру-одиночку. Нам говорят, что иногда они толкают заключенных вниз по лестнице, когда ведут их в туалет, или грубо подталкивают к писсуарам, когда их никто не видит. Заметно, что им нравятся дубинки. Они не выпускают их из рук, стучат по прутьям, дверям и столу, громко возвещая о своем присутствии. Психоаналитик сказал бы, что они используют это оружие, чтобы компенсировать недостаток роста. Но какими бы ни были психологические мотивы, совершенно ясно, что именно они постепенно превращаются в самых грубых охранников.

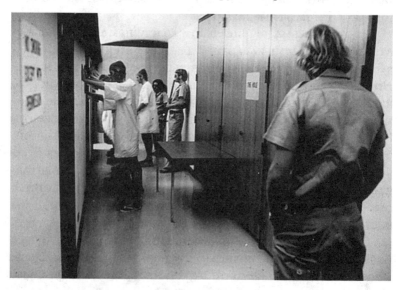

Однако Маркус и Варниш, которые тоже не отличаются высоким ростом, остаются относительно пассивными и спокойными, они меньше говорят и менее активны, чем остальные. Я говорю начальнику тюрьмы, что им нужно вести себя увереннее. Интересная пара — братья Лендри. Джефф Лендри немного выше Хеллмана и раньше соперничал с ним за место лидера ночной смены, но он ничего не может противопоставить творческим идеям, которыми полон наш многообещающий Джон Уэйн. Вместо этого он начинает отдавать приказы и командовать заключенными, но то и дело пропадает куда-то, проявляя своеобразную нерешительность, не свойственную больше никому из охранников. Сегодня вечером у него в руках вообще не было дубинки; позже он даже снял темные очки с зеркальными стеклами — что вообще противоречит нашим правилам. Его брат Джон ниже ростом, он более жестоко ведет себя с заключенными, но тем не менее «следует правилам». Он не так агрессивен, как Арнетт, но обычно поддерживает босса, отдавая уверенные и четкие приказы.

Все заключенные — почти одного роста, от 172 до 177 см, за исключением самого низкого Глена-3401 — его рост всего 157 см, и самого высокого Пола-5704 — 188 см. Интересно, что № 5704 постепенно становится лидером среди заключенных. В последнее время он более уверен в себе и твердо в своих протестах. Его товарищи заметили эту перемену и избрали его главой комитета по рассмотрению жалоб заключенных Стэнфордской тюрьмы, который уже проводил со мной переговоры относительно договора и прав заключенных.

ПРАВИЛА — НОВЫЕ, А ПЕРЕКЛИЧКИ — ВСЕ ТЕ ЖЕ

Следующая перекличка начинается в 2.30 ночи. Двор переполнен, присутствуют шестеро охранников и семеро заключенных, выстроенных вдоль стены. Охранникам ночной смены нет никаких причин оставаться, но они делают это по своей инициативе. Возможно, они хотят проверить, как утренняя смена справляется со своими обязанностями. Заключенного № 8612 уже нет, но отсутствует не только он. Венди вытаскивает из второй камеры упирающегося, сонного заключенного

№ 819. Охранники отчитывают тех, кто не надел шапочку и напоминают, что это — главный атрибут тюремной одежды.

Венди: «Пора сделать перекличку. Вам это нравится?»

Кто-то из заключенных говорит: «Очень нравится, господин надзиратель».

«А остальные что думают?»

Сержант: «Это прекрасно, господин надзиратель!»

«Мы хотим услышать это от всех вас, давайте! Громче!»

«Очень хорошо, господин надзиратель».

«Громче!»

«Какое сейчас время?»

«Время для переклички, господин надзиратель», — тихо отвечает кто-то [1]. Заключенные выстроены у стены, руки лежат на стене, ноги на ширине плеч. Они медлительные и сонные, потому что спали всего несколько часов.

Смена охранника Бардена закончилась, но он все еще командует, выкрикивает приказы, размахивая своей большой дубинкой. Он вытаскивает из строя кого-то из заключенных без всяких причин.

«Ладно, ребята, давайте немного поотжимаемся!» — кричит он.

Впервые голос подает Варниш: «Итак, давайте повторим наши номера. Начнем справа. Вперед!» Возможно, в более многочисленной группе охранников он чувствует себя увереннее.

Затем вступает Джефф Лендри: «Послушайте, этот парень, № 7258, не может даже вспомнить свой номер!»

Но почему Джефф командует, ведь его смена уже закончилась? Он расхаживает, держа руки в карманах, скорее как беззаботный турист, а не как тюремный охранник. И вообще почему ночная смена все продолжает торчать здесь после долгой, утомительной ночи? Им давно пора отправиться спать. Их присутствие вызывает замешательство и неуверенность по поводу того, кто должен командовать. Перекличка следует тому же изощренному сценарию, что и раньше, и это довольно утомительно: расчет на первый-второй, по номерам, в обратном порядке, пение номеров. Хеллман решает, что ему пора домой, какое-то время молча наблюдает, а потом спокойно уходит.

Далее следует повторить правила, и их тоже нужно спеть. Венди приказывает заключенным петь правила громче, быстрее и четче. Утомленные заключенные подчиняются, их голоса звучат вразнобой. Пришло время для чего-нибудь новенького. И охранники, по собственной инициативе, добавляют несколько правил:

«Заключенные должны участвовать во всех тюремных мероприятиях. То есть в перекличках!»

«Кровати должны быть заправлены, и личные вещи должны быть опрятными и аккуратными!»

«Пол должен быть безупречно чистым!»

«Заключенные не должны передвигать или портить стены, потолки, окна, двери или любое другое тюремное имущество!»

Варниш продолжает муштру, чтобы заключенные как следует поняли правила — как говорится, и дух, и букву. Если они отвечают без энтузиазма, он просто заставляет их снова и снова повторять правила с отупляющими вариациями.

Варниш: «Заключенным запрещено включать и выключать свет в камере!»

Заключенные: «Заключенным запрещено включать и выключать свет в камере».

Венди: «Когда заключенным разрешается включать и выключать свет в камере?»

Заключенные (*теперь в унисон*): «Никогда».

Все они, кажется, измучены, но отвечают более четко и громко, чем вчера вечером. Варниш неожиданно становится лидером — он руководит декламацией правил, требуя от заключенных совершенства, демонстрируя власть и высокомерие. Объявляется новое правило. Очевидно, его цель — поиздеваться над Полом-5704, нашим заядлым курильщиком.

Варниш: «Курение — это привилегия!»

Заключенные: «Курение — это привилегия».

«Что такое курение?»

«Привилегия».

«Что?»

«Привилегия».

«Курить разрешено только после еды или на усмотрение охраны».

Варниш: «Это слишком монотонно, давайте в более высокой тональности».

Заключенные подчиняются, повторяя слова в более высоком регистре.

«Я предлагаю вам начать в более низкой тональности, а потом пойти выше».

Он хочет, чтобы заключенные постепенно повышали тональность. Венди демонстрирует, как это нужно делать.

Варниш: «Прекрасно!»

Варниш читает правила с листа бумаги, который держит в руке. В другой руке у него дубинка. Остальные охранники тоже поигрывают дубинками, кроме Джеффа Лендри, присутствие которого вообще не имеет никакого смысла. Пока Варниш заставляет заключенных повторять правила, Венди, Серос и Барден входят в камеры и выходят из них, потом обыскивают заключенных в поисках потерянных ключей от наручников, оружия или чего-нибудь подозрительного.

Серос заставляет Сержанта выйти из строя, положить руки на противоположную стену, расставить ноги, и завязывает ему глаза. Потом он надевает на Сержанта наручники, приказывает ему взять мусорное ведро и уводит его в туалет за пределами тюрьмы.

Отвечая на вопрос Варниша: «Чьи приказы имеют наивысший приоритет?», заключенные один за другим кричат: «Суперинтенданта!»

Сейчас моя очередь вести запись основных событий во время утренней смены. Керт и Крейг легли спать. Мне странно слышать, что мои приказы имеют «наивысший приоритет». В обычной жизни я стараюсь не приказывать другим людям, только предлагая или намекая на то, чего хочу или что мне нужно.

Варниш продолжает, вынуждая заключенных нараспев произносить «наказание» — последнее слово правила о том, что их ждет, если они не выполняют других правил. Они должны пропеть это ненавистное слово самым высоким тоном, снова и снова. Это должно заставить их почувствовать себя униженными и оскорбленными.

Все это продолжается почти 40 минут. Заключенные устали; у них затекают ноги, болят спины, но никто не жалуется. Барден приказывает всем повернуться и встать по стойке «смирно» для проверки униформы.

Венди спрашивает заключенного № 1037, почему у него нет шапочки.

«Ее забрал другой охранник, сэр».

Венди: «Я ничего об этом не знаю. Ты что, считаешь, что господа надзиратели не знают, что здесь происходит?»

«Нет, я этого не говорил, господин надзиратель».

Венди: «Значит, ты потерял шапочку».

№ 1037: «Так точно, господин надзиратель».

Венди: «Пятнадцать отжиманий. Хочешь, чтобы я считал?»

Венди объявляет, что заключенный № 3401 пожаловался на то, что заболел.

Варниш отвечает: «Мы не любим больных заключенных. Почему бы тебе не сделать двадцать приседаний? Ты наверняка почувствуешь себя лучше!» Затем он обзывает № 3401 нытиком и забирает его подушку.

«Ладно, все, у кого есть шапочки, возвращаются в камеры. Те, у кого их нет, остаются здесь. Можно сидеть на кроватях, но лежать запрещено. Заправьте кровати — чтобы не было ни одной морщинки».

Затем Варниш приказывает оставшимся троим заключенным, у которых нет шапочек, синхронно отжиматься. Он спрыгивает со стола, где до сих пор сидел, и отбивает дубинкой ритм отжиманий. Пока они выполняют это ритуальное наказание, он стоит над ними и кричит: «Вниз!» Пол-5704 останавливается: он говорит, что больше не может. Варниш смягчается и позволяет заключенным встать у стены.

«Ладно, вы все идете в камеры и ищете свои шапочки. Тот, кто не найдет шапочку, завязывает голову полотенцем.

«№ 819, какой сегодня день?»

«Сегодня прекрасный день, господин надзиратель».

«Ладно, заправляйте кровати, чтобы не было ни одной складочки, а потом можете на них сесть».

К этому времени другие охранники уже ушли, остались только трое охранников утренней смены, в том числе и «запасной» охранник, Морисон, спокойно наблюдающий за всеми этими злоупотреблениями. Он говорит заключенным, что они могут лечь, если хотят. Они немедленно ложатся спать и тут же засыпают.

Примерно через час появляется начальник тюрьмы. В твидовом пиджаке и галстуке он выглядит щеголем. Такое впечатление, что каждый день он подрастает на пару сантиметров — или просто держится прямее, чем раньше. «Внимание, внимание, — объявляет он, — заключенные должны одеться и выстроиться во дворе для дальнейшей проверки».

Охранники заходят во вторую и третью камеры, будят заключенных и приказывают им выйти во двор. Их короткий сон снова прерван.

Обитатели второй и третьей камер снова выходят во двор. Стью-819 нашел свою шапочку; на голове у Рича-1037 — тюрбан из полотенца, а Пол-5704 сделал из полотенца нечто вроде капюшона, живописно спадающего на его длинные черные волосы.

Варниш спрашивает Сержанта: «Как ты спал?»

«Прекрасно, господин надзиратель».

№ 5704 не любит лгать и просто говорит: «Хорошо».

Варниш поворачивает его лицом к стене, а другой охранник повторяет правило:

«Заключенные должны обращаться к охранникам "господин надзиратель"».

№ 5704 отжимается от пола, потому что не добавил это почтительное обращение к своей очевидной лжи, будто он спал хорошо.

Начальник тюрьмы медленно идет вдоль строя заключенных, словно генерал, инспектирующий свои войска: «У этого заключенного, кажется, проблемы с прической, а еще у него проблемы с надлежащей идентификацией. Прежде всего, он должен быть должным образом идентифицирован». Начальник тюрьмы движется дальше, оценивая заключенных, и просит охранников принять меры. «У этого заключенного из-под полотенца торчат волосы». Он настаивает, чтобы все личные номера были вновь пришиты к робам или нарисованы на них маркером.

«Завтра — день посещений. Это значит, что мы хотим показать всем нашим посетителям, какие у нас красивые заключенные. Разве это не правильно? Поэтому заключенному № 819 нужно научиться носить шапочку. Я предложил бы, чтобы в будущем заключенные № 3401 и № 5704 носили полотенца так, как это делает заключенный № 1037. А теперь возвращайтесь в камеры».

Заключенные возвращаются и ложатся спать, пока их не разбудят на завтрак. Начинается новый день. Приходят охранники дневной смены. Следует новая перекличка, на сей раз в стиле чирлидеров школьной команды. Каждый заключенный бодро выкрикивает свой номер: «Это 5! Это 7! Это 0! Это 4! Что это значит? 5704!».

Арнетт, Джон Лендри и Маркус изобретают новые мучения. Один за другим заключенные выходят вперед и декламируют свои номера. Снова и снова…

Грань между личностью и ролью начинает стираться

Меньше трех дней жизни в необычных условиях привели к тому, что некоторые студенты, играющие роли охранников, вышли далеко за рамки простого ролевого поведения. Они демонстрируют враждебность, агрессию и даже мыслят как настоящие тюремные охранники — это со всей очевидностью следует из их отчетов, ретроспективных дневников и личных размышлений.

Серос гордится тем, как действовали сегодня охранники. Он говорит: «Мы вели себя более четко, заключенные выдали превосходные результаты». Все же его беспокоит возможная опасность: «Я боюсь, что это спокойствие может быть обманчивым, возможно, они планируют мятеж» [2].

Варниш признается, что сначала внутренне противился роли охранника, и это было настолько заметно, что мне пришлось попросить начальника тюрьмы поговорить с ним: «Только на второй день я решил, что должен заставить себя как следует войти в роль. Мне пришлось намеренно отключить все чувства, которые я испытывал к заключенным, чтобы избавиться от сочувствия и уважения к ним. Я начал обращаться с ними так холодно и резко, как только мог. Я старался не показывать чувств, которые бы им понравились, например гнев или отчаяние». Его групповая идентификация также стала сильнее: «Я считал охранников классными ребятами, которым поручили поддерживать порядок среди заключенных — людей, недостойных доверия или сочувствия». Далее он отмечает, что «крутизна» охранников достигла пика во время переклички в 2.30 ночи, и ему это понравилось [3].

Венди, который на утренней смене начал делить роль лидера с Варнишем, сегодня не так активен — он очень устал, потому что почти не спал. Но ему приятно видеть, что заключенные полностью вошли в свои роли: «Они уже не воспринимают это как эксперимент. Это реальность, и они пытаются сохранить достоинство. Но нам все время нужно показывать им, кто здесь главный».

Он сообщает, что чувствует себя более властным, и он тоже начинает забывать, что это всего лишь эксперимент. Он отмечает, что «хочет наказать тех, кто не слушается, чтобы показать остальным заключенным, как нужно себя вести».

Деиндивидуация заключенных и общий рост дегуманизации оказывают влияние и на него: «Я становился все более агрессивным и не подвергал сомнению свое поведение. Я не мог позволить себе жалеть заключенных и все глубже прятался за ролью. Это был единственный способ не испытывать боли. Я перестал понимать, что происходит, но даже не думал о том, чтобы уйти».

Сотрудники тюрьмы стали все чаще обвинять самих жертв в их плачевном состоянии — хотя на самом деле это мы не смогли обеспечить им нормальный душ и туалет. Мы видим, как склонность обвинять жертв проявляется в отчете Венди: «Мне надоело видеть грязную одежду заключенных, чувствовать, как от них несет немытым телом, и как воняет в тюрьме» [4].

МЫ УСИЛИВАЕМ ОХРАНУ ТЮРЬМЫ

В своей роли тюремного суперинтенданта я сосредоточился на самой важной проблеме, стоящей перед руководителем любой организации: что я должен сделать, чтобы гарантировать безопасность вверенного мне учреждения? Угроза нашей тюрьме, на которую, по слухам, готовилось нападение, отодвинула другую мою роль — роль исследователя — на задний план. Как я должен поступить в случае нападения, если заключенный № 8612 и его друзья совершат налет?

На утренней встрече персонала тюрьмы мы рассматривали самые разные возможности и даже решили перенести эксперимент в старую городскую тюрьму, которая не использовалась с тех пор, как было построено новое здание отделения полиции, куда доставили наших заключенных в воскресенье.

Я вспомнил, что в воскресенье утром сержант спросил меня, почему мы не хотим использовать для нашего исследования старую тюрьму, ведь она пустует, и в ней просторные камеры. Если бы я подумал об этом раньше, то так бы и сделал, но мы уже установили записывающее оборудование, договорились с университетской столовой и организовали другие мероприятия, с которыми было легче справиться, оставаясь в здании факультета психологии. Но эта новая возможность — именно то, что нам теперь нужно.

Пока я отсутствовал, устраивая это дело, Керту Бэнксу предстояло провести вторую встречу комитета по рассмотрению жалоб заключенных. Крейг Хейни должен был руководить приготовлениями к свиданиям заключенных, а Дэйв Джаффе — наблюдать за обычными действиями охранников.

Я обрадовался, что сержант смог увидеться со мной сразу же. Мы встретились в старой тюрьме в центре города, на Рамона-стрит. Я объяснил ему, что опасаюсь столкновений в кампусе между полицией и студентами, вроде тех, что произошли в прошлом году. Я уговариваю его мне помочь. Вместе мы осматриваем тюрьму, как будто я собираюсь ее купить. Это идеальное место для продолжения исследования, оно добавит ему еще больше тюремного реализма.

Вернувшись в полицейское управление, я заполняю ряд официальных форм и прошу, чтобы тюрьма была готова к нашему переезду в девять часов вечера (сразу же после свиданий заключенных с посетителями). Я обещаю, что в течение следующих десяти дней мы будем поддерживать в тюрьме чистоту, заключенные будут убирать за собой, и я оплачу любой возможный ущерб. Мы обмениваемся крепким рукопожатием, как и подобает настоящим мужчинам. Я радостно благодарю сержанта за то, что он сэкономил нам день. Какое облегчение; это оказалось легче, чем я думал.

Вдохновленный этой удачей и довольный собственной находчивостью, в этот прекрасный летний день я позволяю себе выпить чашечку кофе эспрессо с пирожным, нежась в лучах солнца в уличном кафе. В Пало-Альто все еще рай. С воскресенья ничего не изменилось.

Вскоре после моего триумфального доклада сотрудникам о наших планах по переезду раздается звонок из полицейского управления. Он приводит нас в полное уныние: никто никуда не едет! Управляющий из городской администрации выразил беспокойство, что кто-то из участников эксперимента может пострадать, находясь в здании, принадлежащем городу. Кроме того, был поднят вопрос о ложном заключении. Я прошу сержанта позволить мне убедить этого чиновника, что его страхи беспочвенны. Я пытаюсь уговорить его сотрудничать, напоминая о своей дружбе с его шефом, капитаном Зеркером. Я пытаюсь убедить его, что кто-то может пострадать как раз в случае нападения на наш почти не защищенный подвал. «Пожалуйста, разве мы не можем решить этот вопрос?» — «Жаль, но не можем; мне не хочется вас подводить, но дело обстоит именно так». Я потерял удачную возможность перевезти заключенных. Очевидно, я также потерял чувство реальности.

Что должен думать полицейский о профессоре психологии, который считает себя суперинтендантом тюрьмы и дико боится какого-то нападения на «его тюрьму?» Что он псих? Что он перетрудился на ниве науки? Скорее всего — что он психолог-псих.

И знаете что? Я сказал себе, что меня не волнует, что он думает. Нужно двигаться вперед, время поджимает. Если один план провалился, переходим к следующему: во-первых, нужно внедрить осведомителя, чтобы получать достоверную информацию об угрозе бунта. Затем нужно обмануть нападающих — если они ворвутся, мы сделаем вид, что исследование закончено. Мы демонтируем тюремные камеры, чтобы казалось, будто заключенные уже отправились по домам. Я скажу нападающим, что мы решили прекратить исследование, так что никакого героизма, возвращайтесь туда, откуда пришли.

Когда нападающие отступят, у нас будет время, чтобы укрепить тюрьму и найти другие возможности. На верхнем этаже здания факультета психологии мы обнаружили большой чулан, куда переведем заключенных сразу же после свиданий с посетителями — конечно, если нападение не произойдет раньше. Затем ночью мы вернем их в камеры и укрепим тюрьму, чтобы она выдержала любой налет. Наш слесарь уже начал укреплять входные двери, мы установили внешнюю камеру наблюдения и улучшили охрану тюрьмы некоторыми другими способами. Такой план довольно разумен, не так ли?

Мной овладела безумная мысль о предполагаемом нападении на «мою тюрьму».

Мы внедряем информатора

Чтобы получать более точную информацию о возможном налете, я решил внедрить информатора вместо освобожденного заключенного. Дэвид Дж. — мой студент, у него весьма аналитический склад ума, и это пойдет нам на пользу. Его большая густая борода и небрежный внешний вид быстро убедят заключенных, что он — такой же, как они. Он уже помогал нам с видеосъемкой на начальных стадиях исследования, подменяя Керта, так что место действия ему знакомо. Дэвид согласился стать заключенным на несколько дней и сообщать нам любую информацию, которая может оказаться полезной. Время от времени под каким-нибудь предлогом мы будем отправлять его к кому-то из персонала, кому он будет выдавать секреты.

Дэйв быстро узнает о новом правиле охранников, которое один из них излагает прямым текстом: «У хороших заключенных не будет никаких забот, у нарушителей спокойствия не будет никакого покоя». Почти все заключенные начинают понимать, что не имеет смысла играть роль бунтарей, постоянно конфликтуя с охранниками. Они начинают принимать свою судьбу и просто день за днем безропотно терпят все, что с ними происходит, потому что «перспектива лишиться на две недели сна, еды, кровати и одеяла — это уж чересчур». Но Дэйв отмечает новые настроения, которых не было раньше. Относительно слухов о возможном побеге или нападении на тюрьму он позднее заявил: «Тут царит настоящая паранойя» [5].

Появление Дэвида ни у кого не вызывает вопросов. Тем не менее ему кажется, будто охранники знают, что он отличается от остальных. На самом деле они не знают точно, что он здесь делает. Они не знают его подлинную роль и обращаются с ним так же, как с остальными — то есть плохо. Скоро Дэвида начинает раздражать установившаяся практика пользования туалетом:

«Мне пришлось справить большую нужду за пять минут, мочиться с завязанными глазами, и при этом охранник подсказывал мне, где находится писсуар. Я не мог этого сделать, фактически я не мог даже помочиться в писсуар, мне пришлось зайти в кабинку и закрыть дверь, чтобы убедиться, что на меня никто не наскочит!» [6]

Он подружился с Ричем-1037, соседом по второй камере; они быстро становятся приятелями. Даже слишком быстро. Через несколько часов Дэвид Дж., наш доверенный информатор, становится другим человеком и надевает униформу Дуга-8612. Дэйв сообщает, что «чувствует себя виноватым, потому что его прислали шпионить за этими классными парнями, и испытывает облегчение, когда ему не о чем нам рассказать» [7]. Неужели он действительно ничего не узнал?

Заключенный № 1037 говорит Дэвиду, что никто не может выйти из эксперимента по своему желанию. Затем он советует ему не упрямиться так, как он делал на первых перекличках. Сейчас надо вести себя таким образом, чтобы спланировать побег, говорит № 1037 по секрету, нужно «играть по правилам охранников, а потом ударить их в самое слабое место».

На самом деле, сказал нам Дэвид, у № 8612 не было никакого плана побега. А мы уже потратили столько времени и сил на подготовку к нападению! «Конечно, кто-то из парней мечтает, что во время часов для посещений придут друзья и освободят их, или что они сбегут во время визита в туалет, — говорил он, — но совершенно ясно, что это лишь мечты, — утопающий хватается за соломинку» [8].

Мы постепенно понимаем, что Дэвид нарушает нашу устную договоренность и все менее охотно играет роль информатора в этой чрезвычайной ситуации. Когда в тот же день кто-то крадет ключи от полицейских наручников, Дэвид говорит нам, что понятия не имеет, где они. Как мы узнали из его отчета в конце эксперимента, он лгал: «Я скоро узнал, где ключи от наручников, но решил не говорить об этом, по крайней мере до тех пор, пока это имело какое-то значение. Я должен был сказать, но не собирался тут же предавать этих парней».

Это довольно внезапное и удивительное превращение в настоящего заключенного еще более очевидно из других слов Дэвида. Он почувствовал, что в течение двух дней пребывания в нашей тюрьме ничем не отличался от других, «кроме того, что я знал, когда выйду, но даже это знание становилось все менее и менее определенным, потому что меня могли выпустить те, кто был там, снаружи. Я возненавидел эту ситуацию». Уже в конце первого дня, проведенного в Стэнфордской окружной тюрьме, Дэвид, наш информатор, сказал: «Этой ночью я заснул, чувствуя себя грязным, виноватым и испуганным».

Мы выслушиваем жалобы заключенных

Тот же комитет из трех заключенных, с которыми я встречался раньше, явился, пока я разбирался с городской полицией, к Керту Бэнксу с длинным списком жалоб. Комитет состоит из лидера, № 5704, а также № 4325 и № 1037, которые избраны большинством голосов заключенных. Керт с уважением выслушивает их жалобы. Они жалуются на антисанитарные условия вследствие ограничений посещения туалета; отсутствие чистой воды для мытья рук перед едой; отсутствие душа; опасность заразных инфекций; слишком тесные наручники и цепи на ногах, вызывающие ушибы и потертости. Они просят также о церковной службе по воскресеньям. Кроме того, они спрашивают, нельзя ли менять цепь с одной ноги на другую, есть ли возможность делать физические упражнения, выделить время для отдыха, выдать чистую униформу, разрешить общаться с заключенными из других камер, хотят узнать, будет ли дополнительная оплата за работу в воскресенье, и вообще, есть ли возможность заниматься чем-то более полезным, чем просто сидеть или лежать на кроватях.

Керт спокойно слушает, в своей обычной манере, не проявляя никаких эмоций. Уильям Кертис Бэнкс — довольно светлокожий афроамериканец, ему под тридцать, у него двое детей, он аспирант второго года обучения и гордится тем, что поступил на лучший факультет психологии в мире. Он трудолюбив и амбициозен, как и любой другой студент, с которым мне приходилось работать. У него нет времени на легкомыслие, невоздержанность, слабости, оправдания или глупости. Керт держит свои эмоции при себе, за фасадом стоика.

Джим-4325, тоже довольно сдержанный, должно быть, счел бесстрастную манеру Керта признаком недовольства. Он спешит добавить, что все это — на самом деле не «жалобы», а «только предложения». Керт вежливо благодарит их за все эти предложения и обещает передать их на рассмотрение начальству. Интересно, думаю я, заметили ли они, что он не делал никаких заметок, а они не передали ему свой список. Важнее всего для нашей Системы было создать иллюзию демократии в авторитарной атмосфере.

Однако несогласие граждан требует каких-то изменений в Системе. Если вводить их мудро, такие изменения предотвращают открытое неповиновение и восстание. Но когда Система тихо поглощает несогласие, оно подавляется, и бунт сходит на нет. Не получив никаких гарантий того, что их жалобы будут рассмотрены, наши «представители общественности» вряд ли достигли своих целей. Стэнфордский комитет по рассмотрению жалоб заключенных провалил свою главную миссию — проделать дыру в броне системы. Но они ушли, вполне удовлетворенные тем, что им удалось открыто выразить свое недовольство и почувствовать некоторую власть, пусть даже на самом низком уровне, потому что их жалобы были выслушаны.

Заключенные вступают в контакт с внешним миром

Первые письма заключенных содержали приглашения для потенциальных посетителей, которые должны прийти сегодня вечером, в третий день эксперимента. Во второй раз можно написать тем, кого приглашают на следующий раз, либо кому-то из друзей или членов семьи, кто живет слишком далеко и не может приехать к заключенным. Заключенные написали письма на наших официальных бланках, охранники собирали их, чтобы отправить по почте, и конечно, как указано в одном из правил, проверили «в целях безопасности». Следующие примеры дают некоторое представление о том, как чувствовали себя заключенные. Как минимум в одном случае это стало для нас большим сюрпризом.

Красавчик Хабби-7258 просит свою девушку «принести какие-нибудь картины или плакаты, чтобы было не так скучно сидеть на кровати и пялиться на пустые стены».

Крутой парень Рич-1037 с усами, как у мексиканского революционера Сапаты, описывает приятелю свой гнев: «Это уже не похоже на работу, черт побери, ведь отсюда невозможно выбраться».

Стью-819, у которого становится все больше жалоб, посылает другу довольно живописное описание: «Еда здесь столь же хороша и обильна, как на третий день второго путешествия Эбенезера[1] в Таиланд. Почти ничего не происходит, в основном я сплю, выкрикиваю свой номер и подвергаюсь унижениям. Будет замечательно выйти на волю».

Маленький заключенный азиатского происхождения, Глен-3401, однозначно выражает свое презрение к этому месту: «Мне все осточертело. Пожалуйста, соверши теракт: брось зажигательную бомбу на Джордан-холл. Мы с друзьями дошли до ручки. Мы собираемся как можно скорее совершить пробег, но сначала я должен разбить головы парочке охранников». Он добавляет загадочный постскриптум: «Ни в коем случае не показывай этим кретинам, кто ты на самом деле».

Сюрпризом стало письмо нашего курильщика Пола-5704, нового лидера заключенных. В этом письме № 5704 делает глупость, недостойную настоящего революционера. Он информирует свою девушку — прямым текстом — что, выйдя на свободу, собирается написать серию статей об эксперименте для местных независимых газет. Он обнаружил, что мои ис-

---

[1] Скрудж Эбенезер — герой рассказа Ч. Диккенса «Рождественская песнь в прозе», бессердечный скупердяй. По мотивам рассказа сняты многочисленные кино- и телепеределки и продолжения, откуда, возможно, и появилось в письме путешествие в Таиланд. — *Прим. ред.*

следования поддерживает Управление морских исследований Министерства обороны [9]. В результате у него возникла теория заговора. Он считает, что мы пытаемся выяснить, каким образом найти предлог для того, чтобы сажать в тюрьму студентов, выступающих против войны во Вьетнаме! Очевидно, он только начинающий революционер, потому что не слишком умно обсуждать столь подрывные планы в письме, которое мы наверняка прочтем.

Не знает он и того, что я сам — радикал и с 1966 г. активно выступал против войны во Вьетнаме и даже организовал одну из первых в стране ночных забастовок в Нью-Йоркском университете. Я также был одним из организаторов крупномасштабного демонстративного ухода с церемонии вручения дипломов Нью-Йоркского университета — в знак протеста против того, что университет присвоил почетную ученую степень министру обороны Роберту Макнамаре. А в прошлом году, в Стэнфорде, я организовал конструктивные выступления против продолжающейся войны, в которых участвовали тысячи студентов. Так что я сочувствую политическим взглядам заключенного № 5704, но не его наивному «революционному» настрою.

Его письмо начинается так: «Я договорился с *The Tribe* и *The Berkeley Barb* [независимые радикальные газеты], что напишу для них материалы, когда выйду отсюда». Затем № 5704 хвастается новым статусом в нашем небольшом тюремном сообществе: «Сегодня я был на встрече комитета по рассмотрению жалоб, который я возглавляю. Завтра организую кредитный союз, чтобы защищать наши общие финансовые интересы». Затем он описывает, чем ему полезен этот опыт: «Я много узнаю о революционной тактике в местах лишения свободы. Охранники бессильны, потому что моральный дух старого бродяги подавить невозможно. Почти все мы здесь старые бродяги, и я не думаю, что кто-то сдастся раньше, чем все это закончится. Некоторые начинают вести себя подобострастно, но они не оказывают влияния на остальных». Подпись большими размашистыми буквами: «Твой заключенный № 5704».

Я решаю не рассказывать об этом письме охранникам, которые могут отомстить № 5704. Но мне неприятно, что меня подозревают в том, что мой грант на проведение исследований — инструмент военной машины, тем более что я всеми доступными способами поддерживаю протестное движение студенческих активистов. Первоначально этот грант был выдан для поддержки практических и теоретических исследований влияния анонимности, ситуации деиндивидуации и межличностной агрессии. Когда возникла идея тюремного эксперимента, я убедил агентство по предоставлению грантов расширить финансирование, чтобы оплатить и это исследование, без дополнительного финансирования из других источников. Я злюсь, что Пол и, вероятно, его приятели из Беркли распространяют явную ложь о моем исследовании.

Чем бы он ни руководствовался — плохим настроением, желанием курить или получить интересный материал для дебюта в журналистике, заключенный № 5704 создает нам всем большие проблемы — и именно сегодня, когда у нас и так достаточно дел. С помощью сокамерников он разогнул прутья на двери первой камеры, за что был отправлен в карцер. Сидя в карцере, он выбил перегородку между отделениями. За это его лишают обеда и дают новый «срок» в карцере. Во время ужина он все еще продолжает бунтовать. Очевидно, он расстроился, что никто не пришел его навестить. К счастью, после обеда он встретился с начальником тюрьмы, который сделал ему серьезный выговор, и мы заметили, что поведение № 5704 изменилось к лучшему.

В ОЖИДАНИИ ГОСТЕЙ: ЛИЦЕМЕРИЕ И МАСКАРАД

Я надеялся, что Карло сможет приехать из Окленда и поможет мне как следует подготовиться к «десанту» родителей. Но, как обычно, его старая машина сломалась, ее должны ремонтировать на следующий день — как раз в то время, когда он должен был быть у нас в качестве главы комиссии по условно-досрочному освобождению. В долгих телефонных разговорах с Карло мы вырабатываем наш план. Мы сделаем именно то, что делают во всех тюрьмах, когда появляются нежелательные посетители, которые могут заметить какие-нибудь злоупотребления и потребуют улучшений: персонал тюрьмы закрывает пятна крови красивыми салфеточками, убирает нарушителей спокойствия с глаз долой и как может украшает интерьер.

Карло дает мне прекрасный совет о том, что можно сделать за немногое оставшееся время, чтобы создать для родителей видимость отлаженной, доброй системы, которая как следует заботится об их детях и несет за них ответственность. Он говорит, что нам придется убедить этих белых представителей среднего класса, что наше исследование принесет большую пользу, и заставить их, как и их сыновей, выполнять требования тюремных властей. Смеясь, Карло говорит: «Вам, белым людям, нравится подчиняться Власти, так что они будут верить, что поступают правильно, хотя при этом просто будут делать то же, что и все остальные».

Все берутся за дело: заключенные моют полы и камеры, табличку «Карцер» мы убираем, повсюду распыляется дезинфицирующее средство с ароматом эвкалипта, чтобы устранить запах мочи. Заключенные бреются, моются и приводят себя в порядок. Шапочки и полотенца на головах исчезают. Наконец, начальник тюрьмы предупреждает всех, что любые жалобы приведут к преждевременному завершению свидания. Мы просим охранников дневной смены поработать сверхурочно, до девяти вечера, чтобы следить за посетителями, а также на случай ожидаемого бунта. Для полной уверенности я приглашаю всю группу наших резервных охранников.

Потом мы кормим заключенных самым лучшим горячим ужином — куриным рагу с гарниром и двойной порцией десерта для всех желающих. Пока они едят, во дворе звучит приятная музыка. Охранники дневной смены подают ужин, а охранники ночной смены наблюдают. Смеха и хихиканья, обычно сопровождающих еду, не слышно, и атмосфера становится до странности обычной и какой-то заурядной.

Хеллман сидит во главе стола, расслаблено откинувшись назад, но все же поигрывает дубинкой. Он говорит: «№ 2093, ты никогда так хорошо не ел, не так ли?»

№ 2093 отвечает: «Вы правы, господин надзиратель».

«Твоя мама никогда не давала тебе добавки, да?»

«Не давала, господин надзиратель», — покорно отвечает Сержант.

«Видишь, как здесь хорошо, № 2093?»

«Да, господин надзиратель».

Хеллман берет немного еды с тарелки Сержанта и уходит, презрительно усмехаясь. Враждебность между ними нарастает.

Тем временем в коридоре перед входной дверью мы заканчиваем приготовления к приходу посетителей. Они могут создать нам серьезные проблемы, и мы этого боимся. Напротив стены, за которой находятся комнаты охранников, начальника тюрьмы и суперинтенданта, мы ставим дюжину складных стульев для посетителей, где они будут ждать своей очереди. Когда посетители спустятся в подвал, полные любопытства к тому, что сулит новые, необычные ощущения, мы, согласно нашему плану, сознательно возьмем их поведение под систематический ситуационный контроль. Мы продемонстрируем им, что они — наши гости, которым предоставлена привилегия встретиться с их сыновьями, братьями, друзьями и возлюбленными.

Сьюзи Филипс, наш миловидный секретарь, тепло приветствует посетителей. Она сидит за большим столом, на котором стоит букет благоухающих алых роз. Сьюзи — еще одна моя студентка, она заканчивает факультет психологии, а еще она обладательница титула «Мисс Стэнфорд», член команды чирлидеров, избранная за привлекательный внешний вид и спортивные качества. Она записывает имя каждого посетителя, отмечает время прибытия, номер в очереди, имя и номер заключенного, к которому он пришел. Сьюзи описывает процедуру, которой им нужно следовать сегодня вечером. Во-первых, каждый посетитель или группа посетителей должны встретиться с начальником тюрьмы, затем они смогут войти в тюрьму, когда их родственник или друг закончит ужинать. На выходе они должны встретиться с суперинтендантом, чтобы обсудить любые проблемы, которые у них могут возникнуть, или поделиться впечатлениями. Они соглашаются с этими условиями, садятся и начинают ждать, слушая музыку, звучащую из динамиков.

Сьюзи приносит извинения посетителям, которым приходится долго ждать, но дело, кажется, в том, что заключенные сегодня ужинают дольше обычного — ведь они наслаждаются двойной порцией десерта. Это не нравится некоторым посетителям, ведь у них есть и другие дела. Они нервничают, оказавшись в таком необычном месте, и хотят побыстрее увидеть «своих» заключенных.

Посовещавшись с начальником тюрьмы, секретарь сообщает посетителям, что заключенные слишком долго ужинают, поэтому нам придется ограничить время визитов десятью минутами и допустить к каждому заключенному не больше двух посетителей. Посетители недовольны; они расстроены такой невнимательностью своих детей и друзей. «Почему только двух?» — спрашивают они.

Сьюзи отвечает, что в тюрьме очень мало места, к тому же существует закон о пожарной охране, регулирующий количество людей, которые могут одновременно находиться в помещении. Она небрежно добавляет: «Разве ваш сын или друг, приглашая вас, не говорил, что к нему могут прийти не больше двух человек?»

«Черт побери! Нет, не говорил!»

«Очень жаль, возможно, он забыл, но теперь вы будете это знать, когда придете к нему в следующий раз».

Посетители пытаются успокоиться, обсуждая друг с другом это необычное исследование. Некоторые жалуются на слишком жесткие правила, но, что примечательно, смиренно их выполняют, как и пристало хорошим гостям. Мы готовим почву для того, чтобы они поверили: то, что они видят в этом прекрасном месте, — совершенно нормально, и не доверяли тому, что могут услышать от своих безответственных, эгоистичных детей и приятелей. Таким образом, они тоже станут невольными участниками нашей тюремной драмы.

Гости: близость и отчужденность

Первыми во двор входят родители заключенного № 819. Они с интересом оглядываются по сторонам, а потом замечают сына, сидящего в конце длинного стола в середине коридора.

Отец спрашивает охранника: «Я могу пожать ему руку?»

«Конечно, почему нет?» — отвечает тот, удивленный вопросом.

Тогда его мать также обменивается рукопожатием с сыном! Рукопожатие? Никаких привычных объятий мамы и сына?

(Подобные неуклюжие приветствия, с минимальным физическим контактом, характерны при свиданиях в настоящих тюрьмах, но мы никогда не делали это условием свиданий в нашей тюрьме. Видимо, наши предварительные манипуляции с ожиданиями посетителей сбили их с толку — они не знали, как себя вести в этом странном месте. Если не знаете, что делать — не делайте лишних движений.)

Барден стоит рядом с заключенным и его родителями. Хеллман несколько раз приходит и уходит, нарушая приватность общения заключенного № 819 с родителями. Он маячит рядом с этой семейной троицей, которая делает вид, будто не замечает его, и продолжает нормальный разговор. Но № 819 знает, что у него нет возможности пожаловаться на что-то — иначе потом он пострадает. Его родители уходят всего через пять минут, чтобы брат и сестра заключенного № 819 тоже могли с ним поговорить. Они снова жмут друг другу руки и прощаются.

«Вообще-то, здесь довольно неплохо», — говорит Стью-819 брату и сестре.

Они, как и друзья других заключенных, ведут себя иначе, чем встревоженные родители. Они держатся более непринужденно, более оживленно и не так испуганы ситуационными ограничениями, как родители. Но охранники постоянно крутятся рядом.

Заключенный № 819 продолжает: «Иногда мы ведем приятные переговоры с охранниками». Он описывает «карцер для наказаний», но когда он показывает на него рукой, Барден перебивает: «Больше никаких разговоров о карцере, № 819».

Сестра спрашивает, что означает номер на его робе, и хочет знать, что заключенные делают в течение дня. № 819 отвечает на ее вопросы и описывает, как его арестовали полицейские. Как только он начинает говорить о конфликтах с охранниками ночной смены, Барден снова холодно останавливает его.

№ 819: «Они будят нас рано утром… некоторые охранники — нормальные ребята, отличные тюремные служащие. К нам не применяют никакого физического насилия; у них есть дубинки, но…»

Брат спрашивает, чем он занялся бы, если бы мог выйти на свободу. Как и подобает хорошему заключенному, № 819 отвечает: «Я не могу выйти, ведь сейчас я в этом замечательном месте».

Барден заканчивает свидание точно через пять минут. Все это время за столом сидит Серос, а Варниш стоит рядом. Охранников больше, чем посетителей! Гости с улыбкой прощаются, и лицо заключенного № 819 мрачнеет.

Входят родители заключенного Рича-1037. Барден немедленно садится на стол и строго на них смотрит. (Я впервые замечаю, что Барден чем-то похож на Че Гевару.)

№ 1037: «Вчера было немного странно. Сегодня мы тут вымыли все стены и вот убрали наши камеры… мы совсем не знаем, который час. Нас не выводят наружу и мы никогда не видим солнца».

Папа спрашивает, останутся ли они взаперти все две недели. Сын не знает наверняка, но предполагает, что да. Кажется, свидание проходит хорошо, беседа оживляется, но маму явно беспокоит внешний вид сына. Подходит Джон Лендри, он начинает болтать с Барденом, оба стоят достаточно близко, чтобы слышать разговор посетителей и заключенного. № 1037 не говорит, что охранники забрали его кровать и поэтому он спит на полу.

«Спасибо, что пришли», — говорит № 1037 с чувством.

«Были рады тебя повидать… скоро увидимся, послезавтра — наверняка».

Мама задерживается — № 1037 просит ее кому-то позвонить. «Будь молодцом и соблюдай правила», — напутствует она сына.

Папа мягко уводит ее к двери. Он знает, что если их визит слишком затянется, другие рискуют лишиться возможности пообщаться.

Когда во двор входит очаровательная девушка заключенного Хабби-7258, охранники дружно оживляются. Она несет коробку кексов — догадалась их угостить. Охранники охотно берут кексы. № 7258 разрешают съесть один кекс; они с девушкой оживленно беседуют. Кажется, они очень стараются не замечать, что рядом с ними стоят охранники; Барден все время топчется рядом, выбивая ритм дубинкой по столу.

В помещении звучит хит «Роллинг Стоунз» Time Is on My Side. Но посетители, которые приходят и уходят после коротких свиданий, кажется, не замечают иронии.

Мама все знает, но мы с папой хитрее

Я благодарю гостей, что они нашли время в своем плотном графике, чтобы нанести нам визит. Как руководитель исправительного заведения, я пытаюсь быть как можно более любезным и дружелюбным. Надеюсь, говорю я, они ценят то, что нам приходится делать, чтобы изучить тюремную жизнь в близких к реальности условиях, насколько это возможно в рамках эксперимента. Я отвечаю на вопросы о будущих свиданиях, о передаче посылок и выслушиваю просьбы уделить особое внимание их сыну. Механизм работает как часы, осталось всего несколько посетителей, и я смогу полностью сосредоточиться на возможной опасности, угрожающей нашей темнице. Однако от мыслей о ней меня отвлекает мать заключенного № 1037. Я не готов к тому, что она будет так сильно обеспокоена.

Вместе с отцом они входят в мой кабинет, и она с порога говорит дрожащим голосом: «Я не хочу создавать проблем, сэр, но я волнуюсь о сыне. Я никогда не видела его таким уставшим».

Ого! Она может создать серьезные проблемы! Но она права, № 1037 выглядит ужасно, он не только изнурен физически, но и подавлен психологически. Он выглядит практически хуже всех.

«Какие проблемы у вашего сына?»

Я реагирую немедленно и почти автоматически. Так обычно реагируют представители системы, когда кто-то ставит под сомнение ее деятельность. Как и те, кто несет ответственность за злоупотребления в реальной исправительной системе, я изображаю проблемы ее сына, как диспозиционные, будто это *его собственные* проблемы.

Ей нечего противопоставить этой диверсионной тактике. Она говорит, что он выглядит таким измученным, что он не спал всю ночь, и…

«У него бессонница?»

«Нет, он говорит, что охранники будят их по ночам для чего-то, что называется "перекличка"».

«Да, конечно, перекличка. Когда приходит новая смена охранников, они должны убедиться, что все заключенные на месте и сосчитать их. Поэтому заключенные должны назвать свои номера».

«Посреди ночи?»

«Наши охранники работают по восемь часов, и утренняя смена начинается в два часа ночи. Поэтому им приходится будить заключенных, чтобы убедиться, что никто не сбежал. Это разумно, не правда ли?»

«Да, но я не уверена, что...»

Она все еще не успокоилась, и я перехожу к другой, более мощной тактике. Я втягиваю в разговор папу, который до сих пор молчит. Я смотрю ему прямо в глаза — тем самым бросая вызов его мужской гордости.

«Простите, сэр. Как вы думаете, ваш сын может с этим справиться?»

«Конечно, может, он же настоящий лидер, вы знаете, он капитан... и...»

Слушая его вполуха и отмечая только интонацию и жесты, я поддерживаю его. «Я с вами согласен. Ваш сын, кажется, вполне способен справиться с этой жесткой ситуацией. — Повернувшись к маме, я добавляю, чтобы успокоить ее: — Не сомневайтесь, я присмотрю за вашим мальчиком. Спасибо, что пришли; надеюсь скоро снова вас видеть».

Отец твердо и мужественно жмет мне руку, а я подмигиваю ему с видом босса, который на его стороне. Мы молча признаем, что надо быть терпимыми к чрезмерной дамской эмоциональности. Какие же мы свиньи! И мы проделываем это на мужском «автопилоте»!

В качестве постскриптума к этому маленькому эпизоду, я получаю скромное письмо от миссис И., написанное в тот же вечер. Ее наблюдения и интуиция по поводу положения в нашей тюрьме и состояния ее сына оказались абсолютно точными.

«Мы с мужем навестили нашего сына в «Стэнфордской окружной тюрьме». Обстановка показалась мне очень правдоподобной. Я не ожидала, что все будет так серьезно. Уверена, мой сын, добровольно вызвавшись участвовать в эксперименте, тоже этого не ожидал.

Увидев его, я забеспокоилась. Он выглядел совершенно измученным, и его основная жалоба состояла в том, что он давно не был на свежем воздухе и не видел солнца. Я спросила, не пожалел ли он, что согласился участвовать, и он ответил, что сначала пожалел. Но затем его настроение несколько раз менялось, и сейчас он готов продолжать. Уверена, что заработанные им деньги будут самыми трудными в его жизни.

Мама заключенного № 1037.

P. S. Мы надеемся, что этот проект будет успешным».

Я забегаю вперед, но должен здесь добавить, что ее сына, Рича-1037, вначале одного из самых яростных мятежников, через несколько дней пришлось отпустить из тюрьмы, потому что на него навалился крайне острый стресс. Его мать совершенно точно почувствовала, что с ним происходит.

НАПАДЕНИЯ НЕ БЫЛО, И МЫ НЕЗАМЕТНО РЕТИРОВАЛИСЬ

Как только ушел последний посетитель, мы все вздохнули с облегчением: во время посещений мы были в самом уязвимом положении, и на нас никто не напал. Но угроза все еще существует! Пришло время противоповстанческих действий. Наш план состоит в том, что некоторые охранники снимут двери камер, чтобы создать впечатление беспорядка. Другие охранники должны сковать цепью ноги заключенных, надеть им на головы мешки и поднять в грузовом лифте из нашего подвала в большую пустую кладовку на пятом этаже, подальше от возможного вторжения. И если заговорщики ворвутся в тюрьму, то найдут одного меня. Я скажу им, что эксперимент окончен. Мы закончили его досрочно и отправили всех по домам, так что они опоздали и освобождать некого. После того как они проверят наш подвал и уйдут, мы приведем заключенных назад: у нас будет время, чтобы усилить безопасность тюрьмы. Мы даже думали, что можно взять в плен бывшего заключенного № 8612 и снова посадить его в камеру, если он будет среди нападающих, потому что он добился освобождения обманом.

Представьте себе эту сцену. Я в одиночестве сижу в пустом коридоре, ранее известном как «двор». Вокруг в беспорядке валяются остатки имущества Стэнфордской тюрьмы, на дверях камер уже нет решеток, таблички сняты, входная дверь распахнута. В возбуждении я уже готов приступить к реализации этого, как нам кажется, коварного макиавеллиевского плана. Но вместо мятежников появляется один из моих коллег-психологов — старый друг, серьезный ученый, мой бывший сосед по комнате в аспирантуре. Гордон спрашивает, что здесь происходит. Они с женой увидели заключенных на пятом этаже и посочувствовали им. Они вышли и купили им коробку пончиков, потому что ребята выглядели совершенно несчастными.

Я как можно быстрее и проще описываю ему исследование, все время ожидая внезапного вторжения захватчиков. Потом этот умник задает элементарный вопрос: «Скажи, а какова независимая переменная в вашем исследовании?» Мне стоило бы просто сказать, что это распределение предварительно отобранных испытуемых-добровольцев по ролям заключенных и охранников, которое, конечно же, было сделано случайно. Вместо этого я начинаю злиться.

Передо мной стоит угроза тюремного бунта. Безопасность моих людей и надежность моей тюрьмы держатся на волоске, а мне приходится спорить с этим яйцеголовым, бесплодным теоретиком с холодным сердцем, которого интересуют только смехотворные мелочи вроде независимых переменных! Я беседую с ним и думаю: сейчас он спросит, есть ли у меня программа реабилитации! Вот чучело. Я ловко отделываюсь от него и возвращаюсь к предстоящему нападению. Я все жду и жду.

Наконец, до меня доходит, что это были только слухи. Они ни на чем не основаны. Мы потратили огромное количество времени и сил, планируя, как мы будем отражать вымышленное нападение. Я, как дурак, умолял о помощи полицию; мы освободили грязную кладовку наверху, разобрали тюрьму на части и увели заключенных. А еще обиднее, потратили впустую бесценное время. И наконец, наш самый большой грех как исследователей: мы целый день не вели систематических наблюдений. И все из-за одного человека, который питает профессиональный интерес к распространению слухов и дезинформации и регулярно демонстрирует аудитории эти явления. Все смертные бывают ужасно глупы, особенно когда наши эмоции берут верх над холодным разумом.

Мы ставим на место двери камер и приводим заключенных обратно из жаркой, душной кладовки без окон, где они без всякого смысла просидели три часа. Какое унижение я испытал! Остаток дня мы с Крейгом, Кертом и Дэйвом не можем поднять друг на друга глаз. Мы молча соглашаемся держать все это при себе и не упоминать о «мании доктора З.».

Мы сели в лужу, но они за это заплатят

Очевидно, все мы испытывали сильное разочарование. Мы также страдали от последствий когнитивного диссонанса: ведь мы охотно приняли на веру ложные слухи и предпринимали активные действия, не имея для этого достаточных оснований [10]. Мы также попали в ловушку группового мышления. Как только я, лидер, поверил в эти слухи, все остальные тоже в них поверили. Никто не взял на себя роль «адвоката дьявола», которая необходима каждой группе, чтобы избежать глупых и даже пагубных решений. Это напомнило мне о «катастрофическом» решении президента Джона Кеннеди провести операцию против Кубы в заливе Кочинос, закончившуюся полным фиаско [11].

Стало очевидно, что мы теряем научную беспристрастность и объективность, необходимую для проведения любых исследований. Я уже не был научным руководителем, а превращался в настоящего тюремного суперинтенданта. Это ярко проявилось в моей беседе с миссис И. и ее мужем, не говоря уже о моих переговорах с сержантом полиции. Но психологи тоже люди, и ими движут те же мотивы, которые они изучают как специалисты.

Наше общее чувство разочарования и замешательство незаметно распространялись по тюремному двору. Сейчас я понимаю, что нам нужно было просто признать свою ошибку и идти дальше. Но это так трудно — просто сказать: «Я совершил ошибку. Мне очень жаль». Вместо этого мы начали бессознательно искать «козлов отпущения», пытаясь снять с себя ответственность. И найти их было нетрудно. Ведь рядом были заключенные. И им придется сполна заплатить за наши неудачи и наше смятение.

ГЛАВА ШЕСТАЯ

Среда: ситуация выходит из-под контроля

На четвертый день эксперимента я ожидаю более спокойной ситуации, и надеюсь, что бесконечные неприятности вторника, наконец, закончатся. Дневной график обещает, кажется, немало интересных событий, которые должны успокоить колебания, сотрясающие нашу тюрьму. Утром должен прийти священник, который раньше был тюремным капелланом. Я попросил его оценить, насколько наша мнимая тюрьма похожа на настоящую, и на основе реального тюремного опыта дать нам точку отсчета, в соответствии с которой ее можно оценивать. Его визит — ответ на мою услугу: недавно я предоставил ему материалы для доклада о тюрьмах, который он писал для нашей летней школы. Хотя его посещение планировалось еще до начала исследования, он должен решить двойную задачу, частично удовлетворив требование комитета по рассмотрению жалоб по поводу церковной службы. Сегодня же мы проведем первое заседание комиссии по условно-досрочному освобождению, где рассмотрим «дела» заключенных, подавших прошение об условно-досрочном освобождении. Комиссию возглавит главный консультант нашего проекта, Карло Прескотт. Будет интересно посмотреть, как он справится с полной переменой роли: из бывшего заключенного, неоднократно подававшего прошения об условно-досрочном освобождении, которые были отклонены, к председателю комиссии по условно-досрочному освобождению.

Обещанные вечерние свидания заключенных с родными и знакомыми должны смягчить страдания некоторых из них.

Кроме того, я планирую заменить заключенного: место мятежного Дуга-8612 займет новичок, заключенный № 416. Сегодня мы запланировали много дел, но все это — хорошая работа для суперинтенданта Стэнфордской окружной тюрьмы и ее сотрудников.

СВЯЩЕННИК ВХОДИТ В РОЛЬ

Отец Макдермот довольно высокого роста — около 190 см. Он худой и подтянутый; складывается впечатление, что он регулярно посещает спортзал. Из-за лысины его лицо кажется больше. У него широкая улыбка, точеный нос и румяные щеки. Стоит он ровно, когда сидит, держит спину прямой, у него хорошее чувство юмора. Макдермот — ирландец, католический священник, ему уже под пятьдесят, и он был капелланом в одной из тюрем Восточного побережья [1]. Накрахмаленный воротничок и аккуратный выглаженный черный костюм делают его похожим на киношный образ энергичного пастора, который искренне печется о своей пастве. Я поражен той гибкостью, с которой он входит в роль священника и выходит из нее. Вот он — серьезный ученый, теперь — внимательный священник, а вот уже — профессионал, устанавливающий нужные контакты. Но он всегда возвращается к своей главной роли, к роли «человеколюбивого пастора».

В кабинете суперинтенданта мы просматриваем длинный список литературы с аннотациями, который я подготовил для него, чтобы помочь с докладом о межличностном насилии, который он пишет. Очевидно, он впечатлен, что я уделяю ему так много времени, и доволен списком. Затем он спрашивает: «Чем я могу вам помочь?»

Я отвечаю: «Все, о чем бы я хотел вас попросить — поговорить со всеми нашими студентами — участниками эксперимента, если вы располагаете временем, а потом на основании их рассказов и ваших собственных впечатлений дать мне честную оценку того, насколько реалистичной кажется вам наша мнимая тюрьма».

«Конечно, буду рад помочь. Я использую весь свой опыт общения с заключенными, я ведь несколько лет работал в Вашингтоне, округ Колумбия, в исправительном учреждении, куда меня назначили», — говорит отец Макдермот.

«Прекрасно. Я очень ценю вашу помощь».

Теперь приходит мой черед сменить роль: «Начальник тюрьмы объявил, что заключенные, которые хотят поговорить со священником, могут зарегистрироваться, чтобы получить эту привилегию. Некоторые действительно хотят поговорить с вами, а некоторые хотят попросить, чтобы в выходные вы провели здесь службу. Только один заключенный, № 819, заболел и хочет поспать, так что он не сможет с вами встретиться».

«Хорошо, пойдемте, это должно быть интересно», — говорит отец Макдермот.

Начальник тюрьмы поставил два стула у стены между второй и третьей камерами — для священника и заключенного, который будет с ним беседовать. Я приношу еще один стул для себя. Я хочу сидеть рядом со священником. Джаффе стоит рядом. С очень серьезным видом он лично сопровождает каждого заключенного из камеры для беседы. Джаффе, очевидно, наслаждается вымышленной реальностью происходящего: настоящий священник играет роль пастора для мнимых заключенных. Он полностью поглощен ситуацией. Меня же больше беспокоят вероятные жалобы заключенных и то, как поступит «настоящий священник», когда их услышит. Я прошу Джаффе попросить Керта Бэнкса снять всю сцену на видео с максимально близкого расстояния, но низкое качество нашей видеокамеры не позволяет сделать такой крупный план, как мне бы хотелось.

Почти все разговоры проходят по одной и той же схеме. Священник представляется:

«Я — отец Макдермот, сын мой, а вас как зовут?»

Заключенный отвечает: «Я — заключенный № 5486, сэр», или «Я — № 7258, отец». Лишь немногие называют свои настоящие имена; почти все произносят только номера. Что любопытно, священник никак на это не реагирует; я очень удивлен. Очевидно, роли заключенных начинают поглощать наших испытуемых.

«В чем вас обвиняют?»

Заключенные отвечают: «кража», «вооруженное ограбление», «кража со взломом» или «статья № 459». Некоторые добавляют: «Но я невиновен» или «Меня обвиняют в... но я не делал этого, сэр».

Затем священник говорит: «Рад видеть вас, молодой человек» или произносит имя заключенного. Он спрашивает каждого, где он живет, о его семье, о посетителях.

«Почему у вас на ногах цепь?» — спрашивает отец Макдермот одного заключенного.

«Думаю, она должна мешать нам свободно передвигаться», — отвечает тот.

Некоторых он спрашивает о том, как с ними обращаются, как они себя чувствуют, есть ли у них какие-то жалобы, может ли он чем-то помочь. Затем наш пастор превосходит все мои ожидания и начинает спрашивать о юридических аспектах заключения.

«Кто-нибудь пишет вам?» — спрашивает он заключенных. А № 4325 он задает серьезный вопрос: «Что думает ваш адвокат о вашем деле?»

Ради разнообразия он иногда спрашивает: «Вы сказали своей семье, в чем вас обвиняют?» или «Вы уже встречались с государственным адвокатом?».

Внезапно мы оказываемся в «Сумеречной зоне»[1]. Отец Макдермот окончательно вошел в роль тюремного капеллана. Очевидно, наша мнимая тюрьма выглядит весьма реалистично, и священник поддался этой иллюзии — точно так же, как заключенные, охранники и я сам.

«Нам не разрешают звонить по телефону, и мы еще не были в суде; нам не говорят даже о дате судебного процесса, сэр».

Священник произносит: «Ну, кто-то должен заниматься вашим делом. Я имею в виду, вы можете бороться и здесь, но что толку просто написать апелляцию председателю уголовного суда? Ответа придется ждать очень долго. Ваша семья может связаться с юристом, потому что в вашем нынешнем положении у вас связаны руки».

---

[1] «Сумеречная зона» (The Twilight Zone) — американский телевизионный сериал. Каждый эпизод является смесью фэнтези, научной фантастики, драмы или ужаса, часто заканчивается жуткой или неожиданной развязкой. — *Прим. пер.*

Заключенный Рич-1037 говорит, что планирует «быть своим собственным адвокатом, потому что я скоро я стану юристом — через несколько лет я закончу юридическую школу».

Священник сардонически улыбается. «По моим наблюдениям, юрист, ведущий свое собственное дело, бывает слишком эмоционален. Вы ведь знаете эту поговорку: "Тот, кто представляет самого себя — или дурак, или адвокат"».

Я говорю заключенному № 1037, что его время закончилось, и на его место садится следующий.

Священник озадачен подчеркнуто официальным тоном Сержанта и его отказом обратиться к юрисконсульту, потому что «совершенно справедливо, что я отбываю срок за преступление, которое я, как полагают, совершил». «Другие тоже так думают, или он — особый случай?» — спрашивает Макдермот.

«Это особый случай, отец».

Сержант ни у кого не вызывает симпатии; даже священник относится к нему с подозрением.

Заключенный Пол-5704 ловко использует возможность «стрельнуть» у священника сигарету, хотя знает, что ему запрещено курить. Он закуривает, глубоко затягивается, посылает мне ироническую усмешку и двумя пальцами показывает знак «победа» — невербальный сигнал превосходства. Позже глава комитета по рассмотрению жалоб по максимуму использует это приятное отступление от тюремных правил. Я ожидаю, что он попросит еще одну сигарету «про запас». Но обратил внимание на то, что охранник Арнетт уже заметил это нарушение порядка. Я уверен, что позже он заставит заключенного сполна заплатить и за контрабандную сигарету, и за гадкую ухмылку.

Беседы с заключенными продолжаются, одна за другой, в светском тоне. Звучат жалобы на плохое обращение и нарушения правил. Я все больше беспокоюсь и смущаюсь.

Только заключенный № 5486 отказывается следовать этому сценарию, то есть делать вид, что это — реальная тюрьма, а он — настоящий заключенный, которому нужна помощь настоящего священника, чтобы вернуть себе свободу. Он — единственный, кто называет ситуацию «экспериментом», — экспериментом, который выходит из-под контроля.

Джерри-5486 — самый уравновешенный из всех заключенных, но наименее демонстративный. Я понимаю, что до сих пор он оставался почти невидимым, обычно охранники не требовали от него каких-то особых действий, и он ухитрялся оставаться незаметным во время перекличек, мятежей и беспорядков. С этого момента я буду бдительно за ним наблюдать.

Следующий заключенный, наоборот, очень хочет, чтобы священник помог ему получить помощь юриста. Но он ошеломлен тем, что она так дорого стоит.

«Предположим, ваш адвокат захочет прямо сейчас получить от вас 500 долларов в качестве предварительного гонорара. У вас есть 500 долларов? Если нет, вашим родителям придется найти эти деньги, а может быть, даже больше — и как можно скорее».

Заключенный Хабби-7258 принимает предложение священника о помощи и дает ему телефон матери, чтобы она могла нанять адвоката. Он говорит, что его двоюродный брат работает в офисе местного государственного защитника и мог бы заняться его делом. Отец Макдермот обещает выполнить его просьбу, и Хабби так искренне радуется, как будто Санта-Клаус подарил ему новую машину.

Ситуация становится все более странной.

Перед уходом, побеседовав с семью заключенными, отец Макдермот, в лучшей пасторской манере, спрашивает об оставшемся заключенном, которому, возможно, требуется помощь. Я прошу охранника Арнетта предложить заключенному № 819 несколько минут поговорить со священником; возможно, благодаря этой беседе он почувствует себя лучше.

Во время затишья, пока заключенный № 819 готовится к встрече со священником, отец Макдермот признается мне: «Все они принадлежат к наивному типу заключенных. Они ничего не знают о тюрьме и не понимают, для чего она нужна. Это типично для образованных людей, которых я здесь вижу. Но именно такие люди нужны, чтобы попытаться изменить тюремную систему, — это завтрашние лидеры и сегодняшние избиратели, и скоро они будут формировать систему образования. Они просто мало знают о том, что такое тюрьма, и что она может сделать с человеком. Но то, что вы здесь делаете — хорошо, это их научит».

Я принимаю это как выражение доверия, мы договариваемся о времени проповеди в течение дня, но мое удивление не уменьшается.

Заключенный Стью-819 выглядит ужасно, и это еще мягко сказано: темные круги под глазами, растрепанные волосы торчат во все стороны. Утром Стью-819 провинился: в гневе он устроил разгром в своей камере — разорвал подушку и раскидал перья по полу. Его поместили в карцер, а сокамерникам пришлось за ним убирать. После вчерашнего свидания с родителями он подавлен. Его сокамерник сказал охранникам, что его родители остались вполне довольны встречей, а он — совсем наоборот. Они не слушали его жалоб, не обратили внимания на его состояние, которое он попытался им описать. Они все время говорили о каком-то чертовом спортивном матче, который только что посетили.

Священник: «Интересно, вы обсуждали возможность того, чтобы ваша семья пригласила для вас адвоката?»

№ 819: «Они знают, что я заключенный. Я сказал им, что я здесь делаю, о номерах, правилах, и как здесь трудно».

Священник: «Как вы себя чувствуете?»

№ 819: «У меня очень болит голова; мне нужен врач».

Я вмешиваюсь, пытаясь обнаружить причину его головной боли. Я спрашиваю, страдает ли он мигренями; может быть, головная боль вызвана усталостью, голодом, высокой температурой, напряжением, запором или проблемами со зрением.

№ 819: «Я просто чувствую себя вроде как уставшим. Я нервничаю».

Потом он дает себе волю и начинает плакать. По щекам катятся слезы, он тяжело вздыхает. Священник спокойно дает ему свой носовой платок.

«Неужели вам настолько плохо? Сколько времени вы здесь находитесь?»

«Всего три дня!»

«Вам не стоит воспринимать все это так близко к сердцу».

Я пытаюсь успокоить № 819, разрешаю ему уйти в комнату отдыха за пределами двора — она находится прямо позади помещения, где мы ведем видеозапись. Я говорю ему, что там он сможет отдохнуть, и я принесу ему поесть. Мы посмотрим, пройдет ли головная боль к обеду. Если нет, я отправлю его в студенческую поликлинику. В итоге я беру с него обещание не пытаться бежать, ведь он находится в помещении, которое практически не охраняется. Я говорю, что если он действительно так плохо себя чувствует, мы можем освободить его немедленно. Он настаивает, что хочет продолжать и обещает не предпринимать никаких подозрительных действий.

Священник, обращаясь к заключенному № 819: «Возможно, это реакция на запах. Здесь спертый воздух. Здесь неприятно пахнет, нужно время, чтобы к этому привыкнуть. Ну вот запах этот, наверное, даже ядовит, он, конечно, слишком сильный, но зловоние — это тюремная реальность. (Макдермот чувствует запах мочи и экскрементов, прочно «поселившийся» в нашей тюрьме. Мы к нему привыкли и не замечаем, пока кто-нибудь на него не укажет.) Приходится терпеть, многие заключенные с этим справляются».

Мы выходим со двора, идем по коридору в мой кабинет. Священник говорит, что исследование похоже на реальную тюрьму, и он наблюдает типичный «синдром впервые осужденного» — человек сбит с толку, раздражен, он испытывает гнев, депрессию и эмоционально нестабилен. Он уверяет меня, что подобные реакции исчезают примерно через неделю, потому что заключенный не сможет выжить, если «ведет себя как баба». Он добавляет, что, по его мнению, эта ситуация гораздо труднее для № 819, чем этот мальчик готов признать. Мы соглашаемся, что он нуждается в консультации. Я замечаю, что хотя у № 819 дрожали губы, тряслись руки и текли слезы, он все же не признал, что не может продолжать эксперимент, и не захотел уйти. Я думаю, что он не может смириться с тем, что оказался «слабаком», что его мужественности брошен вызов, и он хочет, чтобы мы — чтобы я — уговорил его уйти и тем самым сохранить свое лицо.

«Возможно. Это интересная точка зрения», — добавляет отец Макдермот, размышляя над тем, что только что произошло.

Мы прощаемся, и я мимоходом добавляю, что отец Макдермот ведь не собирается звонить родителям, не правда ли?

«Конечно, я должен им позвонить. Это моя обязанность».

«Несомненно, как же я раньше не подумал, это ваша обязанность, правильно». (Мне только не хватает родителей и юристов — священник собирается до конца играть роль настоящего капеллана. Он знает, что это не настоящая тюрьма и не настоящие заключенные, но, черт возьми, шоу должно продолжаться.)

Визит священника ярко освещает растущую путаницу между реальностью и иллюзией, между ролями и настоящей идентичностью участников эксперимента. Отец Макдермот — реальный священник в реальном мире, работавший в реальных тюрьмах, и хотя он вполне понимает, что наша тюрьма — мнимая, он так серьезно и глубоко играет свою роль, что невольно добавляет нашему шоу реалистичности. Он сидит прямо, особым образом держит руки, делает определенные жесты, наклоняется вперед, давая советы, понимающе кивает, похлопывает собеседников по плечу, хмурится наивности заключенных. Его тон и интонации возвращают меня в детство, в воскресную школу при католической церкви святого Ансельма. Он не мог бы исполнить роль священника убедительнее, даже если бы его прислало актерское агентство. Он так безупречно играет свою роль, что мне начинает казаться, будто мы все — герои какого-то странного фильма, и я восхищаюсь мастерством этого актера. Пожалуй, визит священника придает еще больше сходства нашей мнимой тюрьме с настоящей. Сильнее всего это влияет на тех заключенных, которые все еще помнят, что «это всего лишь эксперимент». Священник добавил исследованию новое измерение. Кто написал сценарий этого фильма? Франц Кафка? Или Луиджи Пиранделло?

В этот момент во дворе раздается крик. Это кричат заключенные. Они громко скандируют что-то о заключенном № 819.

Арнетт: «Заключенный № 819 плохо себя вел. Скажите это десять раз, громко».

Заключенные: «Заключенный № 819 плохо себя вел». (Снова и снова, много раз.)

Арнетт: «Что случилось с заключенным № 819, из-за того, что он плохо себя вел, заключенный № 3401?»

№ 3401: «Заключенный № 819 наказан».

Арнетт: «Что случилось с заключенным № 819, № 1037?»

№ 1037: «Я не знаю, господин надзиратель».

Арнетт: «Он наказан. Сначала, № 3401».

№ 3401 повторяет, а заключенный № 1037 добавляет еще громче: «Заключенный № 819 наказан, господин надзиратель».

Заключенному № 1037 и всем остальным по очереди задают один и тот же вопрос, и каждый отвечает одно и то же, а потом все вместе.

Арнетт: «Давайте повторим пять раз, чтобы убедиться, что вы запомнили. Заключенный № 819 плохо себя вел, и поэтому у вас в камерах беспорядок. Давайте повторим это десять раз».

«Из-за того, что сделал заключенный № 819, в моей камере беспорядок».

Заключенные снова и снова повторяют эту фразу, но № 1037 — тот, который хочет быть юристом, молчит. Охранник Джон Лендри угрожающе указывает на него дубинкой, чтобы заставить присоединиться к остальным. Арнетт велит всем замолчать, чтобы выяснить, что не понравилось Лендри; Лендри говорит, что № 1037 не слушается.

Заключенный № 1037 обращается к Арнетту: «У меня есть вопрос, господин надзиратель. Нам ведь запрещено лгать?»

Арнетт, в своей самой официальной, бесстрастной, поистине неповторимой манере, отвечает: «Нас не интересуют ваши вопросы. Вам дали задание, ваше дело — его выполнять. Итак: из-за того, что сделал заключенный № 819, в моей камере беспорядок. Десять раз».

Заключенные повторяют, но сбиваются, и им приходится повторить одиннадцать раз.

Арнетт: «Сколько раз вам сказали это повторить, заключенный № 3401?»

№ 3401: «Десять раз».

Арнетт: «Сколько раз вы это сделали, мистер 3401?»

№ 3401: «Десять раз, господин надзиратель».

Арнетт: «Неправильно, вы все сделали это одиннадцать раз. Теперь повторите снова, сделайте это как следует, сделайте это десять раз, как я приказал: "Из-за того, что сделал заключенный № 819, в моей камере беспорядок"».

Они выкрикивают эту фразу еще десять раз.

Арнетт: «Теперь принимаем исходное положение».

Без всяких колебаний все тут же опускаются на пол для отжиманий.

«Вниз, вверх, вниз, вверх. № 5486, это не танец живота, это отжимания, держи спину прямо. Вниз, вверх, вниз, вверх, вниз и остались внизу. Перевернулись на спину, будем поднимать ноги».

Арнетт: «15 сантиметров — важная цифра, ребята. Все поднимают ноги на 15 сантиметров над полом, и ноги остаются в этом положении до тех пор, пока все ноги не окажутся на одной высоте».

Охранник Джон Лендри меряет, действительно ли ноги заключенных подняты ровно на пятнадцать сантиметров.

Арнетт: «Все вместе, десять раз: я не буду плохо себя вести, как № 819, господин надзиратель».

Арнетт: «Теперь как можно громче: я не буду плохо себя вести, как № 819, господин надзиратель!»

Все повинуются и повторяют в унисон. Заключенный № 1037 отказывается кричать, но повторяет вместе со всеми, а Сержант только рад продемонстрировать власти свое повиновение. Затем в ответ на заключительную команду охранника все очень вежливо произносят: «Большое спасибо за эту прекрасную перекличку, господин надзиратель».

Безупречный хор заключенных стал бы предметом зависти для любого хормейстера или гитлерюгенд-фюрера, думаю я. Как же далеко они — или мы — продвинулись с воскресенья, от хихиканья и нахальных выходок новоявленных заключенных!

ТЫ УЖЕ НЕ № 819; ПОРА ДОМОЙ, СТЮАРТ

Понимая, что № 819 мог слышать все это из задней комнаты, отделенной всего лишь тонкой перегородкой, я спешу проверить, как он там. Я обнаруживаю, что он свернулся в комок, у него истерика. Я обнимаю его, пытаясь успокоить, я уверяю его, что с ним все будет в порядке, как только он уедет домой. К моему удивлению, он отказывается сходить со мной к врачу, а потом уйти домой. «Нет, я не могу уйти. Я должен остаться», — говорит он сквозь слезы. Он не может уйти, зная, что другие заключенные называют его «плохим заключенным», что разгром, который он устроил в камере, привел к новым унижениям для всех. Он явно не в себе, но готов вернуться в тюрьму, чтобы доказать, что он — не «слабак».

«Послушай. Сейчас ты не заключенный № 819. Ты Стюарт, а я — доктор Зимбардо. Я психолог, а не тюремный суперинтендант, и это — не настоящая тюрьма. Это всего лишь эксперимент, и все эти парни — такие же студенты, как и ты. Тебе пора домой, Стюарт. Пойдем со мной. Пойдем».

Он прекращает рыдать, вытирает слезы, поднимается и смотрит мне в глаза. Он похож на маленького ребенка, которому приснился кошмар. А теперь папа уверяет его, что этот монстр ненастоящий, и все будет хорошо, как только он в это поверит. «Итак, Стюарт, пойдем». (Мне удалось развеять его иллюзию, но моя собственная иллюзия никуда не делась.)

Отдавая Стью его одежду и выпуская его на свободу, я вспоминаю, что его день начался с серьезной проблемы, которая и подготовила почву для этого эмоционального срыва.

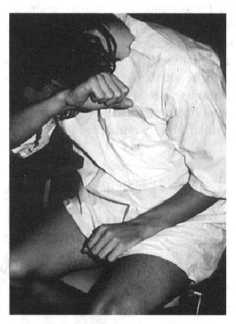

У № 819 начинаются неприятности

В журнале начальника тюрьмы записано, что № 819 отказался встать во время подъема, в 6.10 утра. За это его отвели в карцер, а позже предоставили только половину положенного времени в туалете. Все, в том числе и № 819, присутствовали на пятнадцатиминутной перекличке в 7.30 утра, несколько раз рассчитавшись в разном порядке. Но № 819 отказался выполнять упражнения. Охранник наказал за это всех, заставив других заключенных стоять с вытянутыми руками до тех пор, пока № 819 не подчинится.

Но № 819 не уступал, и другие заключенные начали опускать руки, потому что устали. № 819 снова оказался в карцере, где позавтракал в темноте, но отказался съесть яйцо. Его выпустили, чтобы он выполнил дневную работу: ему поручили голыми руками чистить туалеты и без конца бессмысленно переносить туда-сюда ящики вместе с другими заключенными. Вернувшись в камеру, № 819 заперся в ней. Он отказался снимать колючки с одеяла, брошенного в его камеру. Его сокамерников, № 4325 и новичка № 8612 заставили делать дополнительную работу — снова переносить ящики из одной кладовки в другую, пока № 819 не уступит. Он все равно не подчинился и потребовал вызвать врача. Сокамерники разозлились на его упрямство, из-за которого пострадали.

В отчете смены Сероса сказано: «Заключенный заперся в своей камере. Мы достали дубинки и собирались его вывести. Он не хотел выходить. Мы заставили всех встать у стены с поднятыми руками. Он сидел в своей камере и смеялся. Я не думал, что он так поступит. Мы оставили его в покое. Остальные заключенные разозлились на нас. Я просто улыбнулся и продолжал выполнять свою работу».

Охранник Варниш в своем отчете отмечает психологическую важность поведения этого заключенного: «Очевидное безразличие заключенного № 819 к страданиям его товарищей их возмущает». В своем отчете Варниш продолжает жаловаться на отсутствие ясных правил о том, что можно, а что нельзя делать по отношению к заключенным. «Я не знал, какие методы воздействия можно применять к заключенным, и это меня беспокоило, потому что границы не были ясно определены» [2].

Венди реагировал на ситуацию иначе: «Я чувствовал себя увереннее, чем в предыдущий день. Мне нравилось будить заключенных в 2.30 ночи. Издеваясь над ними, я удовлетворял свои садистские наклонности». Это весьма примечательное замечание, я не думаю, что он смог бы сделать его всего четырьмя днями раньше.

«Крутой» охранник Арнетт в своем отчете добавляет: «Единственный раз, когда я почувствовал, что выхожу из роли, — когда мы успокаивали заключенных № 819 и № 1037, несколько раз они создавали нам большие проблемы. В эти моменты я был не столь тверд, как требовалось» [3].

«По сути, самый подавляющий аспект тюремного опыта — полностью оказаться во власти других людей, которые пытаются сделать вашу жизнь как можно более трудной и неприятной, — позже говорил мне Стью-819. — Я просто не выношу, когда меня унижают. Я по-настоящему возненавидел этих охранников-фашистов и очень сочувствовал другим заключенным. Мне нравилось, когда заключенные не слушались, и меня возмущала слабость и полное повиновение других. Еще у меня пропало чувство времени, потому что неприятные моменты каждого дня казались мне гораздо длиннее, чем если бы они были приятными. Хуже всего была депрессия, которая у меня началась из-за того, что меня постоянно унижали, и я не знал, как отсюда выбраться. Лучше всего было, когда меня, наконец, освободили» [4].

Предательство «стукача»

Как вы помните, мы внедрили в тюрьму информатора, Дэвида, который занял место заключенного № 8612. К сожалению, он не дал нам никакой полезной информации, потому что проникся сочувствием к заключенным и почти сразу перешел на их сторону. Утром я освободил его, чтобы поговорить с ним и узнать, как он оценивает ситуацию. В интервью с начальником тюрьмы и со мной наш неудавшийся информатор ясно выразил презрение к охранникам и недовольство тем, что ему не удалось убедить заключенных не подчиняться приказам. Он сказал, что утром кто-то из охранников приказал ему наполнить кофейник горячей водой в ванной, а другой охранник вылил воду и велел налить холодной воды, отчитал за неповиновение приказам. Это «мелкое» издевательство привело его в ярость. Он говорил и об искажении восприятия времени. Длительность событий увеличивалась и искажалась, особенно когда его будили ночью ради бесконечных перекличек. Он сказал, что чувствовал странное отупение, как будто все было в тумане. «Произвол и идиотские приказы охранников очень раздражают».

В своей новой роли «информатора, превратившегося в заключенного-бунтаря», он рассказал нам о своем плане побудить товарищей к действию. «Сегодня я решил быть плохим заключенным. Я хотел создать среди заключенных своего рода дух сопротивления. Наказание, при котором заключенных заставляли делать больше, если кто-то из них отказывался работать или выйти из камеры, возможно только в том случае, если все готовы слушаться. Я попытался побудить их сопротивляться. Но все они делали то, что им говорили, даже самые оскорбительные задания, например, переносили содержимое одной кладовки в другую и обратно или чистили унитазы голыми руками».

Дэвид сказал, что никто не злится на меня или на начальника тюрьмы, который воспринимается главным образом просто как голос в потрескивающем громкоговорителе. Но сам он и все остальные ненавидят охранников. Утром он сказал одному из них: «Господин надзиратель, как вы думаете, когда эта работа закончится, у вас будет достаточно времени, чтобы снова стать человеком?» Конечно, за это его отправили в карцер.

Он расстроился, потому что ему не удалось убедить других заключенных отказаться вытянуть руки в качестве коллективного наказания за проступок заключенного № 819. В итоге они опустили руки, но от усталости, а не потому, что не хотели слушаться. Дэвид был разочарован тем, что ему не удалось стать эффективным организатором, это ясно видно из его отчета:

«Возможности для передачи сообщений очень ограничены — когда все громко кричат, это невозможно остановить. Когда наступала тишина, я пытался говорить со своими сокамерниками, но № 819 все время сидит в карцере, а другой парень, № 4325 [Джим] — просто "тормоз", и с ним не о чем говорить. А вы знаете, что за едой, когда я мог бы побеседовать со всеми парнями о том, чтобы не подчиняться охранникам, разговаривать запрещено. Как будто энергия остается внутри и никак не может перейти в действия. Я расстроился, когда один парень сказал мне: "Я хочу получить условно-досрочное освобождение. Не мешай мне. Если хочешь нажить себе проблемы, прекрасно, но не трогай меня!"» [5].

Дэвид не рассказал нам о новых «подсудных замыслах», например, о планах побега или краже ключа от наручников. Но его личные размышления подтверждают, что в умах заключенных действовала мощная сила, подавлявшая групповое сопротивление. Они начали концентрироваться на внутренних переживаниях и думать только о себе — о том, что им нужно сделать, чтобы выжить, а может быть, даже заслужить условно-досрочное освобождение.

ПОЗНАКОМЬТЕСЬ С НОВЫМ ЗАКЛЮЧЕННЫМ

Чтобы пополнить редеющие ряды заключенных, мы приводим в тюрьму нового заключенного, № 416. Этот новичок скоро сыграет важную роль. Впервые мы видим его на видео в углу двора. Он входит в здание тюрьмы с бумажным мешком на голове; охранник Арнетт раздевает его донага. Он очень худой, «кожа да кости», как говорила моя мама. Все его ребра можно пересчитать с расстояния в три метра. Он выглядит довольно жалко и еще не знает, что его ждет.

Арнетт медленно и тщательно обсыпает его «дезинфицирующим порошком». В первый день эксперимента охранники делали это не слишком добросовестно, потому что им нужно было успеть обработать нескольких вновь прибывших заключенных. Сейчас у Арнетта достаточно времени, и он превращает эту процедуру в особый очистительный ритуал. Он натягивает на заключенного № 416 робу, надевает цепь на лодыжку и венчает дело новой шапочкой. Voilà! Новый заключенный готов. В отличие от остальных, которые постепенно привыкали ко все более жестокому произволу и враждебности охранников, № 416 оказывается в эпицентре всего этого безумия без всякой подготовки.

«Я был оглушен "арестом". Я был в резерве, и меня не задерживала полиция, как других. Мне позвонила секретарь и попросила явиться на факультет психологии перед обедом. Я был рад получить работу и счастлив, что у меня появился шанс принять участие в эксперименте. (Как вы помните, мы платили добровольцам за две недели.) Я подождал, вышел охранник, я назвал свое имя, и он немедленно надел на меня наручники, надел на голову бумажный мешок, повел меня вниз по лестнице, и мне пришлось какое-то время стоять, положив руки на стену, с расставленными ногами. Я понятия не имел, что происходит. Я ожидал каких-то унижений, но все было намного хуже, чем я думал. Я не ждал, что спущусь вниз, и меня тут же разденут, проведут дезинфекцию и начнут бить по ногам дубинкой. Я решил, что не буду реагировать на действия охранников и просто понаблюдаю за тем, как себя ведут другие заключенные. Я сказал себе, что буду держаться в стороне, но со временем я забыл, почему я здесь. Я думал о деньгах. Внезапно № 416 превратился в заключенного — совершенно ошеломленного и сбитого с толку» [6].

«О, благодать»[1]: в ироническом ключе

Новый заключенный поступает как раз в тот момент, когда Арнетт диктует письмо; заключенные должны отправить его посетителям, которые придут к ним на следующий день. Охранник читает текст вслух, заключенные записывают его

---

[1] «О, благодать» (Amazing Grace), всемирно известный христианский гимн. Одна из самых известных песен среди христиан всего мира. — *Прим. пер.*

на тюремных бланках. Потом он требует, чтобы каждый вслух повторил часть письма. В письме говорится:

«Дорогая мама!
Я прекрасно провожу время. Кормят прекрасно, здесь множество игр и развлечений. Охранники обращаются со мной очень хорошо. Они прекрасные ребята. Тебе бы они понравились, мама. Приходить не нужно, все в полном порядке.

*Искренне твой,
любящий сын».*

«И подпишитесь своим настоящим именем, каким бы оно ни было».

Охранник Маркус собирает письма, чтобы отнести их на почту, — конечно же, после того, как они будут просмотрены на предмет запрещенной информации или запрещенных жалоб. Заключенные мирятся с этим, потому что посещения родных и близких стали для них очень важными — всего после нескольких дней без семьи и друзей. Связь с внешним миром нужно поддерживать, это помогает не забыть, что наш мрачный подвал — не единственная реальность.

Как только дверь в первую камеру закрывается, начинает назревать новая проблема. Находчивый № 5704, который утром без смущения «стрельнул» сигарету у священника, пытается открыть дверь, чтобы показать, что он волен входить и выходить в любой момент. С совершенно бесстрастным видом охранник Арнетт берет веревку, обвязывает ее вокруг прутьев и тянет через простенок, обвязывая прутья на двери второй камеры. Он делает это так методично, как будто участвует в конкурсе скаутов на умение вязать узлы. Привязывая веревку к прутьям одной камеры, протягивая ее к другой камере, чтобы двери нельзя было открыть изнутри, он насвистывает мелодию вальса «Голубой Дунай». Арнетт умеет свистеть. На сцене появляется Джон Лендри — дубинкой он туго закручивает веревку. Охранники одобрительно улыбаются друг другу: они хорошо поработали. Теперь никто не может войти в первую и вторую камеры или выйти из них, пока охранники не выяснят, как починить испорченный замок, который, скорее всего, сломал № 5704.

«Никаких сигарет, № 5704, до тех пор, пока эта дверь будет заблокирована. Если выйдешь, окажешься в одиночке».

Рич-1037 угрожающе кричит из второй камеры: «У меня есть оружие!»

Арнетт отвечает: «У тебя нет оружия. Мы можем открыть эту камеру в любой момент».

Кто-то кричит: «У него есть игла!»

«Это нехорошо, что у него есть игла. Нам придется ее конфисковать и как следует его наказать».

Лендри сильно бьет дубинкой по дверям всех камер, напоминая, кто здесь главный. Вслед за ним Арнетт тоже бьет по прутьям на двери второй камеры, чуть не разбив руки одного заключенного, тот вовремя успевает их отдернуть. Затем, как во время мятежа утром второго дня, Джон Лендри начинает распылять во вторую камеру холодный углекислый газ из огнетушителя. Лендри и Маркус просовывают дубинки сквозь прутья, чтобы помешать обитателям камеры открыть дверь, но один заключенный из второй камеры выхватывает дубинку. Обитатели камеры начинают дразнить охранников. Назревает новый бунт — и теперь у заключенных есть оружие.

Арнетт сохраняет спокойствие. После некоторого обсуждения охранники решают вынуть замок из пустой комнаты и установить его в дверь первой камеры.

«В конечном счете, ребята, мы все равно добьемся своего, вопрос лишь в том, сколько времени это займет», — спокойно говорит он остальным охранникам.

В итоге охранники снова одерживают победу; они врываются в обе камеры и уводят главного заводилу № 5704 в одиночку. На сей раз они не хотят рисковать. Перед тем, как утащить его в карцер, они связывают ему руки и ноги веревкой, которую отвязывают от дверей камер.

Из-за этого инцидента все заключенные остаются без обеда. Это очень плохо для № 416, нашего новичка. На завтрак он только выпил кофе и съел печенье. Он проголодался и может только изумленно наблюдать за тем, как вокруг него разворачиваются все эти причудливые события. Было бы неплохо съесть что-нибудь горячее, думает он. Вместо обеда заключенных выстраивают в ряд у стены. Пола-5704 выпускают из карцера, но он все еще связан и беспомощно лежит на полу во дворе. Он служит живым предупреждением против дальнейших мыслей о мятежах.

Охранник Маркус приказывает всем подпрыгивать и петь при этом забавную детскую песенку.

«У вас, ребята, такие хорошие голоса, что мы будем петь "О, благодать", — говорит Арнетт. — Мы споем всего один куплет, я не собираюсь испытывать терпение Господа».

Заключенные опускаются на пол, чтобы начать отжиматься, и № 416 в первый раз удостаивается внимания:

«Ты будешь петь. Запоминай слова, № 416. "О, благодать, спасен тобой я из пучины бед; был мертв и чудом стал живой, был слеп и вижу свет, Господь свободу мне открыл..."».

Лежа на полу, Пол-5704 подсказывает Арнетту правильные слова.

«Нет, мы будем петь так, как я сказал. Возможно, это не точные слова, но мы будем петь именно так. — Потом он зачем-то меняет последнюю строку: — "Господь, свободен я теперь..."»

Очевидно, Арнетт знает, что он хорошо свистит. Он начинает насвистывать мелодию *Amazing Grace* и делает это снова и снова, чисто и мелодично. Заключенные аплодируют ему, искренне оценив его талант, несмотря на его надменность и жестокость. Охранники Лендри и Маркус возвращаются к столу, заключенные продолжают петь — разумеется, фальшиво и вразнобой. Арнетт недоволен:

«Откуда взялись эти люди? Из гетто на Шестой авеню в Сан-Франциско, что ли? Давайте еще раз».

Нарушитель спокойствия, № 5704, предпринимает еще одну попытку исправить неточные слова, но Арнетт использует эту возможность, чтобы еще раз повторить, громко и ясно:

«Конечно, здесь есть неточности; но мы поем *тюремную версию*. Неважно, что в ней не те слова, потому что охранники всегда правы. № 416, ты встаешь, все остальные продолжают отжиматься. № 416, пока все отжимаются, ты поешь "О, благодать", так, как я сказал».

Всего через несколько часов после появления в тюрьме № 416 оказывается в центре внимания Арнетта, который изолирует его от других заключенных и вынуждает выполнять бессмысленную задачу. Видеосъемка зафиксировала этот печальный момент: тощий заключенный срывающимся голосом поет песню о свободе духа. Его опущенные плечи и понурый взгляд ясно говорят, что он испытывает чрезвычайное неудобство, и ему становится только хуже, когда его поправляют и заставляют повторить песню, а другие продолжают отжиматься — вверх-вниз, вверх-вниз... Парадокс: заключенные по приказу поют песню свободы в подавляющей атмосфере, где она служит аккомпанементом для бессмысленных отжиманий. № 416 надеется, что его не ударят — ни Арнетт, ни другие охранники.

Непонятно, почему Арнетт его выделил. Возможно, просто для того, чтобы быстрее добиться от него послушания. А может быть, жалкий, тощий на вид № 416 раздражает его, всегда ревностного и деятельного.

«Теперь, когда вы распелись, № 416 поет детскую песенку, а все остальные ложатся на спину и поднимают ноги. Я хочу, чтобы № 416 пел очень громко, так громко, чтобы его услышал любимец заключенного № 5704 Ричард Никсон, где бы его ни носило. Ноги вверх. Вверх! Вверх! Все поем еще несколько раз, особенно подчеркивая последнюю строчку: "Жизнь — всего лишь сон"».

Заключенный Хабби-7258, все еще пытаясь иронизировать, спрашивает, можно ли спеть «Тюремная жизнь — всего лишь сон». Заключенные буквально выкрикивают эти слова, тяжело дыша. Ситуация становится еще более странной.

Возвращение телеоператора

Днем нас посещает телеоператор с местного телеканала Сан-Франциско KRON. Его прислали, чтобы сделать краткое продолжение воскресного репортажа, вызвавшего интерес на телеканале. Я разрешил ему снимать только из окошка для наблюдений и разговаривать о ходе эксперимента только с начальником тюрьмы и со мной. Мне не нужны внешние вмешательства, влияющие на взаимоотношения между заключенными и охранниками. Я так и не посмотрел, что он снял в этот день, потому что у нас было множество более срочных дел, требовавших внимания, а потом возникли новые проблемы [7].

ПРОЩАЙ, ДНЕВНАЯ СМЕНА, ЗДРАВСТВУЙ, НОЧНАЯ СМЕНА

«Пришло время готовиться к воскресной службе, — говорит Арнетт заключенным, хотя сегодня только среда. — Все становятся в круг и берутся за руки, как во время религиозной церемонии. Скажи: "Привет, № 416, я твой друг, № 5704". Потом каждый из вас приветствует нового товарища».

Все говорят по кругу. Кажется, это очень трогательная церемония. Я удивлен тем, что Арнетт предложил это забавное общее действо. Но затем он все портит: оставаясь в кругу, все должны прыгать и петь «Встаньте, дети, встаньте в круг», тогда как № 416 в одиночестве должен стоять в центре.

Перед окончанием смены Арнетт делает еще одну перекличку, и теперь Джон Лендри диктует, как нужно петь. Это первая перекличка для № 416, и он с недоверием качает головой, наблюдая, как другие заключенные послушно выполняют команды. Арнетт продолжает свои бесчеловечные упражнения до самой последней минуты, пока не заканчивается его смена.

«С меня хватит, возвращайтесь в свои клетки. Приведите свои камеры в порядок, чтобы когда придут посетители, их вид не вызвал у них отвращения. — Он уходит, насвистывая «О, благодать». На прощанье он добавляет: — Увидимся, ребята. До завтра, мои дорогие поклонники».

Лендри считает нужным добавить: «Я хочу, чтобы вы поблагодарили своих надзирателей за то время, которое они сегодня провели с вами».

Все неохотно говорят: «Спасибо, господа надзиратели».

Джону Лендри не нравится эта «дерьмовая благодарность» и, выходя со двора вместе с Маркусом и Арнеттом, он заставляет их кричать громче. Как только они скрываются из виду, приходит ночная смена: Джон Уэйн и его ревностная команда.

Новый заключенный, № 416, позже рассказал нам о том, как боялся охранников:

«Каждая новая смена охранников приводила меня в ужас. В первый же вечер я понял, что желание принять участие в этом исследовании было глупостью. Я решил во что бы то ни стало побыстрее отсюда выбраться. Именно так я и вел бы себя в тюрьме, если бы у меня была малейшая возможность. Ведь это была настоящая тюрьма, только ею управляли психологи, а не государство. Я решил объявить голодовку, я отказался есть, я думал, что заболею, и они будут вынуждены отпустить заключенного № 416. Я решил следовать этому плану, несмотря ни на какие последствия» [8].

За ужином № 416 действительно последовал своему плану и отказался от еды, хотя был очень голоден.

Хеллман: «Эй, ребята, сегодня у нас на ужин прекрасные горячие сосиски».

№ 416 (бойко): «Мне не нужно, сэр, я не буду есть ничего, что вы мне дадите».

Хеллман: «Это нарушение правил, и ты будешь соответствующим образом наказан».

№ 416: «Не важно, я не буду есть ваши сосиски».

В качестве наказания Хеллман уводит № 416 в карцер. Это первый из множества его визитов сюда, а Барден настаивает, чтобы при этом в каждой руке № 416 держал по сосиске. После того как все поужинали, № 416 приходится сидеть и смотреть на тарелку с двумя холодными сосисками. Неожиданный акт неповиновения приводит охранников ночной смены в бешенство, особенно Хеллмана, который думал, что сегодня вечером все будет в полном порядке, и после того, как были решены вчерашние проблемы, ночь пройдет спокойно. А теперь эта «заноза в заднице» не слушается и начинает подстрекать других, как раз тогда, когда охранникам кажется, будто они полностью взяли верх над заключенными и подчинили их своей воле.

Хеллман: «Ты не будешь есть эти вонючие сосиски? Ты хочешь, чтобы я взял эти сосиски и засунул их тебе в задницу?

Ты этого хочешь? Ты хочешь, чтобы я взял их и засунул тебе в задницу?»

№ 416 ведет себя стоически, без всякого выражения смотрит вниз, в тарелку с сосисками.

Хеллман понимает, что пришло время тактики «разделяй и властвуй»: «Так, слушайте все. № 416, если ты не съешь свои сосиски, что является актом неповиновения, сегодня вечером всем заключенным будет отказано в свиданиях. Все слышали?»

«Очень сожалею. Мои личные действия не должны иметь последствий для других», — спокойно и высокомерно отвечает № 416.

«Это не личные действия, а действия заключенного, а их последствия определяю я!» — кричит Хеллман.

Барден приводит Хабби-7258, чтобы тот убедил № 416 съесть сосиски. № 7258 говорит: «Просто съешь свои сосиски, ладно?» Барден добавляет: «Скажи ему, почему». № 7258 продолжает его уговаривать и говорит, что если он не съест сосиски, заключенные не смогут встретиться с посетителями.

«Разве тебе все равно? Только потому, что, у тебя еще нет друзей… Съешь их ради заключенных, а не ради охранников, ладно?» Барден пытается настроить заключенных против № 416.

Заключенный Хабби-7258 старается мягко уговорить № 416 съесть сосиски — иначе его подруга, Мэри-Энн, которая вот-вот должна его навестить, будут лишена свидания, и он не хочет лишиться этой привилегии из-за каких-то паршивых сосисок. Подражая манере поведения Хеллмана, Барден властным тоном говорит:

«№ 416, в чем дело? Отвечай, парень! Да, в чем проблема?»

№ 416 пытается объяснять, что он объявил голодовку в знак протеста против оскорбительного обращения и нарушения контракта.

«Черт возьми, какое отношение это имеет к сосискам? Ну, какое?» Барден разъярен и лупит дубинкой по столу с громким стуком, который угрожающим эхом отдается от стен двора.

«Ответь на мой вопрос, почему ты не ешь эти сосиски?»

Едва слышно № 416 продолжает говорить о ненасильственном протесте и упоминает о Ганди. Барден никогда не слышал о Махатме Ганди и требует назвать более вескую причину. «Ты рассказываешь мне, что между этими двумя вещами есть какая-то связь, но я ее не вижу». Тогда № 416 пытается рассеять общую иллюзию «тюрьмы» и напоминает всем, кто его слышит, что охранники нарушают контракт, который он подписал, когда добровольно вызвался участвовать в *эксперименте*. (Я с удивлением наблюдаю, что это напоминание все дружно игнорируют. Охранники совершенно поглощены своей иллюзорной властью.)

«Меня не волнует чертов контракт! — кричит Барден. — Ты попал сюда, потому что это заслужил, № 416. Именно поэтому ты сюда попал, ведь ты нарушил закон. Это не детский сад. Я не понимаю, почему ты не ешь эти проклятые сосиски. Ты думал, что это детский сад, № 416? Ты думал, что будешь нарушать закон и окажешься за это в детском саду?» Барден продолжает орать, что № 416 не обрадуется, когда его сокамернику придется спать сегодня ночью без кровати. Мне начинает казаться, что сейчас Барден ударит № 416, но в этот момент он в ярости отворачивается. Он хлопает дубинкой по ладони и приказывает № 416: «Возвращайся в карцер». № 416 уже знает туда дорогу.

Барден снова бьет кулаками в дверь карцера, издавая оглушительный грохот, отдающийся эхом в темной кладовке. «А теперь каждый из вас поблагодарит № 416 за то, что у вас не будет посетителей. Каждый стукнет по двери и скажет ему спасибо», — говорит он.

Каждый заключенный подходит к двери и «как следует» бьет в дверь, кроме № 5486, Джерри, который делает это с явной неохотой. Хабби-7258 очень злится на этот неожиданный поворот судьбы.

Для пущего эффекта Хеллман вытаскивает № 416 из карцера. Тот все еще держит в руках по сосиске. Потом Хеллман по собственной инициативе объявляет следующую мучительную перекличку, не давая Бардену шанса поучаствовать. «Хорошего» охранника Лендри нигде не видно.

Для Хеллмана это шанс устранить любую возможность для солидарности заключенных и лишить № 416 статуса героя-мятежника. «Теперь вы все пострадаете, потому что этот заключенный без всяких серьезных оснований отказывается сделать простую вещь: съесть свой ужин. Другое дело, если бы он был вегетарианцем. Скажите ему в лицо, что вы о нем думаете». Одни заключенные говорят: «Не будь дураком»; другие обвиняют его, что он ведет себя как ребенок.

Это не устраивает Джона Уэйна: «Назовите его "киской"!» Некоторые слушаются, но только не Сержант. Из принципа Сержант отказывается произносить непристойности. Теперь сразу двое заключенных одновременно бросают вызов Хеллману, и он обращает свой гнев на Сержанта, беспощадно унижая его, крича, обзывая «задницей» и, что еще хуже, настаивая, чтобы он назвал № 416 «ублюдком».

Унизительная перекличка продолжается целый час и заканчивается лишь тогда, когда у дверей появляются посетители. Я выхожу во двор и объясняю охранникам, что нужно соблюдать приемные часы. Они недовольны, что их власть ограничивают, но неохотно соглашаются. Для подавления сопротивления заключенных у них будет время после свиданий с посетителями.

К послушным заключенным приходят гости

Двум самым послушным заключенным, Хабби-7258 и Сержанту-2093, к которым пришли друзья и родственники, разрешают недолго с ними пообщаться. № 7258 безумно счастлив, когда приходит его красавица-подруга. Она рассказывает новости об общих друзьях, а он внимательно слушает, положив голову на руки. Все это время Барден сидит рядом на столе, привычно постукивая по ладони своей небольшой белой дубинкой. (Нам пришлось вернуть местной полиции большие черные дубинки, позаимствованные у них). Барден, очевидно, очарован красотой девушки и все время пытается вмешаться в разговор, задавая вопросы и вставляя комментарии.

Хабби говорит Мэри-Энн, что важно «пытаться держать себя в руках. Здесь не так уж плохо, достаточно просто сотрудничать».

Девушка: «А ты сотрудничаешь?»

№ 7258 (*смеясь*): «Да, у меня нет другого выхода».

Барден перебивает: «Ну да, они даже попытались сбежать».
Девушка: «Я об этом слышала».
№ 7258: «Конец дня прошел ужасно. У нас ничего не было; ни кроватей, ничего». Он рассказывает, что им пришлось вытаскивать колючки из грязных одеял и о других неприятных работах. Но он остается в хорошем настроении, улыбается и держит ее за руку в течение всего десятиминутного разговора. Барден ведет ее к выходу, а № 7258 возвращается в свою одинокую камеру.

Другой заключенный, который удостаивается свидания, — Сержант. Приехал его отец. Сержант хвастается тем, что соблюдает все правила. «У нас 17 правил... Я запомнил правила. Главное правило — слушаться охранников».
Отец: «Они могут приказать вам сделать *все что угодно*?»
Сержант: «Да. Ну, почти все что угодно».
Отец: «А какое право они имеют так поступать?» Он потирает лоб — кажется, он начинает понимать, в какую переделку попал его сын. Это второй посетитель, который явно обеспокоен ситуацией. В этом он похож на мать заключенного Рича-1037, совершенно обоснованно беспокоившуюся за сына, который уже на следующий день сорвался. Но Сержант, кажется, сделан из другого теста.
Сержант: «Они управляют тюрьмой».
Отец спрашивает о гражданских правах, и Барден вмешивается, очень резко: «У него нет никаких гражданских прав».
Отец Сержанта: *«Ну, я думаю, что есть, возможно...»* (Мы не можем расслышать его спор с Барденом, который не боится этого «гражданского».)
Барден: «У заключенных нет никаких гражданских прав».
Отец Сержанта *(раздраженно)*: «Ну ладно, сколько времени мы можем говорить?»
«Всего десять минут», — отвечает Барден.
Отец спорит по поводу оставшегося времени. Барден смягчается и дает им еще пять минут. Отец хотел бы беседовать в более конфиденциальной атмосфере. «Посетителям тюрьмы это не разрешается», — отвечает Барден. Отец еще больше расстраивается. Но что интересно, он тоже следует правилам и соглашается с этим нарушением своих собственных прав со стороны мальчишки, играющего в охранника!

Отец продолжает расспрашивать о правилах, Сержант говорит о перекличках, «упражнениях», работе и времени отбоя.

Отец: «Ты этого ожидал?»

Сержант: «Я ожидал, что будет хуже».

Отец недоверчиво восклицает: «Хуже? Почему хуже?»

Барден снова перебивает. Отец явно раздражен его навязчивым присутствием. Охранник говорит, что сначала было всего девять заключенных, но теперь осталось только пять. Отец спрашивает почему.

Сержант: «Двое освобождены условно-досрочно, а двое других находятся в условиях максимальной безопасности» [9].

Отец: «Максимальной безопасности? Как это?»

Сержант не знает. Отец спрашивает, почему они оказались «в условиях максимальной безопасности».

Сержант: «У них были проблемы с дисциплиной. Они очень *непослушные*».

Одновременно с ним Барден говорит: «Потому что они плохо себя вели».

Отец: «Ты чувствуешь, что ты в тюрьме?»

Сержант (*смеясь и избегая прямого ответа*): «Ну, я никогда раньше не был в тюрьме». (*Отец смеется.*)

Они остаются одни — Барден убегает, услышав громкий шум снаружи.

Пока его нет, они говорят о том, каковы шансы Сержанта на условно-досрочное освобождение, которое он наверняка получит, потому что до сих пор был самым послушным заключенным. Но его серьезно беспокоит одна вещь: «Я не знаю, каковы критерии для того, чтобы получить УДО».

«Время вышло», — объявляет Джефф Лендри. Отец и сын встают, собираясь обняться, но вместо этого ограничиваются твердым мужским рукопожатием и словами «скоро увидимся».

Уродливый лик гомофобии

Вернувшись после короткого ужина в студенческой столовой, я вижу нарушителя спокойствия, №5704, который стоит посреди двора и держит на голове стул. Стул на голове! Хеллман вопит на Сержанта, ему вторит Барден. Хороший заключенный, Джерри-5486, которого до сих пор почти не было слышно, неподвижно стоит у стены, а № 7258 отжимается. Очевидно, № 416 снова в карцере. Хеллман спрашивает № 5704, почему у него на голове стул — хотя именно он приказал ему «носить его вместо шляпы». Заключенный кротко отвечает, что просто выполняет приказ. Он выглядит подавленно; кажется, былое мужество его покинуло. Барден говорит, чтобы тот перестал строить из себя идиота и убрал стул. Потом Барден барабанит дубинкой в дверь карцера. «Ты хорошо проводишь там время, № 416?»

Хеллману пора принять на себя обязанности режиссера вечерней драмы. Он буквально оттирает Бардена в сторону. (После ухода посетителей «хорошего» охранника Джеффа Лендри нигде не видно.)

«Подними руки вверх, № 7258, и изобрази Франкенштейна. № 2093, ты будешь невестой Франкенштейна, встань здесь».

«Ты встань туда», — говорит он Сержанту.

Сержант спрашивает, какую роль ему нужно играть.

«Конечно, у тебя будет роль. Ты будешь невестой Франкенштейна. № 7258, ты будешь Франкенштейном. Я хочу, чтобы ты ходил, как ходит Франкенштейн, и говорил, что любишь № 2093».

№ 7258 начинает подходить к «невесте», Барден останавливает его:

«Франкенштейн ходит не так. Мы не просили тебя ходить так, как ходишь ты».

Хеллман со злобой хватает Хабби-7258 за руку, тащит его назад и заставляет его изобразить походку Франкенштейна.

№ 7258: «Я люблю тебя, № 2093».

«Подойди ближе! Ближе!» — кричит Барден.

№ 7258 стоит в нескольких сантиметрах от Сержанта. «Я люблю тебя, № 2093».

Хеллман подталкивает их друг к другу, положив руки им на спины, пока их тела не соприкасаются.

Хабби-Франкенштейн-7258 повторяет: «Я люблю тебя, № 2093». Хеллман отчитывает Сержанта за то, что он улыбнулся. «Я что, разрешил тебе улыбаться? Это не смешно. Десять отжиманий!»

Руки заключенного № 7258 до сих пор вытянуты вперед, он стоит у стены, его роба задралась, оголив гениталии. Сержанту приказывают сказать другому заключенному, Джерри-5486, что он его любит; он неохотно подчиняется.

«Ну разве не прелесть? Разве не прелесть?», — насмехается Барден.

Хеллман подходит вплотную к № 5486.

«Ты улыбаешься? Может быть, ты тоже его любишь? Так подойди к нему и скажи об этом!»

Джерри-5486 без колебаний спокойно говорит: «№ 2093, я тебя люблю».

Хеллман яростно носится от заключенного к заключенному, выкрикивая приказы.

«Опусти руки, № 7258. А то от тебя воняет».

«Теперь вы все, вонючие заключенные, садитесь на пол, мы поиграем в чехарду».

Они начинают играть, но это сложно, потому что когда они перепрыгивают через согнутые тела товарищей, шлепанцы спадают, а робы задираются, обнажая гениталии. Заключенные не могут прыгать, и Бардену, кажется, неловко наблюдать эту игру. Возможно, он считает это действо слишком эротическим или слишком «гомосексуальным». Хеллман упрощает игру: теперь прыгают только № 2093 и № 5704. Они пытаются прыгать через спины друг друга, а Барден испускает шутливые стоны.

Гомоэротичная игра только усугубляет издевательства Хеллмана.

«Как собаки, правда? Так собаки делают! Он уже готов, разве нет? Смотрите, он стоит сзади, это собачий стиль! Почему вы не сделаете это как собаки?»

Высокий заключенный Пол-5704 начинает возмущаться. Готов поспорить, этот глава комитета по рассмотрению жалоб заключенных Стэнфордской окружной тюрьмы никогда не предполагал, что охранники опустятся до подобных игрищ. Он явно злится и говорит Джону Уэйну, что его просьбы «непристойны».

Хеллман воспринимает это замечание как вызов: «Я думаю, что твое лицо тоже непристойно. Почему бы тебе не заткнуться и просто не поиграть в чехарду?»

На сцене появляется Джефф Лендри. Он стоит прямо за № 5704 и наблюдает. Очевидно, его заинтересовал этот поворот событий, но он держит руки в карманах, сохраняя нейтралитет и демонстрируя безразличие. На нем нет темных очков, делающих всех охранников похожими друг на друга, хотя начальник тюрьмы уже напоминал ему, что все должны их носить.

«Сожалею, что оскорбил чувства этого заключенного», — насмешливо говорит Хеллман.

Бардену удается закончить эту игру, которая была неприятна ему с самого с начала: «Я устал от этой игры, это идиотизм». Охранники возвращаются к более традиционному занятию: устраивают очередную перекличку.

СЕРЖАНТ ДЕМОНСТРИРУЕТ СВОИ МОРАЛЬНЫЕ ПРИНЦИПЫ

Хеллману скучно. Он ходит вдоль строя утомленных заключенных. Внезапно он поворачивается и обрушивает свой гнев на Сержанта: «Почему ты такой жополиз?»

«Я не знаю, сэр».

«Почему ты все время слушаешься?»

Сержант не боится его и подыгрывает: «У меня такой характер, я послушный, господин надзиратель».

«Ты лгун. Ты вонючий лгун».

«Как скажете, господин надзиратель».

Хеллман становится все более грубым, возможно, его возбудили предыдущие сексуальные игры: «А что, если я скажу тебе лечь и трахнуть пол, что ты на это скажешь?»

«Я скажу, что не знаю, как это сделать, господин надзиратель».

«Что, если я скажу тебе подойти к твоему другу № 5704 и изо всех сил ударить его по лицу?»

Сержант стоит на своем: «Боюсь, я не смогу этого сделать, господин надзиратель».

Хеллман ухмыляется и отворачивается, но только для того, чтобы найти новую жертву. Он открывает дверь в карцер и кричит, словно ярмарочный зазывала: «Тут кто-то есть! Только посмотрите на этого человека! № 416, ты еще здесь?»

№ 416 смотрит из темноты на выстроенных у стены заключенных и охранников, а они смотрят на него. В каждой руке он держит по сосиске!

Барден: «Что это ты вцепился в свои сосиски, № 416?»

«Он не съел до сих пор их, эти сосиски, — говорит Хеллман, чья обычно правильная речь сбивается — его явно захлестывают эмоции. — И вы знаете, что это означает для всех остальных?»

Заключенные мрачно отвечают: «Сегодня ночью не будет одеял».

«Правильно, это означает, что сегодня все спят без одеял! Подходите по одному и попробуйте сказать что-нибудь № 416, чтобы заставить его есть эти сосиски. Начнем с тебя, № 5486».

№ 5486 подходит к двери, смотрит прямо в глаза № 416 и тихо говорит: «Съешь эти сосиски, № 416».

«Так ты от него ничего не добьешься, № 5486, — предупреждает Барден. — Кажется, ты не хочешь сегодня спать под одеялом. Следующий, № 7258».

В отличие от первого заключенного, № 7258 сердито кричит мятежнику: «Жри свои сосиски, № 416, или я тебе задницу надеру!»

Хеллман рад выражению открытой вражды между заключенными и улыбается от уха до уха. «Вот это уже лучше! № 5486, иди сюда и скажи ему еще раз. Скажи ему, что ты надерешь ему задницу, если он не съест эти сосиски».

Тот подчиняется.

«№ 2093, иди сюда и скажи ему, что надерешь ему задницу».

Сержант неожиданно заявляет: «Сожалею, сэр, я не стану использовать непристойные слова по отношению к другому человеку».

«Что тебе не нравится?»

«Мне не нравятся слова, которые вы использовали».

Хеллман пытается заставить его произнести «задница», но его уловки не работают.

«Какое слово? "Надеру"? Ты не хочешь сказать "надеру", что ли? Тогда о чем, черт возьми, ты говоришь?»

Сержант пытается объясниться, но Хеллман перебивает его: «Я дал тебе приказ!»

Хеллмана начинает раздражать отказ Сержанта выполнять приказы. В первый раз этот бесчувственный робот показал, что у него есть внутренний стержень и душа.

«Иди сюда и скажи ему то, что я приказал тебе сказать».

Сержант продолжает извиняться, но не сдается: «Сожалею, господин надзиратель. Я не могу этого сделать».

«Ты не можешь спать на кровати сегодня ночью, ты это хочешь сказать?»

Стоя на своем, Сержант ясно излагает свои принципы: «Я предпочел бы спать без кровати, чем это сказать, господин надзиратель».

Хеллман в ярости. Он отходит на несколько шагов, а потом снова подходит к Сержанту, как если бы собрался ударить его за неповиновение у всех на глазах.

«Хороший» охранник Джефф Лендри чувствует, что обстановка накаляется и предлагает компромисс: «Ну, тогда подойди и скажи, что ты дашь ему по попе».

«Хорошо, господин надзиратель», — говорит Сержант. Он подходит к № 416 и говорит: «Съешь свои сосиски, или я дам тебе по попе».

Лендри спрашивает: «И ты это сделаешь?»

«Да... нет, господин надзиратель. Сожалею, но я этого не сделаю».

Барден спрашивает, почему он лжет.

«Я сказал то, что приказал мне господин надзиратель, сэр».

Хеллман встает на защиту коллеги: «Он не приказывал тебе лгать».

Барден понимает, что Сержант берет верх, не отступая от своих принципов, и это может повлиять на других. Он ловко поворачивает все с ног на голову: «Никто не хочет, чтобы ты нам лгал, № 2093. Так что, почему бы тебе не лгать, лежа на полу?»

Он заставляет Сержанта лечь на пол, лицом вниз, и расставить руки в стороны.

«Теперь ты будешь отжиматься в этом положении».

Хеллман присоединяется: «№ 5704, иди сюда и сядь ему на спину».

Следуют очередные указания Хеллмана о том, как № 2093 должен отжиматься в этом положении. Сержант достаточно тренирован, чтобы делать то, что ему говорят.

«И не помогайте ему. № 5486, ты сидишь у него на спине, лицом назад». Тот колеблется. «Давай, садись ему на спину, быстро!» № 5486 подчиняется.

Охранники заставляют Сержанта отжиматься; у него на спине сидят № 5486 и № 5704 (они сели верхом на Сержанта без всяких колебаний). Сержант старается изо всех сил и с гордостью выполняет серию отжиманий.

Он пытается подняться, но обессиленно падает под весом двух человек. Дьявольский дуэт разражается смехом, высмеивая Сержанта. Им надоело оскорблять его, и упрямое нежелание № 416 есть сосиски перевешивает. Хеллман выразительно произносит: «Я не понимаю, чем тебе не угодили сосиски, № 416. Я не понимаю — ведь у нас было столько перекличек, мы так прекрасно проводили время, все было так хорошо, а сегодня вечером у нас ничего не получается. Почему?»

Пока Хеллман добивается ответа, Барден миролюбиво беседует с № 416 о сосисках — он пробует применить другую тактику, метод «мягких продаж»: «Какие они на вкус? Мммм, я знаю, что они тебе понравятся, просто попробуй».

Хеллман повторяет свой вопрос громче, на случай, если кто-то не расслышал: «Почему у нас было так много хороших перекличек, а сегодня вы пытаетесь все изгадить?»

Хеллман идет вдоль строя, выслушивая ответы. № 7258 говорит: «Я не знаю; думаю, мы просто ублюдки, господин надзиратель».

Сержант отвечает: «Я не знаю, господин надзиратель».

Хеллман использует это как еще один шанс отомстить Сержанту за его «моральную победу»: «Ты ублюдок?»

«Как скажете, господин надзиратель».

«Как скажу? Я хочу, чтобы *ты* это сказал».

Сержант не сдается: «Сожалею, сэр, я против подобных слов, сэр. Я не могу этого сказать».

Вклинивается Барден: «Ты только что сказал, что не можешь сказать этого другому человеку, № 2093. Но это другое дело. Ты не можешь сказать это самому себе?»

Сержант возражает: «Я считаю себя человеком, сэр».

Барден: «Ты считаешь себя *другим* человеком?»

Сержант: «Я сказал, что не могу сказать этого другому человеку».

Барден: «И тебя это тоже касается?»

Сержант отвечает ровно, твердо, тщательно подбирая слова, как будто участвует в дебатах в колледже. В этой ситуации, где он стал мишенью издевательств, он спокойно заявляет: «Изначально мое заявление не включало меня, сэр. Я не собирался говорить этого самому себе. Дело в том, что я был бы...» Он вздыхает и замолкает, что-то бормочет и замолкает.

Хеллман: «Это значит, что ты был бы ублюдком, да?»

Сержант: «Нет, господин...»

Хеллман: «Да, ты был бы ублюдком!»

Сержант: «Как скажете, господин надзиратель».

Барден: «Ты бы оскорбил свою мать, вот что бы ты сделал, № 2093».

Очевидно, Бардену не терпится сыграть главную роль в этой сцене, но Хеллман хочет управлять игрой сам и не поддерживает выпад товарища.

Хеллман: «Кем бы ты был? Кем бы ты был? Ублюдком?»

Сержант: «Да, господин надзиратель».

Хеллман: «Я хочу услышать это от тебя».

Сержант: «Сожалею, сэр. Я не стану этого говорить».

Хеллман: «Какого черта ты не станешь этого говорить?»

Сержант: «Потому что я не использую ругательств».

Хеллман: «Ну, почему бы тебе не использовать их по отношению к себе? Ты кто?»

Сержант: «Я тот, кем вы хотите меня видеть, господин надзиратель».

Хеллман: «Если ты так говоришь, если ты говоришь, что ты ублюдок, значит, ты только что подтвердил мою правоту. Что ты ублюдок. Ты сам подтвердил. Так почему ты этого не скажешь?»

Сержант: «Сожалею, сэр, я не стану этого говорить».

Хеллман чувствует, что снова проиграл, и возвращается к тактике «разделяй и властвуй», которая раньше была вполне эффективна: «Эй, ребята, вы хотите как следует выспаться сегодня, не так ли?»

Все отвечают: «Да, сэр!»

Хеллман: «Думаю, мы немного подождем, пусть № 2093 подумает о том, какой он ублюдок. А потом, возможно, он скажет всем нам, кто он такой».

(Эта борьба за власть между самым властным и жестким охранником и заключенным, который до сих пор был таким послушным, что заслужил презрительное прозвище Сержант, весьма неожиданна. Ни заключенные, ни охранники не испытывают к нему симпатии — его считают просто бездушным роботом. Но он доказывает, что в нем есть качества, достойные восхищения; он твердо следует своим принципам.)

Сержант: «Думаю, вы совершенно точны в своей оценке меня, господин надзиратель».

Хеллман: «О, я это знаю».

Сержант: «Но я не могу произнести это слово, господин надзиратель».

Хеллман: «Какое слово?»

Сержант: «Я не стану произносить, в любом значении, слово "ублюдок"».

Аплодисменты, свист, праздничный салют, победные фанфары.

С необузданной радостью Барден кричит: «Он это сказал!»

Хеллман: «Ну, слава Богу! Да! Он это сказал, № 5704?»

№ 5704: «Да, он это сказал, господин надзиратель».

Хеллман: «Кажется, у нас есть победитель».

Барден: «Возможно, эти ребята сегодня даже лягут спать, кто знает?»

Не удовлетворенный частичной победой, Хеллман должен еще раз продемонстрировать свою власть. «Просто для верности, № 2093, ты ляжешь на пол и сделаешь десять отжиманий».

«Спасибо, господин надзиратель», — говорит Сержант, энергично отжимаясь, несмотря на очевидную усталость.

Барден злится, что Сержант так хорошо выполняет приказ и высмеивает даже его идеальные отжимания: «№ 2093, ты что, думаешь, здесь военный лагерь?»

Джефф Лендри, весь последний час сидевший на стуле с отсутствующим видом, подает реплику: «Еще десять». Для публики он добавляет: «Как думают остальные, он хорошо отжимается?»

Заключенные отвечают: «Да, он хорошо отжимается». Высокий Лендри проявляет свою власть довольно странным образом, возможно, чтобы убедиться, что у него все еще есть какой-то авторитет в глазах заключенных.

«Нет, вы ошибаетесь. № 2093, еще пять раз».

Отчет Сержанта об этом конфликте написан в странно безличном стиле:

> «Охранник приказал мне назвать другого заключенного "ублюдком" и точно так же назвал меня. Первого я никогда бы не сделал, последнее привело бы к логическому парадоксу, отрицающему истинность первого. Он начал кричать, как он всегда это делает перед "наказанием", намекая на то, что другие будут наказаны за мои действия. Чтобы других не наказали и чтобы избежать повиновения, я предпочел реакцию, которая бы достигла обеих целей, и сказал: "Я не стану использовать слово "ублюдок" в любом его значении" — что было выходом из ситуации — и для меня, и для них» [10].

Сержант оказался человеком с твердыми принципами, а не трусливым подхалимом, которым казался раньше. Позже он рассказал нам кое-что интересное о том, как изменилось его мышление в роли заключенного:

> «Оказавшись в тюрьме, я решил быть самим собой, насколько я себя знаю. Моя философия поведения в тюрьме не должна была вызывать или усугублять ухудшение характеров других заключенных или меня самого, или создавать ситуацию, когда из-за моих действий наказали бы кого-то другого».

СОСИСКИ КАК СИМВОЛ ВЛАСТИ

Почему эти две засохшие, грязные сосиски стали такими важными? Для № 416 они стали вызовом дьявольской системе. Они позволили ему хоть как-то сохранять контроль и не подчиняться приказам. Этим он подрывал власть охранников.

Для охранников его отказ съесть сосиски стал символом вопиющего нарушения правила, согласно которому заключенные должны есть в строго определенное время. Мы придумали это правило, чтобы заключенные не просили еду и не могли есть в периоды между тремя запланированными приемами пищи. Но теперь оно превратилось в орудие власти охранников, имеющих право заставлять заключенных есть только по приказу. Отказ от еды стал актом неповиновения, который нельзя было терпеть, потому что этот отказ мог привести к новым нападкам на их власть со стороны тех, кто до сих пор предпочитал мятежу послушание.

Другим заключенным отказ № 416 подчиняться должен был показаться актом героизма. Он мог бы сплотить их ради коллективных действий против постоянных и все усугубляющихся издевательств охранников. Но № 416 совершил стратегическую ошибку: он не рассказал о своем плане другим заключенным, которые, поняв значение его протеста, могли бы встать на его сторону. Его решение устроить голодовку осталось личным делом и не увлекло товарищей. Понимая, что позиции этого новичка в группе заключенных слабы — ведь он еще не испытал того, что испытали другие, — охранники, не сговариваясь, стали превращать его в «нарушителя спокойствия», чье неповиновение ведет лишь к наказаниям или утрате привилегий для всех. Охранники попытались представить голодовку как акт эгоизма — ведь № 416 не ожидал, что она может лишить заключенных права на свидания. Но заключенные должны были понимать, что именно охранники создали эту алогичную связь между сосисками и посетителями.

Подавив сопротивление Сержанта, Хеллман возвращается к тощему мстителю, заключенному № 416. Он приказывает ему выйти из карцера и сделать 15 отжиманий: «Только для меня, и быстро».

№ 416 опускается на пол и начинает отжиматься. Но он настолько слаб и сбит с толку, что это вряд ли можно назвать отжиманиями. Он просто поднимает поясницу.

Хеллман не верит своим глазам. «Что он делает?» — кричит он с возмущением.

«Вертит задницей», — отзывается Барден.

Лендри выходит из своего полусонного состояния и добавляет: «Ему приказано было отжиматься».

Хеллман кричит: «Это что, отжимания, № 5486?»

№ 416: «Наверное, господин надзиратель».

«Нет. Это не отжимания».

Джерри-5486 соглашается: «Если вы так говорите, значит, это не отжимания, господин надзиратель».

Барден вставляет: «Он вертит задницей, разве не так, № 2093?»

Сержант кротко соглашается: «Как скажете, господин надзиратель».

Барден: «Что он делает?»

№ 5486 подчиняется: «Он вертит задницей».

Хеллман заставляет Пола-5704 продемонстрировать № 416, как нужно отжиматься.

«Видишь, № 416? Он не вертит задницей. Он не пытается трахнуть пол. Делай правильно!»

№ 416 пытается отжиматься так же, как № 5704, но не может, у него не хватает сил.

Барден делится своими соображениями: «Ты что, не можешь держать спину прямо, № 416? Ты как будто катаешься на американских горках».

Хеллман редко использует прямую физическую агрессию. Он предпочитает давить словами, сарказмом и изобретательными садистскими играми. Он всегда точно знает, каковы границы роли охранника — он может импровизировать, но не должен терять контроль над собой. Но сегодня слишком много проблем. Он стоит рядом с № 416, лежащим на полу и пытающимся отжаться. Хеллман приказывает ему отжиматься медленно. Потом он ставит ногу ему на спину и давит вниз. Все остальные, кажется, удивлены этим физическим насилием. После нескольких отжиманий «крутой» охранник убирает ногу, приказывает № 416 вернуться в карцер, с громким лязгом хлопает дверью и запирает ее.

Наблюдая за этой сценой, я вспоминаю рисунки заключенных Освенцима, изображающие нацистских охранников в той же позе: наступив на спину заключенного, который отжимается от пола.

«Лицемерная ханжеская задница»

Барден кричит № 416 через дверь: «Если ты не ешь, у тебя не будет сил, № 416». (Я подозреваю, что Барден начинает жалеть этого тщедушного парня.)

Наступает звездный час охранника Хеллмана. Он произносит маленькую проповедь: «Надеюсь, вы, ребята, получили урок. Не надо нарушать приказы. Я не приказываю ничего, что вы не можете выполнить. У меня нет поводов вас обижать. Вы здесь не потому, что являетесь образцовыми гражданами, сами знаете. Меня тошнит от всяких лицемерных заявлений. Кончайте немедленно».

Он просит Сержанта оценить его небольшую речь, и Сержант отвечает: «Думаю, это была хорошая речь, господин надзиратель».

Хеллман подходит к нему вплотную и снова нападает: «Как ты думаешь, ты — лицемерная ханжеская задница?»

Сержант отвечает: «Как скажете».

«Ладно, подумай об этом. Ты — лицемерная ханжеская задница».

Все начинается сначала. Сержант отвечает: «Я такой, каким вы хотите меня видеть, господин надзиратель».

«Я тебя никаким не вижу, ты такой и есть».

«Как скажете, господин надзиратель».

Хеллман снова ходит вдоль строя заключенных, требуя повторить его слова, и все повторяют.

«Он — лицемерная ханжеская задница».

«Лицемерная ханжеская задница, господин надзиратель».

«Да, лицемерная ханжеская задница».

Восхищенный согласием заключенных, Хеллман говорит Сержанту: «Сожалею, четверо против одного. Ты проиграл».

Сержант отвечает, что важно лишь то, что он сам о себе думает.

«Ну, если ты так думаешь, значит, у тебя очень большие проблемы. Ты потерял ощущение реальности, того, что происходит на самом деле. Ты живешь в иллюзорном мире, вот что ты делаешь. Ты меня достал, № 2093».

«Сожалею, господин надзиратель».

«Ты такой лицемерный ханжеский ублюдок, что меня от тебя тошнит».

«Сожалею, если доставил вам беспокойство, господин надзиратель».

Барден заставляет Сержанта наклониться и коснуться руками пальцев ног, чтобы не видеть его лица.

«Скажи спасибо, № 416!»

Последнее, чего должен достичь Хеллман в своем сражении с заключенными, — уничтожить любое возможное сочувствие к несчастному № 416.

«К сожалению, нам всем приходится страдать, потому что некоторые просто не понимают, что делают. У вас здесь есть хороший друг (*показывая на дверь карцера*). Он проследит, чтобы у вас сегодня не было одеял».

Хеллман объединяется с заключенными против *общего врага*, № 416 — из-за его голодовки пострадают все.

Барден и Хеллман выстраивают четырех заключенных в ряд и велят им сказать спасибо заключенному № 416, сидящему в темном, тесном карцере. Все делают это по очереди.

«Почему бы вам не поблагодарить заключенного № 416?»

Все хором повторяют: «Спасибо, № 416».

Но дьявольский дуэт охранников все еще недоволен. Хеллман командует: «Теперь идите сюда, встаньте рядом с дверью. Я хочу, чтобы вы поблагодарили его кулаками».

Заключенные один за другим бьют кулаками по двери, повторяя: «Спасибо, № 416!» Возникает громкий, резонирующий звук, еще больше пугающий бедного № 416, сидящего в одиночестве в темноте.

Барден: «Вот это да, вот это действительно жестко».

(Трудно понять, злятся другие заключенные на № 416 за все эти лишние страдания, просто выполняют приказы или выражают таким образом раздражение и гнев на издевательства охранников.)

Хеллман показывает, как сильно нужно стучать в дверь; для верности он делает это несколько раз. Сержант оказывается последним, и на удивление кротко подчиняется. Когда он заканчивает, Барден хватает его за плечи и сильно прижимает к стене. Затем он приказывает заключенным вернуться в камеры и говорит своему шефу Хеллману: «Все готовы к отбою, офицер».

ГРЯЗНАЯ СДЕЛКА С ОДЕЯЛАМИ

Я вспоминаю классический фильм о тюрьме на юге США, «Хладнокровный Люк», откуда я позаимствовал образ зеркальных темных очков, которые носят охранники и сотрудники тюрьмы, чтобы создать ощущение анонимности. Сегодня вечером охранник Хеллман сочинил сюжет, способный конкурировать с лучшими сценариями о природе тюремной власти. Он придумал творческий и поистине дьявольский сценарий, согласно которому его власть способна создать целую новую реальность — ведь он может предоставить заключенным иллюзорное право наказывать одного из своих товарищей.

Свет гаснет, заключенные находятся в камерах, № 416 остается в одиночке. На двор опускается зловещая тишина. Хеллман забирается на стол, стоящий между карцером и нашим пунктом наблюдения, из которого мы ведем видеозапись, — она позволяет видеть целиком разворачивающуюся драму. Главный охранник ночной смены прислоняется к стене, скрещивает ноги в позе лотоса. Он похож на Будду, одна рука свешивается между ногами, другой он опирается на стол. Хеллман — портрет власти на отдыхе. Он медленно поворачивает голову из стороны в сторону. Мы замечаем его длинные бакенбарды, спускающиеся к подбородку. Он облизывает полные губы, тщательно подбирает слова, и говорит с нарочито протяжным южным акцентом.

У него рождается новый план, достойный Макиавелли. Хеллман излагает свои условия освобождения № 416 из одиночки. Ему не хочется решать, останется ли наш мятежник в карцере на всю ночь; это решение примут остальные заключенные: нужно ли выпустить № 416 сейчас, или ему придется гнить в карцере всю ночь?

В этот момент во дворе появляется «хороший» охранник Джефф Лендри. Его рост — почти 190 см, а вес — больше 80 кг, он самый большой среди всех охранников и заключенных. Как обычно, в одной руке он держит сигарету, другая — в кармане, темных очков на нем нет. Он идет прямо в центр сцены и останавливается. Явно недовольный, он хмурится и, кажется, собирается вмешаться. Нет, он ничего не делает, только пассивно наблюдает, как Джон Уэйн продолжает шоу.

«Итак, есть несколько вариантов, в зависимости от того, чего *вы* хотите. Если № 416 опять не захочет съесть свои сосиски, то вы отдадите мне свои одеяла и будете спать на голых матрацах. Или вы можете сохранить свои одеяла, но тогда № 416 останется в карцере до завтра. Что скажете?»

«Я выбираю одеяло, господин надзиратель», — тут же отвечает № 7258. Хабби не испытывает симпатии к № 416.

«А остальные?»

«Одеяло», — говорит Пол-5704, наш бывший лидер повстанцев.

«А как думает № 5486?»

Отказываясь подчиниться давлению, № 5486 проявляет сочувствие к несчастному № 416 и готов пожертвовать одеялом, чтобы № 416 не пришлось всю ночь сидеть в карцере.

Барден орет на него: «Нам не нужно твое одеяло!»

«Итак, ребята, нужно что-то решать».

Барден, уперев руку в бок, принимает позу самодовольного маленького начальника, демонстративно поигрывает дубинкой и ходит вдоль камер. Он поворачивается к Сержанту и спрашивает: «А ты как думаешь?»

Как ни странно, Сержант забывает о своих твердых моральных принципах, которые, кажется, ограничиваются всего лишь отказом произносить ругательства, и заявляет: «Если двое уже выбрали одеяла, я тоже выбираю одеяло». Его голос оказывается решающим.

Барден восклицает: «У нас трое против одного».

Хеллман громко и четко повторяет эту фразу, чтобы слышали все.

«Трое против одного». Он спрыгивает со стола и кричит в карцер: «№ 416, ты остаешься там, так что привыкай!» [11]

Хеллман покидает двор. Барден покорно идет за ним, а Лендри неохотно плетется сзади. Одержана убедительная победа в бесконечной борьбе охранников против организованного сопротивления заключенных. И правда, у охранников наступает вечер действительно трудного дня, но теперь они могут наслаждаться сладким вкусом победы, одержанной в этой борьбе воли и разума.

ГЛАВА СЕДЬМАЯ

Власть даровать свободу

С технической точки зрения наша Стэнфордская тюрьма больше похожа на окружную тюрьму, где заключенных, арестованных в воскресенье утром городской полицией Пало-Альто, содержат под стражей до начала судебного процесса. Очевидно, ни для кого из этих мнимых уголовников еще не назначена дата судебного процесса и ни у кого из них нет адвоката. Однако, следуя совету тюремного священника отца Макдермота, мать одного из заключенных собралась пригласить адвоката для сына. После общей встречи сотрудников тюрьмы, где присутствовали начальник тюрьмы Дэвид Джаффе и «психологи-консультанты», аспиранты Крейг Хейни и Керт Бэнкс, мы решаем провести заседание комиссии по условно-досрочному освобождению, хотя в реальности на такой ранней стадии уголовного судопроизводства этого не бывает.

Это позволит нам понаблюдать, как заключенные используют неожиданную возможность выйти на свободу. До сих пор каждый из них был только одним из актеров в ансамбле. Заседание будет проходить за пределами тюрьмы, и заключенные смогут немного отдохнуть от подавляющей тесноты подвала. Возможно, они почувствуют себя свободнее, и им будет легче выражать свои мнения и чувства в новой обстановке, в присутствии людей, не имеющих отношения к тюрьме. Кроме того, эта процедура добавит их тюремному опыту реалистичности. Заседание комиссии по условно-досрочному освобождению, как и свидания с родными, визиты тюремного священника и ожидаемый визит государственного адвоката, добавит эксперименту достоверности. Наконец, я хотел посмотреть, как с ролью председателя комиссии по условно-досрочному освобождению Стэнфордской тюрьмы справится наш тюремный консультант, Карло Прескотт. Как я уже говорил, последние 17 лет Карло много раз подавал прошение об условно-досрочном освобождении, но лишь недавно был освобожден за «хорошее поведение» после того, как отбыл почти весь свой срок за вооруженное ограбление. Будет ли он сочувствовать заключенным, встанет ли на их сторону, потому что сам был на их месте, не раз пытаясь убедить комиссию, что достоин условно-досрочного освобождения?

Заседание комиссии по условно-досрочному освобождению проходит на первом этаже здания факультета психологии, в моей лаборатории, большой комнате с коврами на полу, оборудованной односторонними ширмами для скрытой видеосъемки и наблюдения. За шестигранным столом сидят четверо членов комиссии. Во главе стола — Карло, рядом с ним — Крейг Хейни. С другой стороны сидят аспирант и се-

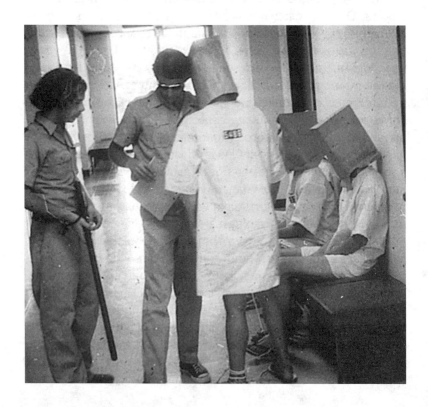

кретарша, они оба почти ничего не знают о нашем исследовании и помогают нам добровольно. Керт Бэнкс выступает в роли офицера, сопровождающего заключенных из тюрьмы в мою лабораторию и обратно. Мне предстоит вести видеосъемку из смежной комнаты.

В среду утром в тюрьме остается восемь заключенных — после того, как мы отпустили № 8612. Сотрудники тюрьмы сочли, что право на условно-досрочное освобождение имеют четверо — те, кто ведет себя лучше всех. Им предоставили возможность подать просьбу о рассмотрении дела и подать официальное заявление с объяснениями, почему они заслуживают досрочного освобождения. Остальные могут предстать перед комиссией в другой день. Но охранники настояли на том, что заключенный № 416 не может претендовать на УДО, потому что систематически нарушает второе правило: «Заключенные должны есть только в отведенное для этого время».

ШАНС ВЕРНУТЬ СЕБЕ СВОБОДУ

Охранники дневной смены выстраивают четверых «счастливчиков» во дворе, точно так же, как во время последнего вечернего посещения туалета. Цепь на ноге каждого из них присоединена к цепи на ноге следующего, на головах — большие бумажные мешки. Так они не узнают, как добрались из тюрьмы до комнаты, в которой заседает комиссия, и вообще в какой части здания она находится. Их сажают на скамейку в коридоре у двери. Цепи снимают, но они сидят неподвижно, в наручниках, с мешками на головах, и ждут, когда Керт Бэнкс выйдет из комнаты и назовет их номер.

Керт, наш начальник конвоя, вслух читает прошение заключенного, а затем — заявление кого-то из охранников с возражениями против условно-досрочного освобождения. Затем он вводит заключенного в комнату и сажает его справа от Карло, который руководит процессом. Первым идет заключенный Джим-4325, затем — Глен-3401, Рич-1037 и, наконец, Хабби-7258. После общения с комиссией каждого из них снова сажают на скамейку в коридоре, надевают наручники, цепь и мешок на голову. Здесь все ждут, пока заседание не завершится. Потом всех заключенных уведут обратно в тюремный подвал.

Пока не появился первый заключенный, я проверяю оборудование для видеозаписи, а Карло, самый бывалый член нашей команды, начинает рассказывать новичкам, как на самом деле действует комиссия по условно-досрочному освобождению. (Этот монолог см. в примечаниях [1].) Керт Бэнкс чувствует, что Карло готов разразиться очередной длинной речью, которые мы так часто слышали от него во время курса летней школы. Он авторитетно заявляет: «Пора приступать, время идет».

Заключенный № 4325 не признает себя виновным

В комнату вводят заключенного Джима-4325; с него снимают наручники и предлагают сесть. Это большой крепкий парень. Карло тут же бросает ему вызов: «Почему ты в тюрьме? Ну-ка, расскажи нам».

Заключенный отвечает со всей серьезностью: «Сэр, меня обвиняют в вооруженном нападении. Но я хочу заявить, что невиновен» [2].

«Невиновен? — Карло изображает искреннее удивление. — То есть ты утверждаешь, что офицеры, которые тебя арестовали, не знали, что делают, что произошла какая-то ошибка, какая-то путаница? Что люди, которых учили охранять закон, имеющие многолетний опыт, просто случайно выбрали тебя из всех жителей Пало-Альто? Что они не знают, о чем говорят, что они не знают, что ты сделал, а что — нет? То есть они лгуны? Ты хочешь сказать, что они лгуны?»

№ 4325: «Я не говорю, что они лгуны, должно быть, есть достоверные доказательства. Конечно же, я уважаю их профессиональные знания и все такое… Я не видел никаких доказательств, но я думаю, они задержали меня справедливо». (Заключенный подчиняется авторитету; когда он видит властное поведение Карло, его первоначальная уверенность тает.)

Карло Прескотт: «В таком случае ты только что подтвердил, что они, наверное, знали, что делали».

№ 4325: «Ну да, они знали, что делали, когда меня задержали».

Прескотт начинает задавать вопросы о прошлом заключенного и его планах на будущее, но хочет больше знать о его преступлении: «С кем ты общался, чем ты занимался в свободное время, из-за чего тебя арестовали? Это серьезное обвинение… Ты ведь знал, что мог убить человека, когда на него напал. Что ты сделал? Ты стрелял в жертву, ударил его или что?»

№ 4325: «Я не знаю, сэр. Офицер Уильямс сказал…»

Прескотт: «Что ты сделал? Выстрелил, ударил, бросил бомбу? У тебя была "пушка"?»

Крейг Хейни и другие члены комиссии пытаются разрядить обстановку и спрашивают заключенного, как он адаптировался к тюремной жизни.

№ 4325: «Ну, по характеру я, скорее, интроверт… кажется, первые несколько дней я думал об этом и решил, что лучше всего вести себя…»

Прескотт снова берет слово: «Отвечай на его вопрос, нам не нужна вся эта интеллектуальная болтовня. Он задал тебе простой вопрос, отвечай на вопрос!»

Крейг перебивает его и спрашивает об «исправительных» аспектах тюрьмы, и заключенный отвечает: «Ну да, в этом есть какая-то польза, я, конечно, научился быть послушным, иногда с нами обращаются слишком жестко, но сотрудники тюрьмы просто делают свою работу».

Прескотт: «Комиссия по условно-досрочному освобождению здесь не поможет. Ты говоришь, что тебя научили слушаться, научили сотрудничать, но на свободе за тобой никто следить не будет, ты будешь сам по себе. Как ты думаешь, каким гражданином ты станешь, с такими серьезными обвинениями? Вот, я читаю, в чем тебя обвиняют. Это немалый список!» Совершенно уверенно и авторитетно Карло смотрит в чистый блокнот, как будто это «дело» заключенного, где указаны обвинения против него и сведения о его предыдущих арестах. Он продолжает: «Знаешь, ты сказал нам, что сможешь стать хорошим гражданином благодаря той дисциплине, которой тебя здесь научили. Но мы не можем за тебя поручиться… Почему ты считаешь, что достоин выйти на свободу уже сейчас?»

№ 4325: «Я знаю, что буду делать. Я очень хочу поступить в Калифорнийский университет в Беркли. Я хочу изучать физику, я жду этого с нетерпением».

Прескотт перебивает его и меняет тему: начинает спрашивать о религиозных убеждениях, а потом — о том, почему он не воспользовался тюремными программами групповой терапии и профессиональной переподготовки. Кажется, заключенный совершенно растерян, он говорит, что сделал бы это, но ему никогда не предлагали никаких программ. Карло просит Керта Бэнкса проверить, правду ли говорит заключенный, в чем лично он сомневается. (Конечно, он знает, что в нашем эксперименте нет таких программ, но в прошлом на заседаниях реальных комиссий по условно-досрочному освобождению его всегда об этом спрашивали.)

После нескольких вопросов других членов комиссии Прескотт просит одного из надзирателей отвести заключенного обратно в камеру. Заключенный встает и благодарит комиссию. Он автоматически вытягивает руки, ладонями друг к другу, и охранник защелкивает наручники. Джима-4325 выводят, надевают ему на голову мешок и оставляют молча сидеть в коридоре. Приходит очередь следующего заключенного.

Когда заключенный выходит, Прескотт замечает для видеозаписи: «Ну, этот парень так гладко говорит…»

В моих заметках сказано, что «заключенный № 4325 был достаточно собран и в целом контролировал себя — до сих пор он был одним из "образцовых заключенных". Кажется, он смущен агрессивным допросом Прескотта о преступлении, за которое его арестовали. Его легко удалось заставить признать себя виновным, хотя его преступление абсолютно вымышлено. В ходе встречи с комиссией он послушен и покладист. Такое поведение способствует его относительно успешной адаптации и выживанию в тюремной обстановке».

«Яркий пример» тускнеет

Керт объявляет, что перед комиссией готов предстать заключенный № 3401, и читает вслух его заявление:

«Я хочу получить условно-досрочное освобождение, чтобы начать новую жизнь в этом отчаявшемся мире и показать другим потерянным душам, что хорошее поведение всегда вознаграждается; что эти свиньи-материалисты способны всего лишь поработать бедных; что обычный преступник может полностью измениться меньше чем за неделю, а Господь, вера и братство живут в каждом из нас. Я заслуживаю условно-досрочного освобождения, потому что я полагаю, что мое поведение в течение пребывания в тюрьме было поистине безупречным. Я оценил ее комфорт и нахожу, что достоин перейти в более возвышенные и священные места. Кроме того, как продукты окружения, все мы можем быть уверены, что моя полная реабилитация окажется успешной и стабильной. Да благослови вас Господь. С уважением, № 3401. Пусть я стану для вас ярким примером».

Показания охранников говорят о совершенно противоположном:

«№ 3401 постоянно нарушает порядок. Кроме того, он пассивно следует за другими, не стремится к личному развитию. Он слепо подражает плохим заключенным. Я не рекомендую для него условно-досрочного освобождения. Подпись: охранник Арнетт».

«Я не вижу причин, по которым № 3401 заслуживает условно-досрочного освобождения, я не вижу никакой связи между № 3401, которого я знаю, и человеком, описанным в этом заявлении. Подпись: охранник Маркус».

«№ 3401 не заслуживает условно-досрочного освобождения, и саркастический тон его заявления это подтверждает. Подпись: охранник Джон Лендри».

Заключенного № 3401, все еще с бумажным мешком на голове, вводят в комнату. Карло хочет снять мешок, чтобы видеть лицо этого «маленького паршивца». Он, как и другие члены комиссии, с удивлением обнаруживает, что Глен-3401 — американец азиатского происхождения, единственный цветной среди заключенных. Мятежный, легкомысленный стиль апелляции Глена противоречит общепринятому представлению об «азиатах». Но он вполне соответствует этому представлению физически; рост — меньше 160 см, тонкая гибкая фигура, симпатичное лицо и блестящие, иссиня-черные волосы.

Для начала Крейг спрашивает его об участии в мятеже, когда заключенные из его камеры забаррикадировали дверь. Что он сделал, чтобы прекратить мятеж?

№ 3401 отвечает с удивительной наивностью: «Я не прекращал его, я его поддержал!» Следуют вопросы об этом деле от других членов комиссии, № 3401 отвечает саркастическим тоном, составляющим разительный контраст с полным смирением заключенного № 4325: «Я думаю, что цель данного учреждения состоит в том, чтобы реабилитировать заключенных, а не противодействовать им, и я считал, что в результате наших действий…»

Начальник тюрьмы Джафф, сидящий у стены, не может сопротивляться соблазну и вступает в разговор: «Возможно, вы неправильно понимаете, что такое реабилитация. Мы пытаемся научить вас быть полезными членами общества, а не баррикадироваться в камерах!»

Прескотт прекращает эти пререкания. Он снова играет роль большого начальника: «Как минимум двое свидетелей подтвердили, что видели тебя на месте преступления». (Он только что это придумал.) Карло продолжает: «Возражать против показаний трех человек — все равно что сказать, будто у людей нет глаз! Затем ты пишешь: "Господь, вера и братство живут в каждом из нас". Что же это за братство — красть чужое имущество?»

Затем Карло решает разыграть откровенно расовую карту: «Очень немногие из вас, восточных людей, попадают в тюрьмы… вы и вправду весьма добропорядочные граждане… Ты систематически нарушаешь порядок, высмеиваешь тюремную обстановку, а потом приходишь сюда и говоришь о реабилитации, как будто думаешь, что это ты управляешь тюрьмой. Ты сидишь здесь, за столом и перебиваешь начальника тюрьмы, как будто твои слова важнее его мнения. Честно говоря, я не стал бы тебя освобождать, даже если бы ты был последним заключенным в этой тюрьме. Я думаю, ты — худший из наших кандидатов на условно-досрочное освобождение. Что ты на это скажешь?»

«У вас есть право на собственное мнение, сэр», — говорит № 3401.

«И в этой комнате мое *мнение* что-то значит!» — грозно парирует Карло.

Прескотт продолжает задавать вопросы, не давая заключенному возможности ответить, и в конце концов отклоняет кандидатуру № 3401: «Не думаю, что сейчас стоит продолжать этот разговор. Мое мнение таково, что его поведение в тюрьме и отношение к комиссии совершенно ясно указывают, чего он заслуживает… У нас есть график, и я не вижу причин это обсуждать. У нас тут упрямец, который просто пишет хорошие речи».

Перед уходом заключенный говорит комиссии, что у него — кожная сыпь, она усугубляется, и его это беспокоит. Прескотт спрашивает, вызывали ли ему врача, прошел ли он медицинский осмотр, сделал ли что-то, чтобы позаботиться о своем здоровье. Заключенный отвечает отрицательно, и Карло напоминает ему, что это комиссия по условно-досрочному освобождению, а не врачебный консилиум, а потом строго добавляет: «Мы пытаемся найти причины для условно-досрочного освобождения каждого, кто входит сюда. Как только ты оказываешься в тюрьме, только тебе решать, как себя вести, какое поведение покажет нам, что ты сможешь адаптироваться к нормальной жизни в обществе… Я хочу, чтобы на досуге ты подумал о том, что написал; ты умный человек и прекрасно владеешь языком. Я думаю, что ты можешь измениться; да, в будущем у тебя есть шанс измениться».

Карло поворачивается к охраннику и жестом просит вывести заключенного. Расстроенный маленький № 3401 медленно поднимает руки для наручников, и его выводят. Может быть, он понимает, что его легкомысленное отношение дорого ему обошлось. Он оказался не готов к тому, что все это будет настолько серьезно, а вопросы комиссии окажутся настолько жесткими.

В моих заметках я писал, что заключенный № 3401 — более сложная личность, чем казалось сначала. Он демонстрирует интересное сочетание черт характера. Обычно, общаясь с охранниками в тюрьме, он серьезен и сдержан, но при этом написал саркастичное, насмешливое заявление об условно-досрочном освобождении, ссылаясь на несуществующую реабилитацию, упоминая о духовности и называя себя примерным заключенным. Кажется, охранникам он не нравится, и это отражается в их отзывах и возражениях против условно-досрочного освобождения. Эта смелая апелляция удивительно контрастирует с его поведением — молодой человек, которого мы видим в этой комнате, кажется послушным, даже запуганным. «Здесь не разрешается шутить». Комиссия, особенно Прескотт, набросилась на него, и он не справляется с этим нападением. В ходе заседания он делался все более пассивным и безразличным. Интересно, как он выдержит эти две недели.

Мятежник теряет боевой пыл

Следующий — заключенный № 1037, Рич, чья мама так волновалась вчера вечером, когда увидела, как ужасно он выглядит. Это он заперся утром во второй камере. Кроме того, он — завсегдатай карцера. Апелляция № 1037 интересна, но теряет убедительность, когда Кертис Бэнкс быстро читает ее вслух невыразительным и бесстрастным тоном:

> «Я бы хотел получить условно-досрочное освобождение, чтобы провести последние мгновения юности со старыми друзьями. В понедельник мне исполняется 20 лет. Я думаю, сотрудники тюрьмы показали мне, как много у меня недостатков. В понедельник я стал протестовать, потому что думал, что со мной обошлись несправедливо. Но вечером я понял, что заслужил подобное обращение. С тех пор я прилагаю все усилия, чтобы сотрудничать, и теперь знаю, что каждый из сотрудников тюрьмы заинтересован исключительно в моем благополучии и благополучии других заключенных. Несмотря на мое прискорбное неуважение к ним и к их требованиям, сотрудники тюрьмы относились и относятся ко мне хорошо. Я глубоко уважаю их спо-

собность подставлять другую щеку и полагаю, что благодаря их доброте и великодушию я успешно прохожу реабилитацию и исправляюсь. С уважением, № 1037».

Три охранника написали коллективную рекомендацию, которую Керт читает вслух:

«Хотя поведение № 1037 после бунта улучшается, но я полагаю, что еще рано представлять его общественности в качестве продукта нашего исправительного учреждения».
«Я согласен с тем, как оценивают заключенного № 1073 другие сотрудники, а также с заявлением самого № 1037 о том, что он исправляется. Но он еще не достиг приемлемого уровня. У № 1037 предстоит еще многое изменить».
«Я не рекомендую условно-досрочного освобождения».

Входя в комнату, Рич-1037 демонстрирует странную смесь юношеской энергии и начинающейся депрессии. Прямо с порога он принимается говорить о своем дне рождения, единственной причине, по которой просит об условно-досрочном освобождении. Оказывается, для него это очень важно, и когда он вызвался участвовать в эксперименте, то забыл о своем дне рождения. Он совершенно увлечен этой темой, но начальник тюрьмы задает ему вопрос, ответ на который либо осложнит заключенному жизнь, либо сведет на нет его аргументы: «Ты думаешь, что в нашей тюрьме мы не сможем устроить тебе вечеринку по случаю дня рождения?»

Прескотт пользуется моментом: «У тебя достаточно жизненного опыта в нормальном обществе, даже для твоих лет. Ты знаешь законы. Ты должен понимать, что тюрьма предназначена для тех, кто нарушает законы, а ты своими действиями создал опасность. Сынок, я вижу, что ты меняешься, здесь это написано, и я серьезно думаю, что ты ведешь себя лучше. Но здесь, в твоем собственном заявлении, сказано: "прискорбное неуважение к ним и их требованиям". Прискорбное неуважение! Нельзя проявлять неуважение к людям и к их имуществу. Что было бы, если бы все граждане этой страны проявляли неуважение к собственности друг друга? Все бы просто поубивали друг друга!»

Карло продолжает делать вид, что читает «дело» заключенного в чистом блокноте и останавливается, как будто обнаружил что-то важное: «Я вижу, здесь написано, что при аресте ты оказал сопротивление, к тебе пришлось применять силу, и ты, возможно, ранил кого-то из офицеров, производивших арест. Я очень впечатлен твоим прогрессом, и я думаю, ты начинаешь понимать, что твое поведение было незрелым и во многом достойным осуждения и опасным для окружающих. Ты использовал людей; ты вел себя так, будто они — объекты, предназначенные для твоего удобства. Ты манипулировал людьми! Всю свою жизнь ты, кажется, манипулировал людьми, все материалы твоего дела говорят о твоем безразличии к законности и правопорядку. Кажется, иногда ты не способен контролировать свое поведение. Почему ты считаешь себя достойным кандидатом для условно-досрочного освобождения? Что ты можешь нам сказать? Мы ведь пытаемся тебе помочь».

Заключенный № 1037 не готов к такой атаке. Он бормочет какие-то бессвязные объяснения о том, что хотел «избежать» ситуации, которая могла бы спровоцировать его ярость. Потом он говорит, как помог ему тюремный опыт: «Ну, я увидел много разных реакций, как люди проявляют уважение к другим, например, общаются с сокамерниками, по-разному реагируют на одни и те же ситуации. Я заметил, что охранники из трех разных смен практически одинаково ведут себя в одинаковых обстоятельствах».

Затем № 1037 неожиданно начинает говорить о своих «недостатках», а именно о своей роли агитатора во время восстания заключенных в понедельник. Он демонстрирует полную покорность, обвиняя себя в том, что перечил охранникам. Он никогда больше не станет критиковать их за оскорбительное поведение и постоянные унижения. (Я вижу перед собой показательный пример управления сознанием в действии. Этот процесс в точности повторяет то, что происходило с американскими военнопленными во время войны в Корее: оказавшись в плену у китайских коммунистов, они публично признавались в использовании биологического оружия и в других немыслимых преступлениях.)

Неожиданно Прескотт перебивает разговор о недостатках заключенного и спрашивает, почти с утвердительной интонацией: «Ты наркоман?»

№ 1037 отвечает «Нет», и ему разрешают продолжить извинения, но скоро опять перебивают. Прескотт замечает иссиня-черный синяк у него на руке и спрашивает, откуда он взялся. Синяк появился во время одной из потасовок с охранниками, но заключенный № 1037 отрицает, что охранники держали его или тащили в карцер. Он говорит, что охранники были настолько вежливы, насколько возможно. Он говорит, что ушибся, потому что систематически не подчинялся их приказам.

Карло нравится, что он признает свою вину: «Ты встал на путь исправления, да?»

№ 1037 говорит, что хочет получить условно-досрочное освобождение, даже если при этом ему не заплатят. (Это довольно странно, если учесть, через что ему уже пришлось пройти. И ничего за это не получить?) Он добросовестно отвечает на вопросы комиссии, но депрессия берет верх, как отмечает Прескотт позже. Его мать совершенно точно почувствовала его состояние во время свидания с сыном и сказала мне об этом, когда пришла в кабинет суперинтенданта. Как будто он пытался продержаться как можно дольше, чтобы доказать свою мужественность — может быть, отцу? Иногда он дает интересные ответы на вопросы о том, чем ему помог тюремный опыт, но по большей части говорит лишь то, что могло бы понравиться членам комиссии.

Красавчик остается ни с чем

Последний в очереди — юный красавчик, Хабби-7258. Его апелляцию Керт читает несколько презрительно:

«Первая причина для моего условно-досрочного освобождения состоит в том, что моя девушка скоро уезжает на каникулы, и я хотел бы побыть с ней, пока она не уехала. Когда она вернется, мне нужно будет уезжать в колледж. Если я пробуду здесь все две недели, то смогу побыть с ней всего полчаса. Здесь мы не можем попрощаться и поговорить так, как нам бы хотелось, из-за надзирателей и других соглядатаев. Вторая причина состоит в том, что я, как вы уже, наверное, заметили, не изменюсь. Под изменением я понимаю нарушение всех установленных для нас, заключенных, правил. Поэтому если я получу условно-досрочное освобождение, это сэкономит и мое время, и ваши расходы. Я действительно предпринял попытку бежать вместе с бывшим сокамерником, заключенным № 8612, но потом, сидя в пустой камере без одежды, понял, что не должен перечить надзирателям. С тех пор я как можно точнее соблюдаю все правила. Кроме того, обратите внимание, что у меня самая аккуратная камера в этой тюрьме».

И снова отзывы охранника Арнетта противоречат словам заключенного. «№ 7258 непослушен и хитер, — вот общая оценка Арнетта, которую он сопровождает циничным комментарием: — Он должен отсидеть весь свой срок или пока не сгниет здесь, неважно какое событие произойдет раньше».

Охранник Маркус настроен более оптимистично: «Мне нравится № 7258, он нормальный заключенный, но я не думаю, что он заслуживает условно-досрочного освобождения больше, чем любой другой заключенный, и я уверен, что тюремный опыт окажет положительное влияние на его довольно дерзкий характер».

«Мне тоже нравится № 7258, почти так же, как № 8612 [Дэвид, наш шпион]. Но я не думаю, что он заслуживает условно-досрочного освобождения. Я не столь категоричен, как Арнетт, но все-таки он не заслуживает условно-досрочного освобождения», — пишет Джон Лендри.

С головы заключенного снимают мешок, он как обычно, сияет белозубой улыбкой. Она так раздражает Карло, что он буквально набрасывается на него.

«В самом деле, тебя все это забавляет. Ты "непослушен и хитер", как точно сказано в отчете охранника. Тебе что, действительно все равно, что с тобой будет в жизни?»

Как только № 7258 начинает отвечать, Прескотт меняет тему и спрашивает, какое у него образование.

«Осенью я планирую поступить в колледж в Орегоне».

Прескотт поворачивается к другим членам комиссии: «Вот то, о чем я говорил. Для некоторых образование — пустая трата времени. Некоторым не надо поступать в колледж. Они будут счастливее, если станут механиками или продавцами». Он презрительно машет рукой в сторону заключенного: «Ладно, идем дальше. Что ты сделал, чтобы сюда попасть?»

«Ничего, сэр. Просто решил принять участие в *эксперименте*».

В другой ситуации эта «проверка реальностью» грозила бы испортить все дело, но под руководством Прескотта заседание комиссии идет своим чередом:

«Итак, хитрец, ты думаешь, что это всего лишь *эксперимент*?» — Председатель упорно гнет свою линию, делая вид, будто изучает досье заключенного. Он небрежно замечает: «Ты совершил ограбление».

Прескотт поворачивается к Керту Бэнксу и спрашивает, что это было за ограбление — первой или второй степени. Керт бросает: «Первой».

«Ага, так я и думал». Пора преподать этому молодому индюку хороший урок: для начала, напомнить ему, что бывает с заключенными, которых уличили в попытке побега: «Тебе всего 18 лет, и смотри, что ты уже натворил! Ты сидишь здесь перед нами и говоришь, что даже готов отказаться от денег, только бы выйти на волю. Но в этом отчете я все время вижу одно и то же: "хитрец", "самоуверенный тип", "настроенный против любой власти"! Где ты сбился с пути?»

Следуют вопросы о том, чем занимаются его родители, о его религиозной принадлежности и о том, регулярно ли он ходит в церковь. Прескотт возмущен заявлением заключенного о том, что он «не принадлежит ни к какому вероисповеданию». Он парирует: «Даже в таком важном вопросе ты не можешь определиться!»

Возмущенный Прескотт вскакивает и на несколько минут выходит из комнаты, а другие члены комиссии задают заключенному стандартные вопросы о том, как он планирует вести себя на следующей неделе, если его просьба об условно-досрочном освобождении не будет удовлетворена.

Свобода или деньги

Этот перерыв посреди чрезвычайно напряженного действия дает мне время подумать о заявлении заключенного № 1037, который готов отказаться от оплаты в обмен на условно-досрочное освобождение. Нужно придать этой идее определенную форму и предложить ее в качестве завершающего вопроса каждому заключенному. Я прошу Карло спросить у № 7258, готов ли он отказаться от денег, которые заработал в роли заключенного, если мы предложим ему условно-досрочное освобождение.

Сначала Карло задает этот вопрос в более жесткой форме: «Сколько ты готов заплатить нам за то, чтобы выбраться отсюда?» Сбитый с толку, заключенный № 7258 говорит, что не станет платить за свое освобождение. Карло задает вопрос иначе, он спрашивает, готов ли заключенный отказаться от денег, которые уже заработал.

«Да, сэр, я бы это сделал».

Заключенный № 7258 не производит впечатления особенно умного или находчивого парня. Кажется, он не относится к ситуации столь же серьезно, как некоторые другие заключенные. Он самый юный из всех, ему всего 18 лет, и его реакции и поведение довольно незрелые. Но его хладнокровие и чувство юмора хорошо ему служат — они наверняка помогут ему справиться с тем, что ждет его и его товарищей на следующей неделе.

Затем мы просим остальных заключенных по очереди вернуться в комнату и ответить на тот же последний вопрос: готовы ли они отказаться от заработанных денег в обмен на условно-досрочное освобождение. Заключенный № 1037, непослушный парень в ожидании дня рождения, говорит, что готов потерять деньги, если получит УДО. Готовый к сотрудничеству заключенный № 4325 тоже отвечает согласием. Только заключенный № 3401, наш непокорный азиат, не хочет быть освобожден досрочно, если ради этого ему придется отказаться от денег — они ему действительно нужны.

Другими словами, трое из четырех молодых людей так хотят выйти на волю, что готовы забыть о деньгах, с трудом добытых круглосуточной работой в качестве заключенных. Для меня весьма показательно влияние формулировки этого вопроса. Вспомним, что основной мотивацией практически всех добровольцев были именно деньги, возможность заработать по 15 долларов в день в течение двух недель в то время, когда у них не было никаких других источников дохода, перед самым началом учебного года. А теперь, несмотря на все свои страдания, несмотря на физическое и психологическое насилие — бесконечные переклички, «подъемы» посреди ночи, произвол и дьявольскую изобретательность некоторых охранников, невозможность побыть одному, отсидки в карцере, наготу; цепи, мешки на головах; скверную еду и минимум постельных принадлежностей, — почти все они готовы отказаться от денег, лишь бы выбраться отсюда.

Возможно, еще примечательнее тот факт, что после заявления о том, что свобода для них важнее денег, все заключенные продолжают пассивно подчиняться системе, протягивают руки, чтобы на них надели наручники, безропотно терпят мешки на головах и цепи на ногах, и как овцы следуют за охранниками в ужасный тюремный подвал. Во время заседания комиссии по условно-досрочному освобождению они находились за пределами тюрьмы, в присутствии «гражданских», не имеющих никакого отношения к их мучителям внизу. Почему никто из них не сказал: «Мне не нужны ваши деньги, так что я имею право в любой момент выйти из этого эксперимента и требую, чтобы меня немедленно отпустили»? И нам пришлось бы выполнить эту просьбу и тут же их отпустить.

Но этого никто не сделал. Позднее заключенные признавались нам, что им даже не приходило в голову выйти из эксперимента. На самом деле к этому моменту большинство из них перестали считать его просто экспериментом. Они чувствовали, что попали в ловушку — в тюрьму, которой руководит не государство, а психологи, как сказал № 416. Но они согласились отказаться от денег, которые заработали, играя роль заключенных, — *если бы мы решили освободить их* досрочно. Право освободить их принадлежало комиссии по условно-досрочному освобождению и не зависело от их собственной воли. Если бы они были настоящими заключенными, только комиссия по условно-досрочному освобождению могла бы их освободить, но если бы они в самом деле были только *участниками эксперимента*, каждый из них мог в любой момент решить, уйти ему или остаться. Очевидно, в их мышлении произошли поразительные перемены — от «я добровольно участвую в эксперименте, получаю за это деньги и имею все гражданские права» к «я беспомощный заключенный, оказавшийся во власти несправедливой авторитарной системы».

После встреч с четверкой заключенных комиссия обсудила их «дела» и реакции. Все согласились, что заключенные возбуждены, доведены до крайности и полностью вошли в роли заключенных.

Прескотт с сочувствием поделился своим беспокойством по поводу заключенного № 1037. Он точно подметил, что этот некогда бесстрашный главарь мятежников рискует впасть в серьезную депрессию: «Я это знаю по своему опыту, — это начинаешь чувствовать, когда поживешь среди людей, которые прыгают с верхнего этажа и разбиваются насмерть или режут себе вены. Этот парень был собран, он достойно представил нам свои аргументы, но между его ответами были паузы. А последний парень — он вел себя адекватно, он знает, что происходит, он все еще говорит об "эксперименте", но в то же время готов сидеть и говорить о своем отце, о своих чувствах. Он казался мне каким-то потерянным — это я говорю на основе того чувства, которое у меня возникло. Второй заключенный, восточный парень [американец азиатского происхождения], он как камень. Для меня он был как камень».

В заключение Прескотт предлагает хороший совет: «Я присоединяюсь к остальным членам группы и предлагаю освободить нескольких заключенных в разное время, сделать так, чтобы остальные попытались выяснить, что им нужно делать, чтобы отсюда выйти. Кроме того, если мы быстро освободим нескольких заключенных, это даст надежду остальным и облегчит их состояние».

Кажется, все согласны, что сначала нужно освободить первого заключенного, увальня Джима-4325, а немного позже —

третьего, Рича-1037. Возможно, их удастся заменить другими резервными заключенными. Нет единодушия в том, кого стоило бы освободить после них — № 3401 или № 7258, — и стоит ли вообще это делать.

Свидетелями чего мы были?

На первом заседании комиссии по условно-досрочному освобождению возникли три общие темы: границы между экспериментом и реальностью стали размытыми; в ответ на все более жесткое доминирование охранников зависимость и серьезность заключенных постоянно росли; драматичная трансформация характера в исполнении главы комиссии по условно-досрочному освобождению Карло Прескотта.

Размывание границ между тюремным экспериментом и реальностью тюремного заключения

Сторонний наблюдатель, не знающий, что предшествовало этому событию, мог бы предположить, что он присутствует на заседании настоящей тюремной комиссии по условно-досрочному освобождению. Напряженность и безусловная реальность диалога между заключенными и их стражами, назначенными обществом, во многом отражает всю серьезность ситуации. Об этом свидетельствуют официальный тон заявлений заключенных к комиссии, возражения со стороны охранников, разнообразие характеров членов комиссии, личные вопросы, заданных заключенным, и обвинения против них. Короче говоря, интенсивный эмоциональный накал всего процесса слушаний. Природа этого взаимодействия явно отразилась в вопросах комиссии и ответах заключенных по поводу «прежних судимостей», реабилитирующего воздействия тюремных программ, участия в терапевтических программах или курсах профессионального обучения, возможности юридической помощи, срока пребывания в тюрьме и планов на будущее, подтверждающих, что заключенный готов превратиться в добропорядочного гражданина.

Трудно поверить, что прошло всего четыре дня из жизни наших студентов-добровольцев и им осталось играть роль заключенных Стэнфордской окружной тюрьмы чуть больше недели. Их заключение будет длиться не месяцы и не долгие годы, о которых, как можно подумать, ведет речь наша мнимая комиссия в своих решениях. Ролевая игра привела к интернализации[1] ролей; актеры переняли характеры и манеру поведения своих персонажей.

Зависимость и серьезность заключенных

К этому моменту заключенные, по большей части неохотно, хотя и полностью, подчинились чрезвычайно жесткой структуре своих ролей в нашей тюрьме. Они называют себя по идентификационным номерам и охотно отвечают на вопросы, обращенные к их «анонимной идентичности». На вопросы, которые должны были бы показаться им как минимум странными, они отвечают со всей серьезностью — например, о своих «преступлениях» и о том, что они делают для реабилитации. За редкими исключениями они полностью подчинились власти комиссии по условно-досрочному освобождению, как и охранникам и системе в целом. Только заключенному № 7258 хватило смелости назвать причиной своего пребывания в тюрьме добровольное участие в эксперименте, но и он быстро отказался от этого утверждения после словесной атаки Прескотта.

Легкомысленный стиль некоторых заявлений об условно-досрочном освобождении, особенно заключенного № 3401, студента азиатско-американского происхождения, блекнет перед вердиктом комиссии о том, что подобное поведение недопустимо и заключенный не заслуживает освобождения. Большинство заключенных, кажется, полностью приняли ситуацию. Они больше не возражают, не бунтуют и делают все, что им говорят или приказывают. Они похожи на актеров, следующих системе Станиславского, продолжающих играть свои роли за кулисами и в отсутствие камеры. Их роли поглотили их личность. Тех, кто верит в наличие некого врожденного человеческого достоинства, должна очень огорчить рабская

---

[1] Интернализация — внесение некоторых аспектов внешнего мира в личную психическую жизнь человека, приводящее к тому, что внутренняя репрезентация внешнего мира оказывает влияние на его мышление и поведение. — *Прим. пер.*

покорность бывших мятежников, героев-бунтарей, превратившихся в жалких просителей. Героев не осталось.

Дерзкого азиата, Глена-3401, мы отпустили спустя несколько часов после его напряженной встречи с комиссией по условно-досрочному освобождению. У него началась сыпь по всему телу. Его осмотрели в студенческой поликлинике и отправили домой, порекомендовав обратиться к семейному врачу. Сыпь была тем способом, с помощью которого его тело добивалось свободы, как и неистовая эмоциональная реакция Дуга-8612.

Впечатляющее превращение главы комиссии по условно-досрочному освобождению

Я познакомился с Карло Прескоттом за три месяца до эксперимента и все это время общался с ним почти каждый день, лично и посредством частых и длинных телефонных разговоров. Летом мы вместе вели шестинедельный курс по психологии тюремного заключения, я видел его работу — он был красноречивым, неистовым критиком тюремной системы, которую считал фашистским инструментом, предназначенным для угнетения «цветных». Он на редкость проницательно описывал, каким образом тюрьмы и другие авторитарные инструменты принуждения калечат тех, кто оказался в их власти — и заключенных, и их стражей. Во время своих вечерних субботних ток-шоу на местной радиостанции KGO Карло часто рассказывал слушателям о несовершенствах этого устаревшего дорогостоящего института, на содержание которого впустую уходят их налоги.

Он сказал мне, что перед ежегодными слушаниями комиссии по условно-досрочному освобождению, когда у заключенного есть всего несколько минут, чтобы представить свое заявление нескольким членам комиссии, ему начинали сниться кошмары. Пока он аргументирует свою просьбу, они на него даже не смотрят, просматривая толстые папки с документами. Возможно, это даже не его документы, а «дела» следующих заключенных, и просматривая их, члены комиссии просто экономят время. Если вам задают вопросы, связанные с приговором или с другими сторонами вашего «дела», это означает, что условно-досрочное освобождение будет отсрочено как минимум на год, ведь оправдывая прошлое, невозможно вообразить что-то позитивное в будущем. Рассказы Карло помогли мне почувствовать тот гнев, который вызывают подобные произвол и безразличие у подавляющего большинства заключенных, которым, как и ему самому, год за годом отказывают в условно-досрочном освобождении [3].

Но чему может научить подобная ситуация? Восхищайся властью, презирай слабость. Господствуй, не вступай в переговоры. Бей первым, пока тебе подставляют другую щеку. «Золотое правило» — но не для тебя. Власть — это авторитет, авторитет — это власть.

Такие же уроки преподают мальчикам жестокие отцы, и половина этих мальчиков потом превращаются в жестоких отцов, истязающих своих детей, жен и родителей. Возможно, эта половина идентифицирует себя с агрессором и продолжает его насилие, тогда как другая начинает идентифицировать себя с жертвами и отказываться от агрессии ради сострадания. Но никакие исследования не могут предсказать, кто из детей, переживших жестокое обращение, позже станет агрессором, а кто будет проявлять гуманизм и сострадание.

Маленькое отступление: власть без сострадания

Мне вспоминается классический опыт одной школьной учительницы, Джейн Элиот. Она хотела показать своим ученикам, что такое предрассудки и дискриминация. Она случайным образом связала цвет глаз детей из своего класса с высоким или низким статусом. Оказавшись в привилегированном положении, голубоглазые дети тут же начинали доминировать над одноклассниками с карими глазами, и даже оскорбляли их, словесно и физически. Кроме того, вновь приобретенный высокий статус приводил к улучшению их интеллектуальных способностей. Получив высокий статус, голубоглазые дети начинали лучше успевать по математике и правописанию (эти данные оказались статистически значимыми, как свидетельствуют первоначальные данные Элиот). Столь же впечатляющим было снижение успеваемости кареглазых детей, получивших низкий статус.

Но самым поразительным эффектом этого эксперимента, в котором участвовали третьеклассники школы в городе Райсвилле, штат Айова, была перемена статуса, которую учительница совершила на следующий день. Миссис Элиот сказала детям, что ошиблась. На самом деле, сказала она, верно прямо противоположное: карие глаза лучше голубых! Кареглазые дети, которые уже испытали на себе, что такое дискриминация, получили возможность проявить сострадание — теперь, когда их статус оказался более высоким. Новые результаты тестов продемонстрировали снижение успеваемости голубоглазых и повышение успеваемости кареглазых учеников. А сострадание? Понимали ли кареглазые дети, чей статус вдруг повысился, как страдают неудачники, те, кто несчастлив, кому не повезло так, как им самим всего день тому назад?

Нет, переноса не произошло. Кареглазые дети отплатили той же монетой. Они командовали, проявляли дискриминацию и обижали своих вчерашних голубоглазых обидчиков [4]. Точно так же история человечества полна свидетельств того, как, избавившись от религиозных преследований, заняв безопасное и стабильное положение в обществе, люди начинают проявлять нетерпимость к приверженцам других религий.

Назад к кареглазому Карло

Это длинное отступление призвано объяснить впечатляющую трансформацию поведения моего коллеги, занявшего влиятельное положение главы нашей Комиссии по условно-досрочному освобождению. Сначала он продемонстрировал поистине выдающуюся импровизацию, напомнившую мне соло Чарли Паркера[1]. Он прямо на ходу придумывал подробности преступлений и прошлого заключенных. Он действовал без малейших колебаний, с непринужденной уверенностью. Но постепенно он, казалось, начал играть новую роль представителя власти все более увлеченно и убедительно. Он был главой комиссии по условно-досроч-

---

[1] Чарльз Паркер — американский джазовый саксофонист и композитор, смелый импровизатор. — *Прим. ред.*

ному освобождению Стэнфордской окружной тюрьмы, обладал властью, внезапно испугавшей заключенных, властью, которую признали его коллеги. Годы страданий, которые он перенес в качестве «кареглазого» заключенного, были совершенно забыты, он оказался в привилегированном положении и стал видеть мир глазами всесильного главы комиссии. Выступление Карло перед коллегами в конце заседания продемонстрировало те муки совести и отвращение, которые вызвала у него собственная трансформация, когда он сам превратился в угнетателя. Позже, за ужином, он признался мне, что с ужасом слышал собственный голос и чувствовал, как новая роль поглощает его истинную личность.

Мне было любопытно, повлияют ли на него эти размышления, как проявится это вновь приобретенное осознание во время следующего заседания комиссии по условно-досрочному освобождению, назначенного на четверг. Проявит ли он больше внимания и сострадания к новой группе заключенных, которые будут просить его об условно-досрочном освобождении? Или роль переделает человека?

ЧЕТВЕРГ, ВТОРОЕ ЗАСЕДАНИЕ КОМИССИИ ПО УСЛОВНО-ДОСРОЧНОМУ ОСВОБОЖДЕНИЮ И ДИСЦИПЛИНАРНОГО СОВЕТА

На следующий день перед комиссией по условно-досрочному освобождению предстали еще четверо заключенных. Состав комиссии изменился: за исключением Карло, все остальные ее члены — новички. Место Крейга Хейни, которому пришлось уехать в Филадельфию по срочным семейным делам, заняла Кристина Маслач, тоже социальный психолог. Она бесстрастно наблюдает за происходящим, почти не вмешиваясь — до поры до времени. Остальные участники комиссии, состоящей из пяти человек, — секретарь и два аспиранта. Однако по настоянию охранников, кроме заявлений об условно-досрочном освобождении, комиссия также рассмотрит различные дисциплинарные меры против наших главных нарушителей спокойствия. Кертис Бэнкс снова играет роль конвоира; начальник тюрьмы Дэвид Джаффе также присутствует на заседании и время от времени делает комментарии. Я снова наблюдаю из-за односторонней ширмы и записываю происходящее на видеомагнитофон, для последующего анализа. Еще одно отличие от вчерашнего заседания — заключенные не садятся за один стол с членами комиссии, а сидят отдельно, на высоких стульях, так сказать, на пьедестале. Так удобнее за ними наблюдать, как это происходит во время допросов в полиции.

Держащему голодовку отказано

Первое в списке слушаний — дело заключенного № 416, новичка, который все еще продолжает голодовку. Керт Бэнкс читает список дисциплинарных претензий, составленный несколькими охранниками. Особенно возмущен поведением № 416 охранник Арнетт; и он, и другие охранники не знают, что с ним делать: «Он находится здесь совсем недолго, но не подчиняется никаким приказам и постоянно нарушает распорядок».

Заключенный охотно соглашается, что они правы; он не оспаривает их обвинений. Он заявляет, что прекратит голодовку только после того, как ему будет предоставлена юридическая защита. Прескотт просит его объяснить требование о «правовой помощи».

Ответ заключенного № 416 звучит странно: «Я нахожусь в тюрьме, поскольку подписал контракт, который не имел права подписывать в силу возраста». Другими словами, или мы находим юриста, который рассмотрит его дело и поможет его освободить, или он продолжит голодовку и поставит под угрозу свое здоровье. Таким образом, рассуждает он, руководство тюрьмы будет вынуждено его освободить.

На заседании комиссии этот тщедушный парень ведет себя почти так же, как и с охранниками: он умен, независим и решителен в суждениях. Но его аргументы в пользу освобождения — он, мол, несовершеннолетний и поэтому не имел права подписывать контракт — кажутся какой-то мелочной казуистикой в устах человека, который действует на основании идеологических принципов. Несмотря на его взъерошенный, изможденный вид, в поведении № 416 есть что-то, не вызывающее сочувствия ни у кого, кто с ним сталкивается — ни у охранников, ни у других заключенных, ни у комиссии. Он похож на бездомного, заставляющего прохожих скорее испытывать чувство вины, чем сочувствовать ему.

Прескотт спрашивает, за что № 416 оказался в тюрьме. Он отвечает: «Ни за что. Мне не предъявлено никаких обвинений. Полиция Пало-Альто меня не арестовывала».

Раздраженный Прескотт спрашивает, оказался ли № 416 в тюрьме по ошибке. «Я был в резерве, я...» Прескотт в ярости, он не знает, что сказать. Я понимаю, что не объяснил ему, что № 416, в отличие от остальных, оказался в нашей тюрьме совсем недавно.

«Ты что, с философского факультета? — Карло тянет время, закуривает сигарету и, видимо, обдумывает новую тактику нападения. — Ты тут все время философствуешь».

Один из секретарей, присутствующих на сегодняшнем заседании комиссии, рекомендует в качестве дисциплинарных мер физические упражнения, и № 416 жалуется, что его заставляют выполнять слишком много упражнений. Прескотт коротко замечает: «Он сильный парень, по-моему, упражнения пойдут ему на пользу». Он смотрит на Керта и Джаффа, чтобы они это записали.

Наконец, заключенному задают главный вопрос: готов ли он отказаться от всех денег, которые заработал, играя роль заключенного, в обмен на условно-досрочное освобождение? № 416 немедленно и с вызовом отвечает: «Да, конечно. Я не думаю, что деньги стоят того, чтобы здесь оставаться».

С Карло хватит: «Уберите его». И № 416 делает то, что делали все остальные, словно роботы: без всякой команды встает, протягивает руки для наручников, ему на голову надевают бумажный мешок и выводят из комнаты.

Что любопытно, он не требует, чтобы комиссия немедленно избавила его от роли участника эксперимента, которую он исполняет с такой неохотой. Ему ведь не нужны деньги, так почему же он просто не скажет: «Я выхожу из эксперимента. Отдайте мне мою одежду и вещи, и я иду домой»?!

Этого заключенного зовут Клей, но он не так уж податлив[1]; он твердо придерживается своих принципов и упорно следует

---

[1] Clay — глина (англ.). — *Прим. пер.*

выбранной стратегии. Тем не менее он уже так поглощен ролью заключенного, что не способен проанализировать ситуацию и понять, что ему только что дали ключ к свободе — достаточно попросить у комиссии разрешения уйти прямо здесь и сейчас, тем более что он находится за пределами тюрьмы. Но тюрьма уже поселилась у него в голове.

Курильщики — легкая добыча

Следующий в очереди, заключенный Пол-5704, сразу же начинает жаловаться, что ему не дают сигарет, хотя обещали, что за хорошее поведение он сможет курить. Среди дисциплинарных претензий к нему охранники указывают «систематическое и демонстративное непослушание, вспышки насилия и недовольства. Постоянно пытается подстрекать других заключенных к неповиновению и отказу от сотрудничества».

Прескотт ставит под вопрос его так называемое хорошее поведение, из-за которого ему и не дают сигареты. Заключенный отвечает так тихо, что членам комиссии приходится просить его говорить громче. Ему говорят, что он ведет себя плохо, даже когда знает, что из-за него будут наказаны другие заключенные, а он снова что-то бормочет, уставившись в стол.

«Мы это обсуждали… Ну, если что-то происходит, нам просто нужно это пережить… Если бы кто-то другой нарушил порядок, меня бы тоже из-за него наказали». Кто-то из членов комиссии перебивает: «Тебя наказывали из-за поведения других заключенных?» Пол-5704 отвечает: да, он тоже страдал из-за поведения товарищей.

Прескотт громко и насмешливо заявляет: «Ты что, мученик, а?»

«Ну, я думаю, что мы все…» — говорит №5704, снова едва слышно.

«Ты что, сам с собой разговариваешь?» — спрашивает Прескотт. №5704 отвечает, но снова неразборчиво.

А ведь раньше, как мы помним, №5704, самый высокий из заключенных, открыто бросал вызов охранникам и принимал участие в планировании нескольких побегов, распространял слухи и строил баррикады. В письме своей девушке он с гордостью писал, что его избрали главой комитета по рассмотрению жалоб заключенных Стэнфордской тюрьмы. Более того, именно № 5704 планировал свой собственный тайный эксперимент: он намеревался стать «шпионом» и описать эксперимент в цикле статей для независимых, либеральных, «подпольных» газет. Он полагал, что этот эксперимент есть не что иное, как государственный проект, организованный для изучения того, как нужно обращаться с политическими заключенными. Куда же делась вся эта бравада? Откуда взялась такая непоследовательность?

В комнате перед нами сидит подавленный, угнетенный юноша. Заключенный № 5704 смотрит вниз, вяло кивает в ответ на вопросы членов комиссии и не поднимает на них глаз.

«Да, я готов отказаться от денег, которые заработал, если меня сейчас отпустят, сэр», — отвечает он так громко, как может. (Счет — пятеро из шести заключенных сказали «да».)

А я думаю о том, каким образом так быстро исчез неугомонный и страстный революционный дух, так восхищавший меня в этом парне.

Кстати, позднее мы узнали, что именно Пол-5704 начал осуществлять план побега: своими длинными и твердыми ногтями гитариста отвинтил от стены электрический щиток. Этим щитком он открутил ручку двери камеры. Ногтями же он процарапывает на стене своей камеры метки, обозначающие дни заключения: «Пн. Вт. Ср. Чт.».

Сегодня мы видим, что он полностью вошел в роль заключенного.

Странная уверенность заключенного № 5486

Следующее заявление исходит от заключенного Джерри-5486. Он ведет себя еще более странно, чем остальные. Он не теряет оптимизма, кажется, № 5486 может спокойно справиться со всеми трудностями. Его физическая форма составляет разительный контраст с худобой заключенного № 416 и некоторых других заключенных, например, Глена-3401. Нет сомнений, что он выдержит все две недели без всяких жалоб. Но его словам не хватает искренности, и он почти не оказывает поддержки своим страдающим товарищам. Всего через несколько минут № 5486 умудряется так разозлить Прескотта, как не удавалось еще никому. На вопрос о том, готов ли он отказаться от заработанных денег в обмен на условно-досрочное освобождение, он не задумываясь дает отрицательный ответ.

Охранники сообщают, что № 5486 не заслуживает условно-досрочного освобождения, потому что «он высмеивал писание писем, и в целом не стремится сотрудничать». Заключенного № 5486 просят объяснить свое поведение, и он отвечает: «Я знал, что это письмо ненастоящее… оно казалось таким…»

Охранник Арнетт, который стоит в стороне и молча наблюдает за разговором, не может не вмешаться: «Охранники просили тебя написать письмо?» № 5486 отвечает утвердительно, и Арнетт продолжает: «И ты говоришь, что охранники попросили тебя написать ненастоящее письмо?»

№ 5486 идет на попятный: «Ну, возможно я выбрал неподходящее слово…»

Но Арнетт не отступает. Он зачитывает комиссии свой отчет: «№ 5486 катится по наклонной плоскости… он стал чем-то вроде клоуна и фигляра».

«Ты считаешь все это забавным?» — строго спрашивает Карло.

«Все [в комнате] улыбаются. Я не улыбался до тех пор, пока не начали улыбаться остальные», — защищается № 5486.

Угрожающим тоном Карло перебивает: «Все остальные здесь могут позволить себе улыбаться, потому что сегодня вечером мы пойдем домой». Но он пытается вести себя не так агрессивно, как вчера, и задает несколько провокационных вопросов: «Если бы ты был на моем месте, то с теми же сведениями, с этим же отчетом сотрудников тюрьмы, что бы ты сделал? Как бы ты поступил? Что бы ты сделал? Как ты думаешь, что нам с тобой делать?»

Заключенный отвечает уклончиво и не дает ясных ответов на эти провокационные вопросы. После нескольких вопросов от других членов комиссии раздраженный Прескотт прекращает допрос: «Думаю, мы видели достаточно, и думаю, мы знаем, что делать. Я не вижу причин, чтобы впустую тратить наше время».

Заключенный удивлен, что его заявление отклонили так резко. Он понимает, что произвел плохое впечатление на тех, кого должен был убедить отпустить его — если не в этот раз, то на следующем заседании. В этот раз его поступки противоречили его интересам. Керту остается защелкнуть наручники, надеть на голову № 5486 мешок и посадить на скамейку в коридоре, где он будет ждать окончания следующего и последнего дела, после чего заключенных отведут вниз, назад к тюремной жизни.

Хрупкая неуязвимость Сержанта

Последним перед комиссией должен предстать Сержант, заключенный № 2093. Как и следовало ожидать, он прямо сидит на высоком стуле, грудь вперед, голова откинута назад, подбородок выдвинут вперед — идеальная поза для солдата, если я правильно представляю себе солдат. Он просит об условно-досрочном освобождении, чтобы «более продуктивно» использовать свое время, и отмечает, что «с первого дня соблюдал все правила». В отличие от большинства товарищей, № 2093 не готов отказаться от денег в обмен на свободу.

«Если бы я отказался от денег, которые заработал к настоящему времени, эти пять дней жизни прошли бы еще более бессмысленно». Он добавляет, что платим мы не так уж много, и эти деньги едва ли компенсируют время, которое он здесь провел.

Прескотт обвиняет его в «неискренности» — он, мол, продумал все заранее, а также в отсутствии непосредственности, в том, что он подбирает слова так, чтобы скрыть свои чувства. Сержант приносит извинения за то, что произвел такое впечатление. Он всегда говорит то, что думает, и старается ясно сформулировать то, что имеет в виду. Это смягчает Карло, и он уверяет Сержанта, что он и комиссия серьезно отнесутся к его делу, и хвалит его за хорошее поведение.

В конце допроса Карло спрашивает Сержанта, почему он не попросил об условно-досрочном освобождении в первый раз, когда это предложили сделать всем заключенным. Сержант объясняет: «Я попросил бы об условно-досрочном освобождении в первый раз только в том случае, если бы о нем не попросили другие заключенные». Он чувствовал, что другим заключенным приходится труднее, чем ему, и не хотел, чтобы его просьба помешала просьбам других. Карло мягко упрекает его за такое демонстративное благородство, которое считает лишь глупой попыткой повлиять на решение комиссии. Сержант явно удивлен, становится ясно, что он сказал правду и вовсе не пытался произвести впечатление на комиссию или на кого бы то ни было еще.

Очевидно, это настолько заинтересовало Карло, что он начинает расспрашивать молодого человека о его личной жизни. Карло спрашивает его о семье, о девушке, о том, какие фильмы он любит, покупает ли себе мороженое — обо всех тех мелочах, которые, будучи собраны воедино, помогли бы понять, что он за человек.

Сержант спокойно отвечает, что девушки у него нет, в кино он ходит редко, что любит мороженое, но в последнее время не мог позволить себе его покупать. «Я только могу сказать, что, поскольку сейчас в Стэнфорде каникулы, а я живу в своей машине, то в первую ночь в тюрьме мне было трудно заснуть, потому что кровать здесь слишком мягкая, а еще в тюрьме я питаюсь лучше, чем в последние месяцы, и у меня здесь больше времени, чтобы расслабиться, чем в последние два месяца. Спасибо, сэр».

Ничего себе! Этот парень совершенно не соответствует нашим ожиданиям. Его спокойное достоинство и коренастая фигура ничем не выдают, что все лето он почти голодал и что во время каникул и летней школы ему было негде жить. То, что ужасные условия нашей тюрьмы могут улучшить качество жизни студента колледжа, стало для всех нас настоящим потрясением.

В каком-то смысле Сержант кажется самым предсказуемым, тупым и послушным заключенным, и при этом он самый здравомыслящий, вдумчивый и принципиальный. Мне приходит в голову, что этот молодой человек пытается жить в соответствии с какими-то абстрактными принципами и при этом не умеет уживаться с другими людьми и просить у них о необходимой поддержке — финансовой, личной или эмоциональной. Кажется, он так держится за свои внутренние решения и внешнюю «военную» манеру поведения, что никто не видит его настоящих чувств. Возможно, его дальнейшая жизнь окажется более трудной, чем у его товарищей.

Тюрьма слезам не верит

Комиссия готова закончить заседание, и Керт объявляет, что заключенный № 5486, наш шутник, хочет сделать комиссии какое-то заявление. Карло согласно кивает.

С раскаянием в голосе № 5486 говорит, что неверно выразил свою мысль, потому что у него не было возможности как следует продумать свои аргументы. Он чувствует себя очень подавленным, потому что сначала ожидал суда, а теперь полностью утратил веру в правосудие.

Охранник Арнетт, сидящий у него за спиной, вспоминает разговор, состоявшийся сегодня за обедом. Тогда № 5486 сказал, что он подавлен из-за того, что «попал в плохую компанию».

Карло Прескотт и комиссия очевидно сбиты с толку заявлением заключенного. Как оно способствует решению дела?

Прескотт явно рассержен. «Даже если бы комиссия могла давать какие-то рекомендации, — говорит он, — то лично я проследил бы за тем, чтобы ты остался здесь до последнего дня. Я ничего не имею против тебя лично, но мы здесь для того, чтобы защищать общество. И я не думаю, что ты можешь выйти на свободу и приносить пользу, заняться чем-то таким, что позволило бы тебе влиться в общество. Ты вышел из этой комнаты и понял, что говорил с нами так, будто мы какие-то идиоты, а ведь ты обращался к полицейским и представителям официальных органов. У тебя плохие отношения с официальными органами, не так ли? Как ты ладишь с родителями? Что я хочу сказать — ты вышел за дверь, и у тебя было время подумать; теперь ты вернулся и пытаешься убедить нас посмотреть на тебя другими глазами. Есть ли у тебя социальная ответственность? Как ты думаешь, что ты должен обществу? Я хочу услышать от тебя что-то сто́ящее». (Карло вернулся к манере первого дня!)

Заключенный озадачен этим прямым нападением и пытается оправдаться: «Недавно я получил работу учителя. Думаю, эта работа важна для общества».

Прескотт не сдается: «Может быть, это еще хуже. Я не хотел бы, чтобы ты учил моих детей. Не с твоим отношением, не с твоей вопиющей незрелостью, не с твоим безразличием к ответственности. Ты не можешь выдержать даже четырех дней в тюрьме, не создав проблем другим людям, и говоришь, что хочешь быть учителем. Но ведь эта работа — большая честь. Общаться с приличными людьми, что-то рассказывать им — это большая честь. Я не знаю, ты меня не убедил. Я прочел твое заявление, и ты меня не впечатлил. Охрана, уведите его».

С цепью на ноге, с мешком на голове, заключенный отправляется в тюремный подвал в надежде, что сможет отыграться на следующем заседании комиссии.

От условно-досрочно освобожденного заключенного до председателя комиссии по условно-досрочному освобождению

Прежде чем вернуться к тому, что происходило в наше отсутствие в тюремном дворе, следует отметить то влияние, которое эта «ролевая игра» оказала на нашего сурового председателя «комиссии по условно-досрочному освобождению». Через месяц Карло Прескотт поделился со мной интересными личными наблюдениями о том, как повлиял на него этот опыт:

«Всякий раз, когда я входил в эксперимент, я уходил подавленным — как раз из-за того, что он был так близок к реальности. Когда люди начали реагировать на разные события, случавшиеся в ходе эксперимента, он перестал быть экспериментом. Например, в настоящей тюрьме я быстро заметил, что люди, считавшие себя охранниками, *должны были* вести себя определенным образом. Они должны были производить определенное впечатление, демонстрировать определенное отношение. У заключенных тоже были определенные отношения, определенные представления, в соответствии с которыми они действовали, — и то же самое происходило здесь.

Я не мог поверить, что во время эксперимента, когда я играл роль члена комиссии, председателя комиссии — комиссии по условно-досрочному освобождению, — я позволил себе сказать одному заключенному, увидав, что он высокомерен и не желает подчиняться: "Как это получается, что азиаты редко попадают в тюрьму, редко оказываются в подобных ситуациях? Что ты натворил?"

Именно в этот момент его отношение к нам полностью изменилось. Он начал реагировать на меня как личность, он начал говорить со мной о своих чувствах. Один человек был настолько поглощен ролью, что вернулся на заседание, как будто думал, что вторая попытка может помочь ему быстрее выйти на свободу».

Карло продолжает свои саморазоблачения:

«Как бывший заключенный, я должен признать, что каждый раз, когда я сюда приходил, трения, подозрения, антагонизм, возникающие, когда люди входят в роли... Я ощущал, что из меня выпустили воздух — чувство, возникавшее, когда я оказывался в заключении. Это вызывало у меня сильную депрессию, как будто я вернулся в тюремную атмосферу. Все это было настоящим, а не воображаемым.

[Заключенные] по-человечески реагировали на ситуацию, в которой неожиданно оказались, она влияла на их чувства в этот момент. Мне кажется, это отражает метаморфозы, которые происходят в мышлении настоящего заключенного. В конце концов, заключенный хорошо знает о том, что происходит во внешнем мире — строятся мосты, рождаются дети, — но это не имеет к нему абсолютно никакого отношения. Впервые в жизни он полностью оторван от общества — можно сказать, от всего человечества.

Его товарищи, со своей паникой и горечью, становятся его соратниками, и все остальное не дает возможности соотнести себя с тем, кем он был на воле. Исключение составляют редкие периоды, когда он это может, благодаря свиданиям, благодаря каким-то событиям, вроде заседаний комиссии по условно-досрочному освобождению. Есть только настоящее, только этот момент.

...Я не удивился и даже не испытал большого удовольствия, когда обнаружил, что мои наблюдения о том, что человек сливается с той ролью, которую играет, подтвердились; охранники становятся символами власти, и им нельзя перечить; нет никаких правил и никаких прав, которые они обязаны предоставить заключенным. Это происходит и с тюремными охранниками, и со студентами колледжа, играющими роль тюремных охранников. С другой стороны, заключенный, который лишь обдумывает в одиночку свое положение, — насколько он строптив, насколько эффективно ему удается скрывать свой опыт, — каждый день оказывается лицом к лицу с собственной беспомощностью. Ему приходится связывать свои ненависть и строптивость с тем фактом, что, каким бы героем или храбрецом он ни считал себя в определенные моменты, ему все равно придется участвовать в перекличках и следовать тюремным правилам и нормам» [5].

Думаю, уместно закончить эти размышления не менее проницательным отрывком из писем политического заключенного Джорджа Джексона, написанных немного раньше, чем отчет Карло. Если вы помните, его адвокат хотел, чтобы я был свидетелем-экспертом в ходе предстоящего судебного процесса против «братьев Соледад»; но Джексон был убит еще до суда, на следующий день после окончания нашего исследования.

«Очень странно, что эти люди могут найти здесь что-то смешное. Они круглые сутки находятся взаперти. У них нет прошлого, нет будущего, нет никаких целей кроме следующего обеда. Они испуганы, сбиты с толку, они стали пленниками мира, которого, как они знают, не создавали и который не могут изменить. Поэтому они так громко смеются, чтобы не слышать того, что пытается им сказать разум. Они смеются, чтобы убедить себя и окружающих, что им не страшно, — как суеверный человек, насвистывающий или напевающий свое "счастливое число", проходя по кладбищу» [6].

ГЛАВА ВОСЬМАЯ

Четверг: столкновение с реальностью

В четверг тюрьма полна печали, но до конца эксперимента еще очень далеко.

Среди ночи я просыпаюсь от кошмарного сна: я попал в автомобильную аварию, и меня положили в больницу в каком-то странном городе. Я пытаюсь объяснить медсестре, что мне нужно идти на работу, но она меня не понимает, как будто я говорю на иностранном языке. Я пронзительно кричу, чтобы меня отпустили: «Выпустите меня!» Но медсестра привязывает меня к кровати и заклеивает мне рот. Это нечто вроде «осознанного сновидения» — во сне вы осознаете, что спите, — я понимаю, что приснившееся имеет отношение к охранникам [1]. Они будут счастливы, что этот «мягкотелый либеральный» суперинтендант исчез, и они смогут делать с этими «опасными заключенными» что угодно, чтобы поддерживать законность и порядок.

Это меня по-настоящему пугает. Представьте себе, что будет твориться в нашем тюремном подвале, если охранники смогут делать с заключенными все, что им заблагорассудится. Представьте, до чего они могут дойти, если будут знать, что их никто не контролирует, что никто не наблюдает за их тайными играми во власть и подчинение, что никто не станет вмешиваться в их собственные маленькие «мысленные эксперименты», на которые им хватит остроты и прихотливости их ума! Я вскакиваю с раскладного дивана в своем кабинете, умываюсь, одеваюсь и возвращаюсь в подвал. Я счастлив, что этот кошмар закончился и на самом деле я свободен.

Половина третьего ночи. Ночная смена в разгаре. Семеро сонных заключенных, которых снова разбудили громкий, пронзительный свист и удары дубинок по прутьям вонючих пустых камер, выстроились у стены. Охранник Венди снова повторяет правила и проверяет, помнят ли их заключенные. Если они ошибаются, он назначает им разные наказания.

Охраннику Серосу хочется, чтобы все это было похоже на настоящую военную тюрьму, и он заставляет заключенных маршировать по коридору, как солдат. Посовещавшись, эти двое решают, что их подопечным не хватает дисциплины, и они должны научиться заправлять кровати как в армии. Заключенным приказывают снять с кроватей все постельное белье, а потом снова их застелить как можно аккуратнее и встать рядом для проверки. Естественно, словно в настоящем военном лагере, проверку никто не проходит, и всем приходится снова снять белье с кроватей, снова их застелить, снова пройти проверку и повторять этот бессмысленный процесс, пока охранникам все это не наскучит. Охранник Варниш спешит продемонстрировать свое остроумие: «Ну хорошо, ребята, теперь вы заправили кровати, можете поспать на них до следующей переклички». Идет только пятый день эксперимента.

ДВОР РАЗРАЖАЕТСЯ НАСИЛИЕМ

В семь утра, во время следующей переклички, когда заключенные более-менее спокойно поют свои номера, внезапно происходит вспышка насилия. Пол-5704, истощенный постоянным недосыпанием и раздраженный тем, что стал мишенью для охранников почти каждой смены, наносит ответный удар. Он отказывается делать приседания. Серос приказывает остальным приседать до тех пор, пока № 5704 к ним не присоединится; эти мучения закончатся только тогда, когда он подчинится. Заключенный № 5704 не реагирует на эту приманку.

В обширной беседе с Кертом Бэнксом Пол-5704 описал этот инцидент со своей точки зрения и выразил назревавший в нем гнев:

> «У меня очень плохая растяжка, и я не собирался ее улучшать. Я сказал им об этом, но они ответили: "Заткнись и приседай". "Да пошел ты, придурок", — сказал я, все еще лежа на полу. Я хотел встать, чтобы меня снова отвели в карцер, но он [Серос] прижал меня к стене. Мы начали драться, мы колотили друг друга и орали. Я хотел размахнуться и ударить его в лицо, но для меня это было бы насилием... я — пацифист, как вы знаете, я не думал, что способен на такое. Во время очередных издевательств я повредил ногу и попросил вызвать врача, но вместо этого меня отвели в карцер. Я действительно угрожал, что "раздавлю" его, когда выйду из карцера, поэтому они держали меня там до тех пор, пока все остальные не позавтракали. Когда они, наконец, меня выпустили, я был в ярости и попытался ударить этого охранника [Сероса].
>
> Чтобы меня усмирить, потребовалось два охранника. Они отвели меня в отдельную комнату, чтобы я позавтракал в одиночестве. Я снова пожаловался на боль в ноге и попросил вызвать врача. Но я не позволил охранникам осмотреть мою ногу. Что они в этом понимают?
>
> Я поел в одиночестве, но извинился перед [Варнишем], который был наименее враждебен ко мне. Но мне очень хотелось врезать "Джону Уэйну", этому парню из Атланты. Я буддист, а он все время обзывает меня

коммунистом, просто чтобы спровоцировать, и ему это удается. Сейчас я думаю, некоторые охранники, например, большой Лендри [Джефф], вели себя мягко только потому, что им приказали так себя вести» [2].

Охранник Джон Лендри пишет в дневнике, что № 5704 создавал больше всего трудностей, «во всяком случае, его чаще всего наказывали»:

«После каждого случая он [№ 5704] впадает в депрессию, но его дух, который он называет "менталитетом бродяги", продолжает укрепляться. Он — один из самых волевых заключенных. Еще он отказался мыть посуду после обеда, и я рекомендую кормить его хуже всех и лишить привилегии курения — он заядлый курильщик».

А вот другая точка зрения: точный и проницательный отчет охранника Сероса об этом серьезном инциденте и о психологии заключенных в целом:

«Один из заключенных, № 5704, совершенно не хотел сотрудничать, и я решил отвести его в карцер. К тому времени это была обычная практика. Он отреагировал с яростью, и мне пришлось защищаться, не мне самому, но как охраннику. Он ненавидел меня, как охранника. Он реагировал на униформу; я чувствовал, что он проецирует на меня этот образ. У меня не было выбора, и мне пришлось защищаться. Я не понимал, почему другие охранники не спешат мне на помощь. Все были потрясены.

Тогда я понял, что я такой же заключенный, как и они. Я был просто мишенью для их гнева. У них было больше свободы в действиях. Я не думаю, что у нас был выбор. Мы тоже были подавлены этой ситуацией, но у нас, охранников, была иллюзия свободы. Тогда я этого не понимал, иначе ушел бы. Мы все стали рабами денег. Заключенные стали нашими рабами; а мы стали рабами денег. Позже я понял, что все мы были рабами этой атмосферы. Мы думали об этом просто как об "эксперименте", это означало, что на самом деле никто не причиняет никому вреда. Это была иллюзия свободы. Я знал, что мог уйти, но не ушел, потому что не мог — я был рабом всего этого» [3].

Заключенный Джим-4325 тоже соглашается, что во всей ситуации было что-то рабское: «Хуже всего была расписанная по минутам жизнь и необходимость беспрекословно подчиняться охранникам. Унижение от того, что мы были практически рабами охранников, вот что было хуже всего» [4].

Но охранник Серос не позволял, чтобы ощущение, что он попал в ловушку своей роли, мешало ему проявлять свою власть. Он замечает: «Мне нравилось их мучить. Меня беспокоило, что Сержант, № 2093, такой покорный. Я семь раз заставлял его чистить кремом для обуви мои ботинки, и он ни разу не возразил» [5].

Размышления охранника Венди свидетельствуют о том, что дегуманизированное восприятие заключенных проникло в его мышление: «В четверг заключенные вели себя очень послушно, если не считать небольшой стычки между Серосом и № 5704, это был небольшой всплеск насилия, который мне совершенно не понравился. Я воспринимал заключенных как овец, и меня совершенно не волновало их состояние» [6].

В заключительном отчете охранника Сероса мы находим другой взгляд на растущую дегуманизацию заключенных в восприятии охранников:

«Несколько раз я забывал, что заключенные — это люди, но я всегда ловил себя на этом и напоминал себе, что они — люди. Я просто считал их "заключенными", как будто в них нет ничего человеческого. Это бывало иногда, обычно когда я отдавал им приказы. Я устал, мне было противно — таким было мое обычное состояние. Я изо всех сил заставлял себя дегуманизировать их — так мне было легче» [7].

По мнению всех наших сотрудников, из всех охранников точнее всех «следует правилам» Варниш. Он старше почти всех охранников, ему, как и Арнетту, 24 года. Они оба аспиранты и должны быть немного более зрелыми людьми, чем другие охранники. Серосу, Венди и Джону Лендри всего по 18 лет.

Отчеты дневной смены Варниша — самые подробные и длинные, в них описаны отдельные случаи неподчинения заключенных. Но в них редко комментируются действия охранников и совершенно отсутствуют упоминания о влиянии психологических сил. Варниш наказывает заключенных только за нарушение правил и ни за что другое. Его ролевое поведение полностью интернализовано, в тюрьме он совершенный охранник. Он ведет себя не так демонстративно и жестоко, как некоторые другие охранники, например Арнетт и Хеллман. С другой стороны, он не пытается понравиться заключенным, как Джефф Лендри. Он просто делает свою работу, спокойно и эффективно. Из накопившихся сведений о нем следует, что, он, как ему кажется, иногда ведет себя эгоцентрично и склонен к догматизму.

«Иногда мы почти не напрягались — мы не унижали заключенных настолько, насколько *могли бы*», — пишет Варниш.

Роли могут влиять не только на эмоции, но и на мышление, и это интересно отражено в самоанализе Варниша после эксперимента:

«В начале эксперимента я был уверен, что, скорее всего, смогу действовать так, как требует исследование, но постепенно я стал с удивлением замечать, что у меня возникают чувства, которых я раньше в себе не наблюдал. Я действительно начал чувствовать себя как настоящий охранник, хотя искренне считал, что неспособен на подобное поведение. Я был удивлен — нет, я был встревожен, — когда обнаружил, что могу… что могу вести себя так, как раньше не мог и помыслить. И при этом я не испытывал никаких сожалений, не испытывал чувства вины. Только потом, когда я начал размышлять над тем, что сделал, я начал понимать, как себя вел, я понял, что раньше просто не замечал в себе подобных качеств» [8].

Новые мучения заключенного № 5704

Нападение заключенного Пола-5704 на Сероса — главная тема разговора в комнате охранников в 10 утра, когда заступает дневная смена и охранники переодеваются. Все решают, что № 5704 требует особого внимания и дисциплины, так как подобное поведение недопустимо.

Заключенный № 5704 не принимает участия в перекличке в 11.30, потому что прикован цепью к своей кровати в первой камере. Всем остальным охранник Арнетт приказывает лечь на пол и сделать 70 отжиманий — в наказание за непослушание № 5704. Заключенные теряют силы, потому что плохо едят и мало спят, но все же способны выполнить этот приказ. Я не могу отжаться 70 раз, даже хорошо поев и выспавшись, — похоже, они активно улучшают свою спортивную форму, но неохотно и с жалким видом.

Продолжая ироническую музыкальную тему предыдущего дня, заключенным приказывают петь, громко и четко: «Что за прекрасное утро» и «О, благодать», в сочетании с припевом дурацкой детской песенки. Пол-5704 скоро присоединяется к товарищам, но продолжает перечить охранникам и снова оказывается в карцере. Он кричит и сыплет проклятиями во всю силу своих легких и снова выбивает деревянную перегородку между двумя отделениями карцера. Охранники вытаскивают его, надевают на него наручники, сковывают лодыжки цепью, отводят во вторую камеру и ставят на место перегородку в карцере. В одиночке теперь два отделения — на тот случай, если дисциплинарные меры потребуются сразу двум заключенным.

№ 5704 демонстрирует изобретательность настоящего заключенного — каким-то образом ему удается запереть задвижку на двери камеры. Он заперся и издевается над охранниками. Охранники снова врываются в его камеру и тащат назад в отремонтированный карцер. Здесь он будет сидеть до тех пор, пока не предстанет перед комиссией по условно-досрочному освобождению для дисциплинарных слушаний, заседание которой состоится позже в этот же день.

Буйное поведение № 5704 наконец выводит из себя охранника Арнетта, который старательно демонстрирует хладнокровие. Он старше почти всех охранников, учится в аспирантуре факультета социологии, успел поработать в трех колониях для несовершеннолетних, и был обвинен (а затем оправдан) в «незаконных акциях» в поддержку гражданских прав. У Арнетта самый большой опыт, и он помогает ему быть добросовестным охранником. Но он не испытывает никакого сострадания к заключенным, просто во дворе он ведет себя абсолютно профессионально. Он точно формулирует команды и полностью контролирует свои жесты. Он стал статусной, авторитетной фигурой, вроде телеведущего. У него правильные движения головы, шеи и плеч и выразительные жесты рук. Все его слова и действия тщательно продуманы. Арнетт излучает чувство сдержанного внимания ко всему, что происходит вокруг. Очень трудно представить, что его можно выбить из колеи или что кто-то начнет с ним спорить.

«Я несколько удивлен собственным хладнокровием. Я разозлился только один раз, ненадолго, когда № 5704 снял замок с двери своей камеры и ткнул меня в живот моей собственной палкой (которой до этого я ткнул его). Все остальное время я чувствовал себя довольно расслабленно. Я никогда не испытывал ощущения власти или удовольствия, когда унижал людей или отдавал приказы» [9].

В тюремной атмосфере Арнетт использовал на практике результаты некоторых социологических исследований:

«Я читал, что скуку и другие аспекты тюремной жизни можно использовать для того, чтобы дезориентировать людей, лишить их ощущения собственной личности. С этой же целью заключенных загружают монотонной работой, наказывают всех из-за плохого поведения одного, требуют идеального выполнения обычных действий во время перекличек. Я всегда был чувствителен к власти тех, кто управляет социальным окружением, и пытался устранить солидарность [заключенных], используя некоторые из этих методов. Но я старался не злоупотреблять ими, потому что не хотел быть жестоким» [10].

Оспаривая возможность условно-досрочного освобождения заключенного № 5704, Арнетт писал комиссии: «Вряд ли можно перечислить все нарушения № 5704. Он систематически и демонстративно не подчиняется, у него бывают вспышки насилия и колебания настроения, он постоянно подстрекает других заключенных к неповиновению и отказу от сотрудничества. Он ведет себя ужасно, даже когда знает, что за его поведение будут наказаны другие заключенные. Дисциплинарный совет должен отнестись к нему со всей серьезностью».

Заключенный № 416 бросает вызов системе с помощью голодовки

Заключенный № 5704 был не единственным нарушителем спокойствия. Безумие этого места, к которому мы уже привыкли за несколько дней, прошедших с воскресенья, коснулось и заключенного № 416, хотя он стал заключенным только вчера, заняв место Дуга-8612, которого мы освободили первым. Сначала № 416 не мог поверить своим глазам и захотел немедленно выйти из эксперимента. Но сокамерники сказали ему, что по своей воле уйти невозможно. Они передали ему ложный слух, пущенный заключенным № 8612, о том, что «*они*» не разрешат никому уйти раньше времени. Как поется в известной песне «Отель "Калифорния"»: «Номер можно освободить, но невозможно уйти».

Вместо того чтобы проверить это ложное утверждение, заключенный № 416 решил использовать пассивный метод побега. «У меня был план, — сказал он позже. — Я решил использовать "лазейку" в своем контракте, составленном в спешке. Но как я мог влиять на систему, кроме подачи официальных просьб? Я мог взбунтоваться, как Пол-5704. Но я решил использовать легальные действия, чтобы выйти на свободу, и мои чувства не имели большого значения, хотя я и следовал им для достижения своей цели. Я решил исчерпать ресурсы этой мнимой тюрьмы: мое поведение должно стать невыносимым, я должен отказываться от любого вознаграждения и принимать все наказания». (Вряд ли № 416 тогда знал, что следовал стратегии, которую использовали профсоюзы в борьбе против руководства компаний. «Играя по правилам», или, по официальному названию, «работая по инструкции», они тем самым выявляли внутренние недостатки системы и тем самым затрудняли ее работу [11].)

№ 416 решил действовать быстро, ведь, отказываясь от еды, которую предлагали охранники, он сразу же мог устранить один из источников их власти. Я наблюдал за этим тощим парнем: неразвитая мускулатура, 60 кг веса при 172 см роста. Мне казалось, что он и так похож на голодающего.

В некотором смысле первый день в Стэнфордской тюрьме повлиял на Клея-416 сильнее, чем на других заключенных. Он говорит об этом в своем отзыве, написанном в странно обезличенном стиле:

> «Я начал чувствовать, что теряю идентичность. Терять того, кого я называю "Клеем", того, кто привел меня в это место, тот, кто добровольно оказался в этой тюрьме — а для меня это была тюрьма и до сих пор остается тюрьмой, я не считаю это экспериментом или моделированием, это тюрьма, которой управляло не государство, а психологи. Я стал чувствовать, что моя идентичность, тот, кем я был, тот, кто решил отправиться в тюрьму, — был где-то далеко, он отдалялся, пока, наконец, я перестал им быть. Я был "номером 416". Я действительно стал своим номером, и заключенному № 416 нужно было решить, что делать. Именно тогда я решил объявить голодовку. Я выбрал голодовку, потому что еда была единственным вознаграждением, которое давали нам охранники. Они всегда угрожали, что они не дадут нам поесть, но не могли лишить нас еды. И я прекратил есть. У меня появилась какая-то власть, потому что я обнаружил, что они ничего не могут с этим сделать. Если бы им не удалось заставить меня поесть, они в конце концов сели бы в лужу. Поэтому голодовкой я как будто бы унижал их» [12].

Для начала он отказался притронуться к обеду. Арнетт сообщает, что слышал, как № 416 сказал сокамерникам, что намерен голодать до тех пор, пока не получит юридической консультации, которой он потребовал. Он сказал, что «примерно через 12 часов я, наверное, упаду в обморок, и что они тогда будут делать? Им придется уступить». Арнетт считает его исключительно «наглым и дерзким» заключенным. Он не видит в его голодовке ничего благородного.

Это был еще один заключенный, создавший смелый план неповиновения, бросающий прямой вызов власти охранников. Этот акт мог превратить заключенного № 416 в героя непротивления насилием, и вокруг него могли бы сплотиться другие заключенные. Он мог вывести их из ступора слепого подчинения — как Махатма Ганди. И, напротив, там, где все ресурсы власти принадлежат системе, очевидно, что насилие, к которому прибегает № 5407, ничего не дает. Я надеялся, что № 416 придумает другой план и вовлечет сокамерников и других заключенных в общую акцию неповиновения, используя массовую голодовку как протест против жестокого обращения. Но при этом я видел, что он сосредоточен на самом себе и едва ли осознает, что в протесты можно и нужно вовлечь товарищей.

Еще двое заключенных переживают нервный срыв

Оказалось, что проблемы, созданные № 5407 и № 416, привели к цепной реакции конфронтации. Мать заключенного № 1037 была права. Она увидела, что ее сын, Рич, плохо выглядит; теперь это вижу и я. После свидания с родителями он становился все более и более подавленным; вероятно, он жалел, что они собирались забрать его домой. Вместо того чтобы согласиться с матерью и признать свое состояние, Рич, вероятно, решил, что на кону стоит его мужественность. Он хотел доказать, что сможет справиться с ситуацией «как мужчина». Но не смог. Как и его сокамерники № 8612 и № 819 из некогда мятежной второй камеры, Рич-1037 начинает проявлять симптомы стресса, настолько сильного, что мне приходится отвести его в тихую комнату за пределами тюремного двора и сказать, что будет лучше, если мы немедленно предоставим ему условно-досрочное освобождение. Он удивился и обрадовался этой хорошей новости. Я помогаю ему переодеться, но он все еще сомневается. Я говорю ему, что он получит все деньги, заработанные за время эксперимента, и скоро мы свяжемся с ним и со всеми другими студентами, чтобы обобщить результаты исследования, провести заключительный опрос и заплатить за участие в эксперименте.

Позже заключенный № 1037 сказал, что хуже всего в эксперименте были «моменты, когда действия охранников вызывали ощущение, будто они выражают свои настоящие чувства, а не просто играют роль охранников. Например, несколько раз, когда мы делали упражнения, с заключенными обращались очень жестоко. Казалось, некоторые охранники наслаждаются нашими муками» [13].

Когда на свидание к нему пришли родители, новость об условно-досрочном освобождении № 1037 расстроила заключенного № 4325, у которого стресс был сильнее, чем нам казалось. «Большой Джим», как прозвала его наша исследовательская команда, казался сильным и уверенным парнем, а по результатам предварительных отборочных тестов он получил совершенно нормальные показатели по всем параметрам. Но в этот день у него неожиданно произошел срыв.

«Когда нам сказали о предстоящей встрече с комиссией по условно-досрочному освобождению, я стал надеяться, что меня выпустят. Но когда Рича [№ 1037] отпустили, а меня нет, я совсем пал духом. Это известие сильно на меня повлияло, и я окончательно впал в отчаяние. Я "сломался". Я осознал, что мои эмоции гораздо сильнее, чем я думал, и понял, как на самом деле прекрасна моя обычная жизнь. Если тюрьма на самом деле напоминает то, через что я здесь прошел, я не знаю, кому она может помочь» [14].

Я сказал ему то же самое, что и № 1037, а именно, что мы и так собирались скоро освободить его за хорошее поведение, и если он хочет, то может уйти раньше. Я поблагодарил его за участие, выразил сожаление, что эксперимент оказался для него настолько трудным, и пригласил принять участие в скором обсуждении результатов исследования. Я хотел снова собрать всех студентов, чтобы обсудить их реакции некоторое время спустя после необычного эксперимента. Он взял свои вещи и спокойно ушел, заявив, что ему не нужна встреча с психологом-консультантом в студенческой поликлинике.

В журнале начальника тюрьмы сказано: «№ 4325 реагирует ужасно, и к половине шестого вечера его нужно выпустить, потому что у него такие же сильные реакции, какие были у № 819 [Стью] и у № 8612 [Дуга]». В журнале также описан любопытный факт: никто из заключенных и охранников даже не упоминает об освобождении № 4325. Ушедшие — забыты. Покойтесь с миром. Очевидно, к этому времени в изнурительной тюремной проверке на прочность важно лишь то, кто еще остался, — а не то, кто здесь был. Вот уж точно, с глаз долой — из сердца вон.

Письма домой из Стэнфордской тюрьмы

«Сегодня, когда заключенные писали письма домой, снова рассказывая о том, как прекрасно они проводят здесь время, заключенный № 5486 [Джерри] смог правильно написать письмо только с третьей попытки, — сообщает охранник Маркус. — Поведение этого заключенного и отношение к власти постоянно ухудшаются по сравнению с первыми днями, когда он был в образцовой третьей камере. Когда № 5486 перевели в другую камеру, он попал под дурное влияние новых сокамерников, и сейчас он ведет себя все хуже, особенно во время перекличек. Он добивается единственной цели: подорвать авторитет сотрудников тюрьмы».

Отчет Арнетта квалифицирует поведение этого некогда примерного заключенного как новый сложный случай: «С тех пор как заключенного № 5486 разлучили с № 4325 и № 2093, его товарищами по третьей камере, он постепенно катится по наклонной плоскости. Он превратился в клоуна и фигляра. Его недопустимое поведение необходимо выправить, пока оно не привело к серьезным последствиям».

Третий охранник дневной смены, Джон Лендри, тоже был недоволен, когда «№ 5486 начал издеваться над письмами. Это был признак общего нежелания сотрудничать. Я рекомендую, в качестве наказания, заставить его переписать письмо 15 раз».

К чаепитию Безумного Шляпника присоединяется Кристина

Когда в четверг комиссия по условно-досрочному освобождению и дисциплинарный совет закончили свои обсуждения,

Карло нужно было вернуться в город по срочным делам. Я обрадовался, что мне не пришлось приглашать его в ресторан, потому что хотел быть на месте ко времени свиданий, сразу после ужина заключенных. Я должен был извиниться перед миссис И., матерью заключенного № 1037, за свое вчерашнее поведение. Кроме того, я хотел немного расслабиться и поужинать в компании нового члена комиссии, Кристины Маслач.

Кристина недавно получила степень доктора философии по социальной психологии в Стэнфорде и вскоре должна была приступить к обязанностям доцента в Университете Беркли. Ей одной из первых женщин за последние десятилетия факультет психологии предложил работу. Кристина была настоящим чудом — интеллектуальная, невозмутимая и сдержанная. Она много работала и хотела продолжить карьеру в сфере психологических исследований и педагогики. Кристина помогала мне в преподавательской работе, была ценным научным работником, а также стала неофициальным редактором нескольких моих книг.

Я думаю, что влюбился бы в нее, даже если бы она не была так потрясающе красива. Для бедного мальчишки из Бронкса эта изящная «девушка из Калифорнии» была настоящей мечтой. Но раньше мне приходилось соблюдать дистанцию, чтобы мое личное отношение к ней не влияло на рекомендации, связанные с ее работой. Теперь, когда она, исключительно благодаря собственным заслугам, получила одно из лучших преподавательских мест в стране, мы могли не скрывать наших отношений.

Я почти ничего не рассказывал ей о тюремном эксперименте, потому что ей и некоторым другим моим коллегам и аспирантам предстояло участвовать в оценке персонала, заключенных и охранников тюрьмы. Это должно было произойти на следующий день, в пятницу, как раз посередине запланированных двух недель исследования. Я подозревал, что ей не понравилось то, что она увидела и услышала днем, во время дисциплинарных слушаний. Она не сказала ничего, что могло бы меня встревожить. Точнее, она вообще ничего не сказала. Я надеялся, что мы обсудим ее впечатления от Карло и весь ход заседания комиссии за ужином, а также поговорим о том, какой информации я ожидаю от нее в пятницу.

Священник сдерживает обещание о пасторской помощи

Священник, знавший о том, что наша тюрьма — только эксперимент, уже способствовал его достоверности. Он отнесся к своей роли со всей серьезностью и выполнил свое обещание — предложить помощь каждому, кто о ней попросит. Конечно же, отец Макдермот позвонил миссис Уиттлоу, матери Хабби-7258, и сказал ей, что если ее сын хочет выйти из Стэнфордской тюрьмы, то ему нужен адвокат. Вместо того чтобы сказать: «Раз мой сын хочет выйти на волю, я заберу его домой, когда приду в тюрьму в следующий раз», миссис У. послушно делает то, что ей говорят. Она звонит своему племяннику Тиму, юристу, работающему в офисе государственного защитника. Тот, в свою очередь, звонит мне, и мы, действуя по сценарию, договариваемся о визите юриста в пятницу утром. Это еще один реалистичный элемент тюремного опыта, который становится все более ирреальным. Можно подумать, что наша небольшая драма написана Францем Кафкой как сюрреалистическое продолжение «Процесса», или Луиджи Пиранделло, решившим дописать «Покойного Маттиа Паскаля» или же свою знаменитую пьесу «Шесть персонажей в поисках автора».

Герой задним числом

Иногда нужны время и дистанция, чтобы понять истинную ценность того, чему учит нас жизнь. Клей-416 мог бы перефразировать классическую фразу Марлона Брандо из фильма «В порту»: «Я хороший соперник». Клей-416 мог бы сказать: «Я хороший герой». Но в пылу событий его считали всего лишь «нарушителем спокойствия», создающим трудности у товарищей, — мятежником без видимых целей.

Героизм часто требует социальной поддержки. Обычно мы прославляем героические поступки отдельных храбрецов, но не одобряем их, если эти действия создают ощутимые неудобства для остальных, и если не можем понять их побуждений. Семена героического сопротивления всходят лучше всего, когда все члены сообщества готовы чем-то пожертвовать ради общих ценностей и целей. Мы видели это, например, в истории Нельсона Манделы, боровшегося с апартеидом в Южной Африке и брошенного в тюрьму. Во время нацистского Холокоста многие люди в разных европейских странах помогали евреям бежать и давали им приют. Голодовки тоже часто используются в политических целях: лидеры ИРА, содержавшиеся в тюрьме Лонг-Кеш в Белфасте, умерли во время голодовки. Они вместе с другими членами Ирландской армии национального освобождения использовали голодовку, чтобы привлечь внимание к своему статусу политических заключенных и продемонстрировать, что не являются уголовными преступниками [15]. Совсем недавно сотни задержанных, содержавшихся в американской военной тюрьме в Гуантанамо на Кубе, объявили длительную голодовку в знак протеста против незаконного и негуманного задержания и в результате привлекли внимание средств массовой информации.

Что касается Клея-416, хотя у него был личный план эффективного сопротивления, он не поделился им с сокамерниками и с другими заключенными, чтобы они тоже могли к нему присоединиться. Если бы он это сделал, его план, возможно, стал бы основой объединения, коллективным вызовом дьявольской системе, а не остался бы просто причудой отдельного человека. № 416 появился на сцене позже всех; возможно, другие заключенные не успели с ним познакомиться или считали, что он не получил своей доли унижений, как они, в первые дни и ночи. Так или иначе, он остался «чужим», как и Дэйв, наш информатор (заменивший заключенного № 8612). Дэйв быстро перешел на сторону заключенных и вместе с ними стал противником системы, которая наняла его в качестве шпиона. С Клеем-416 случилось иначе. Я думаю, других заключенных отталкивал и его интровертированный стиль поведения. Он привык действовать в одиночку и жил в своем собственном сложном интеллектуальном мире, а не в сфере межличностных отношений. Но его непокорность оказала заметное влияние как минимум на одного заключенного, хотя и после окончания тюремного опыта.

Джерри-5486, которого комиссия по условно-досрочному освобождению окрестила «самоуверенным типом», говорил:

«Меня поразило стоическое упорство Клея, я хотел бы, чтобы он был с нами с самого начала. Определенно, он мог бы повлиять на дальнейшие события».

В своих позднейших размышлениях № 5486 добавляет:

«Когда Клей-416, который первым подал пример реального сопротивления, твердо стоял на своем и категорически отказался есть сосиски, примечательно, что остальные были настроены против него. Если бы он появился раньше, то стал бы их идеалом. Многие говорили, что будут бороться, что объявят голодовку, устроят забастовку и все такое, но когда кому-то, наконец, хватило смелости это сделать, они были против него. Они предпочли сохранить свои маленькие личные удобства, чем видеть, как он следует своим принципам».

Далее Джерри-5486 отмечает, как неприятно было наблюдать стычку между № 416 и № 7258, «между Хабби и Клеем по поводу сосисок и девушки». Позже он стал иначе воспринимать истинный смысл этой стычки, но пока она разворачивалась, не видел ее настоящего значения. Иначе он, возможно, вмешался и разрядил бы обстановку:

«Я понял, что до этого все были поглощены собственными страданиями и тем, что из-за них страдают другие. Было очень грустно все это видеть, тем более что [Хабби] не понимал, что если он не сможет увидеться со своей девушкой, то в этом будет виноват Джон Уэйн, а не Клей. Но [Хабби] попался на крючок и не понимал, что на самом деле происходит» [16].

Тем временем, сидя в одиночке, Клей-416 вел себя как буддист, и Пол-5704 гордился бы им, если бы знал, что Клей использовал нечто вроде тактики интеллектуального выживания дзэн.

«Я все время медитировал. Например, когда я отказался от ужина, охранник [Барден] вывел всех заключенных из камер, пытаясь убедить меня, что из-за этого будут отменены свидания, и сулил прочие мерзости, которых, как я считал, быть не могло. Но я не был в этом уверен; я просто просчитал вероятность. Тогда я стал, не отрываясь, смотреть на капельку воды, оставшуюся от сосиски и блестевшую на жестяной тарелке. Я просто смотрел на эту капельку и концентрировался на ней, сперва горизонтально, а потом вертикально. Никто не мог вывести меня из себя. В карцере я пережил религиозный опыт» [17].

Благодаря пассивному сопротивлению этот тощий мальчишка достиг внутреннего покоя. Он контролировал свое тело, и его разум блуждал вдали от охранников и их унижений. Клей-416 написал трогательный отчет о том, как выиграл битву между волей отдельного человека и властью системы:

«Как только я отказался от еды перед лицом самого властного охранника вечерней смены, я впервые испытал удовлетворение. Мне понравилось, что я привел в бешенство [охранника Хеллмана]. Когда меня отправили в карцер на всю ночь, я ликовал. Я ликовал, потому что был почти уверен, что исчерпал его ресурсы (использовал их против него). Также я с удивлением понял, что в карцере могу пользоваться уединением — это было роскошно. То, что он наказывал других, меня не волновало. Я хотел посмотреть, что будет дальше. Я знал, я просчитал, что привилегию в виде свиданий с друзьями и родственниками охранники отменить не могут. Я был готов остаться в карцере, возможно, до 10 утра. В карцере я был очень далек от человека, которого звали Клей. Я был "заключенным № 416", хотел им быть и даже гордился тем, что я — "№ 416". Этот номер придал мне новую идентичность, потому что № 416 нашел собственный выход из ситуации. Мне не нужно было цепляться за прежнюю мужественность, принадлежащую моему старому имени. В карцере есть полоска света, шириной сантиметров десять, свет идет из дверной щели. Я наблюдал за этой полоской света, и примерно через три часа меня наполнил покой. Это была самая красивая вещь в тюрьме. И мне не показалось. Это так, пойдите, посмотрите сами. Когда меня выпустили, около 11 часов вечера, и я вернулся на свою кровать, я чувствовал, что победил, что моя воля оказалась сильнее ситуации. Этой ночью я спал хорошо».

Самый худший охранник не так уж плох

Керт Бэнкс говорит мне, что из всех охранников он меньше всего уважает Бардена, потому что он мелкий подхалим, поддакивает Хеллману, прячется в тени «босса». Я отношусь к нему так же, хотя с точки зрения заключенных многие охранники гораздо сильнее угрожают их здравомыслию и выживанию. Один из моих сотрудников слышал, как Барден хвастался, будто накануне вечером соблазнил жену своего друга. С двумя друзьями он каждую неделю играет в бридж. Этой женщине 28 лет и у нее двое детей. Она всегда ему нравилась, но до сих пор он не мог набраться храбрости и приударить за ней. Возможно, новое чувство власти придало ему уверенности, и он обманул старого друга, наставив ему рога. Если он сказал правду, это еще одна причина не испытывать к нему симпатии. Но затем в его досье мы нашли информацию о том, что его мать бежала из нацистской Германии. Это добавляет хоть что-то положительное к нашей оценке этого непростого парня.

Отчет смены Бардена содержит удивительно точное описание поведения сотрудников исправительных заведений:

«У нас — кризис власти, это бунтарское поведение [голодовка заключенного № 416] способно подорвать абсолютную власть, которую мы установили. Я узнал, какие странности и страхи есть у других номеров [интересно, что он называет заключенных "номерами"; явная деиндивидуализация]; находясь в тюремном корпусе, я пытаюсь использовать полученную информацию таким образом, чтобы заставить их подчиняться».

Он отмечает также, что охранникам не хватало поддержки от наших сотрудников: «На самом деле проблемы начались за ужином — мы ждем, что руководство тюрьмы объяснит, что нам делать с этим бунтом, ведь нас беспокоит, что он не ест... но руководство не подает признаков жизни, и это странно». (Мы искренне признаем себя виновными в том, что не обеспечили надзора и обучения.)

Мое негативное отношение к охраннику Бардену смягчается, когда я узнаю, что он делает дальше. «Я не мог вынести мысли, что [№ 416] до сих пор сидит в карцере, — говорит он. — Мне кажется, это опасно (так как по правилам заключенный не может проводить в карцере больше часа). Я спорю с Дэйвом и потом молча отвожу нового заключенного № 416 назад в его камеру». Правда, он добавляет: «Но издевательским тоном приказываю ему взять сосиски в кровать» [18].

Подтверждением тому, что Барден не так уж плох, служит комментарий Джерри-5486, единственного заключенного, который был готов отказаться от одеяла ради Клея-416: «Меня разозлили крики и разглагольствования Джона Уэйна. В мою камеру вошел [Барден], который знал, что я сочувствую Клею, и сказал, что № 416 не будет сидеть там всю ночь. "Мы выведем его, как только все уснут", — прошептал он, а потом опять надел маску "крутого парня". Как будто в этом центре циклона ему нужно было хотя бы иногда быть честным» [19].

Джерри-5486 не только был на стороне № 416. Он понял, что встреча с Клеем оказалась самой важной частью приобретенного жизненного опыта: «Я увидел парня, который знал, чего хотел, и ради этого был готов выдержать любые страдания. Он был единственным, кто не сдался, не подлизывался, не сломался» [20].

В отчете ночной смены Барден отмечает: «Между оставшимися заключенными уже нет никакой солидарности, только № 5486 все время требует одинаковых привилегий для всех». (Я согласен; это одна из причин, по которым я уважаю Джерри-5486 больше всех остальных заключенных.)

Этот интенсивный, длительный эксперимент расширяет мои представления о том, как сложна человеческая природа, ведь именно в тот момент, когда ты думаешь, что понял кого-то, оказывается, что ты лишь поверхностно знаком с его внутренним миром, причем это знакомство опирается на незначительное количество личных или опосредованных контактов. Я начинаю уважать Клея-416 за силу воли перед лицом сильнейшего давления, но обнаруживаю, что он — не Будда. Вот что он говорит в своем заключительном интервью о тех страданиях, которые его голодовка доставила другим заключенным: «Если я пытаюсь выйти на свободу, и охранники создают ситуацию, при которой другим делается хуже, потому что я пытаюсь выйти на свободу, *меня это не волнует*».

Его друг Джерри-5486 прекрасно описывает сложные игры ума, в которые он играл в этой тюрьме — и проиграл.

«Все чаще и чаще во время эксперимента я начинал оправдывать свои действия: я говорил: "Это всего лишь игра, я это знаю и могу выдержать все это без особых проблем, и меня все это не волнует, так что я выдержу до конца". Меня это устраивало. Мне все нравилось, я считал, сколько денег заработаю, и планировал побег. Мне казалось, что я мыслю достаточно ясно, и охранники не могли вывести меня из себя, потому что я был отрешен от всего этого и просто наблюдал. Но теперь я понимаю, что хотя считал, что сохраняю здравый смысл, мое поведение в тюрьме выходило из-под моего контроля чаще, чем я думал. Я старался быть открытым, дружелюбным и отзывчивым с другими заключенными, но при этом оставался закрытым и думал только о себе. Я вел себя скорее рационально, и не испытывал сочувствия к другим. Такая отчужденность помогала мне справляться с ситуацией, но теперь я понимаю, что мои действия часто причиняли другим боль. Вместо того чтобы искренне отзываться на их потребности, я предпочитал думать, что они так же отчуждены и бесчувственны, как я сам. Так я рационализировал свое собственное эгоистичное поведение.

Лучший пример этого — эпизод, когда Клей [№ 416] сидел в кладовке со своими сосисками... Мы с Клеем были друзьями, он знал, что во время его голодовки я был на его стороне: я поддержал его за ужином, когда другие заключенные пытались заставить его есть.

Но когда его увели в одиночку и нам приказали стучать в дверь и кричать, я сделал это, как и все остальные. Я легко оправдал свои действия: "Это всего лишь игра. Клей знает, что я на его стороне. Мои действия ничего не изменят, я просто развлекаю охранников". Позже я понял, как тяжело Клей воспринял эти крики и стук в дверь. Я издевался над парнем, который мне больше всех нравился. И оправдывал это, говоря себе: "Я это делаю, но мои действия не затрагивают мой разум". Хотя на самом деле важен был разум другого человека. О чем он думал? Как повлияли на него мои действия? Я не осознавал последствий своих действий, я бессознательно возложил ответственность за них на охранников. Я отделил свой разум от своих действий. Возможно, я мог бы сделать почти все — кроме причинения физического вреда другому заключенному, — если бы мог переложить ответственность за это на охранников.

Сейчас я думаю, что, наверное, невозможно отделить разум от действий, как я пытался делать это во время эксперимента. Я гордился тем, что мой разум остается недосягаемым, — я не испытывал эмоций, я не позволял им управлять моим умом. Но, оглядываясь на свои поступки, я вижу, что охранники все-таки добились мощного, но незаметного контроля над моим разумом» [21].

«ТО, ЧТО ТЫ ДЕЛАЕШЬ С ЭТИМИ МАЛЬЧИШКАМИ, ЭТО УЖАСНО!»

Последний поход в туалет в четверг начался в 22.00. Кристина, молчаливо присутствовавшая на заседании комиссии по условно-досрочному освобождению и дисциплинарного совета, работала в библиотеке. Потом она спустилась в тюрьму и зашла за мной. Мы собирались отправиться в городской торговый центр, расположенный рядом с кампусом, и поужинать в ресторане Stickney's. Я сидел в своем кабинете суперинтенданта и составлял график интервью на следующий день. Я видел, как она болтает с одним из охранников; когда разговор закончился, я позвал ее в свой кабинет, и она села рядом с моим столом. Позже она описала свой необычный разговор с охранником:

«В августе 1971 г. я только что защитила диссертацию в Стэнфордском университете, где работала вместе с Крейгом Хейни, и готовилась приступить к новой работе в качестве доцента факультета психологии в Университете Беркли в Калифорнии. Нужно заметить, что незадолго до этого у меня возникли романтические отношения с Филом Зимбардо и мы уже собирались пожениться. От Фила и его коллег я слышала о тюремном эксперименте, но не принимала участия ни в его предварительной подготовке, ни в начале самого эксперимента. Обычно я проявляю больше интереса к полевым исследованиям и, наверное, я охотно приняла бы участие в эксперименте, если бы не мой переезд и заботы, связанные с подготовкой к моей первой преподавательской работе. Но когда Фил попросил меня, в качестве личной услуги, помочь провести интервью с участниками исследования, я согласилась...

Я спустилась вниз в тюремный подвал... Потом я прошла в другой конец коридора, откуда во двор входили охранники; там была комната, где охранники отдыхали и расслаблялись в свободное время или переодевались в начале или в конце смены. В этой комнате я разговорилась с одним из охранников, который ждал начала своей смены. Он был очень любезен, вежлив и дружелюбен, и любой посчитал бы его приятным парнем.

Позже один из участников исследования предложил мне посмотреть, что происходит во дворе, потому что пришла новая ночная смена охранников. Среди них был печально известный Джон Уэйн. Так прозвали самого грубого и жестокого охранника; я слышала несколько историй, подтверждающих эту репутацию. Конечно, я хотела посмотреть, какой он, что он делает, и чем же он так прославился. Когда я пришла в комнату наблюдения, то была абсолютно ошеломлена. Оказалось, что Джон Уэйн и был тем "приятным парнем", с которым я только что разговаривала. Но сейчас он превратился в другого человека. Он не только двигался по-другому, но и говорил иначе — с южным акцентом... он орал и сыпал проклятиями, заставляя заключенных делать "перекличку". Он изо всех сил старался быть грубым и агрессивным. Это было удивительное превращение. Он ничем не напоминал человека, с которым я только что говорила, и это превращение, которое произошло всего за несколько минут, как только он перешел из внешнего мира в этот тюремный двор, меня напугало. В военной форме, с дубинкой в руке, в темных зеркальных очках, скрывающих глаза... этот парень был настоящим, стопроцентным тюремным охранником» [22].

Именно в этот момент мимо открытой двери моего кабинета прошествовал отряд скованных цепью заключенных, которых последний раз в день вели в туалет. Как обычно, цепь на лодыжке одного была прикована к цепи другого; на головах были большие бумажные мешки, рука каждого заключенного лежала на плече впереди идущего. Процессию возглавлял самый высокий охранник, Джефф Лендри.

— Крис, смотри! — воскликнул я.

Кристина посмотрела и сразу же отвела глаза.

— Ты видишь? Что скажешь?

— Я уже все увидела, — она снова отвела взгляд.

Я был потрясен ее кажущимся безразличием.

— Что ты хочешь сказать? Ты что, не понимаешь? Это же лаборатория человеческого поведения, мы видим то, чего никто раньше не видел в подобной ситуации. Что с тобой? — Керт и Джаффе встали на мою сторону и тоже на нее набросились.

Ответить она не могла, потому что испытывала настоящий эмоциональный шок. По ее щекам бежали слезы. «Я ухожу. Я не поеду ужинать. Я еду домой».

Я побежал за ней, и мы начали спорить на крыльце Джордан-холла, пристанища факультета психологии. Я спросил, как же она может быть хорошим исследователем, если процедура эксперимента вызывает у нее такие бурные эмоции. Я сказал, что десятки людей спускались в эту тюрьму, и никто не реагировал так, как она. Она была в ярости. Даже если весь мир считает, что в моих действиях нет ничего плохого, ее это не волнует. Она считает, что я не прав. Эти мальчишки страдают. Как научный руководитель, я несу личную ответственность за их страдания. Это не заключенные, не испытуемые, а мальчишки, молодые люди, которых дегуманизируют и оскорбляют другие мальчишки, потерявшие моральные ориентиры.

Ее воспоминания об этом напряженном конфликте полны мудрости и сострадания, но в тот момент ее слова подействовали на меня как холодный душ. Они заставили меня проснуться от кошмарного сна, в котором я жил днем и ночью всю эту неделю.

Кристина вспоминает:

«Около 23.00 заключенных повели в туалет перед сном. Туалет находился за пределами тюремного двора, и это стало проблемой для исследователей — они хотели, чтобы заключенные оставались в "тюрьме" 24 часа в сутки (как это происходит в реальной тюрьме). Они не хотели, чтобы заключенные встречались с посторонними людьми и посещали другие места. Это нарушило бы атмосферу, которую пытались создать исследователи. Поэтому перед тем, как отвести заключенных в туалет, им на головы надевали бумажные мешки, чтобы они ничего не видели, выстраивали в строй и приковывали друг к другу цепью. Потом их вели в холл, по коридору, через котельную и в туалет. Потом их точно так же вели назад. Поэтому заключенным казалось, что туалет находится далеко от двора, хотя на самом деле он был всего лишь в коридоре за углом».

Кристина продолжает вспоминать о конфликте в тот роковой вечер:

«Когда в четверг вечером заключенных повели в туалет, Фил возбужденно попросил меня отвлечься от отчета, который я читала: "Скорее, иди сюда, смотри, что происходит!" Я увидела строй скованных цепью заключенных с мешками на головах; охранники выкрикивали приказы. Я тут же отвела глаза. Меня переполнило леденящее, ужасное чувство. "Видишь? Эй, посмотри, это же просто поразительно!" Я не могла заставить себя посмотреть туда снова и сказала: "Я уже все увидела!" В ответ Фил (а вместе с ним другие из его команды) выдали тираду о том, что со мной происходит что-то не то. Мы наблюдаем захватывающий пример человеческого поведения, а я, психолог, не могу даже на это посмотреть? Они не поняли моей реакции, они подумали, что мне просто неинтересно. Их нападки заставили меня почувствовать себя слабой и глупой — женщиной, которой не место в этом мужском мире. Впрочем, мне и без того стало дурно при виде этих бедных мальчишек, целиком и полностью дегуманизированных».

Она вспоминает нашу стычку и то, чем она закончилась:

«Скоро мы вышли из помещения тюрьмы, и Фил спросил меня, что я думаю обо всем исследовании. Я уверена, он ожидал чего-то вроде интеллектуальной дискуссии об эксперименте и о той сцене, которую мы только что наблюдали. Вместо этого он получил нечто совсем иное: у меня произошла очень сильная эмоциональная вспышка (обычно я веду себя сдержанно). Я злилась и была напугана. Я начала плакать. Я сказала что-то вроде: *"То, что ты делаешь с этими мальчишками, — это ужасно!"*

Последовала горячая перепалка. Меня это очень напугало, потому что Фил, казалось, был совсем не тем человеком, которого я знала, — он любил студентов и искренне заботился о них, так что стал чем-то вроде легенды в университете. Он был не тем человеком, которого я полюбила, мягким и отзывчивым к другим людям и, конечно, ко мне тоже. Раньше мы никогда так сильно не ругались. Вместо того, чтобы испытывать близость и чувствовать друг друга, мы оказались на противоположных сторонах какой-то большой пропасти. Эти неожиданные перемены у Фила (и у меня тоже) и угроза нашим отношениям потрясли меня. Я не помню, сколько времени мы спорили, но для меня это было очень долго и очень травматично.

В конце концов Фил услышал меня, извинился за свое поведение и осознал, что происходит с ним и со всеми остальными участниками исследования: все они, незаметно для себя, интернализовали набор разрушительных тюремных ценностей, отделивших их от собственных гуманистических убеждений. Он честно признал свою ответственность за то, что создал эту ужасную тюрьму, и принял решение прервать эксперимент. Но так как было уже далеко за полночь, он решил закончить его на следующее утро, а затем связаться со всеми ранее освобожденными заключенными, собрать всех вместе, провести встречу-дебрифинг с охранниками, затем с заключенными, а потом со всеми вместе. Он испытал большое облегчение, и это решение сняло тяжелый груз с меня и с наших личных отношений» [23].

ЭЙ ВЫ, ВЕРБЛЮДЫ, НАГНИТЕ ВЕРБЛЮДИЦ!

Я вернулся в темницу, испытывая облегчение и даже радость от того, что решил прервать свою ужасную миссию. Я с радостью поделился этой новостью с Кертом Бэнксом, который несколько раз, днем и ночью, проверял видеозапись, хотя ему нужно было заботиться о детях. Он тоже обрадовался и сказал, что также собирался предложить мне закончить исследование раньше — после того, что ему пришлось наблюдать в мое отсутствие. Мы пожалели, что с нами нет Крейга, и мы не можем поделиться с ним радостной вестью об окончании этой кошмарной игры.

Невозмутимость Клея-416 и неудачные попытки вывести его из себя привели Хеллмана в ярость. В час ночи он устраивает следующую перекличку. Пятеро заключенных, печальные остатки населения тюрьмы (№ 416, № 2093, № 5486, № 5704 и № 7258), устало выстраиваются в ряд у стены, чтобы продекламировать свои номера, правила и песни. Даже если они делают это безупречно, кто-то из них получает разнообразные наказания. На них кричат, их оскорбляют и заставляют оскорблять друг друга. «Скажи ему, что он мудила», — кричит Хеллман, и заключенный поворачивается, чтобы сказать это другому. Затем наступает черед сексуальных унижений, начавшихся вчера вечером, и двор переполняется тестостероном.

Хеллман кричит: «Видите эту дырку в полу? Двадцать пять отжиманий, как будто трахаете эту дырку! Слышите!» Один за другим заключенные повинуются, а Барден толкает их вниз.

Посовещавшись, Джон Уэйн и его верный приспешник Барден придумывают новую сексуальную игру. «Ладно, теперь минуточку внимания. Вы трое будете верблюдицами. Идите сюда и наклонитесь, поставьте руки на пол». (Заключенные подчиняются. Видны их голые ягодицы, потому что под робами на них нет нижнего белья.) С очевидным наслаждением Хеллман продолжает: «А вы двое будете верблюдами. Встаньте за верблюдицами».

Барден хихикает, ему нравится эта двусмысленность. Тела заключенных не касаются друг друга, но беспомощные заключенные изображают акт гомосексуализма, двигаясь взад-вперед. Потом их распускают по камерам, а охранники скрываются в своей комнате. Сегодня они честно заработали свои деньги. Кошмар, приснившийся мне прошлой ночью, становится реальностью. Я рад, что теперь держу все под контролем: завтра все закончится.

Трудно себе представить, что подобные сексуальные унижения происходят всего на пятый день, ведь все знают, что это — только моделируемый тюремный эксперимент. Более того, с самого начала все участники знают, что «другие» — такие же студенты, как и они сами. Учитывая, что роли среди них были распределены случайным образом, между двумя категориями участников не было никаких различий. В начале эксперимента все они казались обычными хорошими ребятами. Те, кто стал охранниками, прекрасно знали, что если бы монета выпала другой стороной, им пришлось бы надеть робы заключенных и слушаться тех, кого они сейчас унижают. Они знают, что заключенные не совершали никаких преступлений и на самом деле ничем не заслужили статуса заключенных. Тем не менее одни охранники превратились в исчадия ада, а другие стали пассивными соучастниками дьявола, просто бездействуя. Нормальные, здоровые молодые люди, случайно оказавшиеся в роли заключенных, либо пережили нервный срыв, либо, оставшись в тюрьме, превратились в бессловесных послушных зомби [24].

Эта ситуация стремительно и неумолимо подчинила себе почти всех пассажиров этого исследовательского судна, изучающего человеческую природу. Лишь некоторые не поддались искушению ситуации и не подчинились бесчеловечной власти под личиной «эксперимента». И совершенно ясно, что к этому благородному меньшинству я сам не принадлежал.

ГЛАВА ДЕВЯТАЯ

Пятница: все исчезает в темноте

Нам предстоит разобрать тюрьму за несколько часов, и для этого нужно очень много сделать. Керт, Джаффе и я сильно устали после беспокойного дня и тревожной ночи, которая только что закончилась. Кроме того, ночью мы обдумали порядок сессий дебрифинга с участниками эксперимента, заключительного тестирования, выплаты денег, возврата личных вещей, а также отмены запланированных на сегодня визитов коллег, которые должны были помочь нам провести интервью с участниками исследования. Еще нужно отменить договоренность со студенческой столовой, вернуть койки и наручники, одолженные в полиции кампуса, и т. д.

Мы знаем, что каждому из нас придется работать за двоих: наблюдать за тем, что происходит во дворе, отдыхая по очереди, и готовиться к завершению эксперимента. Об окончании исследования мы объявим сразу же после визита государственного защитника. Он запланирован на утро, и это подходящее событие для завершения эксперимента. Мы решаем ничего не говорить охранникам до того, как заключенные узнают от меня эту радостную новость. Я думаю, что охранники будут недовольны, что эксперимент заканчивается раньше времени, особенно теперь, когда им кажется, что они полностью управляют ситуацией и ждут, что следующая неделя будет легче предыдущей, а в тюрьму прибудет несколько новых заключенных. Они уже научились быть охранниками. Очевидно, их кривая обучения достигла пика.

Джаффе должен будет связаться с пятью заключенными, освобожденными раньше, и пригласить их к полудню на встречу, во время которой они поделятся впечатлениями и получат деньги, заработанные за неделю. Мне нужно будет попросить всех охранников тоже прийти около полудня или немного подождать «специального мероприятия». Поскольку мы планировали, что в пятницу независимые интервьюеры побеседуют со всеми участниками, охранники ждут этой новинки, но не знают о внезапном окончании своей работы.

Если все пойдет по плану, около часа дня мы сможем провести дебрифинг с заключенными, затем — дебрифинг с охранниками, а потом — общую встречу с участием всех охранников и всех заключенных. Пока одна группа будет занята, другая заполнит бланки с заключительными тестами, получит заработанные деньги и сможет решить, забрать ли свою униформу в качестве сувенира или вернуть ее. Если они захотят, то смогут забрать на память разные таблички и знаки, висевшие во дворе и на двери карцера. Еще мы хотим устроить большой прощальный обед для всех участников и договориться о дате, когда все они придут, чтобы посмотреть избранные видеозаписи и обсудить свои реакции более беспристрастно, глядя на них со стороны.

Прежде чем немного поспать на раскладном диване в своем кабинете наверху, где я урывками спал почти всю неделю, я прошу охранников утренней смены дать заключенным спокойно выспаться ночью и не давить на них. Они пожимают плечами и кивают, как будто папа просит их не баловаться на детской площадке.

ПОСЛЕДНЯЯ ПЕРЕКЛИЧКА

Наступает утро пятницы. Впервые за неделю заключенным удается проспать почти шесть часов без перерыва. Должно быть, у них накопился сильный недосып. Трудно определить, влияют ли на их настроение и мышление частые перерывы ночного сна и сновидений. Скорее всего, влияют, и серьезно. Возможно, эмоциональные срывы заключенных, которых нам пришлось отпустить раньше, были вызваны недостатком сна.

Перекличка начинается в 7.05 и длится всего десять минут. Звучат номера, проводятся другие безобидные ритуалы. Последним из пяти оставшихся заключенных подают плотный горячий завтрак. Как и следовало ожидать, Клей-416 отказывается от еды, несмотря на заботливые уговоры других заключенных.

Вопреки моей просьбе не изводить заключенных, непослушание Клея приводит охранников в ярость. «Все вниз, 50 отжиманий, пока № 416 не съест свой завтрак». Клей-416 не двигается, только смотрит вниз, в свою тарелку. Венди и Серос пытаются накормить его насильно, запихивая еду ему в рот, а он ее выплевывает. Они зовут на помощь заключенных № 5704 и № 2093, но все напрасно. Клея-416 отводят в камеру, где ему предстоит «заниматься любовью» со своими вчерашними сосисками. Серос приказывает ему гладить, обнимать и даже целовать их. Клей-416 делает все, что ему говорят. Но он верен своему слову и не откусывает ни кусочка.

Охранник Венди расстроен упорством № 416 и произволом своего товарища. В своем ретроспективном дневнике Венди пишет: «Когда № 416 отказался от еды, я снова сильно разозлился, потому что мы не могли накормить его насильно, даже когда просили других заключенных уговорить его поесть. Андре [Серос] заставил его обнимать, целовать и ласкать вчерашние сосиски, после того как они всю ночь пролежали у него в кровати. Я подумал, что это уж слишком. Я бы никогда не заставил заключенного делать такие вещи» [1].

Что говорит о своем поведении сам охранник Серос? В его ретроспективном дневнике сказано: «Я хотел заставить его поесть, но он не ел. Я размазал кашу по его лицу. Я не мог поверить, что сделал это. Я ненавидел себя за то, что заставлял его есть. Я ненавидел его за то, что он не ест. Я ненавидел грубую реальность человеческого поведения» [2].

Дневная смена приходит в 10 утра, как обычно. Я прошу лидера смены, Арнетта, быть спокойным и рассудительным, ведь скоро нас ждет визит юриста. В отчете о происшествиях дневной смены указано, что с Клеем-416 происходят странные перемены, несмотря на его дзэн-медитации и былую невозмутимость. Арнетт пишет:

«№ 416 стал очень нервным. Он дернулся, когда я снял мешок с его головы во время посещения туалета. Мне пришлось толкать его, чтобы он зашел в кабинку и вышел из нее, хотя я сказал ему, что не сделаю ему ничего плохого [охранники часто толкали заключенных в туалете, просто от злости]. Он очень боялся наказания. Когда он пошел в туалет, я подержал его сосиски. Он попытался забрать у меня сосиски, потому что другой охранник приказал ему все время носить их с собой» [3].

ГОСУДАРСТВЕННЫЙ ЗАЩИТНИК ДЕЛИТСЯ ВПЕЧАТЛЕНИЯМИ

Я провожу короткую встречу с Тимом Б., местным адвокатом, работающим в офисе государственного защитника. Он проявляет любопытство и в то же время скептицизм к происходящему. Он неохотно согласился уделить нам немного своего бесценного времени, только потому, что тетка попросила его о личном одолжении — проведать его двоюродного брата. Я описываю основные цели исследования и говорю, как серьезно все обернулось. Я прошу его вести себя так, как если бы его пригласили защищать группу настоящих заключенных. Он соглашается и для начала беседует наедине со своим кузеном, Хабби-7258, а потом — со всеми остальными заключенными. Встречи проходят в той же комнате на первом этаже, где проходили заседания комиссии по условно-досрочному освобождению; Тим Б. разрешает нам вести скрытую видеосъемку.

Меня удивляет та официальность, с которой общаются двоюродные братья. Нет и намека на какие-то предыдущие отношения, если они, конечно, были. Возможно, это свойство англосаксонского темперамента, но я ожидал, что они хотя бы обнимутся. Однако они ограничились сухим рукопожатием и словами «буду рад повидаться снова». Адвокат Тим по-деловому зачитывает стандартный список. После каждого пункта он останавливается, чтобы записать ответ заключенного, почти не дает комментариев и переходит к следующему пункту:

Во время ареста вас информировали о ваших правах?
Есть ли у вас жалобы на действия охранников?
Каковы злоупотребления со стороны охранников?

Испытываете ли вы стресс, у вас есть расстройства мышления?
Каковы площадь вашей камеры и условия содержания в ней?
Отказывали ли вам в каких-либо просьбах?
Есть ли у вас жалобы на поведение начальника тюрьмы?
Есть ли у вас возможность внести залог?

Хабби-7258 благодушно отвечает на вопросы. Кажется, он думает, что кузен проведет стандартную процедуру и заберет его домой. Он говорит государственному защитнику, что ему сказали, будто раньше срока тюрьму покинуть невозможно, как и расторгнуть контракт. Адвокат напоминает ему, что, если оригинальный контракт основан на денежном вознаграждении за оказанные услуги, то при отказе от вознаграждения он делается недействительным и аннулируется. «Да, я сказал об этом на заседании комиссии по условно-досрочному освобождению, но это ни к чему не привело, я до сих пор здесь» [4]. Перечисляя свои жалобы, Хабби-7258 отдельно указывает, что поведение заключенного № 416, все время нарушающего порядок, раздражает других заключенных.

Охранники вводят остальных заключенных в комнату для интервью, как обычно, с мешками на головах. Снимая мешки, охранники шутят. Они уходят, а я остаюсь в задней части комнаты и наблюдаю. Адвокат задает каждому те же вопросы, что и Хабби, и просит их высказывать жалобы.

Первым начинает Клей-416. Сначала он жалуется на комиссию по условно-досрочному освобождению, на заседании которой его пытались заставить признать свою вину, но он отказался, потому что ему так и не предъявили официальных обвинений. Его голодовка, в частности, должна была привлечь внимание к его незаконному заключению, поскольку ему не предъявили никаких обвинений.

(Этот парень снова меня удивляет; он как будто существует на нескольких разных уровнях. Он уверенно применяет сугубо юридические термины, обсуждая контракт об участии в эксперименте, права заключенных и пенитенциарные формальности, и это не говоря о мистических медитациях в стиле «нью эйдж».)

Кажется, Клей отчаянно хочет поговорить с кем-то, кто действительно его выслушает. «Некоторые охранники, имен которых я называть не буду, — говорит он, — дурно обращались со мной и даже совершали оскорбительные поступки». Если нужно, он готов подать против них официальную жалобу. «Эти охранники также настраивали против меня других заключенных, используя мою голодовку как предлог для отказа во встречах с посетителями». Он кивает в сторону Хабби-7258, который сонно смотрит в сторону. «Я испугался, когда меня отвели в карцер и заставили других заключенных стучать в дверь. Правила поведения охранников запрещают им применять насилие, но я боялся, что скоро это правило будет нарушено».

Следующим говорит Сержант-2093. Он описывает попытки некоторых охранников унизить его, но с гордостью сообщает, что эти попытки оказались безуспешными. Затем он дает точное клиническое описание и даже демонстрирует, как один охранник приказал ему отжиматься, а двое заключенных при этом сидели у него на спине.

Защитник поражен этим рассказом и старательно все записывает. Следующий, высокий Пол-5704, жалуется, что охранники оказывают давление на него, используя его привычку курить. Хороший парень Джерри-5486 высказывает жалобы более общего характера: кормят плохо, иногда не по расписанию, заключенных изводят бесконечными ночными перекличками, некоторые охранники стали неуправляемыми, а руководство тюрьмы не следит за ними. Я вздрагиваю от того, что он поворачивается и смотрит прямо на меня. Но он совершенно прав: я виновен.

Защитник заканчивает свою работу, благодарит заключенных за информацию, и говорит, что к понедельнику составит официальный отчет и попытается добиться их освобождения под залог. Он встает и собирается уходить. Тут Хабби-7258 возмущенно заявляет: «Ты не можешь уйти и оставить нас здесь! Мы хотим уйти вместе с тобой, прямо сейчас. Мы не выдержим еще одну неделю, и даже выходные. Я думал, что ты устроишь для меня, для нас, освобождение под залог прямо сейчас. Пожалуйста!» Тим Б. озадачен этой внезапной эмоциональной вспышкой. Самым официальным тоном он объясняет, в чем состоит его работа, каковы ее ограничения, и чем он может помочь; но он не имеет права освободить их прямо сейчас. Кажется, в этот момент всех пятерых охватывает полное отчаяние; их надежды разбиваются о стену юридической волокиты. Размышления Тима Б. об этом уникальном опыте изложены в письме, вскоре переданном мне, и они весьма показательны:

По поводу невозможности заключенных потребовать соблюдения их законных прав

«…Еще одно возможное объяснение того, почему заключенные не могли попросить о юридической консультации, состоит в том, что, как белые американцы из среднего класса, они, возможно, никогда не думали, что когда-нибудь столкнутся с уголовным преследованием, где их права будут иметь первостепенную важность. Оказавшись в таком положении, они были не в состоянии объективно оценить ситуацию и действовать так, как они стали бы это делать в другой ситуации».

О влиянии ситуации на восприятие реальности

«…Очень заметно классическое обесценивание денег по сравнению с такими вещами, как личная свобода и свобода передвижения (в ситуациях, которые я наблюдал). Невозможно забыть, с каким нетерпением заключенные ждали освобождения, когда я объяснил им, что такое освобождение под залог. Казалось, они считали свое тюремное заключение совершенно реальным, хотя и ясно осознавали, что это всего лишь эксперимент. Очевидно, тюремное заключение само по себе чрезвычайно болезненно, вне зависимости от того, произошло ли оно по юридическим или по иным причинам» [5].

ВНИМАНИЕ: ЭКСПЕРИМЕНТ ОКОНЧЕН. ВСЕ СВОБОДНЫ

Слова адвоката лишают заключенных последней надежды. На угрюмых обитателей тюрьмы опускается почти осязаемый покров мрака и отчаяния. Адвокат по очереди пожимает их вялые ладони и выходит из комнаты. Я прошу его подождать меня снаружи, затем подхожу к столу и прошу заключенных внимательно выслушать то, что я собираюсь им сказать. У них едва ли остались силы, чтобы быть внимательными, ведь их надежды на быстрое освобождение разбиты безразличным отношением адвоката к их тяжкой участи.

«Я хочу сказать вам кое-что важное. Пожалуйста, слушайте внимательно: *эксперимент окончен. Вы свободны и сегодня же можете отправляться домой*».

Никакой реакции, выражения лиц и позы не меняются. У меня такое чувство, что они сбиты с толку, они не верят мне, возможно, даже подозревают какой-то подвох — кто знает, может быть, это очередная проверка. Я продолжаю говорить медленно и четко: «Мы, участники исследовательской группы, решили завершить эксперимент. Исследование официально закончено. Стэнфордская окружная тюрьма закрыта. Мы благодарим вас за важную роль в этом исследовании и...»

Отчаяние сменяется радостью. Объятия, похлопывания по спине и широкие улыбки прорывают пелену печали и мрака. В Джордан-холле воцаряется эйфория. Для меня это радостный момент — я счастлив, что могу освободить последних заключенных из тюрьмы, раз и навсегда перестать играть роль тюремного суперинтенданта.

ПЛОХАЯ ВЛАСТЬ УХОДИТ, ЕЙ НА СМЕНУ ПРИХОДИТ ХОРОШАЯ

Немногие мгновения в моей жизни доставили мне больше удовольствия, чем возможность принести эту весть о свободе и раствориться в общем восторге. Меня переполняло возбуждение от позитивной власти, ведь мои слова вызвали у других людей такую безусловную радость. В этот момент я дал себе клятву использовать любую власть, которая у меня есть или будет, ради добра и против зла, ради того, чтобы пробуждать в людях лучшее, чтобы помочь им освободиться из тюрем, которые они создают себе сами, и противодействовать системам, препятствующим счастью и справедливости.

Негативная власть, которой я обладал всю неделю в роли суперинтенданта этой мнимой тюрьмы, ослепила меня, она не позволяла мне увидеть разрушительное влияние Системы, которую я создал и поддерживал. Более того, близорукая позиция научного руководителя исказила мое восприятие: я не понимал, что эксперимент давно пора прервать, по крайней мере с того момента, когда у второго участника, нормального здорового парня, произошел нервный срыв. Я был сосредоточен на абстрактной концептуальной проблеме: что сильнее, ситуационные факторы или диспозиции личности, — и упустил из виду тотальную власть *Системы*, которую сам помог создать и поддерживать.

Действительно, дорогая моя Кристина Маслач, то, что я делал с этими ни в чем повинными мальчишками, это ужасно. Я не оскорблял и не унижал их сам, но оказался не способен остановить оскорбления и унижения со стороны других людей и тем самым поддерживал Систему: произвол охранников, нелепые правила и процедуры, которые способствовали оскорблениям и унижениям. В этом адском пекле жестокости я оставался совершенно холоден.

Система включает в себя Ситуацию, но она более устойчива, более обширна и создает прочные связи между людьми, а также создает ожидания, нормы, политику, а иногда и законы. Со временем системы приобретают исторический фундамент, а иногда также структуру политической и экономической власти, которая управляет поведением многих людей в рамках сферы влияния Системы. Система — движущая сила, создающая ситуации, формирующие контекст поведения, влияющий на действия тех, кто в них попадает. В какой-то момент Система становится отдельной сущностью, она больше не зависит от тех, кто ее создал, и даже от тех, кому принадлежит основная власть в ее структуре. Система всегда создает собственную культуру, и множество систем в совокупности оказывает влияние на культуру общества.

Пока ситуация выявляла худшие качества многих из наших студентов-добровольцев, превратив одних в приспешников зла, а других — в патологически беспомощных жертв, Система власти совершила еще более глубокую трансформацию во мне самом. Участники эксперимента были совсем зелеными юношами, почти без жизненного опыта. А я был опытным исследователем, зрелым взрослым человеком. Я вырос на улицах Бронкса и не утратил приобретенной там проницательности при оценке ситуации и создании стратегий, помогающих выжить в гетто.

Но всю прошлую неделю я постепенно превращался в Символ тюремной власти. Я ходил и говорил, как он. Окружающие относились ко мне так, будто бы я был им. И я им стал. Я стал именно таким символом власти, к которым я питал отвращение всю свою жизнь, — надменным, авторитарным «боссом». Я стал его воплощением. Я мог успокоить свою совесть — ведь в качестве хорошего и доброго суперинтенданта я старался удержать слишком рьяных охранников от физического насилия. Но это лишь содействовало тому, что охранники изобретали все новые и новые методы изощренного психологического насилия над бедными заключенными.

Конечно, я совершил ошибку, когда принял на себя двойную роль исследователя и суперинтенданта. Ведь разные, иногда противоречащие друг другу задачи этих ролей привели к размыванию моей идентичности. В то же время эта двойная роль увеличивала мою власть, а это, в свою очередь, влияло на «посторонних», которые посещали наше учреждение, — на родителей, друзей, коллег, полицейских, священника, журналистов и адвоката. Никто из них не поставил Систему под сомнение. Совершенно очевидно, мы не осознаем, что влияние Ситуации способно трансформировать наши мысли, чувства и действия, когда мы оказываемся в ее власти. Человек в когтях Системы просто подчиняется ей, ведет себя так, как представляется ему естественным в данных обстоятельствах.

Если бы вы оказались в странной, незнакомой и враждебной Ситуации в рамках мощной Системы, то вряд ли остались бы тем же человеком, который вошел в этот плавильный тигель человеческой природы. Вы не узнали ли бы самого себя, если бы, посмотрев в зеркало, увидели в нем отражение того, кем стали. Всем нам хочется верить в свою внутреннюю силу, в способность следовать собственным интересам и противостоять внешним ситуационным влияниям — таким, которые действовали в нашем Стэнфордском тюремном эксперименте. Для некоторых эта уверенность оказывается оправданной. Но таких — меньшинство, это редкие птицы, те, кого позже я назову героями. Но для большинства уверенность в собственной способности сопротивляться мощным ситуационным и системным силам оказывается всего лишь иллюзией. Нам просто хочется верить в собственную неуязвимость. Как ни парадоксально, поддерживая эту иллюзию, мы становимся еще уязвимее для манипуляций, теряем бдительность и иммунитет против попыток нежелательного влияния, которому нас тонко и незаметно подвергают.

Все карты на стол: дебрифинг после эксперимента

Нам было ясно, что нужно использовать небольшое, но очень важное время дебрифинга после эксперимента с несколькими целями. Во-первых, нужно было позволить всем участникам открыто и в безопасной обстановке выразить свои эмоции и реакции, возникшие во время этого уникального опыта [6]. Затем, мне было важно дать понять и заключенным, и охранникам, что все эксцессы поведения, которые они продемонстрировали, были результатом ситуационных факторов, а не какой-то их личной патологии. Я хотел напомнить им, что все они были отобраны как раз потому, что являются абсолютно нормальными, здоровыми людьми. Они не внесли в тюремную ситуацию никаких личных изъянов; это ситуация заставила их прибегать к крайностям, которые все мы наблюдали. Они — вовсе не «ложка дегтя». Это Стэнфордская тюрьма стала «бочкой дегтя». Именно она спровоцировала трансформации, которые мы все наблюдали. Наконец, было очень важно использовать эту встречу, чтобы восстановить нравственные ориентиры. Дебрифинг должен был стать средством исследования морального выбора, который был доступен каждому из участников, и того, какой выбор они сделали. Мы хотели поговорить о том, что охранники могли сделать по-другому, чтобы не подвергать насилию заключенных, и что могли сделать заключенные, чтобы прекратить злоупотребления. Я честно и ясно заявил, что несу личную ответственность за то, что не вмешался, когда несколько раз злоупотребления выходили за любые допустимые рамки. Я пытался сдерживать физическую агрессию, но ничего не сделал, чтобы изменить или остановить другие формы насилия, хотя должен был это сделать. На мне был грех упущения[1] — зло бездействия: я не обеспечил адекватного контроля и руководства тогда, когда они были необходимы.

ГНЕВ БЫВШИХ «ЗАКЛЮЧЕННЫХ»

Бывшие заключенные продемонстрировали любопытное сочетание облегчения и возмущения. Все были рады, что кошмар наконец закончился. Те, кто выдержал эту неделю до конца, не проявляли особой гордости за этот «подвиг» и не считали себя лучше тех, кого освободили раньше. Они знали, что иногда вели себя словно зомби, послушно выполняя абсурдные приказы, без всяких сомнений сплотили ряды против заключенного Стюарта-819, участвовали в акциях устрашения против Клея-416 и высмеивали Тома-2093, нашего самого высоконравственного заключенного, Сержанта.

У пятерых заключенных, освобожденных раньше, не наблюдалось никаких последствий эмоциональной перегрузки, которую они перенесли. Отчасти благодаря высокому базовому уровню психологической стабильности, а отчасти потому, что источником их страданий были весьма нетипичная обстановка нашей тюрьмы и странные события, происходившие в ней. Без необычной униформы и других тюремных «украшений» они легко отделились от этой отвратительной ситуации. Главной проблемой этих заключенных были попытки справиться со стыдом, связанным с той подчиненной ролью, которую они играли. Им нужно было восстановить чувство собственного достоинства, компенсировать зависимость и подчиненное положение, в котором они неожиданно оказались.

Однако Дуг-8612, которого мы арестовали первым и первым отпустили из-за эмоционального срыва, все еще злился

---

[1] Грех упущения — неспособность делать то, что повелевает Бог. Если Бог велит нам любить ближнего, а мы не делаем этого, мы грешим. — *Прим. пер.*

на меня, особенно потому, что я создал ситуацию, в которой он потерял контроль над своим поведением и своим разумом. Он действительно хотел вместе с друзьями совершить налет на тюрьму и освободить заключенных. На следующий день после освобождения он действительно вернулся в Джордан-холл, чтобы подготовиться. К счастью, по разным причинам он отказался от этого дела. Он очень удивился, когда узнал, насколько серьезно мы восприняли слух о возможном налете, и был изумлен тем, какие меры мы, и особенно я, приняли, чтобы защитить наше учреждение.

Как и следовало ожидать, бывшие заключенные стали бранить охранников, которые, по их мнению, вышли далеко за рамки роли и проявляли слишком много творчества в своих оскорблениях, когда выбирали их мишенью для особых злоупотреблений. Первыми в хит-параде мучителей оказались Хеллман, Арнетт и Барден, а за ними — Варниш и Серос, менее последовательные приспешники «зла».

Так же уверенно они указали на тех охранников, которых считали «хорошими», потому что те оказывали им небольшие услуги или так и не вошли полностью в свои роли и не смогли забыть, что заключенные — это люди. В этой категории впереди всех были Джефф Лендри и Маркус. Джефф помогал заключенным, всегда был в стороне от тех оскорбительных поступков, которые совершали другие охранники ночной смены и даже перестал носить темные очки и военную форму. Позже он сказал нам, что подумывал о просьбе перевести его в заключенные, потому что совершенно не хотел быть частью системы, которая так жестоко обращается с другими людьми.

Маркус не принимал так близко к сердцу страдания заключенных, но мы знали, что в первые дни он несколько раз делился с заключенными свежими фруктами, чтобы как-то дополнить их скудный рацион. После того как начальник тюрьмы попросил его быть активнее, Маркус, оставшийся в стороне во время бунта заключенных, начал кричать на них и писать негативные отзывы для комиссии по условно-досрочному освобождению. Кстати, у Маркуса красивый, почти каллиграфический почерк, и он с удовольствием его демонстрировал, сочиняя отрицательные отзывы на запросы заключенных. Он любит бывать на природе, занимается туризмом и йогой; поэтому ему было особенно неприятно сидеть взаперти в нашей темнице.

Между «плохими» и «хорошими» охранниками оказались те, кто «действовал по правилам», выполнял свою работу, играл свою роль и наказывал заключенных за нарушение правил, но редко оскорблял их сам. Среди них — Варниш, резервные охранники Морисон и Петерс, а также, иногда, младший из братьев Лендри. Первоначальная отстраненность от происходящего во дворе, которую демонстрировал Варниш, возможно, отчасти была следствием его застенчивости. В своих личных данных он указал, что у него «мало близких друзей».

Джон Лендри вел себя по-разному: иногда он становился жестким пособником Арнетта; именно он усмирял непослушных заключенных с помощью углекислого газа из огнетушителя. В других случаях он просто следовал правилам. Почти все заключенные сказали, что он им нравится. Джон, не по годам зрелый восемнадцатилетний парень, отличается грубой мужской красотой, хочет стать писателем, он — завсегдатай калифорнийских пляжей и активно встречается с девушками.

Одним из проявлений бездействия, характерного для «хороших охранников», было нежелание остановить оскорбительные действия «плохих охранников» их смены. Они не только никогда не противоречили им во дворе, но и, насколько нам удалось заметить, Джефф Лендри и Маркус никогда не делали этого без свидетелей, в комнате охранников. Позже мы обсудим, можно ли неспособность свидетелей оскорблений вмешаться считать «злом бездействия».

Один из самых непокорных заключенных, Пол-5704, описывает свою реакцию на новость о том, что эксперимент окончен:

> «Когда нам сказали, что эксперимент окончен, я почувствовал одновременно волну облегчения и волну печали. Я очень обрадовался, что исследование закончилось, но был бы намного более счастлив, если бы оно продлилось две недели. Деньги — единственная причина, по которой я участвовал в эксперименте. Тем не менее меня переполнил восторг от того, что я снова свободен, и я все время улыбался, пока не добрался до Беркли.

Пробыв там всего несколько часов, я забыл обо всем и не собираюсь никому об этом рассказывать» [7].

Как вы помните, Пол гордился, что его избрали главой комитета по рассмотрению жалоб заключенных Стэнфордской окружной тюрьмы. Это он планировал написать цикл статей об исследовании для нескольких независимых газет в Беркли и рассказать в них, как правительство поддерживает исследования о том, как нужно обращаться со студентами-диссидентами. Этот план был совершенно забыт; он никогда не был реализован.

Оправдания бывших «охранников»

Во второй части дебрифинга бывшие охранники явили собой совсем иной групповой портрет. Хотя некоторые из них, те, кого заключенные назвали «хорошими охранниками», тоже были рады, что их испытания закончились, большинство же были недовольны преждевременным завершением эксперимента. Некоторые жалели, что не получат «шальных» денег за вторую неделю работы, ведь им удалось полностью взять под контроль ситуацию в тюрьме. (При этом никто не сказал о проблеме с голодовкой Клея-416 и о моральном превосходстве Сержанта в конфронтации с Хеллманом.) Некоторые охранники были готовы извиниться за то, что зашли слишком далеко и так откровенно наслаждались своей властью. Другие оправдывали свои действия и считали, что они были необходимы для выполнения той роли, которая им досталась. Моя главная цель в дискуссии с охранниками состояла в том, чтобы помочь им признать, что они испытывают некоторое чувство вины, так как заставляли других страдать и вышли за рамки роли, которую играли. Я ясно дал понять, что сам испытываю сильное чувство вины за то, что не вмешивался, когда это было нужно, и тем самым дал охранникам негласное разрешение дойти до крайности, что они и сделали. Возможно, если бы я более жестко их контролировал, они воздержались бы от многих злоупотреблений.

Почти все охранники сказали, что мятеж узников во второй день стал ключевым моментом в их отношении с заключенными, которые внезапно оказались «опасными» и которых нужно было «призвать к порядку». Они также были возмущены нападками и ругательствами, полученными от некоторых заключенных во время бунта. Они считали это унизительным, и это пробудило в них естественную жажду мести.

Одним из самых трудных моментов встречи стала дискуссия, во время которой я просил охранников объяснить, почему они делали то, что делали, но при этом не принимал их оправданий и попыток обосновать оскорбительное, агрессивное и даже садистское поведение. Конец эксперимента также означал конец удовольствию от безграничной власти, вдруг оказавшейся в их руках. Как пишет в своем дневнике охранник Барден, «когда Фил сообщил мне по секрету, что эксперимент скоро будет окончен, я очень обрадовался, но был потрясен тем, что кое-кто из охранников расстроился — не только из-за денег, но и из-за того, что им нравилось быть охранниками» [8].

Общий дебрифинг

На третьем часу дебрифинга лаборатория наполнилась нервным смехом: мы пригласили в нее бывших заключенных. Они встретились со своими мучителями, неузнаваемые в обычной одежде. Без тюремных роб, номеров и других примет заключенных они ничем не отличались от бывших охранников, и даже я сам с трудом их узнавал, потому что привык видеть их в тюремной одежде. (Если вы помните, в 1971 г. в моде были длинные волосы и бакенбарды. Поэтому почти все студенты в обеих группах выглядели похоже, а у некоторых были еще и усы.)

Общая встреча, по словам одного бывшего заключенного, была «натянуто вежливой», по сравнению с более мягкой и дружелюбной атмосферой встречи заключенных. Когда все собрались в одну кучу, бывший заключенный Джерри-5486 спросил, не выбирали ли мы на роли охранников тех, кто был выше ростом. Он сказал: «В какой-то момент мне показалось, что охранники выше ростом, чем заключенные, и я стал думать, что средний рост охранников выше среднего роста заключенных. Я не знаю, так это или нет, или такое впечатление у меня сложилось из-за униформы». Чтобы развеять его подозрения, я попросил всех студентов выстроиться по росту. Мы увидели, что средний рост охранников и средний рост заключенных почти не отличался. Очевидно, заключенным казалось, что охранники выше ростом, чем это было на самом деле, — как будто выше их делала сама власть.

Вопреки моим ожиданиям, на встрече не возникло прямой конфронтации между жертвами-заключенными и обидчиками-охранниками. Отчасти из-за того, что в группе из двадцати человек личные выпады были бы неуместными. Но, возможно, некоторые бывшие заключенные сознательно подавляли сильные эмоции. Кроме того, некоторые охранники открыто извинились за то, что слишком глубоко вошли в свою роль и отнеслись к ней слишком серьезно. Их извинения сняли напряженность и смягчили отношение даже к самым жестоким охранникам, которые не сочли нужным извиняться, например к Хеллману.

На этой общей встрече бывший «крутой» охранник Арнетт, аспирант-социолог, назвал два события, которые произвели на него самое большое впечатление:

> «Первым было замечание Зимбардо, что "заключенные" погружаются в свои роли… Например, когда они остались в тюрьме, хотя и заявили, что готовы отказаться от денег, если будут освобождены [получат условно-досрочное освобождение]. Вторым — то, что во время общей встречи бывшие "заключенные" не могли или не хотели поверить, что Джон Уэйн, я, а возможно, и другие охранники (я чувствовал, что нас двоих не любят больше всего) действовали, исходя только из наших ролей. Некоторые или даже многие "заключенные", казалось, считали нас настоящими садистами или очень властными людьми и думали, что наши роли были просто прикрытием, скрывающим истинную сущность нашего поведения — то ли от них, то ли от нас самих, то ли и от них, и от самих себя. Но я совершенно уверен, что по крайней мере относительно меня это было *не так*» [9].

Одно из сделанных мной психологических наблюдений — в нашей тюрьме не было юмора, никто не пытался разрядить обстановку шутками или внести таким образом некую реальность в нереальную ситуацию. Например, охранники, которым не нравилось жестокое поведение товарищей по смене, могли бы пошутить у себя в комнате, говоря, что те могут требовать двойной оплаты, потому что переигрывают. А заключенным шутки могли бы помочь не забывать, что это не настоящая тюрьма — например, они могли бы спросить охранников, что здесь было до тюрьмы: может быть, свинарник? Или «явка» студенческого братства? Юмор помогает преодолеть ограничения роли и места. Но за всю неделю мы не слышали в этом печальном месте ни одной хорошей шутки.

Перед тем как разойтись, я попросил всех написать заключительные отзывы о своем опыте, приобретенном в ходе эксперимента, и заполнить некоторые бланки, которые принес Керт Бэнкс. Кроме того, я попросил всех в течение следующего месяца написать короткие ретроспективные дневники событий, которые им ярче всего запомнились. За это они могли получить дополнительную плату. Наконец, я пообещал, что их пригласят на встречу через несколько недель, чтобы обсудить некоторые собранные данные. На этой встрече я собирался устроить слайд-шоу и просмотр фрагментов видеозаписи.

Нужно добавить, что я много лет поддерживал контакт со многими участниками эксперимента и писал им всем всякий раз, когда выходила очередная публикация или очередной сюжет в СМИ, касающиеся эксперимента. Некоторые из них в течение многих десятилетий после эксперимента принимали участие в телевизионных программах, посвященных ему. Позже мы обсудим, как это на них повлияло.

Что значит быть заключенным или охранником?

В следующей главе мы перейдем к исследованию некоторых объективных данных, собранных за шесть дней эксперимента, и поразмышляем над серьезными этическими проблемами, которые поднял эксперимент. Но перед этим, я думаю, было бы полезно поговорить о том, какие открытия сделали наши участники.

О роли заключенного

Клей-416: «Хороший заключенный — тот, кто знает, как стратегически объединиться с другими заключенными, не лишаясь при этом возможности действовать. Мой сокамерник Джерри [5486] — хороший заключенный. Всегда есть ограничения, когда одни заключенные твердо намерены выйти на свободу, а другие еще не дошли до этой точки. Тем, кто не пытается выйти на свободу, нужно научиться защищать свои интересы, не создавая препятствий тем, кто борется. Плохой заключенный — тот, кто не может этого сделать, кто думает только о себе» [10].

Джерри-5486: «Для меня бесспорно, что идентичность и чувство благополучия у большинства участников этого исследования зависели от того, что их окружало, а не от их внутренних ресурсов, и именно поэтому они сломались — просто не смогли выдержать напряжения, внутри у них не оказалось ничего, что могло бы этому противостоять» [11].

Пол-5704: «Я был очень подавлен тем, как мы деградировали, и тем, что к концу эксперимента мы все стали такими послушными. Я перестал бунтовать, потому что мое отношение и поведение ничего не меняли. После того как ушли Стью и Рич [819 и 1037], я стал думать, что в одиночку не смогу изменить всего, что нужно изменить... это — еще одна причина, по которой я смирился после их ухода. Чтобы добиться своих целей, мне нужна была помощь других. Я пытался обсуждать с другими заключенными забастовку или нечто подобное, но они не хотели участвовать, потому что их сильно наказали после первого бунта» [12].

Охранник Арнетт: «Меня очень удивили и впечатлили реакции большинства заключенных в ситуации эксперимента... особенно нервные срывы, случившиеся у некоторых, и то, что другие тоже были на грани срыва — они бы точно сорвались, если бы эксперимент не закончился раньше времени» [13].

Дуг-8612: «Окружающая обстановка — охранники, камеры и все такое — не имели для меня большого значения. Например, меня не слишком беспокоило, когда меня раздевали догола и надевали цепи на ноги. Хуже всего было то, что связано с мыслями, с психологией. Осознание того, что я не могу выйти, когда захочу... Мне не нравилось, что я не могу пойти в туалет, когда хочу... Отсутствие выбора, вот что сводит с ума» [14].

Резервный заключенный Дэйв-8612, наш шпион, который знал, что пробудет в тюрьме всего один день и его задача — выведать о планах побега, говорит о том, как быстро можно войти в роль заключенного: «Роли заразили всех, от самого последнего заключенного до начальника тюрьмы». Он очень быстро объединился с заключенными, всего один день в мнимой тюрьме оказал на Дэйва огромное влияние:

> «Иногда я чувствовал себя виноватым, потому что мне нужно было лгать этим прекрасным парням — я испытал некоторое облегчение от того, что мне было нечего сказать о планах побега... И когда возникла возможность их предать — я узнал, где спрятан ключ от наручников, — я не сказал об этом... Я заснул той ночью, чувствуя себя грязным, виноватым, испуганным. Когда нас повели в котельную (в ожидании налета), я снял цепь с ноги и серьезно задумался о побеге (в одиночку я мог бы сбежать), но я не стал этого делать, я боялся, что меня поймают... Всего один день в роли заключенного вызвал во мне сильное беспокойство, и оно заставило меня всю следующую неделю держаться подальше от тюрьмы. Даже когда я пришел на общий "дебрифинг", я все еще испытывал очень сильную тревогу — я почти не ел, меня все время подташнивало, и я нервничал, как никогда раньше. Вся эта ситуация так выбила меня из колеи, что я не мог ни с кем обсуждать эти события, даже с женой» [15].

Я должен добавить, что позже мы обнаружили, что один заключенный украл у охранника ключи от наручников. После истории с переводом всех заключенных в чулан на пятом этаже в среду вечером они вернулись во двор в половине первого ночи. Двое заключенных были пристегнуты друг к другу. Но без ключей их было невозможно отстегнуть, и мне пришлось вызвать полицию Стэнфорда, чтобы снять с них наручники. Получилась довольно неловкая ситуация. Как оказалось, один из заключенных бросил ключ в вентиляционное отверстие. Дэвид знал об этом, но так и не сказал об этом никому из нас.

О роли охранника

Охранник Джефф Лендри: «Это было так, как будто ты создаешь тюрьму сам — ты сюда попадаешь, и она начинает определять твою личность, как будто ты сам становишься ее стенами. Хочется вырваться, хочется сказать всем: "На самом деле я не такой, на самом деле я хочу выйти отсюда, я хочу показать, что я свободен, у меня есть собственная воля, я не садист, который получает удовольствие от подобных вещей"» [16].

Охранник Варниш: «Этот опыт был для меня чрезвычайно интересен. Идея о том, что две примерно одинаковые группы студентов колледжа всего лишь за неделю превратились в две совершенно разные социальные группы, причем одна обладала абсолютной властью и с ее помощью подавляла и подчиняла другую, — довольно пугающая.

Я удивлялся сам себе... Я заставлял их обзывать друг друга и чистить туалеты голыми руками. Я на самом деле считал заключенных "скотами", я начал думать, что действительно должен следить за ними, чтобы они ничего не предприняли» [17].

Охранник Венди: «Я получал удовольствие, унижая и наказывая заключенных, но мне это совершенно не свойственно, потому что обычно я сочувствую слабым и раненым, особенно животным. Я думаю, это был результат полной свободы, когда я мог командовать заключенными, и я начал злоупотреблять своей властью» [18].

(Интересный пример переноса новой власти в поведении этого охранника мы нашли в журнале начальника тюрьмы Джаффе. Венди сказал другим охранникам своей смены, что поймал себя на том, что дома начал командовать своей матерью.)

Охранник Арнетт: «Мне было несложно вести себя жестко. С одной стороны, я несколько авторитарен (хотя мне очень не нравится это качество и в себе, и в других). Далее, я чувствовал, что этот эксперимент важен, и то, что я "вел себя как охранник", помогало выяснить, как люди реагируют на реальные притеснения... В основном на мое поведение влияло чувство, хоть и неопределенное, что настоящая тюрьма — очень жестокое место, и она дегуманизирует. Я пытался соответствовать этому в рамках своей роли и полномочий... Прежде всего, я пытался избегать личных связей или проявлений дружбы... Я хотел оставаться нейтральным и вести себя по-деловому. Кроме того, я читал, что скуку и другие аспекты тюремной жизни можно использовать, чтобы дезориентировать людей, лишить их ощущения собственной личности (с этой же целью их загружают монотонной работой; наказывают всех заключенных за "плохое" поведение одного; требуют идеального выполнения бессмысленных задач во время физических упражнений и в других случаях; во время физических упражнений отдают резкие команды механическим голосом. В социальном окружении... люди очень чувствительны к тем, кто управляет этим окружением, и я пытался устранить солидарность заключенных, используя некоторые из этих методов. Но я использовал их очень ограниченно, потому что не хотел быть жестоким» [19].

О хороших и плохих охранниках

Пол-5704: «Мне нравились Джон и Джефф [Лендри]. Они не вошли в роль охранников так глубоко, как другие. Они всегда оставались людьми, даже когда кого-то наказывали. Я был удивлен тем, что большинство охранников так серьезно восприняли свои роли, несмотря на то что каждый день или каждый вечер уходили домой» [20].

Охранник Джон Лендри: «Я поговорил с другими заключенными, они сказали, что я был хорошим охранником, и поблагодарили за это. Но в глубине души я знал, что вел себя дерьмово. Керт [Бэнкс] посмотрел на меня, он тоже это понимал. Я также знал, что хотя относился к заключенным мягко и справедливо, я подвел самого себя. Я потворствовал жестокости и ничего не делал, только испытывал чувство вины и пытался быть «хорошим». Честно, я не думал, что могу что-то изменить. Я даже не пытался. Я делал то, что делали все остальные. Я сидел в комнате охранников и пытался не думать о заключенных» [21].

Еще более примечательными оказались свидетельства важности опыта, вынесенного из этой искусственной тюрьмы, и его влияние на охранника, которого заключенные признали самым справедливым и человечным, — Джеффа Лендри, старшего брата Джона Лендри. Оно прозвучало в его аудиоинтервью в конце исследования. Джефф удивил нас: оказывается, он хотел сменить роль.

Охранник Джефф Лендри: «Этот опыт стал для меня больше, чем просто участием в эксперименте. Я хочу сказать, что если даже это был эксперимент, его результаты оказались слишком реальными. Когда заключенный смотрит на тебя пустыми глазами и что-то невнятно бормочет, у тебя нет другого выхода, кроме как ожидать худшего. Потому что ты боишься, что произойдет худшее. Как будто я уже признал, что это произойдет, и малейшие признаки тревоги и беспокойства — это начало самого худшего сценария. Этот опыт стал для меня больше, чем просто экспериментом, когда № 1037 начал вести себя так, как будто у него нервный срыв. Я испугался, я захотел уйти. Я хотел попросить, чтобы меня сделали заключенным. Я чувствовал, что не хочу становиться частью машины, подавляющей других людей, вынуждающей их подчиняться и постоянно их унижающей. Я бы предпочел, чтобы унижали меня, чем унижать людей самому» [22].

В связи с этим интересно отметить, что в среду вечером этот охранник сообщил начальнику тюрьмы, что его униформа ему мала и раздражает кожу, поэтому он ее снял. Но ведь он сам выбирал и мерил ее за день до начала эксперимента, а потом носил в течение четырех дней без всяких жалоб. Это значит, что его проблемы были скорее психологическими, чем физическими. Мы достали ему форму большего размера, и он неохотно ее надел. Кроме того, он все время снимал темные очки, а когда наши сотрудники спрашивали, почему он не следует стандартным процедурам, он говорил, что забыл, куда их положил.

Охранник Серос: «Я ненавидел весь этот гребаный эксперимент. Я просто ушел, когда он закончился. Все это стало для меня слишком реальным» [23].

О том, что подавленный гнев был причиной садизма охранников

Дуг-8612 в интервью, которое он дал позже, для фильма о нашем эксперименте, снятого студентами, красноречиво сравнил Стэнфордский тюремный эксперимент с реальными тюрьмами: у него был опыт работы в одной калифорнийской тюрьме.

«В Стэнфордской тюрьме была очень мягкая обстановка, но даже здесь охранники превращались в садистов, одни заключенные впадали в истерику, а у других начиналась нервная сыпь. Здесь была мягкая ситуация, но это ничего не меняло. Здесь было все, что есть в настоящей тюрьме. Роль охранника провоцировала садизм. Роль заключенного вызывала дезориентацию и чувство стыда. Охранником может быть каждый. Труднее оставаться все время настороже и сопротивляться садистским импульсам. Это неосознанный гнев, злоба, ее можно подавить, но она никуда не денется; она все равно проявится, в виде садистских поступков. Я думаю, что в роли заключенного себя все-таки легче контролировать. Каждому нужен [опыт] заключенного. В настоящей тюрьме я встречал заключенных, обладавших исключительным чувством собственного достоинства, они не раздражали охранников, всегда были вежливы с ними, не будили в охранниках садистских импульсов. Они смогли встать выше стыда. Они знали, как сохранить чувство собственного достоинства в этой ситуации» [24].

О природе тюрем

Клей-416: «Охранники так же несвободны, как и заключенные. Им нужно управлять тюремным блоком, но за ними тоже есть закрытая дверь, которую они не могут открыть. Так что на самом деле мы здесь все вместе, и всё, что мы создаем, мы создаем вместе. У заключенных нет отдельного общества, и у охранников нет отдельного общества. Это так, и это отвратительно» [25].

Охранник Серос: « [Когда] заключенный напал на меня, мне пришлось защищаться, не как личности, но как охраннику... Он ненавидел меня как охранника. Он реагировал на униформу. У меня не было другого выбора, кроме как защищаться, как охраннику. Это потрясло меня… Я понял, что был таким же заключенным, как и он. Я был просто мишенью для его чувств… И мы, и они были подавлены гнетущей атмосферой, но у нас, у охранников, была иллюзия свободы. Но это была только иллюзия… Все мы стали рабами денег. Заключенные скоро стали нашими рабами…» [26].

Как поет Боб Дилан в своей песне «Джордж Джексон», иногда мир похож на одну большую тюрьму:

> Некоторые из нас — заключенные,
> Остальные — охранники.

ОБ ИЗМЕНЕНИЯХ ХАРАКТЕРА ЗА ШЕСТЬ ДНЕЙ

Анализируя некоторые утверждения, сделанные охранниками перед началом эксперимента, а затем в ежедневных записях, можно заметить фундаментальные сдвиги в их мышлении. Показательный пример — охранник Чак Барден. Вот что он говорил до, во время и после эксперимента.

До эксперимента: «Я пацифист, я не агрессивен и не могу себе представить, чтобы я стерег и/или плохо обращался с каким-либо живым существом. Я надеюсь, что мне достанется роль заключенного, а не охранника. Я настроен против государственных институтов и часто участвую в политических и социальных протестах. Вполне возможно, что в будущем мне придется сыграть роль заключенного в реальной жизни — и мне любопытно испытать себя в этой ситуации».

После инструктажа охранников перед началом эксперимента: «То, что мы получили униформу в конце встречи, подтверждает игровую атмосферу всего этого. Я не знаю, многие ли из нас разделяют ту "серьезность", которую демонстрируют экспериментаторы. Я испытываю определенное облегчение, потому что остаюсь в резерве».

Первый день: «В начале эксперимента я больше всего боялся, что заключенные будут относиться ко мне как к настоящему ублюдку, как к настоящему охраннику, хотя я совсем не такой, я не считаю себя таким… Это одна из причин, по которым я ношу длинные волосы, — я не хочу, чтобы люди считали меня тем, кем я не являюсь... Я думал, что заключенные будут смеяться над моей внешностью, и поэтому придумал свою первую стратегию: не улыбаться ничему, что они говорят или делают, ведь это означало признать, что все это — только игра. Я остаюсь "вне игры" (когда Хеллман и второй охранник, высокий блондин, заканчивают подавать обед, они намного увереннее чувствуют себя в своих ролях, чем я). Я собираюсь с духом, чтобы войти во двор, поправляю темные очки, беру дубинку — которая придает мне чувство определенной власти и безопасности — и вхожу. Я сжал губы и не разжимаю их, я решил не менять выражения лица, что бы ни случилось. Я останавливаюсь у третьей камеры, твердым и резким тоном я говорю заключенному № 5486: "Чему ты улыбаешься?" — "Ничему, господин надзиратель" — "Хорошо, тогда прекрати". Я иду дальше, чувствуя себя дураком».

Второй день: «Я шел от своей машины, и мне вдруг захотелось, чтобы люди заметили мою униформу: эй смотрите, мол, что я делаю... № 5704 попросил сигарету, но я проигнорировал его просьбу, потому что не курю и не испытываю сочувствия к нему... В то же время я сочувствовал № 1037, но решил НЕ разговаривать с ним. У меня появляется привычка бить по стенам, стульям и прутьям [дубинкой], чтобы продемонстрировать свою власть.... После переклички и отбоя мы [с охранником Хеллманом] громко говорили о том, что скоро пойдем домой, к девушкам, и что мы будем с ними делать (чтобы разозлить заключенных)».

Третий день (подготовка к первым визитам посетителей): «Мы предупредили заключенных, чтобы они ни на что не жаловались, если не хотят, чтобы свидание закончилось раньше времени. После этого мы, наконец, пригласили родителей первого заключенного. Я сделал так, чтобы остаться единственным охранником во дворе, потому что это был мой первый шанс проявить ту манипулятивную власть, которая мне на самом деле нравится, — быть заметной фигурой, от которой полностью зависит, что можно говорить, а что — нет. Родители и заключенные сидели на стульях, а я сидел на столе, болтал ногами и запрещал все, что хотел. Это была первый случай за весь эксперимент, когда я по-настоящему наслаждался. Заключенный № 819 ведет себя несносно, и за ним нужно наблюдать... Мы [с Хеллманом] и восхищаемся им, и ненавидим его. Как охранник (актер) Хеллман неподражаем, он по-настоящему вошел в роль садиста, и это меня смущает».

Четвертый день: «Психолог [Крейг Хейни] упрекает меня в том, что я надел на заключенного наручники и бумажный мешок, прежде чем увести его из кабинета (консультанта), и я возмущенно ответил, что это — необходимая безопасность, а кроме того, это моя работа... Дома мне все сложнее и сложнее говорить о том, что на самом деле здесь происходит».

Пятый день: «Я унижаю Сержанта, который продолжает упрямо перевыполнять все команды. Я выбрал его мишенью для унижений — и потому, что он сам просит об этом, и потому что он мне просто не нравится. Настоящие проблемы начинаются за ужином. Новый заключенный [416] отказывается есть сосиски. Мы бросаем его в карцер и приказываем держать по сосиске в каждой руке. У нас — кризис власти; это мятежное поведение может подорвать тотальный контроль, который мы установили. Мы решаем сыграть на солидарности заключенных и сказать новичку, что всем остальным будет отказано в свиданиях, если он не съест свой ужин. Я просовываю дубинку в дверь карцера... Я очень злюсь на этого заключенного, потому что он создает проблемы другим. Я решил накормить его насильно, но он все равно не стал есть. Я размазываю еду по его лицу. Я не могу поверить, что делаю это. Я ненавижу себя за то, что заставляю его есть, и при этом ненавижу его за то, что он не ест».

Шестой день: «Эксперимент окончен. Я очень этому рад, но потрясен тем, что некоторые охранники расстроились не столько из-за денег, сколько из-за того, что они наслаждались этой ситуацией... Говорить во время сессии "детоксикации" было очень трудно; кажется, все испытывают напряжение и неловкость... Я сажусь на велосипед и еду домой в лучах солнца. Как здорово, что я отсюда выбрался».

Несколько недель спустя: «Абсолютная жестокость этого решения (решения Хеллмана оставить № 416 в карцере на всю ночь) дошла до меня только несколько недель спустя, но, должно быть, она очень поразила Фила [Зимбардо], как и многие другие вещи [в результате он решил закончить эксперимент] [27].

Еще одна любопытная трансформация характера произошла с человеком, который лишь опосредованно был связан с нашим экспериментом. Рассказ о ней мы находим в разделе «разное» журнала начальника тюрьмы. Надеюсь, вы помните того серьезного коллегу-психолога, который стал спорить со мной в тот момент, когда я был поглощен безумными попытками обмануть предполагаемых налетчиков, уверив их, что эксперимент закончен. Он очень хотел знать, какова «независимая переменная».

В заметках Джаффе сказано, что «доктор Б. пришел во вторник вечером, когда заключенных отвели в чулан на пятом этаже. Б. с женой пошли наверх, чтобы увидеть заключенных. Миссис Б. принесла им пончики, а доктор Б. сделал, по крайней мере, два замечания, высмеивающих заключенных: один по поводу их одежды, другой — по поводу зловония в тюрьме. Такими были первые реакции почти всех посетителей».

Пока его жена поила участников «чаем и сочувствием», мой обычно сдержанный коллега неожиданно начал обращаться с этими студентами дегуманизированным способом, и это, вероятно, вызвало у них чувство стыда.

О «маленьком эксперименте» Хеллмана [28]

Давайте заглянем в анкету добровольного участника эксперимента, которую заполнил Хеллман за неделю до его начала. Это даст нам представление о том, каким он был до того, как стал охранником. Я с удивлением узнал, что ему всего восемнадцать лет, что он студент-второкурсник и один из самых молодых наших участников. Самый старший из них — его коллега Арнетт. Хеллман вырос в семье ученых, представителей среднего класса, он самый младший в семье, у него четыре старших сестры и брат. Рост — 188 см, вес — 80 кг, у него зеленые глаза и светлые волосы. Это довольно привлекательный молодой человек. Он считает себя музыкантом и «ученым в душе». В его автохарактеристике сказано: «Я живу естественной жизнью, люблю музыку, хорошую еду и других людей». Он добавляет: «Я питаю большую любовь к человечеству».

В ответ на вопрос «Что людям больше всего в вас нравится?» Хеллман уверенно отмечает: «Сначала люди восхищаются моим талантом и открытостью. Но лишь немногие знают, как хорошо я способен строить отношения».

В ответ на противоположный вопрос: «Что людям меньше всего в вас нравится?» Хеллман предлагает нам описание своего сложного характера и даже намек на то, что может случиться, если в его руках окажется неограниченная власть. Он пишет: «Им не нравится то, что я терпеть не могу глупости и совершенно равнодушен к тем, чей образ жизни не одобряю. То, что я эксплуатирую некоторых людей, моя прямота, моя уверенность в себе». Наконец, вдобавок к этому наш доброволец сказал, что предпочел бы играть роль заключенного, а не охранника, «потому что люди не любят охранников».

На фоне этого описания характера весьма показательны его размышления о том, как он воспринимал свою роль в этом исследовании, сделанные уже после эксперимента.

Охранник Хеллман: «Да, это было больше, чем эксперимент. У меня была возможность изучать способности людей, подталкивая их к крайней точке и делая это под маской надзирателя. Это было неприятно, но меня влекло к этому непреодолимое желание проверить их реакции. Во многих ситуациях я проводил свои собственные эксперименты» [29].

«Самой лучшей стороной эксперимента было то, что я, казалось, играл роль катализатора, который дал потрясающие результаты, а ими заинтересовались телевидение и пресса... Мне очень жаль, если я доставил вам больше неприятностей, чем вы хотели, — это был мой собственный эксперимент» [30].

«Худшей стороной эксперимента было то, что многие стали воспринимать меня всерьез, что я стал для них врагом. Мои слова их задевали, [заключенные], казалось, забыли, что это просто эксперимент» [31].

Через месяц после окончания исследования этот бывший охранник дал телевизионное интервью вместе с бывшим заключенным Клеем-416, своим «мстителем». Они оба принимали участие в съемках телевизионного документального фильма о нашем исследовании, в рамках программы Chronolog телеканала NBC — предшественницы программы «60 минут». Фильм назывался «№ 819 плохо себя ведёт» (*819 Did a Bad Thing*).

После того как Хеллман описал своё превращение в охранника, Клей стал нападать на него и закончил свою речь пословицей, ставшей девизом того времени: «Что посеешь, то и пожнёшь».

Хеллман: «Как только вы надеваете униформу и получаете роль, то есть работу, и вам говорят: "Ваша работа — следить за этими людьми", вы перестаёте быть тем человеком, которым вы были в обычной одежде и в другой роли. Вы действительно становитесь охранником, как только надеваете униформу цвета хаки и очки, берёте полицейскую дубинку и играете эту роль. Это ваш костюм, и надев его, вы начинаете действовать соответственно».

Клей: «Это больно, прямо сейчас мне больно, это причиняет мне боль».

Хеллман: «Что причиняло тебе боль? Что причиняет тебе боль сейчас? Сама мысль о том, что люди могут так себя вести?»

Клей: «Да. Это научило меня тому, чего я никогда не испытывал раньше. Я об этом читал, я много об этом читал. Но никогда не испытывал на себе. Я никогда не видел, чтобы люди так себя вели. И при этом я знаю, что ты хороший парень. Понимаешь?»

Хеллман (*улыбаясь и качая головой*): «Ты этого не знаешь».

Клей: «Я знаю, я уверен, что ты хороший парень. Ты не плохой...»

Хеллман: «Тогда почему ты меня ненавидишь?»

Клей: «Потому что я знаю, во что ты можешь превратиться. Я знаю, на что ты способен, когда говоришь "Да ладно, я никому не собираюсь делать больно", "Да ладно, это ведь скоро закончится, всего через две недели"».

Хеллман: «Ну а как бы ты вёл себя на моём месте?»

Клей (*медленно и тщательно выговаривая каждое слово*): «Я не знаю. Я не могу сказать, что знаю, как бы я себя повёл».

Хеллман: «Ты бы...»

Клей (*пытаясь убедить Хеллмана*): «Я не думаю, я не верю, что я был бы таким же изобретательным, как ты. Я не думаю, что у меня хватило бы для этого воображения. Понимаешь?»

Хеллман: «Да, я…»

Клей (*перебивает, кажется, он получает удовольствие от вновь обретенного чувства власти*): «Я думаю, что если бы я был охранником, то не смог бы настолько мастерски сыграть эту роль!»

Хеллман: «Я не думал, что на самом деле это кому-то причиняет вред. Это было унизительно, и это был мой собственный маленький эксперимент, я хотел понять, как я могу…»

Клей (*недоверчиво*): Твой собственный *маленький эксперимент*? Может быть, расскажешь о нем?»

Хеллман: «Я проводил свои собственные небольшие эксперименты».

Клей: «Расскажи мне о своих небольших экспериментах. Мне любопытно».

Хеллман: «Ладно. Я просто хотел посмотреть, до каких пор можно оскорблять людей, прежде чем они начнут протестовать, прежде чем они начнут отвечать тем же. Но, к моему удивлению, никто не пытался возражать, чтобы меня остановить. Никто не сказал: "Эй, прекрати меня оскорблять, ты переходишь границы". Этого никто не сказал, они просто принимали то, что я говорил. Я говорил: "Пойди и скажи этому парню в лицо, что он — кусок дерьма", и они послушно это делали. Они послушно отжимались, сидели в карцере, оскорбляли друг друга, хотя предполагалось, что они должны объединиться. Но они оскорбляли друг друга, потому что я велел им это делать, и никто ни разу не усомнился в моей власти. Вот что меня действительно потрясло. (*В его глазах появляются слезы.*) Почему никто ничего не говорил, пока я их оскорблял? Я говорил настоящие гадости, а они все равно молчали. Почему?»

Действительно, почему?

ГЛАВА ДЕСЯТАЯ

Значение и выводы Стэнфордского тюремного эксперимента: алхимия трансформаций характера

Мы — подопытные кролики в лаборатории Бога...
Человечество — всего лишь незаконченный проект.

Теннесси Уильямс.
Путь действительности (Camino Real) (1953)

Стэнфордский тюремный эксперимент начинался как простой опыт по изучению влияния, которое оказывает сочетание ситуационных переменных на поведение людей, играющих роли заключенных и охранников в искусственно созданной тюремной среде. В этом экспериментальном исследовании мы не проверяли тех или иных гипотез, а скорее оценивали степень влияния внешних аспектов определенной среды на внутреннюю предрасположенность людей, оказавшихся в некоей ситуации. Мы хотели выяснить, что сильнее — хорошие люди или плохая ситуация.

Но потом эксперимент превратился в яркую иллюстрацию тлетворного воздействия плохих систем и плохих ситуаций, их способности заставить хороших людей вести себя патологическим образом, чуждым их природе. Хронология этого исследования, которую я попытался шаг за шагом восстановить в этой книге, ярко демонстрирует, как обычные, нормальные, здоровые молодые люди подчинялись давлению или уступали соблазну социальных сил, действовавших в этой поведенческой ситуации. То же случилось и со мной, а также с другими взрослыми людьми, профессионалами, которые так или иначе входили в контакт с этими силами. Граница между Добром и Злом, которая представлялась нам непроницаемой, оказалась весьма и весьма размытой.

Пришло время рассмотреть другие факты, собранные в ходе нашего исследования. Различные количественные источники информации проливают свет на то, что произошло в том темном тюремном подвале. Мы используем все доступные данные, чтобы осмыслить то, что проявилось в процессе этого уникального эксперимента, и установить способы, с помощью которых власть или ее отсутствие могут изменить человечество. В итоге мы сможем сделать важные выводы о человеческой природе и об условиях, влияющих на нее в лучшую и в худшую сторону.

КРАТКИЕ ВЫВОДЫ ПЕРЕД УГЛУБЛЕННЫМ АНАЛИЗОМ ДАННЫХ

Как мы видели, наша тюремная среда оказалась психологически весьма достоверной и вызывала у многих участников эксперимента сильные, реальные и часто патологические реакции. Мы были удивлены и откровенным доминированием охранников и тем, как быстро оно возникло в ответ на бунт заключенных. Нас поразило, что ситуационные факторы, как, например, в истории Дуга-8612, смогли так быстро и так сильно подчинить своему влиянию почти всех этих нормальных здоровых молодых людей.

Переживание потери собственной идентичности, произвол и постоянный надзор, а также отсутствие личного пространства и сна вызвали синдром пассивности, зависимости и депрессии, напоминающий феномен, получивший название «выученной беспомощности»[1] [1].

Половину студентов-заключенных пришлось освободить раньше времени из-за серьезных эмоциональных и когнитивных расстройств — временных, но весьма интенсивных. Большинство из тех, кто остался до конца, безропотно подчинялись требованиям и вели себя словно зомби. Они стали

---

[1] Выученная беспомощность — это пассивный отказ действовать и депрессия, возникающие после очередной неудачи или наказания, особенно если они кажутся случайными, не зависящими от наших действий.

вялыми и апатичными, уступая любым прихотям охранников, власть которых становилась все более жесткой.

Как и отдельным «хорошим охранникам», лишь немногим заключенным удалось противостоять ситуации. Например, заключенные могли бы поддержать героический акт пассивного сопротивления, совершенный Клеем-416. Но они стали унижать и запугивать его — для них он стал просто «нарушителем спокойствия». Они безропотно приняли диспозиционную перспективу, которую внушили им охранники, и даже не попытались осмыслить голодовку Клея как символ и способ сопротивления слепому повиновению власти.

Иногда признаки героизма проявлял и Сержант — например, он отказывался обзывать и оскорблять других заключенных по приказу охранников. Но гораздо чаще он оставался примерным послушным заключенным. Джерри-486 оказался самым уравновешенным; однако, как он писал в своих заметках, он «выжил» только потому, что сосредоточился на своем внутреннем мире и старался как можно меньше помогать другим заключенным, которым, возможно, требовалась его поддержка.

Вначале у нас была группа людей, чьи данные почти не отклонялись от средних показателей образованного населения — по всем параметрам, которые мы измерили до эксперимента. Тех, кому случайным образом достались роли «заключенных», вполне можно было заменить теми, кто играл роли «охранников». Ни один из участников обеих групп не совершал преступлений, не имел никаких эмоциональных проблем, физических заболеваний и даже недостатков в интеллектуальной или социальной области, наличие которых обычно отличает заключенных от охранников и от других членов общества.

В силу такого случайного распределения и предварительного тестирования я могу утверждать, что эти молодые люди не внесли в нашу тюрьму никаких патологий, которые могли бы проявиться в роли заключенных или охранников. В начале эксперимента между этими двумя группами не было никакой разницы. Но не прошло и недели — и между ними уже не было ничего общего. Следовательно, можно сделать вывод, что их патологическое поведение стало результатом сочетания ситуационных сил, постоянно влияющих на всех обитателей мнимой тюрьмы. Далее, эта Ситуация была создана и поддерживалась силами определенной Системы, организованной с моей помощью. Я начал формировать эту Систему уже на предварительной встрече с охранниками, посвященной их психологической ориентации, а затем мы с коллегами выработали определенные политику и процедуры.

Ни охранников, ни заключенных нельзя было назвать «ложкой дегтя» до тех пор, пока на них не начала влиять «бочка». Комплекс сил, действовавших в этой «бочке», включал в себя ситуационные факторы данного поведенческого контекста: роли, правила, нормы, анонимность людей и места, процессы дегуманизации, конформизм, групповую идентичность и т. д.

О чем говорят полученные данные?

Круглосуточное наблюдение за поведением заключенных и охранников, за взаимодействием между ними, а также за тем, что происходило во дворе тюрьмы, было дополнено видеозаписями (около 12 часов), скрытой аудиозаписью (около 30 часов), опросниками, собственными отчетами испытуемых и различными интервью. Некоторые из этих данных были подвергнуты количественному анализу, а некоторые были прокоррелированы с окончательными данными.

Интерпретация этих данных вызывает серьезные трудности в связи с относительно небольшой выборкой, выборочностью и неполнотой аудио- и видеозаписей, что объясняется ограниченным бюджетом, нехваткой людей и нашим стратегическим решением сосредоточиться на самых важных событиях (перекличках, приеме пищи, визитах посетителей и слушаниях комиссии по условно-досрочному освобождению). Кроме того, было крайне сложно выявить причинно-следственные связи из-за динамического взаимодействия между охранниками и заключенными в разных сменах охранников. Количественный анализ данных, связанный с индивидуальным поведением, затруднен очевидным фактом сложных взаимодействий между отдельными участниками, группами, а также влиянием фактора времени. Кроме того, в отличие от традиционных экспериментов, у нас не было контрольной, сопоставимой группы добровольцев, которые бы прошли те же самые тесты, но не участвовали в эксперименте и не играли роли мнимых заключенных или мнимых охранников. Мы не организовали контрольной группы, потому что считали эксперимент скорее демонстрацией определенного феномена, как в оригинальном исследовании Милгрэма о подчинении, и не собирались выявлять какие-то причинно-следственные связи. Мы предполагали провести сравнение контрольной и экспериментальной групп в ходе будущего исследования, если бы первый эксперимент принес какие-либо интересные результаты. Таким образом, наша независимая переменная была очень проста: общее влияние на личность статуса охранника или заключенного.

Тем не менее мы обнаружили некоторые явные паттерны, позволившие выйти за пределы качественного описания, которое я представил читателю в предыдущих главах. Эти находки предлагают некоторые интересные выводы о природе психологически необычной среды и о поведении молодых людей, которые в ней оказались. Детальное описание обработки этих данных и их статистический анализ изложены в научной статье [2] и на веб-сайте http://prisonexp.org.

Тестирование личности

Индивидуальные различия участников исследования изучались с помощью трех методик за несколько дней до начала эксперимента. Мы использовали шкалу F для измерения авторитарных установок, шкалу макиавеллизма, исследующую стратегии манипулирования при межличностном общении, и личностные шкалы Комрея.

Шкала F (The F-Scale) [3]. Этот тест измеряет приверженность традиционным ценностям и склонность покорно, некритично относиться к власти. До того как участники были разделены на две группы, никаких статистически значимых различий между средними показателями «охранников» (4,8) и «заключенных» (4,4) выявлено не было. Однако сравнивая результаты по шкале F пяти заключенных, оставшихся в «тюрьме» до конца исследования, и пяти заключенных, освобожденных раньше, мы обнаружили интересные данные. У тех, кто выдержал авторитарную атмосферу СТЭ до конца, показатели по шкалам традиционности и авторитаризма более чем вдвое (средний балл = 7,8) превышали показатели тех, кто был освобожден раньше (средний балл = 3,2). Вот что удивительно: когда мы ранжировали эти показатели у заключенных от самых низких до самых высоких, то обнаружилась очень существенная корреляция с количеством дней участия в эксперименте (коэффициент корреляции = 0,90). Заключенный, вероятно, останется в тюрьме тем дольше и адаптируется к авторитарной тюремной среде тем лучше, чем выше его показатели по шкалам жесткости, приверженности традиционным ценностям и подчинения власти — все эти качества были характерны для атмосферы нашей тюрьмы. И наоборот, заключенные, которые хуже всех переносили давление, продемонстрировали самые низкие показатели по шкале F — можно сказать, к их чести.

Шкала макиавеллизма (The Machiavellian Scale) [4]. Эта шкала, в соответствии со своим названием, оценивает наличие у человека стратегий, позволяющих манипулировать другими в межличностных отношениях. Средний показатель у охранников (7,7) был немного ниже, чем у заключенных (8,8); таким образом, никаких существенных различий между этими группами обнаружено не было. Не мог этот показатель предсказать и продолжительности пребывания в тюрьме. Мы ожидали, что умение манипулировать людьми — у тех, кто получил высокие показатели по этой шкале, — так или иначе проявится в повседневной жизни в тюремной среде. Но двое заключенных, имевших самые высокие показатели по этой шкале, по нашим оценкам, лучше всего адаптировались к тюрьме. А у двух других, также успешно адаптировавшихся к ней, оказались самые низкие показатели.

Личностные шкалы Комрея (The Comrey Personality Scales) [5]. Этот опросник, основанный на самооценке испытуемого, состоит из восьми шкал. Мы использовали их, чтобы предсказать личностные различия между охранниками и заключенными. Вот эти шкалы: доверие, склонность к порядку, конформизм, активность, эмоциональная стабильность, экстраверсия, маскулинность и эмпатия. По этим шкалам средние показатели охранников и заключенных оказались практически одинаковыми; ни одно из различий между ними даже не приближается к статистически значимой величине. Более того, средние показатели группы по каждой шкале находились в диапазоне от 40% до 60% — это нормальные показатели для мужчин, по данным Комрея. Эти данные подтверждают идею о том, что личностные качества студентов в этих двух группах можно назвать «нормальными» или «средними». Крейг Хейни и Кертис Бэнкс хорошо выполнили свою задачу по предварительному отбору студентов-добровольцев: все наши добровольцы действительно были «обычными» людьми. Кроме того, не было выявлено никаких факторов предрасположенности, которые указывали бы на отличия между теми, кто играл роли охранников, и теми, кому достались роли заключенных.

Несколько интересных, хотя и незначительных различий мы обнаружили между заключенными, которые были освобождены раньше, и теми, кто выдержал весь этот ужас до конца. Оставшиеся продемонстрировали более высокие показатели по шкале конформизма («принятие общества таким, какое оно есть»), экстраверсии и эмпатии (отзывчивость, сочувствие, щедрость), чем те, кого пришлось освободить раньше из-за чрезвычайно сильных стрессовых реакций.

Если мы рассмотрим показатели охранников и заключенных, которые больше всего отклонялись от средних показателей их групп (1,5 стандартного отклонения или больше), то увидим некоторые любопытные закономерности.

Во-первых, рассмотрим некоторые особенности личности отдельных заключенных. Мое впечатление о том, что заключенный Джерри-5486 был «самым здравомыслящим», явно подтверждается тем, что у него оказались самые высокие показатели среди заключенных по шкале эмоциональной стабильности, а почти все остальные показатели были очень близки к средней норме. Все отклонения по другим шкалам были в положительную сторону. Кроме того, у него оказался самый высокий показатель по шкале маскулинности («я редко плачу, меня не интересуют любовные романы»). Стюарт-819, разгромивший свою камеру и разозливший сокамерников, которым пришлось убирать за ним, получил самые низкие показатели по шкале склонности к порядку (степень, в которой человек склонен к педантизму, порядку и аккуратности). Несмотря на правила, его это не заботило. Угадайте, кто получил самые высокие показатели по шкале активности (склонность к физической активности, тяжелой работе и спорту)? Конечно же, Сержант-2093. Шкала доверия оценивает базовую веру в честность и добрые намерения других. В этой категории победителем стал Клей-416. Наконец, кто из заключенных получил самые высокие показатели по шкале конформизма (вера в охрану правопорядка, принятие общества таким, каково оно есть и возмущение инакомыслием)? Кто сильнее всего возмущался, когда Клей-416 не подчинялся требованиям охранников? Конечно же, красавчик Хабби-7258!

Лишь несколько охранников оказались обладателями интересных, «нетипичных» профилей личности. Во-первых, «хороший охранник» Джон Лендри (но не его брат Джефф) получил самый высокий балл по шкале эмпатии. Охранник Варниш получил самый низкий балл по шкалам эмпатии и доверия, но самые высокие показатели по шкале склонности к порядку. У него также оказался самый высокий балл по шкале макиавеллизма среди всех охранников. В совокупности эти показатели указывают на холодно-эффективное, механистичное и отчужденное поведение, каким оно и было у Варниша в ходе эксперимента.

Эти результаты свидетельствуют о том, что данные, получаемые с помощью тестов личности, действительно иногда предсказывают поведенческие различия, но мы должны быть осторожны и не преувеличивать их значения при исследовании паттернов поведения в новых ситуациях, например в ходе нашего эксперимента. К примеру, на основании всех собранных нами данных Джерри-5486 оказался самым «нормальным» из всех заключенных. Однако вторым по «нормальности», в соответствии со всеми тестами личности, оказался Дуг-8612. Этот показатель вряд ли мог предсказать длинный список его нарушений и последующее «безумное» поведение. Более того, мы не смогли найти никаких предварительных данных, способных указать на разницу в поведении между четырьмя самыми придирчивыми охранниками и другими, менее жестокими. Ни одна черта личности, измеренная тестированием, не смогла предсказать настолько выраженных поведенческих изменений.

Далее, если обратиться к показателям личности двух охранников, оказавшихся самыми жестокими и склонными к садизму по отношению к заключенным, Хеллмана и Арнетта, то окажется, что оба они получили обычные, средние показатели по всем шкалам личности, кроме одной. Их показатели отклонялись только по шкале маскулинности. Проницательный сторонник теории личности мог бы предположить, что Хеллман, наш мерзкий Джон Уэйн, получил по шкале маскулинности самые высокие показатели. Но на самом деле результаты оказались прямо противоположными: по шкале маскулинности Джон Уэйн получил самые низкие показатели не только среди всех охранников, но и среди всех заключенных. Напротив, Арнетт получил самые высокие показатели по этой шкале среди всех охранников. Психоаналитики наверняка предположили бы, что жестокое, доминирующее поведение Хеллмана и его изощренные «гомосексуальные» игры были реакцией на «немужественные» черты его характера, возможно, даже на скрытую гомосексуальность. Но прежде чем предаваться психоаналитической лирике, я должен отметить, что в дальнейшем, а с тех пор прошло 35 лет, не было ни одного повода назвать Хеллмана иначе, чем хорошим мужем, отцом, успешным бизнесменом и гражданином с развитым чувством гражданского долга.

Шкалы самооценки настроения. Дважды, во время исследования и сразу после дебрифинга, каждый из студентов получил контрольный список прилагательных, описывающих их текущее настроение. Мы объединили эти прилагательные в группы, описывающие плохое и хорошее настроение, а также степень активности и пассивности. Как и следовало ожидать из наблюдений за состоянием заключенных, они отмечали в три раза больше негативных прилагательных, чем позитивных, и намного больше негативных прилагательных, чем охранники. Охранники демонстрировали немного больше негативных эмоций, чем позитивных. Другое интересное различие между двумя этими группами: в состоянии и настроении заключенных было больше колебаний. В ходе исследования изменения настроения происходили у них в два-три раза чаще, чем у относительно эмоционально стабильных охранников. По шкале активности — пассивности показатели заключенных были в среднем в два раза выше, что указывает на вдвое более выраженное внутреннее «возбуждение», чем у охранников. Тюремный опыт оказал негативное эмоциональное воздействие и на охранников, и на заключенных, но у заключенных оно было более глубоким и привело к более выраженной эмоциональной нестабильности.

Сравнивая заключенных, оставшихся до конца, с теми, кто был освобожден раньше, мы видим, что настроение у первых было окрашено в гораздо более негативные тона: они испытывали депрессию и чувствовали себя несчастными. Когда испытуемые оценивали себя по шкалам настроения в третий раз, сразу после того, как узнали, что эксперимент окончен (испытуемые, освобожденные раньше, узнали об этом на общей встрече), изменение настроения в лучшую сторону было очевидно. Все бывшие заключенные выбрали прилагательные, характеризовавшие их настроение как менее негативное и намного более позитивное. Количество негативных оценок уменьшилось с 15,0 (очень высокое значение) до 5,0 (низкое значение), а количество позитивных оценок выросло с 6,0 до 17,0. Кроме того, теперь они чувствовали себя менее пассивными, чем во время эксперимента.

В целом, с помощью указанных шкал настроения не было выявлено особых различий между заключенными, освобожденными раньше, и теми, кто выдержал все шесть дней. Я с облегчением отметил, что к концу исследования обе группы студентов вернулись к нормальному эмоциональному состоянию, зафиксированному до эксперимента. Вероятно, такое быстрое возвращение к норме отражает «ситуационную специфичность» депрессивных и стрессовых реакций, которые испытывали студенты, играя свои необычные роли.

Этот вывод можно интерпретировать по-разному. Эмоциональное воздействие тюремного опыта было временным, и заключенные быстро вернулись к нормальному базовому уровню настроения, как только исследование было завершено. Это также подтверждает «нормальность» участников, которых мы так тщательно отобрали. Они быстро восстановились, что свидетельствует об их общей эмоциональной стабильности. Однако одни и те же реакции среди заключенных могли быть вызваны самыми разными причинами. Те, кто остался до конца, обрадовались новой свободе и гордились тем, что пережили все испытания. Те, кто был освобожден раньше, больше не испытывали стресса и восстановили эмоциональное равновесие, как только закончилась негативная ситуация. Возможно, позитивные эмоциональные реакции были связаны и с радостью от того, что остальные заключенные тоже вышли на свободу, — это облегчало чувство вины, которое они могли испытывать, освободившись раньше времени, тогда как их товарищам пришлось остаться и пережить новые испытания.

Хотя некоторые охранники указали, что жалели о досрочном завершении исследования, но в целом они тоже были рады, что оно закончилось. Средние позитивные показатели в их группе выросли более чем вдвое (с 4,0 до 10,2), а довольно низкий негативный показатель (6,0) стал еще ниже (2,0). Поэтому в целом они также смогли восстановить эмоциональное равновесие, несмотря на свое активное участие в создании ужасных условий в нашей тюрьме. Несмотря на такую перемену настроения, некоторые из этих молодых людей жалели о том, что делали, а также о том, что не смогли прекратить злоупотребления, о чем уже говорилось при обсуждении их реакции после эксперимента и в ретроспективных дневниках.

Анализ видеозаписей. Мы записали на видеопленку 25 отдельных эпизодов взаимодействия между охранниками и заключенными. Затем каждый эпизод или сцену мы оценили по десяти поведенческим (и вербальным) категориям. Два эксперта, не принимавших участия в исследовании, независимо друг от друга оценили видеозаписи; их оценки оказались достаточно близкими. Оценка происходила по следующим категориям: заданные вопросы, отданные приказы, предложенная информация, общение, индивидуализирующее (позитивное) или деиндивидуализирующее (негативное), высказывание угроз, сопротивление, помощь другим, использование инструментов (с той или иной целью) и демонстрация агрессии.

Как показано на рисунке, обобщающем эти результаты, в целом во взаимодействии между охранниками и заключенными преобладали негативные, враждебные трансакции. Ассертивное поведение в значительной степени было прерогативой охранников, а заключенные занимали в целом

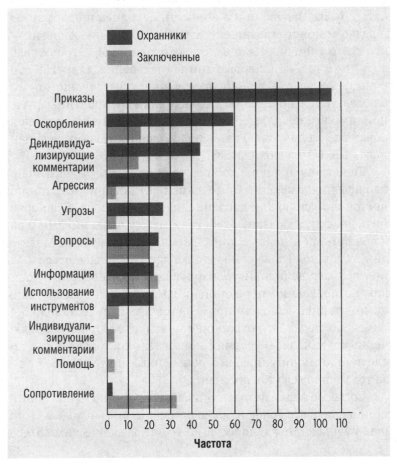

ПОВЕДЕНИЕ ОХРАННИКОВ И ЗАКЛЮЧЕННЫХ

пассивную позицию. Наиболее характерными для охранников во всех зафиксированных эпизодах были следующие реакции: они отдавали приказы, оскорбляли заключенных, деиндивидуализировали их, проявляли по отношению к ним агрессию, угрожали и использовали против них различные инструменты.

ПОВЕДЕНИЕ ОХРАННИКОВ И ЗАКЛЮЧЕННЫХ [6]

Сначала, особенно в первые дни, и немного позднее, когда Клей-416 объявил голодовку, заключенные оказывали сопротивление охранникам. Они были склонны индивидуализировать других, задавали им вопросы, делились информацией и редко демонстрировали негативное отношение к другим — что стало типичным для властных охранников. Это проявлялось тоже только в первые дни исследования. С другой стороны, реже всего в течение шести дней исследования мы наблюдали такое поведение, как индивидуализирование других и взаимопомощь. Между двумя заключенными был зафиксирован всего один эпизод взаимопомощи — отражения гуманного отношения к ближнему.

Видеозаписи также количественно подтверждают наши наблюдения, сделанные в течение исследования: охранники постоянно усиливали давление на заключенных. Если сравнить два эпизода взаимодействий между охранниками и заключенными в первые дни с двумя эпизодами в последние дни, то видно, что за одно и то же время в начале исследования не было деиндивидуализирующих комментариев, тогда как на последних перекличках среднее количество таких комментариев за тот же промежуток времени составило 5,4. Замечено также, что охранники почти не оскорбляли заключенных в начале — средний показатель составлял 0,3; в последние дни они унижали заключенных примерно 5,7 раза за тот же промежуток времени.

Согласно анализу видеозаписей, постепенно заключенные становились все более и более пассивными. Наблюдалось общее уменьшение активности по всем поведенческим категориям. Они почти не проявляли инициативы и просто ничего не делали, безучастно переживая дни и ночи.

Анализ видеозаписей ясно показал, что ночная смена Джона Уэйна была более жестокой, чем две другие. Поведение охранников этой изощренно-жестокой смены значительно отличалось по следующим показателям: они отдавали больше приказов (среднее количество 9,3 по сравнению со средним показателем 4,0 за стандартную единицу времени); вдвое чаще оскорбляли заключенных (5,2 по сравнению с 2,3 соответственно). К агрессивным наказаниям они прибегали тоже чаще, чем охранники других смен. В этом анализе не учтена более скрытая вербальная агрессия смены Арнетта.

Анализ аудиозаписей. С помощью скрытых микрофонов время от времени мы вели аудиозапись разговоров наших сотрудников с заключенными или охранниками, а также записывали разговоры заключенных в камерах. Для описания общего характера вербального поведения участников эксперимента записи были разбиты на девять категорий. Аудиозаписи оценивали по этим категориям два независимых эксперта, и их оценки надежно совпали.

При этом было создано еще несколько категорий оценки: кроме заданных вопросов, предложенной информации, обращения с запросами и требованиями и отдания приказов, мы выделили: критику; позитивное / негативное отношение к ситуации; позитивную / негативную самооценку; индивидуализирующие / деиндивидуализирующие замечания; желание продолжать либо прекратить участие в исследовании; намерение в будущем действовать позитивным или негативным образом.

Мы с удивлением обнаружили, что отношение к ситуации охранников и их самооценка оказались почти столь же негативными, как и у заключенных. Фактически у «хорошего охранника» Джеффа Лендри оказалась более негативная самооценка, чем у всех заключенных, и более негативное эмоциональное состояние, чем у всех заключенных, кроме Дуга-8612. В интервью с заключенными отмечались общая негативность в выражении аффекта, а также негативные «тона» самооценки и намерений (тенденция к агрессивности и негативное отношение к ситуации).

Эти интервью подтвердили, что есть явные различия в эмоциональном воздействии тюремного опыта на заключенных, оставшихся до конца, и на тех, кто был освобожден раньше. Мы сравнили средние количества выражений негативного отношения к ситуации, негативного аффекта, негативной самооценки и склонности к агрессии у оставшихся до конца и у освобожденных раньше (в расчете на одно интервью). Ожидания заключенных, освобожденных раньше, были более негативными. Они демонстрировали более негативный аффект, более негативную самооценку, склонность к агрессии у них была в четыре раза выше, чем у тех, кто остался в тюрьме до конца эксперимента. Эти интересные тенденции близки к статистической значимости.

Скрытая аудиозапись разговоров в камерах позволяла нам выяснить, что обсуждают заключенные в отсутствие охранников, во время редких перерывов между перекличками, работой и другими мероприятиями. Как вы помните, сокамерники не были знакомы друг с другом до эксперимента. Лишь оставшись наедине в камерах, они могли познакомиться поближе, ведь во время общих мероприятий посторонние разговоры были запрещены. Мы предполагали, что они будут искать точки соприкосновения, чтобы наладить отношения, учитывая близкое соседство и необходимость жить в одной камере в течение двух недель. Мы ожидали, что они будут говорить о своей жизни в колледже, об учебе, о каникулах, о подругах, любимых спортивных командах, музыкальных предпочтениях, хобби, о том, как проведут остаток лета после окончания эксперимента или о том, на что потратят заработанные деньги.

Ничего подобного! Эти ожидания совершенно не оправдались. Девять десятых всех разговоров между заключенными были связаны с тюремными проблемами, и лишь 10% были посвящены личным темам, не связанным с тюрьмой. Заключенных больше всего волновали еда, притеснения охранников, действия комитета по рассмотрению жалоб, планы побега, свидания с посетителями и поведение других заключенных в других камерах и в одиночке.

Они не пользовались возможностями временной передышки от притеснений охранников и скуки тюремных камер, не пытались выйти из роли заключенных и восстановить свою личную идентичность в социальном взаимодействии. Роль заключенного подавляла все проявления личности. Тюремная обстановка полностью определяла их отношение к ситуации и интересы, принуждая думать исключительно о настоящем. При этом не имело значения, наблюдал ли кто-то за ними или нет.

Заключенные не говорили о своем прошлом и о надеждах на будущее, поэтому все, что они знали друг о друге, было основано на наблюдениях за поведением в тюрьме. Как уже было сказано, представление о других заключенных, которое могло складываться у них во время перекличек и других мероприятий, было преимущественно негативным. Их впечатления о товарищах были основаны только на этих наблюдениях. Заключенные были полностью поглощены текущей ситуацией, что подкрепляло состояние и настроение, усугублявшие их страдания. Ведь чтобы справиться с трудностями, мы начинаем считать их чем-то временным, воображая себе иное, лучшее будущее в сочетании с приятными воспоминаниями о прошлом.

Такое добровольное самоподавление имело еще более разрушительные последствия: заключенные начали принимать и перенимать негативное отношение охранников к себе. Половину всех зафиксированных взаимодействий между заключенными можно охарактеризовать как отсутствие поддержки и отсутствие сотрудничества. Более того, давая оценку или выражая свое отношение к другим заключенным, в 85% случаев они делали негативные и осуждающие высказывания! Такая частота статистически значима: внимание к тюремным темам по сравнению со всеми остальными было зафиксировано только один раз из ста, а позитивные высказывания о других заключенных в противоположность негативным или нейтральным были зафиксированы всего пять раз из ста. Это значит, что такие поведенческие особенности «значимы», и их вряд ли можно объяснить случайными колебаниями настроения заключенных, пока они сидели в своих камерах.

Таким образом, у заключенных, интернализирующих подавляющую атмосферу тюрьмы, впечатления о своих товарищах складывались преимущественно на основании наблюдений за ситуациями, когда их унижали, а они вели себя как блеющие овцы и выполняли бессмысленные и унизительные приказы. Это не вызывало уважения. В такой обстановке просто невозможно сохранить чувство собственного достоинства. Последнее наше открытие напомнило мне феномен «идентификации с агрессором». Так психолог Бруно Беттельхейм [7] назвал ситуации, когда заключенные нацистского концентрационного лагеря интернализировали власть, принадлежащую их угнетателям (впервые этот термин использовала Анна Фрейд). Беттельхейм обратил внимание, что некоторые узники концлагеря пытались подражать нацистам-охранникам: они не только оскорбляли других заключенных, но даже носили списанную униформу СС. В отчаянной надежде выжить во враждебной, непредсказуемой ситуации жертва чувствует, чего хочет агрессор, и вместо того чтобы выступить против него, она принимает его образ и начинает ему подражать. Такая своеобразная психологическая защита устраняет пугающую разницу между неограниченной властью охранников и беспомощностью заключенных. Человек объединяется со своим врагом — в собственном воображении. Такой самообман позволяет уйти от реальности, подавляя эффективные действия, лишая чувства собственного достоинства, убивает бунтарский дух и сочувствие к другим заключенным [8].

Жизнь — искусство самообмана; и чтобы этот самообман был успешным, он должен быть привычным и постоянным.

Уильям Хэзлитт. О педантизме.
Круглый стол (The Round Table), 1817

УРОКИ И ВЫВОДЫ СТЭНФОРДСКОГО ТЮРЕМНОГО ЭКСПЕРИМЕНТА

Пора перейти от отдельных поведенческих реакций и личных качеств молодых людей, игравших роли заключенных и охранников, к более широким теоретическим проблемам, поднятым этим исследованием, к его значению и выводам.

О пользе науки

Следует признать, что СТЭ не говорит о тюрьмах ничего такого, чего не могли бы поведать о тяготах тюремной жизни социологи, криминологи и бывшие заключенные. Тюрьма — ужасное место, пробуждающее худшие черты человеческой природы. Она скорее порождает насилие и преступность, чем способствуют реабилитации. Показатель рецидивизма составляет более 60%. Это доказывает, что тюрьмы превратились в «инкубаторы преступности». Что же добавил СТЭ к пониманию этого неудачного эксперимента общества — созданию тюрем как инструмента борьбы с преступностью? Думаю, ответ лежит в базовом протоколе эксперимента.

В настоящих тюрьмах пороки ситуации и пороки находящихся в ней людей неразрывно переплетены между собой. Вспомните мою первую дискуссию с сержантом в управлении полиции Пало-Альто, когда я объяснял ему, почему мы решили провести этот эксперимент, а не просто отправиться в местную тюрьму и понаблюдать за тем, что там происходит. Мы разработали этот эксперимент для того, чтобы оценить воздействие искусственно созданной тюремной системы на тех, кто в ней находится — и охранников, и заключенных. В рамках контролируемого эксперимента с помощью различных средств мы смогли создать множество разных ситуаций и сделать масштабные выводы. В реальной тюрьме это было бы невозможно.

Благодаря систематическим процедурам отбора мы выбрали совершенно нормальных, обычных здоровых людей, не имевших никакой истории антисоциального поведения, преступлений или насилия. Более того, все они были студентами колледжа, поэтому их интеллект был выше среднего уровня, они имели меньше предрассудков и были более уверены в своем будущем, чем их менее образованные сверстники. Затем на основании случайного распределения, основного фактора нашего исследования, этих нормальных молодых людей назначили на роли охранников или заключенных, без учета их предпочтений. Всем правил случай. Дальнейший контроль за ходом эксперимента предполагал систематическое наблюдение, сбор различных документов и анализ статистических данных. Все это вместе взятое должно было помочь нам определить, как воздействует на испытуемых их опыт в рамках параметров исследования. Протокол СТЭ позволил отделить личность от места, предрасположенность от ситуации, «ложку меда» от «бочки дегтя».

Однако нужно признать, что все наше исследование было «искусственным», это была всего лишь имитация реального мира. Но, несмотря на искусственность контролируемых экспериментов, таких как СТЭ, или других социально-психологических исследований, о которых мы поговорим в следующих главах, их результаты, если эксперименты проводятся с точностью, позволяющей выявить параллели «из жизни», могут обладать значительной обобщаемостью [9].

Конечно, наша тюрьма была «ненастоящей», но она адекватно отражала основные психологические аспекты тюремного заключения — именно их я считаю самыми важными элементами «тюремного опыта». Безусловно, любые выводы, сделанные в ходе эксперимента, должны отвечать на два вопроса. Во-первых — «По сравнению с чем?», а во-вторых — «Какова его ценность и обоснованность — какие явления реального мира помогает объяснить этот эксперимент?». Ценность такого исследования обычно заключается в том, помогает ли он выявить базовые процессы, определить причинно-следственные связи и установить переменные, участвующие в создании наблюдаемого эффекта. Кроме того, эксперименты могут установить закономерности, которые при условии статистической значимости нельзя считать случайными.

Основы экспериментальной социальной психологии несколько десятилетий назад заложил теоретик и пионер социальной психологии Курт Левин. Он утверждал, что можно в теории и на практике вычленить из реального мира те или иные проблемы и протестировать их в экспериментальной лаборатории. При условии продуманной структуры исследования и тщательном оперировании независимыми переменными (постоянными факторами, которые служат в качестве предсказателей поведения), считал он, можно установить определенные причинно-следственные связи, что было бы невозможно при полевых исследованиях или наблюдениях. Но Левин пошел дальше — он призывал использовать психологическую науку для осуществления социальных изменений, применяя данные, полученные в ходе исследований, которые позволяют понимать и менять к лучшему общество и человеческие поступки [10]. Я пытался следовать его вдохновляющим идеям.

Трансформации власти охранников

> *Мы испытываем более яркое ощущение власти, когда ломаем дух человека, чем когда покоряем его сердце.*
>
> Эрик Хоффер.
> Страстное состояние ума
> (The Passionate State of Mind) (1954)

Некоторые из наших добровольцев, случайным образом получившие роли охранников, скоро стали злоупотреблять своей новой властью и вести себя садистским образом — оскорблять, унижать и подавлять «заключенных» и днем, и ночью. Их действия соответствуют психологическому определению зла, предложенному в первой главе. Другие охранники добросовестно играли свою роль, были жесткими и требовательными, но не оскорбляли заключенных, проявляя некоторое сочувствие к их бедственному положению. Несколько охранников, которых можно назвать «хорошими», сопротивлялись искушениям власти и временами были внимательны к заключенным и оказывали им небольшие услуги — делились с ними яблоками, сигаретами и т. д.

Я обратил внимание на одну интересную параллель между нацистскими врачами СС из концлагеря Освенцим и нашими студентами-охранниками. Конечно, ужас и изощренность системы нацистских концлагерей не идет ни в какое сравнение с нашей мнимой тюрьмой. Как и наших охранников, этих врачей можно разделить на три категории. Как пишет Роберт Джей Лифтон в книге «Нацистские врачи», среди врачей, работавших в немецких концлагерях, были «фанатики, охотно принимавшие участие в уничтожении узников лагерей и даже "перевыполнявшие" план по убийствам. Были те, кто участвовал в этом процессе более или менее систематически и делал не больше и не меньше того, что им приказывали; и были те, кто не хотел принимать участия в убийствах» [11].

В нашем исследовании быть хорошим охранником, неохотно выполняющим свою работу, означало «доброту по умолчанию». Мелкие услуги заключенным просто создавали контраст с демоническими действиями других охранников. Как мы уже говорили, ни один из «хороших» охранников так и не попытался прекратить оскорбительные действия «плохих» охранников; ни один не пожаловался на них сотрудникам тюрьмы, ни один не вышел из эксперимента раньше времени и не отказался работать сверхурочно, когда возникала чрезвычайная ситуация. Более того, ни один из них даже не потребовал дополнительной оплаты за сверхурочную работу, которая вряд ли была слишком приятной. Такое поведение — проявление «синдрома зла бездействия», о котором мы подробнее поговорим позже.

Напомню, что самый «хороший» охранник, Джефф Лендри, делил ночную смену с самым «плохим» охранником, Хеллманом, но ни разу не попытался «притормозить» его, ни разу не напомнил, что это «только эксперимент», что нет никакой необходимости причинять столько страданий ребятам, просто играющим роли заключенных. Вместо этого, как свидетельствуют самоотчеты Джеффа, он просто молча страдал — вместе с заключенными. Если бы он, движимый угрызениями совести, начал действовать, этому «хорошему» охраннику удалось бы существенно сократить эскалацию жестокости в своей смене.

Я много лет преподаю в нескольких университетах и знаю, что студентов редко беспокоят проблемы власти, потому что они и так чувствуют себя комфортно в своем мире, где залог успеха — интеллект и добросовестный труд. Вопросы власти волнуют людей либо тогда, когда у них ее слишком много и им нужно ее удержать, либо если ее слишком мало и они хотят получить больше. Однако для многих власть становится самоцелью, ведь возможности, которые она дает, так соблазнительны. Бывший госсекретарь Генри Киссинджер назвал этот феномен «афродизиаком власти». Та же приманка влечет красивых молодых женщин к престарелым, уродливым, но влиятельным мужчинам.

Патологии заключенных

Где человек находится, противясь, это ему тюрьма[1].

Эпиктет. Беседы (II в.)

Вначале нас интересовало не столько поведение охранников, сколько то, как мнимые заключенные адаптируются к новому для них приниженному и бесправному положению. В то лето я был увлечен психологией тюремного заключения, прочел в Стэнфорде курс, посвященный этой теме, и был на стороне заключенных. Карло Прескотт поразил нас яркими рассказами о злоупотреблениях и зверствах охранников в настоящих тюрьмах. От других бывших заключенных мы услышали множество невыдуманных историй о том, как одни заключенные подвергают сексуальному насилию других, о войнах между тюремными бандами. Поэтому Крейг, Кертис и я в глубине души сочувствовали заключенным и надеялись, что они начнут сопротивляться давлению охранников, что им удастся сохранить чувство собственного достоинства, несмотря на низкий статус, с которым они будут вынуждены смириться. Я представлял себя в роли мудрого и непокорного заключенного, героя Пола Ньюмена из фильма «Хладнокровный Люк». Я просто не мог представить себя в роли его тюремщика [12].

Мы были рады тому, что заключенные сразу начали бунтовать и протестовать против грязной работы, которую им поручали охранники, против произвольной принудиловки правил и изнурительных перекличек. Их ожидания относительно того, чем они будут заниматься во время «исследования тюремной жизни», о котором говорилось в нашем газетном объявлении, не оправдались. Заключенные думали, что несколько часов в день будут заняты какой-нибудь несложной рутинной работой, а в остальное время смогут читать, отдыхать, играть в какие-нибудь игры и общаться с новыми людьми. Именно это мы и планировали сначала — до того, как заключенные начали бунтовать, а охранники взяли ситуацию под контроль. Мы даже собирались показывать заключенным кино по вечерам.

---

[1] Цит. по: Беседы Эпиктета. М.: Ладомир, 1997. — *Прим. пер.*

Заключенных особенно возмущали постоянные оскорбления, сыпавшиеся на них и днем и ночью, невозможность уединиться и спрятаться от надзора охраны, произвольный гнет правил, незаслуженные наказания и необходимость жить в унылых, тесных камерах. Когда во время бунта охранники обратились к нам за помощью, мы устранились и дали им понять, что они могут сами принимать решения. Мы просто наблюдали и не вмешивались. В то время я еще не был полностью поглощен ролью суперинтенданта; скорее, я вел себя как научный руководитель исследования, желающий выяснить, как мнимые охранники будут реагировать на чрезвычайную ситуацию.

Эмоциональный срыв Дуга-8612, случившийся вскоре после того, как он разработал план бунта, застал всех нас, если можно так выразиться, совершенно беззащитными. Когда он начал протестовать против всего, что не устраивало его в обращении с заключенными, мы были потрясены его пронзительными криками. Даже когда он закричал, что «это всего лишь гребаный эксперимент, а не тюрьма, и пошел этот гребаный доктор *Зимбарго*!» — я не мог не восхититься его мужеством. Мы не верили, что он действительно так сильно страдает. Вспомните мои переговоры с ним, когда он в первый раз захотел выйти из эксперимента, — я предложил ему стать «стукачом» взамен на мягкое отношение охранников.

Затем, как известно, у Дуга-8612 внезапно случился нервный срыв, и Крейг Хейни принял трудное решение — он освободил его всего через 36 часов после начала эксперимента.

Никто из нас, экспериментаторов, не ожидал подобных событий, и конечно, у нас не было плана действий на случай таких непредвиденных обстоятельств. С другой стороны, было очевидно, что этот парень очень остро переживает свой короткий опыт пребывания в Стэнфордской тюрьме, а мы не ожидали такого ни от кого из участников... Поэтому я решил освободить заключенного № 8612. Интересам эксперимента я предпочел этические, гуманные соображения

Как мы объяснили рухнувшие ожидания того, что у участников не должно возникнуть серьезных стрессовых реакций, тем более так быстро? Крейг вспоминает наши ошибки:

«Мы быстро ухватились за объяснение, казавшееся нам столь же естественным, сколь и утешительным, — должно быть, он сорвался, потому что оказался слабаком, или в его личности были какие-то дефекты, которые привели к излишней чувствительности и вызвали чрезмерную реакцию на тюремные условия! На самом деле мы беспокоились, что процесс отбора участников оказался неэффективным, и мы просто не заметили "патологии". Только позже мы заметили очевидный парадокс: первую же неожиданную и яркую демонстрацию власти ситуации в нашем исследовании мы объяснили "диспозициями личности", обратившись как раз к той теории, которую собирались развенчать» [13].

Давайте вернемся немного назад и рассмотрим, как Дуг-8612 сам позже объяснил свои реакции в тот момент:

«Я решил, что хочу уйти, и потом пошел говорить с вами, ребята, и все такое, а вы сказали "нет" и начали говорить мне всякую ерунду и все такое, я вернулся и понял, что вы сбили меня с толку, и это свело меня с ума. Тогда я решил, что выйду отсюда, и я собирался сделать для этого все что угодно, и я составил несколько планов того, как можно отсюда выйти. Чтобы не вредить ни людям, ни имуществу, проще всего было притвориться сумасшедшим или разыграть "нервный срыв", что я и сделал. В карцере я как бы намеренно стал нагнетать обстановку, но я знал, что мне устроят встречу с Джаффе, поэтому не хотел расходовать энергию в карцере. Я хотел приберечь все свои эмоции для Джаффе, и я знал, что выйду отсюда. Потом, даже когда я действительно расстроился, я немного притворялся, но и расстроился — ведь невозможно притвориться расстроенным, если ты не расстроен... ведь сумасшедший не может вести себя как сумасшедший, если он действительно не сумасшедший, понимаете? Я не знаю, был ли я расстроен на самом деле или притворялся... я страшно злился на того черного парня, как его зовут, Картер? И на вас, доктор Зимбардо, за то, что вы придумали такой контракт, по которому я был рабом или чем-то вроде того... и за то, как вы играли со мной во время той встречи, но что вам оставалось, вам пришлось это делать, вашим людям пришлось это делать во время эксперимента» [14].

ПОЧЕМУ СИТУАЦИЯ ИМЕЕТ ЗНАЧЕНИЕ

В определенной социальной среде, где действуют мощные силы, человеческая природа иногда подвергается трансформациям, столь же кардинальным, как в замечательной истории Роберта Льюиса Стивенсона о докторе Джекиле и мистере Хайде. Интерес к СТЭ сохраняется уже несколько десятилетий, по-моему, именно из-за того, что этот эксперимент продемонстрировал потрясающие «трансформации характера» под влиянием ситуационных сил — хорошие люди внезапно превратились в исчадия ада в роли охранников или же в патологически пассивных жертв в роли заключенных.

Хороших людей можно соблазнить, подтолкнуть или заставить творить зло. Еще их можно вынудить к иррациональным, глупым, саморазрушительным, антисоциальным и бессмысленным действиям, особенно в «тотальной ситуации», влияние которой на человеческую природу противоречит ощущению стабильности и целостности нашей личности, нашего характера, наших этических принципов [15].

Нам хочется верить в глубинную, неизменную добродетельность людей, в их способность сопротивляться внешнему давлению, рационально оценивать и отклонять искушения ситуации. Мы наделяем человеческую природу богоподобными качествами, твердой нравственностью и могучим интеллектом, которые делают нас справедливыми и мудрыми. Мы упрощаем сложность человеческого опыта, воздвигая непроницаемую стену между Добром и Злом, и эта стена кажется непреодолимой. С одной стороны этой стены — мы, наши чада и домочадцы; с другой — они, их исчадия и челядинцы. Как ни парадоксально, создавая миф о собственной неуязвимости для ситуационных сил, мы становимся еще более уязвимыми, поскольку теряем бдительность.

СТЭ, наряду со многими другими исследованиями в сфере социальных наук (о них говорится в главах 12 и 13), раскрывает нам секреты, о которых мы не хотим знать: почти каждый из нас может пережить трансформацию характера, оказавшись во власти мощных социальных сил. Наше собственное поведение, как мы его себе представляем, может не иметь ничего общего с тем, кем мы способны стать и что способны совершить, попав в сети ситуации. СТЭ — боевой клич, призывающий отказаться от упрощенных представлений о том, что хорошие люди сильнее плохих ситуаций. Мы способны избежать, предотвратить, противостоять и изменить негативное влияние таких ситуаций только в том случае, если признаем их потенциальную способность «заражать» нас точно так же, как и других людей, оказавшихся в такой же ситуации. Так что каждому из нас полезно помнить о словах древнеримского комедиографа Теренция: «Ничто человеческое мне не чуждо».

Нам постоянно должны напоминать об этом поведенческие трансформации охранников нацистских концлагерей и членов деструктивных сект, например Храма народов Джима Джонса и японской секты «Аум Синрике». Геноцид и ужасающие злодеяния, творившиеся в Боснии, Косове, Руанде, Бурунди, а совсем недавно — в суданской провинции Дарфур, тоже ясно свидетельствуют, что под давлением социальных сил, абстрактных идеологий завоевания и национальной безопасности человек легко отказывается от человечности и сострадания.

Под влиянием дурных обстоятельств каждый из нас мог бы совершить самый ужасный поступок, когда-либо совершенный человеком. Понимание этого не оправдывает зло; оно, так сказать, «демократизирует» его, возлагает вину на обычных людей, не считая злодеяния исключительной прерогативой извращенцев и деспотов — их, но не нас.

Главный урок Стэнфордского тюремного эксперимента очень прост: *ситуация имеет значение*. Социальные ситуации зачастую оказывают более мощное влияние на поведение и мышление отдельных людей, групп и даже лидеров нации, чем мы привыкли считать. Некоторые ситуации оказывают на нас столь сильное влияние, что мы начинаем вести себя так, как раньше и вообразить себе не могли [16].

Власть ситуации сильнее всего проявляется в новой обстановке, в которой мы не можем опираться на предыдущий опыт и знакомые модели поведения. В таких ситуациях обычные системы вознаграждения (reward structures) не действуют, и ожидания не оправдываются. В таких обстоятельствах личностные переменные не имеют прогнозной ценности, ведь они зависят от оценки предполагаемых действий в будущем, оценки, основанной на привычных реакциях в уже знакомых ситуациях, но не в новой ситуации, к примеру, в незнакомой роли охранника или заключенного.

Поэтому всякий раз, когда мы пытаемся понять причину какого-то странного, необычного поведения — собственного или других людей, нужно начинать с анализа ситуации. К факторам предрасположенности (наследственность, черты характера, личностные патологии и т. д.) можно обращаться только в том случае, когда анализ, основанный на изучении ситуации, ничего не дает при разгадывании загадки. Мой коллега Ли Росс добавляет, что такой ситуационный анализ побуждает нас к «атрибутивному милосердию». Это означает, что, прежде чем обвинить человека в том или ином проступке, следует проявить к нему милосердие и сначала исследовать ситуационные детерминанты проступка.

Однако об атрибутивном милосердии легче говорить, чем проявлять его на практике, потому что у большинства из нас есть мощное предубеждение — «фундаментальная ошибка атрибуции»[1], — препятствующее разумному отношению к людям [17]. В обществах, движимых индивидуализмом, например, в Соединенных Штатах и многих других странах Запада, привыкли верить, что предрасположенность важнее ситуации. Объясняя какое-то поведение, мы обычно переоцениваем личностные факторы и при этом недооцениваем влияние ситуации. Надеюсь, прочитав эту книгу, вы начнете замечать, как часто этот дуальный принцип проявляется в ваших

---

[1] Фундаментальная ошибка атрибуции — в социальной психологии склонность человека объяснять поступки и поведение других людей их личностными особенностями (так называемой внутренней диспозицией), а собственное поведение — внешними обстоятельствами (так называемой внешней диспозицией). Так, причину чужого опоздания часто объясняют непунктуальностью или несобранностью опоздавшего, а собственного — пробками или, например, тем, что «вчера спать лег поздно». Причиной блестящей сдачи экзаменов сокурсником называют то, что «он умный», собственный успех объясняют тем, что «я всю ночь не спал и хорошо подготовился», или тем, что «мне повезло». — *Прим. пер.*

собственных мыслях и в решениях других людей. Давайте же рассмотрим некоторые аспекты, убеждающие нас в том, что ситуация имеет значение, о чем свидетельствует наше тюремное исследование.

Правила создают реальность

Ситуационные силы, действовавшие в СТЭ, объединяли в себе множество факторов; ни один из них не был слишком важным сам по себе, но их сочетание оказалось весьма мощным. Одним из ключевых факторов были правила. Правила — это формальный, упрощенный способ управлять неформальным и сложным поведением. Они являются внешним регулятором, помогая соблюдать нормы поведения, показывают, что необходимо, приемлемо и вознаграждается, а что недопустимо и поэтому наказуемо. Со временем правила начинают жить собственной жизнью и поддерживают официальную власть даже тогда, когда они уже не нужны, слишком неопределенны или меняются по прихоти своих создателей.

Ссылаясь на «правила», наши охранники могли оправдать практически любые злоупотребления по отношению к заключенным. Вспомним, например, какие муки пришлось вынести нашим узникам, запоминая набор из семнадцати случайных правил, придуманных охранниками и начальником тюрьмы. Вспомним также, как охранники злоупотребляли правилом № 2 (гласящим, что есть можно только во время приема пищи), чтобы наказать Клея-416, отказавшегося съесть вываленные в грязи сосиски.

Некоторые правила необходимы для эффективной координации социального поведения, например, когда аудитория слушает выступление оратора, водители останавливаются на красный свет, и никто не пытается пройти без очереди. Но многие правила лишь защищают власть тех, кто их создает или следит за их соблюдением. И конечно же всегда, как и в нашем эксперименте, имеется последнее правило, которое грозит наказанием за нарушение других правил. Поэтому должны быть какие-то силы или агенты, которые хотят и могут осуществлять такое наказание — в идеале, на глазах у других людей, чтобы удержать их от нарушений правил. У комика Ленни Брюса была забавная интермедия, описывающая, как постепенно возникают правила о том, кто может, а кто не может бросать дерьмо за забор на территорию соседа. Он описывает создание особой полиции, которая следит за соблюдением правила «никакого дерьма у меня во дворе». Правила, а также те, кто следит за их соблюдением, всегда являются важными элементами власти ситуации. Но именно Система создает полицию и тюрьмы для тех, кто наказан за нарушение правил.

Роли создают реальность

Как только ты надеваешь форму и получаешь эту роль, эту работу, когда вам говорят, что «ваша работа — контролировать этих людей», ты уже не тот человек, которым был в обычной одежде и в другой роли. Ты действительно становишься охранником, как только надеваешь форму цвета хаки и темные очки, берешь в руки полицейскую дубинку и выходишь на сцену. Это твой костюм, и если ты его надел, то тебе придется вести себя соответственно.

Охранник Хеллман

Когда актер играет роль вымышленного героя, ему часто приходится вести себя вопреки своей личной идентичности. Он учится говорить, ходить, есть, даже думать и чувствовать так, как требует роль, которую он играет. Профессиональная подготовка позволяет ему не путать своего героя с самим собой, играя роль, которая резко отличается от его истинного характера, он может на время отказаться от собственной личности. Но иногда даже у опытного профессионала эта граница размывается, и он продолжает играть роль даже после того, как опустился занавес или погас красный огонек кинокамеры. Актер оказывается поглощен ролью, которая начинает управлять его обычной жизнью. Зрители уже не важны, потому что роль поглотила личность актера.

Поразительный пример того, как роль становится «слишком реальной», можно было увидеть в британском телешоу «Усадьба эдвардианской эпохи» (The Edwardian Country House). В этом драматичном «реалити-шоу» 19 человек, отобранных примерно из 8000 кандидатов, играли роли британских слуг, работающих в роскошной усадьбе. Участник программы, которому досталась роль главного дворецкого, отвечающего за персонал, должен был следовать жестким иерархическим стандартам поведения того времени (начала XX века). Его «испугала» та легкость, с которой он превратился во властного хозяина. Этот шестидесятипятилетний архитектор не ожидал, что так быстро войдет в роль и будет наслаждаться неограниченной властью над слугами: «Я вдруг понял, что мне ничего не нужно говорить. Мне достаточно было пошевелить пальцем, и они замолкали. Это испугало меня, очень испугало». Молодая женщина, игравшая роль горничной, в реальной жизни — менеджер туристической компании, начала чувствовать себя невидимкой. По ее словам, она и другие участники шоу быстро приспособились к роли подчиненных: «Я была удивлена, а потом и испугана тем, как легко мы все начали подчиняться. Мы очень быстро поняли, что спорить нельзя, и стали слушаться» [18].

Как правило, роли связаны с определенными ситуациями, работой или функциями, например, можно быть преподавателем, швейцаром, таксистом, министром, социальным работником или порноактером. Мы играем разные роли в разных ситуациях — дома, в школе, в церкви, на фабрике или на сцене. Обычно мы выходим из роли, когда возвращаемся к «нормальной» жизни в другой обстановке. Но некоторые роли коварны, это не просто «сценарии», которым мы следуем лишь время от времени; они могут превратиться в нашу суть и проявляться почти все время. Мы интернализируем их, даже если сначала считали искусственными, временными и ситуационными. Мы действительно превращаемся в отца, мать, сына, дочь, соседа, босса, сотрудника, помощника, целителя, шлюху, солдата, нищего, вора и т. д.

Еще больше усложняет ситуацию то, что обычно нам приходится играть множество ролей, и некоторые из них конфликтуют между собой, а некоторые не соответствуют нашим базовым ценностям и убеждениям. Как и в СТЭ, вначале это могут быть «просто роли», но неспособность отличить их от реальной личности может оказывать глубокое воздействие, особенно когда ролевое поведение вознаграждается. «Клоун» получает внимание класса, которое не может получить, проявляя талант в какой-то другой области, но со временем никто уже не воспринимает его всерьез. Даже застенчивость может быть ролью: сначала она помогает избегать нежелательных социальных контактов и неловкости в тех или иных ситуациях, но если человек играет ее слишком часто, то действительно становится застенчивым.

Роль может заставить нас не только испытывать смущение, но и делать совершенно ужасные вещи — если мы потеряли бдительность и роль начала жить своей жизнью, создавая жесткие правила, предписывающие, что позволено, ожидаемо и подкрепляется в данном контексте. Такие жесткие роли отключают этику и ценности, управляющие нами, когда мы действуем «как обычно». Защитный механизм раздельного мышления[1] помогает мысленно помещать противоречивые аспекты разных убеждений и разного опыта в отдельные «отсеки» сознания. Это препятствует их осознанию или диалогу между ними. Поэтому хороший муж может запросто изменять жене, добродетельный священник оказывается гомосексуалистом, а добросердечный фермер — безжалостным рабовладельцем. Необходимо осознавать, что роль способна искажать наш взгляд на мир — к худшему или к лучшему, например, когда роль учителя или медсестры заставляет жертвовать собой ради блага учеников или пациентов.

Роль превращает целителя в убийцу

Худший пример в этой связи — нацистские врачи СС, которым было поручено отбирать заключенных концентрационных лагерей для уничтожения или «экспериментов». Врачи были вынуждены выйти из привычной роли целителей и войти в новую

---

[1] Раздельное мышление (compartmentalization) — совладание с ситуацией путем разгораживания сознаваемых убеждений, противоположных по содержанию. Такое лицемерие часто рационализируется, т. е. объясняется неким приемлемым образом, но в его основе лежит диссоциация содержаний. — *Прим. пер.*

роль, позволяющую убивать, на основании группового убеждения в том, что это необходимо для пользы общества. Это позволило создавать чрезвычайно мощные механизмы психологической защиты, помогающие уйти от реальности — т. е. не осознавать, что они стали соучастниками массовых убийств евреев. Давайте снова обратимся к подробному отчету об этих процессах психиатра Роберта Джея Лифтона.

Когда в лагере появлялся новый врач, обычно его пугало то, что он видел, и он спрашивал: «Как такое возможно?» Затем он получал нечто вроде общего ответа… проясняющего все. Что для него [заключенного] лучше — сдохнуть в дерьме [*verreckt*] или отправиться на небеса на [облаке] газа? И для новичков [*Eingeweihten*] все становилось на свои места.

Массовые убийства были упрямым фактом жизни, к которому каждый, как ожидалось, должен приспособиться.

Наименование геноцида евреев «окончательным решением» (*Endlösung*) служило двойной психологической цели: «обозначало массовые убийства, но не напрямую, не вызывая неприятных чувств; и прямо указывало на решение проблемы». Это превращало «еврейский вопрос» в сложную проблему, которую нужно решить любыми средствами, позволяющими достичь прагматической цели. Такая словесная эквилибристика лишала врача эмоций и сострадания в его ежедневных заботах.

Но эта работа — отбирать тех, кто отправится в газовые камеры, — была настолько «тягостна, настолько проникнута немыслимым злом», что образованным, интеллигентным врачам приходилось прибегать к любой возможной психологической защите, чтобы не осознавать реальности: собственного соучастия в убийствах. Для одних стало нормой «психическое онемение» — отделение аффекта от мышления; для других — свойственное шизофреникам «раздвоение». Полюса жестокости и сострадания в личности одного и того же врача проявлялись в разные моменты и «создавали две совершенно разные психологические структуры. Одна была основана на "общепринятых ценностях, образовании и опыте нормального человека"; другая же была основана на "этой [нацистской — Освенцима] идеологии, ценности которой очень сильно отличались от общепринятых"». Эти противоположные тенденции постоянно сменяли друг друга [19].

Роли, дополняющие друг друга, и их сценарии

Все это относится и к тем ролям, для которых нужен «партнер», играющий дополняющую роль. Чтобы роль охранника имела смысл, кто-то должен играть роль заключенного. Невозможно быть заключенным, если никто не готов быть охранником. Участникам СТЭ не потребовалось почти никакого обучения, чтобы играть свои роли, никаких инструкций о том, как лучше всего это делать. Вспомним смущение охранников и легкомыслие заключенных в первый день — они еще не вошли в новые и странные роли. Но очень скоро участники эксперимента стали играть их с легкостью — как только структура распределения власти, лежащая в основе симбиоза между заключенными и охранниками, стала более очевидной.

Первоначальные сценарии поведения исполнителей ролей охранников и заключенных были основаны на личном опыте участников, связанном с властью и беспомощностью: на их наблюдениях за отношениями родителей (традиционно отец ближе к роли охранника, а мать — к роли заключенного), на их реакциях на власть врачей, преподавателей и начальников, и наконец, на культурных образах, взятых из фильмов о тюремной жизни. Общество провело обучение за нас. Нам оставалось только фиксировать ход импровизаций участников в рамках заданных ролей и получать искомые данные.

Существует множество свидетельств того, что практически все наши участники в тот или иной момент испытывали чувства, выходившие далеко за рамки поверхностных требований ролей и свойственные глубинной структуре психологии тюремного заключения. Первоначально поведение некоторых охранников, вероятно, было основано на том, о чем говорилось на предварительной встрече, где мы в общих чертах описали атмосферу, которую хотели создать, чтобы смоделировать реальность тюремного заключения. Но принципы поведения, которые мы изложили на предварительной встрече, не должны были действовать, когда охранники находились в одиночестве или думали, что мы за ними не наблюдаем.

Отчеты, составленные после эксперимента, показали, что некоторые охранники были особенно жестокими как раз в те моменты, когда находились наедине с заключенными — в туалете, за пределами тюремного двора. Чаще всего эпизоды садистского поведения, которые мы наблюдали, происходили ночью и рано утром. Позже мы узнали, что охранники думали, что в это время мы не наблюдаем за ними и не записываем их действия на видео — в некотором смысле, т. е. в моменты, когда эксперимент был, как они полагали, «выключен». Кроме того, мы видели, что злоупотребления охранников с каждым днем становились все более жестокими, несмотря на покорность заключенных и очевидные признаки их истощения, вызванного именно заключением. В одном разговоре, записанном на аудиопленку, кто-то из охранников со смехом вспоминает, как в первый день извинился за то, что толкнул заключенного. На четвертый день он пинал и оскорблял заключенных без всяких угрызений совести.

Проницательный анализ Крейга Хейни демонстрирует постепенные трансформации власти охранников. Вот отчет о взаимодействии с охранником всего через несколько дней после начала исследования:

«До начала эксперимента я взял интервью у всех [охранников] и у всех заключенных. Мне казалось, что я узнал их как людей, хотя и не слишком хорошо. Возможно, поэтому я не испытывал к ним враждебности во время эксперимента, хотя их поведение становилось все более и более жестоким и оскорбительным. Но мне было очевидно: охранники стали считать меня "предателем", потому что я настаивал на том, чтобы общаться с заключенными один на один, якобы для того, чтобы "консультировать" их, и иногда просил охранников воздерживаться от особенно резкого поведения и ненужной жестокости. Поэтому по поводу общения со мной один охранник написал в своем дневнике: "Психолог упрекает меня в том, что я надел на заключенного наручники и бумажный мешок, прежде чем увести его из кабинета (консультанта), и я возмущенно ответил, что это необходимо (для) безопасности, а кроме того, это моя работа. Он отчитал меня. В этом причудливом повороте событий меня поставили на место как раз за то, что я следовал нормам моделируемого окружения, которое я помогал создавать человеку, который случайно оказался в роли руководителя"» [20].

Рассматривая возможное влияние предварительной встречи с охранниками, нужно помнить, что перед началом эксперимента заключенные не получили вообще никаких «инструкций». Что они делали, когда находились наедине с собой и могли отдохнуть от притеснений, которым постоянно подвергались во дворе? Оказалось, что они не спешили знакомиться друг с другом, не обсуждали темы, не связанные с тюремной жизнью. Они зациклились на тяготах текущей ситуации. Они все глубже погружались в роль заключенных и даже не пытались как-то отгородиться от нее. Это касалось и охранников: собранная нами информация о том, чем они занимались в своей комнате перед началом или после окончания смены, свидетельствует, что они редко рассказывали о чем-то личном, не связанном с жизнью в тюрьме. Они говорили о «трудных заключенных», о будущих тюремных мероприятиях, реакциях на действия сотрудников — и никогда об обычных вещах, которые обсуждают во время перерыва студенты колледжа. Они не шутили, не смеялись, не проявляли искренних эмоций, что помогло бы им разрядить ситуацию или дистанцироваться от роли. Еще раз вспомним слова Кристины Маслач о том, как у нее на глазах милый, дружелюбный молодой человек, с которым она только что разговаривала, превратился в жестокого Джона Уэйна, как только надел униформу и вошел в тюремный двор.

Другие роли в ходе СТЭ

Прежде чем перейти к заключительным выводам, я хотел бы добавить еще два замечания о власти ролей и об использовании их для оправдания своего поведения. Давайте перейдем от ролей, которые играли наши добровольцы, к ролям, которые так достоверно играли посещавшие нас католический священник, глава комиссии по условно-досрочному освобождению, государственный защитник и родители заключенных. Родители не только нашли спектакль по мотивам тюремной жизни приятным и интересным, а вовсе не враждебным и опасным зрелищем, но и позволили навязать им ряд нелепых правил и управлять их поведением, точно так же, как раньше мы проделали это с их детьми. Мы ожидали, что родители добросовестно сыграют предназначенные для них роли покорных, законопослушных представителей среднего класса, которые уважают власть и редко напрямую бросают вызов системе. Мы знали и то, что заключенные, также принадлежащие к среднему классу, вряд ли станут напрямую нападать на охранников, даже если будут доведены до отчаяния, и несмотря на то, что численный перевес на их стороне — девять против двоих, когда один охранник уходил со двора. Насилие просто не входило в круг их воспитания, в отличие от большинства представителей низших слоев общества, которые, скорее всего, быстро захватили бы ситуацию в свои руки. Не было даже никаких признаков того, что заключенные хотя бы думали о том, чтобы напасть на охранников.

Реалистичность какой бы то ни было роли зависит от системы поддержки, которая держит роль в определенных рамках и не допускает вторжения альтернативной реальности. Напомню, что когда мать заключенного Рича-1037 пожаловалась мне на его удручающее состояние, я спонтанно вошел в роль руководителя учреждения и стал возражать: я сказал, что у № 1037, должно быть, возникли личные проблемы, никак не связанные с нашей тюрьмой.

Сейчас я вижу, что моя ролевая трансформация из доброго и отзывчивого преподавателя в бесчувственного суперинтенданта тюрьмы была ужасна. В этой новой и несвойственной мне роли я вел себя неуместным или несвойственным мне образом, например, отклонил совершенно оправданные жалобы этой женщины и впал в панику, когда офицер полицейского управления Пало-Альто не разрешил перевести «заключенных» в городскую тюрьму. Я думаю, Стэнфордская тюрьма стала настолько достоверной еще и потому, что я сам так убедительно вошел в свою роль. Но играя эту роль, заботясь о безопасности и защите «моей тюрьмы», я не смог понять, что нужно было завершить эксперимент, как только произошел нервный срыв у второго заключенного.

Роли и ответственность за жестокое поведение

При необходимости мы можем играть роль и в то же время отделяться от нее. Это значит, что мы можем «снимать» с себя личную ответственность за ущерб, который наносят другим наши действия, продиктованные ролью. Мы отказываемся от ответственности за свои действия, возлагая ее на роль, мы убеждаем себя в том, что она чужда нашей истинной личности. Этот интересный тип психологической защиты ярко продемонстрировали нацистские лидеры СС во время Нюрнбергского процесса. «Я только выполнял приказы», — оправдывались они; иначе говоря, защита заключалась в утверждении: «Не осуждайте меня, я только играл свою роль в то время и в том месте, а на самом деле я совсем не такой».

Помните, как Хеллман оправдывал свое оскорбительное поведение по отношению к Клею-416 в телевизионном интервью? Он утверждал, что проводил «собственные небольшие эксперименты» — хотел увидеть, как далеко может зайти в издевательствах над заключенными, прежде чем они взбунтуются и начнут отстаивать свои права. Он пытался доказать, что издевался над заключенными, чтобы заставить их взбунтоваться; а их бунт стал бы для него «наградой» за жестокость. Но можно ли верить этому оправданию? Нет. Достаточно вспомнить, как Хеллман вел себя во время «сосисочного бунта» Клея-416 и выступления Сержанта против слова «ублюдок»; он вовсе не испытывал восхищения их сопротивлением или принципиальностью. Наоборот, он разозлился и стал вести себя еще более жестоко. Хеллман действовал как стопроцентный охранник, он вышел за рамки требований ситуации и даже проводил собственные «небольшие эксперименты» просто ради любопытства и развлечения.

В недавнем интервью журналисту газеты *Los Angeles Times*, посвященном СТЭ, Хеллман и Дуг-8612 предложили одно и то же объяснение того, почему они делали то, что делали — один был «жестоким», другой — «безумным». Они сказали, что просто играли эти роли, чтобы угодить доктору Зимбардо [21]. Но так ли это? Мне вспоминается знаменитый фильм «Расемон», где каждый персонаж по-своему объясняет одно и то же событие.

Анонимность и деиндивидуация

Влияние ситуационных сил в виде правил и ролей возрастает, когда используются униформа, костюмы и маски — все это маскирует обычную внешность, что, в свою очередь, способствует анонимности и уменьшает личную ответственность. Когда люди, оказавшись в какой-то ситуации, ощущают свою анонимность, как будто никто не знает, кто они такие на самом деле (и поэтому не заботятся о последствиях своих действий), их проще вовлечь в антиобщественные действия. Это проявляется особенно ярко, если ситуация позволяет следовать собственным импульсам или же выполнять приказы или правила, к которым в другой ситуации мы отнеслись бы как минимум с подозрением. Одним из таких инструментов были зеркальные темные очки. Они позволяли охранникам, начальнику тюрьмы и мне самому оставаться безличными и не вступать в личный контакт с заключенными. Униформа давала охранникам некую обобщенную идентичность, как и требование обращаться к ним в обезличенной форме: «господин надзиратель».

Множество исследований (о которых мы поговорим в следующих главах) подтверждают, что деиндивидуация способствует насилию, вандализму и воровству — и среди взрослых, и среди детей, особенно когда ситуация способствует антиобщественным действиям. Этот процесс прекрасно описан в «Повелителе мух» Уильяма Голдинга. Если все члены группы оказываются в ситуации деиндивидуации, их мышление меняется: они начинают жить исключительно текущим моментом, а прошлое и будущее отдаляются и становятся незначительными. Чувства доминируют над разумом, действие — над мыслью. В таком состоянии обычные когнитивные и мотивационные процессы, направляющие поведение человека в социально желательную сторону, отступают на второй план. Аполлоническая рациональность и ощущение порядка уступают место невоздержанности и даже хаосу Диониса. И тогда можно одинаково легко воевать или заниматься любовью, не думая о последствиях.

Это напоминает мне вьетнамскую поговорку, которую приписывают буддистскому монаху Тхить Нят Ханю: «Чтобы воевать друг другом, цыплята одной курицы красят лица в разные цвета». Это несколько необычное описание того, как деиндивидуация облегчает насилие. Стоит заметить, что один из охранников из печально известного блока 1А центра пыток Абу-Грейб раскрасил лицо серебряной и черной краской в стиле хип-хоп-группы Insane Clown Posse. В таком виде он позировал на одной из множества фотографий, запечатлевших издевательства над заключенными. Далее мы гораздо подробнее рассмотрим процессы деиндивидуации, способствовавшие злоупотреблениям в тюрьме Абу-Грейб.

Когнитивный диссонанс и рационализации злодеяний

Интересным следствием ситуации, в которой нам приходится играть роль, противоречащую нашим личным убеждениям, является когнитивный диссонанс[1]. Когда наше поведение противоречит нашим убеждениям, когда наши действия не совпадают с нашими ценностями, возникают условия для когнитивного диссонанса. Когнитивный диссонанс — это состояние напряжения, которое может стать мощным мотивирующим фактором для изменений либо нашего поведения в обществе, либо наших убеждений в попытках избавиться от диссонанса. Люди готовы пойти на многое, чтобы привести противореча-

---

[1] Когнитивный диссонанс — состояние, характеризующееся столкновением в сознании индивида противоречивых знаний, убеждений, поведенческих установок относительно какого-либо объекта или явления, вызывающих у него чувство дискомфорта и стремление избавиться от него. Преодолеть это состояние человек может, изменяя одно из противоречивых знаний и устанавливая соответствие между знанием и поведенческими установками. — *Прим. пер.*

щие друг другу убеждения и поведение к некой функциональной целостности. Чем больше диссонанс, тем сильнее стремление достичь целостности, и тем более сильных изменений можно ожидать. Когнитивный диссонанс не возникает, если мы нанесли кому-то вред, имея для этого серьезные основания — например, если существовала угроза нашей жизни; мы солдаты, и это наша работа; мы выполняли приказ влиятельного авторитета или нам предложили солидное вознаграждение за действия, которые противоречат нашим убеждениям.

Как и следовало ожидать, когнитивный диссонанс тем больше, чем менее убедительны обоснования «плохого» поведения, например, когда за отвратительные действия слишком мало платят, когда нам ничего не угрожает или обоснования таких действий недостаточны или неадекватны. Диссонанс возрастает, растет и стремление уменьшить его, если человеку кажется, что он действует по собственной доброй воле, или же не замечает либо не осознает давления ситуации, побуждающей поступать вопреки убеждениям. Когда такие действия происходят на глазах у других людей, их уже невозможно отрицать или исправить. Поэтому изменениям подвергаются самые «мягкие» элементы диссонанса, его внутренние аспекты — ценности, установки, убеждения и даже восприятие. Это подтверждают многочисленные исследования [22].

Каким образом когнитивный диссонанс мог быть причиной изменений, которые мы наблюдали в характерах охранников во время СТЭ? Они совершенно добровольно работали во время долгих, трудных смен за небольшие деньги — меньше двух долларов в час. Им почти не объяснили, как играть новую и сложную роль. Им нужно было исправно играть эту роль все восемь часов смены в течение нескольких дней и ночей — всякий раз, когда они надевали униформу, находились во дворе, в присутствии окружающих — заключенных, родителей или других посетителей. Им нужно было возвращаться к этой роли после шестнадцатичасового отдыха между дежурствами. Такой мощный источник диссонанса, вероятно, был главной причиной интернализации ролевого поведения в присутствии других людей и возникновения определенных когнитивных и эмоциональных реакций, которые со временем приводили ко все более и более высокомерному и жестокому поведению.

Но это еще не все. Взяв на себя обязательство выполнять действия, противоречащие их личным убеждениям, охранники испытывали сильное желание придать им смысл, найти причины, по которым они поступают вопреки своим реальным убеждениям и нравственным принципам. Разумных людей можно обманом вовлечь в иррациональные действия, создавая у них когнитивный диссонанс, который они не осознают. Социальная психология предлагает достаточно доказательств, что в такой ситуации разумные люди способны на нелепые поступки, нормальные люди — на безумные вещи, высоконравственные люди — на безнравственность. А затем эти люди создают «хорошие» рациональные объяснения того, почему сделали нечто, чего не могут отрицать. Люди не так уж рациональны, они просто хорошо владеют искусством *рационализации* — т. е. умеют объяснять расхождения между своими личными убеждениями и поведением, которое им противоречит. Это умение позволяет нам убедить себя и других в том, что наши решения основаны на рациональных соображениях. Мы не осознаем своего желания поддерживать внутреннюю целостность в условиях когнитивного диссонанса.

Влияние социального одобрения

Как правило, мы не осознаем еще одной, более мощной силы, играющей на струнах нашего поведенческого репертуара: потребности в социальном одобрении. Потребность в принятии, любви и уважении — в том, чтобы чувствовать себя нормальным и адекватным, соответствовать ожиданиям — эта потребность так сильна, что мы готовы принять даже самые дурацкие и диковинные способы поведения, которые незнакомые нам люди считают правильными. Мы смеемся над эпизодами телевизионного шоу «Скрытая камера», демонстрирующими эту истину, но при этом редко замечаем ситуации, когда становимся «звездами» подобного шоу в своей собственной жизни.

В дополнение к когнитивному диссонансу на наших охранников оказывал влияние и конформизм. Групповое давление со стороны других охранников вынуждало их быть «командными игроками», подчиняться новым нормам, требующим дегуманизации заключенных, самыми разными способами. Хороший охранник стал «отверженным» и молча страдал, находясь вне круга социального вознаграждения со стороны других охранников своей смены. А самый жестокий охранник каждой смены становился объектом подражания, по крайней мере, для еще одного охранника той же смены.

СОЦИАЛЬНОЕ КОНСТРУИРОВАНИЕ РЕАЛЬНОСТИ

Власть, которую охранники получали, надев форму военного образца, шла рука об руку с беспомощностью заключенных, носивших мятые робы с пришитыми на груди идентификационными номерами. У охранников были дубинки, свистки и темные очки, скрывающие глаза; у заключенных — цепи на лодыжках и шапочки, под которой были спрятаны волосы. Но эти различия были связаны не только с одеждой и другими атрибутами; скорее, источник их влияния нужно искать в психологических процессах, связанных с субъективным восприятием значения этой одежды и этих атрибутов.

Чтобы понять, насколько важна ситуация, нужно выяснить, как люди воспринимают и интерпретируют поведенческое окружение, в котором находятся. Другими словами, какое значение они придают различным компонентам ситуации, создающей социальную реальность. Социальная реальность включает не только физические компоненты ситуации, но и то, как ее участники воспринимают ситуацию и свое текущее поведение, основанное на самых разных психологических процессах. Такие ментальные репрезентации можно назвать убеждениями, способными изменить восприятие любой ситуации — обычно для того, чтобы привести ее в соответствие с ожиданиями или ценностями человека.

Эти убеждения создают ожидания, а они, в свою очередь, могут создавать реальность, превращаясь в самореализующиеся пророчества. Так, в знаменитом эксперименте, организованном психологом Робертом Розенталем и директором школы Ленор Джейкобсон, учителей убедили, что некоторые ученики классов, где они преподавали, обладают «скрытыми талантами». Эти дети действительно стали учиться лучше других, хотя их имена выбрали случайным образом [23]. Убеждение учителей, что дети обладают латентными способностями, вело к изменению поведения первых таким образом, что улучшалась успеваемость вторых. В результате у обычных детей проявился «эффект Пигмалиона»: они стали такими, какими их ожидали видеть. К сожалению, противоположное происходит гораздо чаще — учителя ожидают низкой успеваемости от определенных учеников — детей, принадлежащих к национальным меньшинствам, а в некоторых классах — просто от мальчиков. Поведение учителей бессознательно подкрепляет негативные стереотипы, и в результате дети учатся хуже, чем могли бы.

В СТЭ студенты-добровольцы могли уйти домой в любой момент. Ни оружие, ни юридические предписания не заставляли их быть «заключенными». Их удерживал только собственный выбор, обещание оставаться в тюрьме в течение двух недель. Наш контракт был просто договором между исследователями из университета, комитетом по исследованию человеческого поведения и студентами. С самого начала предполагалось, что все они действуют добровольно и могут уйти, как только решат, что больше не хотят участвовать в эксперименте. Однако, как показали события второго дня, заключенные решили, что это — настоящая тюрьма, только ею управляют психологи, а не государство. Они поверили слуху, который пустил Дуг-8612, будто никто не сможет покинуть тюремный подвал по собственной воле. Ни один из них не сказал: «Я выхожу из эксперимента». Вместо этого многие заключенные стали действовать пассивно или же попытались вынудить нас освободить их из-за крайнего психологического напряжения. В этой ужасной ситуации, созданной произволом и враждебностью охранников, их удерживало определенным образом сконструированное восприятие ситуации. Заключенные стали своими собственными охранниками.

Еще один аспект «сконструированной социальной реальности» в нашем эксперименте — «сделка об освобождении», которую мы предлагали заключенным на встрече с комиссией по условно-досрочному освобождению. Мы создали ситуацию, в которой комиссия по условно-досрочному освобождению могла освободить того, кто соглашался отказаться от денег, заработанных в качестве «заключенного». И хотя в большинстве они отвечали согласием и были готовы отказаться от вознаграждения за все те дни, когда были «субъектами исследования», ни один не предпринял ни малейших попыток тут же уйти домой. Все согласились с тем, что социальная реальность комиссии по условно-досрочному освобождению сильнее реальности их личной свободы и возможности действовать в собственных интересах. Все безропотно позволили надеть на себя наручники, бумажные мешки и увести себя от близкой свободы обратно в тюремный подвал.

Дегуманизация: другой человек — не человек

Убей узкоглазого во имя Господа.

Надпись на каске американского солдата во Вьетнаме

Одна из самых худших вещей, которую мы могли сделать с ближним, — лишить его человечности, считать его недостойным человеческого отношения, осуществить психологический процесс дегуманизации. Так происходит, когда мы считаем, что у «других» нет тех же самых чувств, мыслей, ценностей и целей, что и у нас. Любые человеческие качества, которые эти «другие» разделяют с нами, приуменьшаются или стираются из нашего сознания. Мы делаем это с помощью психологических механизмов интеллектуализации, отрицания и изоляции аффекта. В отличие от человеческих отношений — субъективных, личных и эмоциональных — для отношений дегуманизации характерны объективизация, рационализм, отсутствие эмоционального содержания и эмпатии.

В терминах Мартина Бубера гуманистические отношения — это отношения «Я — Ты», а дегуманизированные отношения — «Я — Это». Со временем дегуманизирующий агент испытывает все больше негативных эмоций, его «Я» тоже меняется, и возникают отношения «Это — Это» — между объектами или между организацией и ее жертвой. Ярлыки, стереотипы, пропагандистские лозунги и образы облегчают восприятие другого человека как «недочеловека», как плохого, жестокого, «низшего», незначительного или просто «животного» [24].

Иногда дегуманизация выполняет адаптивную функцию. Например, когда нам нужно отодвинуть на второй план обычные эмоциональные реакции — во время чрезвычайных ситуаций, кризисов, или в тех случаях, когда работа требует вторжения в частную жизнь других людей. Хирургу во время операции иногда приходится дегуманизировать пациента, подобным образом поступают спасатели во время стихийных бедствий. То же самое происходит, если работа требует постоянных контактов с большим количеством людей. В некоторых «помогающих» профессиях, например в клинической психологии, социальной работе и в медицине, процесс дегуманизации называют «невовлеченностью». При этом профессионал оказывается в парадоксальном положении: ему необходимо дегуманизировать клиентов, чтобы эффективно им помогать [25].

Обычно дегуманизация облегчает оскорбительные и деструктивные действия по отношению к тем, кто оказывается в роли «объекта». Трудно представить себе, что характеристики, сделанные нашими охранниками, относятся к другим студентам колледжа, которые могли бы носить их униформу, если бы монета выпала другой стороной: «Я заставлял их обзывать друг друга и чистить туалеты голыми руками. Я действительно считал заключенных скотом, я считал, что за ними нужно следить, чтобы они не натворили чего-нибудь».

Другой охранник СТЭ признается: «Я устал видеть заключенных в этих грязных тряпках и чувствовать вонь немытых тел, заполнившую камеры. Я наблюдал, как они ругаются друг с другом по нашему приказу».

С помощью простых, постоянно повторяющихся стимулов во время Стэнфордского тюремного эксперимента была создана экологическая система дегуманизации, подобная тем, что существует в реальных тюрьмах. Эксперимент начался с потери свободы, продолжался потерей личного пространства и в итоге привел к потере личной идентичности. Он отрезал заключенных от их прошлого, от общества, от их семей и заменил обычную реальность ситуацией, где они были вынуждены жить вместе с другими заключенными в анонимной камере, где у них практически не было личного пространства. Их поведением управляли внешние, принудительные правила и произвол охранников. Не столь заметным было — в нашей тюрьме, как и во всех настоящих тюрьмах, которые я знаю, — то, что естественные эмоции подавлялись, запрещались и искажались. Всего через несколько дней исчезли любые признаки человечности и заботы — и в поведении охранников, и в действиях заключенных.

В настоящих тюрьмах и других официальных учреждениях выражение человеческих эмоций часто подавляется до такой степени, что обычные чувства и реакции начинают считаться импульсивными, непредсказуемыми «вспышками» отдельных людей, а нормой становится однородность реакций. Обращение охранников и установленные нами унизительные процедуры всячески дегуманизировали заключенных. Однако скоро заключенные добавили к ним и собственную дегуманизацию, подавляя свои эмоциональные реакции — за исключением тех случаев, когда просто «срывались». Эмоции — важнейший элемент человечности. В тюрьме необходимо сдерживать эмоции, потому что эмоции — признак слабости, они демонстрируют уязвимость заключенного и охранникам, и другим заключенным. В главе 13 мы подробнее исследуем деструктивное влияние дегуманизации и ее связь с отключением внутреннего контроля (moral disengagement).

ПОСЛЕ СТЭ: В НУЖНЫЙ МОМЕНТ

Почему же наш эксперимент был воспринят как яркий и показательный пример психологии зла? Вскоре после окончания нашего исследования произошла серия драматических, неожиданных событий — резня в калифорнийской тюрьме Сан-Квентин и кровавый бунт в тюрьме Аттика, штат Нью-Йорк. Эти события превратили небольшой академический эксперимент, призванный исследовать теоретические основания ситуационной власти, в объект внимания всей страны. Здесь я только в общих чертах опишу ключевые аспекты этих событий и их последствия для СТЭ и для меня. Более полное обсуждение этих событий, их влияние на рост популярности партии «Черные пантеры» и радикальной студенческой группы Weather Underground можно найти на сайте http://lucifereffect.com.

На следующий день после окончания СТЭ в тюрьме Сан-Квентин, во время предполагаемой попытки побега, которую возглавил чернокожий политический заключенный и активист Джордж Джексон, были убиты несколько охранников и заключенных. Три недели спустя, на другом конце страны, на севере штата Нью-Йорк, взбунтовались заключенные тюрьмы Аттика. Они захватили тюрьму, взяли в заложники почти 40 охранников и гражданских служащих и удерживали их в течение пяти дней. Вместо того чтобы провести переговоры и обсудить требования заключенных, связанные с ужасными условиями содержания и систематической дегуманизацией, губернатор штата Нью-Йорк Нельсон Рокфеллер приказал полиции освободить тюрьму любыми возможными средствами. Во дворе тюрьмы полицейские убили более 40 заключенных и заложников, множество людей было ранено. Совпадение по времени этих двух событий привлекло внимание общества к условиям содержания в тюрьмах. Меня пригласили дать показания перед несколькими комитетами конгресса. Я изложил в них основные выводы СТЭ и рассказал о том, как эти данные связаны с обстановкой в реальных тюрьмах. Я также был свидетелем-экспертом на стороне одного из шести заключенных — участников резни в тюрьме Сан-Квентин. Примерно в то же время корреспондент, который увидел меня во время телевизионных дебатов с заместителем начальника тюрьмы Сан-Квентин, решил снять документальный фильм об СТЭ для национального телевидения (этот фильм вышел в эфир на телеканале NBC в ноябре 1971 г.). За ним последовала статья в журнале *Life*. Скоро СТЭ был у всех на слуху.

СТЭ И ДУХ ВРЕМЕНИ

Чтобы во всей полноте оценить степень трансформаций характера наших студентов — заключенных и охранников мнимой тюрьмы — нужно представлять себе дух времени конца 1960–1970-х гг. Это было время отрицания авторитетов, лозунга «не доверяй никому, кто старше тридцати», протестов против «военного и промышленного истеблишмента», антивоенных митингов, борьбы за гражданские права и права женщин. Это было время, когда молодежь бунтовала против предрассудков и конформизма общества, которые так ограничивали их родителей в 1950-х гг. Это было время экспериментов с наркотиками, сексом и рок-н-роллом, время длинных волос и яркой одежды. Это было время «хиппи», «тусовок» и «свободной любви», время «детей цветов» с цветами в волосах, время, когда модно было считаться пацифистом и индивидуалистом. Психолог из Гарварда Тимоти Лири, интеллектуально-кислотный гуру этого поколения, предложил три главных принципа для молодежи: «выключитесь» из традиционного общества, «включитесь» в наркотики, расширяющие сознание, и «настройтесь» на свою внутреннюю природу.

Подъем молодежной культуры, с ее яростным и артистичным бунтом против несправедливости и подавления был направлен против безнравственной войны во Вьетнаме, число жертв которой росло с каждым днем, и против руководства страны, не желавшего признавать свои ошибки, прекратить бойню и уйти из Вьетнама после семи лет кровавой войны. Эти настроения носились в воздухе, питали молодежные движения в Европе и в Азии. Европейцы оказались еще воинственнее своих американских сверстников и открыто взбунтовались против традиционных ценностей, против политической и академической ортодоксальности. Студенты в Париже, Берлине и Милане бросили вызов режиму, который считали реакционным и репрессивным, и вышли на баррикады. Многие становились социалистами и вступали в борьбу против фашистского и коммунистического тоталитаризма, а также протестовали против финансовой политики, ограничивающей доступ к высшему образованию.

Почти все студенты-добровольцы в нашем исследовании были представителями этой бунтарской молодежной культуры, поощряющей личные эксперименты, отрицание авторитетов и нонконформизм. Поэтому мы ожидали, что они будут более стойкими к давлению среды, чем оказалось на самом деле, и будут сопротивляться созданной нами Системе. Мы никак не думали, что охранники окажутся такими властными — ведь никто из добровольцев не хотел быть охранником, когда ему предлагали выбрать роль самому. Даже «крутой парень», охранник Хеллман, хотел быть заключенным, так как, говорил он, «большинство людей ненавидят охранников».

Практически все наши студенты-добровольцы считали, что в будущем вполне могут стать настоящими заключенными; они поступали в колледж не для того, чтобы стать тюремными охранниками, и в один прекрасный день их могли арестовать за какие-нибудь мелкие нарушения. У тех, кому досталась роль охранников, не было никакого желания оскорблять других людей или упиваться своей властью, как это получилось в ходе эксперимента. Они не внесли в Стэнфордский тюремный эксперимент никакой личной склонности унижать, оскорблять или доминировать. Напротив, мы ожидали, что они будут заботиться о других людях и бороться за справедливость в соответствии с социальными веяниями того времени. Да и вообще не было никаких оснований ожидать, что студенты, игравшие роли заключенных, так быстро сдадутся, особенно если учесть, что все они были психически и физически здоровы. При обсуждении попыток повторить наше исследование, предпринятых позже, в другое время и в другом месте, нужно помнить об этом культурном контексте.

ПОЧЕМУ СИСТЕМА ВАЖНЕЕ ВСЕГО

Самый важный урок СТЭ заключается в том, что Ситуацию создает *Система*. Она обеспечивает узаконенную поддержку, власть и ресурсы, благодаря которым возникают те или иные ситуации. Описав основные ситуационные особенности СТЭ, мы приходим к главному вопросу, о котором часто забывают: «Благодаря кому или чему все происходило именно так?» Кто на самом деле создал поведенческий контекст и поддерживал его определенным образом? Иначе говоря, кто должен нести ответственность за последствия? Кого следует поздравить с успехом, а кого обвинять в неудачах? В случае СТЭ ответ простой: меня! Но когда мы имеем дело со сложными организациями, например с неэффективной образовательной или исправительной системой, с коррумпированными мегакорпорациями или с системой, созданной в тюрьме Абу-Грейб, найти ответ на этот вопрос не так просто.

Власть Системы основана на официальном разрешении вести себя определенным образом или запрещать и наказывать действия, которые этому противоречат. Это «власть более высокого порядка», которая оправдывает новые роли, новые правила и новые методы, обычно запрещенные или ограниченные законами, нормами, нравственностью и этикой. Оправданием для новых «правил» обычно становится *идеология*. Идеология — это идея или утверждение, позволяющие узаконить любые средства, необходимые для достижения некой конечной цели. Идеология — это «Большой Кахуна»[1], в его действиях никто не сомневается, потому что большинству участников группы они кажутся «правильными» в определенное время и в определенном месте. Те, кто обладает властью, всегда могут убедить остальных, что их программа хороша, добродетельна и даже жизненно важна.

Программы, политика и процедуры, возникающие для поддержки идеологии, становятся важной составляющей Системы. А как только идеология признана священной, любые процедуры Системы начинают считаться разумными и адекватными.

В 1960–1970-е гг., когда военно-фашистские хунты правили половиной мира, от Средиземного моря до Латинской Америки, диктаторы то и дело призывали к оружию как к необходимой защите против «угрозы национальной безопасности» якобы со стороны социалистов или коммунистов. Чтобы устранить эту угрозу, государство санкционировало пытки, создавало батальоны смерти и узаконивало убийства предполагаемых «врагов государства».

Совсем недавно все те же предполагаемые угрозы национальной безопасности так напугали граждан Соединенных Штатов Америки, что ради иллюзии безопасности они были готовы пожертвовать основными гражданскими правами.

---

[1] «Большой Кахуна» — фильм Джона Суонбека, названный по имени некоего гавайского большого начальника, отсутствующего в фильме, но занимающего все мысли его героев. — *Прим. ред.*

Эта идеология, в свою очередь, стала главным оправданием для упреждающего удара по Ираку. Эта идеология была создана Системой, обладающей властью, которая, в свою очередь, создавала все новые и новые подсистемы военного управления, управления органами, отвечающими за национальную безопасность, и военными тюрьмами — или подсистемы отсутствия управления, если учесть, что не было никакого серьезного планирования послевоенной ситуации.

Мой научный интерес к стратегиям и тактикам управления сознанием, описанным в классическом романе Джорджа Оруэлла «1984» [26], должен был помочь мне осознать власть Системы на более раннем этапе моей профессиональной карьеры. «Большой брат» — это и есть Система, которая решительно подавляет инициативу личности и желание противостоять вторжению в частную жизнь. Много лет дискуссии вокруг СТЭ не касались анализа на уровне систем, потому что первоначально диалог был ограничен соперничеством между двумя подходами к человеческому поведению: диспозиционным подходом и теорией ситуационного влияния. При этом я упускал из виду более важную проблему: контекст и ограничения, создаваемые Системой. Системный уровень анализа стал для меня очевидным лишь после того, как я начал исследовать мотивы злоупотреблений в военных тюрьмах в Ираке, Афганистане и на Кубе.

Лауреат Нобелевской премии физик Ричард Фейнман говорил о том, что трагическая катастрофа космического корабля «Челленджер» была связана не с ошибками отдельных людей, но с системной ошибкой официального руководства. «Шишки» из НАСА настаивали на запуске корабля, несмотря на сомнения инженеров НАСА и явную заинтересованность производителя одного из важнейших элементов оборудования (это был как раз тот неисправный кольцевой уплотнитель, который и стал причиной катастрофы). Фейнман утверждает, что НАСА, возможно, стремилась «уверить правительство в непогрешимости НАСА и успехе миссии "Челленджера", чтобы добиться финансирования» [27].

В следующих главах мы подробнее поговорим о том, почему Система, как и Ситуация, имеет значение. Это позволит нам лучше понять причины злоупотреблений в Стэнфордской тюрьме и в тюрьме Абу-Грейб.

В отличие от НАСА, потерпевшей фиаско из-за попыток следовать политически мотивированному девизу «быстрее, лучше, дешевле», нацистская система массового уничтожения оказалась ужасающе эффективной. Здесь была создана прекрасно интегрированная нисходящая система, состоящая из кабинета министров Гитлера, политиков национал-социалистической партии, банкиров, офицеров гестапо, войск СС, инженеров, врачей, архитекторов, химиков, педагогов, проводников поездов и всех остальных. В этой целостной программе геноцида европейских евреев и других врагов государства у каждого была своя роль.

Нужно было построить концентрационные лагеря и лагеря смерти, с крематориями, рассчитанными на массовое сжигание трупов. Нужно было разработать формулу нового, смертельно эффективного ядовитого газа. Пропагандисты должны были разработать кампанию, которая дегуманизировала евреев и изображала их врагами государства в кино, в газетах, журналах, на плакатах и т. д. Учителя и проповедники должны были подготовить молодежь к слепому послушанию нацистам, заставить ее принять оправдания «окончательного решения «еврейского вопроса» [28].

Нужно было создать новый язык, скрывающий за невинными эвфемизмами реальность нечеловеческой жестокости и деструкции: *Sonderbehandlung* (особое обращение); *Sonderaktion* (особые действия), *Umsiedlung* (переселение) и *Evakuierrung* (эвакуация). Под условным термином «Особое обращение» понималось физическое уничтожение людей, иногда он для краткости сокращался до аббревиатуры SB. Обергруппенфюрер СС Рейнхард Гейдрих изложил основные принципы безопасности во время войны в докладе, сделанном в 1939 г.: «Необходимо проводить различие между теми, с кем можно иметь дело обычным способом, и теми, кому нужен особый режим [*Sonderbehandlung*]. К последним относятся субъекты, которые вследствие своей несовершенной природы или способности служить инструментами вражеской пропаганды пригодны для устранения, без всякого уважения к личности и без всякой жалости (обычно путем уничтожения)» [29].

Для нацистских врачей, которым было приказано отбирать заключенных, подлежащих уничтожению, и тех, на ком можно проводить эксперименты, часто возникал вопрос раскола лояльности (split loyalty) — «противоречие между клятвой Гиппократа и военной присягой, между убийственной жестокостью и состраданием, которое врачи СС, очевидно, постоянно ощущали во время своей работы в Освенциме. Но это не устраняло раскола. Он был постоянным аспектом нестабильного психологического баланса, позволявшего врачу СС выполнять свою убийственную работу. Врач становился частью огромной, жестокой, устрашающе эффективной системы… Освенцим был продуктом коллективных усилий» [30].

ГЛАВА ОДИННАДЦАТАЯ

Стэнфордский тюремный эксперимент: этика и практические результаты

Мы заехали слишком далеко. Теперь только сила инерции управляет нами, и мы просто дрейфуем в сторону вечности, не рассчитывая ни на отсрочку, ни на объяснение[1].

Том Стоппард.
Розенкранц и Гильденстерн мертвы, акт 3 (1967)

Мы видели, каким образом инерция Стэнфордской тюрьмы направляла жизнь тех, кто оказался в ее стенах, — главным образом, к худшему. В предыдущей главе мы кратко обсудили причины, побуждающие людей так стремительно и радикально трансформироваться. В частности, мы указали, каким образом сочетание ситуационных и системных факторов может пробудить к жизни худшие качества человеческой природы.

Юные участники нашего исследования вовсе не были пресловутой «ложкой дегтя в бочке меда». Эксперимент с самого начала был задуман так, чтобы все участники были здоровыми, нормальными людьми. В процессе эксперимента они попали под дурное влияние коварной власти «бочки дегтя», нашей тюрьмы. Конечно, по сравнению с ядовитой, убийственной атмосферой настоящих гражданских и военных тюрем условия в нашей Стэнфордской тюрьме были относительно мягкими. Изменения в мышлении, чувствах и поведении добровольцев в этой обстановке стали следствием известных психологических процессов, действующих на всех нас по-разному в раз-

---

[1] Цит. по: Стоппард Т. Розенкранц и Гильденстерн мертвы / Пер. И. Бродского. — СПб.: Азбука, 2000. — *Прим. пер.*

ных ситуациях — хотя не так сильно, глубоко и постоянно, как в нашей тюрьме. Участники эксперимента стали заложниками «тотальной ситуации», и ее влияние оказалось сильнее, чем в обычных повседневных ситуациях, в которых мы оказываемся и из которых выходим по собственной воле [1].

Возможно, каждый из нас может стать святым или грешником, альтруистом или эгоистом; каждый может быть заботливым или жестоким, покорным или властным, нормальным или безумным, добрым или злым. Возможно, от рождения мы обладаем всеми этими способностями, которые проявляются и развиваются в зависимости от социальных и культурных условий нашей жизни. Я утверждаю, что способность к извращениям подчиняется тем же процессам, которые побуждают нас совершать прекрасные поступки. Каждый из нас — продукт сложного комплекса развития и специализации, совершенствовавшийся в течение миллионов лет эволюции, роста, адаптации и приспособления. Наш вид занял особое место на Земле благодаря замечательной способности к обучению, способности создавать язык, рассуждать, изобретать и представлять себе новое, лучшее будущее. Каждый из нас способен совершенствовать навыки, таланты и умения, позволяющие не только выживать, но процветать и улучшать условия человеческого существования.

ИЗВРАЩЕНИЕ ЧЕЛОВЕЧЕСКОЙ СПОСОБНОСТИ К ОБУЧЕНИЮ

Может быть, зло этого мира — отчасти результат действий простых людей в обстоятельствах, избирательно выявляющих худшие черты их характера? Чтобы ответить на этот вопрос, мы приведем несколько общих примеров, а затем вернемся к нормальным человеческим способностям, которые оказались извращенными в процессе СТЭ.

Память позволяет нам учиться на собственных ошибках и полагаться на известное, чтобы создавать лучшее будущее. Но вместе с памятью приходят враждебность, месть, выученная беспомощность, навязчивые воспоминания о травме и вызванная ими депрессия. Точно так же выдающаяся человеческая способность использовать язык и символы позволяет нам общаться с другими — и лично, и опосредованно, преодолевая ограничения пространства и времени. Язык создает фундамент истории, планирования и социального контроля, и в то же время — слухов, лжи, пропаганды, стереотипов и навязанных правил. Невероятный творческий гений человечества способен создавать великую литературу, драматургию, музыку, науку и такие изобретения, как компьютер и Интернет. Но тот же творческий потенциал может обернуться извращенной стороной — и тогда возникают орудия и методы пыток, параноидальные идеологии и ужасающе эффективная нацистская система массовых убийств. Любая прекрасная человеческая способность содержит в себе свою негативную противоположность. Так возникают полярности любви и ненависти, гордости и высокомерия, самоуважения и самоуничижения [2].

Фундаментальная человеческая потребность в принадлежности исходит из желания быть связанным с другими, сотрудничать, следовать групповым нормам. Однако, как показал СТЭ, потребность в принадлежности тоже может быть извращена и превращена в безропотный конформизм, подчинение и групповую враждебность к членам других групп. Потребность в автономии и контроле — основные факторы, ведущие к самостоятельности и планированию, — могут привести к злоупотреблению властью, желанию доминировать над другими или к выученной беспомощности.

Давайте рассмотрим еще три потребности, имеющие позитивную и негативную стороны. Во-первых, это *потребность в целостности и рациональности*, придающая нашей жизни осмысленное и разумное направление. Но ситуации, вызывающие когнитивный диссонанс, вынуждают нас оправдывать и объяснять неудачные решения: например, заключенные остались в тюрьме, хотя могли уйти, а охранники оправдывали свою жестокость. Во-вторых, это *потребность знать и понимать окружающий мир и свое место в нем*, лежащая в основе любознательности, научных открытий, философии, гуманитарных наук и искусства. Но нестабильное, непредсказуемое окружение, в котором трудно найти смысл происходящего, может извратить эту базовую потребность и привести к фрустрации и самоизоляции (как это случилось с нашими заключенными). Наконец, *потребность в стимуляции* побуждает нас исследовать мир, активно действовать и рисковать, но в то же время может сделать нас жертвами скуки, когда мы попадаем в ситуацию, где ничего не происходит. Скука, в свою очередь, может стать мощным мотивом для злоупотреблений, как это произошло с охранниками ночной смены СТЭ, развлекавшими себя с помощью «живых игрушек».

Но я хотел бы прояснить одно важное обстоятельство: понимание того, *почему* все это происходит, не оправдывает того, *что* было сделано. Психологический анализ — не «оправдание». Люди и группы, которые ведут себя безнравственно или творят беззаконие, несут полную личную и юридическую ответственность за соучастие в преступлениях. Однако, определяя серьезность их проступков, необходимо учитывать ситуационные и системные факторы, влиявшие на их поведение [3].

В следующих двух главах мы отвлечемся от СТЭ и рассмотрим обширный корпус психологических исследований, дополняющих и расширяющих аргументы, которые мы приводили до сих пор: о влиянии ситуационных сил на формирование человеческого мышления и поведения. Прежде чем двинуться дальше, давайте вернемся назад и обсудим несколько заключительных, важных вопросов, поднятых нашим экспериментом. Первый и самый главный вопрос — не оказались ли напрасными страдания наших «заключенных»? Нет никаких сомнений, что во время нашего эксперимента они страдали. Тем, кто заставлял их страдать, также пришлось иметь дело с последствиями своих действий — им пришлось осознать, что они вышли за рамки своих ролей, причиняли боль другим и оскорбляли их много часов подряд. Поэтому возникает вопрос об этике этого и других подобных исследований.

Добродетель, как сказал Данте в «Божественной комедии», — не просто способность воздерживаться от греха; это действие. Здесь мы обсудим, как паралич действия проявился во время СТЭ. В следующей главе мы рассмотрим более обширные последствия бездействия, например, когда пассивные наблюдатели не вмешиваются, наблюдая ситуации, в которых другим людям нужна помощь.

В дополнение к этическим грехам упущения с точки зрения абсолютной этики, нужно иметь в виду и относительную этику, обычно лежащую в основе научных исследований. В уравнении относительной этики нужно оценивать удельный вес пользы и страдания. Перевешивают ли страдания, которые перенесли участники эксперимента, ту пользу, которую он принес науке и обществу? Другими словами, оправдывает ли научная цель экспериментальные средства? Наше исследование привело к множеству позитивных результатов, но читателю придется самому решить, стоило ли вообще его проводить.

Исследования, которые приводят к неоднозначным результатам, порождают другие исследования и побуждают расширять и развивать их выводы. Именно так произошло с СТЭ. После обсуждения этики СТЭ мы кратко рассмотрим некоторые попытки повторить наш эксперимент и его практические результаты, предлагающие более широкий контекст для оценки его значения.

Размышления об этике СТЭ

Был ли СТЭ неэтичным? В некотором отношении, конечно же, да. Но есть и другие точки зрения на это исследование, и они позволяют нам ответить: нет. Прежде чем мы рассмотрим аргументы, поддерживающие каждую из этих альтернативных точек зрения, я хочу объяснить, почему вообще обсуждаю эти вопросы спустя десятилетия после окончания исследования. Уделяя такое пристальное внимание этическим проблемам, я хочу расширить рамки данной дискуссии. Другим исследователям будет полезно избегать этических ловушек, научиться распознавать некоторые незаметные предупредительные сигналы, а также быть внимательными к вопросам этики, важность которых продемонстрировал СТЭ. Не пытаясь оправдываться или преувеличивать разумность своего поведения в этом исследовании, я использую СТЭ как пример, указывающий на сложность этических аспектов, связанных с исследованиями, предполагающими вмешательство в человеческое поведение.

АБСОЛЮТНАЯ ЭТИКА

Для краткости можно сказать, что этика может быть «абсолютной» или «относительной». Когда поведение основано на абсолютных этических стандартах, можно установить моральные принципы высшего порядка, которые не меняются ни при каких обстоятельствах — несмотря на время, ситуации, людей и цели. Такая абсолютная этика воплощена в социальных нормах поведения.

Абсолютный этический стандарт гласит, что человеческая жизнь священна и ее никоим образом нельзя принижать, разве что неумышленно. В условиях научного эксперимента не существует никаких оправданий опытам, при которых людям приходится страдать. С этой точки зрения можно с уверенностью утверждать, что недопустимо проводить психологические или медицинские исследования, которые нарушают биологическую или психологическую целостность человека, какую бы пользу они ни принесли обществу в целом.

Сторонники этой точки зрения считают, что даже если эксперименты, приводящие к страданиям, делаются во имя науки, ради знаний, «национальной безопасности» или любой другой возвышенной абстракции, они неэтичны. Представители традиции гуманистической психологии считают, что защита и поддержка человеческого достоинства должна быть важнее одной из основных целей психологической науки — поиска средств прогнозирования и управления поведением.

Неэтичность СТЭ с точки зрения абсолютной этики

С точки зрения такой абсолютной этики Стэнфордский тюремный эксперимент, конечно же, должен быть признан неэтичным — ведь люди перенесли настоящие страдания. Возможно, они страдали намного больше, чем ожидали, вызвавшись добровольно участвовать в научном исследовании тюремной жизни, которое проводилось в престижном университете. Более того, эти страдания со временем усугублялись и привели к таким сильным реакциям и эмоциональным срывам, что пятерых участников, совершенно здоровых молодых людей, пришлось освободить еще до окончания эксперимента.

Охранники тоже страдали, когда осознали, что они делали под прикрытием своих ролей и темных очков, создававших ощущение анонимности. Они причиняли боль и унижения другим студентам, ничем не заслужившим такой участи. Осознание того, что они проявляли чрезвычайную жестокость по отношению к заключенным, было гораздо более болезненным, чем стресс, пережитый участниками классического исследования Стенли Милгрэма, посвященного «слепому подчинению власти», которое мы подробно обсудим в следующей главе [4]. Исследование Милгрэма критиковали за его неэтичность, потому что его участники знали, какую боль они, как предполагалось, причиняют «ученикам», когда бьют их током [5]. Но как только исследование закончилось, им сказали, что «жертвой» на самом деле был ассистент экспериментатора и он лишь делал вид, что ему больно, но на самом деле никто его током не бил. Они с ужасом понимали, что произошло, только когда осознавали, что было бы, если бы удары током были реальными. Напротив, наши охранники прекрасно понимали, что «удары», которым они подвергали заключенных, были настоящими, непосредственными и непрерывными.

Особенностью исследования, которую можно было бы назвать неэтичной, было то, что мы не предупредили участников, назначенных на роль заключенных, и их родителей, что они будут арестованы и доставлены в полицейское управление. Поэтому неожиданное воскресное вторжение полиции застало их врасплох. Мы также были виновны в том, что лгали родителям, заставляя их поверить, что ситуация, в которой находятся их сыновья, не насколько плоха, как это было на самом деле. Для этого во время родительских визитов мы использовали разные методы обмана и контроля. Как вы помните, мы беспокоились, что если родители увидят, каким оскорблениям в нашей мнимой тюрьме подвергаются их дети, они заберут их домой. Чтобы этого не случилось — ведь в таком случае исследование было бы сорвано, — мы устроили для них некое «шоу». Мы сделали это не только для того, чтобы наша тюрьма осталась целой и невредимой, но и чтобы смоделивать важный элемент тюремной среды, ведь такое очковтирательство — обычное дело во многих системах, управляемых различными органами надзора. Положив на пол ковровую дорожку, руководители такой системы успешно избегают жалоб и беспокойства по поводу недопустимого отношения к людям.

Еще одна причина, по которой СТЭ можно считать неэтичным, заключается в том, что мы не закончили его еще раньше, чем мы это сделали. Я должен был завершить исследование на третий день, после того как у второго заключенного случился серьезный эмоциональный срыв. Он должен был стать достаточным свидетельством того, что Дуг-8612 не симулировал свои эмоциональные реакции днем раньше. Нам нужно было остановиться, когда у одного заключенного за другим начали возникать серьезные эмоциональные расстройства. Но мы этого не сделали. Возможно, я закончил бы исследование в воскресенье, ровно через неделю, «естественным образом», если бы вмешательство Кристины Маслач не заставило меня сделать это раньше. Возможно, я закончил бы эксперимент через неделю, потому что я сам и мои верные помощники Кертис Бэнкс и Дэвид Джаффе очень устали, круглосуточно решая организационные вопросы и сдерживая растущие злоупотребления охранников.

Спустя годы я считаю, что не закончил исследование раньше, когда ситуация начала выходить из-под контроля, прежде всего из-за моего собственного внутреннего конфликта между двумя ролями: ролью научного руководителя, которому необходимо соблюдать этику исследования, и ролью суперинтенданта, стремящегося любой ценой поддерживать целостность и стабильность своей тюрьмы. Мне хотелось бы верить, что если бы роль суперинтенданта играл кто-то другой, я начал бы бить тревогу раньше. Сейчас я понимаю, что нам нужен был кто-то, обладавший большей властью, чем я, кто бы отвечал за общий ход эксперимента.

Тем не менее я чувствую себя ответственным за то, что создал условия, в которых стали возможными все эти злоупотребления, в контексте «психологии тюремного заключения». Эксперимент слишком успешно воспроизвел самые худшие элементы настоящих тюрем, и платой за его результаты стали человеческие страдания. Я сожалею об этом и до сих пор приношу извинения за то, что содействовал этой жестокости.

ОТНОСИТЕЛЬНАЯ ЭТИКА

Обычно научные исследования следуют утилитарной этической модели. Когда этические принципы допускают некие отклонения, их стандарты становятся относительными, и исследование необходимо оценивать в соответствии с прагматическими критериями. Иначе говоря, с тем, какую практическую пользу он принес. Очевидно, именно такая модель лежала в основе нашего исследования, как и в основе большинства психологических экспериментов. Но какие элементы входят в уравнение, описывающее соотношение цены и пользы? Как должна быть проведена оценка прибылей и убытков? Кто должен оценивать, стоит ли полученная польза той цены, которую за нее пришлось заплатить? Вот только некоторые из вопросов, на которые необходимо ответить, — конечно, если относительную этику вообще можно считать этикой.

Некоторые решения основаны на общепринятых мнениях — на текущем состоянии соответствующей области знаний, прецедентах, социальном консенсусе, ценностях и убеждениях отдельного исследователя, а также на уровне осознания, преобладающем в данном обществе в данное время. Научно-исследовательские институты, спонсорские агентства и правительство также устанавливают строгие правила, касающиеся любых медицинских и немедицинских исследований, связанных с функционированием человека.

Ядром этической дилеммы представителей социальных наук является ответ на вопрос, может ли данный исследователь добиться равновесия между тем, что он считает необходимым для пользы исследования с социальной или теоретической точки зрения, и тем, что необходимо для благополучия и сохранения достоинства участников исследования. Поскольку эгоистичные предубеждения исследователей могут поместить точку равновесия ближе к первому полюсу, чем ко второму, необходимы внешние наблюдатели, в первую очередь от спонсорских организаций и экспертных советов, которые стали бы омбудсменами на стороне относительно беспомощных участников исследования. Однако эти внешние наблюдатели также должны действовать в интересах «науки» и «общества», определяя, допустимы ли в данном эксперименте и в какой степени обман, эмоциональные реакции или другие неприятные состояния. При этом они руководствуются тем, что любое негативное воздействие таких процедур является временным и вряд ли будет продолжаться после окончания эксперимента. Давайте рассмотрим, как этот конфликт интересов проявлялся в ходе СТЭ.

С точки зрения относительной этики можно утверждать, что СТЭ не был неэтичным, по следующим причинам: мы проконсультировались с юридическим отделом Стэнфордского университета, составили официальное заявление об «информированном согласии», где были указаны требования о работе, безопасности и страховании, которые мы должны были соблюдать, чтобы эксперимент был одобрен. Заявление об «информированном согласии», подписанное каждым участником, гласило, что во время эксперимента допускается вторжение в его частную жизнь; заключенные будут получать минимальное питание, будут лишены некоторых гражданских прав и подвергаться унижениям. Ожидалось, что все они будут выполнять свой двухнедельный контракт как можно лучше. Студенческая поликлиника была информирована о нашем исследовании, и с ней были достигнуты договоренности на тот случай, если у кого-нибудь возникнут проблемы со здоровьем. Мы получили официальное письменное одобрение от агентства, спонсировавшего исследование, Службы эффективности Управления морских исследований, а также от факультета психологии Стэнфордского университета и от университетского экспертного совета по этике [6].

За исключением воскресных арестов, мы ни в чем не обманывали участников. Более того, мы с коллегами неоднократно напоминали охранникам о недопустимости физического насилия над заключенными, по отдельности или вместе. Однако мы не давали никаких инструкций по поводу ограничений психологического насилия.

Оценку этики нашего исследования усложняет еще одно обстоятельство: наша тюрьма была открыта для посещений посторонними, которые могли бы встать на защиту участников. Представьте себе, что вы — заключенный Стэнфордской тюрьмы и страдаете от всех этих притеснений. Чья поддержка была бы вам нужна? Кто мог бы нажать за вас кнопку «выход», если бы вы не могли нажать ее сами? Католический священник-капеллан, который видит, как вы плачете? Ни одного шанса. А как насчет ваших родителей, друзей, членов семьи? Разве они не должны были вмешаться, увидев, в каких ужасных условиях вы оказались? Ни один из них этого не сделал. Возможно, вам мог бы помочь кто-то из профессиональных психологов, аспирантов, секретарей или сотрудников факультета психологии? Ведь некоторые из них просматривали видеозаписи с участием наших «актеров», принимали участие в слушаниях комиссии по условно-досрочному освобождению, общались с участниками во время интервью и видели их во время подготовки к «налету», когда мы отвели заключенных на пятый этаж. Но никто из этих людей вам не помог.

Как уже было сказано, каждый из этих наблюдателей выбрал для себя пассивную роль. Все они приняли мое объяснение ситуации и потому не видели реальной картины. Возможно, они подходили к делу слишком рассудочно — ведь мнимая тюрьма казалась совсем настоящей, а роли — правдоподобными; или же потому, что они думали исключительно о том, как выполнить план эксперимента. Кроме того, наблюдатели не видели более серьезных злоупотреблений, а участники были не готовы открыто обсуждать их с посторонними, даже с близкими друзьями и членами семьи. Возможно, они стеснялись, либо им мешали это делать гордость или желание оставаться «мужчинами». Поэтому посетители приходили, смотрели, ничего не видели и уходили.

Наконец — и это было совершенно правильно — мы провели несколько встреч после окончания эксперимента. Первая встреча состоялась сразу после его окончания и длилась три часа. Затем было еще несколько встреч, на которых присутствовали почти все участники, — мы вместе смотрели видеозаписи и слайд-шоу, записанные во время исследования. В течение нескольких лет после окончания эксперимента я поддерживал контакт с большинством участников — отправлял им копии своих статей, записи своих выступлений в конгрессе, посылал вырезки и извещения о предстоящих телевизионных программах, посвященных СТЭ. Все эти годы около полудюжины участников вместе со мной принимали участие в нескольких телепрограммах. С некоторыми я поддерживаю контакт до сих пор, хотя после СТЭ прошло уже больше тридцати лет.

Встречи после эксперимента были очень важными, они дали участникам возможность открыто выразить сильные чувства и по-новому взглянуть на самих себя и свое необычное поведение в новой, незнакомой обстановке. Эти встречи были чем-то вроде «разбора полетов» [7]. Мы открыто говорили о том, что некоторые эмоциональные состояния и убеждения, возникшие в ходе эксперимента, могут сохраняться и после его окончания. Мы объяснили, почему этого не должно произойти в нашем случае. Я подчеркнул, что СТЭ был прежде всего диагностикой природы тюремной ситуации, которую мы создали, а не диагностикой личности участников. Я напомнил участникам, что все они были тщательно отобраны как раз потому, что являются нормальными, здоровыми людьми, и что роли были распределены между ними случайным образом. Они не внесли в нашу тюрьму патологии; скорее, это тюрьма создала в них ту или иную патологию. Кроме того, говорил я, в роли заключенных их товарищи не делали почти ничего, что можно было бы считать унизительным или ненормальным. То же самое касается и охранников, которые иногда вели себя оскорбительно. Они исполняли свои роли точно так же, как и другие охранники их смены.

Я попытался превратить встречу в занятие по «нравственному воспитанию», открыто обсудив нравственные конфликты, с которыми все мы столкнулись в ходе исследования. Теоретик-новатор в сфере нравственного воспитания Ларри Кольберг утверждал, что такие дискуссии в контексте нравственного конфликта — основной, а возможно, даже единственный способ повысить уровень нравственного развития личности [8].

Вспомните, что результаты контрольного списка прилагательных, описывающих настроение, показали, что после встречи и заключенные, и охранники вернулись к стабильному эмоциональному состоянию, сопоставимому с их эмоциональным состоянием в начале исследования. Относительно небольшую продолжительность негативных последствий этого интенсивного опыта можно объяснить тремя факторами. Во-первых, у всех молодых людей был прочный психологический и личностный фундамент, позволивший им быстро прийти в норму после окончания исследования. Во-вторых, этот опыт был уникальным, и он был ограничен определенными временем, местом, костюмами и сценарием. «Приключение СТЭ» можно было оставить позади и больше к нему не возвращаться. В-третьих, наша встреча избавила охранников и заключенных от необходимости вести себя определенным образом и позволила открыто обсудить аспекты ситуации, которая на них влияла.

Положительные последствия эксперимента для его участников

С точки зрения относительной этики, чтобы исследование было одобрено, его польза для науки, медицины и/или общества должна перевешивать его цену для участников. Такое соотношение цены и выгоды кажется вполне адекватным, но я хотел бы возразить против такого метода расчетов. Цена для участников (которых во времена СТЭ мы называли «субъектами») была реальной, немедленной, а часто весьма осязаемой. По контрасту, какая бы польза ни предполагалась при разработке или одобрении исследования, она оставалась вероятной и отдаленной, и возможно, никогда не была бы получена. Множество многообещающих исследований не приносят заметных результатов, и поэтому отчеты о них даже не публикуются и не обсуждаются в научном сообществе. Но и важные, опубликованные результаты не всегда используются на практике, а когда речь идет о пользе для общества, практическое использование результатов исследований иногда оказывается невозможным. С другой стороны, фундаментальные исследования, первоначально не предполагавшие никакого практического применения, иногда приводят к важным практическим результатам. Например, фундаментальные исследования в области условных рефлексов автономной нервной системы привели к разработке терапевтических методов биологической обратной связи, которые сейчас широко используются в медицине [9]. Более того, большинство исследователей не проявляют особого интереса или таланта в сфере «социального инжиниринга» — применения результатов научных исследований для решения личных и социальных проблем. В целом все эти критические замечания указывают, что очень большая «польза» этического уравнения не всегда достижима, концептуально или на практике, а «цена» при этом становится «чистыми убытками» для участников исследования и для общества.

Странным образом отсутствует в этом этическом уравнении и забота о «чистой выгоде» для участников. Получат ли они какую-то пользу, участвуя в данном исследовательском проекте? Например, компенсирует ли финансовое вознаграждение тот дискомфорт, который они испытывают, участвуя в медицинских экспериментах, изучающих те или иные аспекты боли? Будут ли ценными для участников те знания, которые они получат в процессе исследования? Узнают ли они что-то новое о себе? Для осознания этой вторичной цели исследований необходима соответствующая встреча с участниками. (Пример такой встречи в ходе одного из моих экспериментов, посвященного индуцированной психопатологии, см. в примечаниях [10].) Но такой пользы невозможно ожидать; ее необходимо продемонстрировать эмпирически, в качестве убедительного и подкрепленного количественными данными результата, особенно если этика исследования может быть признана «сомнительной». В дискуссиях об этике исследований обычно отсутствуют указания на то, что исследователям должна быть присуща социальная активность особого рода, которая сделала бы их исследование полезным не только для их области знаний, но и для развития общества в целом.

Неожиданные позитивные результаты СТЭ для участников и исследователей

Наш эксперимент привел к многочисленным позитивным последствиям, которых мы совсем не ожидали. Они оказали мощное влияние на некоторых участников и на самих исследователей. Почти все участники во время заключительного тестирования и отзывов (написанных дома в разное время после эксперимента) указали, что это был ценный личный опыт и он многому их научил. Эти позитивные отзывы до некоторой степени уравновешивают очевидные негативные аспекты тюремного опыта — ни один из наших студентов не согласился бы снова участвовать в подобном исследовании. Давайте опишем некоторые позитивные результаты СТЭ, о которых говорили его участники.

Дуг, заключенный № 8612, главарь бунта заключенных, первый, кто испытал сильнейший эмоциональный стресс. Его реакция заставила нас освободить его всего через 36 часов после начала эксперимента. Этот опыт был для него действительно неприятным. В интервью во время съемки документального фильма «Тихая ярость: Стэнфордский тюремный эксперимент» он сказал: «Это был уникальный опыт, я в жизни никогда так громко не кричал; я никогда в жизни не был так зол. Я потерял контроль и над ситуацией, и над своими чувствами. Возможно, у меня всегда были трудности с самоконтролем. Я хотел понять самого себя и поэтому [после СТЭ] стал интересоваться психологией. Я буду изучать психологию, я хочу понять, почему люди испытывают эмоции, я хочу перестать бояться неизвестного» [11].

В размышлениях о результатах эксперимента, написанных пять лет спустя, Дуг признался, что начал симулировать эмоциональный срыв, чтобы выйти на свободу, но потом роль начала его поглощать. «Я придумал единственный способ, который помог бы мне выйти из эксперимента, — притвориться больным, сначала физически. Потом, когда это не сработало, я стал изображать сумасшедшего. Но я тратил на это столько сил, и тот простой факт, что я так сильно расстроился, меня расстраивал». Как расстраивал? Он сообщил, что его девушка сказала ему, что он был настолько подавлен и возбужден, что постоянно говорил об эксперименте еще два месяца после его окончания.

После эксперимента Дуг занялся диссертацией по клинической психологии — отчасти чтобы научиться лучше управлять своими эмоциями и поведением. Его диссертация была посвящена темам стыда (связанного со статусом заключенного) и вины (связанной со статусом охранника). Он проходил интернатуру не в обычном лечебном или клиническом учреждении, а в тюрьме Сан-Квентин. Затем он больше 20 лет проработал судебным психологом в системе исправительных учреждений Сан-Франциско и Калифорнии. Именно его трогательные признания дали название нашему фильму «Тихая ярость». Он говорил о садистских импульсах охранников, которых нужно остерегаться, потому что они всегда возникают в ситуациях, где власть распределена неравномерно, и готовы выйти наружу в любой момент — взорваться подобно своеобразному «тихому гневу». В ходе своей карьеры Дуг помогает заключенным сохранять, несмотря на внешние условия, чувство собственного достоинства, и разрабатывает программы, позволяющие охранникам и заключенным мирно сосуществовать и сотрудничать. Вот пример того, как изначально крайне негативное влияние СТЭ трансформировалось в знания, которые принесли пользу и отдельной личности, и обществу. Этому участнику эксперимент принес и много боли, и много пользы.

Охранник Хеллман, «крутой Джон Уэйн», наш мачо, участвовал во всех телевизионных программах, посвященных исследованию, — его постоянно приглашали благодаря яркой властной роли и «злому гению» в изобретении заданий и игр для заключенных. Недавно мы встретились на лекции, которую я читал, и он признался мне, что Стэнфордский тюремный эксперимент принес ему не «15 минут славы» Энди Уорхола, которые бывают только раз в жизни, а «15 минут позора, но навсегда». В ответ на мой вопрос, оказало ли участие в эксперименте какое-либо позитивное влияние на его жизнь, он, в частности, написал мне:

> «Десятилетия жизненного опыта смягчили того высокомерного и бесчувственного юношу, которым я был в 1971 г. Если бы тогда кто-то сказал мне, что мои действия наносят вред кому-то из заключенных я, вероятно, ответил бы: "Значит, они просто слабаки и нытики". Но то, что я так глубоко вошел в свою роль, что я был

слеп к страданиям других, стало для меня очень поучительным, и я всегда задумываюсь о том, как обращаюсь с людьми. Некоторые даже считают меня слишком чувствительным для бизнесмена, потому что мне иногда сложно принять решение, например, уволить нерадивого сотрудника, поскольку я опасаюсь, что для него это будет слишком трудно» [12].

Крейг Хейни окончил юридическую школу Стэнфордского университета, получил степень доктора права, а также степень доктора философии нашего факультета психологии. Сейчас он — профессор Калифорнийского университета в Санта-Крусе, где ведет популярные курсы по психологии и праву, а также по психологии организаций. Крейг стал одним из ведущих консультантов страны по вопросам условий содержания в тюрьмах. Он — один из немногих психологов-экспертов, сотрудничающих с адвокатами, представляющими интересы групп заключенных в Соединенных Штатах. Он много и блестяще пишет о самых разных аспектах преступности, наказаний, исполнения наказаний и системы исправительных учреждений. Вместе с ним мы написали много статей для профессиональных и отраслевых журналов, а также несколько глав из книг [13]. Его отчет о влиянии СТЭ на его жизнь ярко демонстрирует ценность нашего эксперимента:

«Для меня Стэнфордский тюремный эксперимент стал поворотным пунктом, изменившим направление моей карьеры. Когда я вместе с Филом Зимбардо и Кертисом Бэнксом начал планировать это исследование, я окончил второй курс аспирантуры факультета психологии в Стэнфорде. Мой интерес к использованию социальной психологии в сфере преступности тогда только начал формироваться, с благословения и при поддержке Фила Зимбардо… Почти сразу после окончания СТЭ я стал изучать реальные тюрьмы и в конце концов сосредоточился на социальных историях (social histories), помогавших облегчать жизнь людей, которые в них находятся. Но я всегда помнил о той точке зрения на организации, которую приобрел благодаря наблюдениям и оценке результатов тех шести коротких дней в нашей мнимой тюрьме» [14].

Кристина Маслач, героиня СТЭ, сейчас является профессором психологии Калифорнийского университета в Беркли, вице-ректором по неполному высшему образованию, преподавателем литературы и науки. Она — лауреат премии Фонда Карнеги «Лучший преподаватель года». Ее короткое, но яркое участие в СТЭ также оказало положительное влияние на ее карьеру, о чем она упоминает в следующем ретроспективном отчете [15]:

«Для меня самый важный результат тюремного эксперимента состоял в том, чему я научилась на своем личном опыте. В дальнейшем он помог мне сделать свой профессиональный вклад в психологию. Я своими глазами увидела, что такое психология дегуманизации — когда хорошие, по существу, люди начинают очень плохо относиться к другим и ужасно с ними обращаться. Как легко одни могут считать других людьми второго сорта, животными, недостойными уважения или равного отношения, — даже тех, кто нуждается в их помощи и доброй воле. Благодаря участию в СТЭ я начала проводить новаторские исследования в области выгорания — психологических последствий "помогающих профессий", предполагающих эмоциональную нагрузку, когда изначально преданные своему делу профессионалы дегуманизируют тех самых людей, которым должны помогать. В своих исследованиях я стремилась объяснить причины и последствия выгорания в самых разных профессиях и обстоятельствах; полученные результаты я стремилась использовать на практике. Я считаю, что необходимо анализировать ситуационные детерминанты выгорания, а не просто фиксировать внимание на индивидуальных особенностях отдельных представителей помогающих профессий. Таким образом, история моего участия в Стэнфордском тюремном эксперименте не ограничивается той ролью, которую я сыграла, побудив закончить его раньше времени. Она стала началом новой программы исследований, возникшей под влиянием моего личного опыта участия в этом уникальном эксперименте» [16].

Фил Зимбардо. А еще был я. (См. примечания о Кертисе Бэнксе и Дэвиде Джаффе [17].) Неделя Стэнфордского тюремного эксперимента во многом изменила мою жизнь — и профессиональную, и личную. Результаты и неожиданные позитивные последствия, которые этот опыт мне принес, были весьма обширны. Он повлиял на мои последующие исследования, на мою преподавательскую работу и личную жизнь. Я стал агентом социальных изменений, стал заниматься улучшением условий содержания в тюрьмах и привлекать внимание общества к другим укоренившимся злоупотреблениям властей.

Мои исследования в следующие три десятилетия находились под влиянием идей, возникших во время СТЭ. Они побудили меня изучать феномены застенчивости, восприятия времени и причин сумасшествия. Еще я хотел бы указать на связи между нашим тюремным экспериментом и новым исследованием, посвященным застенчивости и методам ее преодоления, а также кратко остановиться на том, как этот эксперимент повлиял на мою личную жизнь.

Застенчивость как добровольное тюремное заключение

Какая темница столь же темна, как наше собственное сердце?
Какой тюремщик столь же непреклонен, как мы сами?
Натаниэль Готорн

В нашем тюремном подвале заключенные отказались от своих основных свобод под влиянием принуждения и внешнего давления со стороны охранников. Но в реальной жизни, за пределами лаборатории, люди часто добровольно отказываются от свободы слова, действия и близости с другими — без всяких охранников, вынуждающих их это делать. Требовательный и жестокий «охранник» становится частью их образа себя;

этот «охранник» лишает их спонтанности, свободы и радости жизни. В то же время эти люди интернализируют образ пассивного заключенного, который не хочет соблюдать эти ограничения. В результате человеку начинает казаться, что любые действия, привлекающие к нему внимание, грозят ему унижением, позором, социальным отвержением, и поэтому их нужно избегать. Под давлением своего внутреннего охранника такой «заключенный» бежит от жизни, прячется в «раковину» и добровольно выбирает безопасность безмолвной тюрьмы застенчивости.

Эта метафора, родившаяся благодаря СТЭ, заставила меня задуматься о том, что застенчивость — это нечто вроде социальной фобии, которая разрывает связи человека с другими людьми, превращает их в угрозу и лишает его радости общения. Через год после нашего тюремного исследования я начал обширный исследовательский проект — Стэнфордский проект по застенчивости (Stanford Shyness Project). Я хотел исследовать причины и корреляты застенчивости у взрослых и подростков, а также их последствия. Это было первое систематическое исследование застенчивости у взрослых людей; собрав достаточно данных, мы создали специальную программу преодоления застенчивости и уникальную клинику застенчивости (1977). Эта клиника и сегодня активно действует в Пало-Альто под руководством доктора Линн Хендерсон. Сейчас она входит в состав Тихоокеанской высшей школы психологии (Pacific Graduate School of Psychology)[1]. Моя основная цель в лечении и профилактике застенчивости состояла в разработке средств, помогающих застенчивым людям освободиться из своей добровольной безмолвной тюрьмы. Ради этого я написал несколько книг для широкой публики о том, как взрослые и дети могут справиться с застенчивостью [18]. Этот проект стал некой противоположностью тюрьме, которую я создал для участников СТЭ.

---

[1] С 2009 г. это высшее учебное заведение именуется Университетом Пало-Альто (Palo Alto University). — *Прим. ред.*

Безумие нормальных людей

> *Знаете, что вы сейчас сделали? [Спрашивает Шерлок Холмс Зигмунда Фрейда.]*
> *С успехом использовали мой метод наблюдать и делать выводы, применив его к тому, что скрыто у каждого субъекта в голове*[1].
>
> Николас Мейер.
> Вам вреден кокаин, мистер Холмс (1974)

Один из самых драматических результатов СТЭ состоял в том, что здоровые нормальные молодые люди очень скоро начали проявлять признаки психопатологии. Наши процедуры отбора намеренно исключали предварительную, так называемую преморбидную, предрасположенность. Я хотел понять процессы, в результате которых у нормальных людей начинают развиваться симптомы психопатологии. Таким образом, мой опыт в ходе СТЭ не только побудил меня взяться за изучение застенчивости и восприятия времени, но придал моим мыслям новое направление. Я стал проводить экспериментальные исследования, призванные изучить, как нормальные люди «сходят с ума».

Почти все, что известно об аномальном функционировании, основано на ретроспективных исследованиях, призванных объяснить, какие факторы могли вызвать психическое расстройство у того или иного человека. Это напоминает методы Шерлока Холмса — логические выводы от следствий к причинам. Я попытался создать другую модель, ориентированную на процессы, способствующие развитию симптомов психических расстройств, например фобий и паранойи. Если человек чувствует, что какие-то ожидания, связанные с его деятельностью, не оправдываются, он стремится найти этому объяснение. Если человек терпит неудачу в научной, социальной, деловой, спортивной или сексуальной сфере — в зависимости от того, насколько важен успех в какой-то из этих сфер для его личности, — он пытается осмыслить, что пошло не так.

---

[1] Цит. по: Мейер Н. Вам вреден кокаин, мистер Холмс / Пер. А. Старкова. М.: Вагриус, 1993. — *Прим. пер.*

Интеллектуальный поиск смысла искажается когнитивными предубеждениями, направляющими внимание на классы объяснений, подходящих для такого анализа. Если человек предпочитает объяснения, в соответствии с которыми причинами его реакций являются другие люди, у него могут развиться симптомы параноидального мышления, а объяснения, ориентированные на обстоятельства как причину наших реакций и неудач, могут привести к развитию симптомов, типичных для фобического мышления.

Эта новая модель когнитивных и социальных оснований «безумия» у нормальных здоровых людей была подтверждена в ходе управляемых лабораторных экспериментов. Например, мы обнаружили, что в попытках рационально объяснить неопределенный источник возбуждения патологические симптомы развиваются у трети нормальных испытуемых [19]. Нам удалось также показать, что студенты колледжа с нормальным слухом, которые переживали частичную потерю слуха в результате гипнотического воздействия, начинали мыслить и действовать параноидальным образом — они предполагали, что другие люди проявляют к ним враждебность. Таким образом, незаметное ухудшение слуха у пожилых людей может быть одной из причин развития у них параноидальных расстройств — и эти расстройства можно предотвратить или облегчить с помощью обычного слухового аппарата, без применения медикаментов или стационарного лечения.

Я убежден, таким образом, что семена безумия дремлют в каждом из нас и могут прорасти в ответ на временные психологические трудности в тот или иной период жизни. Переход от традиционной медицинской модели психических расстройств к модели общественного здоровья побуждает нас при личном или социальном кризисе искать ситуационные векторы, не ограничиваясь тем, что находится в голове у страдающего индивида. Это дает больше возможностей для профилактики и лечения психических расстройств и психопатологий, на основании фундаментальных знаний о когнитивных, социальных и культурных процессах, позволяющих во всей полноте оценивать механизмы, с помощью которых нормальное поведение превращается в неадекватное.

Обучение отсутствием власти

Я осознал, с какой легкостью превратился в фигуру системной власти во время СТЭ, и это побудило меня изменить свои методы преподавания. Я стал давать студентам больше свободы и ограничил роль преподавателя профессиональными рекомендациями, отказавшись от социального контроля. В начале курса я стал проводить открытые обсуждения, во время которых все мои студенты собирались в большой аудитории и могли критиковать все, что им не нравилось в моем курсе или выразить свое личное отношение к нему. Позже эти обсуждения превратились в информационные бюллетени онлайн, где студенты могли открыто говорить о позитивных и негативных аспектах курса каждый день в течение всего семестра. Я устранил конкуренцию за высшие баллы среди студентов и перестал оценивать их, сравнивая друг с другом, а вместо этого разработал абсолютные стандарты, предполагавшие четкие критерии. Успеваемость оценивалась с помощью тестов, которые студент заполнял вместе с напарником по курсу, а на некоторых курсах я вообще не ставил оценок [20].

Влияние СТЭ на мою личную жизнь

Через год после окончания СТЭ (10 августа 1972 г.) мы с Кристиной Маслач поженились. Церемония прошла в Стэнфордской мемориальной церкви. Здесь же, в день 25-й годовщины нашей свадьбы, в присутствии наших детей, мы повторили нашу брачную клятву. Эта героиня оказывает огромное и самое благотворное влияние на все, что я делаю. В отношениях с ней я обрел кусочек рая и очень рад, что сумел уберечь его от ада той тюрьмы.

Другой результат этого небольшого исследования, длившегося всего неделю, состоял в том, что я стал активным сторонником социальных перемен. Я участвовал в разработке тюремной реформы и пытался делать все возможное, чтобы донести важные выводы СТЭ до самой широкой аудитории. Рассмотрим эту мою деятельность подробнее.

Добиться максимальной пользы: эксперимент и общество

СТЭ изменил мою жизнь во многих сферах, но одна из самых кардинальных перемен произошла после того, как меня пригласили выступить перед подкомитетом палаты представителей США: из ученого-исследователя я внезапно превратился в поборника социальных перемен. На слушаниях подкомитета конгресса о тюремной реформе в октябре 1971 г. я изложил анализ результатов эксперимента и рекомендации относительно реформы. Я однозначно призвал конгресс изменить структуру тюремной системы, улучшить условия содержания заключенных и условия работы персонала исправительных учреждений [21].

Мои аргументы по большей части подтверждали необходимость прекратить «социальный эксперимент» под названием «тюрьмы», потому что, как демонстрируют высокие показатели рецидивизма, этот эксперимент потерпел неудачу. Необходимо искать причину и для этого всесторонне исследовать систему и предложить решения, альтернативные лишению свободы. Нам, кроме того, нужно преодолеть сопротивление тюремным реформам. Мое второе выступление перед подкомитетом конгресса, посвященное колониям для несовершеннолетних преступников (в сентябре 1973 г.), еще больше укрепило мою активную социальную позицию. Я предложил 19 отдельных рекомендаций для улучшения содержания несовершеннолетних преступников [22]. И я был очень рад, когда вскоре был принят новый федеральный закон, в котором были учтены некоторые из моих рекомендаций. Сенатор Бирч Бей, который возглавлял эту программу, помог внести в закон правило о том, что для предотвращения злоупотреблений по отношению к подросткам, находящимся в заключении до начала судебного процесса, в федеральных тюрьмах они не должны содержаться вместе со взрослыми. СТЭ был как раз посвящен злоупотреблениям по отношению к молодым людям, находящимся в предварительном заключении. (Конечно, мы нарушили обычные процедуры — в нашей тюрьме проходили слушания комиссии по условно-досрочному освобождению, которые на самом деле происходят только после того, как подозреваемый признан виновным и приговорен к тому или иному сроку лишения свободы.)

Еще одним важным юридическим следствием СТЭ было мое участие в процессе федерального суда по делу Spain et al. v. Procunier et al. (1973). «Сан-Квентинская шестерка» заключенных провела в одиночном заключении больше трех лет по подозрению в убийстве охранников и заключенного-информатора во время попытки бегства Джорджа Джексона 21 августа 1971 г. Как свидетель-эксперт, я посещал центр «строгого режима» тюрьмы Сан-Квентин и неоднократно брал интервью у каждого из этих шести заключенных. Мое заявление и судебный процесс, длившийся два дня, закончились тем, что тюремные условия были признаны преднамеренным, пролонгированным, неопределенным заключением в условиях дегуманизации, представлявшим собой «жестокое и необычное наказание» и поэтому должны быть отменены. Кроме того, во время судебного процесса я был психологом-консультантом со стороны адвокатов истцов.

Эти и другие акции, в которых я участвовал после окончания СТЭ, стали моей этической миссией. Чтобы уравновесить «относительную этику» СТЭ, я хотел компенсировать боль, которую пришлось испытать его участникам, и извлечь из этого исследования максимальную пользу для науки и общества. Начало моей деятельности в этом направлении описано в одной из глав написанной в 1983 г. книги «Превращение экспериментального исследования в пропаганду социальных изменений» [23].

Влияние СМИ и визуальных образов

В ходе СТЭ возникло множество ярких визуальных образов. Мы использовали эти образы как иллюстрации ситуативной власти. Во-первых, в 1972 г. я создал слайд-шоу из восьмидесяти снимков. На их основе появилась лекция, записанная на аудиокассету при содействии Грегори Уайта. Эта аудиозапись распространялась главным образом среди преподавателей колледжей. Когда появились видеоплееры, мы создали презентацию, куда вошли фрагменты видеосъемки, сделанной во время исследования, новые видеосюжеты, интервью и моя лекция, записанная на видеопленку. Этот проект был выполнен командой студентов Стэнфорда под руководством Кена Мьюзена, режиссера фильма «Тихая ярость: Стэнфордский тюремный эксперимент» (1985). В 2004 г. Скотт Плус перевел этот фильм в DVD-формат. Эта презентация длительностью в 50 минут самого высокого качества доступна по всему миру.

Попытки повторить СТЭ и применить его результаты на практике

Исследование Стэнфордского тюремного эксперимента как социального явления мы закончим кратким обзором попыток повторить его или воспроизвести его результаты, а также поговорим о том, как его выводы были использованы в самых разных областях. Кроме социальных наук, СТЭ мигрировал в другие и весьма отдаленные сферы — в области массовой культуры, телевидения, коммерческого кино и даже современного концептуального искусства. Его основные результаты, демонстрирующие ту легкость, с которой хорошие люди могут превратиться в исчадия ада, если их власть узаконена и ничем не ограничена, способствовали попыткам применить их в социальном и военном контексте, чтобы предотвратить такие ситуации.

Мы должны двигаться дальше и рассмотреть весь спектр психологических исследований, которые подтверждают и расширяют выводы СТЭ. Но сейчас мы просто кратко опишем попытки повторить СТЭ и использовать его результаты на практике. Более полное изложение этого материала, с подробными комментариями и ссылками, можно найти на сайте http://lucifereffect.com.

Воспроизведение эксперимента в других культурных условиях

Команда исследователей из университета Нового Южного Уэльса (Австралия) решила повторить СТЭ. Ученые воспроизвели одно условие, подобное нашему, и ввели несколько других экспериментальных вариаций, чтобы исследовать, как социальная организация влияет на отношения между заключенными и охранниками [24]. «Стандартный» тюремный режим был смоделирован в соответствии с условиями содержания в тюрьмах общего режима Австралии, а процедуры эксперимента были очень близки к процедурам СТЭ. Основной вывод исследователей таков: «Таким образом, полученные нами результаты подтверждают выводы Зимбардо и др. о том, что враждебные, конфликтные отношения в тюрьмах связаны прежде всего с природой тюремного режима, а не с личными особенностями заключенных и сотрудников тюрем» (с. 283). Эти результаты, в рамках замысла данного исследования, обеспечивая основания для оценки изменений поведения на основе объективно определенных структурных характеристик реальных тюрем, также помогают развеять сомнения о валидности подобного экспериментального моделирования [25].

Мнимые пациенты психиатрического отделения

В течение трех дней 29 сотрудников государственной больницы города Элгин (Elgin State Hospital), штат Иллинойс, были «пациентами» психиатрического отделения собственной больницы. Другие 22 сотрудника отделения выполняли свои обычные обязанности, а специально обученные наблюдатели и видеокамеры фиксировали происходящее. «Мы увидели совершенно невероятные вещи», — сказала научный руководитель исследования Норма Джин Орландо. Очень скоро мнимые пациенты начали вести себя так, что их стало трудно отличить от настоящих: шестеро попытались сбежать, двое ушли в себя, двое постоянно плакали, один был близок к нервному срыву. Почти все испытывали напряжение, тревогу, фрустрацию и отчаяние. Подавляющее большинство мнимых пациентов (более 75%) сообщили о следующих реакциях: они чувствовали себя «в тюрьме», лишенными идентичности, им казалось, что их чувства не имеют значения, что их никто не слушает, не считает людьми, не заботится о них. Они забыли, что это только эксперимент, и действительно чувствовали себя пациентами. Один мнимый пациент, сильно страдавший во время исследования, позже сказал: «Я привык смотреть на пациентов, как на стадо животных; я никогда не думал о том, что они чувствуют» [26].

Позитивным результатом этого исследования, задуманного как продолжение Стэнфордского тюремного эксперимента, было создание организации персонала больницы, сотрудничающей с нынешними и бывшими пациентами. Ее целью стало повышение уровня сознания персонала больницы, предотвращение неадекватного обращения с пациентами, а также улучшение отношения к пациентам со стороны членов организации и персонала в целом. Люди начали понимать власть «тотальной ситуации» в условиях больницы, способной трансформировать поведение и пациентов, и персонала — как нежелательным, так и конструктивным образом.

«Неудачная» попытка британского телевизионного псевдоэксперимента

Телеканал BBC провел собственный эксперимент, основанный на модели СТЭ. Его результаты не совпали с результатами СТЭ. Охранники почти не проявляли насилия или жестокости. Вот что мы видим, взглянув на конец эксперимента и его примечательный вывод: заключенные захватили власть над охранниками! Охранники проявляли «все более и более выраженные симптомы паранойи и депрессии, они испытывали стресс и жаловались, что их запугивают» [27]. Как ни странно, на этом реалити-шоу «пострадавшими» стали не заключенные, а охранники. Несколько охранников не смогли продолжать участие в шоу и ушли; ни один из заключенных этого не сделал. Заключенные скоро захватили власть, они сплотились в единую команду и подорвали власть охранников; затем все участники шоу собрались вместе и решили создать мирную «коммуну» — усилиями профсоюзного лидера! На веб-сайте книги «Эффект Люцифера» приведен критический анализ этого псевдоэксперимента.

СТЭ как предупреждение против злоупотреблений властью

Неожиданные примеры практического использования результатов нашего исследования можно найти в приютах для женщин и в программе «Выживание, уклонение, сопротивление и побег» (Survival, Evasion, Resistance, and Escape — SERE) Военно-морского флота США. Директора многих приютов для женщин, подвергавшихся насилию в семье, сообщали мне, что используют наш видеофильм «Тихая ярость» как иллюстрацию того, как легко власть мужчины в доме может стать жестокой и разрушительной. Этот фильм и его обсуждение помогают женщинам, пережившим насилие, перестать обвинять себя и лучше осознавать ситуационные факторы, превратившие их когда-то любящих партнеров в жестоких тиранов. Эксперимент также лег в основу некоторых версий феминистской теории гендерных отношений, основанных на распределении власти.

В каждом подразделении вооруженных сил США есть та или иная версия программы SERE. Она была создана после Корейской войны, цель ее — научить попавших в плен противостоять самым жестким формам допросов и злоупотреблений. Основной элемент этой программы — сложные психологические и физические испытания. Курсанты подвергаются им в течение многих дней в мнимом лагере для военнопленных. Этот интенсивный, изнурительный тренинг учит их справляться с ужасами, с которыми они могут столкнуться, если попадут в плен и подвергнутся пыткам.

Несколько источников в Военно-морском флоте сообщили мне, что эти программы обучения подтверждают выводы СТЭ о той легкости, с которой люди начинают злоупотреблять властью, и что при разработке некоторых из этих программ даже использовались наши видеоматериалы и наш веб-сайт. Это делалось для того, чтобы предупредить инструкторов SERE о риске «переборщить» в обращении с «пленниками». Таким образом, один из практических результатов СТЭ — программы подготовки охранников и инструкторов, направленные на «сдерживание» поведения в ситуациях, дающих им возможность проявлять жестокость к заключенным «ради их собственной пользы».

С другой стороны, программу SERE, которая проводится в Форт-Брэгге, штат Северная Каролина, часто критикуют. Есть информация, что сейчас Пентагон использует ее с неблаговидными целями. Критики утверждают, что высокопоставленные должностные лица «переключили тумблер» с обучения американских солдат сопротивляться врагу на разработку эффективных методов допросов, которые можно использовать против захваченных в плен «вражеских боевиков» и других «врагов Америки». Согласно нескольким свидетельствам, из программ SERE эти методы перекочевали в тюрьму в заливе Гуантанамо, печально известную Гитмо.

Американский профессор права Грег Блох и британский адвокат и сторонник этики биологических исследований Джонатан Маркс осудили использование подобных методов допросов, разработанных бихевиористами и врачами. Они утверждают, что, «перенося тактику SERE и модель Гуантанамо на поле боя, Пентагон открыл ящик Пандоры с потенциальными злоупотреблениями... использование руководством Пентагона модели SERE — новое доказательство того, что злоупотребления, равноценные пыткам, являются национальной политикой, а не просто инициативой отдельных людей» [28]. В статье «Эксперимент», опубликованной в газете *New Yorker*, журналистка Джейн Майер выражает подобную же озабоченность [29]. В главе 15 мы подробнее поговорим о том, как Пентагон использует результаты СТЭ в неблаговидных целях.

Методы, разработанные в рамках программ SERE, были частью обучения военнослужащих на случай, если они попадут в плен; однако после террористических атак 11 сентября 2001 г. они вошли в арсенал методов давления, с помощью которых можно получать информацию от военнослужащих или гражданских лиц, которые считаются врагами. Цель этих методов — заставить допрашиваемых чувствовать себя беззащитными, вынудить их поддаться давлению и сотрудничать, раскрывая нужную информацию. Эти методы были разработаны с помощью консультантов-бихевиористов и отработаны в полевых условиях в лагерях SERE в Форт-Брэгге, штат Северная Каролина, а также в других военных учебных лагерях. В целом эти методы сводят к минимуму использование физических пыток. Вместо них используются психологические, «мягкие» пытки. Вот пять основных методов программы SERE, которые применяются к задержанным или другим лицам, подвергающимся допросам, с целью получения информации и признаний:

- сексуальные унижения и оскорбления;
- оскорбления, связанные с различными аспектами религии и культуры;
- лишение сна;
- сенсорная депривация и сенсорная перегрузка;
- физические пытки, позволяющие ввести человека в психологические состояния страха и тревоги, например «пытка водой» (человека кладут на спину, связывают, наклоняют его голову и поливают водой область рта и дыхательных путей, при этом человек испытывает симптомы удушья) или гипотермия (пытка холодом).

Этим методам уделяется особое внимание в меморандумах министра обороны Рамсфельда, рекомендующего использовать их в Гуантанамо, и генерала Санчеса относительно тюрьмы Абу-Грейб. Они успешно применялись в этих и в других тюрьмах. Есть подтвержденные документами свидетельства того, что в августе 2002 г. команда следователей и другие военнослужащие из Гуантанамо посещали лагерь SERE в Форт-Брэгге. С учетом секретности этой информации, такие утверждения, конечно же, остаются всего лишь предположениями, хотя они основаны на сообщениях из различных хорошо осведомленных источников.

Возможно ли, что основной вывод о власти ситуации СТЭ был усвоен Пентагоном и использован в его программах обучения пыткам? Я не хотел бы в это верить; однако одно недавнее наблюдение делает такое предположение весьма вероятным.

«Складывается впечатление, что этот эксперимент объясняет пытки в Ираке… Создана ситуация — и она усугубляется недостатком персонала, опасностью и отсутствием внешнего независимого контроля, — когда почти без всяких побуждений со стороны (не было никаких особых указаний по поводу пыток) охранники пытали заключенных. О подобных ситуациях и подобных пытках в американских тюрьмах в Ираке сейчас широко известно... Но в "ситуации", напоминающей Стэнфордский эксперимент, у американского правительства есть одно преимущество: оно может все отрицать. Действительно, прямых приказов пытать заключенных не было. Но была создана ситуация, способствующая пыткам» [30].

Авторы этого наблюдения далее утверждают, что это не просто предположение, ведь Стэнфордский тюремный эксперимент упоминается в Докладе комитета Шлезингера, расследовавшего злоупотребления в тюрьме Абу-Грейб. Они утверждают, что «публикация информации об этом эксперименте в официальном документе, связывающая его с условиями содержания в американских военных тюрьмах, еще ярче демонстрирует ответственность за возникшую ситуацию всей структуры командования». В отчете Шлезингера действительно упоминается СТЭ, чтобы продемонстрировать влияние патологической ситуации, созданной в нашей экспериментальной тюрьме.

«Негативные, антисоциальные реакции, которые мы наблюдали, были не только результатами действий нескольких патологических личностей, но и результатом ситуации, патологической по своей сути, которая могла искажать поведение совершенно нормальных людей. Ненормальность здесь кроется в психологической природе ситуации, а не в тех, кто в ней оказался [31].

СТЭ и массовая культура

Нам известны три примера, когда наш эксперимент покинул научную «башню из слоновой кости» и перешел в сферы музыки, театра и искусства. Это рок-группа, немецкий художественный фильм и проект польского художника, который был представлен на Венецианском биеннале в 2005 г. «Стэнфордский тюремный эксперимент» (Stanford Prison Experiment) — название рок-группы из Лос-Анджелеса, играющей некий «сплав стилей панк и нойз», как говорит ее лидер.

Он узнал о СТЭ, будучи студентом Калифорнийского университета в Лос-Анджелесе [32]. Das Experiment — немецкий фильм, снятый по мотивам СТЭ, он широко демонстрировался во всем мире. Упоминание о том, что Das Experiment вдохновлен СТЭ, придало достоверности этой «фантазии», как называет фильм его сценарист. Фильм создает весьма искаженное представление о том, что происходило во время нашего исследования, довольно вольно интерпретируя его ради дешевой популярности. Фильм заканчивается вульгарными сценами сексизма и бессмысленных сексуальных унижений и насилия, не имеющих никакой художественной ценности.

Хотя некоторым зрителям фильм понравился, его раскритиковала пресса, в частности, в рецензиях двух известных британских кинокритиков. Обозреватель газеты *The Observer* пишет: «"Эксперимент" — неправдоподобный триллер, не блещущий оригинальностью и в очередной раз демонстрирующий историю о национальной (а может быть, и универсальной) склонности к авторитарному фашизму» [33]. Еще более резкий отзыв опубликован в газете *The Guardian*: «В любом эпизоде телесериала "Большой брат" больше смысла, чем в этой глупой и скучной ерунде» [34]. Американский кинокритик Роджер Эберт извлек один полезный урок из этого фильма, который относится и к СТЭ: «Возможно, униформа превращает нас в свору, возглавляемую супервожаком. Из нее никому не отбиться» [35].

Польский режиссер Артур Змиевски снял 46-минутный фильм «Репетиция» (Repetition), посвященный семи дням «тюремного заключения». Именно столько времени провели в его мнимой тюрьме добровольцы, которым он платил за участие в эксперименте. Этот фильм каждый час демонстрировался для широкой аудитории в польском павильоне на Венецианском биеннале в июне 2005 г., самом авторитетном фестивале современного искусства, а также на арт-фестивалях в Варшаве и Сан-Франциско.

Один из рецензентов нашел, что этот фильм «демонстрирует, что эксперимент Зимбардо, обладавший научной прозорливостью и основанный на строгих научных методах, возможно, был произведением искусства... Однако даже в искусственной тюрьме артистическая атмосфера скоро рассеивается. "Игра" начинает развиваться сама по себе, ее динамика полностью захватывает участников и начинает менять их личность. Охранники становятся все более жестокими. Непокорных сажают в одиночку; у всех бритые головы. В итоге несколько заключенных позабыли, что это всего лишь неприятная игра, которую они терпят только ради денег (40 долларов в день), начали воспринимать происходящее как поистине дьявольский сценарий и вышли из "эксперимента", подальше от греха» [36].

СТЭНФОРДСКИЙ ТЮРЕМНЫЙ ЭКСПЕРИМЕНТ: ВЛИЯНИЕ ИНТЕРНЕТА

Архивные видеосъемки и слайд-шоу из сорока двух кадров, размещенные на сайте http://prisonexp.org, рассказывают о том, что происходило в течение шести роковых дней нашего эксперимента; здесь можно найти дополнительные документы, вопросы для дискуссий, статьи, интервью и множество других материалов для преподавателей, студентов и всех, кто хочет больше узнать об эксперименте и его результатах, на пяти языках. Сайт был создан в декабре 1999 г., при участии Скотта Плуса и Майка Лестика.

Если вы зайдете в поисковую систему Google.com и введете в строку поиска слово *experiment*, то скорее всего обнаружите, что сайт СТЭ находится на одном из первых мест из 291 млн результатов, как это было в августе 2006 г. Точно так же поисковик Google по ключевому слову *prison* (тюрьма — *англ.*) в августе 2006 г. выдавал веб-сайт Стэнфордского тюремного эксперимента на втором месте из более чем 192 млн результатов, сразу же после Федерального бюро тюрем (Federal Bureau of Prisons) Соединенных Штатов[1].

В обычный день страницы сайта http://prisonexp.org просматриваются более 25 000 раз. Это более 38 млн раз с момента его создания. В разгар скандала, связанного со злоупотребле-

---

[1] Удивительно, но ситуация практически не изменилась и сейчас (февраль 2012 г.). Оба запроса — experiment и prison — на Google.ru выдают ссылку на сайт prisonexp.org в первой десятке результатов (из 256 млн в первом случае и из 54,3 млн во втором). — *Прим. ред.*

ниями в тюрьме Абу-Грейб в мае и июне 2004 г., интернет-трафик сайта Стэнфордского тюремного эксперимента (и его родительского сайта, http://socialpsychology.org) превышал 250 000 просмотров в день. Такая популярность свидетельствует не только об интересе общества к психологическим исследованиям, но и о желании многих людей понять движущие силы тюремного заключения или, говоря шире, движущие силы власти и подавления. Возможно, эти данные также отражают культовый статус, который приобрел наш эксперимент во многих странах мира.

Одно яркое, очень личное впечатление о веб-сайте СТЭ я нашел в следующем письме, которое написал мне девятнадцатилетний студент-психолог, рассказавший о своих впечатлениях от просмотра материалов. Они позволили ему лучше понять тот ужасный опыт, который он пережил во время обучения в военном учебном лагере:

> «Я начал смотреть [видеопрезентацию Стэнфордского тюремного эксперимента] и скоро уже чуть не плакал. В ноябре 2001 г. я вступил в ряды морской пехоты США — я мечтал об этом с детства. Проще говоря, я стал жертвой постоянных незаконных физических и психологических злоупотреблений. Расследование показало, что меня избивали не менее 40 раз, причем избиения были ничем не спровоцированы. В конце концов, чтобы избавиться от всего этого, я предпринял попытку суицида и в результате был уволен из учебного лагеря морской пехоты США. Я находился на этой базе около трех месяцев.
>
> Я хочу сказать, что манера поведения ваших охранников невероятно похожа на то, что делают инструкторы тренировочного лагеря. Я был поражен параллелями между поведением ваших охранников и одного инструктора, которого помню особенно хорошо. Со мной обращались почти так же, как с вашими заключенными, а иногда и хуже.
>
> Одним особенно ярким инцидентом была попытка подавить солидарность взвода. Меня заставили сесть

посередине отделения барака [жилого помещения] нашей команды и кричать другим новичкам: "Если бы вы, ребята, шевелились быстрее, мы бы не занимались этим так долго", при этом каждый новичок держал на голове очень тяжелый ящик для обуви. Это напомнило мне, как ваши охранники заставляли заключенных кричать: "№ 819 — плохой заключенный". После попытки суицида, несколько месяцев спустя, когда я был уже дома, в безопасности, я мог думать только об одном — вернуться туда и доказать другим новичкам, что сколько бы инструктор не называл меня плохим солдатом, я не такой. [Точно так же хотел поступить ваш заключенный Стью-819.] Я помню и другие случаи: отжимания в качестве наказания, бритье голов, отсутствие какой-либо личностной идентичности, кроме "курсант такой-то". Все это очень напоминало ситуацию во время вашего исследования.

Ваш эксперимент состоялся тридцать один год назад, но информация о нем помогла мне понять то, чего я не понимал раньше, даже после лечения и консультаций. Ваша работа помогла мне осознать, что случилось со мной почти год назад. Конечно, это не оправдывает поведения инструкторов, но теперь я понимаю причины их действия — и дело не только в том, что они были садистами и упивались властью.

Короче говоря, доктор Зимбардо, спасибо вам».

Полное и яркое описание воспитания морского пехотинца можно найти в книге Уильяма Мареса «Морская машина» [37].

Похоже, в этом небольшом эксперименте есть что-то, представляющее непреходящую ценность, и не только для представителей социальных наук, но и — причем, по-видимому, даже в большей мере — для всех нас. Сейчас я думаю, что некий «таинственный компонент» драматичной трансформации человеческой природы — это не какое-то загадочное химическое вещество, превратившее доброго доктора Джекила в злого мистера Хайда, а власть социальных ситуаций и систем, которые их создают и поддерживают. Мы с коллегами рады, что смогли «проложить путь психологии в общественное сознание», сделали это информативно, интересно и увлекательно, и это позволило всем нам лучше понять некоторые фундаментальные и тревожащие проявления человеческой природы.

Теперь пришло время расширить наш эмпирический фундамент за рамки Стэнфордского тюремного эксперимента. В нескольких следующих главах мы обсудим эксперименты разных исследователей, которые еще более полно демонстрируют, каким образом ситуация может превратить хороших людей в настоящих злодеев.

ГЛАВА ДВЕНАДЦАТАЯ

Исследование социальных мотивов: власть, конформизм и подчинение

Я полагаю, в жизни каждого человека в определенный период, а в жизни многих людей — во все периоды с младенчества и до глубокой старости, один из самых важных элементов — желание быть внутри круга и страх остаться снаружи... Из всех страстей страсть войти во внутренний круг коварнее всего побуждает человека, который еще не стал злодеем, творить настоящие злодеяния.

Клайв Льюис.
Внутренний круг (The Inner Ring) (1944) [1]

Мотивы и потребности, которые обычно хорошо нам служат, иногда могут оказать нам медвежью услугу, особенно если их вызывают, усиливают или провоцируют ситуации, важности которых мы не осознаем. Вот почему в мире так много зла. Его искушения — всего лишь небольшое отклонение, незаметный поворот на дороге жизни, пятнышко на зеркале бокового вида, ведущее к катастрофе.

Стараясь объяснить трансформации характера хороших молодых людей, которые произошли в ходе Стэнфордского тюремного эксперимента, я уже кратко описал несколько психологических процессов, которые привели к извращениям в их мыслях, чувствах, восприятии и действиях. Мы видели, как базовая потребность в принадлежности, в связи с другими людьми и признании, столь важная для формирования сообщества и семейных связей, в процессе СТЭ привела к подчинению новым нормам, позволявшим охранникам оскорблять заключенных [2]. Далее, мы видели, что базовая потребность в соответствии между нашими внутренними убеждениями и нашим внешним поведением побуждает нас разрешать и рационализировать внутренние конфликты, совершая насилие над другими людьми [3].

Я утверждаю, что самые волнующие случаи целенаправленных изменений в поведении и «управления сознанием» вызваны не экзотическими формами влияния — гипнозом, психотропными средствами или «промыванием мозгов», — а систематическим манипулированием в течение длительного времени самыми обыденными сторонами человеческой природы, в ситуации, когда наша свобода так или иначе ограничена [4].

Именно в этом смысле английский ученый К. Льюис считал базовое человеческое желание быть «внутри», а не «снаружи» мощной силой трансформации поведения, заставляющей нас пересекать границу между добром и злом. Если представить себе факторы социального влияния в виде ряда концентрических кругов, от самого важного, центрального или внутреннего круга, к наименее социально значимому внешнему кругу, становится вполне понятным его внимание к центростремительному притяжению этого центрального круга. «Внутренний круг» Льюиса — неуловимый Камелот[1], принадлежность к некоторой особой группе, к некоему привилегированному обществу, которая повышает наш статус и укрепляет нашу идентичность. Это искушение манит почти каждого — кому же не хочется быть членом круга «избранных»? Кто не хочет знать, что прошел испытание и признан достойным войти или быть возведенным в новое, утонченное царство социальной приемлемости?

Давление группы — одна из самых мощных социальных сил. Часто оно заставляет людей, особенно подростков, делать странные вещи — они готовы на что угодно, только бы их приняли в группу. Однако желание найти внутренний круг возникает внутри нас. Без этого толчка изнутри никакое давление группы невозможно. Мы должны захотеть, чтобы ОНИ приняли НАС. Ради этого люди готовы проходить через болезненные, уни-

---

[1] Камелот — легендарный рыцарский замок короля Артура. — *Прим. пер.*

зительные обряды инициации, необходимые для вступления в братство, секту, клуб или армию. Именно это заставляет многих всю жизнь изо всех сил карабкаться по карьерной лестнице.

Эту движущую силу удваивает то, что Льюис назвал «страхом остаться снаружи». Этот страх быть отвергнутыми, когда мы нуждаемся в принятии, может подавить инициативу и сделать нас зависимыми. Он может превратить социальных животных в застенчивых интровертов. Мысль о том, что нас могут изгнать из группы, иногда заставляет идти на что угодно, чтобы избежать столь ужасного наказания. Власти могут добиваться полной покорности не с помощью наград и наказаний, а применяя иное обоюдоострое оружие: соблазняя принять в группу и в то же время угрожая отвержением. Человеческая потребность в принятии столь сильна, что власть над нами могут получить даже незнакомцы, если они обещают пустить нас за стол общих тайн — «только между нами» [5].

Недавно мы наблюдали печальный пример социальных мотивов такого рода: сорокалетняя женщина попала под суд, потому что занималась сексом с пятью несовершеннолетними учениками средней школы, давала им и другим ученикам наркотики и алкоголь на еженедельных сексуальных вечеринках в своем доме. Все это длилось целый год. Она сказала полиции, что делала все это, потому что хотела быть «крутой мамочкой». В своих показаниях эта «крутая мамочка» призналась следователям, что в школе никогда не пользовалась популярностью среди одноклассников. Организуя вечеринки, она «чувствовала себя одной из них» [6]. К сожалению, она вошла не в тот внутренний круг.

ИССЛЕДОВАНИЯ ВЛАСТИ СИТУАЦИЙ

Стэнфордский тюремный эксперимент — лишь один фрагмент большой мозаики исследований, демонстрирующих власть социальных ситуаций и социального конструирования реальности. Как мы уже говорили, в ходе нашего эксперимента мы хотели исследовать распределение власти между людьми в организациях определенного типа. Множество исследований, проведенных до и после СТЭ, осветили другие аспекты человеческого поведения и его изменений под влиянием неожиданных ситуационных факторов.

В группе мы иногда делаем то, чего никогда не стали бы делать самостоятельно, но влияние группы часто является косвенным. Группа просто моделирует нормативное поведение, которому побуждает нас следовать. Влияние вышестоящего авторитета, наоборот, чаще всего является прямым и явным: «Делай то, что я тебе говорю». Но если его требования слишком настойчивы и директивны, мы можем отказаться подчиниться и не последовать за лидером. Чтобы лучше понять, что я имею в виду, рассмотрим следующий вопрос: до какой степени обычный хороший человек будет сопротивляться или подчиняться требованиям авторитетной фигуры, побуждающей его нанести вред невинному незнакомцу или даже убить его? Этот провокационный вопрос был проверен экспериментально, в одном весьма спорном исследовании, посвященном подчинению авторитетам. Возможно, вы уже слышали об этом классическом эксперименте — он стал очень известен благодаря своим «шокирующим» выводам. Но интересны не только его выводы, но и сама процедура. Мы поговорим о ней подробнее — это поможет нам понять, почему хорошие люди могут вести себя как злодеи. Затем мы рассмотрим выводы этого классического исследования и снова зададим вопрос, важный для подобных экспериментов: какова его внешняя валидность, каковы параллели между реальным миром и лабораторной демонстрацией власти авторитета?

Осторожно: психологические защиты

Прежде чем перейти к описанию эксперимента, я должен предупредить вас об одном психологическим механизме, который может помешать вам сделать верные выводы из того, что вы собираетесь прочесть. Почти каждый из нас создает защитные механизмы, позволяющие чувствовать себя особенным, не таким, как все, и, конечно же, «выше среднего уровня» [7]. Такие когнитивные защиты выполняют важную функцию: они повышают нашу самооценку и защищают от невзгод жизни. Они позволяют нам оправдывать свои неудачи, гордиться своими успехами, снимать с себя ответственность за неудачные решения, видеть свой субъективный мир сквозь розовые очки. Например, согласно исследованиям, 86% австралийцев считают, что качество их работы — «выше среднего», а 90% американских менеджеров уверены, что работают лучше «обычного менеджера». (Остается только посочувствовать этому неизвестному «обычному менеджеру».)

Но те же самые защиты могут оказаться вредными — из-за них мы не замечаем, насколько похожи на других. Мы не хотим видеть, что точно такие же люди, как мы, в определенных ситуациях способны на самые ужасные поступки. Кроме того, такие защиты мешают нам вовремя остановиться, задуматься и избежать нежелательных последствий нашего поведения. Нам кажется, что с нами не случится ничего плохого. В результате мы сильно рискуем: занимаемся «опасным» сексом, нарушаем правила дорожного движения, играем в азартные игры, ставим под угрозу свое здоровье и т. д. Более того, иногда мы считаем, что у нас нет никаких таких защит, ведь мы не такие, как все, — даже после того, как нам рассказали об их существовании [8].

Это значит, что, читая о СТЭ или о других подобных исследованиях, описанных в этой главе, мы будем убеждены, что никогда не сделали бы того, что делают обычные люди, и будем, конечно же, исключением из правил. Но это убеждение статистически ошибочно (хотя и свойственно большинству из нас). Более того, оно делает нас еще более уязвимыми для влияния ситуации — как раз потому, что мы недооцениваем его силы и переоцениваем свои. Мы убеждены, что стали бы хорошими охранниками, непокорными заключенными, борцами за свободу, диссидентами, нонконформистами — то есть героями. Возможно, так и будет, но герои — люди редкой породы. В последней главе мы познакомимся с ними поближе.

Поэтому я предлагаю на время отложить в сторону эти психологические защиты и поверить: то, что делали обычные испытуемые в ходе этих экспериментов, на их месте могли бы сделать и вы. По крайней мере, пожалуйста, согласитесь, что вы не знаете, смогли бы устоять против искушения и не поступить так, как поступали обычные участники этих исследований, если бы оказались на их месте, в таких же обстоятельствах. Я прошу вас помнить о том, что сказал заключенный Клей-416, борец против сосисок, в интервью после эксперимента, в разговоре со своим мучителем, охранником Джоном Уэйном. Тот спросил: «Каким охранником ты был бы, если бы оказался на моем месте?», и Клей честно ответил: «Я не знаю».

Только признавая, что все мы подвержены действию одних и тех же динамических сил, что смирение предпочтительнее необоснованной гордости, можно осознать собственную уязвимость для сил ситуации. В связи с этим можно вспомнить прекрасные слова Джона Донна о нашей общей взаимосвязанности и взаимозависимости:

> «...Все человечество — создание одного автора, оно есть единый том, и со смертью каждого из нас не вырывают из книги соответствующую главу, но переводят ее на другой язык, и перевод тот лучше оригинала; так каждой главе суждено быть переведенной в свой черед... и подобно тому, как колокол, звонящий к началу службы, зовет не только священника, но и паству, этот колокол зовет всех нас... Нет человека, что был бы сам по себе... Смерть каждого человека умаляет и меня, ибо я един со всем человечеством. А потому никогда не посылай узнать, по ком звонит колокол, он звонит и по тебе[1]».

(Медитация XVII)

С. Аш исследует конформизм: какой длины эта линия?

Социальный психолог Соломон Аш [9] считал, что американцы склонны действовать самостоятельно, даже если большинство других людей видит мир иначе. Истинный конформизм возникает в том случае, когда группа ставит под сомнение базовое восприятие и убеждения человека, например, утверждает, что А — это Б, хотя совершенно очевидно, что это не так. В та-

---

[1] Цит. по: Донн Дж. По ком звонит колокол / Пер. А. Нестерова. М.: Enigma, 2004. — *Прим. пер.*

ких обстоятельствах, предположил Аш, очень немногие люди уступят мнению группы; большинство устоит перед групповым давлением, даже очень сильным, если оно очевидным образом не соответствует реальности.

Что же на самом деле происходит, когда люди сталкиваются с социальной реальностью, которая противоречит их базовому восприятию мира? Чтобы разобраться в этом, я хочу попросить вас поставить себя на место участника эксперимента.

Вас пригласили участвовать в исследовании зрительного восприятия. Для начала вас просят оценить сравнительную длину линий. Вам показывают карточки, где нарисованы три линии разной длины, и просят вслух сказать, какая из этих трех линий той же длины, что и линия на другой карточке. Одна из линий короче, другая длиннее, а третья — точно такой же длины, что и линия, о которой вас спрашивают. Это совсем несложная задача. Вы редко ошибаетесь, как и большинство других испытуемых (меньше, чем в одном проценте проб). Но вы не единственный участник исследования; вместе с вами, в одной группе, его проходят еще семь человек, вы — восьмой. Сначала ваши ответы такие же, как и у других, — и все они правильные. Но скоро начинается что-то странное. В некоторых пробах каждый из членов вашей группы по очереди говорит, что самая длинная линия — той же длины, что средняя, или что короткая линия — той же длины, что средняя. (Вам неизвестно, что семеро остальных — члены исследовательской группы Аша, они получили инструкцию в один голос давать неправильные ответы во время определенных «критических» проб.) Когда приходит ваша очередь, все они смотрят на вас, а вы смотрите на карточку с тремя линиями. Вы видите, что они ошибаются, но говорите ли вы об этом? Вы следуете своей точке зрения и говорите то, что считаете правильным, или соглашаетесь с тем, что считают правильным все остальные? Вы сталкиваетесь с таким давлением группы в 12 из 18 проб: 12 раз члены группы дают неправильные ответы, но в общей массе проб это не слишком заметно.

Если вы похожи на большинство из 123 реальных участников исследования Аша, то будете соглашаться с группой примерно в 70% критических, неправильных ответов. 30% испытуемых соглашались с группой в большинстве проб, и только четверть были в состоянии отстаивать свою независимость во время всего тестирования. Некоторые потом сказали, что замечали разницу между тем, что видели, и единодушным мнением группы, но им было проще согласиться с другими. У других несоответствие вызывало внутренний конфликт. Пытаясь разрешить его, они действительно начинали верить, что другие члены группы правы, а они сами видят линии «неправильно»! Те, кто не отдавал себе отчета в том, насколько уступает влиянию группы, говорили, что поддавались влиянию группы намного меньше, чем это было на самом деле. Они оставались независимыми — но лишь в своем воображении, а не в своих действиях.

Последующие исследования показали, что когда неправильный ответ давал всего один член группы, испытуемый начинал проявлять беспокойство, но оставался при своем мнении. Но когда неправильные ответы давали больше трех человек, количество неверных ответов испытуемого возрастало до 32%. Однако Аш, будучи оптимистом, нашел хороший способ сохранять независимость. Если у испытуемого был партнер, ответы которого совпадали с его собственными, власть большинства теряла силу. По сравнению с пробами, в которых партнера не было, поддержка партнера уменьшала количество ошибок до одной четверти — и этот эффект сохранялся даже после того, как партнер уходил.

Важные данные о том, почему люди подчиняются давлению группы, дает исследование, демонстрирующее два основных механизма, способствующих конформизму [10]. Мы подчиняемся давлению группы прежде всего из-за *потребности в информации*: у других часто есть идеи, представления, мнения и знания, которые помогают нам плыть по волнам житейского моря, особенно у чужих берегов и в незнакомых портах. Второй механизм связан с *потребностью в нормах*: люди охотнее принимают нас, когда мы соглашаемся с ними. Поэтому мы перенимаем их взгляд на мир и под влиянием настоятельной потребности в принадлежности забываем о различиях и ищем общее.

СЛЕПОЕ ПОДЧИНЕНИЕ АВТОРИТЕТУ: ШОКИРУЮЩИЕ ОТКРЫТИЯ МИЛГРЭМА

«Я пытался найти способ, который бы сделал эксперимент о конформизме Аша более важным для человечества. Меня не устраивало, что испытуемым нужно было всего лишь оценивать линии, нарисованные на карточках. Меня интересовало, может ли группа заставить человека совершать более серьезные действия, влияющие на других людей; например, проявлять агрессию — скажем, подвергать их все более и более сильным ударам током. Но чтобы исследовать влияние группы... нужно знать, как ведет себя испытуемый, когда не подвергается давлению группы. В этот момент моя мысль приняла новое направление, и я придумал этот эксперимент. Как далеко способен зайти человек, выполняя указания авторитетного экспериментатора?»

Эти размышления Стенли Милгрэма, бывшего ассистента Соломона Аша, привели к замечательной серии исследований. Милгрэм, социальный психолог, приобрел известность благодаря своим экспериментам в области «слепого подчинения авторитету». Его интерес к проблеме подчинения власти был связан с тем, что он хотел понять, почему немцы с такой легкостью убивали евреев во время Холокоста.

«[Моя] лабораторная парадигма... стала научным выражением интереса к влиянию власти, интереса, свойственного моему поколению, особенно среди евреев, таких как я, желания понять причины злодеяний Второй мировой войны... Влияние Холокоста на мою собственную душу возбудило мой интерес к подчинению и сформировало ту особую форму, в которой я исследовал этот феномен» [11].

Я бы хотел воссоздать ситуацию, с которой сталкивался доброволец-испытуемый в ходе этого исследовательского проекта. Затем мы перейдем к его результатам и перечислим десять самых важных выводов, которые можно применить и в разных ситуациях обычной жизни, где происходят трансформации поведения. Затем мы рассмотрим практические результаты эксперимента и приведем несколько параллелей из реального мира. (История моих личных отношений со Стенли Милгрэмом изложена в примечании [12].)

Парадигма подчинения Милгрэма

Представьте себе, что в воскресной газете вы видите следующее объявление и решаете на него откликнуться. Вначале в исследовании участвовали только мужчины, но в более поздних экспериментах принимали участие и женщины, так что я приглашаю поучаствовать в этой воображаемой ситуации всех читателей.

<u>На правах рекламы</u>

**ЧЕТЫРЕ ДОЛЛАРА
ЗА ОДИН ЧАС ВАШЕГО ВРЕМЕНИ**

Нужны добровольцы для исследования памяти

Для участия в научном исследовании памяти и обучения приглашаются пятьсот жителей Нью-Хейвена мужского пола. Исследование проводит Йельский университет.

Каждый доброволец получит 4 доллара (плюс 50 центов на транспортные расходы). Исследование займет около часа. Всего один час и никаких обязательств в дальнейшем. Можно выбрать удобное время (рабочие дни, выходные дни, вечер).

*Особое обучение, подготовка или опыт не требуются.

Рабочие	Бизнесмены	Строительные рабочие
Служащие	Клерки	Продавцы
Неквалифицированные рабочие	Профессионалы в разных сферах	Офис-менеджеры
Парикмахеры	Телефонисты	Другие

*Возраст добровольцев — от 20 до 50 лет.
*Школьники и учащиеся колледжей не принимаются.
*Если вы соответствуете этим требованиям, заполните прилагаемый купон (см. ниже) и отправьте его на имя профессора Стенли Милгрэма, факультет психологии, Йельский университет, Нью-Хейвен. Вам сообщат о месте и времени исследования. Исследователи оставляют за собой право отклонить любую кандидатуру.

4 доллара (плюс 50 центов на транспортные расходы) будут уплачены вам на месте, прямо в лаборатории.

Профессору Стенли Милгрэму, факультет психологии, Йельский университет, Нью-Хейвен, Коннектикут.

Я хочу принять участие в исследовании памяти и обучения. Мой возраст — от 20 до 50 лет. За участие в исследовании я согласен получить 4 доллара (плюс 50 центов на транспортные расходы).

Когда вы вместе с другими претендентами попадаете в лабораторию Йельского университета, вас приветствует исследователь в сером лабораторном халате; его серьезная манера держаться подтверждает научную значимость предстоящего исследования. Вы пришли сюда, чтобы помочь науке найти эффективные методы обучения и запоминания с помощью отрицательного подкрепления. Ученый говорит вам, что это новаторское исследование приведет к важным практическим результатам. Задача очень проста: один из вас будет «пре-

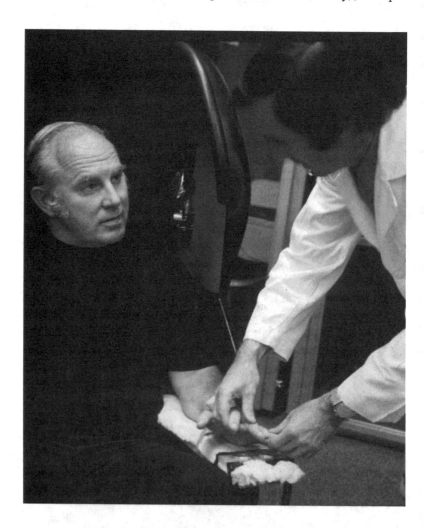

подавателем», он будет называть «ученику» серию пар слов, которые тот должен будет запомнить. В ходе теста «преподаватель» будет произносить ключевое слово, а «ученик» — называть в ответ его «пару». Если он назовет ее правильно, «преподаватель» его похвалит (словами), например, скажет «хорошо» или «правильно». Если же «ученик» назовет слово неправильно, «преподаватель» нажмет рычаг на внушительном аппарате, и в наказание за ошибку «ученик» получит удар током.

На генераторе ударов вы видите 30 выключателей, начиная с самого низкого уровня — 15 вольт. Каждый следующий выключатель увеличивает силу тока на 15 вольт. Экспериментатор говорит, что каждый раз, когда ученик сделает ошибку, вы должны будете нажать выключатель более высокой силы тока. На панели управления указаны и сила тока каждого выключателя, и соответствующее описание ее воздействия. 10-й уровень (150 вольт) — это «сильный удар»; 13-й уровень (195 вольт) — «очень сильный удар»; 17-й уровень (255 вольт) — «интенсивный удар»; 21-й уровень (315 вольт) — «чрезвычайно интенсивный удар»; 25-й уровень (375 вольт) — «удар, опасный для здоровья»; а 29-й и 30-й уровни (435 и 450 вольт) просто отмечены зловещим значком XXX (в порнографии это символ абсолютной боли и абсолютной власти).

Вместе с другим добровольцем вы тянете жребий, чтобы определить, кому какая роль достанется; вам выпадает роль преподавателя, а второму добровольцу — роль ученика. (Все это подстроено, и ваш партнер — ассистент экспериментатора, который всегда играет роль ученика.) Это спокойный и дружелюбный мужчина средних лет, которого вы вместе с экспериментатором отводите в соседнюю комнату. «Итак, теперь мы устроим ученика так, чтобы он мог получать наказание», — говорит исследователь вам обоим. Руки ученика привязывают к креслу, к его правому запястью присоединяют электрод. Генератор ударов в соседней комнате будет бить его током, если он будет делать ошибки. Вы сможете общаться между собой по внутренней связи, а экспериментатор будет стоять рядом с вами. Вы получаете контрольный удар током в 45 вольт. Это третий уровень, и вам немного больно. Таким образом, вы теперь знаете, что означает уровень силы тока. Затем экспериментатор объявляет, что эксперимент начинается.

Сначала ваш ученик отвечает правильно, но скоро начинает ошибаться, и вы несколько раз нажимаете на выключатели тока. Ученик жалуется, что удары становятся слишком сильными и ему больно. Вы смотрите на экспериментатора, и он кивает, побуждая вас продолжать. Уровень тока растет, ученик кричит все громче. Он просит прекратить эксперимент. Вы не хотите продолжать, но экспериментатор настаивает, что вы должны пройти эксперимент до конца.

Ученик начинает жаловаться, что у него болит сердце, вы хотите остановиться, но экспериментатор все равно настаивает, чтобы вы продолжали. Количество ошибок стремительно нарастает; вы умоляете ученика сосредоточиться и называть слова правильно, потому что не хотите причинять ему боль — ведь вам приходится бить его все более сильным током. Но ваше беспокойство и ваши просьбы совершенно напрасны.

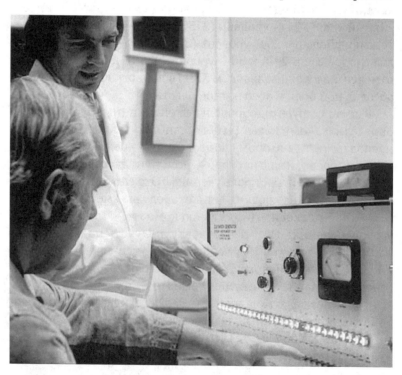

Он ошибается снова и снова. Сила тока растет, и ученик кричит: «Я не выдерживаю, мне больно, выпустите меня отсюда!» Потом он обращается к экспериментатору: «Вы не имеете никакого права держать меня здесь! Отпустите меня!» Удары током становятся еще сильнее, он кричит: «Я отказываюсь отвечать! Выпустите меня отсюда! Вы не можете держать меня здесь! У меня болит сердце!»

Очевидно, вы больше не хотите иметь ничего общего с этим экспериментом. Вы говорите экспериментатору, что отказываетесь продолжать. Вы не из тех, кому нравится мучить других людей. Вы хотите уйти. Но экспериментатор настаивает, чтобы вы продолжили. Он напоминает вам о договоре, о том, что вы согласились пройти исследование до конца. Более того, всю ответственность за последствия ваших отвратительных действий он берет на себя. Вы нажимаете 300-вольтовый выключатель и читаете следующее ключевое слово, но ученик молчит. «Он не отвечает», — говорите вы экспериментатору. Вы хотите, чтобы он пошел в другую комнату и посмотрел, в порядке ли ученик. Экспериментатор безразличен; он не собирается этого делать. Он просто говорит: «Если ученик не отвечает в отведенное для этого время, примерно через пять секунд, это считается ошибкой», а отсутствие ответа — тоже ошибка, и она должна быть наказана так же, как и ошибка в слове. Таковы правила.

Вы продолжаете бить ученика током. Уровень тока становится «опасным», но из «комнаты пыток» не доносится ни звука. Может быть, он потерял сознание или случилось что-нибудь похуже! Вы уже по-настоящему беспокоитесь и хотите уйти, но никакие ваши просьбы не помогают вам выбраться из этой неожиданно ужасной ситуации. Вам говорят, что вы должны следовать правилам, продолжать произносить контрольные слова и бить ученика током, если он ошибается.

Представьте себе, что оказались на месте «преподавателя». Я уверен, что вы скажете: «Я никогда не стал бы так себя вести!» Очевидно, вы стали бы возражать, затем отказались подчиняться, а потом просто ушли. Вы никогда не поступились бы своими моральными принципами за четыре доллара! Но когда вы доходите до последнего из 30 уровней тока, экспериментатор просит вас еще дважды нажать выключатель со значком XXX — для чистоты эксперимента! Наконец, вы понимаете, во что ввязались. Нет, сэр, ни за что, я этого не сделаю! Это не для вас! Как вы думаете, насколько далеко вы можете зайти, прежде чем откажетесь слушаться? Как далеко зайдет в такой ситуации обычный человек из обычного маленького городка?

Результат, предсказанный экспертами

Милгрэм описал свой эксперимент группе из 40 психиатров и попросил их оценить, какой процент американских граждан дойдет в этом эксперименте до каждого из 30 уровней тока. В среднем, эксперты сказали, что до конца дойдет менее одного процента, что только садисты могут совершить столь ужасное действие, а большинство испытуемых дойдут только до десятого уровня, 150 вольт. Как же они ошибались! Эти знатоки человеческого поведения оказались совершенно неправы. Во-первых, они не обратили внимания на ситуационные детерминанты поведения в описании процедуры эксперимента. Во-вторых, подготовка в области традиционной психиатрии заставила их уделять слишком большое внимание предрасположенности и игнорировать влияние ситуации. Они совершили ту самую фундаментальную ошибку атрибуции!

Шокирующая правда

На самом деле, в эксперименте Милгрэма до максимального уровня тока в 450 вольт доходили двое из каждых трех добровольцев (65%). Подавляющее большинство «преподавателей» били током своих жертв-«учеников» снова и снова, несмотря на все более и более отчаянные просьбы остановиться.

А теперь я задам вам следующий вопрос: сколько «преподавателей» отказались продолжать эксперимент после того, как уровень тока достиг 330 вольт — когда из соседней комнаты перестали доноситься хоть какие-нибудь звуки, и «ученик», как можно было предположить, потерял сознание? А кто продолжал даже после этого? Разве любой разумный человек не отказался бы выполнять требования экспериментатора и не прекратил бы бить током несчастного ученика?

Вот как описывает свою реакцию один «преподаватель»: «Я не знал, что, черт возьми, происходит. Я думал: может быть, я убиваю этого парня. Я сказал экспериментатору, что не возьму на себя ответственность за продолжение эксперимента. Вот так». Но когда экспериментатор заверил его, что берет всю ответственность на себя, обеспокоенный «преподаватель» подчинился и продолжал эксперимент до самого конца [13].

Почти каждый, кто дошел до самой высокой силы тока, поступил так же. Как же это возможно? Если человек дошел до этого пункта, то зачем двинулся дальше, к ужасному концу? Одна из причин такого невероятного послушания может быть связана с тем, что «преподаватель» не знал, как выйти из ситуации, если не повиноваться слепо экспериментатору. Почти все участники время от времени возражали экспериментатору и говорили, что не хотят продолжать, но он не отпускал их, выдвигая все новые и новые причины, по которым они должны остаться и продолжать мучить несчастного «ученика». Обычно наши протесты достигают цели и помогают нам выйти из неприятной ситуации, но на этого бесчувственного экспериментатора никакие увещевания не действовали. Он невозмутимо настаивал, чтобы вы остались и продолжали наказывать «ученика» за ошибки. Вы смотрите на панель управления аппарата электрошока и понимаете, что самый простой выход — добраться до последнего выключателя. Еще несколько проб — и вы на свободе, без всяких стычек с экспериментатором и без всяких стонов «ученика», который уже и так молчит. Ну, скорее! 450 вольт — и вы на свободе, при этом вам не придется вступать в конфликт с авторитетной фигурой или как-то компенсировать страдания, которое вы причинили жертве. Все очень просто — нажать на последний выключатель и пойти домой.

Вариации на тему подчинения

В течение года Милгрэм провел 19 разных опытов, и каждый из них был основан на тех или иных вариантах основной схемы: экспериментатор — преподаватель — ученик — проверка памяти — удары током за ошибки. В каждом опыте он изменял одну социально-психологическую переменную и наблюдал, влияет ли она на степень подчинения неправомерным требованиям авторитетной фигуры. В одном исследовании принимали участие женщины; в других он менял физическую дистанцию, создавал личный контакт между экспериментатором и преподавателем или между преподавателем и учеником; его ассистенты начинали бунтовать или слушаться еще до начала эксперимента и т. д.

В одной из серий опытов Милгрэм хотел показать, что на результаты исследования никак не влияет то, что он проходил в уважаемом Йельском университете — главной гордости Нью-Хейвена. Поэтому он перенес свою лабораторию в захудалое офисное здание в центре города Бриджпорт, штат Коннектикут, и повторил опыт, якобы как проект частной исследовательской компании, не имеющей никакого отношения к Йельскому университету. Это не имело никакого значения; участники точно так же поддались чарам ситуации.

Данные Милгрэма продемонстрировали чрезвычайную пластичность человеческой природы: почти каждый из нас способен быть абсолютно послушным, и почти каждый может сопротивляться давлению власти. Все зависит от того, какие ситуационные переменные на нас воздействуют. Милгрэм показал, что уровень подчинения может быть более 90% — когда люди продолжали бить «учеников» током с максимальным напряжением в 450 вольт, а может составлять менее 10% — если в «формулу подчинения» ввести всего одну важную переменную.

Хотите добиться максимального послушания? Сделайте вашего испытуемого членом «команды преподавателей», в которой нажимать на выключатель тока, наказывая жертву, будет другой человек (ассистент), а тот, кто в действительности является объектом вашего опыта, будет заниматься другими аспектами процедуры. Хотите, чтобы люди сопротивлялись давлению власти? Пусть они увидят, как отказываются подчиняться другие испытуемые. Кроме того, участники эксперимента отказывались бить «ученика» током, если он утверждал, что хочет получить этот удар, — это же мазохизм, а они не садисты.

Еще они отказывались нажимать выключатель тока высокой мощности, когда в кресло ученика садился сам экспериментатор. «Ученика», находящегося далеко, били током охотнее, чем сидящего близко. Во всех остальных вариантах опытов от этих обычных американских граждан — разного возраста, разных профессий, мужчин и женщин, удавалось добиться низкого, среднего или высокого уровня подчинения, просто «переключая» ситуационные переменные — как будто экспериментатор переводил «рычаг человеческой природы» в их душах. Выборка размером в тысячу обычных граждан из самых разных слоев общества делает результаты эксперимента Милгрэма одними из самых обобщаемых в сфере социальных наук.

> *Если задуматься о долгой и мрачной истории человека, то окажется, что самые отвратительные преступления совершались под маской повиновения, а не под знаменем мятежа.*
>
> Чарльз Сноу. Неизбежный выбор (Either-Or) (1961)

Десять уроков экспериментов Милгрэма: как хорошие люди попадают в сети зла

Обсудим кратко некоторые процедуры парадигмы эксперимента Милгрэма, побуждавшей обычных граждан причинять очевидный вред другим людям. При этом я хотел бы провести параллели со стратегиями подчинения, которые используют «ловцы человеческих душ» в реальном мире, например, продавцы, адепты сект, военные вербовщики, рекламисты и т. д. [14] Мы можем извлечь из парадигмы Милгрэма десять методов влияния на человеческое поведение:

1. Необходимо с самого начала добиться тех или иных обещаний, устных или письменных. Позже это позволит управлять поведением человека, требуя выполнения обещаний. (В эксперименте Милгрэма это делалось с помощью официального соглашения, в котором оговаривались определенные задачи и следование процедурам.)

2. Поручить человеку важную роль («преподавателя», «ученика»), имеющую для него положительную ценность и автоматически активизирующую определенные сценарии поведения.
3. Изложить основные правила, которым нужно следовать и которые сначала кажутся довольно разумными, но затем могут использоваться произвольно и безлично, оправдывая бездумное подчинение. Кроме того, системы управляют людьми, создавая неопределенные правила и меняя их по своему желанию, но утверждая, что «правила есть правила» и поэтому их нужно соблюдать (именно так поступал исследователь в лабораторном халате в эксперименте Милгрэма, а также охранники во время СТЭ, чтобы заставить заключенного Клея-416 съесть сосиски).
4. По-другому назвать «пьесу», актера и действие («страдающая жертва» превращается в «помощника экспериментатора», и его наказывают ради высокой цели — научного открытия). Это помогает заменить неприятную реальность желательной риторикой, «золотит раму», чтобы замаскировать настоящую картину. (Мы наблюдаем такие семантические превращения в рекламе — например, нам говорят, что противная на вкус жидкость для полоскания рта полезна, потому что убивает микробы, и ее вкус — это вкус медицины.)
5. Создать условия для возникновения коллективной ответственности или отказа от ответственности за жестокие вредные действия: отвечать будут другие, а сам человек будет освобожден от ответственности. (В эксперименте Милгрэма авторитетный экспериментатор прекращал протесты «преподавателя», уверяя его, что сам возьмет на себя ответственность за все, что происходит с «учеником».)
6. Путь к абсолютному злу начинается с незаметного, на первый взгляд безобидного первого шага. Постепенно под давлением власти эти шаги становятся все больше, и скоро человек уже оказывается на скользкой дорожке [15]. (В исследовании подчинения напря-

жение тока составляло вначале всего 15 вольт.) Именно так хорошие дети превращаются в наркоманов. Все начинается с первого укола или с первой затяжки.
7. Последовательные действия в заданном направлении, очень постепенные, которые едва заметно отличаются от предыдущего действия. «Чуть-чуть больше». (Каждый раз напряжение увеличивается всего на 15 вольт, и всего есть 30 выключателей. Кажется, что каждый новый уровень тока почти не отличается от предыдущего.)
8. Поведение авторитетной фигуры (в исследовании Милгрэма — экспериментатора) постепенно меняется. Сначала оно «разумно» и «объективно», но постепенно его требования становятся чрезмерными, несправедливыми и даже иррациональными. Такая тактика позволяет с самого начала добиться согласия, а потом сбивает с толку, ведь от авторитетных фигур и от друзей мы ожидаем последовательного и предсказуемого поведения. Если мы не замечаем таких постепенных перемен в поведении, то продолжаем бездумно подчиняться (на этом принципе часто строятся сценарии «изнасилования во время свидания», и из-за него женщины, которые подвергаются насилию со стороны партнера, не разводятся со своими жестокими супругами).
9. Высокая «цена выхода» и сложный процесс ухода, позволяя выражать свое несогласие словами (что помогает человеку сохранить самоуважение), на деле вынуждают к послушанию.
10. Предложить идеологию или «большую ложь», оправдывающую любые средства достижения на первый взгляд привлекательной, важной цели. (В исследовании Милгрэма идеология принимала форму приемлемых оправданий или рациональных объяснений, позволяющих вовлечь участника в нежелательные действия — например, с помощью утверждения, что наука ищет способ помочь людям улучшить память, используя награды и наказания.) В социально-психологических экспериментах эту тактику называют «легендой». Она

служит прикрытием для процедур, которые можно было бы поставить под сомнение, потому что сами по себе они не имеют смысла. В реальном мире это называется «идеологией». Чтобы начать войну или подавить политическую оппозицию, государство создает идеологию — как правило, это «угроза национальной безопасности». Когда граждане страны боятся, что ее национальной безопасности что-то угрожает, они готовы отдать государству свои основные свободы, а оно взамен обещает им безопасность. Классический анализ Эриха Фромма в книге «Бегство от свободы» помог нам осознать этот «обмен», который издавна использовали диктаторы, в том числе и Гитлер, чтобы захватить и удержать власть: они заявляли, что смогут обеспечить безопасность страны, если граждане пожертвуют своими свободами — ведь это поможет диктатору управлять страной [16].

Попытки повторить эксперимент и практическое применение модели подчинения Милгрэма

Благодаря ясной структуре и подробно описанному протоколу эксперимент подчинения Милгрэма вызвал к жизни множество попыток его повторить независимыми исследователями в разных странах. Недавно был сделан сравнительный анализ уровня подчинения, обнаруженного в восьми экспериментах, проведенных в Соединенных Штатах, и в девяти похожих экспериментах, проведенных в разных странах Европы, Африки и Азии. У всех добровольцев, участвовавших в этих экспериментах, был обнаружен сравнительно высокий уровень подчинения. Средний уровень подчинения в США составил 61%; во всех других странах средний показатель оказался примерно таким же — 66%. Диапазон подчинения составил от 31 до 91% в США и от 28 (Австралия) до 88% (Южная Африка) в других странах. Также был выявлен стабильный уровень подчинения в течение нескольких десятилетий и в разных местах. Не было выявлено никакой связи между временем проведения исследования (с 1963 по 1985 г.) и степенью подчинения [17].

Власть врачей над медсестрами и плохое обращение с пациентами

Можно ли сказать об отношениях между врачами и медсестрами, что они основаны на неравномерном распределении власти? Сможет ли медсестра не подчиниться указаниям врача, обладающего властью, даже если знает, что он ошибается? Чтобы это выяснить, команда врачей и медсестер проверила эффект подчинения в своей системе власти. Они хотели определить, подчинятся ли медсестры неправомерным указаниям неизвестного врача в реальной ситуации [18].

В эксперименте участвовали 22 медсестры. Каждой из них звонил врач, с которым она не была знакома лично. Он просил ее немедленно дать определенному пациенту одно лекарство, чтобы оно начало действовать к тому времени, когда он приедет в больницу. Тогда он зайдет в отделение и выпишет рецепт. Он просил дать пациенту 20 мл препарата «астроген». В надписи на флаконе с астрогеном сообщалось, что обычная доза составляет 5 мл, а максимальная доза — 10 мл. Врач просил дать пациенту вдвое большую дозу.

Медсестра сталкивалась с дилеммой: выполнить указание незнакомого телефонного собеседника, просившего дать пациенту слишком большую дозу лекарства, или следовать стандартным медицинским процедурам, которые предписывают отклонять такие несанкционированные указания. Когда эту дилемму представили 12 медсестрам больницы в качестве гипотетического сценария, 10 сказали, что откажутся подчиняться. Однако, когда участницы эксперимента понимали, что звонивший врач действительно может прийти в отделение (и может разозлиться, если они не подчинятся), они почти единодушно соглашались выполнить его указание. Из 22 медсестер 21 даже начала наливать лекарство (на самом деле это было плацебо) в дозатор, чтобы дать пациенту, — тогда исследователь их останавливал. Единственная непослушная медсестра, без сомнения, заслуживает повышения и медали героя.

Похожие результаты были обнаружены и в других ситуациях. Не менее высокий уровень слепого подчинения всемогущей власти врачей был обнаружен и в недавнем исследовании с участием большой выборки дипломированных медсестер. Примерно каждая вторая медсестра (46%) призналась, что хотя бы раз «выполнила указание врача, которое, по моему мнению, могло нанести вред пациенту». Эти послушные медсестры считали, что, следуя сомнительным указаниям, они несут меньше ответственности, чем врач. Кроме того, они отметили, что главное основание социальной власти врачей — их «законные полномочия», право назначать лечение пациенту [19]. Они просто следовали тому, что считали правильными указаниями, — правда, после этого пациент умер. Каждый год из-за врачебных ошибок в больницах умирают тысячи пациентов, и я думаю, что одна из причин этого — беспрекословное подчинение медсестер ошибочным указаниями врачей.

Подчинение административной власти

В современном обществе люди, обладающие властью, редко прибегают к физическому насилию, чтобы наказать непокорных, как это было в эксперименте Милгрэма. Гораздо чаще встречается *опосредованное насилие*: начальники дают указания подчиненным, которые их выполняют. Насилие может выражаться в вербальных оскорблениях, бьющих по самооценке и унижающих достоинство тех, кто не обладает властью. Вышестоящие часто прибегают к косвенным наказаниям, и их последствия не так-то просто заметить. Например, они намеренно дают другим людям негативную обратную связь, которая наверняка их расстроит и уменьшит их шансы получить работу. Это одна из форм социально опосредованного насилия.

Команда голландских исследователей решила оценить, как в такой ситуации проявляется подчинение власти, и провела серию остроумных экспериментов, состоявших из 25 отдельных проб, в которых участвовали почти 500 испытуемых. Эксперимент проходил с 1982 по 1985 г. в Нидерландах, в Утрехтском университете [20]. Согласно «схеме административного подчинения» экспериментатор просил участника исследования, выступавшего в роли администратора, сделать серию из 15 «давящих замечаний» кандидату на определенную должность (обученному ассистенту), сидящему в соседней комнате. Испытуемым поручалось протестировать соискателя — если бы он прошел тест, то получил бы работу; если нет, то оставался безработным.

Согласно инструкции испытуемые должны были отвлекать кандидата во время тестирования и делать обидные замечания в его адрес. Эти 15 замечаний все более негативно оценивали результаты его теста, а также унижали личность соискателя, например: «Это было очень глупо с вашей стороны». Испытуемые-администраторы делали все более и более враждебные замечания, и «кандидат подвергался настолько сильному психологическому давлению, что не мог пройти тест и оставался без работы». Кроме того, исследователи просили испытуемых продолжать делать обидные замечания, несмотря на протесты кандидата. Если испытуемый возражал, экспериментатор делал до четырех напоминаний о том, что он должен продолжать делать враждебные замечания, прежде чем ему, наконец, разрешали остановиться, если он продолжал протестовать. Наконец, и это самое важное, испытуемых информировали о том, что способность работать в условиях стресса не является важным требованием для данной работы, но они должны следовать процедуре, потому что она связана с исследовательским проектом, в котором изучается, как стресс влияет на результаты тестов. Действия, вызывавшие у другого человека стресс и лишавшие его шансов получить работу, не имели никакого смысла, кроме сбора данных для исследования. В контрольной группе испытуемые могли прекратить делать обидные замечания в любой момент, когда хотели.

Членов независимой сопоставимой выборки голландских респондентов просили сказать, стали бы они делать все эти враждебные замечания в данных обстоятельствах. Более 90% этой выборки сказали, что не стали бы. И снова взгляд «со стороны» оказался ошибочным: 91% испытуемых подчинялись авторитетному экспериментатору до самого конца. Тот же самый, чрезвычайно высокий уровень подчинения сохранялся, даже когда в роли испытуемых выступали менеджеры по персоналу, знающие требования профессионального морального кодекса и строгие правила общения с кандидатами на должность. Примерно такой же уровень подчинения был обнаружен, когда испытуемые отправляли информацию о себе за несколько недель до того, как прийти в лабораторию, и у них было время подумать о предстоящей роли.

Как можно вызвать неповиновение в такой ситуации? Есть несколько вариантов: сделать так, чтобы еще до начала эксперимента испытуемый увидел, как другие испытуемые отказываются подчиняться, как в исследовании Милгрэма. Или сказать ему, что, если кандидат-жертва предъявит какие-либо претензии университету, он будет нести юридическую ответственность. Или устранить давление власти, как в контрольной группе — в ней никто не стал слушаться до конца.

Сексуальные оскорбления ради подчинения власти: трюк «обыск»

Трюк «обыск» испытали на себе сотрудники многих закусочных по всем Соединенным Штатам. Это показательный пример того, что зачастую люди готовы подчиняться любой власти, даже она остается анонимной. Трюк состоит в следующем. В закусочную звонит мужчина и просит позвать к телефону помощника менеджера. Мужчина говорит, что он полицейский, и называет свое имя — скажем, Скотт. Ему срочно нужна помощь, дело в том, что сотрудница закусочной совершила кражу. При этом мужчина настаивает, чтобы собеседник называл его «сэр». Конечно, до этого он получил соответствующую информацию о процедурах работы закусочной и некоторых конкретных подробностях, а также знает, как получить нужную ему информацию, умело задавая вопросы, как это делают фокусники и разъезжие «гипнотизеры». Это искусный мошенник.

Итак, «офицер Скотт» заставляет ассистента менеджера назвать имя новой привлекательной молодой сотрудницы, которая, по его словам, украла вещь в магазине. Он знает, что сейчас эта вещь при ней. Он хочет, чтобы девушку отвели в подсобное помещение и держали там, пока за ней не приедет он сам или его люди. Девушку зовут к телефону и «офицер» предлагает ей выбор: ее прямо на месте обыщет другой сотрудник, или ей придется прибыть в полицейское управление, где ее обыщет полиция. Конечно же, девушка предпочитает, чтобы ее обыскали в закусочной, ведь она знает, что невиновна, и ей нечего скрывать. Тогда «офицер» просит ассистента менеджера увести ее в подсобку и раздеть. Ее задний проход и влагалище также осматривают — а вдруг она украла деньги или при ней есть наркотики? При этом «офицер» настаивает, чтобы ему во всех подробностях рассказывали, как проходит обыск, а камеры видеонаблюдения во всех подробностях записывали эту замечательную сцену. Но для бедной девушки кошмар только начинается. Вуайерист-«полицейский» продолжает наслаждаться ловкой сексуальной игрой и собственной властью.

В одном таком случае я был свидетелем-экспертом. В этом случае ситуация развивалась дальше, и перепуганной восемнадцатилетней девушке пришлось пережить целую серию все более неприятных и унизительных действий. Обнаженную девушку просили подпрыгивать и танцевать по комнате. «Офицер» просил ассистента менеджера позвать какого-нибудь сотрудника-мужчину постарше, чтобы тот «стерег» жертву, потому что ассистенту нужно вернуться к своим обязанностям. И это еще не все: «полицейский» настаивал, чтобы девушка занялась мастурбацией и вступила в оральный сексуальный контакт с этим мужчиной, который «стерег» ее в задней комнате, пока полиция не спеша ехала в закусочную. Сексуальные издевательства продолжались в течение нескольких часов — все послушно ждали полицию, которая, конечно же, так и не приехала.

Такая странная склонность подчиняться официальной власти даже в ее отсутствие побуждала сотрудников нарушать нормы поведения, принятые в закусочной, собственные этические и моральные принципы и сексуально унижать и оскорблять честную, добропорядочную молодую девушку. В конце концов сотрудников той закусочной уволили, некоторым предъявили обвинения в суде, против закусочной подали иск, жертва пережила сильное потрясение, а человека, который занимался этими (и другими) трюками, — кстати, бывшего тюремного охранника — наконец поймали и отдали под суд.

Естественной реакцией на сведения о подобных мистификациях является убеждение, люди говорят, что жертва и ее обидчики просто наивные, невежественные, легковерные и странные люди. Тем не менее этот трюк был успешно проделан в 68 ресторанах быстрого питания шести разных сетевых компаний в 32 штатах. На крючок попалось множество людей, а жертвами были и мужчины, и женщины. Поэтому разумно было бы не обвинять этих людей, а признать власть ситуационных сил. Так что давайте не будем недооценивать власть «авторитета». Она способна добиваться подчинения в такой степени и в таком виде, который не укладывается в голове.

Донна Саммерс, ассистент менеджера McDonald's в Маунт Вашингтон, Кентукки, тоже попалась на удочку телефонного хулигана, и в результате ее уволили. Она говорит об одной из главных тем нашего исследования ситуативной власти: «Я вспоминаю это и думаю: я не могла этого сделать. Но если вы не были в такой ситуации, в тот момент, то откуда знаете, как бы вы поступили? Вы этого просто не знаете» [21].

В книге «Фаст-фуд: сковородки, фритюрницы и мелкие служащие» (Making Fast Food: From the Frying Pan into the Fryer) канадский социолог Эстер Рейтер приходит к выводу, что готовность подчиняться — самая желаемая и поощряемая черта сотрудников закусочных быстрого питания. «Этот конвейер совершенно намеренно стремится отучить работников думать или принимать решения. Они должны стать просто придатками к машине», — сказала она в недавнем интервью. Специальный агент ФБР в отставке Дэн Яблонски, частный детектив, принимавший участие в расследовании некоторых подобных трюков, говорит: «Мы с вами можем тут осуждать этих людей и считать их круглыми идиотами. Но их не учили думать своей головой и руководствоваться здравым смыслом. Их учили говорить только одно: "Могу ли я вам помочь?"» [22].

ИСТОКИ НАЦИЗМА: МОГЛО ЛИ ЭТО СЛУЧИТЬСЯ В ВАШЕМ ГОРОДЕ?

Как вы помните, одним из мотивов С. Милгрэма, побудившим его провести свой эксперимент, было желание понять, каким образом «хорошие» граждане Германии оказались участниками зверских убийств миллионов евреев. Вместо того чтобы искать некую предрасположенность в немецком национальном характере для объяснения ужасов геноцида, он предположил, что самую важную роль сыграли ситуационные факторы; что «роковым спусковым механизмом» для бессмысленных и беспричинных убийств стало подчинение власти. Завершив исследование, Милгрэм обобщил его научные выводы и выдвинул весьма смелое предположение о том, что коварная и мощная власть подчинения способна превратить обычных американских граждан в сотрудников нацистского концлагеря: «Если бы в Соединенных Штатах была создана та или иная система концлагерей, как это было в нацистской Германии, в любом американском городке не было бы недостатка в желающих в них работать» [23].

Давайте посмотрим, справедливо ли это пугающее предсказание. Мы обсудим пять разных, но увлекательных исследований истоков нацизма, т. е. действий самых обычных людей, которые с охотой начинают выступать против тех, кто объявлен «врагами государства». Два первых эксперимента провели в школьных классах учителя-новаторы, и в них участвовали обычные школьники. Третье исследование провел мой бывший аспирант, который пришел к выводу, что студенты американских колледжей без всяких сомнений принялись бы выполнять «окончательное решение», если бы какая-то авторитетная фигура обеспечила для этого достаточные оправдания. Еще два эксперимента связаны с изучением действий солдат СС и немецких полицейских во время Второй мировой войны.

Воспитание нацистов в американской школе

Ученики класса всемирной истории одной школы в Пало-Альто, штат Калифорния, как и многие из нас, не могли понять жестокости Холокоста. Почему это расистское, невообразимо жестокое социально-политическое движение приобрело такую популярность? Неужели обычные граждане не знали или, может быть, не хотели знать о тех страданиях, которое оно принесло евреям — их друзьям и соседям? Чтобы объяснить ученикам, что привело к Холокосту, их учитель, Рон Джонс, решил использовать новаторские методы обучения. Он отложил на время привычные дидактические методы и перешел к эмпирическим.

Для начала он сказал ученикам, что на следующей неделе они попробуют воспроизвести в классе некоторые аспекты нацизма. Несмотря на это предупреждение, «ролевая игра», происходившая в следующие пять дней, совершенно захватила учеников и стала настоящим потрясением для учителя, не говоря уж о директоре школы и родителях. Старшеклассники создали тоталитарную систему убеждений и принудительного контроля, очень похожую на продукт гитлеровского режима. Игра и реальность слились воедино [24].

Во-первых, Джонс установил в классе новые жесткие правила, которые нужно было беспрекословно соблюдать. Все ответы должны были состоять не больше чем из трех слов и начинаться со слова «сэр». При этом ученик должен был встать по стойке «смирно» у своей парты. Против этих и других произвольных правил никто не стал возражать, и атмосфера в классе начала меняться. Более общительные и более интеллектуальные ученики потеряли популярность, и доминировать в классе начали те, кто не так хорошо умел выражать свои мысли, но был лучше физически развит. Новую идеологию назвали «Третьей волной». Ученики придумали особое приветствие — поднять руку в виде чаши — а также речевки, которые нужно было кричать в унисон по команде. Каждый день появлялся новый лозунг: «Сила в дисциплине»; «Сила в сообществе»; «Сила в действии»; и «Сила в гордости». Еще один лозунг учитель приберег «на потом». «Своих» узнавали благодаря тайным рукопожатиям, а о тех, кто критиковал «новый порядок», нужно было докладывать учителю, потому что они считались «изменниками». За лозунгами последовали действия — в школе были повешены плакаты, призывавшие учеников вступать в организацию, объяснявшие, как «правильно» сидеть, говорить и т. д.

К 20 ученикам класса присоединились другие, и скоро преданных сторонников «Третьей волны» было уже около сотни. Школьники продолжали игру уже по собственной инициативе. Они выпустили специальные членские билеты. Некоторые ученики были изгнаны из класса. Члены авторитарной группы единомышленников наслаждались своим новым статусом и оскорбляли бывших одноклассников.

Затем Джонс по секрету признался ученикам, что их новая идеология — часть общенационального движения, призывающего под свои знамена тех, кто готов бороться за политические перемены. Они «избранные, их выбрали, чтобы помочь в этом благородном деле», — сказал он. На следующий день был запланирован митинг, на котором новый кандидат в президенты должен был объявить по телевидению о создании новой программы: «Молодежной третьей волны». Более двухсот школьников заполнили актовый зал средней школы Кабберли, с нетерпением ожидая его выступления. Возбужденные участники «Третьей волны», в одинаковых белых рубашках с самодельными нарукавными повязками развесили плакаты по всему залу. Самые мускулистые стояли на страже у дверей, а по залу расхаживали друзья учителя, играющие роли репортеров и фотографов. Включили телевизор, и все замерли в ожидании. Затаив дыхание, школьники ждали грандиозного заявления о том, какими будут их следующие свершения. «Сила в дисциплине!» — хором скандировали присутствующие.

Вместо этого учитель показал им фильм о Нюрнбергском процессе; на экране появились призрачные образы истории Третьего рейха. «Свою вину должен признать каждый — никто не может утверждать, что не принимал участия». Это были заключительные кадры фильма и конец эксперимента. Джонс объяснил, зачем собрал всех в этом зале. Игра вышла за рамки первоначального намерения. Он предложил новый лозунг: «Сила в понимании». Он завершил свою речь следующими словами: «Вами манипулировали. Вы поддались манипуляциям и потеряли себя».

У Рона Джонса возник конфликт со школьной администрацией, потому что родители отвергнутых учеников начали жаловаться, что новый «режим» унижает и запугивает их детей. Тем не менее он пришел к выводу, что многие ученики извлекли из этого «эксперимента» важный урок, на собственном опыте убедившись, с какой легкостью можно манипулировать их поведением, если они будут бездумно подчиняться власти, основанной на фашистской идеологии. В своем более позднем эссе об «эксперименте» Джонс пишет: «После этого я еще четыре года преподавал в средней школе Кабберли. За все это время никто так и не признался, что посещал митинги "Третьей волны". Нам всем хотелось об этом забыть». (Несколько лет спустя Джонс ушел из школы и начал работать с учениками специальных учебных заведений Сан-Франциско. По мотивам его эксперимента был снят впечатляющий фильм под названием «Волна» (The Wave). Он шаг за шагом описывает, как нормальные дети создали псевдогитлерюгенд [25].)

Маленькие монстры: кареглазые против голубоглазых

Власть авторитета не только заставляет подчиняться. Она способна определять реальность и изменять обычное мышление и поведение. Вот пример: эксперимент, который провела Джейн Элиот, скромная учительница третьего класса средней школы из небольшого городка Райсвилля в штате Айова. Учительница задумалась о том, как научить белых детей из небольшого фермерского городка, где почти не было представителей национальных меньшинств, тому, что такое «братство» и «толерантность». Она решила на личном опыте показать им, что значит быть «хуже» и «лучше» других, жертвой предрассудков или их носителем [26].

Учительница сказала детям, что одни ученики в классе лучше других, а другие хуже — просто из-за цвета их глаз. Она сказала, что люди с голубыми глазами «лучше» людей с карими глазами и подтвердила это заявление множеством «доказательств», иллюстрирующих этот факт, — например, что у Джорджа Вашингтона были голубые глаза, а у отца одного ученика (который, по словам этого мальчика, его ударил) — карие глаза.

С этого момента, сказала миссис Элиот, в нашем классе дети с голубыми глазами относятся к «высшей» группе, а дети с карими глазами — к «низшей». Дети с голубыми глазами, у которых якобы более высокий интеллект, получили особые привилегии, а дети с карими глазами, вошедшие в «низшую» группу, должны были подчиняться правилам, подтверждавшим их второсортность, — например, носить воротничок определенного цвета.

Голубоглазые дети, которые до этого были дружелюбными и открытыми, отказались играть с плохими «кареглазками» и даже сказали учительнице, что нужно предупредить директора школы, ведь «кареглазки» могут что-нибудь украсть. Скоро во время перемен начались драки, и один мальчик признался, что ударил другого «в живот», потому что «он назвал меня "кареглазкой", как будто я черный, как будто я ниггер». Уже на следующий день кареглазые дети начали хуже учиться и стали подавленными, угрюмыми и агрессивными. Они говорили, что чувствуют себя «печальными», «плохими», «глупыми» и «ненужными».

На следующий день ситуация изменилось с точностью до наоборот. Миссис Элиот сказала детям, что ошиблась, — на самом деле это дети с карими глазами лучше, а дети с голубыми глазами — хуже, и привела новые доказательства, подтверждающие эту «цветную» теорию добра и зла. Теперь голубые глаза принадлежали не «счастливым», «хорошим», «добрым» и «милым» детям, а детям плохим, как вчера это было с кареглазыми. Старая дружба была на время забыта, и ее место заняла враждебность — до тех пор, пока этот эмпирический проект не был закончен. С детьми провели встречу, на которой объяснили его смысл, и все они вернулись в свой наполненный радостью класс.

Учительница была поражена мгновенной и тотальной трансформацией поведения учеников, которых она, казалось бы, так хорошо знала. Миссис Элиот приходит к выводу: «Прекрасные, отзывчивые, чуткие дети стали грубыми, злобными и стали проявлять дискриминацию к другим... это было ужасно!»

«Окончательное решение» на Гавайях: кто готов избавить мир от неполноценных?

Представьте себе, что вы — студент вечернего колледжа Гавайского университета (кампус Маноа). Вместе с 570 другими студентами вы посещаете один из нескольких вечерних курсов по психологии. Сегодня вечером ваш преподаватель, с его датским акцентом, читает необычную лекцию, посвященную угрозе национальной безопасности, к которой может привести демографический взрыв (эксперимент проходил в начале 1970-х гг., и тогда это была горячая тема) [27]. Этот авторитетный преподаватель описывает, какие проблемы ждут общество, если в нем станет слишком много людей с физическими или психическими недостатками. Эта угроза убедительно обоснована в серьезном научном проекте, разработанном учеными ради пользы человечества. Затем вас просят помочь в «создании научных процедур, позволяющих устранить людей, имеющих психические и эмоциональные недостатки». Преподаватель приводит аргументы в пользу определенных методов решения «проблемы неполноценности» и проводит аналогию с высшей мерой наказания. Этот фактор, говорит он, сдерживает преступность. Он говорит, что ваше мнение очень важно, потому что вы, студенты колледжа, разумны, хорошо образованны и следуете высоким этическим стандартам. Вам приятно думать, что вы — член группы избранных. (Вспомните искушения «Внутреннего круга» К. Льюиса.) Если кто-то высказывает осторожные опасения, преподаватель заверяет аудиторию, что применению к этим неполноценным человеческим существам каких-либо мер будут предшествовать обширные и тщательные исследования.

Сейчас он хочет просто услышать ваше мнение, рекомендации и личную точку зрения. Для этого всем присутствующим нужно заполнить простую анкету. Вы беретесь за дело, потому что вас убедили, что это — новая и очень серьезная проблема, а ваше мнение действительно важно. Вы добросовестно отвечаете на каждый из семи вопросов анкеты, и оказывается, что ваши ответы почти полностью совпадают с ответами остальных студентов.

90% студентов согласились с тем, что выживание одних людей всегда будет важнее выживания других.

По поводу устранения «неполноценных»: 79% хотят, чтобы один человек нес ответственность за убийства, а совершал их другой; 64% предпочли неизвестность: чтобы «палач» нажимал на несколько кнопок, и только одна убивала жертву. 89% решили, что самый эффективный и гуманный метод убийства — фармацевтические средства, вызывающие безболезненную смерть.

Если требуется вмешательство закона, 89% захотели помогать в принятии решений, а 9% предпочли быть ассистентами во время убийств или в обоих случаях. Только 6% студентов отказались отвечать.

И что самое невероятное, 91% всех студентов согласились с заявлением, что «в чрезвычайных обстоятельствах совершенно справедливо устранять тех, кто представляет опасность для блага общества»!

Наконец, самое удивительное: 29% поддержали бы «окончательное решение», даже если бы его нужно было применить к членам их собственных семей! [28]

Итак, эти учащиеся американского колледжа (студенты-вечерники, т. е. люди более старшего возраста, чем обычные студенты) оказались готовы ввести в жизнь смертоносный план: убивать всех тех, кто, по мнению каких-то авторитетов, менее «приспособлен к жизни», чем они сами. Для этого оказалось достаточно всего лишь короткой презентации авторитетного преподавателя. Теперь становится понятно, как получилось, что не только обычные немецкие граждане, но и интеллектуалы охотно поддержали изобретенное Гитлером «окончательное решение» еврейского вопроса, которое разными способами оправдывали система образования и систематическая политическая пропаганда.

Обычные люди и необычные убийства

Одна из самых показательных иллюстраций моего исследования того, как обычные люди начинают участвовать в злодеяниях, не имеющих аналогов в их прошлом и чуждых их моральным ценностям, — замечательное исследование историка Кристофера Браунинга. Он подсчитал, что в марте 1942 г. около 80% всех жертв Холокоста были еще живы, но всего 11 месяцев спустя около 80% из них уже были мертвы. За этот короткий промежуток времени *Endlösung* («окончательное решение») начало проводиться в жизнь с участием мобильных отрядов массового уничтожения в Польше. Геноцид потребовал мобилизации огромной машины смерти, и это происходило в то время, когда для восстановления позиций отступающей немецкой армии в России фронту нужны были новые силы. Поскольку большинство евреев в Польше жили в небольших городах и деревнях, Браунинга заинтересовал следующий вопрос: «Где в такое сложное время немецкое верховное командование находило людей для массовых убийств в тылу?» [29]

Ответ на этот вопрос дают архивы военных преступлений нацизма. В них содержатся документы о действиях резервного батальона 101. В нем служило около 500 солдат из Гамбурга. Это были пожилые отцы семейств, не попавшие в армию по возрасту, выходцы из рабочего класса, весьма скромного достатка, и у них не было никакого опыта службы в военной полиции. Это были новобранцы, их отправили в Польшу без всякого обучения, и они ничего не знали о предстоящей им секретной миссии: полное истребление всех евреев, живущих в польских деревнях. Всего за четыре месяца эти резервисты расстреляли как минимум 38 000 евреев, а еще 45 000 были отправлены в концентрационный лагерь в Треблинке.

Сначала командир сказал новобранцам, что батальону поручена трудная миссия. Однако, добавил он, любой может отказаться казнить этих мужчин, женщин и детей. Отчеты указывают, что сначала около половины новобранцев отказались это делать, предоставив массовые убийства остальным. Но со временем начали действовать социальные процессы: те, кто участвовал в убийствах, из чувства вины начали убеждать других присоединиться. Кроме того, возникло обычное групповое давление: «подумайте, как отнесутся к вам товарищи». К концу смертельного рейда батальона 101 почти 90% его солдат слепо повиновались командиру и лично участвовали в расстрелах. Многие из них с гордостью позировали на фотографиях, запечатлевших участие в «миссии». Как и те, кто фотографировал издевательства над заключенными в тюрьме Абу-Грейб, эти полицейские с удовольствием позировали на «трофейных фотографиях», как гордые борцы с еврейской угрозой.

Браунинг обнаружил, что этих людей никто специально не отбирал, они не горели желанием выполнять эту «миссию», у них не было ни личных склонностей, ни карьерных соображений, которые могли бы побудить участвовать в ней. Они были настолько «обычными», насколько это вообще возможно, — пока не оказались в незнакомой ситуации, получив «официальное» разрешение проявлять садизм к людям, которых власть назначила на роль «врагов». Проницательный анализ Браунинга демонстрирует, что исполнители этих ежедневных злодеяний были совершенно обычными членами мощной авторитарной системы полицейского государства, предлагающего идеологические оправдания уничтожению евреев и подвергающего своих граждан интенсивной идеологической обработке: моральный долг, дисциплина и преданность ради процветания родной страны.

Что интересно, исследование Браунинга подтверждает мой аргумент о том, что эксперимент может иметь параллели в реальном мире. Браунинг сравнил основные механизмы, действовавшие во время этой миссии на чужой земле в то далекое время, с психологическими процессами, выявленными в исследованиях подчинения Милгрэма и в нашем Стэнфордском тюремном эксперименте. Он пишет: «Поведение охранников Зимбардо демонстрирует странное сходство с поведением членов группировок, возникших среди членов резервного батальона 101» (с. 168). Он обнаружил, что некоторые из них становились настоящими садистами и наслаждались убийствами, другие оставались «строгими, но справедливыми», «играли по правилам», а третьи, составлявшие меньшинство, были «хорошими», отказывались убивать и пытались чем-то помочь евреям.

Психолог Эрвин Стауб (в детстве переживший нацистскую оккупацию Венгрии) согласен с тем, что обычные люди в определенных обстоятельствах способны на невероятные жестокости и даже убийства. Пытаясь понять причины геноцида и массового насилия во всем мире, Стауб пришел к выводу, что «зло, проистекающее из обычного мышления и творимое обычными людьми, является нормой, а не исключением... Немыслимые злодеяния... — результат обычных психологических процессов, которые развиваются, обычно прогрессируя ко все бо́льшим и бо́льшим разрушениям». Он подчеркивает, что обычные люди могут попадать в ситуации, приучающие совершать злодеяния, которых требует от них авторитарная власть: «Когда мы становимся частью системы, она начинает формировать наши взгляды, вознаграждает приверженность своей идеологии, а несогласие и протесты представляют бо́льшую психологическую трудность» [30].

Мой друг и коллега-социолог Джон Стайнер, переживший ужасы Освенцима, через несколько десятков лет вернулся в Германию, чтобы взять интервью у сотен бывших нацистов, членов СС, от рядовых до генералов. Он хотел понять, что заставляло этих людей изо дня в день творить отвратительные злодеяния. Стайнер обнаружил, что многие из них демонстрируют высокие показатели по шкале F, измеряющей склонность к авторитаризму, что и привело их в субкультуру жестокости, царившей в СС. Он называет их «спящими» — эти люди обладают определенными качествами, которые остаются латентными и могут никогда не пробудиться, если их не активизируют особые ситуации. Он пришел к выводу, что «ситуация оказалась самой непосредственной детерминантой поведения эсэсовцев», заставляя «спящих» убийц «проснуться». Однако на основании массовых данных, собранных в интервью, Стайнер обнаружил, что как до, так и после участия в ужасах, творившихся в концентрационных лагерях, эти люди вели «нормальную жизнь, не проявляя склонности к насилию» [31].

Обширный опыт общения Стайнера со многими бывшими эсэсовцами — в личных беседах и в процессе тестирования — привел его к двум важным выводам относительно власти организаций и ролей, узаконивающих жестокость: «Официальная поддержка ролей, связанных с насилием, очевидно, имеет намного более серьезные последствия, чем принято считать. Если такие роли пользуются неявной, а особенно явной социальной поддержкой, людей начинают привлекать те, кто не только получает удовольствие от своей работы, но действительно становится палачом».

Далее Стайнер описывает, как роль может взять верх над личностью: «Очевидно, что не каждый, кто играет роль садиста, должен обладать садистскими чертами характера. Те, кто продолжали играть роль, изначально им не свойственную, часто принимали новые ценности (т. е. пытались адаптироваться к ожиданиям роли). Некоторые эсэсовцы отождествляли себя со своими ролями и наслаждались своим положением, но были и те, кто не принимал их и испытывал отвращение к тому, что ему приказывали делать. Они пытались это компенсировать, при любой возможности помогая заключенным». (Жизнь Стайнера несколько раз спасали именно эсэсовцы, охранники концлагеря.)

Важно понять, что сотни тысяч немцев, творивших ужасные злодеяния во время Холокоста, делали это не просто потому, что следовали приказам власти. Подчинение системе власти, разрешавшей и вознаграждавшей убийства евреев, подкреплялось антисемитизмом, распространенным тогда в Германии и в других европейских странах. Неприятие евреев было просто направлено в нужное русло и «спущено» сверху обычным немцам, ставшими «добровольными палачами Гитлера», как пишет историк Даниэль Гольдхаген [32].

Ненависть немцев к евреям действительно была одной из причин Холокоста, но анализ Гольдхагена имеет два слабых места. Во-первых, исторические свидетельства показывают, что с начала XIX в. антисемитизм в Германии был не так силен, как в соседних странах, например во Франции и в Польше. Гольдхаген также ошибается, преуменьшая влияние гитлеровской системы власти, прославлявшей расовый фанатизм, и такие ее особенности, как концентрационные лагеря, которые «механизировали» геноцид. Именно взаимодействие личных склонностей граждан Германии и ситуационных переменных, созданных Системой, пропагандировавшей «расовую чистоту», побуждало обычных людей добровольно или принудительно убивать других ради блага страны.

БАНАЛЬНОСТЬ ЗЛА

В 1963 г. социальный философ Ханна Арендт написала книгу, ставшую классикой нашего времени: «Банальность зла: Эйхман в Иерусалиме». В ней Арендт подробно описывает судебный процесс над военным преступником Адольфом Эйхманом, убежденным нацистом, который лично отдавал приказы об уничтожении миллионов евреев. Эйхман оправдывал свои действия точно так же, как и другие нацистские лидеры: «Я просто выполнял приказы». Как пишет Арендт, «[Эйхман] был полностью уверен в том, что не является *innerer schwainenhund*, т. е. грязным ублюдком по натуре; что же касается совести, то он прекрасно помнил, что он поступал бы вопреки своей совести как раз в тех случаях, если бы не выполнял того, что ему было приказано выполнять — с максимальным усердием отправлять миллионы мужчин, женщин и детей на смерть»[1] [33].

Однако самое поразительное свидетельство Арендт о суде над Эйхманом — то, что он казался совершенно обычным человеком:

«Полдюжины психиатров признали его "нормальным". "Во всяком случае, куда более нормальным, чем был я после того, как с ним побеседовал!" — воскликнул один из них, а другой нашел, что его психологический склад в целом, его отношение к жене и детям, матери и отцу, братьям, сестрам, друзьям "не просто нормально: хорошо бы все так к ним относились"».

Размышления о судебном процессе над Эйхманом привели Арендт к ее знаменитому выводу:

«Проблема с Эйхманом заключалась именно в том, что таких, как он, было много, и многие не были ни извращенцами, ни садистами — они были и есть ужасно и ужасающе нормальными. С точки зрения наших юридических институтов и наших норм юридической морали эта нормальность была более страшной, чем все зверства вместе взятые, поскольку она подразумевала… что этот новый тип преступника, являющегося в действительности "врагом человечества", совершает свои преступления при таких обстоятельствах, что он

---

[1] Цит. по: Арендт Х. Банальность зла: Эйхман в Иерусалиме / Пер. С. Кастальского. М.: Европа, 2008. — *Прим. пер.*

практически не может знать или чувствовать, что поступает неправильно... Словно в последние минуты он [Эйхман] подводил итог урокам, которые были преподаны нам в ходе долгого курса человеческой злобы, — урокам страшной, бросающей вызов словам и мыслям банальности зла».

Слова Арендт о «банальности зла» остаются актуальными и сегодня, потому что геноцид до сих пор продолжается по всему миру, а пытки и терроризм не исчезают. Мы предпочитаем не думать об этом вопиющем факте и считаем безумие злодеев и бессмысленное насилие тиранов следствием их личной предрасположенности. Наблюдая ту гибкость, с которой социальные силы могут побудить нормальных людей совершать ужасающие поступки, Арендт первой поставила под сомнение эту точку зрения.

Мучители и палачи: патологические личности или ситуационный императив?

Нет сомнений, что систематические пытки, которым одни люди подвергают других, являются выражением одной из самых темных сторон человеческой природы. Конечно, рассуждали мы с коллегами, среди мучителей, годами, изо дня в день творивших грязные дела, иногда можно обнаружить предрасположенность к злу. Именно это мы обнаружили в Бразилии — здесь пытки «подрывных элементов» и «врагов государства» были обычной практикой в течение многих лет. Этим грязным делом с санкции правительства обычно занимались полицейские.

Мы начали с тех, кто пытал, стараясь, во-первых, заглянуть в их души, а во-вторых, разобраться со сформировавшими их обстоятельствами. Затем мы раскинули свои аналитические сети еще шире и захватили их товарищей по оружию, которые выбрали сами или по приказанию начальства другую палаческую работу: членов батальонов смерти. У полицейских и у солдат батальонов смерти был «общий враг»: мужчины, женщины и дети, которые хотя и жили в той же стране и даже могли быть их соседями, но, по мнению Системы, угрожали национальной безопасности — например, были социалистами и коммунистами. Некоторых нужно было убить сразу; других, которые могли обладать секретной информацией, нужно было сначала заставить выдать ее под пытками, а затем уже убить.

Выполняя это задание, мучители могли отчасти положиться на продукты «злого гения», материализованные в виде орудий и методов пыток, которые совершенствовались столетиями, начиная со времен инквизиции, а затем правительствами разных стран. Однако в обращении с особыми врагами нужна была некоторая доля импровизации, чтобы ломать их волю с наименьшими усилиями. Некоторые жертвы уверяли в своей невиновности, отказывались признавать свою вину или были настолько упрямы, что их не пугали даже самые жестокие пытки. Мучители не сразу приобретали сноровку в своем ремесле. Для этого им требовались время и понимание человеческих слабостей. Задача батальонов смерти была, наоборот, проста и понятна. В капюшонах, скрывающих лица, с оружием в руках и при поддержке группы, они могли выполнять свой гражданский долг стремительно и безлично: «просто бизнес, ничего личного». Но для заплечных дел мастера его работа никогда не была просто бизнесом. Пытки всегда связаны с личными отношениями; мучителю важно понять, какие пытки нужно использовать, какой должна быть их интенсивность применительно к конкретному человеку и определенному моменту. Не те или недостаточно сильные пытки — и признания не будет. Слишком сильное давление — и жертва умрет, не успев признаться. И в том и в другом случае мучитель не добьется своей цели и навлечет на себя гнев начальства. Способность определять правильные виды и степень пыток, дающие нужную информацию, приносила солидное вознаграждение и поощрение начальства.

Что за люди могут заниматься такими делами? Вероятно, они должны быть садистами и законченными социопатами, чтобы рвать на части плоть своих собратьев, изо дня в день, в течение многих лет? Может быть, эти «работники ножа и топора» относятся к другой породе, чем все остальное человечество? Может быть, это просто плохие семена, из которых выросли плохие плоды? Или это совершенно нормальные люди, которых запрограммировали совершать все эти прискорбные действия с помощью каких-то известных и несложных программ обучения? Можно ли определить ряд внешних условий, ситуационных переменных, которые превращают людей в мучителей и убийц? Если причина их злодеяний — не внутренние дефекты, а некие внешние силы — политические, экономические, социальные, исторические и эмпирические, методы обучения в школах полиции, то можно было бы сделать некоторые общие выводы, не зависящие от конкретной культуры и окружения, и обнаружить некоторые принципы, связанные с такой прискорбной трансформацией человеческой личности.

Бразильский социолог и эксперт Марта Хаггинс, греческий психолог и эксперт по пыткам Мика Харитос-Фатурос и я взяли глубинные интервью у нескольких десятков бывших полицейских, принимавших личное участие в пытках в разных городах Бразилии. (Обзор методов и подробное описание результатов этого исследования см. здесь [34].) Ранее Мика провела подобное исследование личностных особенностей военных, применявших пытки во время правления военной хунты в Греции, и наши результаты во многом совпали с выводами ее исследования [35]. Мы обнаружили, что садистов отбирают из учебной группы инструкторы, которые ищут тех, кто неуправляем, получает удовольствие, причиняя боль другим, поэтому легко забывает о цели, ради которой нужно получить признание. Однако на основании всех собранных нами данных мы пришли к выводу, что и мучители-полицейские, и палачи из батальонов смерти чаще всего были совершенно обычными людьми и не имели никаких отклонений от нормы, по крайней мере до того, как стали играть свою новую роль. При этом они не проявляли никаких деструктивных склонностей или патологий в течение долгих лет после выполнения «миссии смерти». Трансформации их личности целиком и полностью объяснимы воздействием множества ситуационных и системных факторов, например обучения, которое они прошли перед тем как войти в эту роль, духом товарищества в группе; принятия идеологии национальной безопасности; навязанной веры в то, что социалисты и коммунисты — враги государства. Другие ситуационные факторы, способствующие новому стилю поведения, — возможность чувствовать себя избранными, выше и лучше других людей, награды и почести за выполнение особого задания, его секретность — о происходящем знают только товарищи по оружию; и, наконец, постоянное давление начальства, которое требует результатов, несмотря на усталость или личные проблемы.

Мы описали множество случаев, подтверждающих заурядность и нормальность людей, участвовавших в самых отвратительных акциях, с санкции правительства и при тайной поддержке ЦРУ во время холодной войны (1964–1985) против коммунизма. Отчет под названием «Пытки в Бразилии» (Torture in Brazil), изданный при участии католической епархии Сан-Паулу, приводит подробные данные о том, что бразильских полицейских обучали методам пыток агенты ЦРУ [36]. Эти данные подтверждают наши данные о систематическом обучении методам допросов и пыток в «Школе Америк»[1], где проходили обучение агенты и полицейские из стран, боровшихся во время холодной войны с общим врагом — коммунизмом.

Однако мы с коллегами полагаем, что такие деяния могут повториться в любой момент, в любой стране, где возникает навязчивая идея об угрозе национальной безопасности. И ранее, до ужасов и крайностей, порожденных нынешней «войной с терроризмом», во многих крупных городах велась другая бесконечная война: «война с преступностью». В полицейском управлении Нью-Йорка эта «война» породила феномен «коммандос NYPD». Этой особой команде полицейских предстояло ловить предполагаемых насильников, воров и грабителей. Для этого им предоставили полную свободу действий. Они могли использовать любые средства. Они носили футболки с особым девизом: «Нет лучше охоты, чем охота на человека»,

---

[1] Школа Америк (School of the Americas; ныне Институт западного полушария по сотрудничеству в сфере безопасности, Western Hemisphere Institute for Security Cooperation) — специализированное военно-учебное заведение, содержится за счет правительства США. Среди выпускников школы — множество людей, ставших впоследствии диктаторами: Мануэль Норьега (Панама), Омар Торрихос (Панама), Роберто Виола (Аргентина), Леопольдо Галтьери Кастелли (Аргентина), Хуан Веласко Альварадо (Перу), чилийские силовые офицеры периода правления Аугусто Пиночета. Деятельность Школы и ее выпускников, связанные с ними эксцессы, нарушения законности и прав человека привлекают внимание общественности. — *Прим. ред.*

и придумали особый боевой клич: «Ночь — наша». Эта профессиональная культура напоминала культуру полицейских-изуверов в Бразилии, которую мы изучали. Одним из самых известных злодеяний нью-йоркских «коммандос» было убийство иммигранта из Африки (Амаду Диалло из Гвинеи). Он попытался вытащить свой бумажник, чтобы достать удостоверение личности, и в него всадили больше 40 пуль [37]. Иногда «случаются проколы», но обычно существуют известные ситуационные и системные силы, способствующие таким происшествиям.

Нас бомбят «идеальные солдаты» и «обычные британские парни»

Стоит привести еще два примера «нормальности» участников массовых убийств. Первый пример — результаты глубинного исследования воздушных пиратов-смертников, совершивших террористические атаки в Нью-Йорке и Вашингтоне 11 сентября, в результате которых погибло почти 3000 ни в чем не повинных мирных граждан. Второй пример — отчеты лондонской полиции о террористах-смертниках, подозреваемых в планировании террористических актов в лондонском метро и в автобусах в июне 2005 г., когда были убиты и ранены несколько десятков человек.

Портреты нескольких террористов, принимавших участие в атаке 11 сентября, созданные на основании тщательных исследований репортером Терри Макдермотом и описанные в книге «Идеальные солдаты» (Perfect Soldiers), еще раз подчеркивают, что это были совершенно обычные люди, которые вели совершенно обычную жизнь [38]. Исследование привело Макдермота к зловещему выводу: «Может быть, в мире еще очень много таких людей». Одна рецензия на эту книгу возвращает нас к тезису о банальности зла, адаптированному для эры глобального терроризма. Обозреватель *The New York Times* Мичико Какутани предлагает пугающий постскриптум: «На смену карикатурным образам "злых гениев" и "фанатиков с дикими глазами", изображающих участников атаки 11 сентября, приходит образ Идеального Солдата — на удивление нормального человека, который вполне мог быть нашим соседом или сидеть рядом с нами в самолете» [39].

Этот сценарий с пугающей точностью реализовался во время атак в лондонском общественном транспорте, которые совершила команда террористов-смертников, «обычных убийц», незаметных пассажиров метро или автобуса. Для их друзей, родных и соседей из города Лидса на севере Англии эти молодые мусульмане были «обычными британскими парнями» [40]. В их прошлом не было ничего, что бы указывало на то, что они опасны; действительно, они были настолько «обычными», что легко нашли работу и заняли вполне достойное место в обществе. Один из них был профессиональным игроком в крикет, ради благочестивой жизни он даже бросил пить и встречаться с женщинами. Другой оказался сыном местного бизнесмена, хозяина закусочной. Еще один был социальным педагогом, занимался с детьми-инвалидами, недавно стал отцом и вместе с семьей переехал в новый дом. В отличие от угонщиков самолетов в Соединенных Штатах, которые с самого начала вызывали некоторые подозрения, потому что были иностранцами и пытались научиться управлять самолетом, все эти люди выросли в Великобритании и никогда не попадали в поле зрения полиции. «Это совершенно на него не похоже. Должно быть, кто-то промыл ему мозги и заставил его это сделать», — сказал друг одного из них.

«Самое ужасное в террористах-смертниках — что они совершенно нормальны», — пишет Эндрю Силк, эксперт по этому вопросу [41]. Он отмечает, что судебная экспертиза тел погибших террористов-смертников не выявила следов алкоголя или наркотиков. Они делали свое дело с ясным умом и самоотверженностью. И каждый раз, когда происходит очередная стрельба в учебном заведении, как это было в средней школе «Колумбайн» в Соединенных Штатах[1], те, кто думал, что хорошо знает преступника, как правило, говорят: «Он был

---

[1] Одно из наиболее крупных массовых убийств в учебных заведениях США, произошедшее 20 апреля 1999 г. в штате Колорадо. Двое учащихся старших классов открыли огонь по ученикам и школьному персоналу, в результате чего было ранено 37 человек, 13 из которых погибли. Оба стрелявших покончили с собой. — *Прим. ред.*

таким хорошим мальчиком, из хорошей семьи... Невозможно поверить, что он это сделал». Это возвращает нас к вопросу, который я поднял в первой главе: хорошо ли мы знаем других людей? И далее, как следствие, возникает вопрос: хорошо ли мы знаем себя, знаем ли мы, как повели бы себя в новой ситуации, под давлением зловещих ситуационных сил?

ОКОНЧАТЕЛЬНЫЙ ТЕСТ СЛЕПОГО ПОДЧИНЕНИЯ ВЛАСТИ: УБЕЙТЕ СВОИХ ДЕТЕЙ ПО ПРИКАЗУ

Наконец, наш экскурс в социальную психологию зла ведет нас от условных лабораторных экспериментов в реальный мир, в джунгли Гайаны, где один американский проповедник убедил более 900 своих последователей совершить массовое самоубийство, а тех, кто не послушался, убили родственники и друзья. Это случилось 28 ноября 1978 г. Джим Джонс, пастор конгрегации Храма народов в Сан-Франциско и Лос-Анджелесе, решил создать в далекой южноамериканской стране социалистическую утопию, где братство и терпимость восторжествуют над материализмом и расовым неравенством, которые он так ненавидел в Соединенных Штатах. Но на новой земле обетованной из заботливого «духовного отца» своей многочисленной протестантской конгрегации Джонс превратился в Ангела Смерти — трансформация поистине космических масштабов, достойная самого Люцифера. Сейчас я хочу только установить связь между подвальной лабораторией Нью-Хейвена, где проходили эксперименты Милгрэма о подчинении авторитету, и полями смерти в джунглях Гайаны [42].

Мечты множества небогатых членов Храма народов о новой и лучшей жизни в обещанной утопии скоро разбились в прах. Джонс ввел в своей коммуне принудительный труд, создал вооруженную охрану, лишил членов коммуны всех гражданских свобод, посадил их на полуголодную диету и ввел жестокие наказания за малейшее нарушение любого из множества новых правил. Когда обеспокоенные родственники некоторых членов коммуны убедили одного конгрессмена съездить в Гайану в сопровождении журналистов, Джонс подговаривал своих сторонников перебить членов делегации перед отлетом.

Затем он собрал тех сторонников, кто был в то время на территории поселения, и произнес длинную речь, в которой призвал их покончить с собой, выпив отравленный цианидом напиток Kool-Aid. Тех, кто отказался, заставили это сделать охранники, а тех, кто пытался убежать, застрелили, но, видимо, почти все беспрекословно повиновались своему лидеру.

Безусловно, Джонс был эгоманьяком; он записывал на магнитофон все свои речи, проповеди и даже сеансы пыток, в том числе и ту последнюю часовую проповедь с призывом к самоубийству. В ней Джонс искажает реальность, обманывает, умоляет, проводит ложные аналогии, обращается к идеологии, обещает прекрасную жизнь после смерти и прямо настаивает на том, чтобы люди следовали его приказам. В это время его приспешники спокойно раздавали миски со смертельным ядом более чем 900 членам коммуны, окружившим своего лидера. Отрывки из этой последней речи передают атмосферу близости смерти и отражают тактику, которую он использовал, чтобы добиться полного подчинения своей безумной власти:

«Пожалуйста, дайте нам лекарство. Это легко. Это легко. Не будет никаких конвульсий [конечно, будут, особенно у детей]… Не бойтесь умереть. Вы увидите, сюда приедут люди. Они будут мучить наших детей. Они будут мучить наших людей. Они будут мучить наших стариков. Мы не можем этого допустить… Пожалуйста, мы можем поспешить? Мы можем поспешить с этим лекарством? Вы не знаете, что делаете. Я пытался… Пожалуйста. Ради Бога, давайте поспешим. Мы жили — мы жили так, как не жил и не любил никто из людей. Наш мир был так велик, как только может быть. Давайте же покончим с ним. Давайте покончим с его агонией. [*Аплодисменты.*] …Кто хочет уйти вместе со своим ребенком, имеет право уйти вместе с ребенком. Я думаю, это гуманно. Я хочу уйти — я хочу видеть, что вы уходите… Не нужно бояться. Не нужно бояться. Это друг. Это друг… Сядьте, покажите свою любовь друг к другу. Давайте уйдем. Давайте уйдем. Давайте уйдем. [*Плачут дети.*] …Отдайте свою жизнь с достоинством. Не ложитесь со слезами и в агонии. В смерти нет ничего... Это только пересадка в другой самолет. Не делайте этого. Прекратите истерику... Мы не можем так умереть. Мы должны умереть достойно. Мы должны умереть достойно. У нас не будет выбора. Сейчас у нас есть выбор... Дети, смотрите, это просто поможет вам отдохнуть. О Боже. [*Плачут дети.*] ... мать... мать, мать, мать, мать, пожалуйста. Мать, пожалуйста, пожалуйста, пожалуйста. Не делайте, не делайте этого. Не делайте этого. Отдайте свою жизнь вместе с ребенком». (Полную расшифровку стенограммы можно найти в Интернете [43].)

И они это сделали, они умерли ради «отца». Власть харизматичных тиранов вроде Джима Джонса и Адольфа Гитлера продолжается даже после того, как они делают ужасные вещи по отношению к своим последователям, и даже после их падения. В умах последователей малейшие добрые дела, которые они, возможно, когда-то и совершили, каким-то странным образом начинают перевешивать все их злодеяния. Это подтверждает пример молодого человека, Гэри Скотта, который последовал за своим отцом в коммуну Храма народов, но был выслан из нее за непослушание. Однажды он позвонил в эфир радиопрограммы National Call передачи «Отец о тебе позаботится: последний житель Джонстауна». Гэри рассказал, как его наказывали за нарушение правил. Его били, хлестали кнутом, подвергали сексуальным оскорблениям и даже воплотили в жизнь его самый сильный страх — что по его телу будет ползать большой удав. Но как он реагировал на эти мучения? Ненавидит ли он Джима Джонса? Нисколько. Он остался «истинно верующим», «преданным последователем» Джонса. Его отец умер в Джонстауне, приняв яд, а его самого жестоко избивали и оскорбляли, но Гэри публично заявил, что до сих пор восхищается «отцом Джонсом» и любит его. Таким успехом не могла похвастаться даже всемогущая партия из романа Джорджа Оруэлла «1984».

Пришло время оставить изучение конформизма и подчинения власти и пойти дальше. Эти факторы очень сильны, но они лишь запускают процесс. В конфронтации потенциальных преступников и жертв, например охранников и заключенных, палачей и «врагов государства», террористов-смертников и мирных граждан, действуют процессы, способные изменить психологические характеристики тех и других. Деиндивидуация делает преступника анонимным, тем самым снимая с него личную ответственность и ослабляя самоконтроль. Это позволяет ему забыть о своей совести. Дегуманизация лишает жертву человеческой сущности, превращает ее в животное или в «пустое место». Мы также исследуем условия, которые делают свидетелей злодеяний пассивными наблюдателями, а не активными участниками, не помощниками или громогласными героями. Такое зло бездействия является в действительности краеугольным камнем зла, ведь именно оно заставляет преступников думать, что те, кто знает, что́ происходит, принимают и одобряют их действия — уже тем, что просто молчат.

Вывод из нашего исследования социальных истоков конформизма и подчинения прекрасно изложил психолог из Гарварда Марзерин Банаджи:

«То, что дает социальная психология для понимания человеческой природы — это понимание тех сил, которые больше нас самих и которые определяют нашу психическую жизнь и наши действия, и главная среди этих сил — власть социальной ситуации» [44].

ГЛАВА ТРИНАДЦАТАЯ

Исследование социальных мотивов: деиндивидуация, дегуманизация и зло бездействия

…История есть не что иное, как куча заговоров, смут, убийств, избиений, революций и высылок, являющихся худшим результатом жадности, партийности, лицемерия, вероломства, жестокости, бешенства, безумия, ненависти, зависти, сластолюбия, злобы и честолюбия… [это не может] не привести меня к заключению, что большинство ваших соотечественников есть порода маленьких отвратительных гадов, самых зловредных из всех, какие когда-либо ползали по земной поверхности[1].

Джонатан Свифт.
Путешествия Гулливера (1727) [1]

Возможно, столь красноречиво осуждая род человеческий — нас, гадов, — Джонатан Свифт немного перегнул палку, но ведь он написал эти горькие слова за несколько сотен лет до геноцида во многих странах мира, задолго до Холокоста. Его взгляды отражают основную тему западной литературы: «человечество» совершило головокружительное падение от исходного состояния совершенства, и началось оно с акта неповиновения Господу Богу, когда Адам уступил искушению Сатаны.

Далее тему тлетворного влияния социальных сил развивал социальный философ Жан-Жак Руссо. Он считал людей «благородными примитивными дикарями», которых портит контакт с развращенным обществом. Идее о том, что люди — невинные жертвы всесильного, пагубного общества, противостоит

---

[1] Цит. по: Свифт Дж. Сказка бочки. Путешествия Гулливера / Пер. под ред. А. А. Франковского. М.: Правда, 1987. — *Прим. пер.*

другое представление: человек предрасположен к злу генетически, с рождения. Наш вид движим похотью, неумеренными аппетитами и враждебными импульсами, пока образование, религия и семья не превратят людей в рациональных, разумных, сострадательных существ. В противном случае их необходимо держать в узде с помощью дисциплины, наложенной властью Государства.

На какой вы стороне в этих дебатах, длящихся веками? Может быть, мы рождаемся хорошими, а потом нас развращает плохое общество? Или мы уже рождаемся плохими, а потом хорошее общество наставляет нас на путь истинный? Прежде чем принять ту или иную точку зрения, давайте рассмотрим альтернативную концепцию. Возможно, каждый из нас может стать святым или грешником, альтруистом или эгоистом, заботливым или жестоким, властным или покорным, преступником или жертвой, заключенным или охранником. Возможно, социальные обстоятельства, в которых мы находимся, определяют, какие из множества присущих нам способностей и моделей поведения будут развиваться, а какие — нет. Известно, что стволовые клетки эмбриона могут превратиться практически в любые виды клеток или тканей, а обычные клетки кожи могут превратиться в стволовые клетки эмбриона. Было бы очень заманчиво расширить эту биологическую концепцию и применить современные научные знания о пластичности, связанной с развитием человеческого мозга, к «пластичности» человеческой природы [2].

То, кем и чем мы являемся, сформировано, с одной стороны, системами, управляющими нашей жизнью, — богатством и бедностью, географией и климатом, исторической эпохой, культурным, политическим и религиозным влиянием, а с другой стороны — ситуациями, с которыми мы ежедневно сталкиваемся. Эти элементы, в свою очередь, взаимодействуют с нашими базовыми биологическими и личностными особенностями. Ранее я утверждал, что возможность извращений встроена в сложный человеческий разум. Импульс к злу и импульс к добру в сочетании и составляют фундаментальный дуализм человеческой природы. Такая концепция предлагает более сложную и более богатую картину причин и тайн человеческих поступков.

Мы исследовали власть группового конформизма и подчинения авторитету, которые могут возобладать и задушить личную инициативу. Пришло время обсудить результаты исследований, связанных с деиндивидуацией, дегуманизацией и пассивностью свидетелей, т. е. со «злом бездействия». Этих сведений достаточно для того, чтобы заложить основу понимания, как обычные, хорошие люди, а может быть, и мы с вами, мой достойный читатель, иногда поступают плохо по отношению к другим, а иногда так плохо, что это выходит за любые рамки нравственности или этики.

ДЕИНДИВИДУАЦИЯ: АНОНИМНОСТЬ И ДЕСТРУКТИВНОСТЬ

Роман Уильяма Голдинга «Повелитель мух» повествует о том, как простая маскировка внешности может спровоцировать разительные перемены в поведении. Раскрасив лица, хорошие мальчики-хористы превращаются в маленьких монстров-убийц. Когда на их пустынном острове заканчивается еда, ватага мальчишек во главе с Джеком Мерридью пытается убить свинью — но они не могут довести убийство до конца, потому что христианская этика запрещает им убивать. Тогда Джек решает нарисовать на лице маску, и когда он это делает, происходит пугающая метаморфоза. Он видит свое отражение в воде:

> «Он недоуменно разглядывал — не себя уже, а пугающего незнакомца. Потом выплеснул воду, захохотал и вскочил на ноги. Возле заводи над крепким телом торчала маска, притягивала взгляды [других мальчишек] и ужасала. Джек пустился в пляс. Его хохот перешел в кровожадный рык. Он поскакал к Биллу, и маска жила уже самостоятельной жизнью, и Джек скрывался за ней, отбросив всякий стыд[1]».

Другие мальчишки из банды Джека тоже «прячут» лица за нарисованными масками, и после этого начинают петь:

---
[1] Цит. по: Голдинг У. Повелитель мух / Пер. Е. Суриц. М.: Ермак; АСТ, 2007. — *Прим. пер.*

«Бей свинью! Глотку режь! Выпусти кровь!» [3]. Как только совершено это немыслимое злодеяние — убийство живого существа, они с удовольствием продолжают убивать — и животных, и своих врагов-людей, например умного мальчика по прозвищу Хрюша. Кто сильнее, тот и прав, и когда стая выслеживает Ральфа, лидера хороших мальчиков, начинается настоящий ад.

Есть ли в этом какая-то психологическая достоверность? Может ли маскировка внешности кардинально изменить процессы поведения? Чтобы ответить на этот вопрос, я провел ряд экспериментов, которые привели к развитию новой области исследований — психологии деиндивидуации и антисоциального поведения [4].

Шокирующее поведение женщин в условиях анонимности

Базовая процедура первого эксперимента состояла в том, что студентки колледжа думали, будто наносят серию болезненных ударов током другим женщинам. При этом им рассказывали правдоподобную «легенду». Им нужно было бить током каждую из двух молодых женщин, которых они видели и слышали через полупрозрачное зеркало. Студенток-добровольцев случайным образом распределили на две группы. Одна группа действовала анонимно, или в условиях *деиндивидуации,* а вторая — в ситуации, когда их личность была известна, т. е. в условиях *индивидуализации*. Четыре студентки колледжа в каждой из десяти отдельно протестированных групп, действовавших в условиях деиндивидуации, скрывали внешность под капюшонами и свободными лабораторными халатами, а их имена мы заменили номерами от одного до четырех. Экспериментатор обращался с ними как с анонимной группой, а не как с отдельными людьми. Одежда маскировала их невербальное поведение, чтобы другие не могли видеть их реакций. У членов контрольной группы на одежде имелись таблички с именами, поэтому они знали, что их личности известны, но все остальные условия эксперимента были такими же, что и у членов деиндивидуализированных групп. И группа деиндивидуации, и контрольная группа состояли из четырех женщин. В течение 20 «тестов» участницы обеих групп должны были несколько раз ударить током каждую из двух девушек-«жертв».

«Легенда» состояла в том, что женщины участвуют в исследовании проявления творческих способностей в условиях стресса. Задача участниц обеих групп состояла в том, чтобы повышать уровень стресса «испытуемых», нанося им болезненные удары током, а я играл роль экспериментатора, находился в соседней комнате, также за полупрозрачным зеркалом, и руководил этим «исследованием творческих способностей».

В отличие от условий эксперимента Милгрэма, в этом эксперименте не было авторитета, который оказывал бы на участниц прямое давление, открыто побуждая их к агрессивным действиям. Я вообще никак не общался с ними во время «проб». Студентки могли видеть меня сквозь окно для наблюдений, как и каждую из двух женщин-«испытуемых», чьи творческие способности им якобы предстояло исследовать. Кроме того, не было никакого группового давления, потому что участницы групп не общались друг с другом и находились в смежных отдельных кабинах. Наконец, они не испытывали давления, побуждающего выполнить задачу, чтобы не нарушить процедуру исследования. Когда кто-то из четырех студенток в группе бил «жертву» током, то она демонстрировала, что ей больно, — это был достаточный уровень стресса, который должен был воздействовать на ее творческие способности. Поэтому отказ ударить «испытуемую» током не был бы ни актом неповиновения, ни причиной для конфликта. Каждая из участниц в группе могла просто пассивно наблюдать за тем, как другие члены группы играют отвратительную роль «мучительниц».

Мы хотели выяснить длительность ударов тока — *как долго* каждая студентка будет удерживать кнопку тока после того, как появится сигнал готовности. Их решение состояло не в том, нажимать ли на кнопку, а в том, как быстро снять с нее палец — или продолжать его удерживать и тем самым увеличивать длительность удара. Конечно, они могли отказаться выполнять инструкции и даже вообще отказаться нажимать на кнопку (но ни одна этого не сделала).

Мы сделали так, чтобы одна из женщин-«испытуемых» казалась нашим участницам очень милой, а другая — «неприятной». Для этого мы записали на магнитофон интервью с ними. Мы хотели добиться разного отношения к ним со стороны «индукторов стресса». На самом деле обе «испытуемые» были нашими ассистентками, которых научили вести себя так, как будто они страдают от боли, когда загоралась лампочка, обозначавшая «удар» током, и они устраивали впечатляющее представление, которое могли видеть студентки в другой комнате.

Перед началом эксперимента каждую студентку били током (с напряжением 75 вольт), чтобы она убедилась, что это действительно больно. Конечно, на самом деле в ходе эксперимента током никого не били. В каждой из 20 проб девушкам нужно было решить, будут ли они применять ток этого стандартного уровня по отношению к «испытуемой», которой, очевидно, станет больно, и если будут, то как долго. Затем первая «испытуемая» уходила, и ее сменяла другая. Следовало еще 20 проб, и в каждой из них применялся удар током. Так как каждая участница экспериментальных и контрольных групп (по четыре человека в каждой) проходила эксперимент в отдельной кабинке, их «подруги по команде» не могли напрямую влиять на их поведение. Тем не менее они считали себя членами одной группы, потому что с самого начала вместе слушали аудиозаписи интервью. Важно отметить, что кроме условий анонимности и узнаваемости, все другие параметры исследования в обеих группах были одинаковыми.

Результаты были однозначными: в условиях деиндивидуации женщины наносили обеим «испытуемым» вдвое больше ударов током, чем члены контрольной группы, попавшие в нее случайным образом и проходившие эксперимент в условиях индивидуализации. Кроме того, женщины из «анонимной» группы одинаково били током обеих «испытуемых» — и ту, которую сочли милой, и ту, которую сочли неприятной. Как только их палец оказывался на кнопке, прошлое теряло значение. Они постепенно увеличивали время удара обеих «испытуемых» в течение 20 проб, удерживая палец на кнопке все дольше и дольше, а «испытуемые» корчились и стонали прямо у них на глазах. Напротив, женщины из контрольной группы по-разному относились к приятной и неприятной «испытуемым», и удары током для приятной женщины в течение многих проб были короче, чем для неприятной.

Женщины из «анонимной» группы игнорировали предыдущую симпатию или неприязнь к «испытуемым», когда могли причинить им боль. Это свидетельствует о разительных переменах в их мышлении, происходивших, когда они оказывались в психологическом состоянии деиндивидуации. Увеличение длительности ударов с повторяющейся возможностью вызывать боль, видимо, свидетельствует об эффекте восходящей спирали эмоционального возбуждения, которое вызывала у них власть над «испытуемой». Поведение, вызывающее возбуждение, становится самоподкрепляющимся, и каждое новое действие стимулирует следующую, более сильную, но менее контролируемую реакцию. Наши данные говорят о том, что это связано не с садистскими побуждениями, не с желанием навредить другим, а скорее с возбуждающим ощущением власти и контроля над другими людьми.

Мы повторили опыты, сходные в своей основе, в серии лабораторных и полевых исследований, используя маски, скрывающие внешность, вводя белый шум или бросая в «жертв» шарики из пенополистирола, а также с участием военнослужащих бельгийской армии, школьников и множества студентов колледжей. Во всех случаях мы получили сопоставимые результаты. Увеличение длительности ударов током в течение времени было обнаружено и в исследовании, в котором «учителя», как предполагалось, били током своих жертв-«учеников». При этом со временем удары тоже становились все более продолжительными [5].

Во время Стэнфордского тюремного эксперимента, как вы помните, охранники и сотрудники носили темные очки с зеркальными отражающими стеклами и стандартную униформу военного образца. Из всех исследований можно сделать один важный вывод: любая ситуация, в которой люди чувствуют себя анонимными, когда никто не знает, кто они, или не хочет этого знать, уменьшает ощущение личной ответственности и тем самым создает возможность для злодеяний. Это особенно верно при наличии второго фактора: если ситуация или какой-то авторитет *позволяют* участвовать в антисоциальных или насильственных действиях против других людей, как в нашей экспериментальной ситуации, люди готовы начать войну. Если же ситуация, напротив, не способствует эгоизму и анонимности, поощряет просоциальное поведение, люди готовы любить друг друга. (Анонимность на вечеринке часто помогает людям общаться.) Так что идеи Уильяма Голдинга об анонимности и агрессии психологически вполне достоверны. Но на самом деле все сложнее и интереснее, чем он изобразил в своем романе.

> *Ну-ка, видите вы этот камзол?*
> *И вот уже четыре часа, как я природный дворянин*[1].
> Уильям Шекспир. Зимняя сказка

Анонимность может быть связана не только с масками, но и с тем, как с людьми обращаются в определенных ситуациях. Когда люди относятся к нам так, будто мы — не уникальная личность, а просто какой-то «другой», попавший на конвейер Системы, или когда они игнорируют нас, мы чувствуем себя анонимными. Ощущение отсутствия личной идентичности может привести к антисоциальному поведению. В одном из опытов исследователь относился к одной группе студентов-добровольцев участливо, а к другой — безразлично, как к «морским свинкам». Угадайте, кто воровал у него вещи в его отсутствие? После эксперимента студенты оставались одни в кабинете преподавателя-исследователя и могли взять монеты и ручки, в изобилии лежавшие в вазе. Те, кто оставался анонимным, воровали намного чаще, чем те студенты, к которым относились участливо [6]. Иногда доброта — не только сама себе награда.

Культурные нормы: как заставить воинов убивать на войне, но не дома

Давайте покинем мир лабораторий и детских игр и вернемся в реальный мир, где проблемы анонимности и насилия могут

---

[1] Цит. по: Шекспир У. Драмы / Пер. Т. Щепкиной-Куперник. М.: Эксмо-Пресс, 2000. — *Прим. пер.*

быть вопросом жизни и смерти. Мы будем изучать различия между обществами, в которых, отправляясь на войну, молодые мужчины-воины не изменяют свою внешность, и теми обществами, где всегда практикуется ритуальное изменение внешности: перед битвой воины раскрашивают лица и тела или маскируются (как в «Повелителе мух»). Влияет ли изменение внешности на их отношение к врагу?

Антрополог и культуролог Р. Дж. Уотсон [7] задался этим вопросом, прочитав мою более раннюю работу, посвященную деиндивидуации. Он обратился в Human Relations Area Files[1], где хранятся записи антропологов, миссионеров, психологов и т. д. о разных культурах мира. Уотсон нашел данные об обществах, в которых воины меняли свою внешность, отправляясь на войну, и о тех, где они ее не меняли, а также о том, как часто они убивали, пытали или калечили своих жертв, — бесспорно, ужасные зависимые переменные — предельные в крайних значениях.

Результаты однозначно подтвердили гипотезу о том, что анонимность способствует деструктивному поведению — если вместе с ней воины получают разрешение проявлять агрессию такими способами, которые запрещены в мирной жизни. Война дает «официальное» разрешение убивать или ранить противников. Уотсон обнаружил, что из 23 обществ, для которых были известны эти два набора данных, в 15 воины меняли внешность. Это были наиболее агрессивные культуры; в 12 из 15 этих культур воины проявляли крайнюю жестокость к врагам. Напротив, в 7 из 8 обществ, где воины не меняли внешность перед боем, столь агрессивное поведение зафиксировано не было. Еще один вывод состоял в том, что в 90% случаев воины, убивавшие, пытавшие или калечившие врагов, изменяли свою внешность.

В соответствии с культурными нормами ключевой компонент в трансформации обычных, не слишком агрессивных молодых людей в воинов, убивающих по приказу, — это изменение внешности. По большей части война начинается тогда,

---

[1] Международная некоммерческая организация, занимающаяся обеспечением и поддержкой сравнительных исследований в области человеческого поведения, социального поведения и культуры. — *Прим. ред.*

когда старикам удается убедить молодых людей убивать других молодых людей, таких же, как они сами. Молодым людям легче убивать себе подобных, если сначала они меняют свою внешность, снимают обычную одежду, надевают военную форму, устрашающие маски или раскрашивают лица. Так возникает анонимность, лишающая сострадания и стремления заботиться о других. После победы культура диктует, чтобы воины вернулись к своему обычному, мирному статусу. Эта обратная трансформация происходит сама собой: воины просто снимают военную форму или маски, смывают краску с лиц, снова становятся сами собой и ведут себя как обычно.

Бывает так, что окружающая среда вызывает ощущение временной анонимности у тех, кто в ней живет или действует, — и при этом им не нужно менять внешность. Мы хотели выяснить, как среда, способствующая анонимности, провоцирует вандализм, и провели простой полевой эксперимент. Я описал его в первой главе: мы оставили брошенные машины на улицах рядом с кампусами Нью-Йоркского университета в Бронксе, штат Нью-Йорк, и Стэнфордского университета в Пало-Альто, штат Калифорния. Мы фотографировали и снимали на видеопленку акты вандализма по отношению к этим машинам, которые выглядели явно брошенными (без номерных знаков, капот поднят). В анонимной атмосфере Бронкса несколько десятков людей, проходивших или проезжавших мимо в течение 48 часов, останавливались и грабили автомобиль. По большей части это были хорошо одетые взрослые люди. Они постепенно снимали с машины все ценные детали или просто ее разбивали, и все это происходило при свете дня. А вот в Пало-Альто больше чем за неделю ни один прохожий не совершил по отношению к нашей машине ни одного акта вандализма. Этот наглядный опыт стал единственным практическим доказательством теории городской преступности, получившей название «теории разбитых окон». Окружающая среда такова, что некоторые члены сообщества чувствуют себя анонимными, они понимают, что никто вокруг не знает, кто они, никого это не интересует, а значит, можно вести себя как угодно. В итоге люди превращаются в потенциальных вандалов и убийц.

Деиндивидуация трансформирует аполлоническое в дионисийское

Давайте предположим, что «хорошая» сторона человеческой природы — это рациональность, порядок, целостность и мудрость Аполлона. А ее «плохая» сторона — хаос, дезорганизация, нелогичность и чувственная суть Диониса. Основная черта Аполлона — самоограничение и подавление желаний; ей противостоят безудержные свобода и страсть Диониса. Оказавшись в ситуации, когда когнитивный контроль, обычно направляющий поведение в социально желательном и индивидуально приемлемом направлении, заблокирован, приостановлен или искажен, люди легко превращаются в исчадия ада. Отсутствие когнитивного контроля приводит к самым разным последствиям. Среди них — отсутствие совести, самосознания, личной ответственности, обязательств, преданности, этики, чувства вины, стыда, страха и размышлений о последствиях того или иного действия.

У такой трансформации есть два основных пути: а) ослабление социальной ответственности личности (никто не знает, кто я, или не интересуется этим); и б) отсутствие оценки своих поступков. Первое ослабляет стремление к социальному одобрению и тем самым способствует анонимности — т. е. деиндивидуации. Так часто происходит, когда человек оказывается в ситуации, способствующей анонимности и ослаблению личной ответственности. Второй путь — ослабление самоконтроля и утрата целостности по разным причинам, изменяющим состояние сознания. Это могут быть алкоголь или наркотики, сильные чувства, участие в активных действиях, поглощенность сиюминутными проблемами, когда прошлое и будущее теряют свое значение, а также перекладывание ответственности с себя на других.

Деиндивидуация создает уникальное психологическое состояние, при котором поведением управляют сиюминутные требования ситуации и биологические, гормональные потребности. Действие подменяет мысли, стремление к мгновенному удовольствию оттесняет на второй план отложенное удовлетворение, разумное самоограничение уступает место инстинктивным эмоциональным реакциям. И стимулом, и следствием деиндивидуации часто становится возбуждение. Влияние деиндивидуации усиливается в незнакомых или неясных ситуациях, когда обычные, привычные реакции и стратегии поведения теряют силу. В результате возрастает зависимость от новых моделей поведения и ситуационных факторов; поэтому и заниматься любовью, и воевать становится очень легко, — все зависит от того, чего требует ситуация или какое поведение она провоцирует. В самых крайних случаях мы не можем понять, что правильно, а что нет, не думаем об ответственности за противоправные действия и не боимся гореть в геенне огненной за аморальное поведение [8]. Когда внутренние ограничения ослаблены, поведение подчиняется внешним ситуационным стимулам; внешнее доминирует над внутренним. То, что можно и доступно, доминирует над тем, что правильно и справедливо. Моральный компас личности и группы выходит из строя.

Переход от аполлонического к дионисийскому может быть быстрым и неожиданным, заставляя хороших людей совершать плохие поступки: они на время оказываются в бесконечном сегодня и не думают о последствиях своих действий. Обычные ограничения, сдерживающие жестокость и животные импульсы либидо, тают в бурном потоке деиндивидуации. Как будто в мозге возникает короткое замыкание, отключающее функции планирования и принятия решений, расположенные в лобной коре, и в свои права вступают примитивные части лимбической системы мозга, в первую очередь центр эмоций и агрессии, расположенный в миндалевидном теле.

Эффект Марди-Гра: коллективная деиндивидуация как экстаз

В Древней Греции Дионис занимал среди богов особое место. Считалось, что он создает новый уровень реальности, который бросает вызов традиционным взглядам и привычному образу жизни. Он олицетворял и силу, освобождающую человеческий дух из заключения в темнице рационального дискурса и точного планирования, и мощь разрушения: страсть, не ведающую границ, стремление к наслаждению без всякого социального контроля. Дионис был богом опьянения, безумия, сексуальных оргий и страсти сражения. Царство Диониса — это состояния бытия, влекущие за собой потерю самосознания и рациональности, остановку линейного времени и отказ от собственной личности в пользу животной стороны человеческой природы, отвергающей любые нормы поведения и социальной ответственности.

Марди-Гра — отголосок языческой, дохристианской церемонии. Римско-католическая церковь сейчас считает, что этот праздник начинается во вторник («жирный вторник» или «покаянный день»), как раз перед пепельной средой[1]. Этот церковный праздник отмечает начало литургического сезона Великого поста, требующего личных жертв и воздержания. Пост длится до первого дня Пасхи, 46 дней. Празднование Марди-Гра начинается на Святки, когда три короля совершили паломничество к новорожденному Иисусу Христу.

Марди-Гра — это безудержное буйство чувственных наслаждений, жизнь «здесь и сейчас», «вино, женщины и песни». Заботы и обязательства забыты, и празднующие отдаются своей чувственной природе, участвуя в общих кутежах. Это вакхическое празднество освобождает от обычных ограничений и мыслей о последствиях своих действий. Однако в глубине души все понимают, что этот праздник будет длиться недолго, что скоро он сменится еще более жесткими ограничениями, потому что начнется Великий пост. «Эффект Марди-Гра» — это временный отказ от традиционных когнитивных и моральных ограничений поведения, когда группы единомышленников-гуляк весело проводят время, не думая о последствиях и обязательствах. Это — деиндивидуация в группе.

ДЕГУМАНИЗАЦИЯ И ОТКЛЮЧЕНИЕ ВНУТРЕННЕГО КОНТРОЛЯ

Дегуманизация — основное положение, объясняющее жестокость человека к человеку. Дегуманизация возникает всякий

---

[1] Пепельная среда — в латинском обряде католической и некоторых протестантских церквей — день начала Великого поста. Пепельной среде предшествует так называемый жирный вторник, последний день периода карнавалов, времени празднеств и развлечений. — *Прим. ред.*

раз, когда одни люди начинают считать, что моральные нормы, определяющие, что значит быть человеком, к другим людям не относятся. Дегуманизируя других людей, мы превращаем их в объекты, не считаем их людьми. Считая, что некоторые люди или группы не относятся к человечеству, дегуманизируя их, мы отказываемся от моральных принципов, обычно управляющих нашим отношением к другим людям.

Дегуманизация — основной процесс, способствующий возникновению предрассудков, расизма и дискриминации. Дегуманизация принижает других, объявляя их «испорченными», «неполноценными». Социолог Ирвин Гоффман [9] описывает процесс социальной дискредитации инвалидов. Их считают «не совсем» людьми и, следовательно, неполноценными.

В такой ситуации нормальные, морально устойчивые и даже самые добродетельные люди способны на ужасную жестокость. Отказывая другим людям в тех или иных человеческих качествах, мы автоматически облегчаем негуманные действия по отношению к ним. И тогда «золотое правило» звучит по-новому: «Поступай с другими так, как хочешь». С дегуманизированным «объектом» легко обращаться бездушно или жестоко, игнорировать его требования и просьбы, использовать его в своих интересах и даже убить, если они нас раздражает [10].

Один японский генерал вспоминает, что его солдаты с легкостью убивали мирных жителей во время вторжения в Китай перед Второй мировой войной, «потому что мы относились к ним, как к вещам, а не как к таким же людям, как мы сами». Очевидно, во время изнасилований в Нанкине в 1937 г. это было именно так. Вспомните женщину из племени тутси (мы говорили о ней в первой главе), которая лично организовывала массовые изнасилования, — другие люди были для нее просто «насекомыми», «тараканами». Точно так же нацистский геноцид евреев начался с пропагандистских фильмов и плакатов, изображавших других людей в виде отвратительных животных — паразитов, ненасытных крыс. Линчевание чернокожих толпами белых по всей территории Соединенных Штатов точно так же не считалось преступлением против человечности — ведь это были не люди, а всего лишь «ниггеры» [11].

Резня в Милай (Сонгми), когда американские солдаты убили сотни мирных жителей-вьетнамцев, тоже была результатом дегуманизации. Американцы пренебрежительно называли «узкоглазыми» всех жителей Азии [12]. Во время войны в Ираке на смену «узкоглазым» пришли «хабибы» и «хаджи», и уже новые солдаты унижают не похожих на них мирных жителей и солдат. «Вы просто пытаетесь забыть, что они люди, и относитесь к ним, как к врагам, — сказал сержант Меджия, отказавшийся вернуться на войну, которую считал отвратительной. — Вы называете их "хаджи", понимаете? Вы делаете все, что поможет вам спокойно убивать и издеваться над ними» [13].

Такие унизительные прозвища и связанные с ними образы могут оказывать мощное мотивирующее влияние. Это подтверждает один замечательный лабораторный эксперимент. Мы уже говорили о нем в первой главе, а здесь рассмотрим его подробнее.

Экспериментальная дегуманизация: студенты-«животные»

Мой коллега из Стэнфордского университета Альберт Бандура и его студенты разработали прекрасный эксперимент, изящно демонстрирующий влияние дегуманизирующих прозвищ и то, как они провоцируют нас проявлять жестокость к другим людям [14].

72 добровольца мужского пола из соседних колледжей разделили на «группы наблюдателей» из трех человек. Им нужно было наказывать за неверные решения других студентов, «испытуемых», якобы входивших в «группы принятия решений». На самом деле «испытуемыми» были сами «студенты-наблюдатели».

В каждом из 25 опытов наблюдатели слышали, как группа, принимавшая решение (наблюдателям сказали, что она находится в соседней комнате), обсуждала коллективное решение. Наблюдатели располагали информацией, позволявшей им оценивать правильность ответов. Всякий раз, когда группа принимала неверное решение, наблюдатели должны были наказать ее за ошибку, давая членам «группы принятия решений» удары током. В каждом опыте они могли выбирать силу тока, от умеренного первого до максимального, десятого уровня. Удар током при этом получали все члены «группы решений».

Наблюдателям сказали, что в этом проекте участвуют люди из разных слоев общества, чтобы увеличить его объективность, но каждая «группа решений» состоит из людей одинакового социального слоя. На самом деле это было сделано для того, чтобы позитивные или негативные прозвища можно было применить к членам всей группы.

Исследователи варьировали две переменные этой базовой ситуации: характер прозвищ «жертв» и степень личной ответственности наблюдателей за удары током. Добровольцев случайным образом разделили на три группы по характеру прозвищ, которые получали их «жертвы», — дегуманизирующие, гуманизирующие и нейтральные, и на два уровня ответственности — личную и коллективную.

Сначала давайте рассмотрим, как использовались прозвища и к чему это привело. Затем посмотрим, как повлияла на ситуацию степень личной ответственности. В начале исследования участники из каждой группы «как бы случайно» слышали разговор по внутренней связи между ассистентом и экспериментатором о тестах, якобы заполненных участниками «групп решений». Ассистент небрежно замечал, что личные качества участников этой группы, выясненные во время тестирования, подтвердили мнение человека, который приглашал их принять участие в эксперименте. В ситуации дегуманизации участников «группы решений» он называл «кучкой грязных животных». В ситуации гуманизации их, наоборот, называли «порядочными, разумными и достойными людьми». В третьем случае, в нейтральной ситуации, ассистент не давал никаких оценок участникам «группы решений».

Важно отметить, что участники исследования не общались со своими «жертвами» и поэтому никак не могли оценить участников «группы решений» сами или понять, справедливы ли слова ассистента. Прозвища были просто отзывами постороннего человека о других молодых людях, тоже студентах, вероятно, тоже добровольцах, просто играющих определенную роль в этой ситуации. Повлияли ли прозвища на отношение студентов к тем, за кем они якобы наблюдали? (На самом деле никаких «тех» не было, была только обычная магнитофонная запись, имитировавшая обратную связь.)

Выяснилось, что прозвища оказывали сильное влияние на то, как сильно студенты наказывали своих подопечных. Те, кого дегуманизировали, назвав «животными», получали больше всего ударов током, и сила тока постепенно росла более чем в десяти пробах. С каждой пробой она становилась все больше и больше и достигла средней величины в 7 баллов, при максимальной величине в 10 баллов, для каждой группы участников. Те, кого назвали «достойными людьми», получали меньше всего ударов током, а участники нейтральной группы оказались посередине между этими двумя крайностями.

Более того, во время первой пробы не было никакой разницы в уровне тока между участниками трех групп — сила тока везде была одинаково низкой. Если бы исследование на этом закончилось, то его вывод состоял бы в том, что прозвища не имеют никакого значения. Но с каждой следующей пробой, когда количество ошибок участников «групп решения» начинало расти (что было запланировано экспериментатором), и сила тока в этих трех группах стала отличаться. Те, кто наблюдал за «животными», применяли более высокую силу тока в течение длительного времени. Этот результат сопоставим с увеличением силы тока в анонимных группах студенток в моем более раннем исследовании. Такой рост агрессивной реакции в течение длительного времени, связанный с практикой или с опытом, демонстрирует эффект самоподкрепления. Возможно, удовольствие здесь связано не столько с возможностью причинять боль другим людям, сколько с ощущением власти и контроля, которые мы испытываем, когда получаем власть давать другим то, чего они заслуживают. Исследователи указывают, что прозвища, лишающие их носителей человеческих качеств, способны провоцировать определенные реакции.

Столь же произвольные позитивные прозвища привели к тому, что к их носителям участники эксперимента относились более уважительно — ведь некий авторитет характеризовал их положительно. Тех, кого назвали «достойными людьми», били током меньше всего. Таким образом, способность гуманизации противодействовать жестокости имеет такую же теоретическую и социальную важность, как и феномен дегуманизации. Здесь можно сделать важный вывод о том, какой властью обладают слова, прозвища, идеология и стереотипы: их можно использовать и во зло, и во благо. Сократ говорил, что «когда слово не бьет, то и палка не поможет». А мы сказали бы, что когда слово бьет, то и палка не нужна.

Наконец, что можно сказать о влиянии ответственности на силу тока? Сила тока была значительно выше, когда участники считали, что удар током — коллективное решение группы, чем когда решение ударить «испытуемого» током каждый из членов группы принимал самостоятельно. Как мы уже видели, коллективная ответственность, какую бы форму она ни принимала, ослабляет запрет на жестокость по отношению к другим. Как и следовало ожидать, очень высокая сила тока была зафиксирована в тех случаях, когда участники не несли личной ответственности, и когда их жертвы были дегуманизированы.

Когда исследовательская группа Бандуры стала выяснять, как участники оправдывали свои действия, оказалось, что дегуманизация побуждала людей искать оправдания, а они, в свою очередь, увеличивали интенсивность наказаний. На основании данных о том, как люди «обходят» обычные запреты жестокости по отношению к другим, Бандура создал концептуальную модель отключения внутреннего контроля.

Механизмы отключения внутреннего контроля

В основе этой модели — признание того, что большинство людей усваивает моральные стандарты в процессе нормальной социализации, главным образом в детстве. Эти стандарты поощряют просоциальное поведение и препятствуют антисоциальному поведению — тому, что считают «плохим» наши родители и ближайшее окружение. Со временем эти внешние моральные стандарты, которые преподают нам родители, учителя и другие авторитеты, превращаются в личный, внутренний кодекс поведения. Мы начинаем контролировать свои мысли и действия, и этот самоконтроль начинает приносить удовлетворение и дает нам ощущение собственной ценности. Мы учимся ограничивать собственную жестокость по отношению к другим и вести себя гуманно. Однако механизмы самоконтроля и саморегуляции не постоянны и не статичны. Скорее, ими управляет динамический процесс, в котором может быть выборочно активизирована моральная самоцензура, способствующая «хорошему» поведению; в других случаях она может быть подавлена, и тогда мы ведем себя «плохо». Люди и группы иногда «отключают» обычные моральные нормы — в определенные моменты, в определенных ситуациях, с определенными целями. Они как будто переводят рычаг нравственности в нейтральное положение и движутся по инерции, не думая о том, что могут наехать на пешехода; а потом снова переключают его на более «нравственную» передачу и возвращаются к обычным моральным стандартам.

Далее модель Бандуры описывает конкретные психологические механизмы, посредством которых люди оправдывают свои пагубные действия. При этом они выборочно подавляют внутренний контроль, регулирующий их поведение. Этот процесс — фундаментальное свойство человеческой природы. Бандура утверждает, что он помогает объяснить не только политическое, военное насилие и терроризм, но и «повседневные ситуации, в которых приличные люди по привычке делают то, что защищает их интересы, но при этом наносят вред другим» [15].

Активизируя один или несколько из следующих четырех когнитивных механизмов, каждый из нас способен оправдать любое свое деструктивное или злонамеренное поведение.

Во-первых, мы можем изменить смысл нашего поведения: из вредного оно становится благородным. Например, мы создаем моральные оправдания тех или иных действий с точки зрения нравственного императива, допускающего насилие, или создаем сравнения, противопоставляющие наше «справедливое» поведение злонамеренному поведению врагов. (Мы их всего лишь пытаем; а они нас убивают.) Той же цели служат эвфемизмы, маскирующие реальность наших жестоких действий. («Сопутствующий ущерб» — это когда мирных жителей разбомбили в пыль; а «дружественный огонь» означает, что солдат был убит по глупости или в результате намеренных действий своих товарищей.)

Во-вторых, мы можем «не видеть» прямой связи между нашими действиями и их пагубными результатами, рассеивая или перекладывая личную ответственность. Мы избавляемся от мук совести, если просто не воспринимаем себя как преступников против человечества.

В-третьих, мы можем «не замечать» вреда, который причинили наши действия другим людям. Мы игнорируем, искажаем, преуменьшаем негативные последствия своего поведения или вообще не верим в их наличие.

Наконец, в-четвертых, мы можем считать, что жертвы заслуживают наказания, возлагаем на них всю вину, и, конечно же, дегуманизируем их: ведь они не заслуживают человеческого отношения.

Понимание процессов дегуманизации не оправдывает ее

Важно еще раз добавить, что подобные психологические исследования ни в коем случае не предназначены для того, чтобы оправдывать или узаконивать безнравственные и преступные действия. Исследуя и описывая когнитивные механизмы, посредством которых люди отделяют свои моральные стандарты от поведения, мы лучше понимаем, как предотвратить этот процесс, ясно указывая на потребность в моральных обязательствах как основополагающем качестве гуманного общества.

Дегуманизация и «враги государства»

Ко всем этим принципам, к арсеналу средств, способствующих злонамеренным действиям со стороны хороших мужчин и женщин, нужно добавить и те, к которым прибегают государства, подстрекая к насилию своих граждан. Мы рассмотрим некоторые из этих принципов, исследуя, как государства готовят молодежь к смертельным войнам и побуждают всех остальных граждан поддерживать эту войну или агрессию. Такую трансформацию совершить непросто, но этому помогает особая форма когнитивного обусловливания с помощью пропаганды. Национальная пропаганда с помощью СМИ (и с ведома правительства) создает «образ врага». Он должен подготовить умы солдат и граждан к тому, что нужно ненавидеть тех, кто входит в новую категорию: «наши враги». Такое промывание мозгов — самое мощное оружие солдата. Без этого он никогда не смог бы поймать другого человека в глазок прицела и выстрелить, прекрасно понимая, что убивает. «Образ врага» пугает граждан, заставляет чувствовать себя уязвимыми, они начинают представлять себе, что будет, если они окажутся во власти этого врага [16]. Страх превращается в ненависть, и чтобы уничтожить угрозу, люди готовы на все. В борьбе против вражеской угрозы они готовы отправить на смерть своих детей.

В книге «Лица врага» Сэм Кин [17] показывает, каким образом наглядная агитация, которую государство использует против тех, кто считается опасными «другими», «посторонними», «врагами», моделирует архетип врага. Как правило, для этого создаются яркие образы, вызывающие нечто вроде коллективного психоза: этот страшный враг может причинить вред женщинам, детям, домам и Богу родной страны, уничтожив ее фундаментальные убеждения и ценности. Такая пропаганда процветает в международных масштабах. Несмотря на национальные различия, ее методы можно разделить на несколько категорий, помогающих создать образ *homo hostilis*, «человека враждебного». Чтобы создать в умах хороших членов справедливого племени нового, ужасного врага, нужно убедить их, что «враг» — это агрессор, безличный насильник, безбожник, варвар, преступник, мучитель, убийца, абстрактный символ или «животное». Нужно показать им пугающие картины: родную страну пожирают ужасные твари: змеи, крысы, пауки, насекомые, ящерицы, гигантские гориллы, спруты или даже «эти свиньи англичане».

Конечное следствие применения дегуманизирующей концепции в отношении «других» — все те немыслимые вещи, которые мы готовы сделать с ними, как только они официально объявлены противниками и врагами. В 1920–1940-е гг. сторонники евгеники использовали научные теории, чтобы «очистить» человеческий род, избавить его от «неполноценных» или от тех, кто обладает нежелательными качествами. Тогда были насильственно стерилизованы более 65 000 граждан Америки. Подобных извращений можно было бы ожидать от Адольфа Гитлера, но уж никак не от одного из самых уважаемых юристов Америки, Оливера Уэнделла Холмса. Однако именно он утверждал (в 1927 г.), что закон о принудительной стерилизации не только не является неконституционным, но и принесет пользу обществу:

> «Для всего мира было бы лучше, если бы общество не ждало, пока неполноценные будут осуждены за преступления или умрут с голоду из-за собственного слабоумия, но чтобы не позволяло тем, кто явно неполноценен, плодить себе подобных. Трех поколений слабоумных вполне достаточно» [18].

Можно вспомнить исследование, о котором мы говорили в главе 12: как оказалось, студенты Гавайского университета были готовы поддержать «окончательное решение» и устранять неполноценных, а если нужно — то даже и членов собственной семьи.

И в Соединенных Штатах, и в Великобритании существует долгая история «войн против слабых». В этих странах было множество весьма красноречивых, влиятельных сторонников евгеники, оправдывавших и даже подтверждавших с научной точки зрения необходимость избавить страну от «неполноценных». Конечно же, «самые полноценные» при этом должны были получить особые привилегии [19].

ЗЛО БЕЗДЕЙСТВИЯ: ПАССИВНЫЕ НАБЛЮДАТЕЛИ

> *Для торжества зла необходимо только одно условие — чтобы хорошие люди сидели сложа руки.*
>
> Эдмунд Берк,
> британский государственный деятель

[Нам] нужно понять, что пассивно принимать несправедливость системы — значит сотрудничать с этой системой и тем самым становиться соучастником ее злодеяний.

Мартин Лютер Кинг [20]

Слово «злодеяния» обычно пробуждает в нас мысли о жестоких, ужасных преступлениях. Но бездействие тоже может быть злодеянием, если ситуация требует активной помощи другим, протеста, неповиновения или активного призыва к переменам. Один из самых главных, но наименее заметных пособников зла — не главный злодей, а безмолвный хор, который смотрит, но не видит, слушает, но не слышит. Его молчаливое присутствие на сцене, где творятся злодеяния, еще сильнее размывает нечеткую границу между добром и злом. Итак, мы спрашиваем: почему люди не помогают другим? Почему они ничего не делают, когда нужно действовать? Такая пассивность — следствие их личных недостатков — бездушия и безразличия? Или здесь также можно обнаружить некие социальные мотивы?

Случай Китти Дженовезе: социальные психологи спешат на помощь, но опаздывают

В большом городе, таком как Нью-Йорк, Лондон, Токио или Мехико, каждый окружен буквально десятками тысяч людей. Мы проходим мимо них на улицах, сидим рядом с ними в ресторанах, в кино, в автобусах и электричках, ждем вместе с ними своей очереди — но при этом никак не связаны с этими людьми, как будто рядом с нами никого нет. Рядом с одной девушкой из Квинса действительно никого не оказалось как раз тогда, когда ей больше всего нужна была помощь других людей.

«Более получаса 38 уважаемых законопослушных жителей Квинса [Нью-Йорк] наблюдали, как убийца избивал женщину, совершив на нее три отдельных нападения в районе Кью-Гарденс. Дважды голоса и внезапно зажегшийся свет в спальнях этих людей помешали ему.

И каждый раз он возвращался, находил свою жертву и продолжал ее избивать. Никто из свидетелей нападения не позвонил в полицию; один свидетель вызвал полицию только после того, как женщина умерла». [*The New York Times*, 13 марта 1964 г.].

Проведенный недавно повторный анализ деталей этого происшествия поставил под сомнение количество свидетелей, и не ясно, понимали ли они, что происходит, — ведь многие из них были пожилыми людьми и неожиданно проснулись среди ночи. Тем не менее нет никаких сомнений, что многие жители этого ухоженного, спокойного, благополучного района слышали ужасные крики и при этом ничем не помогли. Китти погибла одна, на лестнице, ей было уже некуда бежать, и она не смогла ускользнуть от безумного убийцы.

Всего несколько месяцев спустя мы получили еще более яркое, леденящее душу свидетельство того, какими равнодушными и пассивными могут быть свидетели. Восемнадцатилетнюю девушку-секретаря избили, зажали ей рот, раздели и изнасиловали прямо в офисе. Вырвавшись от своего мучителя, обнаженная и окровавленная, она побежала вниз по лестнице офисного здания, добежала до входной двери и стала кричать: «Помогите! Помогите! Он меня изнасиловал!» На улице собралась толпа примерно из 40 человек. Они с интересом наблюдали, как насильник тащил жертву вверх по лестнице, чтобы продолжить свое грязное дело. Никто не пришел ей на помощь! Только полицейский патруль, случайно проезжавший мимо, остановил злодеяние и возможное убийство (*The New York Times*, 6 мая 1964 г.).

Исследования поведения свидетелей

Социальные психологи услышали тревожный сигнал и начали серию новаторских экспериментов, связанных с поведением свидетелей. Они бросили вызов привычному диспозиционному представлению о бездушии жителей Нью-Йорка и решили понять, какие ситуационные факторы препятствуют просоциальным действиям обычных людей. В то время Бибб

Латане и Джон Дарли [21] были преподавателями Нью-Йоркских университетов — Колумбийского и Нью-Йоркского, так что они оказались прямо в эпицентре событий. Они проводили полевые исследования во многих местах Нью-Йорка, например в метро и на оживленных перекрестках, а также в лабораториях.

Их исследования привели к парадоксальным выводам: чем больше людей становятся свидетелями чрезвычайного происшествия, тем менее вероятно, что кто-то из них вмешается. Пассивные участники большой группы наблюдателей предполагают, что вмешается кто-то другой, и поэтому меньше склонны действовать, чем если находятся в одиночестве или кроме них есть всего еще один наблюдатель. Просто присутствие других уничтожает личную ответственность каждого из них. Тесты личностных особенностей участников не выявили существенной связи между теми или иными чертами личности и скоростью или вероятностью вмешательства в инсценированную чрезвычайную ситуацию [22].

Жители Нью-Йорка, Лондона, Берлина, Рима, Варшавы и других больших городов всего мира чаще помогают другим и вмешиваются, если их об этом прямо просят, или если они стали единственными или почти единственными свидетелями. Чем больше людей присутствует в чрезвычайной ситуации, тем охотнее мы верим, что вмешается в ситуацию кто-то другой, поэтому нам не нужно ничего делать — и тем самым рисковать и брать на себя ответственность. Дело вовсе не в бездушии. Причиной пассивности может быть не только страх за свою жизнь, когда человек наблюдает насилие, но и непонимание серьезности ситуации, боязнь совершить ошибку и выглядеть глупо, или просто нежелание вмешиваться «не в свое дело». Кроме того, пассивность и бездействие становятся групповой нормой.

Социальные ситуации создают люди, и изменять их могут тоже люди. Мы не роботы, управляемые ситуационно-ориентированными программами, наша созидательная, творческая деятельность может изменить любую программу. Но дело в том, что мы слишком часто принимаем на веру чужие определения ситуации и чужие нормы вместо того, чтобы сознательно рискнуть, бросить вызов этим нормам и поискать новые модели поведения. Одним интересным следствием изучения пассивных и восприимчивых свидетелей стало появление сравнительно новой области в социальной психологии — исследований помощи и альтруизма (хороший обзор работ на эту тему содержится в монографии Дэвида Шрёдера с соавторами [23]).

Добрый самаритянин очень спешит

Команда социальных психологов провела весьма показательный эксперимент, который подтвердил, что чаще всего люди отказываются помочь незнакомцу в беде из-за ситуационных, а не диспозиционных факторов [24]. Это одно из моих любимых исследований, так что давайте еще раз поиграем в уже знакомую игру, и вы снова сыграете роль «испытуемого».

Представьте себе, что вы — студент семинарии Принстонского университета. Вы готовитесь стать священником. Сегодня вы собираетесь прочесть проповедь, посвященную притче о добром самаритянине. Вашу проповедь будут записывать на видео для психологического эксперимента, посвященного эффективной коммуникации. Вы назубок выучили эту притчу из десятой главы Евангелия от Луки. В ней говорится о человеке, который остановился, чтобы помочь прохожему, попавшему в беду. Прохожий беспомощно сидел у дороги из Иерусалима в Иерихон. Евангелие гласит, что добрый самаритянин был единственным, кто проявил милосердие к незнакомцу, и за это он получит заслуженную награду на небесах. Это прекрасный библейский урок о добродетели альтруизма.

А теперь представьте себе, что по пути из здания факультета психологии в видеостудию вы видите незнакомца, сидящего у дороги. Он явно попал в беду — он стонет и наверняка нуждается в помощи. Можете ли вы представить себе какие-то причины, которые помешали бы вам помочь незнакомцу, как сделал добрый самаритянин, — особенно если учесть, что как раз в этот момент вы повторяете про себя притчу о добром самаритянине?

Но вернемся в психологическую лабораторию. Вам сказали, что вы опаздываете на назначенный сеанс видеозаписи, и поэтому вам нужно поспешить. Другим студентам семинарии, которые также участвовали в этом эксперименте, случайным образом давали разные установки: им говорили, что у них либо мало времени, либо достаточно времени, чтобы дойти до центра видеозаписи. Но разве спешка важна? Ведь вы — хороший человек, почти святой, и как раз сейчас думаете о добродетели альтруизма, которую проявил добрый самарятянин. Готов поспорить, что вам хотелось бы верить, что спешка не имеет значения, что в такой ситуации вы обязательно остановились бы и помогли страждущему, несмотря ни на что. И вы наверняка уверены, что другие студенты семинарии тоже придут на помощь человеку в беде.

Если вы на это поставили, то проиграли. Жертва подобной ситуации пришла бы к такому выводу: не стоит попадать в беду, когда окружающие спешат. Почти все студенты семинарии — 90% — упустили шанс стать добрыми самарятянами, потому что очень спешили прочесть проповедь о добром самарятянине. Студенты испытывали конфликт интересов: помочь науке или помочь жертве. Наука победила, и жертва осталась страдать. (Как вы уже догадались, роль жертвы играл ассистент исследователя.)

Чем больше времени было в распоряжении семинаристов, тем чаще они останавливались и оказывали жертве помощь. Таким образом, ситуационная переменная *нехватки времени* была главным фактором, определявшим, кто помогал, а кто проходил мимо. Не было никакой нужды обращаться к диспозиционным объяснениям поведения студентов семинарии — они вовсе не были бездушными, циничными или безразличными, какими принято считать жителей Нью-Йорка, бросивших в беде бедную Китти Дженовезе. Исследователи повторили эксперимент и получили те же результаты. Но когда семинаристам предстояла не проповедь, а менее важное дело, почти все они останавливались и помогали незнакомцу. Смысл этого исследования заключается не в том, кто поможет, а кто — нет, а в том, какие социальные и психологические факторы этой ситуации на это повлияли. Это помогает лучше понять, в каких ситуациях люди не склонны (или не могут) помогать тем, кто попал в беду [25].

Узаконенное зло бездействия

В ситуациях, где творятся злодеяния, есть преступники, есть жертвы и есть уцелевшие. Часто есть еще и наблюдатели или те, кто знает, что происходит, и не вмешивается, тем самым поддерживая злодеяния собственным бездействием.

Именно хорошие полицейские никогда не выступают против жестокости коллег, избивающих представителей меньшинств на улицах или в застенках полицейских участков. Хорошие епископы и кардиналы покрывают грехи приходских священников, потому что их больше беспокоит имидж католической церкви. Они знают, что происходит, но ничего не делают, чтобы пресечь зло, тем самым позволяя педерастам и педофилам продолжать грешить в течение многих лет (в итоге это обходится церкви в миллиарды долларов компенсаций и стоит множества разочарованных прихожан) [26].

Точно так же хорошие сотрудники компаний Enron, WorldCom, Arthur Andersen и других не менее коррумпированных корпораций Америки и всего мира стыдливо отворачивались, когда руководство подделывало документы. И, как мы видели, именно хорошие охранники Стэнфордской тюрьмы ни разу не вмешались, не выступили в защиту страдающих заключенных и не заставили плохих охранников умерить свой пыл. Тем самым они потворствовали их непрерывно растущей жестокости. А сам я наблюдал все эти злодеяния и ограничился тем, что запретил охранникам применять физическое насилие. В итоге наш тюремный подвал переполнило психологическое насилие. А я не вмешивался. Я попал в ловушку противоречащих друг другу ролей: исследователя и тюремного суперинтенданта, которую сам же и создал. Это внутреннее противоречие не позволяло мне видеть страдания, происходившие на моих глазах. Поэтому я тоже виновен в зле бездействия.

На уровне государства подобное бездействие, когда нужно действовать, приводит к массовым убийствам и геноциду, как это было в Боснии и в Руанде, а совсем недавно — в Дарфуре. Страны, как и люди, часто не хотят вмешиваться, отрицают серьезность ситуации и не спешат принимать меры. Они тоже предпочитают верить пропаганде правителей, а не мольбам жертв. Кроме того, те, кто принимает решения, часто испытывают давление со стороны большого бизнеса, которому выгодно просто переждать.

Один из самых печальных случаев узаконенного зла бездействия произошел в 1939 г., когда американское правительство и его президент, известный гуманист Франклин Рузвельт, отказались впустить в страну судно с еврейскими беженцами на борту. Лайнер «Сент-Луис» шел из Гамбурга на Кубу. На его борту было 937 еврейских беженцев, которые хотели спастись от Холокоста. Кубинское правительство не сдержало свое первоначальное обещание принять беженцев. В течение 12 дней беженцы и капитан судна отчаянно пытались получить разрешение американского правительства войти в порт Майами, находившийся в пределах видимости. После того как судну не позволили войти ни в этот, ни в какой-либо другой порт США, ему пришлось повернуть назад и снова пересечь Атлантику. Некоторых беженцев приняли Великобритания и другие страны, но многие в итоге погибли в нацистских концентрационных лагерях. Только представьте себе, что вы были так близко к свободе, а потом погибли в рабстве.

На протяжении всей истории человечества именно бездействие тех, кто мог действовать, безразличие тех, кто должен был обратить внимание, молчание голоса правосудия, когда он должен был звучать громче всего, позволяли злу одержать победу.

Хайле Селассие,
последний император Эфиопии

ПОЧЕМУ ВАЖНЫ СИСТЕМЫ И СИТУАЦИИ

Личность и ситуация взаимодействуют между собой и формируют поведение. Люди всегда действуют в том или ином поведенческом контексте, об этом знает любой психолог. Человек — и продукт окружения, и его создатель [27]. Мы — не пассивные объекты, просто случайно оказавшиеся в тех или иных обстоятельствах. Люди обычно выбирают окружение, к одним ситуациям они стремятся, а других избегают. Они могут менять окружение своим присутствием и своими действиями. Они влияют на других участников ситуации и трансформируют окружение бесчисленными способами. Чаще всего мы — активные действующие лица, способные повлиять на ход событий, происходящих в нашей жизни, и формировать свою собственную судьбу [28]. Кроме того, человеческое поведение и человеческие общества находятся под мощным влиянием фундаментальных биологических механизмов, а также культурных ценностей и практик [29].

С точки зрения медицины, образования, законодательства, религии и психиатрии — короче говоря, почти всех основных элементов западного общества, человек независим и автономен. Все вместе эти институты создают и поддерживают миф о том, что люди всегда могут управлять своим поведением, действуют на основании свободной воли и рационального выбора и поэтому несут личную ответственность за все свои действия. Если человек не признан недееспособным и при этом поступает неправильно, значит, он осознает, что поступает неправильно и должен быть за это наказан. Считается, что факторы ситуации — всего лишь минимальный набор внешних обстоятельств. Оценивая то или иное поведение, сторонники диспозиционного подхода возлагают ответственность на Личность, не обращая внимания на Ситуацию. На первый взгляд, такие представления поддерживают человеческое достоинство, и здоровому взрослому человеку должно хватать внутренней силы и воли, чтобы противостоять любым искушениям и ситуационным влияниям. Те из нас, кто не согласен с этой концепцией, полагают, что такой взгляд отрицает реальность и недооценивает человеческую уязвимость. Признание человеческой слабости перед лицом самых разных ситуационных сил, о которых мы до сих пор говорили в нашем исследовании, — первый шаг к тому, чтобы научиться сопротивляться нежелательным влияниям и создавать эффективные стратегии противодействия — и для отдельных людей, и для целых сообществ.

Ситуационный подход побуждает нас испытывать глубокое чувство смирения, когда мы пытаемся понять «немыслимые», «невообразимые», «бессмысленные» акты насилия, вандализма, террора, пыток или убийств. Вместо того чтобы отгородиться забором высокой нравственности, отделяющим нас, хороших людей, от тех, плохих, и быстро разделаться с анализом причин, которые привели к этим злодеяниям, с помощью ситуационного подхода можно проявить к этим «другим» «атрибутивное милосердие». Оно основано на той идее, что любой поступок, добрый или злой, который когда-либо совершил человек, в той же ситуации могли бы совершить и мы с вами. Когда речь идет о том, что заставляет людей совершать преступления, наше общество и наша система уголовного права слишком сильно полагаются на общепринятые взгляды. Обычно мы уделяем внимание только мотивационным и личностным детерминантам. Системе правосудия пришло время обратить внимание на существенный корпус данных, накопленных науками о поведении, которые подтверждают влияние социального контекста на поведение личности к лучшему или к худшему. Мои коллеги Ли Росс и Донна Шестовски провели глубинный анализ проблем, которые ставит современная психология перед теорией и практикой права. Их вывод состоит в том, что правовой системе было бы полезно принять модель медицинской науки и практики, используя современные исследования о комплексных причинах адекватного и неадекватного функционирования тела и разума:

> «Система уголовного правосудия до сих пор основывается на иллюзии того, что поведение личности остается стабильным в разных ситуациях, на ошибочных представлениях, будто поведение — результат предрасположенности, а ситуация не имеет значения. Правосудие не способно следовать логике "ситуационного" взаимодействия и предпочитает удобные, но совершенно неверные представления о доброй воле, точно так же как когда-то люди верили в колдовство или одержимость дьяволом» [30].

Оценка ситуационной власти

На субъективном уровне можно сказать, что нужно быть участником ситуации, чтобы оценить ее трансформирующее воздействие — на нас самих и на других участников той же ситуации.

Взгляд со стороны ничего не даст. Абстрактное описание ситуации, даже весьма подробное, не передает ее эмоционального фона, невербального поведения участников, возникающих в ней норм, того, насколько она затрагивает наше эго и насколько нас возбуждает. В этом и состоит разница между тем, чтобы отвечать на вопросы телевикторины, находясь на сцене, или наблюдать за ней, сидя в зале. Именно по этой причине обучение, основанное на эмпирических методах, может оказаться столь эффективным, как в тех экспериментах школьных учителей — миссис Элиот и Рона Джонса, — о которых мы уже говорили. Надеюсь, вы помните историю о том, как 40 психиатров, которых попросили предсказать результат эксперимента Милгрэма, значительно недооценили влияние авторитета? По их мнению, только один процент испытуемых дойдет до максимального напряжения тока в 450 вольт. Но, как мы видели, они оказались очень далеки от реальности. Они не смогли по достоинству оценить воздействие социально-психологических факторов ситуации, побуждавших обычных людей делать то, чего в обычной жизни они никогда бы не сделали.

Насколько важно влияние ситуации? Недавно был опубликован обзор социально-психологических исследований за последние 100 лет, в котором обобщены результаты более чем 25 000 исследований с участием 8 млн человек [31]. В этой грандиозной работе был использован статистический метод метаанализа. Это количественное обобщение результатов самых разных исследований, демонстрирующее масштабы и степень совпадения их эмпирических результатов. Посредством 322 отдельных проб метаанализа был получен общий результат. Он заключается в том, что весь этот огромный объем социально-психологических исследований подтверждает: влияние социальных факторов ситуации на поведение личности — надежный и достоверный феномен.

Эти данные были подвергнуты повторному анализу, причем отбирались только те исследования, которые важны для понимания переменных социального контекста и принципов, действующих в ситуациях, когда обычные люди участвуют в пытках. Исследователь из Принстонского университета Сьюзен Фиске обнаружила 1500 отдельных факторов, подтверждающих стабильное и достоверное воздействие ситуационных переменных на поведение личности. Она делает следующий вывод: «Социально-психологические данные ясно указывают на власть социального контекста, другими словами — на власть межличностной ситуации. Благодаря множеству исследований, проводившихся в течение последних ста лет, социальная психология накопила достаточно данных о том, как люди влияют на друг друга, во зло или во благо» [32].

ЧТО ВПЕРЕДИ: ЛОЖКИ ДЕГТЯ, БОЧКИ МЕДА, ПРОВОКАТОРЫ И «ЗАБАВЫ»

Итак, настало время вооружиться нашим аналитическим инструментом и отправиться в далекую чужую страну — в Ирак. Там мы попытаемся осмыслить невероятный феномен наших дней: цифровые снимки, запечатлевшие издевательства над иракскими заключенными в тюрьме Абу-Грейб. Весь мир был потрясен свидетельствами этих преступлений против человечности, совершенных в блоке 1А этой секретной тюрьмы, этого «театра ужасов». Как такое могло произойти? Кто должен нести за это ответственность? Почему мучители, не стесняясь, делали эти снимки, запечатлевая собственные преступления? Эти и многие другие вопросы волновали общественность в течение многих месяцев. Президент Соединенных Штатов поклялся «добраться до дна» этой ситуации. Политические деятели и ученые мужи со знанием дела объявили, что все дело — в «ложке дегтя», случайно попавшей в «бочку меда». Злодеи оказались просто-напросто кучкой садистов, «плохих солдат».

Наша цель — заново исследовать то, что произошло, и выяснить, как это произошло. Теперь мы достаточно подготовлены, чтобы противопоставить привычному диспозиционному анализу, возлагающему вину на нескольких злодеев, плохую «ложку дегтя» в хорошей «бочке меда», поиск ситуационных детерминант. Мы хотим понять природу той самой «бочки дегтя». Мы также рассмотрим выводы нескольких независимых следственных групп, которые вели расследование злоупотреблений. Это выведет нас за рамки ситуационных факторов и сделает объектом нашего анализа Систему — военную и политическую.

ГЛАВА ЧЕТЫРНАДЦАТАЯ

Злоупотребления и пытки в Абу-Грейб: причины и действующие лица

Ориентир Стэнфордского эксперимента преподает поучительный урок для всех военных тюрем… психологи хотели понять, как и почему люди и группы, которые обычно действуют гуманно, в определенных обстоятельствах могут вести себя иначе.

Независимый отчет Шлезингера [1]

Вашингтон, округ Колумбия, 28 апреля 2004 г. В столице я представляю Американскую психологическую ассоциацию на встрече Совета президентов научных обществ США. Я редко смотрю телевизионные новости среди недели — сделать это удается только в путешествии. Переключая каналы в своем гостиничном номере, я вдруг наткнулся на нечто, поразившее мое воображение. На экране появились невероятные образы — это была программа «60 минут II» канала CBS [2]. Обнаженные мужчины-заключенные выстроены в пирамиду, а рядом с ними стоят улыбающиеся американские солдаты. Девушка-солдат тащит на поводке обнаженного заключенного, на шее у которого надет собачий ошейник. Заключенные в ужасе смотрят на злобных немецких овчарок — кажется, собаки собираются на них напасть. Новые и новые образы, словно в порнографическом слайд-шоу: обнаженные заключенные против собственной воли мастурбируют перед девушкой-солдатом, у нее — сигарета в зубах, и она гордо показывает двумя пальцами знак «победа»; заключенных принуждают имитировать фелляцию.

Казалось непостижимым, что доблестные американские солдаты мучают, оскорбляют и унижают беспомощных пленников, принуждая принимать все эти гомоэротичные позы.

Увы, это было именно так. Затем — не менее невероятные новые образы: заключенные в напряженных «стрессовых» позах в зеленых капюшонах или розовых женских трусиках на голове. Неужели все это — дело рук тех замечательных юношей и девушек, которых Пентагон отправил за тысячи километров с благородной миссией — принести демократию и свободу в Ирак, недавно избавленный от тирана и мучителя Саддама Хусейна?

Я с удивлением увидел, что на многих из этих ужасных снимков рядом с жертвами запечатлены сами преступники. Одно дело — творить злодеяния, и совсем другое — оставлять их неопровержимые доказательства в виде фотографий. О чем они думали, когда делали эти «трофейные снимки»? Наконец, на экране появился символ психологического насилия, скоро ставший культовым. Заключенный в капюшоне стоит на непрочном картонном ящике с вытянутыми руками, а к его пальцам присоединены электрические провода. Его убедили (это сделал сержант Дэвис), что если он упадет от усталости, то получит удар током и умрет, как на электрическом стуле. Капюшон немного приподнят, чтобы заключенный мог видеть, что провода ведут от стены к его телу. На самом деле эти провода никуда не вели и не могли причинить никакого физического вреда — они должны были просто вызывать страх. Мы не знаем, как долго этот человек в капюшоне дрожал от животного страха за свою жизнь, но вполне можем представить себе, как травмировал его этот опыт; остается только ему посочувствовать.

Я увидел не меньше десятка снимков; я хотел выключить телевизор, но не мог отвести взгляд, я оказался загипнотизирован выразительностью фотографий и тем, что они нарушали все мыслимые ожидания. Но до того, как я успел как следует подумать о том, что могло заставить этих солдат вести себя подобным образом, меня, как и остальных граждан страны, уверили, что все эти ужасные пытки — дело рук всего одной-единственной «ложки дегтя». В телевизионном интервью генерал Ричард Майерс, председатель Комитета начальников штабов армии США, объявил, что был удивлен обвинениями в адрес армии США и поражен этими свидетельствами преступных злоупотреблений. Однако он сказал, что уверен: нет никаких доказательств того, что эти злоупотребления были «систематическими». Наоборот, это была всего лишь личная инициатива горстки «плохих солдат». Согласно этому авторитетному военному руководителю, 99,9% американских солдат за рубежом ведут себя образцово — а значит, нет никаких причин для беспокойства. «Плохих солдат», способных на подобные отвратительные злоупотребления, меньше одного процента.

«Откровенно говоря, я думаю, все мы разочарованы действиями этих солдат, — сказал бригадный генерал Марк Киммит в интервью все в той же программе "60 минут II". — Все мы любим наших солдат, но, честно говоря, бывают дни, когда мы не можем ими гордиться». Я с облегчением услышал, что эти безобразные акты насилия совершали всего несколько испорченных солдат, служащие тюремными охранниками в одной из множества американских военных тюрем [3].

Но погодите. Откуда генерал Майерс мог знать, что это единственный инцидент? Ведь тогда еще не велось никаких

расследований относительно системы военных тюрем в Ираке, Афганистане и на Кубе. Просто ситуация выплыла наружу; никто еще не успел собрать свидетельства, которые позволили бы сделать такие утверждения. В этом авторитетном заявлении, призванном оправдать Систему и обвинить во всем единственную «ложку дегтя», слышалось нечто тревожное. Слова генерала очень напоминали то, что говорят журналистам полицейские чины всякий раз, когда выходит наружу новый случай злоупотреблений по отношению к задержанным. Обычно они спешат обвинить в них нескольких испорченных полицейских — ту самую ложку дегтя — чтобы отвлечь внимание от обычных методов, применяющихся в застенках и даже в главном полицейском управлении. Это излюбленная тактика защитников Системы: найти «плохих мальчиков», от рождения предрасположенных к плохим поступкам. Точно так же директора школ и учителя обвиняют в неуспеваемости «трудных» учеников вместо того, чтобы найти время и подумать о скучных уроках или неэффективных методах обучения, которые могли стать истинной причиной неуспеваемости.

Министр обороны Дональд Рамсфельд осудил действия этих солдат, назвал их «ужасными» и «не соответствующими ценностям нашей страны». «Фотографии американских военных, которые увидела общественность, бесспорно, оскорбили и возмутили министерство обороны, — сказал он. — Все нарушители должны быть наказаны, их действия должны быть изучены, а нарушения устранены». Затем он сделал заявление, косвенно снимающее ответственность с вооруженных сил за отсутствие соответствующего обучения и подготовки персонала резервной военной полиции для выполнения столь сложной миссии: «Если кто-то не понимает, что вещи, запечатленные на этих фотографиях, недопустимы, что они жестоки, бесчеловечны, неприличны и противоречат американским ценностям, я не знаю, какое нужно обучение, чтобы они это поняли» [4]. Однако Рамсфельд не упустил возможности по-новому назвать эти действия. Это были уже не «пытки», а «злоупотребления». Он сказал: «До сих пор шла речь о злоупотреблениях, и я считаю, что технически эти действия отличаются от пыток. Я не собираюсь использовать слово "пытки"» [5]. Но минуточку, что означает «технически»? [6]

Благодаря СМИ эти жуткие образы облетели весь мир. Их много дней подряд можно было увидеть в прайм-тайм на телевидении, на первых полосах газет и журналов и на веб-сайтах. Они очень долго оставались в центре внимания. В результате президент Буш начал немедленную и беспрецедентную кампанию по ликвидации последствий, чтобы восстановить репутацию своих вооруженных сил и своего правительства, в первую очередь министра обороны. Он со всей серьезностью заявил, что будут проведены независимые расследования, которые доберутся «до дна» всего этого. Я задавался вопросом, станет ли президент при этом проводить расследования, которые доберутся до «верха» этого скандала? Увидим ли мы всю картину, а не только ее раму? Казалось, так и будет, если учесть, что его заместитель, отвечающий за операции в Ираке, бригадный генерал Марк Киммит во всеуслышание объявил: «Я хотел бы прийти сюда и сказать, что это были единственные случаи насилия над заключенными. Но нам известно, что с тех пор, как мы находимся здесь, в Ираке были и другие». (Разве это не противоречит утверждению генерала Майерса о том, что это был единичный инцидент, а вовсе не «систематическая» практика?)

На самом деле злоупотребления, пытки и убийства были повсеместной практикой — и это выяснилось благодаря скандалу в тюрьме Абу-Грейб. По данным подполковника Джона

Скиннера из министерства обороны США, к апрелю 2006 г. в армии велось около 400 отдельных расследований подобных действий.

Занимаясь исследованием пыток в Бразилии, готовясь к лекциям о пытках, я видел множество ужасающих фотографий, запечатлевших чрезвычайную жестокость. Но в фотографиях, сделанных в тюрьме с экзотическим названием Абу-Грейб, что-то сразу же поразило меня, что-то новое и все же знакомое. Незнакомыми были игривость и бесстыдство, с которыми позировали преступники. Это были просто «забавы», как сказала, совершенно не стыдясь, рядовая Линди Ингленд, улыбающееся лицо которой на некоторых фотографиях составляет разительный контраст с творящимся вокруг нее хаосом. И все же меня не покидало ощущение, что я уже где-то это видел. В какой-то момент я с ужасом понял, что некоторые из этих образов напоминают мне худшие сцены Стэнфордского тюремного эксперимента. Мешки на головах заключенных; нагота; сексуально-унизительные игры с участием «верблюдов» и мужчины, прыгающие через головы друг друга с обнаженными гениталиями. Таким издевательствам студенты-охранники подвергали студентов-заключенных. Кроме того, как и в нашем исследовании, самые худшие злоупотребления происходили во время ночной смены! И в обоих случаях задержанные находились в предварительном заключении.

Как будто в этой далекой тюрьме в течение нескольких месяцев разыгрывался наихудший сценарий нашего эксперимента — но только не в нашей недолговечной и относительно мягкой мнимой тюрьме, а в поистине ужасающих условиях. Я видел, что произошло с хорошими мальчиками, как только они оказались в ситуации, дававшей им фактически неограниченную власть над «заключенными». В нашем исследовании охранники не проходили никакого предшествующего обучения, а руководство пустило ситуацию на самотек и не всегда пресекало психологическое насилие. Я хорошо представлял себе, что могло случиться, если бы все ограничения, действовавшие в нашей экспериментальной ситуации, были сняты. Поэтому я понимал, что в тюрьме Абу-Грейб должны были действовать мощные ситуационные силы, а также еще более мощные системные факторы. Но откуда мне было знать, каким был поведенческий контекст в этой далекой тюрьме или какая Система создала и поддерживала ее? Мне было очевидно, что теперь Система изо всех сил попытается скрыть свое соучастие в пытках.

В ПОИСКАХ СМЫСЛА БЕССМЫСЛЕННЫХ ИЗДЕВАТЕЛЬСТВ

В начале Стэнфордского тюремного эксперимента наши охранники были «ложкой меда», но под влиянием мощных ситуационных сил некоторые из них постепенно превратились в «ложку дегтя». К тому же позднее мне стало понятно, что именно я, вместе с членами своей исследовательской группы, несу ответственность за создание Системы, сделавшей эту ситуацию настолько могущественной и настолько пагубной. Мы не смогли обеспечить адекватное руководство и ограничения, которые бы предотвращали злоупотребления. Мы создали правила и процедуры, которые поощряли процессы дегуманизации и деиндивидуации и стимулировали охранников изобретать все более творческие методы зла. Далее, мы могли бы использовать власть Системы, чтобы закончить эксперимент, когда ситуация начала выходить из-под контроля, и только бдительность Кристины Маслач заставила меня признать свою личную ответственность за злоупотребления.

Пытаясь разобраться в причинах злоупотреблений, происходивших в тюрьме Абу-Грейб, мы начнем с конца процесса, с документальных свидетельств злодеяний. Поэтому нам придется прибегнуть к обратному анализу. Мы должны определить, какими людьми были эти охранники *до того,* как им поручили охранять заключенных в той иракской тюрьме. Сможем ли мы установить, какие патологии, если они вообще были, внесли в тюрьму охранники? Удастся ли нам отделить их диспозиционные тенденции от тех качеств, которые спровоцировала эта особая ситуация? И далее, можем ли мы выяснить, в каком поведенческом контексте они оказались? Какова была социальная реальность для охранников в этих особых обстоятельствах в это особое время?

Наконец, мы должны внимательно присмотреться к структуре власти, которая несет ответственность за создание и поддержание условий работы и жизни всех обитателей этой иракской темницы — и иракских заключенных, и охранников-американцев. Какое оправдание может предложить Система? По каким причинам она использовала эту тюрьму для содержания «задержанных» в течение неопределенного времени, без суда и следствия, где их допрашивали с помощью «принудительных тактик»? На каком уровне государственного управления было принято решение нарушить Женевские конвенции[1] и собственные армейские правила по обращению с заключенными, в соответствии с которыми запрещены любые жестокие, бесчеловечные и унизительные действия по отношению к ним? Эти конвенции и правила определяют основные нормы поведения в обращении с заключенными в любой демократической стране и в военное, и в мирное время. Страны соблюдают их не только по доброй воле и не из чистого человеколюбия, но чтобы гарантировать гуманное обращение со своими собственными солдатами, если те попадут в плен.

Я не журналист, я не вел собственных расследований и не располагал средствами для поездки в Абу-Грейб. Я не мог взять интервью у основных участников злоупотреблений и поэтому никак не мог ожидать, что мне удастся добраться до самого верха или до самого дна этого интригующего психологического явления. Но для меня было бы позором не использовать свой профессиональный опыт для понимания этого, на первый взгляд бессмысленного, насилия, учитывая то уникальное зна-

---

[1] Женевские конвенции — четыре международные конвенции о защите жертв войны, подписанные 12 августа 1949 г.: 1) Конвенция об улучшении участи раненых и больных в действующих армиях; 2) Конвенция об улучшении участи раненых, больных и лиц, потерпевших кораблекрушение, из состава вооруженных сил на море; 3) Конвенция об обращении с военнопленными; 4) Конвенция о защите гражданского населения во время войны. Закрепили основной принцип современного международного права: войны ведутся против вооруженных сил противника; военные действия против гражданского населения, больных, раненых, военнопленных и т. д. запрещаются. Участники Женевских конвенций обязаны соблюдать их положения и в том случае, если противная сторона, не участвующая в них, в своих действиях будет также их соблюдать. Женевские конвенции предусматривают обязанность стран-участниц разыскивать и наказывать лиц, совершивших или приказавших совершить какие-либо действия, нарушающие положения этих конвенций. — *Прим. пер.*

ние «из первых рук», которое я получил в роли суперинтенданта Стэнфордской тюрьмы. Благодаря парадигме СТЭ я убедился в том, что, сталкиваясь с злоупотреблениями в исправительных учреждениях, необходимо оценить все возможные факторы (диспозиционные, ситуационные и системные), которые могли привести к действиям, которые мы хотим понять.

В нужное время, в нужном месте

Внезапно мне очень повезло. Бывший студент Стэнфорда, работающий на Национальном общественном радио (National Public Radio) в Вашингтоне, обратил внимание на сходство фотографий из тюрьмы Абу-Грейб и снимков, которые я когда-то демонстрировал во время лекций о Стэнфордском тюремном эксперименте. Вскоре после того, как всплыла эта история, он разыскал меня в вашингтонском отеле и предложил дать интервью NPR. Основным моментом интервью должна была стать критика оправданий правительства по поводу «ложки дегтя» с помощью моей альтернативной метафоры «бочки дегтя», выведенной из сходства между ситуацией в тюрьме Абу-Грейб и Стэнфордским тюремным экспериментом. Вслед за первым интервью NPR последовали другие выступления военного руководства на телевидении, радио и в прессе. В них звучали все те же бравые заявления о «ложках» и «бочках». СМИ просили меня дать комментарии, потому что их можно было дополнить выразительными видеокадрами и слайдами, сделанными в нашей экспериментальной тюрьме.

Этот общенациональный интерес, в свою очередь, убедил Гэри Майерса, адвоката одного из военных полицейских — охранников, что в защите своего подопечного он может ссылаться на мое исследование, поскольку оно убедительно доказывает наличие внешних детерминант оскорбительного поведения, в котором обвиняли его клиента. Майерс пригласил меня быть свидетелем-экспертом по делу старшего сержанта Айвена «Чипа» Фредерика, служащего военной полиции, начальника ночной смены в блоках 1А и 1В. Я согласился — в том числе и для того, чтобы получить доступ ко всей информации, которая была необходима, чтобы во всей полноте понять, какую роль в его поведении сыграли три основных элемента атрибутивного анализа — Человек, Ситуация и Система, поместившие этого человека в такое место, где совершались такие преступления.

С учетом всего этого я надеялся более полно оценить мотивы, питавшие эти отклонения. В этом процессе я согласился оказать посильную помощь клиенту Майерса, однако ясно дал понять, что мои симпатии на стороне Джо Дарби, солдата, которому хватило храбрости сообщить о злоупотреблениях, а не на стороне тех, кто в них участвовал [7]. На таких условиях я присоединился к команде защиты старшего сержанта Фредерика и совершил новое путешествие в сердце тьмы.

Мы начнем наш анализ с изучения того, что это было за место, тюрьма Абу-Грейб — географически, исторически, политически, с точки зрения действующей структуры и функций. Затем мы понаблюдаем за солдатами и заключенными, оказавшимися в этом поведенческом контексте.

МЕСТО: ТЮРЬМА АБУ-ГРЕЙБ

В 32 км к западу от Багдада и в нескольких километрах от Фаллуджи находится город Абу-Грейб (или Абу-Гурейб), где и расположена тюрьма. Город лежит в пределах суннитского треугольника, центра мощного повстанческого сопротивления американской оккупации. В прошлом западные СМИ называли эту тюрьму «главной камерой пыток Саддама», потому что именно здесь во время господства партии Баас Саддам Хусейн устраивал пытки и публичные казни «диссидентов» — они совершались здесь два раза в неделю. Есть свидетельства того, что над некоторыми из этих политических заключенных и уголовников проводились эксперименты, подобные нацистским, — в рамках иракской программы разработки химического и биологического оружия.

В любой момент в огромном тюремном комплексе, название которого дословно можно перевести как «дом странных отцов» или «отец странного», содержалось до 50 000 человек. У этой тюрьмы всегда была сомнительная репутация, потому что в эпоху до изобретения аминазина здесь находилась психиатрическая больница для буйнопомешанных. Построенная британскими компаниями в 1960 г., тюрьма занимает 1,15 кв. км; по ее периметру расположены 24 сторожевые башни. Это целый город, разделенный стенами на пять отдельных зон. В каждой зоне содержатся заключенные какого-то одного типа. В центре открытого двора тюрьмы раньше стояла огромная башня высотой 120 м. В отличие от большинства американских тюрем, расположенных в отдаленных сельских районах, тюрьма Абу-Грейб стоит так, что из ее окон видны жилые дома и офисные здания (возможно, построенные после 1960 г.). Камеры тюрьмы, площадью около 16 кв. м, вмещают до 40 заключенных, содержащихся в поистине ужасных условиях.

Полковник Бернард Флинн, коммандер, тюрьма Абу-Грейб, вспоминает, что тюрьму постоянно обстреливали: «Это очень заметная цель, потому что это плохой район. Весь Ирак — плохой район... Одна из башен стоит так близко к соседним районам, что с нее можно буквально заглянуть в спальни местных жителей, вы знаете, прямо из нее. На крышах домов и в подъездах появляются снайперы, они стреляют в солдат, находящихся на башнях. Поэтому мы постоянно на страже, мы пытаемся защищаться, пытаемся сдерживать повстанцев, чтобы они не ворвались внутрь» [8].

В марте 2003 г. американская армия свергла правительство Саддама Хусейна, и тюрьма получила новое название, которое должно было отделить ее от сомнительного прошлого. Теперь она называлась Багдадский центр центрального заключения (Baghdad Central Confinement Facility) — аббревиатуру BCCF можно увидеть в отчетах многих следственных групп. Когда режим Саддама Хусейна пал, все заключенные, включая множество уголовников, были освобождены, а тюрьма была разграблена; украли все, что можно было унести: двери, окна, кирпичи — решительно все. Между прочим — и об этом не сообщалось в СМИ — городской зоопарк Абу-Грейб тоже был разорен, и дикие животные оказались на воле. Несколько дней по улицам бродили львы и тигры, пока их не поймали или не убили. Бывший сотрудник ЦРУ Боб Бэр описывает сцену, которую наблюдал своими глазами в этой печально известной тюрьме: «Я посетил тюрьму Абу-Грейб спустя несколько дней после того, как она была освобождена. Это было самое ужасное место, которое я видел в своей жизни. Я сказал: "Если и есть причина избавиться от Саддама Хусейна, так это Абу-Грейб"». Он продолжает свой мрачный отчет: «Мы нашли здесь тела, наполовину съеденные собаками, мы нашли места пыток. Знаете, электроды, выходящие из стен. Это было ужасное место» [9].

Высшее командование Великобритании рекомендовало уничтожить тюрьму, но американцы решили как можно быстрее восстановить ее и содержать в ней всех тех, кто подозревался в неких туманных «преступлениях против коалиции», предполагаемых лидеров повстанцев и разных преступников. Надзирали за всем этим пестрым составом задержанных иракские охранники весьма сомнительного свойства. Многие из задержанных были ни в чем не повинными мирными гражданами — их взяли в плен во время военных зачисток или арестовали на контрольно-пропускных пунктах на шоссе за какие-то «подозрительные действия». Здесь были целые семьи — мужчины, женщины и подростки. Они ожидали допросов на предмет информации, которой могли располагать, о возможных мятежах против коалиции. Но даже после допросов, когда оказывалось, что они ни в чем не виноваты, их не отпускали: военные боялись, что они присоединятся к мятежникам, или же просто никто не хотел брать на себя ответственность за их освобождение.

Удобная цель для минометных обстрелов

Стодвадцатиметровая башня в центре тюрьмы скоро стала любимой мишенью для ночных минометных обстрелов, которые велись с крыш соседних зданий. В августе 2003 г. в ходе минометного обстрела было убито одиннадцать солдат, спавших в палатках во дворе «открытого комплекса». Во время другой атаки в палатке, где было много солдат, взорвалась граната. Там же находился полковник Томас Паппас, командующий бригадой военной разведки, расквартированной в тюрьме. Паппас остался цел, но молодого солдата, его водителя, буквально разнесло на части, он погиб на месте, как и несколько других солдат. Паппас был так напуган, что больше никогда не снимал бронежилет. Мне говорили, что он не снимал бронежилет и металлическую каску, даже принимая душ. Позже его признали не годным к военной службе и освободили от должности. Ухудшающееся психическое состояние не позволяло ему должным образом руководить солдатами, работающими в тюрьме. После того ужасного минометного обстрела Паппас поселил почти всех своих солдат во внутренних помещениях тюрьмы, в «защищенном комплексе» — они спали в тесных тюремных камерах, так же как и заключенные.

Истории о гибели товарищей, о постоянном снайперском огне, гранатах и минометных обстрелах держали в постоянном страхе всех, кто служил в тюрьме, иногда подвергавшейся вражеским обстрелам по 20 раз в неделю. Под огнем гибли все — и американские солдаты, и иракские заключенные. Постепенно обстрелы разрушили некоторые здания тюремного комплекса. Повсюду были видны сожженные корпуса и развалины.

Минометные обстрелы происходили так часто, что стали обычным атрибутом ирреального безумия Абу-Грейб. Джо Дарби вспоминает, как, услышав звук выстрела, они с сослуживцами пытались выяснить калибр и местоположение миномета: 60-миллиметровый, 80-миллиметровый или еще больше, 120-миллиметровый. Однако такая психологическая бесчувственность перед лицом смерти длилась недолго. Дарби признается, что «за несколько дней до того, как мое отделение покинуло Абу-Грейб, мы вдруг впервые стали бояться минометных обстрелов. Это было странно. Все толпились у стены. Я присел в углу и начал молиться. От привычной бесчувственности ничего не осталось. Помните об этом, когда смотрите на снимки. Все мы пытались с этим справиться, каждый по-своему».

По словам одного высокопоставленного источника, который работал в тюрьме Абу-Грейб в течение нескольких лет, она оставалась крайне опасным местом и для жизни, и для работы. В 2006 г. военное командование, наконец, решило ее оставить, но было уже слишком поздно возместить ущерб, нанесенный предыдущим решением ее возродить[1].

---

[1] Тюрьма Абу-Грейб была официально закрыта 15 августа 2006 г., все заключенные, находившиеся в ней на то время, были отправлены в лагерь Кроппер (Camp Cropper), рядом с Багдадским аэропортом.

Но на этом страдания солдат не заканчивались. В разоренной и полуразрушенной тюрьме Абу-Грейб не было системы канализации — только ямы в земле и передвижные биотуалеты. Однако для всех размещенных здесь заключенных и солдат биотуалетов не хватало. Опорожняли их нерегулярно, они периодически переполнялись, и в сильную летнюю жару от них постоянно исходило ужасное зловоние. Кроме того, не было нормальных душевых; воду подавали по графику. Мыла не хватало, электричество регулярно отключалось, потому что генераторы работали с перебоями. От немытых тел заключенных, да и от всех помещений, где они содержались, исходило зловоние. Летом, под проливными дождями, когда температура поднималась выше 45 °C, тюрьма превращалась в нечто вроде духовки или сауны. Во время бурь пыль забивалась в легкие, вызывая кашель и вирусные инфекции.

На место прибывает новый командир, но ничего не меняется

В июне 2003 г. в этой гибельной иракской тюрьме появился новый руководитель. Командование 800-й бригадой военной полиции, руководившей тюрьмой Абу-Грейб и отвечавшей за все остальные военные тюрьмы в Ираке, приняла резервный бригадный генерал Дженис Карпински. Это назначение было странным сразу по двум причинам: Карпински была единственным командующим женского пола в районе боевых действий, и у нее не было абсолютно никакого опыта в управлении исправительными учреждениями. Теперь у нее в подчинении оказалось три больших тюремных комплекса, 17 тюрем по всему Ираку, восемь батальонов солдат, сотни охранников-иракцев, 3400 неопытных резервистов, а также специальный центр для допросов в блоке 1А. Это был слишком большой груз для такого неопытного офицера запаса.

Согласно нескольким источникам, Карпински скоро оставила свой офис в Абу-Грейб из-за постоянной опасности и ужасных условий жизни и вернулась в гораздо более безопасный лагерь Виктори (Camp Victory), рядом с багдадским аэропортом. Поскольку Карпински почти всегда отсутствовала, но часто ездила в Кувейт, высшего руководства и повседневного управления в тюрьме вообще не было. Кроме того, она утверждает, что вышестоящие офицеры сказали ей, что блок 1А — «особое место» и не является объектом ее прямого руководства. Поэтому она ни разу его не посетила.

Наличие женщины-командира, чье руководство было только номинальным, поощряло сексистские настроения среди солдат, а это привело к ослаблению обычной военной дисциплины и порядка. «Подчиненные генерала Карпински в Абу-Грейб иногда игнорировали ее приказы и не выполняли правила — они не носили форму и не отдавали честь старшим по званию, что еще больше ослабляло дисциплину в тюрьме», — сказал один из военнослужащих бригады. Солдат, который согласился дать показания на условиях анонимности, подтвердил, что офицеры, служившие в тюрьме, обычно игнорировали приказы генерала Карпински. Они говорили, что не собираются ее слушаться, потому что она женщина [10].

Поэтому весьма любопытно, что, несмотря на ужасные условия в Абу-Грейб, в декабре 2003 г. генерал Карпински дала оптимистичное интервью газете *St Petersburg Times*. Она сказала, что для многих иракцев, оказавшихся в Абу-Грейб, «условия жизни в тюрьме лучше условий жизни дома». Она добавила: «Мы даже начали волноваться, что они не захотят выйти на свободу». Однако как раз в то время, когда генерал Карпински давала такое бодрое предрождественское интервью, генерал-майор Антонио Тагуба вел расследование отчетов о многочисленных инцидентах «садистских, жестоких, необоснованных преступных действий», совершенных подотчетными ей резервистами из 372-й военно-полицейской роты, охранниками ночной смены блока 1А.

Позже генералу Карпински объявили взыскание, временно отстранили от должности, объявили официальный выговор и отозвали. Позже ее понизили в должности до полковника и уволили в запас. Карпински стала первым и единственным офицером, признанным виновным в ходе расследования злоупотреблений — ее вина состояла в грехах упущения и неведения. Не в том, что она сделала, а в том, чего не сделала.

В автобиографии, озаглавленной «Армия одной женщины», Карпински рассказывает эту историю со своей точки зрения [11]. Она вспоминает визит команды высокопоставленных офицеров из Гуантанамо, которую возглавлял генерал-майор Джеффри Миллер. Он сказал ей: «Мы собираемся изменить методы допросов в Абу-Грейб». Это означало, что нужно «снять лайковые перчатки», перестать мягко относиться к подозреваемым и перейти к тактике, позволяющей получать «ценные разведывательные данные», необходимые во время войны с терроризмом и повстанцами. Миллер настоял на том, чтобы сменить новое официальное название тюрьмы (ВССF) и вернуться к старому, до сих пор наводящему ужас на жителей Ирака: тюрьма Абу-Грейб.

Карпински также отмечает, что тему, начатую генералом Миллером, продолжил генерал-лейтенант Рикардо Санчес, командующий американскими силами в Ираке. Он сказал, что заключенные и задержанные — это «собаки», и с ними нужно обращаться соответственно. По мнению Карпински, ее командиры, генералы Миллер и Санчес, создали в тюрьме Абу-Грейб целую программу дегуманизации и пыток [12].

ЧЕЛОВЕК: ПОЗВОЛЬТЕ ПРЕДСТАВИТЬ ВАМ «ЧИПА» ФРЕДЕРИКА

Впервые я встретился с Чипом Фредериком 30 сентября 2004 г., когда его адвокат Гэри Майерс попросил меня провести целый день с Чипом и его женой Мартой в Сан-Франциско. Пока мы вели глубинное интервью с Чипом, занявшее четыре часа, Марта осматривала город, а потом мы все вместе пообедали у меня дома в Рашен-Хилл. С тех пор я веду активную переписку с Чипом Фредериком, общаюсь по телефону и по электронной почте с Мартой и старшей сестрой Чипа, Мими Фредерик.

Изучив его личное дело и всю доступную информацию о нем, я попросил военного психолога доктора Альвина Джонса провести полное психологическое тестирование Фредерика. Он сделал это в сентябре 2004 г. [13] Я проанализировал эти данные, а также результаты независимого «слепого» тестирования с помощью вопросника MMPI, проведенного другим экспертом по психологической диагностике. Кроме того, я провел оценку степени психологического выгорания во время нашего интервью, и его результаты оценил независимый эксперт по рабочему стрессу. Давайте начнем с общих данных, затем приведем личные отзывы членов семьи Фредерика, некоторые данные его недавних самооценок, а потом рассмотрим результаты формального психологического тестирования.

В то время Чипу было 37 лет. Его отцу, шахтеру из Западной Вирджинии, было 77, а матери, домохозяйке — 73 года. Чип вырос в небольшом городке Маунтайн Лейк-Парк, Мэриленд. По его словам, его мать была очень заботливой и всегда поддерживала его; отношения с отцом всегда были очень хорошими. Одно из лучших воспоминаний его детства — как он ремонтировал машину в гараже вместе с отцом. Его старшая сестра Мими, 48 лет — дипломированная медсестра. Чип встретился с Мартой, когда она вела тренинги в исправительном учреждении, где он тогда работал; они поженились в Вирджинии в июне 1999 г. Он стал отчимом двух ее дочерей-подростков.

Сам Чип описывает себя следующим образом: «Я очень спокойный, иногда застенчивый, земной, мягкий, склонный к согласию, в целом хороший человек» [14]. Однако для нас важно отметить некоторые другие качества: обычно Чип боится быть отвергнутым другими и поэтому в споре часто уступает; он готов изменить свою точку зрения, чтобы подстроиться к другим — тогда они не будут «злиться или ненавидеть меня». Другие люди могут повлиять на него, даже когда он считает, что принимает решение самостоятельно. Он не любит одиночества; ему нравится быть среди людей, и он испытывает напряжение, когда надолго остается один.

Мои исследования застенчивости эмпирически подтверждают связь между застенчивостью и конформизмом. Было обнаружено, что застенчивые студенты охотнее сдавались в споре и уступали другим людям, мнение которых не совпадало с их собственным, если считали, что им, возможно, придется открыто отстаивать свою точку зрения. При этом они не уступали другим, когда не опасались открытой конфронтации [15].

Личное дело Фредерика: служба в армии и работа охранника

До призыва на службу в Ираке Чип Фредерик пять лет, начиная с декабря 1996 г., проработал надзирателем в небольшой тюрьме общего режима, Букингемском исправительном центре, Дилвин, штат Вирджиния. Он был начальником смены, в его ведении находилось от 60 до 120 заключенных. Во время программы обучения он познакомился с Мартой — она была его тренером. Единственное пятно на его репутации — выговор, который он получил за то, что надел не ту униформу. Однако этот выговор уравновешивает благодарность за то, что он предотвратил самоубийство заключенного. До того, как стать сотрудником исправительного учреждения, Фредерик был рабочим — делал очки на предприятии компании Bausch & Lomb.

Я смог познакомиться со многими отчетами о его работе — Управление исправительных учреждений штата Вирджиния ежегодно проводит аттестацию сотрудников. Отчеты различных инспекторов, проводивших аттестацию, свидетельствуют, как быстро совершенствовался Чип во время стажировок на должность надзирателя. Как правило, его результаты оказывались выше средних почти по всем показателям.

«Надзиратель Фредерик умело выполняет порученные ему обязанности в течение испытательного срока. Соответствует всем профессиональным стандартам». «Надзиратель Фредерик проявляет инициативу и работает очень хорошо» (апрель 1997 г.).

«Успешно сотрудничает с коллегами и с заключенными. Досконально знает свою работу, а также официальную политику и процедуры. Охотно помогает другим офицерам» (октябрь 2000 г.).

Со временем эти оценки становятся все выше, пока, наконец, работа Чипа Фредерика не оценивается как «выше ожидаемых результатов». Но интересно отметить основной вывод одного из этих итоговых отчетов: «Не существует никаких факторов, лежащих вне компетенции сотрудника, которые бы оказывали влияние на его деятельность». Давайте запомним эту фразу, потому что я буду утверждать, что на его работу в Абу-Грейб оказывали негативное влияние как раз «ситуационные факторы, лежащие вне компетенции сотрудника».

Очевидно, что Чип Фредерик стал прекрасным офицером, хорошим надзирателем и действовал весьма эффективно, если в его распоряжении были четкие нормативы и предписания, которым нужно было следовать. Совершенно ясно, что он учился на собственном опыте и делал выводы из замечаний и указаний руководства. Ему важно хорошо выглядеть и вести себя профессионально. В ужасных условиях тюрьмы Абу-Грейб, которые мы описали и которые были еще хуже во время ночной смены в блоке 1А, эти качества, на которых основана личная идентичность Чипа, подверглись серьезному давлению.

Чип вступил в ряды вооруженных сил в 1984 г., ради денег и опыта, а еще — чтобы быть вместе с друзьями. Кроме того, в то время это казалось довольно патриотичным. Он прослужил больше 11 лет в саперном подразделении Национальной гвардии и еще 10 лет — в Военной полиции армейского резерва. Когда его призвали из резерва, то сначала, в мае 2003 г., отправили в Кувейт, а затем — в небольшой город Аль-Хилла, к югу от Багдада, где он служил с несколькими близкими друзьями в 372-й военно-полицейской роте. Он был оперативным сержантом и отвечал за патрулирование [16]. Он говорил мне:

> «Это была прекрасная работа, местные жители нас любили. Никаких серьезных происшествий не было. Все было мирно, а потом мы уехали [и на смену пришли польские войска коалиции]. Я хотел лучше узнать эту культуру, я немного научился говорить по-арабски, активно общался с местными жителями. Я посылал деревенским детям пакеты с леденцами. Дети всегда были мне рады».

Фредерик говорил, что до сих пор гордится, что мог заставить этих детей улыбнуться, просто общаясь и играя с ними [17]. Чтобы убедиться, что солдат Чип Фредерик хорошо служил своей стране, достаточно перечислить награды, которые он получил за эти годы. Среди них: армейская медаль «За успехи» (три раза); медаль за отличную службу в Резерве вооруженных сил (четыре раза); медаль за службу национальной обороне (дважды); медаль Резерва вооруженных сил с дополнительным знаком «М»; лента за профессиональное обучение сержанта; лента армейской службы; лента обучения резерва армии за границей (дважды); медаль за службу в войне с терроризмом и экспедиционная медаль за службу в войне с терроризмом. Он должен был получить Бронзовую Звезду за эффективные действия во время инцидента, когда сирийский задержанный открыл стрельбу в тюрьме, но не получил ее из-за скандала с фотографиями. По моему мнению, эти награды — довольно серьезные аргументы в пользу того, кого позже назвали «плохим солдатом».

Психологическое тестирование [18]

Коэффициент интеллекта (IQ) Чипа на основе стандартных тестов по объединенным параметрам вербального и практического интеллекта следует считать средним.

Три опросника оценки личности и эмоционального функционирования содержат шкалы валидности, которые оценивают, как испытуемый представляет себя во всех четырех тестовых заданиях, выявляя ложь, защитные механизмы и фальсификацию ответов. У Чипа не выявлено стремления представлять себя ни в слишком положительном, ни в слишком отрицательном свете в отношении своего психологического функционирования. Но важно отметить следующий вывод, сделанный на основании заключения военного психолога, проводившего тестирование: «Шкалы валидности указывают, что пациент считает себя высоконравственным, добродетельным человеком». Кроме того, результаты стандартизированного теста указывают, что у Чипа Фредерика нет «никаких садистских или патологических наклонностей». Этот вывод убедительно подтверждает, что обвинения в предрасположенности к дурным поступкам, выдвинутые против него военным руководством и правительством, на самом деле не имеют никаких оснований.

Результаты тестирования указывают, что основной мотивацией испытуемого является создание и поддержание отношений, основанных на взаимной поддержке и заботе. От него можно ожидать ответственного, послушного поведения, он предпочитает избегать конфликтов. При этом для него важны отношения, в которых он может положиться на других и получать от них эмоциональную поддержку, привязанность, заботу и безопасность. Скорее всего он склонен уступать другим и избегать конфликтов. В этом отношении, в целом, он не всегда готов выражать негативные чувства из страха быть отвергнутым. Склонен демонстрировать чрезмерную потребность в безопасности, привязанности и заботе со стороны других, вероятно, в одиночестве испытывает дискомфорт. Отчасти это лежит в основе его склонности подчиняться желаниям других людей, чтобы обеспечить собственную психологическую безопасность [19].

Независимая оценка личности Чипа Фредерика, проведенная опытным психологом доктором Ларри Бейтлером, во многом совпадает с выводами военного психолога. Во-первых, он отмечает, что «результаты оценки можно считать вполне надежными и валидными индикаторами его [Фредерика] текущего психологического состояния» [20]. Доктор Бейтлер продолжает, выделяя жирным шрифтом: «Необходимо отметить, что не обнаружено никаких признаков психопатологии... [Он] не имеет серьезных личностных или органических расстройств».

Это значит, у что Чипа нет никаких психопатических черт, которые могли бы вызвать склонность к беспричинной жестокости при выполнении обязанностей охранника. Также в рамки «средней нормы» попадают его показатели по шкалам шизофрении, депрессии, истерии и всех остальных основных форм психологической патологии.

Однако доктор Бейтлер указывает, что, по его профессиональному мнению, сочетание основных психологических черт Фредерика ставит под сомнение его лидерские качества, особенно в сложных ситуациях, например в таких, с которыми он столкнулся в тюрьме Абу-Грейб:

> «Эти показатели [Фредерика], вероятно, указывают на трудности в адаптации к новым ситуациям и могут препятствовать гибкости и способности адаптироваться к переменам. Вероятно, он будет проявлять нерешительность, неуверенность и полагаться на помощь других в процессе принятия решений... Он ищет подтверждения своей ценности и признания своих усилий и довольно сильно зависит от других людей, которые должны помочь ему установить и поддерживать цели или принимать решения... Легко попадает под влияние других, несмотря на все свои усилия "поступать правильно", вероятно, поддается влиянию обстоятельств, авторитетов и коллег».

Исследования в сфере когнитивной психологии показывают, что выполнение различных задач может быть затруднено такими условиями, как хронический стресс и слишком большое количество одновременных задач, что предъявляет избыточные требования к когнитивным ресурсам личности. Память, способность решать проблемы, а также оценивать ситуацию и принимать решения ухудшаются, когда обычная «пропускная способность» мозга оказывается превышена [21]. Я утверждаю, что обычный уровень когнитивных способностей Чипа был существенно превышен чрезмерной нагрузкой, связанной с требованиями ситуации, с которой он сталкивался каждую ночь на этой новой, очень сложной работе.

Каково это было, если взглянуть с точки зрения Чипа — работать в блоке 1А в ночную смену? Я приглашаю вас, читатель, снова сделать то, что вы уже не раз делали во время нашего путешествия. Попробуйте встать на место Чипа Фредерика и представить себе, что с ним происходило в течение нескольких месяцев, с октября по декабрь 2003 г.

«Ложка дегтя» или лучший парень из нашего города?

Прежде чем оставить диспозиционный анализ и перейти к рассмотрению ситуационных сил, нужно иметь в виду, что этот человек не внес в ситуацию никакой патологии. В личном деле Чипа Фредерика, насколько я смог заметить, нет абсолютно ничего, что бы позволило предсказать, что он склонен к какому бы то ни было оскорбительному, садистскому поведению. Как раз наоборот, множество данных в его личном деле указывает, что если бы он не был вынужден жить и работать в такой экстремальной ситуации, то вполне мог бы оказаться на плакатах вооруженных сил США, призывающих молодых людей вступать в ее ряды. Армия могла бы использовать образ старшего сержанта Айвена Фредерика как пример истинного патриота, который любит свою страну и готов служить ей до последней капли крови. Он мог стать лучшей «ложкой меда» в лучшей из лучших «бочек меда».

В каком-то смысле Чип Фредерик мог бы быть участником нашего Стэнфордского тюремного эксперимента вместе с другими молодыми людьми, хорошими, нормальными и здоровыми — до тех пор, пока они не спустились в наш тюремный подвал. Чип отличается от них по уровню интеллекта и не является представителем среднего класса, но, как и они, вначале он представлял собой *tabula rasa*, чистую доску, на которой патологическая тюремная обстановка скоро оставила неизгламый след. Какая же Ситуация пробудила худшие черты в этом хорошем солдате? Как она могла изменить личность и судьбу этого человека до такой степени, что исказила его обычное мышление и поведение? Какова была природа «бочки», в которой оказалась эта «ложка меда»?

СИТУАЦИЯ: НОЧНЫЕ КОШМАРЫ И ПОЛУНОЧНЫЕ ЗАБАВЫ В БЛОКЕ 1А

У старшего сержанта Фредерика был опыт работы в исправительных учреждениях. Поэтому ему поручили руководство небольшой группой других резервистов военной полиции, охранников ночной смены в тюрьме Абу-Грейб. Ему предстояло руководить четырьмя блоками «защищенного комплекса», т. е. внутри бетонного здания, а не снаружи, где были расположены палаточные лагеря, окруженные колючей проволокой. Один из этих лагерей назывался «Лагерь "Зоркий"» (Camp Vigilant), позже переименованный в «Лагерь "Искупление"» (Camp Redemption), где было четыре отделения. В блоке 1А («Альфа») находился специальный центр, предназначенный для допросов заключенных или «подозреваемых». Допросы обычно проводили гражданские следователи-контрактники, иногда им помогали переводчики, работавшие по договору с Titan Corporation. Военная разведка, ЦРУ и другие организации осуществляли при этом лишь общий контроль.

Сначала в ведении старшего сержанта Фредерика находилось около 400 заключенных. Это было в начале октября 2003 г., когда его 372-я военно-полицейская резервная рота (базирующаяся в Кресаптауне, штат Мэриленд) сменила 72-ю военно-полицейскую роту. Вначале он хорошо справлялся со сложными обязанностями, которые были ему поручены, хотя на предыдущей работе под его руководством находилась всего сотня заключенных тюрьмы общего режима. Но вскоре после того, как президент Буш объявил, что «миссия выполнена», вместо ожидаемой поддержки иракского населения начался настоящий ад. По всей стране начались мятежи и террористические атаки против оккупационных сил американцев и сил всей коалиции. Никто не ожидал, что сопротивление будет столь обширным, организованным и яростным. Ситуация вышла из-под контроля.

Желание отомстить за гибель множества солдат соединялось со страхом и бессилием. От командования поступали приказы задерживать всех «подозрительных» личностей в городах, где происходили акты насилия. В итоге патрули стали арестовывать целые семьи, в первую очередь взрослых мужчин. Система уже не могла справиться с огромным количеством задержанных. Личные дела задержанных не велись, было невозможно определить, располагают ли они ценной информацией и стоит ли их допрашивать. Ресурсов решительно недоставало. В ноябре численность заключенных Абу-Грейб удвоилась, а в декабре почти утроилась — теперь в блоке 1А их было больше тысячи.

Чип нес ответственность за всех этих людей. Кроме дюжины военных полицейских в его подчинении было 50–70 иракских полицейских охранявших больше тысячи иракцев, отбывающих наказание за различные уголовные преступления. Иракские полицейские, работавшие в блоках 2, 3 и 4, были печально известны тем, что за деньги поставляли заключенным оружие и другую контрабанду. Средний возраст заключенных составлял около 25 лет, но здесь было около 50 подростков, и даже десятилетние дети, и старики за шестьдесят — все они содержались вместе, в огромных общих камерах. Женщины-заключенные, проститутки, жены генералов и лидеров правительства Саддама помещались в блоке 1В («Браво»). В каждой камере блоков «Альфа» и «Браво» одновременно находилось около 50 заключенных. Короче говоря, нести ответственность за это сложное учреждение в тяжелых условиях, имея дело с агрессивными заключенными, которые не были американцами, было крайне тяжело тому, кто до этого управлял небольшим количеством не слишком опасных гражданских заключенных в небольшом городке в Вирджинии.

Обучение и ответственность

Зимбардо: Пожалуйста, расскажите о том, какое обучение вы прошли, прежде чем стать охранником, лидером смены в этой тюрьме [22].

Фредерик: Никакого. Никакого обучения не было. Когда нас мобилизовали в Форт-Ли, мы прошли одно занятие по культурным различиям, оно длилось минут сорок пять, нам говорили, что не нужно обсуждать политику, не нужно обсуждать религию, не обзывать их, не называть их "хаджами", "хабибами" или "тюрбаноголовыми".

Зимбардо: Как бы вы описали позицию вышестоящего командования и ответственность, которую вы ощущали перед вышестоящими офицерами?

Фредерик: Никак.

Смена Фредерика начиналась в 16.00 и длилась 12 часов, до 4.00. Далее он сообщает, что офицеры редко бывали в блоке «Альфа» по ночам и только иногда заходили ненадолго в начале смены. Он не получал никаких указаний от сержанта Снайдера, потому что у того не было никакой профессиональной подготовки в сфере исправительных учреждений. Однако в своих донесениях Снайдеру, Бринсону и Ризу Чип несколько раз делал предложения и рекомендовал ввести те или иные изменения.

Зимбардо: Вы давали рекомендации?

Фредерик: Да, по поводу организации работы. Не приковывать заключенных наручниками к дверям камеры, не раздевать заключенных, кроме случаев, когда они наносят себе увечья, не принимать заключенных с психическими расстройствами... Первое, о чем я попросил, как только оказался здесь, это инструкции, описание рабочих процессов и процедур... У меня в одних и тех же камерах сидели подростки, мужчины, женщины и психически больные. Это нарушение военного кодекса.

Зимбардо: То есть вы пытались понять и соблюдать структуру командования?

Фредерик: Я говорил об этом всем, кто к нам приходил, каждому, кто, как мне казалось, имел какие-то полномочия... Обычно они отвечали: «Просто посмотрите, что вы можете сделать, и продолжайте работать, военная разведка хочет, чтобы это было именно так».

Иной раз, говорил Чип, его начальство начинало издеваться над ним, а то и объявляло ему выговор — за то, что он «жаловался». Тюрьма находится в зоне боевых действий, говорили ему, и поэтому ему придется справляться самому. Здесь не было никаких письменных руководств, никакой официальной политики, никаких правил, четко разбитых на параграфы. У Чипа Фредерика не было процессуальной поддержки, в которой он так нуждался, чтобы во время этой самой важной миссии в его жизни стать таким лидером, каким он хотел быть. Он был предоставлен самому себе, без всякой поддержки, на которую мог бы положиться. Худшие условия для Чипа Фредерика трудно себе представить, учитывая его основные потребности и ценности, о которых мы только что говорили и которые указаны в заключениях по результатам его тестирования. Это был верный рецепт катастрофы. И это было только начало.

Беспрерывная ночная работа

Этот солдат работал по 12 часов в сутки, семь дней в неделю. За 40 дней у него не было ни одного выходного! После этого был один выходной, за которым последовали еще две недели беспрерывной работы, прежде чем он смог добиться одного регулярного выходного дня после каждых четырех ночей работы. Я не могу представить себе работу, где такой график не был бы признан бесчеловечным. Учитывая нехватку обученных охранников и очевидную неспособность начальства оценить, насколько велика эта нагрузка, не удивительно, что никого не волновало, как чувствует себя Чип Фредерик и то, что у него возможно выгорание. Он просто должен был делать то, чего от него хотели, и не жаловаться.

Куда же он шел в четыре утра, когда заканчивалась его долгая двенадцатичасовая смена? Он шел в другой корпус и ложился спать — в тюремной камере! Он спал в тюремной камере размером два на три метра, где не было туалета, но было полно крыс. Там было грязно, потому что в тюрьме не хватало моющих средств и воды, вымыть пол было нечем. Во время нашего интервью Чип Фредерик сказал: «Я не мог найти моющих средств, чтобы поддерживать чистоту. Сантехника была в ужасном состоянии. В передвижных туалетах копилось дерьмо. Повсюду были мусор и плесень... Это было ужасно.

Во дворе валялись человеческие останки... Вокруг бегала стая диких собак [они остались еще с тех времен, когда заключенных, казненных Саддамом, хоронили в тюремном дворе, и собаки выкапывали трупы]. Вы знаете, проснувшись утром, я чувствовал себя таким уставшим, что хотел только одного — снова заснуть».

Он не завтракал, не обедал, часто ел только один раз в день, его рацион составляли консервы и безвкусный армейский сухой паек MRE, который обычно едят прямо из упаковок. «Порции были маленькие, потому что нужно было накормить много солдат. Я питался сыром и крекерами», — сказал мне Чип. У этого спортивного, общительного молодого человека стали возникать проблемы со здоровьем. Он прекратил тренироваться, потому что все время чувствовал себя усталым, он не мог общаться с товарищами из-за несовпадения графиков работы. Все больше и больше его жизнь вращалась исключительно вокруг блока 1А и резервистов военной полиции, работавших под его началом. Скоро они стали для него тем, что социальные психологи называют «референтной группой», — кругом людей с общими интересами. И эта группа начала оказывать на него большое влияние. Он запутался в «тотальной ситуации» — в ситуации, которая, как пишет психолог Роберт Джей Лифтон, облегчает управление сознанием в сектах и в других местах, например, в северокорейских лагерях для военнопленных.

Другие актеры ночного театра

Чаще всего в ночную смену в блоке 1А работали два резервиста — капрал Чарльз Гренер и специалист[1] Меган Амбюль. Гренер нес прямую ответственность за блок 1А во время ночной смены, а Чип должен был надзирать и за другими блоками. В выходные дни их заменяла специалист Сабрина Хармен, иногда ей помогал сержант Джавал Дэвис. Рядовая первого класса Линди Инглэнд была регистратором, она не работала в ночную смену, но часто приходила в блок 1А к Чарльзу Гренеру, с кото-

---

[1] Специалист — звание в армии США, примерно соответствует званию младшего сержанта в Российской армии. — *Прим. ред.*

рым тогда встречалась. Она даже отметила здесь свой двадцать первый день рождения. Кроме них, в ночную смену в блоке 1А часто присутствовал специалист Армин Круз из 325-го батальона военной разведки.

Еще были солдаты-кинологи, которые приходили в блок вместе с собаками. Они запугивали заключенных, чтобы заставить их говорить, выйти из камер, если охрана подозревала, что у них есть оружие, или просто для демонстрации силы. В ноябре 2003 г. в Абу-Грейб прибыли пять команд кинологов. Все они прошли практику в тюрьме залива Гуантанамо. (Двое из этих кинологов — сержант Майкл Смит и старший сержант Сантос Кардона — были позднее признаны виновными в злоупотреблениях по отношению к заключенным.) Если кто-то заболевал, в блок иногда приходили медсестры и санитары. Кроме того, здесь было множество гражданских контрактников из Titan Corporation. Они вели допросы задержанных, стараясь добыть информацию о действиях мятежников или о террористической деятельности. Следователям часто требовались услуги переводчиков. Иногда появлялись сотрудники ФБР, ЦРУ и военной разведки, они вели допросы «особых» заключенных.

Как и следовало ожидать, высокопоставленные офицеры редко засиживались в тюрьме до ночи. В те месяцы, когда Чип исполнял свои обязанности, генерал Карпински ни разу не посетила блоки 1А и 1Б. Она появилась лишь однажды, в сопровождении телевизионщиков, для которых проводила «экскурсию». Один резервист сообщил, что за пять месяцев, которые он провел в Абу-Грейб, он видел Карпински всего дважды. Несколько других офицеров ненадолго заходили в конце дня. Чип использовал эти редкие возможности, чтобы сообщить о трудностях и предложить те или иные изменения, но ни одно из его предложений так и не было услышано. Было множество каких-то других людей, не носивших военную форму и не имевших никаких удостоверений личности. Они просто приходили и уходили. Никто не просил их предъявить документы, и они оставались совершенно анонимными. В нарушение правил военного времени гражданские контрактники отдавали приказы охранникам — военным полицейским, поручая им готовить к допросам «особых» заключенных. Но солдаты, несущие военную службу, не должны выполнять приказы гражданских лиц. Грань между военными и гражданскими специалистами становилась все более и более размытой, и в тюрьме скапливалось все больше гражданских контрактников, которые занимались тем, что раньше относилось к компетенции военной разведки.

Письма и электронные сообщения Чипа домой ясно показывают, что главная задача, которую должны были выполнять он и другие резервисты военной полиции в блоке 1А, состояла в том, чтобы помогать следователям эффективно выполнять их работу. «Военная разведка хвалит нас и говорит: "Прекрасная работа"». «Обычно они не позволяют другим наблюдать за допросами. Но им нравится, как я руковожу своей сменой, и они сделали для меня исключение». Он с гордостью сообщает, что его люди успешно делают то, что им поручили делать, усмиряя задержанных, и те готовы давать информацию, нужную следователям. «Мы помогаем заставить их говорить, мы обращаемся с ними определенным образом... У нас очень высокие показатели — наши методы заставляют их говорить. Обычно они ломаются всего через несколько часов».

В письмах домой Чип неоднократно отмечал: всем, что происходит в этом отделении Абу-Грейб, руководит команда военной разведки, в которую входят офицеры ЦРУ, лингвисты и следователи из частных компаний. Он сказал мне, что не мог отличить всех этих следователей друг от друга, потому что они сознательно скрывали свою внешность. Они редко называли себя, на их форме не было табличек с именами; большинство из них вообще не носили военную форму. Отчеты Чипа подтверждают опубликованные в СМИ данные о том климате, который создавал генерал Санчес, настойчиво утверждавший, что лучший способ получить разведывательные данные от задержанных — это экстремальные методы допроса и соблюдение секретности.

Некоторые правила для американского военного персонала тюрем позволяли легко уклоняться от ответственности за свои действия — фактор, который тоже мог способствовать злоупотреблениям. В одной служебной записке без даты, под названием «Руководящие принципы», имеющей отношение к тюремному корпусу высокой степени безопасности (блок 1А), сказано, что в этом корпусе не должна использоваться аббревиатура «MI [Военная разведка]».

«Кроме того, рекомендуется, чтобы при контакте с особыми задержанными все военнослужащие отдельного корпуса скрывали свою настоящую идентичность. Настоятельно рекомендуется использование стерилизованной униформы [лишенной любой идентификации], находясь в этом особом корпусе, персонал НЕ должен обращаться друг к другу по настоящим именам и рангам» [23].

Несколько следственных групп армии США подтвердили, что слова Фредерика об экстремальных методах, которые использовались в тюрьме, соответствуют действительности. Они обнаружили, что следователи поощряли резервистов военной полиции, работающих в тюрьме, физически и психологически готовить иракских задержанных к допросам [24]. И когда резервисты помогали готовить задержанных к принудительным допросам, традиционная разделительная линия между военными полицейскими, которые должны выполнять только процедуры задержания, и сотрудниками военной разведки, занятыми сбором информации, начинала исчезать. Агенты военной разведки прибегали к самым жестоким методам. Например, чтобы получить информацию от одного иракского генерала, следователи раздели его шестнадцатилетнего сына, вымазали его грязью, а потом выставили на холод. Сержант Сэмюэль Провенанс (рота «Альфа», 302-й батальон военной разведки) сообщил нескольким информационным агентствам, что два следователя подвергали сексуальному насилию девочку-подростка, и другие солдаты знали об этом. В следующей главе мы увидим, что многие солдаты и гражданские-контрактники совершали намного худшие злоупотребления, чем зверства охранников ночной смены под руководством Чипа Фредерика.

«Я надеюсь, что расследование [злоупотреблений по отношению к заключенным] коснется не только тех, кто совершал эти преступления, но и тех, кто, возможно, их поощрял, — сказал бригадный генерал Марк Киммит, заместитель командующего операциями США в Ираке, в интервью с Дэном Ретером в телепрограмме "60 минут II". — Ведь они, конечно, тоже несут некоторую ответственность».

Чип Фредерик отвечал еще и за 15–20 заключенных-«призраков», находившихся в ведении OGA — *Other Governmental Agencies*, «других государственных служб». Предполагалось, что заключенные-«призраки» — это высокопоставленные должностные лица, или же они обладают ценной информацией, и следователям была предоставлена полная свобода в использовании любых средств, чтобы получить информацию, которая позволила бы судить их. Этих заключенных называли «призраками», потому что их пребывание в тюрьме не было зарегистрировано ни в каких официальных документах, как будто их никогда здесь не было. На них не заводили личных дел, у них не было никаких личных документов. Во время интервью Чип признался мне: «Я видел труп одного из них, его убили бойцы спецподразделения "Дельта". Они просто убили этого парня. У меня было такое впечатление, что это никого не волновало. Никого не волновало, что с ним случилось» [25].

Этот «парень» был заключенным-«призраком», его зверски избили «морские котики»[1], а потом подвесили за руки во время допроса агенты ЦРУ, и в результате он задохнулся. Потом его труп положили в лед и завернули в целлофан. Убийцы хотели сделать вид, что он заболел и утром был отправлен в больницу. Прежде чем таксист где-то выбросил тело, некоторые охранники (Гренер и Хармен) во время ночной смены сфотографировались на фоне трупа, просто «на память». (В следующей главе мы подробнее обсудим этот случай.) Охранники ночной смены наблюдали множество подобных случаев страшных злоупотреблений со стороны самых разных посетителей блока 1А, и эти случаи, конечно же, создавали новые социальные нормы, допускающие злоупотребления. Если даже убийство сходило с рук, то почему бы не «наказать» парочку непокорных заклю-

---

[1] «Морские котики» (англ. United States Navy SEAL; аббревиатура от Sea, Air and Land) — основное тактическое подразделение Сил специальных операций ВМС США, в оперативном отношении подчиненных Командованию специальных операций ВС США. Подразделение предназначено для ведения разведки, проведения специальных и диверсионных мероприятий, поисково-спасательных операций и т. д. — *Прим. ред.*

ченных или просто не повеселиться, заставляя их принимать унизительные позы?

Фактор страха

В этой тюрьме было очень страшно — не только заключенным, но и Чипу Фредерику, и всем другим охранникам. Как это обычно бывает в тюрьмах, заключенные, у которых масса свободного времени и изобретательности, способны сделать оружие из чего угодно. Здесь они делали оружие из кусков металла, оторванных от кроватей или окон, из битого стекла и заостренных зубных щеток. Те, у кого было меньше изобретательности и больше денег, подкупали охранников-иракцев, снабжавших их пистолетами, ножами, штыками и боеприпасами. За деньги эти охранники передавали им и письма от членов семьи. Парни из 72-й военно-полицейской роты, на смену которой пришло отделение Фредерика, предупреждали его, что охранники-иракцы сильно коррумпированы — они даже содействовали попыткам бегства, предоставляя заключенным секретную информацию, приносили топографические карты, одежду и оружие. Кроме того, они снабжали задержанных наркотиками. Хотя номинально Фредерик командовал этими охранниками, но они отказывались делать обходы и чаще всего просто сидели на столах в подсобных помещениях, курили и болтали. Этот факт также нужно добавить ко всем остальным источникам постоянного раздражения и стресса для Чипа Фредерика, как руководителя ночной смены.

Заключенные регулярно оскорбляли охранников, словесно и физически; одни бросали в них экскременты, другие царапали им лица ногтями. Одно из самых пугающих и неожиданных событий в блоке произошло 24 ноября 2003 г., когда иракские полицейские пронесли в камеру подозреваемого сирийского повстанца пистолет, патроны и штыки. Маленький отряд Чипа вступил с ним в перестрелку, и охранникам удалось усмирить его, не убивая. Но этот случай всех очень напугал, приходилось постоянно сохранять бдительность и все время опасаться нападений со стороны заключенных.

Заключенные бунтовали из-за ужасного качества питания; еда часто была действительно несъедобной и скудной. Мятеж мог подняться, когда поблизости, в «открытом комплексе» тюрьмы, взрывались минометные снаряды. Как мы уже говорили, она каждый день подвергалась обстрелам, в результате ранеными, а иногда и убитыми оказывались и охранники, и заключенные. «Я все время боялся, — признался мне Чип. — Минометные обстрелы, ракетные удары и перестрелки приводили меня в ужас. До Ирака я никогда не был в зоне боевых действий». Тем не менее ему пришлось взять себя в руки и проявлять храбрость — ведь он отвечал за задержанных, других охранников и иракских полицейских. Ситуация требовала, чтобы Чип Фредерик делал вид, что ему не страшно, и оставался спокойным, невозмутимым и собранным. Этот конфликт между внешне сдержанной манерой поведения и внутренним напряжением усугублялся по мере того, как росли численность заключенных и требования вышестоящих офицеров, которым нужно было получать от задержанных «ценные разведывательные данные».

Вдобавок к постоянному подавляемому страху, Чип Фредерик переживал стресс и истощение из-за чрезмерных требований сложной новой работы, к которой он был совершенно не готов, потому что не прошел никакого предварительного обучения. Следует учесть и несоответствие между его основными ценностями — аккуратностью и чистотой — и хаосом, грязью, беспорядком, постоянно его окружавшими. Он должен был нести полную ответственность за весь блок. Но, по его словам, он чувствовал себя «слабым», потому что «меня никто не слушал. Я не мог вводить никаких изменений в управление этим местом». Он тоже начал чувствовать себя анонимным, потому что «мои указания никто не выполнял. Было ясно, что никто не несет никакой ответственности». Более того, физическое окружение, в котором он оказался, вызывало ощущение полной анонимности — везде царили нищета и уродство. Анонимность места сочеталась с анонимностью человека, и скоро у всех вошло в привычку не носить военную униформу при исполнении служебных обязанностей. Посетители и гражданские следователи приходили и уходили, не называя своих имен. Никто не знал, кто за что отвечает. Заключенные шли бесконечным потоком, в оранжевых комбинезонах, или полностью обнаженные, и их тоже было невозможно отличить друг от друга. Это была самая подходящая обстановка для деиндивидуации, которую только можно себе представить.

Параллели с поведением охранников Стэнфордского тюремного эксперимента

Теперь, зная, какой была окружающая обстановка, легче увидеть параллели между психологическим состоянием Чипа Фредерика и его охранников, и состоянием охранников в Стэнфордском тюремном эксперименте. Процессы деиндивидуации, связанные с анонимностью людей и анонимностью места, очевидны. Дегуманизация заключенных не вызывает сомнений — просто из-за их численности, принудительной наготы и одинаковой одежды, а также из-за того, что охранники не понимали их языка. Позже, во время съемки телевизионного документального фильма, охранник ночной смены Кен Дэвис рассказал, как дегуманизация проникла в их мысли: «Нас никто не учил быть охранниками. Начальство говорило: "Используйте свое воображение. Сломайте их. Надо, чтобы вы их сломали, когда мы вернемся". Когда появлялись новые заключенные, им на головы клали мешки с песком. Их били гибким проводом, бросали на землю, некоторых раздевали догола. Нам говорили, что это просто собаки [звучит знакомо?]. И ты начинаешь видеть не людей, а этот образ, и вдруг ловишь себя на том, что уже не считаешь их людьми, и начинаешь делать с ними то, о чем раньше не мог даже подумать. И в этот момент становится по-настоящему страшно» [26].

В обеих тюрьмах делала свое дело скука, порожденная долгими часами ночной смены, когда ничего не происходило. Скука — мощный стимул, она заставляла охранников что-то делать просто ради развлечения, ради каких-то ощущений. И там и там охранники по собственной инициативе придумывали методы, позволяющие «поддерживать порядок» и при этом развлечься.

Конечно, все это усугублялось отсутствием соответствующего обучения и отсутствием руководства со стороны начальства. Появлялось впечатление, что никто ни за что не отвечает. В обеих тюрьмах создатели системы дали охранникам полную власть над заключенными. Кроме того, охранники в тюрьме Абу-Грейб боялись, что заключенные совершат побег или поднимут бунт, как и наши стэнфордские охранники, хотя, конечно, с менее смертельными последствиями. Очевидно, тюрьма Абу-Грейб была намного более опасной, чем наша относительно мягкая Стэнфордская тюрьма. Но, как показал наш эксперимент, оскорбительные действия охранников и агрессия по отношению к заключенным постоянно росли и достигли высшей точки в серии сексуальных, гомофобских действий. То же самое происходило в блоке 1А, причем в еще более извращенных и крайних формах. Более того, в обоих случаях худшие злоупотребления происходили во время ночной смены, когда охранники думали, что начальство их не видит, и без зазрения совести пускались во все тяжкие.

Нужно ясно понимать, что ситуационные силы, подобные тем, что мы описали здесь, сами по себе не заставляли охранников делать плохие вещи, как в эксперименте Милгрэма. Кроме разрешения некоторых гражданских следователей «усмирять» задержанных, ломать их волю, ситуационные силы, действовавшие в Абу-Грейб, как и в Стэнфордской тюрьме, освобождали от обычных социальных и моральных ограничений, не позволяющих нам проявлять жестокость по отношению к другим людям. Охранники ночных смен в обоих случаях быстро поняли, что им может сойти с рук нарушение множества табу, потому что ответственность была коллективной; когда стали возникать новые нормы, допускающие поведение, раньше считавшееся немыслимым, никто не призвал их к порядку. Как говорится, кот из дома — мыши в пляс. Все это напоминает «Повелителя мух» Уильяма Голдинга, где маленькие головорезы в масках сеяли хаос, пока рядом не было взрослых. Можно вспомнить и исследования в области анонимности и агрессии, описанные в предыдущей главе.

Нужно отметить некоторые выводы, сделанные независимой группой под руководством Джеймса Шлезингера, сравнившей ситуации в двух тюрьмах — мнимой и настоящей. Я с удивлением обнаружил параллели, проведенные в этом отчете между условиями в нашей искусственной тюрьме в Стэнфорде и слишком реальной тюрьмой Абу-Грейб. В Приложении G к этому отчету, занимающем три страницы, описываются психологические стрессовые факторы, основания для негуманного обращения с заключенными и социально-психологические условия, способствующие тому, что гуманные люди начинают вести себя негуманно по отношению к другим:

> «Возможность оскорбительного обращения с задержанными во время "международной войны с терроризмом" была совершенно предсказуема, исходя из фундаментального понимания принципов социальной психологии, а также информации о многочисленных факторах риска, связанных с окружением. [Большинство командиров не были знакомы с этими очевидными факторами риска для их солдат или не придавали им значения.]
> Стэнфордский эксперимент… это — ориентир, поучительный урок для любых военных операций по задержанию подозреваемых, даже относительно мягких. Напротив, в военных операциях по задержанию подозреваемых солдаты действуют в напряженных боевых условиях, которые никак нельзя назвать мягкими».

Психологи хотели понять, как и почему люди и группы, которые обычно действуют гуманно, в определенных обстоятельствах могут вести себя иначе.

Это эффект Люцифера в действии! Среди социально-психологических концепций, которые упоминаются в исследовании Шлезингера и помогают объяснить причины жестокого поведения, упоминаются следующие: деиндивидуация, дегуманизация, образ врага, групповое мышление, отключение внутреннего контроля и социальная фасилитация[1]. Мы уже обсуждали все эти процессы, когда говорили о Стэнфордском

---

[1] Социальная фасилитация — социально-психологический феномен, при котором производительность, скорость и качество деятельности увеличиваются в присутствии других людей или в ситуации соревнования. — *Прим. пер.*

тюремном эксперименте. Эти факторы действовали также и в Абу-Грейб, за исключением группового мышления. Я не думаю, что у охранников ночной смены были какие-то изначальные предубеждения (возникшие в результате группового консенсуса, навязанного лидером) — ведь они не планировали злоупотреблений заранее.

В независимом анализе, опубликованном в журнале *Science*, социальный психолог Сьюзен Фиске и ее коллеги поддержали позицию группы Шлезингера. Они пришли к выводу, что «Абу-Грейб стала результатом обычных социальных процессов, а не только чрезвычайной жестокости отдельных людей». Среди этих социальных процессов Фиске называет конформизм, коллективное подчинение авторитетам, дегуманизацию, эмоциональные предрассудки, ситуационные стрессовые факторы и постепенную эскалацию злоупотреблений, от минимального до чрезвычайно высокого уровня [27].

Дальнейшие свидетельства того, что СТЭ адекватно описывает мотивы поведения в военных тюрьмах Ирака, предлагает один бывший солдат, служивший в Ираке. Еще он пишет о том, почему в подобных ситуациях важно сильное лидерство.

«Профессор Зимбардо,
Я служил [агентом контрразведки] в подразделении, которое создавало лагерь Кроппер, первый лагерь для военнопленных, созданный в Багдаде после падения режима Баас. Я определенно могу связать выводы вашего тюремного исследования со своими наблюдениями на территории Ирака. В течение всего срока службы там я тесно сотрудничал и с военной полицией, и с задержанными, и наблюдал множество ситуаций, напоминающих те, которые вы описали в отчете о вашем эксперименте.

Однако, в отличие от Абу-Грейб, в нашем отделении было очень компетентное руководство, и ситуация никогда не доходила до того, что хоть чем-то напоминало Абу-Грейб. Наши командиры знали правила, устанавливали нормы и контролировали ситуацию, обеспечивая выполнение правил. Нарушения правил расследовались, и если было нужно, нарушителей наказывали. Работа по задержанию дегуманизирует всех, кто в ней участвует. Я думаю, что стал бесчувственным примерно через две недели. Но активная позиция наших командиров не давала нам забыть, кто мы такие и что здесь делаем. Во всяком случае, я с удовольствием прочел отчет о вашем эксперименте; он придал больше ясности моим собственным мыслям.

С уважением,

Теренс Плакиас [28]».

Сексуальные мотивы в блоке 1А

Одной из необычных особенностей ночной смены в блоке «Альфа» было то, что среди охранников здесь были и мужчины, и женщины. Примечательно, что в этой субкультуре, которую создали молодые солдаты, оставшиеся без присмотра начальства, женщины были довольно привлекательными. Прибавьте к этому еще более эмоционально заряженную ситуацию: во время ночной смены тут же болталась Линди Ингленд (тогда ей был 21 год); ей хотелось быть рядом со своим новым парнем, Чарльзом Гренером. Ингленд и Гренер скоро стали устраивать жаркие сексуальные эскапады, которые снимали цифровым фотоаппаратом и видеокамерой. В итоге Линди забеременела и позже родила ребенка. Однако кое-что происходило и между Гренером и 20-летней охранницей Меган Амбюль, потому что позже они поженились — после того, как Гренер был приговорен к тюремному заключению.

СМИ уделяли массу внимания любовному треугольнику Ингленд — Гренер — Амбюль и не обратили внимания на тот факт, что среди иракских уголовных заключенных были проститутки. Эти женщины охотно позировали с обнаженной грудью перед американскими резервистами, делавшими их снимки. Кроме того, в тюрьме было множество обнаженных заключенных-мужчин. Отчасти это была стратегия унижения, введенная по приказу вышестоящих офицеров, а отчасти — вынужденная мера, потому что в тюрьме часто не хватало оранжевых комбинезонов, которые по уставу должны носить заключенные. И что уж совсем странно, некоторым заключенным вместо мужского нижнего белья приходилось носить женские розовые трусики, просто из-за ошибки в процессе поставок. Отсюда был всего один шаг к тому, чтобы заставить заключенных надевать эти трусики на голову, в виде унизительного развлечения.

Несмотря на просьбы Чипа Фредерика отделить друг от друга взрослых задержанных и подростков, однажды прошел слух, что группа иракских заключенных якобы изнасиловала 15-летнего мальчика, находившегося с ними в одной камере. На ноге одного из этих заключенных специалист Сабрина Хармен написала маркером: «Я насильник». Вокруг сосков другого губной помадой были нарисованы рожица и его тюремный идентификационный номер. Подобная сексуальная атмосфера была взрывоопасной. По некоторым свидетельствам, один охранник изнасиловал задержанного мужчину химической лампой, а возможно, и древком метлы. Некоторые

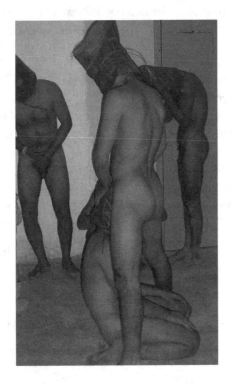

охранники часто угрожали задержанным-мужчинам изнасилованием. Были и случаи насилия охранников над женщинами-задержанными. В итоге картина все больше напоминала дом разврата, а не военную тюрьму.

Джеймс Шлезингер, руководитель одной из многих независимых следственных групп, описал, что он увидел и услышал по поводу действий этой ночной смены: «Это было похоже на фильм "Скотный двор"[1]». Эту Ситуацию уже никто не мог контролировать.

Чип Фредерик вспоминает, что злоупотребления происходили в следующем хронологическом порядке:

1–10 октября 2003 г.: заключенных раздевают донага, пристегивают наручниками к дверям камер, заставляют носить женское нижнее белье. К новым охранникам эти методы «перешли по наследству» от уехавшей компании 72-й военной полиции.

1 октября — 25 октября. Сексуальные позы (в присутствии представителей разведки обнаженных заключенных пристегивали друг к другу наручниками). Появился анонимный солдат,

---

[1] По-видимому, имеется в виду порнофильм с обильными сценами скотоложества, не имеющий отношения к одноименной повести Дж. Оруэлла. — *Прим. ред.*

утверждавший, что он служил в Гитмо, он показал Гренеру некоторые «стрессовые позы», которые использовались в Гитмо.

8 ноября. Бунт в лагере Ганси (Ganci) [один из отдельных корпусов тюрьмы Абу-Грейб]. Семерых задержанных перевели в «защищенный комплекс» (блок 1А). У них было оружие, и они планировали взять в заложники одного охранника и убить всех остальных. Это была ночь «пирамиды», ночь унижений, сексуальных поз и мастурбации перед камерой. Появились собаки.

Соучастие военной разведки

Генерал Тагуба пришел к выводу, что к некоторым злоупотреблениям военных полицейских подталкивало вышестоящее начальство. Он заявляет, что «следователи военной разведки (MI) и других американских государственных агентств настоятельно просили охранников — военных полицейских создавать определенные физические и психологические условия, способствующие благоприятному исходу допросов задержанных».

В отчете о расследовании генерал-майора Джорджа Фея содержатся еще более серьезные заявления о том, что сотрудники военной разведки играли самую активную роль в этих злоупотреблениях. В его отчете сказано, что в течение семи месяцев «сотрудники военной разведки, по некоторым данным, требовали, поощряли, потворствовали или прямо просили охранников военной полиции [резервистов, работавших охранниками ночной смены] оскорблять задержанных, и/или участвовали в злоупотреблениях по отношению к задержанным, и/или нарушали установленный порядок допросов и действующие законы» [29]. Подробнее отчеты обоих генералов мы рассмотрим в следующей главе, когда будем обсуждать недостатки системы и ее соучастие в злоупотреблениях.

Катализатор Гренер

Резервист, капрал Чарльз Гренер сыграл в ночной смене тюрьмы Абу-Грейб ту же роль, которую исполнил охранник Джон Уэйн в ночной смене Стэнфордской тюрьмы. Оба стали катализаторами, благодаря им начала разворачиваться ситуация. Джон Уэйн вышел за рамки порученной ему роли и стал проводить собственные «небольшие эксперименты». Капрал Гренер вышел далеко за рамки своей роли, оскорбляя заключенных — физически и нравственно. Знаменательно, что и Гренер, и Джон Уэйн — харизматичные личности, излучавшие уверенность в себе и демонстрировавшие жесткий стиль поведения, который влиял на других охранников их смен. Старший сержант Фредерик был старше по званию, но настоящим лидером охранников ночной смены в блоке 1А был Гренер — даже в присутствии Чипа. Кажется, идея делать фотографии первоначально исходила именно от него, и многие снимки были сделаны его цифровым фотоаппаратом.

Гренер, резервист корпуса морской пехоты, служил тюремным охранником во время войны в Персидском заливе — без всяких инцидентов. Во время операции «Буря в пустыне» он около шести недель работал в самом большом лагере военнопленных, также без всяких инцидентов. «Он был одним из тех парней, которые поднимали наш боевой дух», — вспоминает его тогдашний сослуживец. Другой сослуживец помнит Гренера как «забавного парня, который не лез за словом в карман». Он добавляет: «Из того, что я видел, могу судить, что он не был склонен к насилию». Однако, по словам другого резервиста из отделения Гренера, между ним, некоторыми другими солдатами и иракскими заключенными возникла серьезная конфронтация, но ее предотвратили полевые командиры, которые взяли на себя инициативу и заменили их более дисциплинированными солдатами.

Сосед, знавший Гренера в течение 30 лет, отзывается о нем позитивно: «Он был очень хорошим парнем. Я могу сказать о Чаке только хорошее. Он ни разу не причинил никому беспокойства». Его мать запечатлела свою гордость в его ежегодном школьном дневнике: «Ты всегда вел себя так, что мы с твоим отцом гордились тобой. Ты — лучший» [30].

С другой стороны, мы видим Гренера, который, по некоторым отчетам, применял физическое насилие по отношению к своей жене, которая в итоге с ним развелась. В СМИ писали, что он несколько раз получал дисциплинарные взыскания, когда работал охранником в тюрьме строгого режима.

В ночной смене в блоке 1А все внешние факторы, ограничивавшие антисоциальное поведение Гренера, как ветром сдуло. Военную дисциплину заменили хаос и случайные связи; не было ничего похожего на сильную структуру власти; постоянное подстрекательство военной разведки и гражданских следователей-контрактников, требовавших «готовить» задержанных к допросам; Гренер охотно поддался соблазну.

В этой обстановке вседозволенности Чарльз Гренер отдался безудержным сексуальным утехам. У него был роман с Линди Ингленд, и их эротические игры запечатлены на многих фотографиях. Он заставил одну задержанную иракскую женщину обнажить грудь и гениталии и сфотографировал ее. По некоторым отчетам, Гренер заставлял группы заключенных мастурбировать и приказывал обнаженным заключенным мужского пола ползать по полу, «чтобы их гениталии волочились по полу», при этом он обзывал их «гребаными гомиками» [31]. Кроме того, именно Гренер придумал выстраивать обнаженных заключенных в пирамиды. Однажды группу обнаженных заключенных с капюшонами на головах заставили заниматься мастурбацией перед солдатами — мужчинами и женщиной. Гренер в шутку сказал Линди Ингленд, что этот строй мастурбирующих задержанных — «подарок на ее день рождения» [32].

После судебного процесса над Гренером Чип Фредерик написал мне: «Я не могу сказать, что это он во всем виноват. Он просто умел делать вид, что все хорошо, и ему было трудно не поверить. Я очень сожалею о своих действиях, и если бы мог вернуться в октябрь 2003 г., то поступил бы по-другому... Мне жаль, что я оказался слабым...» [33].

Чип Фредерик до сих пор жалеет, что попал под влияние Гренера. Вот один случай, где вполне ожидаемо проявились личные склонности Чипа — конформизм и склонность подчиняться. Вспомните выводы его психологического тестирования: Чип боится быть отвергнутым и поэтому в споре часто уступает; он меняет свое мнение в соответствии с мнениями других людей, чтобы они не «злились и не ненавидели меня». Окружающие могут оказывать на него влияние, даже когда он считает, что принимает решение самостоятельно. К сожалению, его воля была подавлена стрессом, страхом, истощением и влиянием Гренера.

Другая сторона Чарльза Гренера

В классическом японском фильме «Расемон» Акиро Куросавы одну и ту же ситуацию каждый из ее участников описывает совершенно по-разному. Как я уже говорил, то же самое произошло во время Стэнфордского тюремного эксперимента. Охранник Джон Уэйн и заключенный Дуг-8612 позже сказали, что всего лишь «изображали» садиста или сумасшедшего. Бывший охранник Хеллман изложил еще одну версию своих действий:

> «В тот момент, если бы вы спросили меня, что я о них думаю, я бы сказал, ну, в общем, они, наверное, слабаки. Или притворяются. Я не думал, что мои действия на самом деле могли довести кого-нибудь до нервного срыва. Я считал, что мы просто развлекаемся. Как будто мы думали: давайте будем кукольниками. Давайте заставим этих людей делать то, что нам нужно» [34].

Другие заключенные и охранники СТЭ говорили, что для них это — или ужасный опыт, или «ничего особенного». Картина реальности отчасти находится в голове смотрящего. Однако в Абу-Грейб от реальности, созданной вооруженными силами, военным судом и СМИ, зависели жизнь и смерть множества людей.

С самого начала расследования Чарльза Гренера изображали как самую «плохую» «ложку дегтя», как садиста, злодея, творившего немыслимые злоупотребления. Отчеты о его проблемах в американской тюрьме, где он был охранником, были представлены как доказательства того, что он просто перенес склонность к насилию и антисоциальному поведению в блок 1А. Но эти заявления СМИ были совершенно безответственными.

Как раз наоборот, анализ личного дела Гренера, которое хранится в Институте исправительных учреждений (Corrections Institute) округа Грин, штат Пенсильвания, показывает, что его ни разу не обвиняли, не подозревали и не налагали дисциплинарных взысканий в связи с какими-то нарушениями или плохим обращением с заключенными.

Еще более резкий контраст между Гренером — ужасным монстром и Гренером — хорошим солдатом можно найти в отчете о его аттестации, которая проводилась как раз в тот месяц, когда происходили основные злоупотребления. 16 ноября 2003 г. в характеристике, составленной командиром взвода капитаном Бринсоном на основе этой аттестации, Гренер специально отмечен за прекрасную работу:

«Капрал Гренер, вы прекрасно несете службу в блоке 1BCF, в корпусе NCOIC, в отсеке, находящемся в ведении военной разведки. Вы получили множество благодарностей от подразделений военной разведки и лично от подполковника [имя не указано; скорее всего — подполковник Джордан]. Продолжайте действовать на том же уровне, это позволит нам успешно выполнить нашу миссию».

Затем Гренеру напоминают, что необходимо носить военную форму и поддерживать надлежащий внешний вид (чего в этом блоке никто не делал). Второе предостережение указывает на высокий уровень стресса, который испытывали все охранники этого блока. Гренера просят помнить о влиянии, которые стресс может оказать на его поведение, в частности, это касается использования силы в обращении с «особыми» задержанными. Однако автор характеристики согласен с мнением Гренера по поводу адекватного использования силы. «Я на сто процентов поддерживаю ваше решение, если вы считаете, что должны защищать себя», — добавляет офицер. (PDF-файл этого отчета доступен для ознакомления; см. примечание [35]).

Резервист военной полиции Кен Дэвис недавно дал удивительно откровенный отчет об одном своем разговоре с Гренером:

«Однажды вечером, в конце смены я заметил, что он [Гренер] охрип.
  Я спросил: "Гренер, ты заболел?"
  Он говорит: "Нет".

Я спросил: "Как там дела?"

Он сказал: "Мне пришлось орать на них и делать еще кое-что, что кажется мне неправильным с нравственной, этической точки зрения. Как ты думаешь, что я должен сделать?"

Я сказал: "Ну, тогда не делай этих вещей".

Он: "У меня нет выбора".

Я спросил: "Ты о чем?"

Он сказал: "Каждый раз, когда за проволокой или за забором падает бомба, они приходят и говорят, что еще один американец потерял жизнь. И если вы хотите нам помочь, у вас на руках тоже должна быть их кровь [36]"».

Поскольку было совершенно ясно, что охранники в блоке 1А испытывают постоянный стресс, им необходимо было обратиться к психиатрам, чтобы справиться с этим хаосом. Действительно, через несколько месяцев в Абу-Грейб прислали психиатра, но он не консультировал ни одного из охранников, нуждавшихся в такой консультации, и не работал ни с кем из психически больных задержанных. По некоторым данным, его основная функция состояла в том, чтобы помогать военной разведке в создании более эффективных методов допроса. Меган Амбюль утверждает, что «не было никаких обоснованных доказательств гомосексуализма или изнасилований, не было ни фотографий, ни видеосъемки подобных ситуаций, по крайней мере, с участием семерых военнослужащих, вовлеченных в это расследование». Она продолжает: «У меня есть все фотографии и видеоролики, с самого начала расследования. Я проводила в этом блоке почти по 13 часов в день. Никаких изнасилований и никакого гомосексуализма там не было» [37]. Узнаем ли мы когда-нибудь, что там действительно произошло и кто на самом деле несет ответственность за ужасы Абу-Грейб?

«ТРОФЕЙНЫЕ ФОТОГРАФИИ»: ЦИФРОВЫЕ СВИДЕТЕЛЬСТВА ЗЛОДЕЯНИЙ

Во время войн или конфликтов с участием преступников, солдат, полиции и тюремных охранников часто творятся зверские злоупотребления. «Врагов», подозреваемых или пленных пытают и убивают. Подобных действий можно ожидать (но нельзя мириться с ними) в районах боевых действий, когда люди рискуют жизнью ради выполнения долга перед родиной и когда «иностранцы» проявляют жестокость к нашим солдатам. Мы не ожидаем и не принимаем подобного поведения от солдат армий демократических стран, если нет непосредственной угрозы их жизни, а тем более по отношению к беспомощным и безоружным военнопленным.

Цифровые фотографии из тюрьмы Абу-Грейб оказали беспрецедентное влияние на людей во всем мире. Никогда прежде мы не видели подобных доказательств сексуального насилия и пыток со стороны тюремных охранников, явно наслаждающихся своими отвратительными действиями и, не стесняясь, позирующих на фоне жертв, причем с собственными доказательствами своих зверских деяний. Как они могли так поступать? Почему они поставили под этими злоупотреблениями свои личные «визуальные» подписи? Этому есть несколько возможных объяснений.

Власть цифровых технологий

Самый простой ответ на этот вопрос заключается в том, что благодаря цифровым технологиям фотографом становится каждый из нас. Цифровые камеры позволяют делать снимки мгновенно, не нужно ждать проявки. Такие снимки легко опубликовать в Интернете, без всякой цензуры фотолаборатории. Цифровые фотоаппараты — маленькие и удобные, у них высокая производительность, и они относительно недорого стоят. Поэтому они стали настолько вездесущими, что буквально любой из нас может с легкостью и почти мгновенно сделать сотню фотографий. А благодаря блогам и интернет-трансляциям любой из нас может пережить истинный успех, пусть и мимолетный. Если же у вас есть необычные фотоснимки и их можно распространить по всему миру через веб-сайты, то вам практически гарантированы те самые «15 минут славы».

Один любительский порносайт даже предложил своим посетителям публиковать на нем снимки их обнаженных жен и подруг в обмен на бесплатный доступ к порнографическим видеороликам [38]. А солдатам предлагалось обменивать фотографии из районов боевых действий на бесплатный доступ к порно, и многие охотно это делали. Некоторые из этих снимков сопровождает предупреждающая надпись «Осторожно, кровь». Среди них, например, есть фотография улыбающихся и показывающих знак «победа» группы американских солдат, стоящих перед сожженным трупом иракца. «Гори, гори ясно» — гласит заголовок.

Трофейные фотографии из другой эры

Эти изображения напоминают «трофейные фотографии», где запечатлены суды Линча над чернокожими. Такие снимки часто можно было увидеть в Соединенных Штатах в 1880–1930-х гг. На них зрители и преступники смело позируют перед камерой. В предыдущей главе мы видели, что такие образы символизируют дегуманизацию в ее худшем проявлении. Эти свидетельства пыток и убийств чернокожих американцев за «преступления против белых», которые часто были сфабрикованы, продавались в виде открыток, их покупали в магазинах и отправляли друзьям и родственникам. На некоторых снимках можно увидеть даже улыбающихся маленьких детей — родители взяли их с собой, чтобы они тоже насладились мучениями и зверскими убийствами «ниггеров». Подробный каталог множества таких открыток можно найти в недавно изданной книге «Без убежища» [39].

Подобные «трофейные фотографии» делали и немецкие солдаты во время Второй мировой войны, запечатлевая свои злодеяния против польских евреев и русских. Как мы отмечали в предыдущей главе, даже «обычные люди», пожилые немецкие полицейские-резервисты, которые сначала не хотели убивать евреев, позже начинали фотографировать свои преступные деяния [40]. Есть и другие собрания снимков, на которых мы видим палачей на фоне своих жертв. Например, их можно найти в книге Джанины Струк «Фотографии Холокоста» [41]. Резня армян в Турции также запечатлена на снимках. Их можно увидеть на веб-сайте, посвященном этому геноциду [42].

Другой жанр «трофейных фотографий», популярный в эпоху до защиты прав животных, очень любили охотники на крупную дичь и любители спортивной рыбалки, позировавшие на фоне убитых ими марлинов[1], тигров или медведей гризли. Тут сразу же приходят на ум подобные фотографии Эрнеста Хемингуэя. Однако классический культовый образ бесстрашного охотника на сафари — снимок американского президента Тедди Рузвельта, гордо демонстрирующего огромного носорога, которого он только что убил. На другом снимке мы видим бывшего президента, позирующего с сыном Кермитом на спине индийского буйвола, сидя в непринужденной позе со скрещенными ногами, с большим ружьем в руке [43]. Такие «трофейные фотографии» были публичной демонстрацией власти и господства человека над природой, над ее страшными монстрами, поверженными благодаря умению, храбрости и технологии. Что любопытно, герои таких фотографий выглядят довольно мрачно, они редко улыбаются; ведь они победили в битве против ужасных противников. В каком-то смысле они напоминают юного Давида, стоящего над поверженным гигантом Голиафом.

Эксгибиционисты и вуайеристы

Ухмыляющиеся лица охранников ночной смены в Абу-Грейб напоминают еще об одном измерении «трофейных фотографий»: эксгибиционизме. Некоторые фотографии создают впечатление, что злоупотребления были просто средством, позволявшим эксгибиционистам запечатлевать свои эскапады в этой необычной атмосфере. Но эксгибиционистам всегда нужна аудитория возбужденных вуайеристов, которые бы наслаждались их выходками. Однако они забыли о том, что благодаря обмену файлами и легкости их копирования цифровые изображения начинают жить собственной жизнью; фотографы уже не могли выбирать, кто будет видеть их снимки, и в результате были пойманы с поличным.

За исключением культового снимка человека в капюшоне с электродами, присоединенными к рукам, и снимков,

---

[1] Марлины — очень крупные (до 5 м длиной и весом более 700 кг) рыбы семейства парусниковых, или копьерылых. — *Прим. ред.*

где собаки вот-вот набросятся на заключенных, «трофейные фотографии» имеют преимущественно сексуальную природу. Связь между пытками и сексуальностью придает этим снимкам порнографическое качество, вызывает тревожное, но при этом возбуждающее чувство. Нас всех приглашают в садомазохистскую темницу, чтобы внимательно понаблюдать за этими крайностями в действии. Эти образы злоупотреблений ужасны, но люди продолжают на них смотреть.

Я был удивлен тем, как легко сегодня удовлетворить склонность к вуайеризму во Всемирной паутине. Веб-сайт с простым названием voyeurweb.com утверждает, что его любительские порноизображения ежедневно привлекают 2,2 млн посетителей.

Сложные мотивы и социальные мотивы

Человеческое поведение сложно, и у любого действия обычно имеется больше одной побудительной причины. Я полагаю, что цифровые снимки из тюрьмы Абу-Грейб также стали продуктом множества мотивов и сложных межличностных отношений, а не только сексуальных импульсов и склонности к эксгибиционизму. Статус и власть, месть и возмездие, деиндивидуация беспомощных — вполне вероятно, причиной и злоупотреблений, и самих фотоснимков стали все эти побуждения. Кроме того, мы должны помнить, что некоторые из этих зверств на самом деле поощряли и организовывали следователи.

Фотоинсценировки как средство воздействия на заключенных

Есть довольно простая причина появления «трофейных фотографий», сделанных в тюрьме Абу-Грейб: военным полицейским приказывали позировать на них следователи — и гражданские, и военные. Одна версия этой истории, по словам офицера в отставке Дженис Карпински и по более ранним показаниям некоторых обвиняемых солдат, состоит в том, что первоначально подобные фотографии предполагалось использовать как средство устрашения в ходе допросов. «Они показывали эти фотографии, чтобы получать признания, "чтобы сэкономить время", — сказала Карпински 4 мая 2006 г., во время дискуссии в Стэнфордском университете. — Они доставали ноутбуки, демонстрировали фотографии и приказывали заключенным: "Говорите, или завтра будете стоять в такой вот пирамиде". Это делалось преднамеренно и систематически» [44].

Совершенно очевидно, что «герои» некоторых из этих фотографий позируют перед чьей-то камерой. Охранники улыбаются в объектив, демонстрируют победные жесты и указывают на самые выразительные детали сцены. «Портрет» дегуманизации, где Линди Ингленд тянет по земле заключенного на собачьем поводке, скорее всего сделан именно так. Вряд ли она привезла в Ирак собачий поводок в своем вещмешке. Однако для социальной фасилитации было достаточно, чтобы кто-нибудь из офицеров разрешил сделать хотя бы один такой снимок. Разрешение поощряло новые ночные забавы, все новые и новые творческие образы злодеяний. И как только это началось, конца уже не было, потому что эти «забавы» разгоняли скуку, вызывали приятное чувство мести, демонстрировали превосходство, помогали весело проводить время и играть в сексуальные игры — пока Джо Дарби не прикрыл это шоу.

Статус и месть

Нужно признать, что в военной иерархии резервисты имеют весьма низкий статус. А для солдат-резервистов, назначенных на ночную смену в этой ужасной тюрьме, он был еще ниже. Они понимали, что находятся на самом дне «бочки». Им приходилось работать в ужасных условиях, выполнять приказы гражданских лиц, и никого не интересовало, что на самом деле творится в тюрьме. Единственными действующими лицами на этой сцене, чей статус был еще ниже, были заключенные.

Поэтому природа злоупотреблений, а также сами фотографии помогали установить недвусмысленное социальное господство охранников над заключенными, подтверждая разницу статуса. Пытки и злоупотребления были чистой демонстрацией силы, они свидетельствовали о полном контроле охранников над их подопечными. Некоторым охранникам эти фотографии позволяли убедить себя в собственном превосходстве, а также продемонстрировать свой статус другим солдатам. Фотографии показывали, что им есть чем похвастаться. Кроме того, определенную роль здесь сыграли расизм и негативное отношение к арабам, как к «другим». Это был перенос враждебности, связанный с террористическим актом 11 сентября 2001 г., на всех людей со смуглой кожей арабского происхождения.

Более сильным мотивом для многих солдат была месть за товарищей, убитых или получивших серьезные ранения в Ираке. Очевидно, что желание отомстить проявлялось в отношении к заключенным-повстанцам или тем, кто, по слухам, изнасиловал мальчика. Например, семерых заключенных, выстроенных в пирамиду, отправили в блок 1А после беспорядков в лагере Ганси (Ganci), когда была ранена девушка-солдат. Оскорбления и избиения «преподали им урок» о последствиях непослушания. Например, за все время своей службы Чип Фредерик всего однажды ударил заключенного — толкнул его кулаком в грудь, когда тот, по словам Чипа, бросил камень и попал в девушку-солдата. Когда задержанных заставляли изображать фелляцию или мастурбировать на глазах у девушек-солдат и перед фотоаппаратом, это была не только тактика запугивания. Эти сексуальные сценарии были своеобразной местью задержанным.

Деиндивидуация и эффект Марди-Гра

Но как объяснить слова Линди Ингленд, что все это были просто «забавы»? Я думаю, дело в деиндивидуации. Анонимность личности и места, о которых мы уже говорили, способны вызывать измененные состояния сознания. В сочетании с коллективной ответственностью это легко приводит к деиндивидуации. Актеры оказываются полностью захваченными своими ролями, без всякого рационального планирования или мыслей о последствиях. Прошлое и будущее уступают место вечному «сейчас», безудержному празднику гедонизма. В этом пространстве эмоции берут верх над разумом, и страсть не знает удержу.

Это — «эффект Марди-Гра», жизнь «здесь и сейчас», под маской, скрывающей идентичность и дающей выход чувственным, жестоким и эгоистичным импульсам, которые мы обычно сдерживаем. Поведение становится простой реакцией на непосредственные стимулы ситуации, здесь нет никакого заранее спланированного заговора или злого умысла. Мы видели, что произошло, когда я воспроизвел в своей лаборатории в университете Нью-Йорка феномен «Повелителя мух»: женщины, оказавшись в условиях деиндивидуации, постоянно увеличивали напряжение тока, которым били невинных жертв. Этот эффект продемонстрировали и некоторые охранники Стэнфордской тюрьмы. В такого рода ситуациях, как и в тюрьме Абу-Грейб, обычные социальные ограничения, останавливающие агрессию и антисоциальные действия, утратили силу, потому что люди вдруг начали понимать, что пределы их поведенческой свободы расширились.

Я не поощрял садистские действия охранников Стэнфордской тюрьмы, но и армия тоже не поощряла сексуальное насилие охранников против заключенных. Тем не менее и там и там возникли нормы вседозволенности, создававшие у охранников ощущение, что они могут делать практически все, что угодно, потому что не несут личной ответственности, им все сойдет с рук — ведь за ними никто не наблюдает. В подобных ситуациях традиционная мораль уходит на второй план, действия говорят громче прошлого опыта, а дионисийские импульсы подавляют аполлоническую рациональность. Так начинают действовать механизмы отключения внутреннего контроля, и это меняет ментальный и эмоциональный «пейзаж» тех, кто попал в эти сети.

Злоупотребления британских солдат и элитных американских подразделений

Если социально-психологические принципы, о которых мы говорим, действовали в блоке 1А, и события во время ночных смен были связаны не с отдельными людьми, а с ситуацией, то, следовательно, мы должны обнаружить подобные злоупотребления в подобной обстановке, совершавшиеся совсем другими солдатами в той же зоне боевых действий. Действительно, есть по крайней мере два доказанных случая такого поведения — и оба они остались практически незамеченными американскими СМИ.

Британские солдаты, размещенные в тюрьме иракского города Басры, заставляли раздеться ее пленников и подвергали их сексуальному насилию, вынуждая симулировать акты гомосексуализма. Фотографии этих злоупотреблений потрясли британскую общественность — люди не могли поверить, что их соотечественники способны творить такие ужасные злодеяния и вдобавок фотографировать их. Тот факт, что один из этих солдат ранее проявил себя героем во время боевых действий и был награжден, еще больше возмутил британскую общественность. Еще возмутительнее было сообщение, прошедшее в программе BBC News 29 июня 2004 г.: «Британские солдаты обменивались фотографиями, на которых были сняты злоупотребления». Подзаголовок гласил: «Британские солдаты обменивались сотнями фотографий, на которых были запечатлены жестокие действия против иракских военнопленных». Солдаты элитного Королевского Ланкаширского полка передали несколько таких фотографий газете *Daily Mirror*. На одной из них запечатлен заключенный в капюшоне. Его бьют прикладом, на него мочатся, к его голове приставляют дуло автомата. По словам солдат, было еще много снимков подобных злоупотреблений, которым они обменивались, возникла даже особая «культура обмена снимками». Но армейское командование уничтожило их, обнаружив в вещмешках солдат, покидавших Ирак.

12 мая 2004 г. в программе 60 Minutes II телеканала CBS Дэн Ретер показал снятый американским солдатом любительский видеоролик, на котором были запечатлены условия в лагере Бакка и в тюрьме Абу-Грейб. Один из показанных отрывков свидетельствовал о презрении солдат к иракским заключенным. Молодая девушка-солдат говорила: «У нас уже умерли двое заключенных... но кого это заботит? Просто стало меньше тех, о ком мне приходится волноваться». Несколько других солдат, служивших в лагере Бакка и позже обвиненных в злоупотреблениях, говорили Ретеру, что «проблемы начались с высших уровней командования — как в Абу-Грейб, солдаты делали снимки пыток и злоупотреблений, потому что их никто не контролировал» [45].

Еще один документально подтвержденный случай подобной бесконтрольности связан с американскими солдатами из 82-й воздушно-десантной дивизии, которые были размещены на базе «Меркурий» рядом с Фаллуджи. Здесь временно содержались повстанцы и другие пленные до отправки в тюрьму Абу-Грейб. «Они [жители Фаллуджи] называли нас "маньяками-убийцами", они знали, что если мы их поймаем, будем держать здесь, а потом отправим в Абу-Грейб, и это будет настоящий ад», — рассказывал один сержант, который затем описал, как они «трахали PUC» (*Persons Under Control*, охраняемых лиц), избивая или пытая их. Он продолжает: «Все в лагере знали — если ты хочешь снять напряжение, то идешь в палатку PUC. Это было что-то вроде спорта».

Другой сержант этого подразделения объясняет мотивы своих ужасных действий — например, он ломал ноги задержанным металлической бейсбольной битой. «Иногда мы скучали, и тогда мы сажали всех их в угол, а потом заставляли выстроиться в пирамиду. Это было перед Абу-Грейб, но точно так же, как там. Мы просто так развлекались».

В сентябре 2005 г. капитан Йен Фишбек, офицер этого «элитного подразделения» дал показания правозащитной организации Human Rights Watch по поводу многочисленных злоупотреблений, происходивших в этой тюрьме. Он показал, что его солдаты также снимали свои ужасные деяния цифровой фотокамерой. [На базе «Меркурий»] «говорили, что у них были снимки, похожие на те, что были сделаны в тюрьме Абу-Грейб. Именно из-за того, что они были очень похожи на то, что происходило в Абу-Грейб, солдаты их уничтожили. Они их сожгли». В резюме этого сообщения говорилось: «У них [солдат из Абу-Грейб] возникли неприятности из-за того, что им приказывали делать то же, что и нам, поэтому мы уничтожили снимки» [46].

В следующей главе мы снова встретимся с капитаном Фишбеком. Мы увидим, что злоупотребления, совершенные солдатами его отделения, очень похожи на злоупотребления в блоке 1А, за исключением сексуального насилия.

СУД НАД СЕРЖАНТОМ АЙВЕНОМ ФРЕДЕРИКОМ

В подготовке дел против каждого из семи обвиняемых военных полицейских команда военных следователей и прокуроров проявила похвальное рвение. (Если бы военное командование, ответственное за тюрьму Абу-Грейб, уделило хотя бы небольшую часть этого внимания, беспокойства и ресурсов управлению и поддержанию дисциплины, в этих судебных процессах не было бы никакой необходимости.) Их план был прост и гениален: собрав достаточно показаний и доказательств, следователи решили предложить каждому из обвиняемых сделку о признании вины. Это значит, что их приговор будет смягчен, если они признают себя виновными и дадут показания против своих товарищей — других военных полицейских. Первыми судили тех, кто меньше всего был замешан в деле, в частности — специалиста Джереми Сивитса, который «кинул» всех остальных, причем из них была выделена большая тройка: Фредерик, Гренер и Ингленд.

Против Фредерика было выдвинуто пять обвинений. В Условии относительно фактов (Stipulation of Fact) и в сделке о признании вины обвиняемый Фредерик признал все эти обвинения верными, доказуемыми и доказанными:

Заговор о плохом обращении с задержанными.
Халатное отношение к служебным обязанностям.
Плохое обращение с задержанными.
Нанесение телесных повреждений.
Непристойное поведение в составе группы лиц. Этот последний пункт обвинения касается принуждения задержанных мастурбировать на глазах солдат мужского и женского пола, а также других задержанных под объективами фотоаппаратов.

Судебный процесс

Суд над Фредериком проходил в Багдаде 20 и 21 октября 2004 г., хотя адвокат подал ходатайство о том, чтобы изменить место слушания и провести суд в Соединенных Штатах. Я отказался ехать в такое опасное место и вместо этого отправился на базу Военно-морских сил в Неаполе (Италия), где дал показания в ходе видеоконференции в помещении с усиленной охраной. Это было непросто. Во-первых, мои показания затруднялись из-за задержек обратного аудиосигнала, а во-вторых, видеотрансляция из зала суда периодически «зависала». Ситуацию усложняло и то, что я говорил с экраном компьютера и не мог напрямую общаться с судьей. К тому же мне не разрешили использовать письменные заметки во время выступления, так что я должен был выучить наизусть сотни страниц из тщательно проштудированных пяти отчетов следственных групп, а также все остальные данные о Фредерике и ситуации в блоке 1А.

Так как Фредерик уже признал себя виновным, мои показания были целиком посвящены ситуационным и системным факторам, влиявшим на его поведение, возникшим в результате воздействия ненормального окружения на совершенно нормального человека. Я кратко изложил результаты его психологического тестирования, позитивные отзывы о его работе до назначения в блок 1А и основные моменты моего интервью с ним. Я хотел доказать, что Фредерик не внес в этот поведенческий контекст никаких патологических тенденций. Скорее, утверждал я, это патологическая ситуация привела к актам отклоняющегося поведения, в которых он участвовал, в которых признает себя виновным и о которых сожалеет.

Я также пояснил, что, пытаясь понять, как на действия Фредерика влияли социальные факторы ситуации, я занимаюсь не поиском оправданий, а скорее концептуальным анализом, которому обычно не уделяется должного внимания. Кроме того, подтверждая свои полномочия и компетентность в отношении к этому случаю, я кратко описал основные аспекты и результаты Стэнфордского тюремного эксперимента и провел некоторые параллели между СТЭ и способствующей злоупотреблениям обстановкой в тюрьме Абу-Грейб. (Полностью мои показания приводятся на с. 294–330 стенографического отчета судебного процесса (Ivan «Chip» Frederick's Trial Transcripts), октябрь 2004 г. К сожалению, этот документ недоступен в Интернете.)

Прокурор майор Майкл Холли отклонил мои ситуационные аргументы. Он утверждал, что Фредерик отличал правильное от неправильного, имел достаточную военную подготовку, необходимую для выполнения своих обязанностей, и, по сути, принял сознательное решение участвовать в безнравственных, жестоких действиях, в которых его обвиняют.

Таким образом, он возложил всю вину на порочную предрасположенность Фредерика, призвав суд не принимать во внимание никакие ситуационные или системные влияния. Он также дал понять, что Женевские конвенции соблюдались в полной мере и что обвиняемые должны были знать, каковы их нормы. Как мы увидим в следующей главе, это не соответствует действительности: в ряде юридических документов президент Джордж Буш и его юрисконсульты изменили статус задержанных и определение пыток. В этих документах утверждалось, что во время «войны с терроризмом» Женевские конвенции устарели.

Приговор

Военному судье, полковнику Джеймсу Поулу, потребовался всего час, чтобы вынести приговор и признать обвиняемых виновными по всем пунктам. Фредерик был приговорен к восьми годам лишения свободы. Мои показания, очевидно, не оказали никакого влияния на суровый приговор, как и красноречивое выступление адвоката Фредерика, Гэри Майерса. Все ситуационные и системные факторы, которые я подробно описал, ничего не стоили по сравнению с попытками отмыть репутацию армии США и администрации Буша. Нужно было показать всему миру и народу Ирака, что США «жестко относятся к преступникам» и показательно накажут этих немногих «плохих солдат», эту «ложку дегтя», случайно попавшую в «бочку меда» армии США. И раз уж их судили, вынесли им приговор и посадили в тюрьму, то репутацию американских вооруженных сил можно считать полностью восстановленной [47].

Чарльз Гренер отказался признать себя виновным и получил десять лет лишения свободы. Линди Ингленд после целой серии судебных заседаний была приговорена к трем годам лишения свободы. Джереми Сивитс получил один год, а Джавал Дэвис — шесть месяцев. Сабрина Хармен получила очень мягкий приговор — шесть месяцев лишения свободы. Ей зачли свидетельства того, что ранее, до того, как ее назначили в тюрьму Абу-Грейб, она хорошо относилась к иракцам. Наконец, Меган Амбюль не получила никакого тюремного срока.

Некоторые сравнения

Нет никаких сомнений, что злоупотребления, в которых участвовал Чип Фредерик, принесли физические и эмоциональные страдания заключенным, за которых он нес ответственность, и вызвали гнев их семей. Он признал свою вину, был признан виновным по всем пунктам и получил суровый приговор. С точки зрения иракцев наказание было слишком снисходительным; с моей точки зрения, оно было слишком серьезным, учитывая обстоятельства, способствовавшие злоупотреблениям. Однако было бы поучительно сравнить его приговор с наказанием для другого солдата во время другой войны; этот солдат был признан виновным в преступлениях против мирного населения, караемых смертной казнью.

Одно из самых постыдных пятен на репутации американской армии появилось во время войны во Вьетнаме, когда солдаты роты «Чарли» напали на деревню Милай (Сонгми) в поисках бойцов армии Вьетконга. В деревне их не оказалось, но постоянный стресс, усталость и страх перед партизанами вылились в невообразимую жестокость против местных мирных жителей. Более 500 вьетнамских женщин, детей и стариков были расстреляны в упор или сожжены заживо в своих хижинах. Многие женщины были изнасилованы и выпотрошены. С некоторых даже сняли скальпы! Ужасающие подробности этой жестокости описаны сухим языком фактов в фильме «Интервью с ветеранами Сонгми» (Interviews with My Lai Vets). Сеймур Херш приводит подробный отчет об этих злодеяниях в книге «Сонгми-4» (My Lai 4), вышедшей год спустя.

Виновным в этих преступлениях был признан только один человек — лейтенант Уильям Калли. Его командир, капитан Эрнест Медина, который находился на территории Милай (Сонгми) во время этой операции по зачистке, и, по свидетельствам очевидцев, лично расстреливал мирных жителей, был оправдан по всем обвинениям и ушел в отставку. Капитан Медина, которого прозвали Бешеным Псом, очень гордился своими людьми из роты «Чарли». «Мы стали лучшей ротой в батальоне», — говорил он. Возможно, это мнение было несколько преждевременным.

Лейтенант Калли был признан виновным в предумышленном убийстве более ста вьетнамских мирных жителей деревни Милай (Сонгми). Он был приговорен к пожизненному заключению. Оно было сокращено до трех с половиной лет лишения свободы, которые он провел в казармах под домашним арестом. Он не провел в тюрьме ни одного дня. Мало кто знает, что, несмотря на все свои злодеяния, впоследствии он попал под амнистию, вернулся домой и стал профессиональным наемным оратором и уважаемым бизнесменом. Может быть, все было бы иначе, если бы Калли был простым рядовым, а не офицером? Может быть, все было бы иначе, если бы бойцы роты «Чарли» делали «трофейные фотографии», которые бы во всех подробностях продемонстрировали то, что были не в состоянии передать слова? Вполне возможно.

Уместно сравнить приговоры охранников ночной смены блока 1А с приговорами других солдат, которые были признаны виновными и осуждены военными судами за различные преступления. Этих людей обвиняли в подобных или еще худших преступлениях, но их приговоры оказались намного более снисходительными.

Максимальное наказание *старшего сержанта Фредерика* за совершенные им преступления составляло 10 лет лишения свободы, с увольнением из армии, лишением прав и привилегий и понижением в звании до рядового. По условиям сделки о признании вины он был приговорен к 8 годам тюремного заключения, лишению прав и привилегий, понижению в звании до рядового и конфискации всей заработной платы и пособий, в том числе всех средств с его накопительного пенсионного счета за 22 года.

Сержант первого класса Прайс был признан виновным в нанесении телесных повреждений, плохом обращении и препятствовании осуществлению правосудия. Максимальное наказание: 8 лет лишения свободы, лишение прав и привилегий и разжалование в рядовые. Приговорен к понижению в звании до сержанта, не получил срока лишения свободы, избежал лишения прав и привилегий.

Капрал Гренер был признан виновным в нанесении телесных повреждений, плохом обращении, участии в заговоре, непристойном поведении и халатном отношении к служебным обязанностям. Максимальное наказание: 15 лет лишения свободы, лишение прав и привилегий и разжалование в рядовые. Приговорен к 10 годам лишения свободы, лишению прав и привилегий, разжалованию в рядовые и штрафу.

Рядовой Бренд был признан виновным в нанесении телесных повреждений, плохом обращении, лжесвидетельствовании и нанесении тяжких телесных повреждений. Максимальное наказание: 16 лет лишения свободы, лишение прав и привилегий, разжалование в рядовые. Был только разжалован в рядовые.

Рядовая Ингленд была признана виновной в заговоре, плохом обращении и непристойном поведении. Максимальное наказание: 10 лет лишения свободы, лишение прав и привилегий, разжалование в рядовые. Приговорена к трем годам лишения свободы.

Капитан Мартин был признан виновным в нанесении телесных повреждений при отягчающих обстоятельствах, нанесении телесных повреждений, препятствовании осуществлению правосудия и поведении, недостойном офицера. Максимальное наказание: 9 лет лишения свободы. Приговорен к 45 дням лишения свободы.

Совершенно очевидно, что военная Фемида не была беспристрастна. Я думаю, что именно «трофейные фотографии» сыграли здесь самую важную роль и оказали влияние на приговоры, вынесенные охранникам ночной смены.

ПРЕВРАЩЕНИЕ ТЮРЕМНОГО ОХРАННИКА АЙВЕНА ФРЕДЕРИКА В ЗАКЛЮЧЕННОГО № 789689

Стараясь описать эффект Люцифера, мы стремились понять трансформации человеческого характера. Возможно, одна из самых кардинальных и редких из всех мыслимых трансформаций происходит с человеком, когда-то обладавшим властью тюремного охранника, а теперь оказавшимся в положении бесправного заключенного. К сожалению, именно так случилось с этим прекрасным надзирателем, преданным солдатом и любящим мужем. Жесткий приговор военного суда и последующее жестокое обращение в тюрьме сокрушили и почти сломили его волю. Чип Фредерик превратился в № 789689, в заключенного тюрьмы на Уорхаус-роад — штрафных казарм армии США в форте Ливенуорт. После суда в Багдаде Чипа перевели в Кувейт, где он был помещен в камеру одиночного заключения, хотя не представлял опасности для себя или окружающих. Он говорит, что тамошние условия напомнили ему блок 1А в Абу-Грейб, но когда он оказался в форте Ливенуорт, стало еще хуже.

Теперь, когда все испытания для «семерки из Абу-Грейб» остались позади, ситуация улучшилась. В тюрьме Чип собирается пойти на курсы парикмахеров, чтобы научиться новому ремеслу, ведь он больше не сможет работать в исправительных учреждениях. «Я хотел бы восстановиться в армии, вернуться и доказать, что я этого достоин. Я никогда не сдавался, я всегда хотел что-то изменить... Я был абсолютно готов умереть за свою страну, свою семью и своих друзей. Я хотел совершить что-то важное... Я горжусь тем, что почти всю жизнь служил своей стране» [48].

Замечаете параллели с заключенным СТЭ Стью-819, который хотел вернуться в нашу тюрьму и доказать товарищам, что он не был плохим заключенным? Это также напоминает классический социально-психологический эксперимент, который показал, что лояльность по отношению к группе тем выше, чем серьезнее инициация для вступления в нее [49].

ЗАКЛЮЧИТЕЛЬНЫЕ ЗАМЕЧАНИЯ

В следующей главе мы отвлечемся от солдат, оказавшихся в бесчеловечной поведенческой ситуации, и рассмотрим роль Системы, которая и создала условия, способствовавшие злоупотреблениям и пыткам в тюрьме Абу-Грейб и во многих других военных тюрьмах. Мы исследуем всю сложность системных влияний, ставших причиной возникновения и развития «культуры злоупотреблений». Сначала мы рассмотрим основные выводы нескольких независимых следственных групп. Мы увидим, в какой степени их отчеты учитывают влияние системных переменных, например, недостатки руководства, отсутствие соответствующего обучения, нехватку ресурсов и приоритет признания на допросах, как основных причин того, что происходило во время ночных смен в тюрьме Абу-Грейб. Затем мы изучим отчеты правозащитной организации Human Rights Watch о расследованиях сходных — и даже худших — злоупотреблений, о которых сообщили офицеры элитной 82-й воздушно-десантной дивизии в Ираке. Мы расширим наш поиск и исследуем, каким образом военное и государственное руководство США способствовало злоупотреблениям в других военных тюрьмах в разгар «войны с терроризмом» и «войны с повстанцами». В этом нам помогут интервью и теоретический анализ, приведенные в документальном фильме телеканала PBS «Вопрос пыток» (A Question of Torture) из телесериала Frontline (вышел в эфир 18 октября 2005 г.), в котором подробно рассматривается роль администрации Буша и военного руководства. Сначала они санкционировали пытки в тюрьме залива Гуантанамо, а потом перенесли эти методы в тюрьму Абу-Грейб и далее.

От роли ученого-бихевиориста, ведущего психологическое расследование, которую я играл в этой главе, я перейду к роли обвинителя. Я обвиню некоторых военных руководителей в злоупотреблении властью и в узаконивании пыток в тюрьме в заливе Гуантанамо и последующем экспорте этих приемов в тюрьму Абу-Грейб. Именно военное командование поощряло военную полицию и военную разведку использовать пытки, называя их «облагороженными» терминами. При этом оно оказалось не способно обеспечить командование, контроль, ответственность и соответствующее обучение, необходимые военным полицейским, охранникам ночной смены в блоке 1А. Я буду утверждать, что, таким образом, высшее командование виновно — и в грехе действия, и в грехе бездействия.

Устроив гипотетический суд над Системой, мы посадим на скамью подсудимых президента Буша и его советников и рассмотрим, какова их роль в возвращении пыток как приемлемого и даже необходимого средства в повсеместной и неопределенной «войне с терроризмом». Они также обвиняются в том, что не соблюдали по отношению к пленным повстанцам и другим «иностранцам», находившимся под военным арестом, гарантий, обеспеченных Женевскими конвенциями. Министр обороны Рамсфельд обвиняется в создании центров допроса, где «задержанные» подвергались чрезвычайно жестоким «злоупотреблениям» с сомнительной целью добиться от них признаний и информации. Вероятно, он также несет ответственность за другие нарушения нравственных норм, присущих нашей стране, таких, например, как «аутсорсинг пыток» важных задержанных в другие страны в рамках правительственной программы «чрезвычайной выдачи» (extraordinary rendition).

Я намерен показать, что начало злоупотреблениям положила именно Система, от Буша до Чейни, Рамсфельда и вниз по всей цепочке. Если это так, то нам, как демократическому обществу, нужно очень много сделать, чтобы в будущем подобные злоупотребления не повторились. Для этого необходимо добиться, чтобы Система изменила структуру и политику центров допроса.

Конечно, я понимаю, что некоторым читателям могут показаться натяжкой параллели между нашим небольшим Стэнфордским экспериментом в искусственной тюрьме и жестокой реальностью тюрьмы в зоне боевых действий. Но здесь важны не фактические различия, а основные психологические движущие силы, сходные в обеих ситуациях [50]. Кроме того, несколько независимых исследователей также провели параллели между двумя тюрьмами — это сделано, например, в отчете Шлезингера (мы цитировали его в начале главы), а также в отчете бывшего криптолога военно-морских сил Алана Хенсли. В своем анализе поведения солдат, обвиненных в злоупотреблениях, он приходит к следующему выводу:

> «В случае с Абу-Грейб модель, подробно описанная в исследовании Зимбардо, построенная на практически таких же факторах и созданная в результате анализа эмпирических данных, была хорошо известна, и она могла с предельной точностью предсказать эти события, без всякого сознательного умысла со стороны участников» [51].

Этот этап нашего путешествия я хочу закончить словами руководителя багдадского бюро журнала *Newsweek* Рона

Нордленда. Вот что пошло не так, по его мнению, во время войны, начавшейся с благих намерений:

«Что пошло не так? Многое, но поворотным пунктом стал скандал в Абу-Грейб. С апреля 2004 г. миссия по освобождению Ирака превратилось в отчаянную попытку исправить допущенные ошибки. Издевательства над заключенными в тюрьме Абу-Грейб вызвали враждебность широких слоев населения Ирака. Но ничего не получилось. Нет никаких доказательств, что все эти унижения и злоупотребления спасли жизнь хоть одному американцу или помогли поймать хоть одного настоящего террориста, несмотря на все утверждения военных о том, что в этой тюрьме были получены "важные разведывательные данные"» [52].

ГЛАВА ПЯТНАДЦАТАЯ

Суд над Системой: соучастие командования

Патриотичная речь военного прокурора майора Майкла Холли во время судебного процесса над сержантом Айвеном Фредериком помогает подготовить почву для нашего анализа использования пыток по отношению к членам «незаконных вооруженных формирований» и задержанным, находящимся в военных тюрьмах в Ираке, Афганистане и на Кубе:

> «И я хочу вам напомнить, сэр, что враг отчаянно сражается, как и мы, и этот прецедент может создать объединяющий лозунг для наших врагов, сейчас и в будущем. Я также хочу попросить вас подумать о тех врагах, которые могут сдаться в будущем. Мы хотим именно этого. Мы хотим, чтобы они были напуганы боевой мощью армии Соединенных Штатов и сдались. Но если заключенный или, скорее, враг, думает, что будет подвергнут оскорблениям и унизительному обращению, разве не продолжит он бороться до последней капли крови? И в этой борьбе разве не станет он отнимать жизни солдат, жизни, которые могли бы продолжаться? Подобное поведение [обвиняемых военных полицейских] имеет долгосрочные последствия, в том числе оно оказывает влияние на судьбу солдат, наших солдат, моряков и морских пехотинцев, летчиков, которые могут попасть в плен в будущем, и на обращение с ними, и этого уже вполне достаточно».

Далее прокурор говорит о том, что поставлено на карту, на этом и на других судебных процессах над «семеркой Абу-Грейб», — а именно, о «чести армии»:

«Наконец, сэр, честь армии Соединенных Штатов и бесценна, и уязвима. Мы свято верим в армию Соединенных Штатов, в лучшую из всех армий, но при этом наша армия несет огромную ответственность и имеет власть, власть применять силу. И единственное, что отделяет нас от злоупотребления этой властью, от того, чтобы уподобиться нашим врагам, превратиться в толпу, в кучку головорезов — это чувство собственного достоинства. И оно основано на том, что наши действия правильны, что мы следуем приказам, которые нам даны, что наши действия благородны, а подобное поведение [злоупотребления и пытки в тюрьме Абу-Грейб] не соответствует этой цели. И нам, как любой другой армии, нужна твердая нравственная позиция, способная, кроме всего прочего, снова нас сплотить» [1].

Мое заключительное выступление на суде над Фредериком было спонтанным и неподготовленным. В нем я перечислил некоторые основные аргументы, которые будут приведены в этой главе. Это расширит рамки нашего положения, согласно которому эти злоупотребления стали возможными в результате действия мощных ситуационных и системных сил. Более того, после этого суда (состоявшегося в октябре 2004 г.) появились новые доказательства, подтверждающие соучастие в злоупотреблениях и пытках в блоке 1А тюрьмы Абу-Грейб многих военных руководителей. Вот текст моего выступления:

«В отчете Фея и в отчете Тагубы указывается, что все это [злоупотребления] можно было предотвратить. Если бы вооруженные силы направили туда хотя бы часть ресурсов или внимания, которые сейчас уделяются этому судебному процессу, Абу-Грейб никогда не случилась бы. Но на Абу-Грейб никто не обращал внимания. Ситуация здесь никого не волновала, безопасность этой тюрьмы интересовала армию не больше, чем безопасность археологического музея в Багдаде [сокровища которого были разграблены после "освобождения" Багдада, а американские солдаты безучастно за этим наблюдали]. Оба эти объекта имели низкий приоритет [с точки зрения военных], и в этих прискорбных обстоятельствах один из них "взорвался".

Поэтому я считаю, что этот суд — это суд над вооруженными силами, в частности над всеми офицерами, в подчинении которых находился сержант Фредерик. Они должны были знать, что происходит, должны были предотвратить, остановить все это, должны были положить этому конец. Именно их нужно судить. И даже если сержант Фредерик несет некоторую ответственность, каким бы ни был его приговор, я считаю, что он должен быть смягчен ответственностью всей структуры командования» [2].

В этой главе мы последуем в нескольких разных направлениях, и это поможет нам вытащить из-за кулис главных создателей драмы Абу-Грейб — режиссеров, сценаристов и ассистентов, поставивших эту трагическую пьесу. В некотором смысле охранники были просто статистами, «семью персонажами в поисках автора»[1] или хотя бы режиссера.

Наша задача — определить, какие системные давления имели место за пределами ситуации, сложившейся в «защищенном комплексе» центра для допросов Абу-Грейб. Мы выясним, кто именно, на всех уровнях иерархии, способствовал созданию условий, которые привели к деформации характера этих охранников. В последовательном рассказе об этих взаимосвязанных силах я буду уже не экспертом на стороне защиты, а обвинителем. Таким образом, я представляю новую, современную разновидность зла — «административное зло», создавшее условия для соучастия в злоупотреблениях и пытках политической и военной структуры командования [3]. И государственные, и частные организации, действуя в рамках закона, а не этики, могут нести людям страдания и даже смерть. С холодной рациональностью они преследуют собственные цели, следуют своему генеральному плану, соотношению затрат и прибыли или итоговой строке в годовом отчете. А в таких обстоятельствах цель всегда оправдывает средства.

---

[1] Обыгрывается название драмы итальянского писателя Луиджи Пиранделло «Шесть персонажей в поисках автора». — *Прим. ред.*

СЛЕДСТВИЕ ПО ДЕЛУ ЗЛОУПОТРЕБЛЕНИЙ В АБУ-ГРЕЙБ: ВИНА СИСТЕМЫ

В ответ на многочисленные отчеты о злоупотреблениях — не только в Абу-Грейб, но и в других военных тюрьмах в Ираке, Афганистане и на Кубе, Пентагон провел не меньше дюжины официальных расследований. В процессе подготовки к роли эксперта на стороне защиты сержанта Айвена Фредерика я тщательно изучил примерно половину из них. В этом разделе я кратко изложу в хронологическом порядке некоторые самые важные отчеты и приведу выводы и некоторые цитаты из них. Это даст нам представление о том, каким образом высокопоставленные офицеры и государственные чиновники объясняют причины пыток и злоупотреблений. Все эти расследования, кроме одного, были проведены по приказу вооруженных сил, с особым указанием сосредоточиться на конкретных преступниках. Поэтому в большинстве из них нет обвинений против военачальников и политических лидеров, не упоминается об их соучастии в создании условий, способствовавших злоупотреблениям. Единственное исключение — отчет Шлезингера, созданный по приказу министра обороны Рамсфельда.

Так как внимание авторов этих отчетов направлено вниз, а не вверх по цепи инстанций, они носят ограниченный характер и не являются настолько независимыми и объективными, как нам бы хотелось. Однако они станут отправной точкой наших обвинений против всей цепи инстанций, всей структуры командования армии и правительства. Мы дополним их свидетельствами СМИ и информационных агентств, а также показаниями самих солдат, принимавших участие в пытках. (Полная хронология злоупотреблений в Абу-Грейб и отчетов следственных групп по делу приведены на одном из веб-сайтов [4].)

Отчет Райдера первым указывает на тревожные сигналы

Первый отчет (6 ноября 2003 г.) был подготовлен главой военной полиции генерал-майором Дональдом Райдером по приказу генерала Санчеса. В августе 2003 г. Райдера назначили руководителем группы экспертов согласно приказу подразделения уголовных расследований армии США. Это подразделение отождествляется со Штабом объединенной оперативной группы (Combined Joint Task Force, CJTF-7), находящейся в подчинении министерства обороны многофункциональной группы, в состав которой входят представители армии, флота, морской пехоты, военно-воздушных сил и гражданские служащие министерства обороны.

В отчете Райдера проводится анализ всей системы тюрем в Ираке и даются рекомендации по ее улучшению. В конце Райдер приходит к выводу, что имели место серьезные нарушения прав человека. Персонал не был должным образом обучен, сотрудников не хватало, и эти проблемы были названы «системными». Отчет также поставил вопрос об отсутствии четкого разделения полномочий между военными полицейскими, которые, как предполагалось, должны были только охранять заключенных, и командой военной разведки (MI), в обязанности которой входили допросы задержанных. В отчете отмечается, что сотрудники военной разведки пытались вовлекать военных полицейских в действия, направленные на «подготовку» задержанных к допросам.

Путаница в полномочиях между военной полицией и военной разведкой возникла ко времени войны в Афганистане, когда военные полицейские сотрудничали с военной разведкой, «создавая благоприятные условия для последующих допросов». Этот эвфемизм описывает методы, позволяющие сломать волю заключенных. Райдер рекомендовал создать процедуры, «определяющие полномочия солдат военной полиции... ясно отделяя действия охранников от действий сотрудников военной разведки». Отчет Райдера должен был быть доведен до ведома всех, кто отвечает за систему военных тюрем.

Журналист Сеймур Херш писал, что, несмотря на эти важные выводы, «Райдер преуменьшает серьезность своих предупреждений, поскольку приходит к выводу, что ситуация еще не достигла кризисной точки. По его мнению, некоторые процедуры неэффективны, но он не обнаружил, что "подразделения военной полиции преднамеренно применяли недопустимые методы обращения с заключенными"». Следует отметить, что этот отчет появился в разгар самых скандальных злоупотреблений в блоке 1А, осенью 2003 г., но еще до того, как специалист Джо Дарби доложил о фотографиях (13 января 2004 г.). В статье Херша в журнале *The New Yorker* (5 мая 2004 г.), посвященной скандалу, делается следующий вывод об отчете Райдера: «Его расследование в лучшем случае оказалось необъективным, а в худшем было просто прикрытием» [5].

Полный и жесткий отчет Тагубы [6]

В январе 2004 г., когда печально известные фотографии легли на стол высокопоставленных военных руководителей и команды уголовных расследований, генерал Санчес был вынужден пойти дальше попыток маскировки фактов, предпринятых в отчете Райдера. Он поручил генерал-майору Антонио Тагубе провести более полное расследование обвинений в злоупотреблениях по отношению к задержанным, недокументированных побегов заключенных и множества фактов, указывающих на отсутствие дисциплины и ответственности. Тагуба проделал замечательную работу и провел подробное, обширное расследование. Отчет о нем опубликован в марте 2004 г. Этот отчет должен был остаться секретным, потому что в нем содержатся прямые обвинения в халатном отношении к своим обязанностям в адрес офицеров, а также серьезные обвинения в адрес других официальных лиц. В качестве иллюстраций отчет содержал некоторые фотографии. Все это было слишком скандально, чтобы не просочиться в СМИ (вероятно, за немалые деньги).

Отчет Тагубы попал в редакцию журнала *The New Yorker*, и его основные результаты и фотографии были опубликованы в статье Херша, но это произошло только после того, как фотографии появились в программе «60 минут II», 28 апреля 2004 г. (Как вы помните, эта история началась для меня именно с этой программы.)

Тагуба без особых церемоний критикует отчет своего коллеги, генерала Райдера. «К сожалению, многие *системные проблемы*, выявленные во время расследования [Райдера] не были устранены и стали предметом нашего расследования, — пишет он. — Приходится признать, что многие злоупотребления по отношению к задержанным происходили одновременно или почти одновременно с расследованием Райдера» (курсив мой. — *Ф. З.*). Далее в отчете Тагубы говорится: «Вопреки выводам отчета [генерал-майора] Райдера, я нахожу, что военнослужащие 372-й военно-полицейской роты 800-й бригады военной полиции с самого начала были направлены туда для того, чтобы изменить положение дел в исправительном учреждении, "создать условия" для допросов военной разведки». В отчете сказано, что офицеры военной разведки, агенты ЦРУ, частные контрактники и сотрудники OGA [других государственных служб] «активно побуждали охранников — военных полицейских создавать физические и психологические условия для благоприятных допросов».

В поддержку этого утверждения Тагуба приводит показания нескольких охранников, данные под присягой и подтверждающие соучастие в злоупотреблениях сотрудников военной разведки и следователей.

«Специалист Сабрина Хармен из 372-й военно-полицейской роты в показаниях под присягой рассказала о случае, когда задержанного поставили на картонный ящик и присоединили электроды к пальцам его рук, ног и половому члену. Ей сказали, "что ее задача — не давать задержанным заснуть". Она сказала, что сотрудник военной разведки говорил с [капралом] Гренером. Она заявила: "Сотрудник военной разведки хотел заставить их говорить. А задача Гренера и Фредерика — помогать военной разведке и OGA сделать так, чтобы эти люди начали говорить"».

Тагуба приводит показания сержанта Джавала Дэвиса о влиянии сотрудников военной разведки и OGA на охранников — военных полицейских, которое он наблюдал лично:

«Я сам был свидетелем того, как заключенных в центре военной разведки, блок 1A, заставляли делать разные вещи, которые я считаю сомнительными с нравственной точки зрения. В блоке 1А нам сказали, что у них другие правила и другие стандартные процедуры обращения с заключенными. Я никогда не видел устава или других документов, где были бы изложены эти правила или стандартные процедуры, мне о них только говорили. Ответственность за 1А нес капрал Гренер. Он утверждал, что агенты и солдаты военной разведки давали ему разные задания, но не было никаких письменных документов, на которые он мог бы сослаться". Когда сержанту Дэвису был задан вопрос, почему правила в блоках 1А и 1В отличались от правил в остальных корпусах тюрьмы, он заявил: "В остальных корпусах содержатся обычные заключенные, а в блоках 1А и 1В — те, кого держит там военная разведка (MI)". Спрошенный о том, почему он не доложил о злоупотреблениях вышестоящим офицерам, сержант Дэвис заявил: "Потому что я думал, что если бы они делали то, что не соответствует установленным процедурам или правилам, кто-то об этом сказал бы. (Здесь мы снова видим зло бездействия. — *Ф.З.*) Кроме того, блок 1А находится в ведении военной разведки, и мне казалось, что сотрудники военной разведки одобряют злоупотребления". Сержант Дэвис также заявил, что слышал, как сотрудник военной разведки поощрял охранников оскорблять заключенных. На вопрос, что именно говорил сотрудник военной разведки, он отвечал: "Сделайте нам этого парня разговорчивым. Сделайте так, чтобы у него была плохая ночь. Пусть он получит как следует". Он утверждал, что эти комментарии были адресованы капралу Гренеру и сержанту Фредерику. Наконец, сержант Дэвис заявил, что "сотрудники военной разведки, как я думал, хвалили Гренера за то, как он обращается с задержанными, находящимися в ведении военной разведки. Они говорили, например: Хорошая работа, они ломаются очень быстро. Они отвечают на все вопросы. Они дают нам нужную информацию". И наконец: "Продолжайте в том же духе"».

Следующее заявление Джейсона Кеннела из 372-я военно-полицейской роты напомнило мне, как во время СТЭ за нарушение правил наши охранники отбирали у заключенных матрасы, одеяла, одежду и подушки: «Я видел, что они голые, но сотрудники военной разведки просили нас забрать у них матрасы, одеяла и одежду». Кеннел не мог вспомнить, кто именно из сотрудников военной разведки просил это сделать, но сказал, что «если они хотели, чтобы я это делал, они должны были предоставить мне соответствующие документы». Позже ему сказали, что «мы не должны делать ничего, что унижает достоинство заключенных».

Это всего один пример постоянных противоречий между реальностью ситуации, где происходили злоупотребления, и негласным разрешением оскорблять содержащихся в этом блоке подозреваемых, задержанных военной разведкой и другими службами. С одной стороны, охранникам приказывали продолжать злоупотребления, а с другой — делались официальные публичные заявления о том, что «мы не можем мириться со злоупотреблениями или чем-либо, что нельзя назвать гуманным обращением». Такая стратегия позволяла оспаривать любые обвинения.

В отчете Тагубы отмечается, что офицеры высшего ранга, знавшие о чрезвычайно жестоком обращении с задержанными, рекомендовали судить виновных военным судом, но это так никогда и не было сделано. Бездействие командиров, знавших о злоупотреблениях, подтверждало впечатление, что никто не понесет ответственности за унижение заключенных.

Проблемы взаимодействия, обучения и руководства

Тагуба приводит множество свидетельств и примеров того, что солдаты и резервисты военной полиции не прошли обучения и не были обеспечены ресурсами и информацией, необходимыми для выполнения такого сложного дела, как охрана заключенных в тюрьме Абу-Грейб. В отчете говорится:

> «Среди служащих 800-й бригады военной полиции и ее подразделений имеет место общее отсутствие знаний,

навыков и информации о базовых юридических, нормативных, теоретических и командных требованиях... Обращение с задержанными и уголовными преступниками после процесса заключения в тюрьму очень отличалось от одного места заключения к другому, от одного отделения к другому, от одного лагеря к другому, *и даже на разных сменах охранников, солдат 800-й бригады военной полиции».* (Курсив мой — обращаю внимание на различия в методах дневной и ночной смен охранников в блоке 1А. — Ф. З.)

В отчете также говорится:

«Численность заключенных в Абу-Грейб и в лагере Бакка значительно превышает максимальную вместимость, в то же время штат охранников недоукомплектован и не имеет достаточных ресурсов. Такой дисбаланс способствовал неудовлетворительным условиям содержания, побегам и отсутствию ответственности в различных отделениях. Переполненность мест содержания также не позволяет выявить лидеров, которые могут организовывать побеги и беспорядки в местах содержания, и изолировать их от остальных задержанных».

Тагуба описывает множество случаев побегов, бунтов заключенных и столкновений между охранниками и задержанными, в результате которых погибали люди. В каждом случае вывод один и тот же: «Следственная группа не обнаружила никаких данных о расследованиях причин или корректирующих действиях».

Тагуба делает особый акцент на том, что военному командованию было хорошо известно, что военные полицейские этой бригады не прошли нужного обучения, но по этому поводу не было предпринято никаких действий:

«Я обнаружил, что солдаты 800-й бригады военной полиции не были в достаточной степени обучены своим обязанностям, которые включали в себя управление тюремными или исправительными учреждениями тюремного комплекса Абу-Грейб. Как и Райдер, я также пришел к выводу, что в процессе мобилизации солдаты подразделения 800-й бригады военной полиции не прошли подготовки, необходимой для управления коррекционными учреждениями. До мобилизации и во время обучения после мобилизации они не знали, какое дело им предстоит, и поэтому не имели знаний и навыков, необходимых для выполнения определенных задач.

В дополнение к серьезному недостатку численности персонала, качество жизни солдат, служивших в Абу-Грейб (BCCF), было чрезвычайно низким. Здесь не было столовой, почты, парикмахерской и комнаты психологической разгрузки. Постоянные минометные обстрелы, а также периодические автоматные и ракетные обстрелы представляли серьезную угрозу жизни солдат и задержанных. Кроме того, тюремный комплекс был переполнен, и бригада испытывала недостаток в соответствующих ресурсах и персонале, необходимых для решения серьезных снабженческих и логистических проблем. Наконец, из-за дружеских отношений между солдатами бригады, сложившихся во время предыдущей службы, дружба часто оказывалась важнее субординации между начальниками и подчиненными».

Тагуба называет имена командиров, халатно относившихся к своим обязанностям

В отличие от других исследований, посвященных злоупотреблениям в Абу-Грейб, отчет генерала Тагубы указывает имена тех, кто оказался несостоятелен в роли командиров и поэтому заслуживает того или иного наказания. Стоит перечислить некоторые причины, по которым генерал называет имена многих военачальников, чьи методы руководства стали не примером военного руководства, а пародией на него. Эти офицеры должны были обеспечить нашим злополучным военным полицейским дисциплинарную структуру, но не сделали этого:

> Исследуя задачи 800-й бригады военной полиции в Абу-Грейб (BCCF), я обнаружил, что имели место явные трения и отсутствие эффективного взаимодействия между

командиром 205-й бригады военной разведки, управлявшим [передовой оперативной базой] Абу-Грейб (BCCF) после 19 ноября 2003 г., и командиром 800-й бригады военной полиции, которая руководила операциями с задержанными в FOB. Между этими подразделениями не было ясного разделения ответственности, а также координации действий на уровне команд и интеграции функций. Координация имела место на самых низких уровнях при отсутствии руководства со стороны командования...»

Прочитав отчет Тагубы, я смог прийти лишь к одному выводу: тюрьма Абу-Грейб превратилась в «скотный двор» уже на уровне *офицеров*, а не только на уровне ночной смены военных полицейских армейского резерва, работавших в блоке 1А. 12 офицеров и военнослужащих некомандного состава получили выговоры или дисциплинарные взыскания (мягкие) за недостойное поведение, халатное отношение к своим обязанностям, отсутствие руководства и злоупотребление алкоголем. Показательный пример — капитан Лео Мерк, командир 870-й военно-полицейской роты. Его обвиняли в том, что он фотографировал девушек-солдат своего подразделения в голом виде без их ведома. Еще один военнослужащий некомандного состава получил выговор за халатное отношение к своим обязанностям — завязав дружеские отношения с младшими по званию офицерами, он без всякого повода стрелял из их винтовок М-16, сидя в их автомобилях, и в итоге случайно подорвал бак с топливом!

Тагуба рекомендует отстранить от командования, уволить в отставку или объявить выговор в письменном виде примерно десяти офицерам, занимавшим командные посты, — как раз тем людям, которые должны были служить примером для обычных солдат и резервистов, находившихся под их командованием.

Однако виновны не только военные. Расследование показало, что несколько гражданских следователей и переводчиков, не имея на то никаких полномочий, привлекали военных полицейских к допросам задержанных в блоке 1А, а также лично участвовали в злоупотреблениях. Среди них в отчете Тагубы упоминаются Стивен Стефанович, гражданский следователь-контрактник, и Джон Израэль, гражданский переводчик-контрактник, оба из 205-й бригады военной разведки.

Стефанович обвиняется в том, что «позволял и/или инструктировал военных полицейских, не обученных методам ведения допросов, готовить к ним задержанных, *"создавая условия"* для них, на что те не имели полномочий и что не было указано в руководстве о правилах и политике. Он, без сомнения, знал, что его инструкции побуждают военных полицейских к *физическому насилию*» (курсив мой. — Ф. З.). Это подтверждает слова Фредерика и Гренера: их подталкивали к злоупотреблениям гражданские лица, которые, как считали военные полицейские, и несли основную ответственность за ситуацию в блоке 1А и настаивали на том, чтобы получить важную разведывательную информацию любыми доступными средствами.

Пример негативных последствий «зла бездействия» виден из замечаний Тагубы относительно сержанта Снайдера, который «не доложил о поведении своего непосредственного подчиненного, оскорблявшего задержанных, наступая ботинками им на руки и на ноги в присутствии Снайдера».

Прежде чем оставить отчет Тагубы и перейти к результатам некоторых других независимых расследований, нужно отметить его знаменательный вывод о виновности некоторых офицеров и гражданских лиц, которых до сих пор не привлекли к суду и даже не выдвинули против них обвинений в соучастии в злоупотреблениях:

> «Несколько офицеров армии США совершили недопустимые действия и серьезные нарушения международного права в тюрьме Абу-Грейб (BCCF) и в лагере Бакка, Ирак. Кроме того, ключевые руководители высшего звена 800-й бригады военной полиции и 205-й бригады военной разведки оказались не в состоянии следовать установленным правилам, нормам и директивам командования, связанным с предотвращением злоупотреблений задержанными в Абу-Грейб (BCCF) и в лагере Бакка в период с августа 2003 по февраль 2004 г. <...>

Более конкретно, я считаю, что полковник Томас Паппас, подполковник Стив Джордан, Стивен Стефанович и Джон Израэль *несут прямую или косвенную ответственность за злоупотребления в Абу-Грейб (BCCF).* Настоятельно рекомендуются немедленные дисциплинарные меры, как было указано в предыдущих параграфах, а также инициирование запроса о Процедуре 15, чтобы в полной мере определить их виновность» (курсив мой. — *Ф. З.*).

Здесь я бы хотел добавить небольшой постскриптум: ни один офицер так и не был признан виновным в соучастии в этих злоупотреблениях. Только бригадный генерал Карпински получила выговор, была понижена в звании до полковника и ушла в отставку. Подполковник Стивен Джордан был единственным офицером, представшим перед судом, — и просто получил выговор за некую туманную роль в злоупотреблениях. Однако самый яркий пример отсутствия военного и гражданского правосудия представляет собой сам генерал-майор Антонио Тагуба. В его отчете собраны настолько полные и подробные свидетельства соучастия множества офицеров, армии в целом и гражданских следователей, что ему прямым текстом объявили, что он никогда не получит повышения в звании. Он был самым высокопоставленным офицером филиппинского происхождения в армии США. Это оскорбление было нанесено ему за то, что он честно и добросовестно выполнил порученное ему задание — но не так, как ожидали военные чиновники. В итоге он досрочно ушел в отставку, раньше времени завершив выдающуюся военную карьеру.

Отчет Фея — Джонса: ответственность вышестоящих офицеров и внешних авторитетов [7]

Генерал-лейтенант Энтони Джонс и генерал-майор Джордж Фей провели еще одно расследование заявлений о том, что 205-я бригада военной разведки причастна к злоупотреблениям по отношению к задержанным в Абу-Грейб. Они также хотели выяснить, были ли причастны к этим злоупотреблениям какие-либо организации или офицеры более высокого ранга, а не только командиры бригады [8]. Хотя их отчет основан на стандартном диспозиционном подходе и возлагает всю вину на тех, кто лично участвовал в злоупотреблениях, — все на те же «небольшие группы безнравственных солдат и гражданских лиц», но он все же описывает некоторые ситуационные и системные факторы.

«События в Абу-Грейб нельзя рассматривать в вакууме» — этот исходный тезис отчета Фэя — Джонса помогает обрисовать то, как «действующее окружение» способствовало злоупотреблениям. Выводы отчета совпадают с данными моего социально-психологического анализа, причем отчет содержит подробное описание мощных ситуационных и системных факторов, действовавших внутри и вокруг поведенческого окружения. Давайте рассмотрим их значимость, изложенную в трех следующих абзацах отчета.

Генерал-лейтенант Джонс обнаружил, что офицеры высшего ранга не принимали непосредственного участия в злоупотреблениях в Абу-Грейб, тем не менее они несут ответственность за отсутствие надлежащего руководства, за то, что не смогли своевременно отреагировать на сообщения Международного комитета Красного Креста и составить служебную записку о данной проблеме, что препятствовало четкому последовательному руководству на тактическом уровне.

Генерал-майор Фей обнаружил, что с 25 июля 2003-го по 6 февраля 2004 г. 27 сотрудников бригады военной разведки, согласно ряду показаний, требовали, поощряли, потворствовали или прямо просили солдат военной полиции оскорблять задержанных, и/или *участвовать в злоупотреблениях по отношению к задержанным,* и/или нарушать установленный порядок допросов, действующие законы и инструкции во время операций по допросам в Абу-Грейб.

Командиры подразделений, расположенных в Абу-Грейб, или осуществлявшие руководство находившимися здесь солдатами и подразделениями, были не в состоянии контролировать подчиненных или обеспечить непосредственный контроль за выполнением ими своих задач. Эти командиры оказались не в состоянии должным образом поддерживать дисциплину своих солдат, делать выводы из своих ошибок и не смогли обеспечить постоянное обучение, связанное с задачами, возложенными на их подразделения... Отсутствие эффективного руководства было обнаружено не сразу и не были предприняты своевременные меры, чтобы предотвратить случаи насилия, сексуальных злоупотреблений, а также случаи, связанные с неверным истолкованием и непониманием просьб представителей некоторых агентств... *Злоупотреблений бы не произошло, если бы офицеры следовали основным принципам устава Армии и обеспечили обучение, необходимое для выполнения миссии* (курсив мой. — Ф. З.).

Совместный отчет этих генералов суммирует множество факторов, которые, как они обнаружили, способствовали злоупотреблениям в тюрьме Абу-Грейб. Семь из них названы в качестве основных причин злоупотреблений:
- «преступные наклонности отдельных военнослужащих» (предполагаемая предрасположенность резервистов — военных полицейских);
- «неэффективное руководство» (системные факторы);
- «нарушение субординации в бригаде и в более высоких эшелонах командования» (системные факторы);
- «участие множества агентств и организаций в деятельности, связанной с допросами в Абу-Грейб» (системные факторы);
- «неспособность эффективно отбирать, обучать, а затем объединять следователей, аналитиков и лингвистов-контрактников» (системный фактор);
- «отсутствие ясного понимания военными полицейскими и специалистами военной разведки своих ролей и обязанностей в ходе операций по допросам» (ситуационные и системные факторы);
- «отсутствие системы безопасности» (ситуационные и системные факторы).

Таким образом, шесть из семи способствующих злоупотреблениям факторов, указанных в отчете Фея — Джонса, являются системными или ситуационными, и только один из них относится к диспозиционным. Затем отчет подробно описывает эти факторы, уделяя основное внимание многочисленным примерам неэффективности системы, ставшей основной причиной злоупотреблений:

> Если выйти за рамки личной ответственности, ответственности лидеров и ответственности командования, то следует указать, что системные проблемы и вопросы также способствовали созданию нестабильного окружения, в котором происходили злоупотребления. В отчете перечисляется несколько десятков конкретных системных проблем, начиная от доктрины и политики и заканчивая проблемами руководства, командования, управления ресурсами и обучения.

Соучастие ЦРУ под видом «командной работы»

Я был удивлен, обнаружив в этом отчете открытую и непосредственную критику роли ЦРУ в создании принудительных тактик допроса, которые, как предполагалось, должны были оставаться секретными:

> Систематическое отсутствие ответственности за действия следователей и надлежащее обращение с задержанными пронизывало все операции с задержанными в Абу-Грейб. Неясно, каким образом и по чьему приказу ЦРУ могло размещать в Абу-Грейб таких заключенных, как «задержанный-28»[1], потому что между ЦРУ и Штабом объединенной оперативной группы (CJTF-7) не было никаких официальных договоренностей по этому поводу. Офицеры ЦРУ, работающие в Абу-Грейб, убедили полковника Паппаса и подполковника Джордана, что могут *действовать вне установленных правил и процедур* (курсив мой. — Ф. З.).

---

[1] Далее мы подробнее поговорим об этом задержанном, Манаделе аль-Джамади.

Создание нездоровой рабочей атмосферы

В отчете Фея — Джонса подробно описывается, каким образом такие секретные операции сотрудников ЦРУ, имевшие статус «выше и вне закона», способствовали созданию злокачественной окружающей среды, а также дан психологический анализ этой ситуации:

> Смерть «задержанного-28» и другие случаи, например, когда в комнате для допросов находилось оружие, заряженное боевыми патронами, были широко известны американским военным в Абу-Грейб (военнослужащим военной разведки и военной полиции). Вследствие отсутствия личной ответственности возникали предположения, конфликты и возмущение, потому что некоторые лица оказывались выше законов и правил. В результате в Абу-Грейб создалась нездоровая обстановка. Следствие по делу смерти «задержанного-28» не проведено до сих пор.

Кратко отмечен и тот факт, что анонимность использовалась как щит, позволяющий снимать с себя ответственность за убийство: «Офицеры ЦРУ действовали под псевдонимами и никогда не называли своих настоящих имен».

Случаи, когда оправдания охранников оказывались вполне обоснованными

Расследование Фея — Джонса подтверждает слова Чипа Фредерика и других охранников ночной смены, утверждавших, что их оскорбительные действия поощряли и поддерживали многие люди, работавшие на военную разведку:

> Военные полицейские, признанные виновными, утверждали, что действовали с ведома и при поощрении специалистов военной разведки. Хотя эти утверждения напоминают оправдания, тем не менее у них есть некоторые основания. *Атмосфера, созданная в Абу-Грейб, способствовала злоупотреблениям, а также тому,*

что они оставались *неизвестны высшему руководству в течение длительного времени*. То, что начиналось с раздевания и оскорблений, стресса и физических упражнений, переросло в сексуальные и физические оскорбления со стороны небольшой группы безнравственных и солдат, и гражданских лиц, действовавших бесконтрольно (курсив мой. — *Ф. З.*).

В отчете этих генералов неоднократно подчеркивается важная роль системных и ситуационных факторов как причин злоупотреблений. Однако они не могут отказаться от диспозиционного подхода: преступники — всего лишь несколько «безнравственных» солдат, все та же «ложка дегтя» в безупречной «бочке меда», отмеченной «благородным поведением подавляющего большинства наших солдат».

Хорошие собаки выполняют плохие команды

В отчете Фея — Джонса едва ли не впервые подробно описаны и осуждены некоторые «допустимые» приемы «повышения эффективности» допросов. Так, в нем отмечается, что из тюрьмы Гитмо на Кубе генерал-майор Джеффри Миллер позаимствовал использование собак. Но при этом «запугивание собаками в процессе допросов применялось без надлежащего разрешения».

Вначале для запугивания заключенных официально использовались собаки в намордниках, однако вскоре намордники перестали надевать, так сказать, усиливая фактор страха. В отчете Фея — Джонса указывается, что один из гражданских следователей [№ 21, частный служащий CACI] использовал собаку без намордника во время допроса, а затем попросил охранника «отвести ее домой». Чтобы показать заключенным, что собака действительно опасна, на глазах у заключенных ей позволили разорвать в клочья матрас. Другой следователь (солдат-17, 2-й батальон военной разведки) обвиняется в том, что не сообщил о ненадлежащем использовании собак, когда кинолог натравил собаку на двух несовершеннолетних задержанных, впустив ее к ним в камеру без намордника. Этот следователь также не доложил о том, что кинологи обсуждали «соревнования» по запугиванию задержанных — кому из них быстрее удастся заставить заключенного намочить штаны. Они говорили, что собаки уже заставили нескольких задержанных намочить штаны от страха.

Обнаженные заключенные — дегуманизированные заключенные

Метод, когда заключенных раздевали донага и не отдавали им одежду до тех пор, пока они не соглашались сотрудничать, также был позаимствован из тюрем в Афганистане и Гуантанамо. Его стали использовать в тюрьме Абу-Грейб, и в отчете Фея — Джонса отмечается «отсутствие субординации и неопределенность в вопросах его законности. Этот метод был просто перенесен сюда из Гитмо. Использование одежды [и наготы] как стимула для получения информации, вероятно, способствовало растущей "дегуманизации" задержанных и готовило почву для возникновения новых и более серьезных злоупотреблений [со стороны военных полицейских]».

Объявление виновных: офицеры, сотрудники военной разведки, следователи, аналитики, переводчики и санитары

Наконец, отчет Фея — Джонса объявляет виновными всех, кто, по мнению следственной группы, нес ответственность за злоупотребления по отношению к задержанным в тюрьме Абу-Грейб. В отчете называются имена или личные коды 27 человек. Для меня здесь важно количество тех, кто знал о злоупотреблениях, был их свидетелем и даже так или иначе участвовал в них, но ничего не сделал, чтобы их предотвратить, прекратить или доложить о них. Они продемонстрировали охранникам «социальные доказательства» того, что в этой тюрьме можно делать все, что хочешь. Улыбки и молчание этих лиц создавали социальную поддержку в среде следователей, поощрявших злоупотребления, которые должны были вызывать суровое порицание. Здесь мы снова видим, как зло бездействия приводит к злу в действии.

Санитары и медсестры виновны в том, что не всегда оказывали помощь жертвам. Они наблюдали за унижениями и в лучшем случае просто отворачивались. Они подписывали ложные заключения о смерти и лгали о причинах ранений и переломов конечностей. Они нарушали клятву Гиппократа и «продавали душу ни за грош», как пишет профессор медицины и сторонник этики биологических исследований Стивен Х. Майлз в своей книге «Нарушенная клятва» [9].

Подробный отчет двух армейских генералов должен устранить любые утверждения о том, что военные полицейские из ночной смены блока 1А мучили заключенных исключительно из личных извращенных побуждений или движимые садистскими импульсами. Напротив, в этой картине мы видим сложные и многогранные причинно-следственные связи. Множество других солдат и гражданских лиц так или иначе принимали участие в пытках и злоупотреблениях. Одни делали это сами, другие помогали, а третьи наблюдали, но не сообщили о злоупотреблениях. Кроме того, мы видим, что ответственность за эти злоупотребления несет множество офицеров — отсутствие руководства с их стороны привело к запутанной непереносимой ситуации, в которой оказались Чип Фредерик и его подчиненные.

Отчет не указывает на личное участие в каких-либо недопустимых действиях генерала Санчеса. Тем не менее, по мнению генерала Пола Керна, Санчес не может быть полностью освобожден от ответственности. Керн заявил журналистам: «Мы не считаем генерала Санчеса виновным, но мы считаем его ответственным за то, что произошло или не произошло» [10]. И здесь мы видим весьма изящную игру слов: генерал Санчес не «виновен», он просто «ответственен» — и все! Мы будем не столь снисходительны к этому офицеру, когда устроим наш воображаемый суд.

Теперь мы обратимся к специальному расследованию, проведенному по приказу Рамсфельда, под руководством не очередного генерала, а самого Джеймса Шлезингера, бывшего министра обороны. Комитет, который он возглавил, не проводил новых, независимых расследований; он взял интервью у высшего руководства вооруженных сил и Пентагона. Отчет этого комитета предлагает много важных данных в поддержку нашей точки зрения.

Виновные согласно отчету Шлезингера [11]

Это последний отчет, который мы рассмотрим. Он предлагает серьезные аргументы в пользу нашей точки зрения, согласно которой злоупотреблениям в Абу-Грейб способствовали ситуационные и системные факторы. Особенно интересны в связи с этим указания на проблемы управления военными тюрьмами, недостатки командования и попытки скрыть фотографии, на которых были сняты злоупотребления, после того как Джо Дарби передал компакт-диск с ними военному следователю.

Самым ценным и неожиданным показался мне раздел отчета, в котором подробно описываются результаты социально-психологических исследований, объясняющие причины злоупотреблений в тюрьме Абу-Грейб. К сожалению, этот раздел находится в Приложении G, и поэтому вряд ли многие обратят на него внимание. В этом приложении к отчету Шлезингера также проводятся очевидные параллели между ситуацией в тюрьме Абу-Грейб и злоупотреблениями, происходившими во время Стэнфордского тюремного эксперимента.

Распространенность злоупотреблений среди военных

Во-первых, в отчете отмечается, что «злоупотребления» имели место во всех военных подразделениях США. (Термин «пытки» в отчете не используется ни разу.) К ноябрю 2004 г. было зафиксировано 300 случаев злоупотреблений по отношению к задержанным в области операций коалиции, 66 подтвержденных случаев «злоупотреблений» в Гуантанамо и в Афганистане и еще 55 — в Ираке. Треть этих злоупотреблений была связана с допросами. Известно по крайней мере о пяти смертельных случаях задержанных во время допросов. По поводу еще двух десятков смертельных случаев на тот момент велось следствие. Кажется, эти мрачные цифры заполняют «вакуум», упоминаемый в отчете Фея — Джонса в связи со злоупотреблениями в блоке 1А: эти случаи оказались самыми известными, но складывается впечатление, что они были не так ужасны, как убийства и пытки в других военных тюрьмах, о которых мы поговорим позже.

Основные проблемы и условия, способствовавшие злоупотреблениям

Отчет Шлезингера называет пять основных проблем, ставших питательной средой для ситуации, в которой возникли злоупотребления:

- отсутствие у военных полицейских и служащих военной разведки знаний, необходимых для выполнения порученной им миссии;
- нехватка оборудования и ресурсов;
- давление на следователей с целью получения «ценных разведывательных данных» (при этом персоналу не хватало опыта и обучения, а задержанные могли ждать первого допроса до 90 дней);
- «слабое», неопытное руководство, действовавшее в рамках запутанной, слишком сложной структуры;
- ЦРУ действовало по собственной инициативе и не несло ответственности перед военным командованием.

Мы снова видим неэффективное руководство

Отчет снова и снова указывает на полную несостоятельность руководства на всех уровнях и его содействие злоупотреблениям со стороны охранников той злополучной ночной смены:

> Девиантного поведения охранников ночной смены в тюремном корпусе 1А Абу-Грейб можно было бы избежать при условии надлежащего обучения, лидерства и надзора.
>
> Эти злоупотребления... указывают на недопустимую халатность, слабость руководства и дисциплины.
>
> Во время допросов происходили и другие злоупотребления, не запечатленные на фотографиях, причем повсеместно, а не только в Абу-Грейб.
>
> Злоупотребления стали возможными не только из-за того, что несколько солдат не следовали установленным стандартам. Они возникли не только потому, что несколько командиров не смогли добиться надлежащей дисциплины. *Организационная и личная ответ-*

ственность распространяется и на более высокие уровни руководства (курсив мой. — Ф. З.).

Попытки скрыть фотографии злоупотреблений

Генерал Ричард Майерс, председатель Объединенного комитета начальников штабов, попытался воспрепятствовать появлению фотографий в программе телеканала CBS в апреле 2004 г. — очевидно, он понимал, что эти снимки имеют некоторую «вероятную важность». Тем не менее, как я уже говорил, этот высокопоставленный генерал не постеснялся заявить публично, что эти происшествия не были «систематическими», а стали результатом преступных деяний одной «ложки дегтя».

Социальная психология бесчеловечного отношения к другим людям

Среди 12 расследований злоупотреблений в военных тюрьмах отчет Шлезингера уникален тем, что предлагает подробное обсуждение этических проблем, психологических стрессогенных факторов и ситуационных сил, действовавших в тюрьме Абу-Грейб. К сожалению, эти данные приведены в конце отчета, в приложениях H («Этика») и G («Стрессогенные факторы и социальная психология»), хотя их следовало бы выдвинуть на первый план.

Для нас особенно интересны параллели между Стэнфордским тюремным экспериментом и злоупотреблениями в тюрьме Абу-Грейб. Давайте кратко рассмотрим основные пункты этого раздела отчета Шлезингера:

> Возможность оскорбительного отношения к задержанным во время глобальной войны с терроризмом была абсолютно предсказуемой на основании ясного понимания принципов социальной психологии, а также многочисленных известных факторов риска, связанных с окружением... Результаты исследований в области социальной психологии свидетельствуют о том, что ус-

ловия военных действий и работа с задержанными изначально содержат в себе риск злоупотреблений, и поэтому к этим операциям необходимо подходить с большой осторожностью и при условии тщательного планирования и соответствующего обучения.

Однако, отмечается в отчете, большинство военачальников не были осведомлены об этих важных факторах риска. Кроме того, отчет Шлезингера ясно дает понять, что психологические основания жестокого поведения не могут служить причиной оправдания преступников. Как я уже неоднократно указывал в этой книге, «подобные условия не оправдывают и не освобождают от ответственности людей, принимавших участие в преднамеренных безнравственных или незаконных действиях», даже притом что «определенные условия способствовали жестокому обращению».

Уроки Стэнфордского тюремного эксперимента

В отчете Шлезингера мы находим смелое заявление о том, что «ориентир Стэнфордского эксперимента преподает поучительный урок для всех военных операций по задержанию». Противопоставляя атмосферу в тюрьме Абу-Грейб относительно мягкой обстановке Стэнфордского тюремного эксперимента, авторы отчета указывают, что «во время операций по задержанию солдаты действуют в напряженной боевой обстановке, которую никак нельзя назвать мягкой». Такая боевая обстановка, как и следовало ожидать, может способствовать гораздо более серьезным злоупотреблениям властью со стороны военной полиции, чем это позволяли себе охранники во время нашего тюремного эксперимента. Далее отчет Шлезингера исследует основной вопрос, с которым мы имели дело в течение всего нашего путешествия к истокам эффекта Люцифера.

«Психологи хотели понять, как и почему люди и группы, которые обычно действуют гуманно, в определенных обстоятельствах могут вести себя иначе». В отчете приводится несколько факторов, помогающих объяснить, почему гуманные люди могут вести себя жестоко: деиндивидуация, дегуманизация, образ врага, групповое мышление, отключение внутреннего контроля, социальная фасилитация и другие факторы окружения.

Одним из таких факторов окружения является широко распространенная практика раздевания задержанных. «Лишение одежды как техника допроса получило гораздо более широкое использование: в Абу-Грейб группы задержанных оставались обнаженными в течение длительного времени». В весьма проницательном описании того, почему практика принудительного раздевания стала одной из причин злоупотреблений со стороны военных полицейских и других солдат в блоке 1А, доклад Шлезингера отмечает, что первоначально цель этого метода состояла в том, чтобы заставить задержанных почувствовать себя уязвимыми и охотнее сотрудничать со следователями. Однако в конечном счете эта тактика создавала атмосферу дегуманизации.

Со временем «эта практика, вероятно, стала оказывать психологическое воздействие на охранников и следователей. Одежда — один из важнейших социальных атрибутов, и поэтому ее отсутствие могло привести к непреднамеренным последствиям в виде дегуманизации задержанных в глазах тех, кто с ними взаимодействовал... Дегуманизация устраняет нравственные и культурные барьеры, которые обычно препятствуют... оскорбительному обращению с другими людьми».

Все отчеты, цитаты из которых мы привели, а также и те, о которых мы здесь не говорили, объединяет два момента. Во-первых, они описывают множество ситуационных факторов и факторов окружения, способствовавших злоупотреблениям в тюрьме Абу-Грейб. Во-вторых, они определяют множество системных и структурных причин этих злоупотреблений. Но все они были составлены по заказу высшего военного руководства или министра обороны Дональда Рамсфельда. Поэтому их авторы не рискуют говорить об ответственности высшего командования.

Чтобы рассмотреть всю картину, мы оставим эти очевидные доказательства нашей правоты и обратимся к недавнему отчету Human Rights Watch, крупнейшей организации, наблюдающей за соблюдением прав человека во всем мире (см. веб-сайт http://hrw.org).

ОТЧЕТ HUMAN RIGHTS WATCH: «ПЫТКИ СОЙДУТ С РУК?» [12]

«Пытки сойдут с рук?» — так звучит весьма провокативное название отчета Human Rights Watch (апрель 2005 г.). В нем подчеркивается необходимость действительно независимого расследования множества злоупотреблений, пыток и убийств заключенных, совершенных американскими военными и гражданским персоналом. Отчет призывает привлечь к ответственности всех архитекторов политики, которая привела к безответственному и неоправданному нарушению прав человека.

Мы считаем, что камеры пыток в Абу-Грейб, в Гитмо и в других военных тюрьмах в Афганистане и Ираке были делом рук главных «архитекторов» — Буша, Чейни, Рамсфельда и Тенета. Затем за дело взялись «инженеры» — юристы, придумавшие новый язык и новые теории, которые новыми способами и средствами узаконивали «пытки», — советники президента Альберто Гонсалес, Джон Йо, Джей Байби, Уильям Тафт и Джон Эшкрофт. «Прорабами» на строительной площадке пыток стали военачальники — генералы Миллер, Санчес, Карпински и их подчиненные. Наконец, были простые «рабочие», которые лично вели допросы с применением принудительных методов, прибегали к злоупотреблениям и пыткам — солдаты военной разведки, агенты ЦРУ, гражданские и военные следователи, переводчики, санитары и военные полицейские, включая Чипа Фредерика и его коллег по ночной смене.

Вскоре после появления фотографических свидетельств злоупотреблений в Абу-Грейб президент Буш поклялся, что «правонарушители будут отданы под суд». Однако отчет Human Rights Watch указывает, что под суд были отданы только военные полицейские самого низкого ранга. Никто из тех, кто создавал политику, обеспечивал идеологию и давал разрешение на все эти злоупотребления, не понес никакой ответственности. В отчете Human Rights Watch сказано:

> «В те месяцы, когда велось следствие, выяснилось, что пытки и злоупотребления происходили не только

в Абу-Грейб, но и в десятках мест заключения по всему миру, и во многих случаях злоупотребления приводили к смерти или тяжелым травмам. Их жертвы зачастую были мирными жителями и не имели никакого отношения к «Аль-Каиде» или терроризму. Есть доказательства злоупотреблений на "секретных объектах" за рубежом, а также свидетельства того, что власти отправляли подозреваемых в тюрьмы в странах третьего мира, где, скорее всего, имели место пытки. До настоящего времени, однако, наказание понесли только военнослужащие самого низкого ранга. Но ситуация требует большего. Архитекторов политики, создавших модель и возможность злоупотреблений, до сих пор окружает стена безнаказанности».

Как показывает этот отчет, существует множество свидетельств того, что высокопоставленные гражданские и военные лидеры, в том числе министр обороны Дональд Рамсфельд, бывший директор ЦРУ Джордж Тенет, бывший командующий коалиционными войсками в Ираке генерал-лейтенант Рикардо Санчес и бывший командующий лагерями для военнопленных в заливе Гуантанамо генерал-майор Джеффри Миллер принимали решения и создавали условия, способствовавшие серьезным и широко распространенным нарушениям закона. Обстоятельства свидетельствуют о том, что они либо знали, либо должны были знать, что в результате их действий имели место такие нарушения. Кроме того, есть достаточно данных о том, что когда им были представлены убедительные доказательства злоупотреблений, они не предприняли никаких действий, чтобы их прекратить.

Принудительные методы, одобренные высшим руководством и широко используемые в последние три года, включают методы, которые Соединенные Штаты неоднократно осуждали, называя варварством и пытками, когда к ним прибегали другие страны. Даже Полевой устав армии осуждает некоторые из этих методов и признает их пытками.

Какими бы возмутительными ни были фотографии злоупотреблений и пыток в блоке 1А с участием охранников ночной смены, они бледнеют перед фактами множества убийств задержанных солдатами, агентами ЦРУ и сотрудниками гражданских служб. «Если Соединенные Штаты хотят стереть со своей репутации пятно Абу-Грейб, они должны провести полное и независимое расследование действий руководителей высшего звена, которые отдавали приказы или потворствовали злоупотреблениям, и признать, что все это происходило с ведома президента, — говорит Рид Броуди, специальный консультант Human Rights Watch. Он добавляет: — Вашингтон должен раз и навсегда прекратить жестокое обращение с задержанными во имя войны с терроризмом» [13].

Участвовали многие, наказаны единицы, офицеры отделались легким испугом

Давайте попробуем оценить масштабы злоупотреблений в Ираке, Афганистане и заливе Гуантанамо. В недавнем заявлении, распространенном от имени армии США, указано, что с октября 2001 г. было выдвинуто более 600 обвинений в злоупотреблениях по отношению к задержанным. Из них 190 случаев так и не были расследованы или об их расследовании ничего не известно — это, так сказать, «преступления-призраки». Проведено следствие по поводу как минимум 410 других случаев, со следующими последствиями: 150 человек получили дисциплинарные взыскания, 79 попали под трибунал, 54 были признаны виновными, 10 были приговорены более чем к одному году лишения свободы, 30 были приговорены менее чем к одному году лишения свободы, 14 не получили тюремного срока, 10 были оправданы, 15 случаев все еще расследуются или обвинения отклонены, 71 человек получил административное или иное взыскание. Здесь нужно сделать оговорку, что к апрелю 2006 г., когда был опубликован отчет, около 260 дел было закрыто или их статус неизвестен [14]. Так, кинолог сержант Майкл Смит был приговорен к шести месяцам лишения свободы за то, что запугивал заключенных с помощью собаки без намордника. Он утверждал, что «выполнял приказ подготовить заключенных к допросу». Говорят, что он заявил: «Солдаты не должны быть мягкими и вежливыми», и он уж точно таким не был [15].

По состоянию на 10 апреля 2006 г. не было никаких доказательств того, что вооруженные силы предпринимали попытки выдвинуть обвинения хотя бы против одного офицера в соответствии с доктриной командной ответственности — за соучастие в злоупотреблениях или за злоупотребления своих подчиненных. По данным отчета обо всех злоупотреблениях, ставших объектом расследования, только пять офицеров получили обвинения в уголовных преступлениях, и ни один — в соответствии с доктриной командной ответственности. Военное командование весьма снисходительно относится к нерадивым офицерам. Они получают только дисциплинарные и административные взыскания, которые обычно налагаются в связи с мелкими нарушениями и влекут за собой мягкие наказания. Так произошло более чем в 70 случаях серьезных злоупотреблений, включая 10 убийств и 20 случаев нанесения телесных повреждений. Такая снисходительность распространяется также на агентов ЦРУ — по крайней мере в 10 случаях злоупотреблений, и на 20 гражданских контрактников, работавших на ЦРУ или армию. Таким образом, становится очевидно, что злоупотребления имели место не только в Абу-Грейб. Кроме того, армия не готова использовать принцип командной ответственности в отношении всех этих случаев злоупотреблений и пыток. (Полный текст отчета о злоупотреблениях и отсутствии наказаний для офицеров см. здесь [16].)

Human Rights Watch поднимается вверх по цепи инстанций

Опираясь на подробно задокументированные повсеместные злоупотребления, которые совершали солдаты военной полиции и военной разведки, агенты ЦРУ и гражданские следователи-контрактники, отчет Human Rights Watch исследует вину почти всей цепочки командования в военных преступлениях и пытках:

«Очевидно, существуют серьезные политические препятствия для расследования действий министра обороны и других высокопоставленных руководителей, однако преступления эти настолько серьезны, а их свидетельства настолько многочисленны, что для Соединенных Штатов было бы безответственно не привлечь внимание к более высоким уровням командования. Если те, кто создавал или одобрял незаконную политику, не будут привлечены к ответственности, все заявления президента Джорджа Буша и других лидеров страны об "отвращении" к фотографиям из Абу-Грейб останутся пустым звуком. Если в дальнейшем никто не понесет реальной ответственности за эти преступления, то преступники во всем мире начнут указывать на эти злодеяния, чтобы оправдать собственные преступные действия. В самом деле, когда правительство такого могущественного и влиятельного государства, как Соединенные Штаты Америки, открыто нарушает законы, запрещающие пытки, то тем самым оно приглашает другие страны следовать их примеру. Доверие, столь необходимое Вашингтону как стороннику прав человека, было подорвано свидетельствами пыток. Если пытки будут продолжаться, при полной безнаказанности политиков, доверие будет падать и дальше» [17].

Лишение неприкосновенности архитекторов незаконной политики

И законы США, и международное право признают принцип командной ответственности или «ответственности вышестоящего руководства». В соответствии с ним, лица, обладающие гражданской или военной властью, могут быть признаны виновными в преступлениях, которые совершались под их началом. Чтобы выдвинуть обвинение в соответствии с этим принципом, необходимо установить три обстоятельства: во-первых, существуют ли очевидные отношения прямого подчинения; во-вторых, знал ли или обязан ли был знать начальник, что подчиненный собирался совершить или уже совершил преступление; в-третьих, не предпринял ли начальник необходимых и разумных мер для предотвращения преступления или наказания преступника.

Военные преступления и пытки караются в соответствии с Актом о военных преступлениях (War Crimes Act) от 1996 г., Актом против пыток (Anti-Torture Act) от 1996 г. и Унифицированным военным кодексом (Uniform Code of Military Justice) (UCMJ). Далее Human Rights Watch утверждает, что наличие достаточно серьезных доказательств для возбуждения дела должно гарантировать начало уголовного расследования относительно четырех официальных лиц: министра обороны Дональда Рамсфельда, бывшего директора ЦРУ Джорджа Тенета, генерал-лейтенанта Рикардо Санчеса и генерал-майора Джеффри Миллера.

Здесь я могу лишь кратко отметить некоторые основания для того, чтобы возложить ответственность на этих официальных лиц за акты пыток и злоупотреблений, совершавшихся с их ведома. Их подробные описания и доказательства приведены в отчете Human Rights Watch.

Виновен: министр обороны Дональд Рамсфельд

Рамсфельд заявил Комитету Сената по делам вооруженных сил: «Эти события имели место под моим началом. Как министр обороны, я несу за них ответственность. Я беру на себя полную ответственность» [18].

Human Rights Watch утверждает, что «министр обороны Рамсфельд должен стать объектом расследования в связи с военными преступлениями и пытками, которые совершали американские военнослужащие в Афганистане, Ираке и Гуантанамо, в соответствии с доктриной "командной ответственности". Министр обороны Рамсфельд создал условия, способствующие военным преступлениям и пыткам, ограничивая применение и игнорируя Женевские конвенции [19]. Он делал это, одобряя методы допросов, нарушающие Женевские конвенции, а также Конвенцию против пыток, и одобряя сокрытие задержанных от Международного комитета Красного Креста». Human Rights Watch продолжает:

«С первых дней войны в Афганистане министр обороны Рамсфельд благодаря брифингам, отчетам Международного комитета Красного Креста, отчетам организаций по защите прав человека и сообщениям прессы был осведомлен о том, что американские военнослужащие совершают военные преступления, в том числе акты пыток. Однако нет никаких доказательств того, что он воспользовался своими полномочиями и настаивал на том, чтобы плохое обращение с заключенными было прекращено. Если бы он это сделал, многих преступлений, совершенных американскими военными, можно было бы избежать».

Расследование также должно определить, использовались ли незаконные методы допросов, которые министр обороны Рамсфельд одобрил для Гуантанамо, для жестокого обращения с задержанными до того, как он отменил свое решение использовать их без особого разрешения. Оно также должно определить, одобрил ли министр обороны Рамсфельд секретную программу, которая поощряла физическую жестокость и сексуальные унижения по отношению к иракским заключенным, как предполагает журналист Сеймур Херш. Если какое-то из этих обвинений окажется обоснованным, то министр обороны Рамсфельд, кроме командной ответственности, должен взять на себя ответственность за подстрекательство к преступлениям против задержанных.

Рамсфельд одобрил список методов допросов, нарушающих Женевские конвенции и Конвенцию против пыток[1] по отношению к задержанным в Гуантанамо. Эти методы затем были перенесены в другие военные тюрьмы в Афганистане и Ираке. Среди директив Рамсфельда относительно подготовки задержанных к допросам указаны следующие методы:
- использование поз, вызывающих стресс (например, принуждение стоять), в течение не более четырех часов, в заключении длительностью до 30 дней;

---
[1] Конвенция против пыток и других жестоких, бесчеловечных или унижающих достоинство видов обращения и наказания принята резолюцией 39 / 46 Генеральной Ассамблеи от 10 декабря 1984 г. — *Прим. пер.*

- во время транспортировки и допроса на голову задержанного может быть надет капюшон;
- лишение световых и звуковых стимулов;
- изъятие всех комфортных предметов (в том числе религиозного назначения);
- принудительное бритье (бритье волос на лице и т. д.);
- лишение одежды;
- использование фобий задержанных (например, страха перед собаками), вызывающих стресс.

Кроме того, стандартные методы позволяли воздействовать на задержанных с помощью сильного тепла, холода, света и шума. Министерство обороны получало неоднократные предупреждения о пытках и злоупотреблениях по отношению к задержанным от Международного комитета Красного Креста — в мае и июле 2003 г. (до того, как начался скандал, связанный с тюрьмой Абу-Грейб), а затем в феврале 2004 г. [20]

Международный комитет Красного Креста сообщал о сотнях случаев злоупотреблений по отношению к заключенным во многих военных тюрьмах и учреждениях, неоднократно просил предпринять немедленные шаги для их прекращения. Эти просьбы были проигнорированы, злоупотребления усугублялись, а инспекции Международного комитета Красного Креста были прекращены. В отчете, составленном в феврале 2004 г. и конфиденциально предоставленном должностным лицам сил коалиции, Международный комитет Красного Креста перечисляет следующие нарушения прав «задержанных, лишенных свободы» во время их интернирования силами коалиции:
- жестокое обращение во время захвата и предварительного заключения, иногда приводившее к смерти или серьезным телесным повреждениям;
- физическое или психологическое принуждение во время допросов с целью получить нужную информацию;
- длительное одиночное заключение в камерах, лишенных света;
- чрезмерное и несоразмерное использование силы, что приводило к смерти или телесным повреждениям во время интернирования.

Марк Даннер, профессор журналистики Калифорнийского университета в Беркли, изучил все соответствующие документы и проанализировал их в книге «Пытки и правда: Америка, Абу-Грейб и война с терроризмом» (Torture and Truth: America, Abu Ghraib and the War on Terror). На основании своего тщательного расследования Даннер приходит к следующему выводу: «из этих документов явствует, что министр обороны Дональд Рамсфельд принимал непосредственное личное участие в одобрении методов, выходящих за рамки процедур, допустимых с точки зрения военного права, и, следовательно, гражданского права, в обращении с заключенными» [21].

Виновен: бывший директор ЦРУ Джордж Тенет

Human Rights Watch обвиняет бывшего директора ЦРУ Джорджа Тенета во множестве нарушений. Под его руководством и, по некоторым данным, с его ведома и разрешения, агенты ЦРУ «пытали водой» задержанных (погружали в воду, пока человек не начинал захлебываться) и лишали их лекарств. По некоторым данным, ЦРУ использовало и другие методы: удушение, принуждение заключенных находиться в «стрессовых позах», воздействие сильным светом и шумом, лишение сна, обман задержанных, будто они находятся в руках правительства, которое допускает пытки. Под руководством директора Тенета ЦРУ «одалживало» задержанных представителям других государств, которые подвергали их пыткам. Под руководством директора Тенета ЦРУ лишало задержанных законной защиты, держало их в секретных тюрьмах, где они были лишены любой защиты, материальных средств или лекарств, без контакта с внешним миром, в полной власти захватчиков. Эти задержанные, находившиеся в долгосрочном заключении, были отрезаны от внешнего мира и просто «исчезали».

Вспомните вывод отчета Фея — Джонса о том, что «методы, применявшиеся ЦРУ при задержании и допросах, вели к отсутствию ответственности, злоупотреблениям, препятствовали сотрудничеству между ведомствами, создавали обстановку нездоровой секретности, что еще больше отравляло атмосферу в Абу-Грейб». Таким образом, ЦРУ действовало в соответствии с собственными правилами и часто вне закона.

При директоре Тенете ЦРУ также стало широко практиковать появление задержанных-«призраков». Сколько их было? Мы никогда не узнаем этого наверняка, но генерал Пол Керн, высокопоставленный офицер, курировавший расследование Фея — Джонса, сообщил комитету Сената по делам вооруженных сил: «Количество [задержанных-призраков] исчисляется десятками, возможно, их около сотни». ЦРУ держало многих задержанных в Абу-Грейб без всяких документов, скрывая их от Международного комитета Красного Креста.

«Ледяной человек» — убит и выброшен

В отчете Фея — Джонса упоминается один случай с таким «призраком». В ноябре 2003 г. иракского задержанного по имени Манадель аль-Джамади доставил в тюрьму отряд «морских котиков». Его допросил агент ЦРУ, но официально этот заключенный никогда не был зарегистрирован. Аль-Джамади «запытали до смерти», но причина его смерти была скрыта самым изобретательным способом.

Журналистка Джейн Майер, проводившая журналистское расследование этого случая, проясняет зловещую роль ЦРУ в этом убийстве и его ужасном прикрытии. Ее захватывающий отчет A Deadly Interrogation в журнале The New Yorker (14 ноября 2005 г.) поднимает вопрос: «Может ли ЦРУ на законных основаниях убить заключенного?»

Случай аль-Джамади особенно показателен: он помогает понять, каким был поведенческий контекст в Абу-Грейб, в котором оказались Чип Фредерик и другие «плохие солдаты». Они оказались замешаны в ситуации, где задержанных-«призраков» постоянно пытали, унижали, а некоторых даже убивали. Они были свидетелями того, как мучителям буквально все сходило с рук.

По сравнению с тем, что произошло с задержанным-«призраком» Манаделем аль-Джамади по прозвищу Ледяной Человек (Iceman), обращение агентов с обычными задержанными, должно быть, действительно было похоже на «забавы».

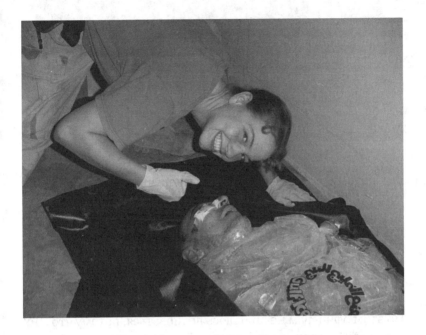

Охранники знали, что аль-Джамади был избит, задушен, а его труп затем был заморожен.

Аль-Джамади был так называемым «особым задержанным». Считалось, что он владеет ценной информацией, потому что якобы поставлял повстанцам взрывчатку. Команда «морских котиков» захватила его у него дома, недалеко от Багдада, в два часа ночи 4 ноября 2003 г. Эта операция закончилась синяком у него под глазом, царапинами на лице, а возможно, и несколькими сломанными ребрами. «Морские котики» привезли аль-Джамади в тюрьму ЦРУ в Абу-Грейб для допроса, который проводил агент Марк Сваннер. Этот сотрудник ЦРУ в сопровождении переводчика отвел аль-Джамади в отдельную камеру, раздел его донага и начал кричать, чтобы тот сказал ему, где находится взрывчатка.

В статье Дж. Майер в журнале *New Yorker* говорится о том, что Сваннер приказал военным полицейским отвести заключенного в блок 1А, в душевую. Двум военным полицейским было приказано (в сущности, неизвестным им гражданским лицом) приковать заключенного к стене, несмотря на то что он к тому времени не оказывал никакого сопротивления. Им приказали подвесить его за руки в позе для пыток, известной как «палестинское подвешивание» (ее изобрела еще испанская инквизиция, тогда она называлась *strappado*[1]). После того, как они вышли из душевой, вспоминает один из охранников, «мы услышали громкий крик». Меньше чем через час Манадель аль-Джамади был мертв.

Военный полицейский Уолтер Диаз, служивший охранником, сказал, что в этих пытках не было никакой необходимости, потому что аль-Джамади был в наручниках и не оказывал сопротивления. Когда Сваннер приказал охранникам снять мертвеца со стены, «у него из носа и изо рта хлынула кровь, как будто открыли кран», — вспоминает Диаз.

У ЦРУ появилась новая проблема: что делать с трупом. Капитан Дональд Риз, офицер отделения военной полиции, и полковник Томас Паппас, командующий военной разведкой, были информированы об этом «прискорбном инциденте». Но этим офицерам не пришлось волноваться, потому что ЦРУ взяло дело в свои руки. Труп аль-Джамади оставался в душевой до следующего утра, затем его положили в лед и завернули в чистый полиэтилен, чтобы задержать процесс разложения. На следующий день санитар воткнул в руку «ледяного человека» капельницу и вынес его из тюрьмы на носилках, инсценировав дело так, как будто это заболевший арестант, — чтобы не пугать других задержанных, которым сказали, что у него случился сердечный приступ. Местный таксист увез труп в неизвестном направлении. Все доказательства были уничтожены. Не осталось никаких документов, потому что задержание аль-Джамади не было официально зарегистрировано. Действия «морских котиков» были признаны правомерными, личность санитара осталась неизвестной. И сейчас, несколько лет спустя, Марк Сваннер продолжает работать в ЦРУ — против него не было выдвинуто никаких обвинений! Этот случай почти забыт.

Среди прочих кошмарных снимков в цифровом фотоаппарате капрала Гренера было обнаружено несколько фотогра-

---

[1] Имеется в виду орудие пытки, известное на Руси как дыба. — *Прим. ред.*

фий того самого «ледяного человека», запечатленных для истории. На первом снимке симпатичная девушка, специалист Сабрина Хармен, с улыбкой склонилась над избитым телом аль-Джамади и показывает пальцами знак «победа». Затем на снимках появляется Гренер, тоже с одобрительной улыбкой — нужно было ловить момент, пока «ледяной человек» не растаял. Наверняка Чип и другие охранники ночной смены знали, что случилось. Если здесь могли так ловко обделывать такие вещи, то блок 1 «Альфа» действительно был «детской площадкой», где можно было творить что угодно. Если бы охранникам не пришло в голову делать фотографии и если бы Дарби не поднял тревогу, возможно, мир никогда бы не узнал о том, что происходило в этой когда-то секретной тюрьме.

Тем не менее ЦРУ продолжает действовать без оглядки на законы, которые должны удерживать его агентов от пыток и убийств даже во время их глобальной войны с терроризмом. *Как ни странно, Сваннер признал, что не получил никакой полезной информации от этого убитого задержанного-«призрака».*

Виновен: генерал-лейтенант Рикардо Санчес

Как и Рамсфельд, генерал-лейтенант Рикардо Санчес также публично признал свою ответственность: «Как командующий операциями в Ираке, я беру на себя ответственность за то, что произошло в Абу-Грейб» [22]. Однако такая ответственность должна нести за собой соответствующие последствия. Иначе она остается просто красивым жестом для публики и прессы. Human Rights Watch называет имя этого высокопоставленного офицера среди «большой четверки», которая должна предстать перед судом за соучастие в пытках и военных преступлениях. В отчете говорится:

> «Генерал-лейтенант Санчес должен быть привлечен к следствию по поводу военных преступлений и пыток или как руководитель, или в соответствии с доктриной "командной ответственности". Генерал Санчес дал приказ использовать методы допросов, нарушающие

Женевские конвенции и Конвенцию против пыток. По данным Human Rights Watch, он знал или должен был знать, что войска, находящиеся под его непосредственным командованием, применяют пытки и военные совершают преступления, но не предпринял эффективных мер, чтобы прекратить эти действия».

В этой книге я объявляю генерала Санчеса виновным, ведь по данным отчета Human Rights Watch, «он ввел правила и методы допроса, нарушающие Женевские конвенции и Конвенцию против пыток, а также знал, или должен был знать, что войска, находящиеся под его непосредственным командованием, применяют пытки и совершают военные преступления».

В условиях нехватки «ценных разведывательных данных», которые не удавалось собрать в тюрьме залива Гуантанамо, несмотря на месяцы допросов, на всех участников этих действий оказывалось давление, чтобы они добывали информацию у террористов немедленно и любыми средствами. Марк Даннер сообщает об электронном письме от капитана военной разведки Уильяма Понсе к коллегам, в котором тот настоятельно рекомендовал к середине августа 2003 г. составить «список пожеланий, связанных с допросами».

В письме капитана содержится зловещее предзнаменование того, что скоро произошло в Абу-Грейб: «Господа, что касается этих задержанных, мы снимаем перчатки». Далее в письме говорится: «Полковник Больц [один из не слишком высокопоставленных офицеров военной разведки в Ираке] ясно указал, что мы хотим сломать этих людей. Количество жертв растет, и мы должны лучше собирать информацию, чтобы защитить наших солдат от дальнейших нападений» [23].

Генерал Джеффри Миллер, недавно назначенный командующим тюрьмой Гитмо, возглавлял группу специалистов, посетивших Ирак в августе — сентябре 2003 г. Задачей поездки было введение новых жестких методов допросов и информирование о них генералов Санчеса, Карпински и других офицеров. «Генерал Миллер положил палец на грудь Санчеса и сказал, что ему нужна информация», — вспоминает Карпински [24].

Миллер мог помыкать этими офицерами только при очевидной поддержке Рамсфельда и других высокопоставленных генералов, объясняемой его так называемыми успехами в Гитмо.

Санчес изложил новые правила допросов в официальном меморандуме от 14 сентября 2003 г. Согласно этому документу, методы допросов становились более жесткими, чем те, что ранее применяли военные полицейские и сотрудники военной разведки [25]. В документе были изложены некоторые цели новой программы пыток, например, «испугать, дезориентировать задержанных и вызвать у них шок во время захвата». Среди новых методов, одобренных Рамсфельдом и изложенных Миллером, были следующие:

Присутствие военных служебных собак: использовать страх арабов перед собаками, в то же время поддерживать безопасность во время допросов. Собаки должны быть в намордниках и на поводках... кинолог не должен допускать прямого контакта собаки с задержанным.

Сон: задержанный должен иметь возможность спать как минимум 4 часа в течение 24 часов, на период, не превышающий 72 часа.

Крики, громкая музыка и управление освещением: используются для того, чтобы вызвать страх, дезориентировать задержанного и пролонгировать шок, полученный при захвате. В то же время необходимо избегать травм и телесных повреждений.

Стрессовые позы: использование физических поз (сидение, стояние, стояние на коленях, наклонное положение и т. д.) в течение не более одного часа. Длительность применения этого метода (методов) не должна превышать 4 часов, и заключенному должен быть предоставлен соответствующий отдых между каждой из поз.

Ложный флаг: убеждение задержанного, что его допрашивают военные не Соединенных Штатов, а других стран.

В отчете Шлезингера указано, что десяток методов Санчеса применялся вне рамок, допустимых в соответствии с Полевым уставом армии, и их применение было еще более экстремальным по сравнению с тем, что было одобрено для Гуантанамо. Меморандум Санчеса был обнародован в марте 2005 г. Это произошло через год после того, как генерал Санчес (в мае 2004 г.) солгал конгрессу под присягой, будто никогда не внедрял и не одобрял методов, связанных с использованием собак, лишением сна, управлением шумом и запугиванием заключенных другими методами. По всем этим причинам он должен предстать перед судом.

Одно свидетельство того, что военное командование непосредственно поощряло злоупотребления против задержанных, принадлежит Джо Дарби, нашему герою-разоблачителю: «Никто из командиров не знал о злоупотреблениях, потому что никто из них не хотел о них знать. Дело именно в этом. Буквально всё командование ничего не желало знать, они жили в собственном маленьком мирке. Так что это был не заговор — это была просто-напросто небрежность. Они были совершенно беспомощны» [26]. Из-за своей причастности к скандалу в Абу-Грейб генерал Санчес по требованию высшего военного руководства 1 ноября 2006 г. был вынужден досрочно уйти в отставку. Он признал: «Это основная причина, единственная причина того, что я был вынужден уйти в отставку» (*Guardian Unlimited*, 2 ноября 2006 г., *U. S. General Says Abu Ghraib Forced Him Out*).

Виновен: генерал-майор Джеффри Миллер

Human Rights Watch утверждает, что «генерал-майор Джеффри Миллер, командующий лагерем для военнопленных строгого режима в заливе Гуантанамо, Куба, должен быть привлечен к расследованию по обвинению в военных преступлениях и пытках задержанных в этом лагере». Кроме того, он «знал или должен был знать, что войска, находящиеся под его командованием, совершали военные преступления и акты пыток против задержанных в Гуантанамо». Кроме того, «генерал Миллер, возможно, предложил ввести в тюрьмах Ирака методы допросов, которые стали одной из возможных причин пыток и военных преступлений в тюрьме Абу-Грейб».

Генерал Миллер был командующим объединенной группировки войск в Гуантанамо с ноября 2002 по апрель 2004 г. Затем он стал заместителем командующего операциями по задержанию в Ираке. Эту должность он занимал до 2006 г. Его отправили в Гитмо на смену генералу Рику Бэккусу: высшее командование посчитало, что Бэккус «нянчится» с заключенными, настаивая на выполнении Женевских конвенций. Скоро лагерь «Икс-Рей» (Camp «X-Ray») превратился в лагерь «Дельта» (Camp Delta), где содержались 625 заключенных, работали 1400 специалистов военной разведки и военных полицейских, и ситуация была очень напряженной.

Миллер оказался новатором и создал специализированные команды допросов, которые впервые объединяли специалистов военной разведки и военной полиции. Это размывало границу, которая раньше в армии была непроницаемой. Миллер пригласил экспертов, которые могли бы помочь проникать в головы заключенных. «Он пригласил специалистов по человеческому поведению, психологов и психиатров [и гражданских, и военных]. Они искали психологические уязвимые места, фобии, способы манипулировать задержанными, чтобы заставить их сотрудничать, они искали "слабые точки", связанные с психологией и культурой» [27].

Используя данные из медицинских карточек заключенных, следователи Миллера пытались вызвать у них депрессию, дезориентировать и сломать их волю. Заключенные сопротивлялись: они объявляли голодовки, не менее 14 заключенных совершили самоубийство в самом начале службы Миллера, а в следующие несколько лет попытки самоубийства предприняли несколько сотен заключенных [28]. Недавно трое задержанных в Гитмо совершили самоубийство, повесившись в своих камерах на простынях; ни одному из них не было предъявлено официальных обвинений, хотя они провели в Гитмо по несколько лет. Вместо того чтобы признать такие действия актами отчаяния, один государственный чиновник назвал их «демонстрацией», призванной просто привлечь внимание [29]. Один из контр-адмиралов ВМФ утверждал, что это были вовсе не акты отчаяния, а «асимметричные военные действия против нас».

От новых команд следователей, организованных Миллером, требовали более агрессивных действий — ведь министр обороны Рамсфельд официально разрешил использовать самые жесткие методы, когда-либо санкционированные для использования американскими солдатами. Тюрьма Абу-Грейб должна была стать новой экспериментальной лабораторией Миллера, где проверялись бы его гипотезы о том, какие средства помогают получать «ценные разведданные» от упорствующих заключенных. Рамсфельд вместе со своим ассистентом Стивеном Кэмбоуном посещал Гитмо, чтобы встретиться с Миллером и убедиться в том, что они понимают друг друга.

Как мы помним, генерал Карпински заявила, что Миллер сказал ей: «Обращайтесь с заключенными как с собаками. Если... они думают, что чем-то отличаются от собак, вы с самого начала потеряете контроль над ходом допроса... И это работает. В заливе Гуантанамо мы так и делаем» [30].

Карпински также официально заявила: Миллер «говорил мне, что собирается "гитмоизировать" операции по задержанию (в Абу-Грейб)» [31]. По словам полковника Паппаса, Миллер сказал ему, что использование собак в Гитмо оказалось эффективным при создании атмосферы, позволяющей получать информацию от заключенных, и что можно использовать собак «в намордниках или без» [32].

Чтобы убедиться, что его приказы выполняются, Миллер написал доклад и проследил, чтобы его команда записала доклад на компакт-диск вместе с подробными инструкциями о новых методах допросов. Затем генерал Санчес одобрил новые жесткие правила, которые вобрали в себя и многие методы, используемые в Гуантанамо. Ветеран армии, генерал Пол Керн описывает сложности, возникшие в результате применения методов, санкционированных для Гитмо, в Абу-Грейб: «Я думаю, что все были сбиты с толку. Дело в том, что мы нашли в компьютерах в Абу-Грейб записки [министра обороны Рамсфельда], предназначенные для Гуантанамо, а не для Абу-Грейб. В результате возникла путаница» [33]. По причинам, перечисленным выше, генерал Джеффри Миллер также находится в списке ответчиков, обвиняемых в преступлениях против человечности [34].

Human Rights Watch в своих обвинениях не доходит до самого верха, а именно, до вице-президента Дика Чейни и президента Джорджа Буша. Но я буду более решителен. Немного позже я добавлю имена этих двоих в список ответчиков нашего воображаемого судебного процесса. Им будут предъявлены обвинения в том, что они создали программу по пересмотру природы пыток, отказались от соблюдения прав заключенных в соответствии с международным правом и, одержимые так называемой «войной с терроризмом», поощряли участие ЦРУ во множестве незаконных и смертельных методов.

Однако сначала нам нужно более полно исследовать вопрос о том, были ли злоупотребления в блоке 1А отдельным инцидентом с участием одной «ложки дегтя», или же отвратительное поведение этих охранников было элементом более широкой практики, внедрявшейся с молчаливого одобрения военных и гражданских лиц, принимавших участие в операциях по захвату, задержанию и допросам подозреваемых. Я совершенно убежден, что «бочка меда» начала портиться с самого верха.

ПЫТКИ, ПЫТКИ ПО ВСЕМУ ИРАКУ И НА СТОРОНЕ

На следующий день после того, как фотографии злоупотреблений были впервые обнародованы, председатель Комитета начальников штабов генерал Ричард Майерс заявил, что система непричастна к злоупотреблениям; он продолжает это делать и сейчас, возлагая всю ответственность на «семерых военных полицейских из Абу-Грейб». 25 августа 2005 г. он заявил во всеуслышание: «Я думаю, мы провели в Абу-Грейб не меньше 15 расследований, и мы с этим разобрались. Я имею в виду, что в этом участвовали лишь несколько охранников — охранники ночной смены в Абу-Грейб, и это однозначно указывает, что эта проблема не имела широкого распространения» [35].

Прочел ли он хоть один из отчетов, о которых мы говорили? Уже из тех разделов независимых отчетов о расследованиях, которые я привел выше, совершенно очевидно, что в злоупотреблениях участвовали не только те, чьи лица мы видим на снимках, сделанных в блоке 1А. Эти документы указывают на соучастие военного руководства, гражданских следователей, специалистов военной разведки и ЦРУ, которые создали условия, породившие злоупотребления. Но дело обстоит еще хуже: они участвовали в других, еще более серьезных злоупотреблениях.

Как мы помним, группой Шлезингера было подробно описано 55 случаев злоупотреблений по отношению к задержанным в Ираке, а также 20 смертельных случаев, по которым до сих пор ведется весьма неторопливое следствие. Отчет Тагубы подтвердил многочисленные случаи чрезвычайного, преступного нарушения закона, составляющие «*систематические* и незаконные злоупотребления по отношению к задержанным» в Абу-Грейб (курсив мой. — *Ф. З.*). В другом отчете Пентагона приводятся свидетельства 44 случаев военных преступлений в Абу-Грейб. Международный комитет Красного Креста заявлял представителям правительства, что подобное обращение с задержанными во многих военных тюрьмах США влекло за собой психологическое и физическое насилие, «эквивалентное пыткам».

Далее, Международный комитет Красного Креста сообщил, что такие методы, используемые следователями в Абу-Грейб, «являются элементами стандартных методов работы персонала военной разведки с целью получить от задержанных информацию и признания». А только что мы рассмотрели более свежую статистику: свыше 600 случаев злоупотреблений, имевших место во многих военных тюрьмах США в Ираке, Афганистане и на Кубе. Разве это похоже на одну «ложку дегтя» в одной плохой тюрьме?

Свидетельства повсеместных злоупотреблений по отношению к заключенным *до скандала* в Абу-Грейб

Хотя и военное, и гражданское командование пыталось объяснить злоупотребления и пытки в Ираке «плохим поведением» нескольких плохих солдат, охранников ночной смены в блоке 1А, однако опубликованные недавно документы армии США противоречат таким утверждениям. 2 мая 2006 г. Американский союз защиты гражданских свобод (American Civil Liberties Union, ACLU) обнародовал документы армии, свидетельствующие о том, что государственные чиновники высшего звена знали о случаях крайне жестоких злоупотреблений по отношению к задержанным в Ираке и Афганистане за две недели *до того*, как разразился скандал в Абу-Грейб. Информационный бюллетень под названием «Обвинения в злоупотреблениях по отношению к задержанным в Ираке и Афганистане» (Allegations of Detainee Abuse in Iraq and Afghanistan), датированный 2 апреля 2004 г., приводит данные о 62 текущих расследованиях злоупотреблений и убийств задержанных, совершенных американскими военными.

Речь идет о нанесении телесных повреждений, избиениях кулаками и ногами, инсценировках казней, сексуальных домогательствах по отношению к задержанным женского пола, угрозах убить иракского ребенка «в назидание другим иракцам», раздевании задержанных, избиениях и применении к ним электрошокеров, бросании камней в иракских детей, скованных наручниками, удушении задержанных платками и допросах под прицелом. По крайней мере 26 случаев привели к смерти задержанных. По некоторым из них уже были проведены военные трибуналы. Злоупотребления происходили не только в Абу-Грейб, но и в лагере Кроппер, лагере Бакка и в других местах заключения в Мосуле, Самарре, Багдаде и Тикрите в Ираке, а также на передовой оперативной базе «Орген-Е» (Orgun-E) в Афганистане (см. в Примечаниях ссылку на полный текст доклада ACLU [36]).

Отчет Пентагона о двенадцатом расследовании военных злоупотреблений, проведенном под руководством бригадного генерала Ричарда Формика, отмечает, что в течение первых четырех месяцев 2004 г. американские войска использовали различные жестокие, несанкционированные методы допросов. Это было уже *после* того, как стало известно о злоупотреблениях в Абу-Грейб (в 2003 г.), и после того, как были отменены санкции на их использование. Иногда задержанных кормили только печеньем и водой в течение 17 дней, лишали одежды, неделями держали в тесных камерах, где было невозможно встать или лечь, подвергали воздействию холода, перегрузкам органов чувств и лишали сна. Несмотря на все эти факты, ни один из солдат не получил даже выговора. Формик пришел к выводу, что злоупотребления не были «преднамеренными» и происходили не из-за «личных склонностей», но из-за «неадекватной стратегической политики». Также он пытается «отмыть» пятно на репутации армии. Он пишет, что на основании его наблюдений, «в результате подобного обращения ни один из задержанных серьезно не пострадал» [37]. Удивительно!

Морские пехотинцы хладнокровно убивают иракских мирных жителей

До сих пор мы говорили о «бочке дегтя» — тюрьмах, которые могут развратить хороших охранников. Но есть «бочка» еще больше, еще ужаснее. Это «бочка» войны. Во время любой войны, во все времена, в любой стране, обычные и даже хорошие люди превращаются в убийц. Именно этому учат солдат: убивать тех, кто считается врагом. Однако в чрезвычайно напряженных условиях боевых действий, в обстановке постоянной усталости, страха, гнева, ненависти и мести люди могут потерять нравственные ориентиры и начать убивать не только вражеских солдат. Если военная дисциплина не поддерживается на должном уровне, если солдаты забывают о том, что несут личную ответственность за свои действия, если офицеры высшего звена не контролируют ситуацию, то ярость прорывается наружу, и мы наблюдаем невообразимые оргии насилия и убийства мирных жителей. Именно так было в Милай (Сонгми) и в других, менее известных случаях резни, например, устроенной бойцами «Тайгер Форс»[1] во Вьетнаме. Это элитное подразделение оставило за собой кровавый след длиной в семь месяцев, убивая безоружных мирных жителей [38]. К сожалению, жестокость войны, растекающаяся с полей битв и захлестывающая мирные города, снова проявилась в Ираке [39].

---

[1] «Тайгер Форс» (Tiger Force; «Тигриный отряд») — разведывательное подразделение армии США, существовавшее во время войны во Вьетнаме. Получило известность из-за своей причастности к ряду военных преступлений в 1967 г. — *Прим. ред.*

Военные эксперты говорят, что в ходе асимметричных военных действий, когда солдатам приходится воевать с неуловимым врагом, им становится все труднее и труднее поддерживать дисциплину. Военные преступления происходят во время любой войны, оккупационные силы совершают их почти всегда, даже самые «высокотехнологичные». «Боевые действия — это стресс, и преступления против мирного населения — классический симптом военного стресса. Когда солдат и боевых действий много, кто-то обязательно начнет убивать мирных жителей, — считает один из руководителей научного центра армии в Вашингтоне [40].

Нужно признать, что солдаты — это хорошо обученные убийцы, которые успешно прошли интенсивный тренинг в учебных лагерях, и их испытательной площадкой было поле битвы. Они должны научиться подавлять свои моральные принципы и забывать о заповеди «Не убий». Военная подготовка предназначена для того, чтобы «перепрограммировать» мозг, научить его считать, что убийства в военное время — это естественная реакция. Эта наука называется «киллологией». Этот термин ввел подполковник в отставке Дэйв Гроссман, преподаватель военной академии в Уэст-Пойнте. Теория «киллологии» описана в его книге «Об убийстве» (On Killing) и на его веб-сайте [41].

Однако иногда «методы создания убийц» выходят из-под контроля, и тогда убийства становятся обычным делом. Вот слова солдата, парня 21 года, который только что убил мирного жителя Ирака, отказавшегося остановить машину для проверки. «Ничего особенного. Здесь убить человека — все равно что раздавить муравья. По-моему, убить человека — это все равно что подумать: "А не пора ли съесть пиццу?" Я думал, что убийство человека — это событие, которое меняет всю жизнь. А потом я это сделал и подумал: "Ну и что?"» [42]

19 ноября 2005 г. в иракском городе Хадите у дороги взорвалась мина. Был убит американский морской пехотинец и ранены еще двое солдат. По данным следственной группы ВМФ, через несколько часов погибли 15 иракских мирных жителей — якобы от взрыва самодельного взрывного устройства. Дело было закрыто, потому что от взрывов в Ираке почти

каждый день погибает много людей. Однако один из жителей Хадита (Тахер Тхабет) сделал видеозапись трупов этих иракцев, и на ней явственно видны пулевые ранения. Он передал эту запись в бюро журнала *Time* в Багдаде. В итоге было проведено серьезное расследование убийства 24 гражданских лиц солдатами батальона морской пехоты. Было выяснено, что морские пехотинцы ворвались в дома трех местных жителей, методично расстреляли и забросали гранатами почти всех, кто там находился, в том числе семерых детей и четырех женщин. Кроме того, они застрелили таксиста и четверых студентов, остановивших их такси на дороге.

Когда стало ясно, что эти убийства мирных жителей не были ничем спровоцированы, и солдаты нарушили правила ведения боевых действий, руководство морской пехоты предприняло неуклюжую попытку замять дело. В марте 2006 г. командир батальона и два командира его рот были освобождены от командования; каждый из них объявил себя «жертвой политических интриг». Сейчас по этому делу ведется еще несколько следствий, и в результате под суд могут попасть несколько вышестоящих командиров. К этому ужасному рассказу надо добавить, что бойцы роты «К» 3-го батальона 1-го полка морской пехоты были опытными солдатами, это была их вторая или третья боевая операция. Раньше они участвовали в серьезных боевых действиях в Фаллудже, где погибли или были серьезно ранены почти половина их товарищей. И резня в Хадите стала следствием гнева и желания взять реванш [43].

Война — ад для солдат, но для мирных жителей все еще хуже. Особенно для детей, оказавшихся в зоне боевых действий, когда солдаты теряют нравственные ориентиры и проявляют к ним жестокость. Во время другого недавнего инцидента, по поводу которого также идет следствие, американские солдаты убили 30 мирных жителей в иракской деревне Ишаки. Некоторые из них были связаны и убиты выстрелами в голову, в том числе несколько детей. Американские военные руководители признали убийства «лиц, не принимавших участия в военных действиях», и назвали их жертвами «сопутствующего ущерба» (еще один эвфемизм, провоцирующий отключение внутреннего контроля) [44].

Только представьте себе, что происходит, когда высокопоставленный офицер разрешает солдатам убивать мирных жителей. Четырем солдатам, которых обвинили в убийстве трех безоружных иракцев во время рейда в городе Тикрите, командир бригады, полковник Майкл Стил приказал «убить всех повстанцев мужского пола, всех этих террористов». Солдату, который доложил об этом новом правиле ведения боевых действий, стали угрожать его сослуживцы, требовавшие, чтобы он молчал об убийствах [45].

Один из худших ужасов войны — изнасилования женщин, как это было во время резни в Руанде, когда ополченцы-хуту насиловали женщин тутси, о чем говорилось в первой главе. Новые свидетельства не менее ужасной жестокости всплыли в Ираке. Федеральный суд рассматривает обвинение группы американских солдат из 101-й Воздушно-десантной дивизии в изнасиловании четырнадцатилетней девочки. Перед этим они убили ее родителей и четырехлетнюю сестру, а после изнасилования выстрелили ей в голову и сожгли все тела. Есть неопровержимые доказательства того, что они совершили это кровавое преступление намеренно. Увидев молодую девушку на контрольно-пропускном пункте, они сняли форму (чтобы их не узнали), а перед тем, как изнасиловать ее, убили всю ее семью. Армейское руководство пыталось возложить ответственность за эти убийства на повстанцев [46].

Теперь давайте от абстрактных обобщений, статистики и военных расследований перейдем к признаниям нескольких следователей армии США, рассказавших о том, что они видели и как сами участвовали в злоупотреблениях. Как мы увидим, их показания свидетельствуют, что злоупотребления и методы пыток, которые они наблюдали и применяли сами, были повсеместными.

Мы также кратко рассмотрим программу Гитмо, недавно ставшую достоянием гласности, в рамках которой молодые следователи-женщины использовали методы допросов, которые СМИ назвали «эротическими пытками». Эти методы, применялись, очевидно, с одобрения командования — ведь женщины-следователи приехали на Кубу не для того, чтобы «соблазнять» задержанных по собственной инициативе. Мы узнаем, что в позорных злоупотреблениях участвовали не только солдаты никому не известного резервного батальона военной полиции. Солдаты элитных подразделений и их офицеры совершали еще более жестокие акты насилия против заключенных.

Наконец, мы увидим, что масштабы пыток были практически безграничными, потому что Соединенные Штаты занимаются «аутсорсингом» пыток в другие страны, в ходе программ, получивших название «выдачи», «чрезвычайной выдачи» и даже «обратной выдачи». Мы обнаружим, что пытал людей не только Саддам. Соединенные Штаты делали то же самое, да и новый иракский режим тоже пытает своих соотечественников в секретных тюрьмах по всему Ираку. Можно только посочувствовать народу Ирака, где одни мучители сменяют других.

Приглашаются свидетели обвинения

Специалист в отставке Энтони Лагуранис в течение пяти лет, с 2001 по 2005 г., был военным следователем. В 2004 г. проходил стажировку в Ираке. Сначала Лагураниса направили в Абу-Грейб, а затем перевели в специальное подразделение по сбору информации, действовавшее в разных местах заключения по всему Ираку. Когда он говорит о «культуре злоупотреблений», пронизывающей допросы по всему Ираку, это значит, что его данные относятся ко всей стране, а не только к блоку 1А [47].

Отставной сержант Роджер Брокоу в течение шести месяцев, с весны 2003 г., служил в Абу-Грейб в должности следователя. Брокоу сообщает, что очень немногие из задержанных, с которыми он говорил, наверное, около двух процентов, были опасны или принимали участие в восстаниях. Большинство были арестованы или переведены в центр допросов по доносам иракских полицейских, которые имели на них «зуб» или просто их не любили. Оба свидетеля утверждают, что сбор информации был крайне неэффективен — главным образом потому, что тюрьмы были переполнены теми, у кого не было никакой ценной информации. Многих забирали прямо с улиц, а в районах, где действовали повстанцы, солдаты врывались в дома и забирали всех мужчин. Опытных следователей или переводчиков было мало, и к тому времени, когда задержанных начинали допрашивать, любая информация, которой они, возможно, обладали, оказывалась устаревшей и бесполезной.

Приходилось тратить очень много сил почти без всякого результата. Это вызывало сильное раздражение. Раздражение выливалось в агрессию, в соответствии со старой доброй гипотезой фрустрации-агрессии[1]. Время шло; мятежей становилось все больше; военное начальство давило на следователей, потому что на него давило его гражданское начальство. Получать информацию было жизненно важно.

Брокоу: «Они забирали людей ни за что, просто так. Были квоты, квоты на допросы стольких-то человек в неделю; отчеты о допросах надо было отправлять начальству».

Лагуранис: «Мы редко получали от заключенных ценную информацию. Я думаю, это потому, что к нам поступали заключенные, которые не были ни в чем замешаны и не могли рассказать нам ничего полезного».

Брокоу: «Девяносто восемь процентов людей, с которыми я говорил, находились там неизвестно почему. Просто хватали всех, врывались в дома, забирали людей и отвозили их в лагеря для интернированных. Полковник Паппас [говорил], что на него давят, чтобы получить информацию. Получать информацию. "Давайте получим эту информацию, давайте спасем жизнь еще одного солдата. Если мы найдем это оружие, если мы найдем этих повстанцев, то мы спасем жизни солдат". Я думаю, именно из-за этого они смотрели сквозь пальцы на действия следователей и военных полицейских, старавшихся сломать задержанных».

Брокоу также сообщил, что призыв «снять перчатки» постепенно проникал вниз по цепочке командиров, и по пути это выражение приобретало новый смысл [48].

Брокоу: «Я слышал эту фразу: "Нам нужно снять перчатки". Полковник Джордан произнес ее однажды вечером на одной из наших встреч. "Мы снимаем перчатки. Мы собираемся по-

---

[1] Гипотеза фрустрации-агрессии — выдвинутое Дж. Доллардом с соавторами в 1939 г. предположение о том, что фрустрация всегда ведет к агрессии (открытой или скрытой) и что агрессивное поведение однозначно указывает на предшествующую ему фрустрацию. — *Прим. пер.*

казать этим людям, что мы здесь главные". Он говорил о задержанных».

Восстания против сил коалиции становились все более яростными и обширными, и вместе с этим росло давление на специалистов военной разведки и военной полиции, которые должны были добыть некую неуловимую ценную информацию.

Лагуранис добавляет некоторые детали: «Это происходит по всему Ираку. Как я сказал, солдаты пытают людей прямо у них дома. Пехотинцы пытают людей у них дома. Они используют — я уже говорил об этом, — например, ожоги. Они ломают людям ноги. Они ломают кости, ребра. Вы знаете, это очень серьезно». Он добавляет: «Когда солдаты входят в дома и проводят эти рейды, они просто пытают этих людей, не выходя из дома». Брокоу был свидетелем подобных злоупотреблений.

Как далеко могли зайти специалисты военной разведки и военной полиции в своих поисках информации?

Лагуранис: «Отчасти они пытались получить информацию, но отчасти это был чистой воды садизм. Вы просто давили, давили, давили и наблюдали, как далеко можете зайти. Естественно, это очень раздражает, когда вы сидите с этим человеком, который, как вам известно, целиком находится в вашей власти, и не можете заставить его сделать то, что хотите. И вы занимаетесь этим целыми днями. И в какой-то момент начинаете поднимать ставки».

Что происходит, если к этой взрывоопасной смеси добавить психологические катализаторы — страх и желание взять реванш?

Лагуранис: «Если вы по-настоящему злитесь, потому что вас все время пытаются убить — я имею в виду ракеты, они стреляют в нас из реактивных гранатометов, и мы ничего не можем сделать. И вокруг гибнут люди, из-за этого невидимого врага. И вы входите в комнату для допросов вместе с этим парнем, который, как вы думаете, тоже мог в вас стрелять, и понимаете, что способны на все».

Как далеко можно было зайти на самом деле?

Лагуранис: «Я помню одного старшего уоррент-офицера, который отвечал за помещение для допросов. Он слышал, что "морские котики" обливали задержанных ледяной водой. Потом они засовывали ему — ну, вы знаете, они измеряли ректальную температуру человека, чтобы убедиться, что он не умер. Они заставляли его корчиться от гипотермии". Если он давал нужную информацию, в награду они не давали ему умереть от холода!

Это еще одна мощная психологическая тактика — «моделирование условий окружающей среды». Однажды этот следователь использовал ее в течение целой ночи, в холодном металлическом контейнере, служившем камерой для допроса.

Лагуранис: «Мы держали их там, они дрожали от холода, это называется "управление условиями окружающей среды", включали [очень громко] музыку и пульсирующий свет. А потом приводили служебных собак и натравливали их на заключенных. И хотя собаки были в намордниках и их держали на поводках, но заключенные этого не знали, потому что у них были завязаны глаза. Это большие немецкие овчарки. Когда я задавал заключенному вопрос, и мне не нравился ответ, я подавал знак кинологу, и собака начинала лаять и кидаться на заключенного, но не могла его укусить... иногда они мочились прямо в свои комбинезоны от страха, понимаете? Ведь они не видели, что происходит. Они не могли понять, что происходит: вы знаете, это очень страшно — быть в таком положении. Мне приказывали это делать, и я просил старшего уоррент-офицера молчать обо всем, что меня просили делать».

Отключение внутреннего контроля приводит к поведению, которого нравственные люди обычно себе не позволяют.

Лагуранис: «Дело в том, что вам кажется, будто вы находитесь за пределами нормального общества, понимаете? Ваша семья, ваши друзья — их здесь нет, и они не видят, что здесь происходит. Здесь все так или иначе в этом участвуют, я не знаю, что это такое — какой-то психоз или — я не нахожу лучшего слова — галлюцинация о том, что вы здесь делаете. И все это становится нормальным, потому что вы оглядываетесь вокруг, и здесь все разрушено, понимаете? Я все это чувствовал сам. Я помню, как был в том контейнере в Мосуле. Знаете, я провел с тем парнем [заключенным, которого допрашивал] всю ночь. И вы чувствуете себя настолько изолированным, нравственно изолированным, что вам кажется, будто вы можете делать с ним все, что хотите, и может быть, даже желаете этого».

Этот молодой следователь, которому всю оставшуюся жизнь придется помнить о том зле, которое он творил ради блага своей страны, описывает, как растет насилие, питаясь самим собой.

Лагуранис: «Хотелось давить, давить и давить, и смотреть, как далеко можно зайти. Кажется, это просто свойство человеческой природы. Я уверен, что вы читали исследования, которые проводились в американских тюрьмах, где вы даете одной группе людей власть над другой группой людей, даете ей полную возможность командовать ими, и очень скоро начинаются жестокость и пытки, понимаете? Это ведь очень распространенная ситуация». (Возможно, он имеет в виду тюрьму в Стэнфордском университете? Если это так, то СТЭ действительно получил статус городской легенды и превратился в «реальную тюрьму».)

Чтобы прекратить злоупотребления, необходимо сильное лидерство, считает этот следователь.

Лагуранис: «И я видел это [жестокость и злоупотребления] в каждой тюрьме, в которой бывал. Если там не было по-настоящему сильного, умелого руководителя, который бы сказал: "Мы не собираемся терпеть злоупотребления", то в тюрьме обязательно были злоупотребления. Даже среди военных полицейских, которым не нужно было получать разведданные, — они тоже этим занимаются — всегда находятся такие, кто делает это, если нет контроля, внутреннего или внешнего».

Увидев еще худшие случаи «злоупотреблений со стороны морских пехотинцев на севере провинции Бабель», Лагуранис больше не мог этого выдержать. Он начал писать доклады о злоупотреблениях, сопровождая их фотографиями и подтвержденными заявлениями заключенных, а затем отправил все эти данные руководству Военно-морского флота. Какой была реакция? Такая же, как и на жалобы, которые Чип Фредерик отправлял своему начальству об ужасных условиях в Абу-Грейб. Ни один высокопоставленный офицер ВМФ не ответил на жалобы следователя [49].

Лагуранис: «Никто так и не приехал, чтобы проверить все это; никто не приехал, чтобы поговорить со мной. Я чувствовал себя так, будто отправил все эти доклады в никуда. Никто ничего не расследовал, или они не знали, как все это расследовать, или просто не хотели». (Все как обычно: молчание официальных лиц — вполне ожидаемая реакция системы на протесты несогласных.)

Особый случай, который указывает на то, как далеко могла зайти команда следователей в тюрьме Гуантанамо, связан с заключенным-063. Его звали Мохаммед аль-Катани, и его считали «двадцатым угонщиком», принимавшим участие в теракте 9 сентября. По отношению к нему использовались практически все вообразимые злоупотребления. Его заставляли мочиться под себя, надолго лишали сна и еды и запугивали с помощью служебной собаки. Он упорно молчал, и это приводило к новым злоупотреблениям. На заключенного-063 надели женский лифчик, а на голову — женскую комбинацию. Следователи смеялись над ним, называя гомосексуалистом. Затем они надели на него собачий поводок и заставили выполнять «трюки». Следователь-женщина пыталась соблазнить аль-Катани, чтобы вызвать у него сексуальное возбуждение, а потом обвинить в измене религиозным убеждениям. Журналисты журнала *Time* во всех подробностях воссоздали, час за часом, и даже минута за минутой, хронику секретных допросов аль-Катани, длившихся целый месяц [50]. Это смесь грубых, жестоких и довольно изощренных приемов в сочетании с совершенно неэффективными и глупыми методами. Возможно, любой опытный полицейский детектив выудил бы из этого заключенного больше информации, не применяя столь дикие и безнравственные методы.

Изучив показания об этих допросах, генеральный юрисконсульт ВМФ Альберто Мора был потрясен. Он назвал эти методы незаконными, недостойными вооруженных сил и правительства, которое им потворствует. В красноречивом заявлении, которое объясняет, что значит потворствовать подобным оскорбительным тактикам допроса, Мора пишет:

«Если жестокость больше не является незаконной, а, напротив, превращается в элемент политики, это изменяет фундаментальное отношение человека к государству. Это разрушает само понятие прав личности. Конституция гласит, что человек имеет неотъемлемое право на личное достоинство, в том числе право быть свободным от жестокого обращения, и это право не даруется государством или законами, а принадлежит ему от рождения. Это относится ко всем людям, не только в Америке — и даже к тем, кого считают "вражескими боевиками". Если вы делаете для них исключение, то рушится вся Конституция. Этот прецедент обладает трансформирующей силой» [51].

А теперь я прошу вас, дорогой читатель, занять место присяжного заседателя, сравнить некоторые из этих спланированных приемов с методами, которые якобы родились в «извращенных умах» охранников блока 1А и запечатлены на их фотографиях. Мы видим множество фотографий задержанных с женскими трусиками на голове. Мы видим ужасающий образ Линди Инглэнд, которая тащит по земле заключенного в собачьем ошейнике. Нам представляется разумным, что и трусики на голове, и ошейник, и сами эти сценарии дегуманизации на самом деле были заимствованы — ведь раньше их использовали агенты ЦРУ и специальные команды следователей генерала Миллера в Гитмо. Они превратились в общепринятые методы допросов по всему району боевых действий. Только их не разрешалось фотографировать!

Солдаты элитных подразделений тоже делают это: солдаты 82-й воздушно-десантной дивизии ломают кости заключенным и сжигают фотографии

Возможно, самый важный свидетель в поддержку моих обвинений против всей структуры командования — капитан Йен Фишбек, достойный выпускник Уэст-Пойнта, офицер элитного подразделения ВВС, действовавшего в Ираке. Его недавнее письмо сенатору Джону Маккейну с жалобами на невероятные злоупотребления по отношению к заключенным начинается так:

«Я выпускник Уэст-Пойнта, и в настоящее время являюсь капитаном пехоты. Я участвовал в двух боевых кампаниях в составе 82-й воздушно-десантной дивизии, в Афганистане и в Ираке. Когда я участвовал в глобальной войне с терроризмом, действия и заявления моего командования заставили меня думать, что политика Соединенных Штатов в Афганистане и Ираке не требует соблюдения Женевских конвенций».

Во время нескольких интервью с представителями организации Human Rights Watch капитан Фишбек подробно описал тревожные последствия ситуации, в которой действия следователей выходили за рамки закона. Его слова подтверждают два сержанта его отделения, расположенного на передовой оперативной базе в лагере «Меркурий» около Фаллуджи [52]. (Мы уже говорили о нем в предыдущей главе, но здесь я приведу более полную версию показаний капитана Фишбека и опишу контекст, в котором они были даны.)

В письме сенатору Дж. Маккейну Фишбек приводит доказательства того, что перед допросами заключенных часто били по лицу и по другим частям тела, лили им на лица горящие химикаты, держали в «стрессовых» позах, вызывавших обмороки, и заставляли делать физические упражнения, приводившие к потере сознания. Заключенных даже выстраивали в пирамиды, прямо как в тюрьме Абу-Грейб. Такие злоупотребления происходили до, во время и после скандала, связанного со злоупотреблениями в Абу-Грейб.

«На базе "Меркурий" заключенных выстраивали в пирамиды, они не были обнаженными, но их выстраивали в пирамиды. Заключенных принуждали выполнять чрезвычайно сложные физические упражнения не менее чем два часа без перерыва… Был случай, когда заключенного облили холодной водой, а потом оставили на улице на всю ночь. (Снова, как сообщил Лагуранис, мы видим тактику использования чрезвычайных природных факторов.) Был случай, когда солдат взял бейсбольную биту и сильно ударил задержанного по ноге. Все эти данные я получаю от своих [военнослужащих некомандного состава]».

Фишбек свидетельствует, что командиры поощряли эти злоупотребления и потворствовали им: «Мне говорили: "На прошлой неделе эти парни взорвали самодельное взрывное устройство. Нам надо их проучить. Задайте им как следует". Но вы понимаете, это было нормально». (Вспомните нашу более раннюю дискуссию о нормах, возникающих в особых ситуациях, где новая практика быстро превращается в стандарт, которому должны следовать все.)

«[На базе "Меркурий"] говорили, что у них были снимки, похожие на те, что были сделаны в тюрьме Абу-Грейб. Именно из-за того, что они были очень похожи на то, что происходило в Абу-Грейб, солдаты их уничтожили. Они их сожгли. У них [солдат из Абу-Грейб] возникли неприятности из-за того, что им приказывали делать то же, что и нам, поэтому мы уничтожили снимки».

В конце концов капитан Фишбек начал кампанию длиной в 17 месяцев. Он неоднократно докладывал о злоупотреблениях начальству, но столкнулся с тем же отсутствием реакции, что и следователь Энтони Лагуранис и сержант Айвен Фредерик. Он обнародовал свое письмо сенатору Дж. Маккейну, которое усилило позиции последнего, протестовавшего против нарушения Женевских конвенций, допускаемого администрацией президента Буша.

«Эротические пытки». Стриптиз для заключенных в центре допросов Гитмо

Следующий свидетель демонстрирует новую грань развращенности, до которой дошли военные (вероятно, в союзе с ЦРУ) в тюрьме Гитмо. «Секс использовался как оружие, чтобы вызвать у задержанного конфликт с его исламской верой», — утверждает Эрик Саар, военный переводчик, работавший в этой тюрьме. Этот молодой человек отправился в залив Гуантанамо, полный патриотического пыла. Он хотел помочь своей стране в войне с терроризмом. Однако скоро он понял: то, что там происходит — «ошибка». В радиоинтервью с Эми Гудмен в программе Democracy Now 4 апреля 2005 г. Саар подробно описал сексуальные провокации следователей во время допросов, которые наблюдал своими глазами. Позже он написал об этом целую книгу «За проволокой: воспоминания военного разведчика о жизни в Гуантанамо» [53].

В течение шести месяцев, поведенных в Гитмо, Саар, который свободно говорит по-арабски, выполнял обязанности переводчика. Он переводил заключенным слова официального следователя, а потом переводил ответы заключенного на английский язык. Он играл роль «копирки», ему нужно было точно подбирать слова, передающие намерения следователя и заключенного. Привлекательная женщина-следователь стала использовать новый трюк. Саар сообщает: «Следователь-женщина старалась соблазнить заключенного во время допроса, чтобы заставить его почувствовать себя грязным… Она терлась грудью о его спину, говорила о разных частях своего тела… Заключенные обычно были шокированы и возмущены».

Саар ушел со своей должности, потому что быстро убедился: подобные методы допросов «совершенно неэффективны и не соответствуют ценностям нашей демократии» [54]. Обозреватель газеты *New York Times* Морин Дауд назвала сексуальные провокации со стороны женщин-следователей в Гитмо «эротическими пытками». Считалось, что такие методы могут помочь получить нужную информацию [55]. Давайте же посмотрим, на что были похожи такие допросы.

Саар описывает один особенно яркий эпизод, который можно назвать термином наподобие военного: «вторжение женщины на территорию». Жертвой был уроженец Саудовской Аравии, 21 года, «ценный» задержанный, который почти все время молился в своей камере. Перед началом допроса следователь-женщина по имени Брук и Саар «стерилизовались», закрыв свои имена на униформе, чтобы остаться анонимными. Потом Брук сказала: «Задержанный, с которым мы будем говорить, — кусок дерьма, и нам придется немного его расшевелить», поэтому, как она прямо сказала: «я собираюсь выбить из него все дерьмо, потому что он не говорит. Сегодня вечером нам нужно попробовать что-нибудь новенькое». Этот саудовский задержанный якобы посещал летную школу вместе с террористами, совершившими теракт 11 сентября. Поэтому он был очень «ценным». Саар говорит: «Когда военные следователи допрашивали задержанного, который не хотел сотрудничать, они очень быстро "поднимали температуру": начинали кричать, давить, изображать "плохого полицейского", но при этом забывали установить с ним контакт».

Следователь Брук продолжала: «Мне нужно, чтобы он понял, что ему нужно со мной сотрудничать, и у него нет других вариантов. Я думаю, мы должны заставить его почувствовать себя грязным, чтобы он не смог вернуться к себе в камеру и опять провести всю ночь в молитве. Мы должны создать барьер между ним и его Богом» [56]. И когда заключенный отказался отвечать на ее опросы, следователь решила «поднять температуру».

«К моему удивлению, — продолжает Саар, — она начала медленно расстегивать блузку и дразнить его, будто стриптизерша, показывая облегающую коричневую майку, обтягивавшую ее грудь… Она медленно обошла его и стала тереться грудью о его спину». Она насмешливо спросила: «Тебе нравятся эти большие американские сиськи, Фарик? Я вижу, ты становишься твердым. Как ты думаешь, как отнесется к этому Аллах?» Потом она села перед ним, положила руки себе на грудь и продолжала дразнить заключенного: «Разве тебе не нравятся эти большие сиськи?» Когда заключенный отвел взгляд и посмотрел на Саара, она насмешливо спросила: «Ты что, гей? Почему ты на него смотришь?.. Вот он, например, думает, что у меня классные сиськи. Правда?» (Саар утвердительно кивнул.)

«Заключенный пришел в ярость и плюнул в нее. Следователя это не смутило, и она продолжила стриптиз. Расстегивая брюки, она спросила заключенного:

"Фарик, ты знаешь, что у меня месячные? …Как ты себя теперь чувствуешь? Ведь я к тебе прикасалась" [Она засунула руку к себе в трусы и сделала вид, что на руке — кровь. Потом она опять спросила его, кто приказал ему поступить в летную школу, кто его туда отправил]. "Подонок, — шипела она, вытирая то, что он считал кровью месячных, о его лицо, — Что подумают твои братья, когда увидят у тебя на лице менструальную кровь американской женщины?" Брук сказала, поднимаясь: "Между прочим, мы отключили воду в твоей камере, и завтра эта кровь все еще будет у тебя на лице". Потом мы вышли из комнаты... Она думала, что это был хороший способ получить информацию, которую требовало от нее начальство... Черт возьми, что я только что делал? Что, черт возьми, мы все здесь делаем?»

Да, это очень хороший вопрос. Однако ни Саар, ни кто-либо другой не получил на него ясного ответа.

Другие свидетельства преступлений и жестокости в Гитмо

Эрик Саар описывает множество других методов допросов — совершенно ложных, неэтичных и незаконных. Ему, как и другим членам команд следователей, приказали ни при каких обстоятельствах не вступать в контакт с наблюдателями Международного Красного Креста.

Перед визитами руководства и наблюдателей, которые должны были наблюдать за «типичными» допросами, устраивали показуху. Создавали искусственные камеры, казавшиеся вполне нормальными. Это напоминает образцовый еврейский лагерь в концентрационном лагере Терезин в Чехословакии, с помощью которого нацисты водили за нос наблюдателей Международного Красного Креста и представителей других организаций. Тем казалось, что заключенные вполне довольны своим переселением. Эрик Саар пишет, что в «мнимой» тюрьме создавалась видимость полного порядка:

> Когда я попал в команду разведки, то быстро понял, что если планируется визит важных персон — какого-нибудь генерала, руководителя государственного органа, спецслужбы или даже делегации Конгресса, следователей просили найти задержанного, который уже ответил на все вопросы, и привести его в комнату для допроса. При этом проверяющий находился в комнате наблюдения. По сути, нужно было найти кого-нибудь, кто был согласен говорить, с кем можно было

сесть за стол и вести спокойную беседу, кто в прошлом уже дал ценную информацию, и повторить допрос специально для проверяющего.

По сути, для профессионального разведчика это было унизительно. Честно говоря, я думаю, что такие чувства испытывал не только я — ведь вся жизнь разведчика подчинена тому, чтобы предоставить руководству важную информацию, которая даст ему возможность принимать правильные решения. На самом деле разведка для того и нужна, обеспечивать правдивую информацию. Создание таких фикций, как Гитмо, ради всех этих визитеров, в то время как в действительности все было совсем по-другому, сводило на нет все, что мы пытались делать как профессиональные разведчики».

«Аутсорсинг» пыток

Дополнительные доказательства того, что тайные пытки были обычным средством, позволявшим получать разведданные от несговорчивых подозреваемых, — секретные программы ЦРУ, связанные с передачей заключенных в тюрьмы зарубежных стран, согласившихся делать для Соединенных Штатов «грязную работу». Эта политика получила название «выдачи» (renditions), или «чрезвычайной выдачи». В соответствии с ней десятки, а может быть, и сотни «особо опасных террористов» перевозили в тюрьмы зарубежных стран, часто самолетами коммерческих авиакомпаний, арендованных ЦРУ [57]. Совершенно очевидно, что президент Буш поручил ЦРУ устраивать так, чтобы задержанные «исчезали» или были «выданы» в страны, где пытки являются обычной практикой (это подтверждено Amnesty International) [58]. Такие заключенные были отрезаны от внешнего мира в течение длительного времени и находились в тюрьмах «неустановленного местонахождения». В процессе «обратной выдачи» представители других стран арестовывали «подозреваемых» в ситуациях, не связанных с военными действиями, и передавали их в американские тюрьмы, обычно в тюрьму залива

Гуантанамо, без всякой правовой защиты, предусмотренной международным правом.

Президент Центра по защите конституционных прав (Center for Constitutional Rights) Майкл Ратнер говорит об этой программе:

> «Я называю это аутсорсингом пыток. Это значит, что под предлогом так называемой войны с терроризмом ЦРУ арестовывает людей по всему миру, везде, где хочет, и если ЦРУ не желает участвовать в пытках или допросах — как бы это ни называлось — самостоятельно, оно отправляет арестованных в другие страны, с которыми у наших спецслужб есть контакты. Это может быть Египет, это может быть Иордания» [59].

Высокопоставленный офицер ЦРУ Майкл Шейер был одним из руководителей программы выдачи. Он сухо сообщает:

> «Мы отправляем людей в их родные страны, на Ближний Восток, в том случае, если в этих странах их будут судить, и если они готовы их принять. С такими людьми обращаются в соответствии с законами этих стран. Не с законами Соединенных Штатов, но с законами, например, Марокко, Египта или Иордании» [60].

Очевидно, методы допроса, используемые в этих странах, не исключают пыток, о которых ЦРУ ничего не хотело знать, поскольку они помогали получить полезные «разведданные». Однако в эпоху высоких технологий трудно сохранить подобную программу в тайне. Некоторые союзники Америки провели расследование по поводу не менее чем 30 авиарейсов, предположительно совершенных ЦРУ в рамках программы по «аутсорсингу» пыток. Расследование показало, что важных подозреваемых перевозили в места заключения в Восточной Европе, оставшиеся еще с советских времен [61].

На мой взгляд, программы «аутсорсинга» пыток указывают не на то, что сотрудники ЦРУ и военной разведки не хотели пытать заключенных, а на то, что, по их мнению, тюремщики в этих странах умеют делать это лучше. Ведь они совершенствовались в методах «допросов третьей степени» гораздо дольше американцев. Я привел здесь всего несколько примеров злоупотреблений, которым подвергались задержанные в американских военных тюрьмах. На самом деле их было гораздо больше. Все эти данные опровергают заявления государственной администрации США, что злоупотребления и пытки не были «систематическими».

Вскрытия трупов и заключения о смерти задержанных, сделанные в военных тюрьмах в Ираке и Афганистане, свидетельствуют: почти половина из 44 зарегистрированных смертных случаев произошла во время или после допросов с участием «морских котиков», агентов военной разведки или ЦРУ. Смерть наступала вследствие применения жестоких методов допроса: все те же капюшоны, кляпы во рту, удушение, удары о твердые предметы, погружение головы в воду, лишение сна и воздействие экстремальных температур. Руководитель Американского союза гражданских свобод Энтони Ромеро поясняет: «Нет никаких сомнений в том, что допросы приводили к смертельным случаям. Высокопоставленные должностные лица, которые знали о пытках, приложили к ним руку, они создали и одобрили эту политику и должны быть привлечены к ответственности» [62].

ВСЕ ВЫШЕ И ВЫШЕ: ОТВЕТСТВЕННОСТЬ ДИКА ЧЕЙНИ И ДЖОРДЖА БУША

После того как были обнародованы фотографии [Абу-Грейб], становилось все более и более очевидно, что злоупотребления не были личной инициативой отдельных солдат, нарушивших правила. Они были следствием решений администрации Буша, которая не стеснялась искажать, игнорировать или отвергать законы. Именно политика администрации Буша привела к ужасам Абу-Грейб, а также к самым разным злоупотреблениям по отношению к задержанным во всем мире.

Это заключительное положение отчета Human Rights Watch «Соединенные Штаты: пытки сойдут с рук?» однозначно указывает на самый верх сложной структуры командования: на вице-президента Дика Чейни и президента Джорджа Буша.

Война с терроризмом и новая парадигма пыток

«Война с терроризмом», объявленная администрацией Буша после террористических атак 11 сентября 2001 г., находится в одном ряду с предыдущими неудачами президента в «войне с существительными» — Бедностью и Наркотиками. Главная идеологическая предпосылка этой новой войны состояла в том, что терроризм — основная угроза «национальной безопасности» и «родине», и ее необходимо уничтожить во что бы то ни стало. Подобный идеологический фундамент обычно используют для того, чтобы добиться у граждан страны популярности и поддержки военной агрессии, а также репрессий по отношению к несогласным. В 1960–1970-х гг. подобную риторику с успехом использовали правые диктатуры Бразилии, Греции и многих других стран, чтобы оправдать пытки и убийства граждан своих собственных стран, признанных «врагами государства» [63]. В конце 1970-х гг. правые христианские демократы Италии использовали «стратегию напряженности», чтобы вызвать священный ужас перед террористами из Красных бригад (левых коммунистов). Это было средство политического контроля. Конечно, классический пример — обвинение, выдвинутое Гитлером в 1930-х гг. против евреев как виновников экономического краха Германии. Евреи были «внутренней угрозой», и это оправдывало программу захвата других стран и требовало их истребления в Германии и в странах, оккупированных нацистами.

Страх — психологическое оружие. Государства используют его, чтобы запугать граждан, заставить их пожертвовать основными свободами и отказаться от верховенства права в обмен на безопасность, обещанную всесильным правительством. Именно страх был той опорой, которая обеспечила поддержку большинством граждан и Конгресса США началу превентивной войны в Ираке, а позже — множеству других бессмысленных акций администрации Буша. Во-первых, во вполне оруэлловском духе страх нагнетали предсказания ядерных ударов по Соединенным Штатам и их союзникам, а также заявления о том, что Саддам Хусейн якобы располагает «оружием массового поражения». Накануне голосования Конгресса по поводу резолюции о войне в Ираке президент Буш заявил стране и Конгрессу, что Ирак — «страна "оси зла"[1]», угрожающей безопасности Америки. «Зная эти факты, — сказал Буш, — американцы не должны игнорировать надвигающуюся угрозу. Имея явные свидетельства опасности, мы не можем ждать окончательного доказательства — настоящего оружия, — которое может принять форму атомного гриба» [64]. Но этот атомный гриб принес в Америку вовсе не Саддам Хусейн, а сам Буш и его команда.

Следующие несколько лет все ключевые фигуры администрации Буша повторяли эти страшные предупреждения в каждой своей речи. Особая следственная группа Комитета надзора и правительственных реформ Белого дома под председательством Генри Уоксмена подготовила отчет по поводу публичных заявлений администрации Буша об Ираке. Она провела анализ всех заявлений Буша, Чейни, Рамсфельда, госсекретаря Колина Пауэлла и советника по вопросам национальной безопасности Кондолизы Райс. Согласно этому отчету во время 125 публичных выступлений эти пятеро сделали 237 заведомо «ложных и вводящих в заблуждение» заявлений об иракской угрозе — в среднем по 50 на каждого. По состоянию на сентябрь 2002 г., первую годовщину теракта 11 сентября, администрация Буша, согласно этому отчету, сделала почти 50 вводящих в заблуждение и ложных публичных заявлений [65].

В своей замечательной книге «Доктрина одного процента» (The One Percent Doctrine) лауреат Пулитцеровской премии писатель Рон Зюскинд указывает, что основы выдвинутой администрацией Буша идеи войны с терроризмом были заложены в заявлении Чейни, сделанном сразу после 11 сентября. Чейни сказал: «Если есть вероятность хотя бы в один процент, что пакистанские ученые помогают "Аль-Каиде" создавать или производить ядерное оружие, мы должны рассматривать это как неопровержимый факт и соответственно реагировать. Вопрос не в доказательствах... а в нашей реакции». Зюскинд пишет: «Итак, все было сказано: это был стандарт действий,

---

[1] Термин «ось зла» (axis of evil) был использован президентом США Джорджем Бушем в ежегодном обращении к конгрессу 29 января 2002 г. для описания режимов, спонсирующих, по мнению США, терроризм или разрабатывающих оружие массового поражения и способных передать его террористам. В своей речи в качестве таких государств Буш упомянул Ирак, Иран и КНДР. — *Прим. пер.*

формировавший события и реакции администрации в течение нескольких следующих лет». Далее он отмечает, что, к сожалению, неповоротливое федеральное правительство не способно эффективно действовать в новых условиях, например, связанных с войной с терроризмом, в условиях когнитивного диссонанса, вызванного непредвиденными мятежами и восстаниями покоренных народов [66].

Еще один метод насаждения страха можно увидеть в политизации системы оповещения об угрозе терроризма (основанной на цветовом коде), разработанной министерством внутренней безопасности США (Department of Homeland Security) администрации Буша. Вероятно, первоначальное назначение этой системы состояло в том, чтобы обеспечить мобилизацию граждан и готовность действовать в случае реальной угрозы. Это задача любых систем оповещения. В итоге за неопределенными предупреждениями ни разу не последовали конкретные рекомендации по поводу действий граждан. Если нас предупреждают об урагане, то рекомендуют эвакуироваться; если предупреждают о торнадо, мы знаем, что нужно отправиться в укрытие; но предупреждая относительно террористических атак, которые могут произойти когда-нибудь, где-нибудь, нам советуют просто «соблюдать осторожность», и, конечно, заниматься обычными делами. Ни одна из этих многочисленных угроз так и не оправдалась. Но после того, как все эти многочисленные тревоги оканчивались ничем, не последовало никаких объяснений или комментариев для граждан страны, хотя, как сообщалось, информация об угрозе поступала из «надежных источников». Мобилизация национальных сил для каждого повышения уровня угрозы обходится как минимум в миллиард долларов в месяц и создает у населения ничем не оправданные тревогу и стресс. К тому же демонстрация в СМИ цветовых кодов уровней угрозы оказалась скорее не надежной системой оповещения, а чрезвычайно дорогостоящим способом внушить американцам страх перед террористами — несмотря на отсутствие реальных террористических актов.

Французский философ-экзистенциалист и писатель Альбер Камю писал, что страх — это метод; террор вселяет страх, а страх мешает людям рационально мыслить. Он заставляет нас создавать абстрактные образы врагов, террористов, повстанцев, которые нам угрожают и которых поэтому нужно уничтожить. Как только мы начинаем воспринимать других людей как некие абстрактные сущности, они превращаются во «врагов», и даже у самых мирных людей пробуждаются примитивные импульсы убивать [67].

Я считаю эти «ложные тревоги» неэффективным и опасным методом. Однако заявления об «угрозе национальной безопасности» увеличивали рейтинг Буша [68]. В итоге, вызывая и поддерживая страх перед «врагом у ворот», администрация Буша смогла превратить президента во всемогущего главнокомандующего государства, находящегося в состоянии войны.

Назвав себя «главнокомандующим» и получив от конгресса чрезвычайно широкие полномочия, президент Буш вместе со своими советниками поверили, что они стоят выше государственного и международного права и поэтому любая их политика законна — просто потому, что ее можно оправдать согласно новой официальной юридической интерпретации. Семена зла, которые дали обильные побеги в той мрачной темнице в Абу-Грейб, были посеяны администрацией Буша, в созданном ею дьявольском треугольнике «угрозы национальной безопасности», страхов и беспомощности граждан и допросов с пытками, ради победы в войне с терроризмом.

Вице-президент Дик Чейни: «вице-президент по пыткам»

В газете *Washington Post* была опубликована редакционная статья, в которой Дик Чейни был назван вице-президентом по пыткам. В ней шла речь о попытках Чейни отменить, а затем изменить поправку Маккейна к закону о бюджете министерства обороны [69]. Эта поправка требовала гуманного обращения с заключенными в американских военных тюрьмах. Чейни приложил массу усилий, лоббируя исключение из этого закона, предоставляющее ЦРУ право использовать любые средства, которые оно считает нужными, чтобы получить информацию от подозреваемых. Чейни утверждал, что эта поправка свяжет руки сотрудникам ЦРУ и сделает их потенциальными жертвами судебных преследований из-за якобы неправомерных действий во время глобальной войны с терроризмом. (И здесь мы впервые видим намек на то, насколько зверскими и смертельными могут быть эти «действия».)

Вряд ли утверждение этого предложения ослабит горячую поддержку, которую Чейни оказывает ЦРУ в использовании любых возможных средств, позволяющих получать признания и разведданные от подозреваемых в терроризме, тайно содержащихся в американских тюрьмах. Это очевидно, особенно если учесть стойкую приверженность Чейни взглядам, которые он выразил вскоре после теракта 11 сентября. В телевизионном интервью в программе Meet the Press телеканала NBC Чейни сделал знаменательное заявление:

«Мы должны действовать, так сказать, на темной стороне, если хотите. Мы должны войти в тень мира разведки. Многое из того, что нужно сделать в связи с этим, нужно делать тихо, безо всяких дискуссий, используя источники и методы, доступные нашим спецслужбам, если мы хотим добиться успеха. В таком мире действуют эти люди, и поэтому для нас жизненно важно использовать любые средства, которые есть в нашем распоряжении» [70].

В интервью радиостанции NPR бывший начальник канцелярии госсекретаря Колина Пауэлла полковник Лоуренс Уилкерсон заявил, что команда неоконсерваторов Чейни — Буша выпустила директивы, которые привели к злоупотреблениям по отношению к заключенным со стороны американских солдат в Ираке и Афганистане. Уилкерсон указал направление этих директив:

«Мне было ясно, что имели место очевидный документальный след, шедший из офиса вице-президента [Чейни] к министру обороны [Рамсфельду] и вниз, к командующим родами войск, составленный из тщательно подобранных терминов. Для солдат в районах боевых действий это означало две вещи: мы получаем недостаточно ценных разведданных, и вы должны получить эти данные, — и вот, кстати, некоторые способы, которые вам в этом помогут».

Уилкерсон также упоминает Дэвида Аддингтона, консультанта Чейни, «твердого сторонника широких полномочий президента как главнокомандующего, и его права не соблюдать Женевские конвенции» [71]. Это заявление приводит нас прямо на вершину власти.

Президент Джордж Буш: «главнокомандующий» войны с терроризмом

Как командующий, отвечающий за бескомпромиссную войну с глобальным терроризмом, президент Джордж Буш полагался на своих юридических консультантов. Именно эти люди нашли «законные» основания для превентивных агрессивных действий против Ирака, изменения определения пыток, создания новых правил ведения боевых действий, ограничения свобод граждан с помощью так называемого Патриотического акта и разрешения незаконного прослушивания, перехвата информации и записи телефонных разговоров американских граждан. Как обычно, все это делалось во имя защиты священной национальной безопасности во время глобальной войны сами знаете с кем.

Меморандумы о пытках

1 августа 2002 г. в меморандуме министерства юстиции, который пресса назвала «Меморандумом о пытках», было дано новое, суженное определение «пыток». Определяется не то, в чем они состоят, но только их самые крайние последствия. В частности, физическая боль должна быть «эквивалентной по интенсивности боли, сопровождающей серьезные телесные повреждения, такие как повреждение внутренних органов, ухудшение их функций или даже смерть». В соответствии с меморандумом, чтобы признать виновным человека, обвиняемого в применении пыток, необходимо наличие у ответчика «несо-

мненного умысла» причинить жертве «серьезную физическую или психологическую боль или страдания». «Психологические пытки» определяются в узком смысле и включают в себя только действия, которые наносят «существенный психологический вред существенной продолжительности, например, длящийся в течение многих месяцев или лет».

Далее в меморандуме говорится, что более раннюю ратификацию устава против пыток от 1994 г. можно считать неконституционной, потому что она ограничивает полномочия президента как главнокомандующего. Другие рекомендации консультантов министерства юстиции дают президенту право толковать Женевские конвенции таким образом, чтобы это соответствовало целям правительства в войне с терроризмом. Представители противника, захваченные в Афганистане, бойцы «Талибана», подозреваемые в связях с «Аль-Каидой», повстанцы и все, кто был взят в плен или арестован, не должны считаться военнопленными, поэтому им не будет предоставлена правовая защита, на которую военнопленные имеют право. Как «вражеские некомбатанты», они могут содержаться в любом месте заключения по всему миру, без адвоката, и против них не обязательно должны быть выдвинуты конкретные обвинения. Кроме того, президент недвусмысленно одобрил программу «исчезновения» «ценных» террористов, созданную ЦРУ.

Все эти доказательства косвенны, но убедительны. Например, в книге «Состояние войны: тайная история ЦРУ и администрация Буша» Джеймс Райзен приходит к выводу, что существует «тайное соглашение среди представителей администрации поддерживать Буша и сделать "недоказуемой" его причастность к разработке новых тактик допросов ЦРУ» [72].

Более жесткое описание отношений между президентом Бушем и его командой юридических консультантов принадлежит ученому-юристу Энтони Льюису, который тщательно изучил все доступные документы:

> «Эти меморандумы напоминают советы адвоката крестному отцу мафии насчет того, как обойти закон и при этом не очутиться в тюрьме. Их основная тема — как уйти от судебного преследования... Другая тема

этих меморандумов, вызывающая еще большее беспокойство, указывает на то, что президент может приказать пытать заключенных, несмотря на то что пытки запрещены федеральным законом и международной Конвенцией против пыток, к которой присоединились Соединенные Штаты» [73].

Я предлагаю читателю ознакомиться со всеми упомянутыми здесь материалами (отчетами следственных групп, отчетом Международного комитета Красного Креста и др.), а также со всеми 28 «меморандумами о пытках», составленными юридическими советниками президента Буша, а также Рамсфельда, Пауэлла и других членов администрации, и создавших почву для легализации пыток в Афганистане, Гуантанамо и Ираке. В замечательном труде «Отчеты о пытках: дорога в Абу-Грейб», составленном под редакцией Карен Гринберг и Джошуа Дрейтеля, на 1249 страницах изложены все документы, демонстрирующие извращенные творческие способности юристов администрации Буша [74]. Этот труд показывает, каким образом «наука, сделавшая так много для защиты прав американцев в этой самой законной стране мира, может использоваться во зло» [75].

Профессор права Джордан Пауст, бывший капитан Главного военно-юридического корпуса армии США, подверг жесткой критике юридических советников Джорджа Буша, подготовивших все эти оправдания пыток задержанных: «со времен нацизма не было такого количества юристов, принимающих столь активное участие в международных преступлениях, связанных с содержанием и допросами людей, задержанных во время войны».

Список этих советников возглавляет генеральный прокурор Альберто Гонсалес, один из авторов меморандума, давшего новое определение понятия «пытки», приведенное выше. Лишь после того, как были обнародованы фотографии, сделанные в Абу-Грейб, Гонсалес и президент Буш аннулировали этот меморандум, предлагавший самую крайнюю концепцию пыток. Попытки Гонсалеса добиться расширения полномочий президента в рамках войны с терроризмом можно сравнить с усилиями влиятельного нацистского юриста Карла Шмитта. Именно его идеи позволили освободить лидера нации от юридических ограничений в чрезвычайных ситуациях и приостановили действие конституции Германии. В руках Гитлера оказалась неограниченная власть. Биограф Гонсалеса отмечает, что этот человек приятен в общении, производит совершенно «обычное» впечатление и не имеет никаких садистских или психопатических наклонностей [76]. Однако именно рекомендации Гонсалеса привели к ограничению гражданских свобод жителей США и зверским методам допросов подозреваемых в терроризме, вопреки нормам международного права [77].

Протесты против допросов в Гитмо со стороны Оперативной группы криминальных расследований министерства обороны[1]

Согласно недавнему сообщению кабельного канала телевидения MSNBC, руководство Оперативной группы криминальных расследований министерства обороны заявило, что с начала 2002 г. и в течение нескольких лет много раз предупреждало высших официальных представителей Пентагона относительно жестких методов допросов, используемых командой разведки, которые не приносят достоверную информацию, но могут привести к военным преступлениям и обернутся позором для нации, если станут достоянием общественности. Обеспокоенность и рекомендации этих опытных следователей были проигнорированы всеми инстанциями командования, в ведении которых находились допросы в Гитмо и Абу-Грейб. Вопреки всему они продолжали настаивать на интенсивных, принудительных методах допросов. Альберто Мора, бывший генеральный юрисконсульт ВМФ, сделал заявление в поддержку выводов этой оперативной группы: «Что заставляет меня гордиться этими людьми, это их слова: "Мы не станем

---

[1] Оперативная группа криминальных расследований (Criminal Investigation Task Force) — организация министерства обороны США, созданная в начале 2002 г. Основная задача — юридический контроль допросов лиц, задержанный в ходе «войны с террором». В состав группы входят представители всех видов войск вооруженных сил США. — *Прим. ред.*

участвовать в этом, даже если нам прикажут". Они — герои, и я не могу назвать их иначе. Они продемонстрировали огромную личную храбрость и прямоту, поддерживая американские ценности и страну, ради которой мы живем». Эти следователи не смогли остановить злоупотребления, но все же вынудили министра обороны Рамсфельда отказаться от некоторых жестких методов допросов [78].

Навязчивая идея войны с терроризмом

Мы видим, что навязчивая одержимость Буша войной с терроризмом заставила его встать на опасный путь, проторенный изречением покойного сенатора Барри Голдуотера: «Крайние меры в защиту свободы — не порок… Умеренность при совершении правосудия — не достоинство». В соответствии с этим девизом президент Буш разрешил Агентству национальной безопасности следить за американскими гражданами, не испрашивая ордера. Все это привело к беспрецедентной операции по сбору данных. Агентство национальной безопасности собирало огромные объемы телефонного и интернет-трафика и отправляло их в ФБР на анализ. Но у ФБР не оказалось ресурсов, необходимых для эффективной обработки всей этой информации [79].

Согласно подробному отчету, опубликованному в *New York Times* в январе 2006 г., такая тотальная слежка требовала «негласного доступа» к основным телекоммуникационным коммутаторам США, перенаправляющим международные звонки, и тайного сотрудничества с крупнейшими телекоммуникационными компаниями страны [80]. Статья в *Times* описывала крайности, к которым привело расширение полномочий президента и снятие ограничений, сдерживаний и противовесов юридических органов или конгресса. Казалось, Буш уверен, что он выше закона. Автор статьи сравнивает его с президентом Ричардом Никсоном, который «спустил с цепи слежку в 1970-х гг.» и оправдывал свои действия очень просто: «Если это делает президент, значит это законно» [81]. Буш сегодня говорит то же самое, с тем же самым ощущением безнаказанности.

О том, что Буш считал себя выше закона, свидетельствует и его склонность к «заявлениям при подписании законов» (signing statements). Эта тактика состоит в том, что президент одобряет законопроект, принятый конгрессом, но при этом заявляет о своем праве не соблюдать закон, который только что подписал. Президент Буш использовал такую тактику чаще, чем любой другой президент в американской истории: более 750 раз. Это позволяло ему не следовать законам, принятым конгрессом, если они противоречат его собственной интерпретации конституции. Точно так же он поступил с поправкой Маккейна против пыток [82].

Однако решение Верховного суда недавно бросило вызов бесконечному расширению полномочий президента Буша. Это решение существенно ограничивает его власть и отвергло план администрации Буша предавать суду задержанных, содержащихся в Гуантанамо, до заседаний военных комиссий (трибуналов), потому что такая практика не санкционирована федеральным законом и противоречит нормам международного права. Газета *New York Times* пишет: «Правление Буша отмечено самыми серьезными неудачами и при этом существенным расширением полномочий президента» [83].

Как ни парадоксально, стремясь избавить мир от зла терроризма, администрация Буша сама стала ярким примером «административного зла». Она превратилась в систему, которая несет людям боль, страдания и смерть, намеренно используя официальные, рациональные и эффективные процедуры, чтобы замаскировать истинную суть своих действий, — она считает, что любые ее средства оправдывают то, что ее создатели считают высокими целями [84].

Я считаю, что система состоит из агентов и агентств, власть и ценности которых создают или изменяют правила и ожидания по поводу «одобряемого поведения» в пределах своей сферы влияния. С одной стороны, система больше суммы ее частей и ее лидеров, которые тоже попадают под ее мощное влияние. С другой стороны, люди, играющие ключевые роли в создании системы, принимающей участие в незаконных, безнравственных и неэтичных действиях, должны нести за это ответственность, несмотря ни на какие ситуационные влияния.

ГОСПОДА ПРИСЯЖНЫЕ ЗАСЕДАТЕЛИ, ВАШ ВЕРДИКТ, ПОЖАЛУЙСТА

Итак, господа присяжные заседатели, вы ознакомились с показаниями множества свидетелей, а также с основными выводами отчетов нескольких независимых следственных групп и выдержками из обширных отчетов нескольких организаций: Human Rights Watch, Красного Креста, Американского союза защиты гражданских свобод, Amnesty International, а также документального фильма из телесериала Frontline, который шел на телеканале PBS, — о природе злоупотреблений и пыток заключенных, находящихся в американских военных тюрьмах.

Считаете ли вы, что плохое обращение с задержанными в блоке 1А тюрьмы Абу-Грейб со стороны сержанта Айвена «Чипа» Фредерика и других военных полицейских, выполнявших обязанности охранников ночной смены, было отклонением, единичным инцидентом, связанным с действиями одной «ложки дегтя», нескольких «плохих солдат»?

Далее, считаете ли вы, что такие злоупотребления и пытки были или не были частью «систематической» программы принудительных методов допросов? Можно ли сказать, что степень злоупотреблений и пыток во время этих допросов выходит далеко за рамки времени, места и намерений главных действующих лиц — охранников ночной смены блока 1А тюрьмы Абу-Грейб?

Учитывая, что военные полицейские, обвиненные в том, что они фотографировали злоупотребления, признали свою вину, верите ли вы, что они находились под давлением мощных ситуационных сил («бочки дегтя») и системных факторов («производители бочки дегтя»), и понимание этих факторов должно было смягчить их приговор?

Готовы ли вы вынести решение о соучастии в злоупотреблениях в тюрьме Абу-Грейб и во многих других военных объектах и в тайных тюрьмах ЦРУ каждого из следующих высокопоставленных членов команды военного руководства: генерал-майора Джеффри Миллера, генерал-лейтенанта Рикардо Санчеса, полковника Томаса Паппаса и подполковника Стивена Джордана? [85]

Готовы ли вы вынести решение о соучастии в злоупотреблениях в тюрьме Абу-Грейб, на многих других военных объектах и в тайных тюрьмах ЦРУ каждого из следующих высокопоставленных членов команды политического руководства: бывшего директора ЦРУ Джорджа Тенета и министра обороны Дональда Рамсфельда?

Готовы ли вы вынести решение о соучастии в злоупотреблениях в тюрьме Абу-Грейб, на многих других военных объектах и в тайных тюрьмах ЦРУ каждого из следующих высокопоставленных членов команды политического руководства: вице-президента Дика Чейни и президента Джорджа Буша?

Вердикт присяжных

(Вы можете также просмотреть данные о недавнем трибунале, обвиняющем администрацию Буша в «преступлениях против человечности» [86].)

У вас тоже есть возможность отдать свой голос в пользу виновности или невиновности командования в соучастии в злоупотреблениях в Абу-Грейб, посетив виртуальную кабину для голосования на сайте http://www.lucifereffect.com. Тенет, Рамсфельд, Чейни и Буш названы там в роли обвиняемых. Многие американские граждане уже отдали свои голоса. Это могут сделать и граждане других стран.

Да будет свет!

Итак, мы добрались до конца нашего долгого совместного путешествия. Я ценю вашу стойкость и желание идти вперед, несмотря на то что в пути мы столкнулись с худшими проявлениями человеческой природы. Мне было особенно трудно вновь описывать сцены злоупотреблений, которые происходили во время Стэнфордского тюремного эксперимента. Нелегко было смириться и с тем, что мне не удалось смягчить приговор Чипа Фредерика. Я неисправимый оптимист, но перед лицом всего этого зла — геноцида, резни, судов Линча, пыток и других ужасных вещей, которые люди совершают по отношению друг к другу, даже я начинаю терять веру в человечество.

Однако я верю, что если мы объединим усилия, нам будет легче противостоять эффекту Люцифера.

В конце нашего путешествия мы обратимся к свету, рассеивающему тьму самых мрачных уголков человеческой души. Пора отвернуться от негативного и обратиться к позитивному. Для этого у меня есть два способа. В первую очередь я предложу вам несколько проверенных и обоснованных рекомендаций, касающихся того, как противостоять социальным влияниям, в которых вы не нуждаетесь и которые вам нежелательны, но при этом сильно донимают вас — как и большинство из нас — изо дня в день. Я признаю, что власть ситуационных сил оказывает влияние на каждого из нас, и в определенных условиях может побуждать к ужасным поступкам. Тем не менее я убежден, что мы — не рабы их власти. Если мы знаем, как действуют эти силы, то можем им противостоять и сопротивляться, не поддаться их искушению. Это знание способно освободить нас от могущественных оков конформизма, подчинения, манипуляций и других форм социального влияния и принуждения.

Исследовав во время нашего путешествия слабости и уязвимость человеческой природы и ту легкость, с которой происходят трансформации человеческого характера, мы закончим его на самой положительной ноте, прославляя героизм и героев. Надеюсь, вы готовы согласиться с тем, что обычные и даже хорошие люди могут поддаваться искушению, подчиняться давлению и совершать злодеяния под влиянием мощных системных и ситуационных сил. Если так, то готовы ли вы согласиться с обратным: что героем может стать каждый из нас? Что мы только ждем ситуации, которая позволит нам доказать, что мы сделаны из «правильного теста»? Давайте же узнаем, как сопротивляться искушению и кто такие настоящие герои.

ГЛАВА ШЕСТНАДЦАТАЯ

Сопротивление ситуационному влиянию и торжество героизма

Всякий выход… [это] вход куда-то[1].
  Том Стоппард. Розенкранц и Гильденстерн мертвы

Мы добрались до конца нашего путешествия по мрачным темницам, в которых заточены умы наших попутчиков. Мы увидели, какие условия пробуждают жестокую сторону человеческой природы, и удивлялись тому, с какой легкостью и до какой степени хорошие люди могут быть жестоки к другим. Наш концептуальный анализ был сосредоточен на попытках понять, как происходят такие трансформации. Зло может проявиться в любой ситуации, но изучая тюрьмы и войны, мы ближе всего подошли к его самым ужасным источникам. Как правило, именно здесь, словно в плавильном котле, смешиваются воедино авторитет, власть и превосходство, а когда их покрывает секретность, это на время лишает нас человечности и отнимает у нас качества, которые мы ценим выше всего: заботу, доброту, сострадание и любовь.

Мы с вами провели много времени в искусственной тюрьме, которую я с коллегами создал в подвале факультета психологии Стэнфордского университета. Всего за несколько дней и ночей земной рай, который являют собой Пало-Альто, Калифорния и Стэнфордский университет, превратился в адскую бездну. У здоровых молодых людей появились патологические симптомы, отражавшие чрезвычайное напряжение, фрустрацию и отчаяние, которые они испытывали в роли заключенных. Их товарищи, по чистой случайности получившие

---

[1] Цит. по: Стоппард Т. Розенкранц и Гильденстерн мертвы / Пер. И. Бродского. СПб.: Азбука, 2000. — *Прим. пер.*

роли охранников, все чаще переходили границы между легкомысленной игрой и серьезными злоупотреблениями по отношению к «своим заключенным». Не прошло и недели, как наш небольшой «эксперимент», наша мнимая тюрьма отступила в тень нашего коллективного сознания, и ей на смену пришли настоящие заключенные, настоящие охранники и тюремный персонал. Для всех нас эта ситуация оказалась удивительно реальной. Это была настоящая тюрьма, только управляли ею психологи, а не государство.

Мы провели подробное исследование природы этих трансформаций, которые прежде никогда не подвергались серьезному анализу. Мы хотели, чтобы читатель как можно ближе подошел к тому необычному месту, где власть человека способна противостоять власти организаций. Я пытался передать ощущение, возникающее, когда несколько на первый взгляд незаметных ситуационных переменных — социальные роли, правила, нормы и форменная одежда — постепенно начинают оказывать мощное влияние на всех, кто попал под влияние системы.

На концептуальном уровне я предложил уделять больше внимания и признать важность ситуационных и системных процессов, которые мы обычно недооцениваем, когда пытаемся объяснить отклоняющееся поведение и кажущиеся изменения личности. Человеческое поведение всегда находится под влиянием ситуационных сил. Этот контекст включен в более обширный макрокосм, часто представляющий собой систему власти, которая способна поддерживать и воспроизводить себя. Традиционно почти каждый из нас, в том числе и представители юридических, религиозных и медицинских учреждений, привык возлагать основную ответственность на главных действующих лиц и считать их основной причиной всех бед. При этом мы недооцениваем или игнорируем воздействие ситуационных переменных и системных детерминант, формирующих поведение и трансформирующих личность действующих лиц.

Надеюсь, наглядные примеры и подтверждающие их теоретические данные, приведенные в этой книге, помогут вам избежать фундаментальной ошибки атрибуции — склонности считать основным источником действий человека его внутренние качества. Мы добавили к этому потребность признавать власть ситуации, а также поведенческие «подмостки», обеспеченные Системой, создающей и поддерживающей социальный контекст.

Из мнимой тюрьмы мы отправились в кошмар наяву, которым стала тюрьма Абу-Грейб в Ираке. Между социально-психологическими процессами, действовавшими в обеих этих тюрьмах, мнимой и слишком реальной, возникли удивительные параллели. В Абу-Грейб мы навели наш аналитический прожектор на одного молодого человека, старшего сержанта Айвена «Чипа» Фредерика. С ним произошла двойная трансформация: из хорошего солдата он превратился в плохого тюремного охранника, а потом в страдающего заключенного. Наш анализ выявил, как и в ходе Стэнфордского тюремного эксперимента, диспозиционные, ситуационные и системные факторы, которые привели к злоупотреблениям и пыткам, которым подвергали заключенных Фредерик и другие военные и гражданские сотрудники Абу-Грейб.

Затем от роли беспристрастного исследователя-психолога я перешел на роль обвинителя. При этом я представил вам, уважаемые читатели — присяжные заседатели, преступления военного командования и администрации Буша, которые делают их соучастниками в создании условий, приведших к чрезвычайно жестоким злоупотреблениям и пыткам в большинстве американских военных тюрем. Как неоднократно отмечалось, моя концепция не снимает ответственности с военных полицейских и не отрицает их вины; никакие объяснения, никакой научный анализ не способны оправдать подобные преступления. Скорее можно сказать, что понимание того, как произошли эти события, и признание ситуационных сил, воздействовавших на солдат, должны помочь в разработке мер, способных изменить обстоятельства, которые приводят к подобному недопустимому поведению. Наказания недостаточно. «Плохие системы» создают «плохие ситуации», создающие «плохих людей»: они провоцируют даже самых хороших из нас вести себя очень плохо.

Давайте в последний раз дадим определения Человека, Ситуации и Системы. Человек — актер на сцене жизни, и свобода его поведения определяется его внутренними особенностями — генетическими, биологическими, физическими и психологическими. Ситуация — это поведенческий контекст, который с помощью вознаграждений и нормативных функций наделяет тем или иным смыслом роли и статус актеров. Система состоит из агентов и агентств, идеология, ценности и власть которых создают ситуации и диктуют роли и ожидания по отношению к поведению актеров, находящихся в сфере ее влияния.

В этой, заключительной фазе нашего путешествия, я предложу вам рекомендации того, как противостоять негативным ситуационным влияниям, которые время от времени действуют на всех нас. Мы постараемся понять, как сопротивляться влияниям, с которыми мы сталкиваемся каждый день, но которые для нас нежелательны. Мы — не рабы ситуационных сил, но нам необходимы определенные методы сопротивления и противостояния. Во всех ситуациях, которые мы исследовали, всегда были люди, пусть их было и немного, которые смогли устоять. Пришло время пополнить их ряды и понять, что помогало им не поддаться соблазну.

Надеюсь, мне хоть в какой-то мере удалось убедить вас в том, что при некоторых обстоятельствах вы тоже могли бы вести себя так, как и участники исследований, о которых мы говорили, или как охранники в реальной тюрьме Абу-Грейб. Теперь я прошу вас подумать о другом: как вы думаете, смогли бы *вы* стать героем? Скоро нам предстоит встреча с самыми лучшими сторонами человеческой природы, с героями, живущими среди нас, и с героическими образами, живущими в каждом.

КАК СОПРОТИВЛЯТЬСЯ НЕЖЕЛАТЕЛЬНОМУ ВЛИЯНИЮ

Людям с параноидальными расстройствами личности очень сложно принять точку зрения другого человека, подчиняться или доверять убедительным аргументам, даже когда они исходят от авторитетных врачей или от любимых. Свойственные им цинизм и недоверие создают барьер, ограждающий их от участия в социальном взаимодействии с окружающими. Такие люди славятся невероятной способностью сопротивляться социальному давлению и поэтому являют собой крайний пример противостояния влиянию, хотя они, очевидно, платят за это огромную психологическую цену. На другом конце спектра — слишком легковерные, наивные люди, которые становятся легкой добычей для любого искусного жулика.

Не стоит осуждать этих обманутых людей, не стоит думать, что они просто стали жертвами собственной глупости и наивности. Нужно понять, как и почему такие же люди, как и мы, так легко поддались обману. Тогда мы сможем сопротивляться подобным уловкам и рассказывать о методах сопротивления другим.

Дуализм сепарации и слияния

Человеческой природе свойственен базовый дуализм сепарации и слияния, или циничной недоверчивости и полной вовлеченности. Иногда мы отдаляемся от других, боясь быть «поглощенными» и потерять себя. Это крайнее проявление защиты, но совершенно очевидно, что чем более мы открыты взглядам других людей, тем сильнее они на нас повлияют. Тем не менее открытая, страстная сопричастность к другим людям необходима для ощущения счастья. Мы хотим испытывать сильные чувства, безоглядно доверять, вести себя спонтанно и ощущать связь с другими людьми. Мы хотим жить «насыщенной» жизнью. Хотя бы иногда нам хочется оставить анализ, отбросить примитивную опасливую сдержанность. Мы хотим самозабвенно танцевать вместе с греком Зорбой [1].

Тем не менее нам приходится постоянно определять ценность наших социальных связей. Каждому из нас приходится искать самое подходящее место между двумя полюсами — полным слиянием с другими людьми и абсолютной изоляцией. Когда лучше поддерживать связь с другими, когда оставаться лояльным по отношению к какому-то делу или отношениям, а когда лучше уйти? Это тонкий вопрос, с которым регулярно сталкивается каждый из нас. В этом мире всегда найдутся люди, которые хотят нас использовать. Но есть и те, кто искренне хочет, чтобы мы разделили с ними цели, которые, по их мнению, принесут пользу и им, и нам. Как узнать, кто есть кто? Вот в чем вопрос, дорогие Гамлет и Офелия.

Прежде чем мы опишем конкретные средства, помогающие противостоять попыткам контролировать наше сознание, нужно рассмотреть еще одну альтернативу, а именно старую иллюзию *нашей собственной неуязвимости* [2]. Они? Да. Я? *Ни за что!* Наше психологическое путешествие должно было убедить вас серьезно отнестись к той идее, что самые разные ситуационные силы, о которых мы говорили, способны оказывать влияние на большинство людей. Но не на нас, не так ли? Трудно приложить выводы, к которым привело наше путешествие, к своему собственному поведению. То, что теоретически легко применить к «тем, другим», совсем не так легко применить к себе. Все мы разные. Нет двух одинаковых отпечатков пальцев, и нет двух человек с одинаковыми генетикой, воспитанием и личностными особенностями.

Индивидуальные различия — это прекрасно, но перед лицом мощных ситуационных сил они уходят на второй план и сглаживаются. Есть ситуации, в которых бихевиористы могут точно предсказать, как поведет себя большинство людей, ничего при этом о них не зная, а зная только подробности поведенческого контекста. Но следует иметь в виду, что даже самый лучший психолог не способен предсказать, как поведет себя в той или иной ситуации каждый отдельный человек; определенная степень индивидуальных различий существует всегда, и ее невозможно объяснить. Поэтому вам может показаться, что методы, которые мы собираемся обсудить, вам не нужны; вы — особый случай, исключение из кривой нормального распределения. Но знайте: это — защитный механизм, и ваша уверенность имеет мало общего с реальностью.

Сопротивление нежелательным влияниям: программа из десяти шагов

Надеюсь, вы помните те социально-психологические принципы, способствовавшие злодеяниям, которые мы наблюдали на протяжении нашего путешествия. Давайте же теперь применим их для того, чтобы утвердить позитивное и устранить негативное в своей жизни. Методы негативного влияния могут быть самыми разными, поэтому нужно найти особую тактику сопротивления для каждого из них. Чтобы противостоять попыткам навязать нам обязательства, противоречащие нашим убеждениям, нужны другие методы, чем для сопротивления попыткам добиться послушания. Чтобы противостоять убедительным аргументам «ловцов человеческих душ», нужны другие принципы, чем в общении с теми, кто пытается нас дегуманизировать или деиндивидуализировать. Методы сопротивления групповому мышлению также отличаются от методов противостояния уговорам настойчивых вербовщиков.

Я составил для вас такой перечень методов; однако он требует большей глубины и конкретики, чем можно изложить в этой главе. Поэтому я решил предоставить открытый доступ к подробному описанию этих методов на веб-сайте, созданном в дополнение к этой книге: http://luciferEffect.com / guide_tenstep.htm. Вы можете ознакомиться с ними, когда вам будет удобно, сделать заметки, просмотреть справочные источники, на которых они основаны, и подумать о ситуациях, в которых можно использовать эти стратегии в вашей жизни. Кроме того, если вы столкнулись с тем или иным методом социального влияния по отношению к вам или к другим людям, то сможете обратиться к этому подробному руководству и подумать о том, что делать, чтобы не попасть под нежелательное влияние.

Вот моя десятишаговая программа сопротивления нежелательным социальным влияниям. Кроме всего прочего, она поможет вам проявить личную стойкость и гражданское достоинство. В ней используются идеи, связанные с различными стратегиями влияния, и они обеспечивают простые, эффективные способы противостояния. Ключ к сопротивлению дают три основных элемента: самосознание, ситуационная чувствительность и правила улицы. Вы увидите, как эти элементы проявляются во многих из этих стратегий сопротивления.

«Я совершил ошибку!» Давайте признавать собственные ошибки — сначала перед самими собой, а потом перед другими. Да, человеку свойственно ошибаться. Вы неправильно

оценили ситуацию, приняли неверное решение. Когда вы его принимали, у вас были все основания полагать, что оно верно, но теперь знаете, что ошиблись. Произнесите волшебные слова: «Я сожалею», «Приношу свои извинения», «Простите меня». Пообещайте себе сделать выводы из своих ошибок, от этого вы станете только лучше. Прекратите вкладывать деньги, время и силы в неудачные проекты и двигайтесь дальше. Если вы сделаете это открыто и честно, вам не придется оправдывать или рационализировать свои ошибки и тем самым способствовать плохим или безнравственным действиям. Признание ошибки делает ненужными попытки избавиться от когнитивного диссонанса; происходит проверка реальностью, и диссонанс исчезает сам собой. Когда мы «сжигаем мосты», решительно отказываясь «следовать выбранному курсу», который оказался неверным, нам придется чем-то платить, но в итоге это всегда окупается.

«Я бдителен». Умные люди нередко поступают по-глупому, потому что просто не обращают внимания на важные особенности речи или действий собеседников. В результате они не замечают очевидных ситуационных подсказок. Часто мы действуем машинально, используя устаревшие модели поведения, оправдавшие себя в прошлом, но не даем себе труда остановиться и подумать, подходят ли они в данной ситуации, здесь и сейчас [3]. Следуя совету исследовательницы из Гарварда Элен Лангер, мы можем трансформировать свое обычное состояние бездумного невнимания в «бдительность», особенно в новых ситуациях [4]. Не колеблясь, запускайте в кору своего мозга пробуждающий импульс. Когда мы находимся в знакомых ситуациях, нами управляют прежние привычки, даже если они устарели или приносят нам вред. Всегда нужно помнить о том, что жить «на автопилоте» — опасно. Нужно делать передышку в стиле дзэн, чтобы поразмышлять над ситуацией, в которой мы оказались, подумать перед тем, как действовать. Никогда не позволяйте бездумно втянуть себя в ситуацию, которой опасались бы даже ангелы и разумные люди. Добавьте к бдительности «критическое мышление» [5]. Попросите собеседника подкрепить свои слова доказательствами; требуйте, чтобы его

взгляды были целостными, продуманными и позволяли отделять риторику от фактов. Пытайтесь определить, не скрываются ли за рекомендуемыми средствами какие-либо неблаговидные цели. Представьте себе отдаленные последствия любых решений и любых действий. Отказывайтесь от простых решений: сложные личные или социальные проблемы нельзя решить простыми средствами. С самого раннего возраста учите детей мыслить критически, не принимать на веру телевизионную рекламу, предвзятые заявления и громкие лозунги, с которыми они сталкиваются. Помогайте им становиться более разумными и осторожными потребителями знаний [6].

«Я несу ответственность». Брать на себя ответственность за свои решения и действия — значит держать в руках руль своей жизни, и будь что будет. Если мы разрешаем другому брать на себя нашу ответственность, то превращаем его в полновластного водителя, сидящего на заднем сиденье, безрассудно предоставляя автомобилю возможность двигаться вообще без шофера. Чтобы не поддаваться нежелательному социальному влиянию, нужно поддерживать ощущение личной ответственности и в любой ситуации отвечать за свои действия. Тогда мы не станем слепо подчиняться власти. Мы будем помнить, что коллективная ответственность просто маскирует наше соучастие в сомнительных действиях. Мы не станем подчиняться антиобщественным групповым нормам и не позволим снять с себя ответственность, откажемся перекладывать ответственность на всех членов бригады, братства, цеха, батальона или корпорации. Всегда думайте о будущем: когда сегодняшние поступки станут предметом разбирательства, никто не примет ваших оправданий, что вы «только выполняли приказы» или «все остальные поступали так же».

«Я утверждаю свою уникальность». Не позволяйте другим приуменьшать вашу уникальность, помещать в какую-то категорию, в какой-то «ящик», превращать вас в «винтик», в объект. Утверждайте свою индивидуальность; вежливо называйте свое имя, громко и ясно говорите, кто вы и чем занимаетесь. Настаивайте, чтобы другие делали то же самое. Посмотрите

в глаза другому человеку (снимите темные очки, скрывающие глаза) и расскажите о себе и о том, в чем ваша уникальность. Ищите точки соприкосновения с лидерами, подчеркивайте то, что вас объединяет. Анонимность и секретность помогают скрывать неблаговидные поступки и разрушают связи между людьми. Они могут стать благоприятной почвой для дегуманизации, а как мы теперь знаем, дегуманизация — излюбленный метод бандитов, насильников, мучителей, террористов и тиранов. Затем начните помогать другим. Пытайтесь изменить любые социальные условия, в которых люди чувствуют себя анонимными. Создавайте методы групповой поддержки, которые помогают другим чувствовать себя особенными, чтобы у них тоже было ощущение собственной ценности и личного достоинства. Избавляйтесь от негативных стереотипов и побуждайте к этому других: если слова, прозвища и шутки кого-то высмеивают, они могут быть разрушительны.

«Я уважаю авторитет, но не подчиняюсь несправедливой власти». В любой ситуации старайтесь различать тех, чья власть основана на профессионализме, мудрости, старшинстве или особом статусе, заслуживающем уважения, и тех, чей авторитет не основан ни на чем, и кто требует повиновения, не имея на то веских оснований. В королевскую мантию часто рядятся псевдолидеры, лжепророки, мошенники, самоуверенные личности, которых не только не стоит уважать, но которым просто нельзя подчиняться и следует открыто противостоять. Родителям, учителям и религиозным лидерам стоило бы активнее учить детей отличать обоснованную власть от необоснованной. Детям следует проявлять уважение, когда такая позиция оправданна, и все же оставаться мудрыми и стойкими, сопротивляясь власти, не заслуживающей уважения. Это поможет отказаться от бездумного повиновения самозванцам, претензии которых не совпадают с нашими интересами.

«Я стремлюсь к принятию в группу, но ценю собственную независимость». Желание войти в привлекательную социальную группу иногда оказывается сильнее чар золотого кольца из «Властелина колец». Сила этого желания заставляет не-

которых людей идти на все, чтобы группа их приняла, а потом еще дальше — чтобы она их не отвергла. Действительно, мы социальные животные, и обычно наши социальные связи приносят нам пользу и помогают достигать важных целей, которых мы не в состоянии достичь в одиночку. Но бывают ситуации, когда подчинение групповым нормам не приносит пользы ни нам, ни обществу. Совершенно необходимо уметь определять, когда сто́ит следовать групповым нормам, а когда лучше их отклонить. В конечном счете мы живем в своем собственном разуме, в его уединенном великолепии, и поэтому должны быть готовы заявить о своей независимости, даже если другие могут нас отвергнуть. Это нелегко, особенно молодым людям с неустойчивой самооценкой или взрослым, самооценка которых зависит от их карьеры или должности. Очень сложно сопротивляться настойчивым призывам быть «командным игроком», пожертвовать личной этикой ради команды. В такой ситуации полезно отойти на шаг назад, собрать независимые мнения со стороны и найти новую группу, которая поддержит нашу независимость и наши ценности. Всегда можно найти другую, более подходящую для нас группу.

«Я буду более бдителен к "обрамлению"». Тот, кто создает «обрамление», становится или художником, или мошенником. То, как «обрамлена» ситуация, часто влияет сильнее самых убедительных аргументов. Кроме того, искусно созданное «обрамление» может казаться вообще отдельными звуками, образами, лозунгами и логотипами. Хотя мы этого не осознаем, они влияют на нас и при этом формируют наше отношение к тем или иным идеям или проблемам. Мы склонны хотеть того, чего, как нам говорят, «не хватает», даже если на самом деле этого вполне достаточно. Нас тянет к тому, что, как нам говорят, может привести к потере, и стремиться к тому, что представляют нам как выгоду, даже если соотношение позитивных и негативных прогнозов одинаково [7]. Мы не хотим 40-процентной вероятности проигрыша X у Y, но хотим 60-процентной вероятности выигрыша Y у X. Лингвист Джордж Лакофф ясно показывает, как важно знать о власти «обрамления» и оставаться бдительным, чтобы не поддаться

ее коварному влиянию на наши эмоции, мысли и участие в выборах [8].

«Я отрегулирую свое восприятие времени». Нас легко убедить сделать то, что не соответствует нашим убеждениям, если мы попали в ловушку «вечного сейчас». Когда мы забываем о тех обязательствах, которые дали в прошлом, и будущей ответственности, то становимся уязвимыми для ситуационных искушений — например таких, которые описаны в «Повелителе мух». Чтобы нас не унесло потоком, когда окружающие ведут себя оскорбительно или безответственно, нужно вспомнить о времени, выйти за рамки гедонизма или фатализма, ориентированных на «здесь и сейчас». Для оценки своих действий используйте нечто вроде соотношения цены и прибыли, имея в виду их последствия. И помните о прошлом, связанном с вашими личными ценностями и нормами. Когда ваша временна́я перспектива включает и прошлое, и настоящее, и будущее, причем в зависимости от ситуации и стоящей перед вами задачи можно опираться на любой из этих периодов, вам проще действовать ответственно и мудро, чем когда наше восприятие времени ограничено только одним или двумя периодами. Когда прошлое и будущее объединяются, чтобы сдержать крайности настоящего, ситуация теряет власть [9]. Например, исследования показывают, что голландцы, прятавшие евреев от нацистов, не слушали аргументов своих соседей, искавших причины, чтобы не помогать. Эти герои опирались на моральные принципы, приобретенные в прошлом, и никогда не теряли из виду будущего. Они знали, что рано или поздно будут вспоминать эту ужасную ситуацию, и им придется спросить себя, поступили ли они по совести, когда решили не уступать страху и социальному давлению [10].

«Я не стану жертвовать личными или гражданскими свободами ради иллюзии безопасности». Потребность в безопасности — одна из самых мощных детерминант человеческого поведения, и ею легко манипулировать. Если нас убеждают в существовании какой-то угрозы или обещают защиту от опасности, нас можно заставить делать то, что нам чуждо.

Те, кто так говорит, приобретают над нами власть, предлагая сделку, достойную Фауста: вы будете в безопасности, если взамен отдадите часть своей свободы, личной или гражданской. Искуситель, в лучших традициях Мефистофеля, будет утверждать, что сможет спасти нас лишь в том случае, если все мы согласимся на небольшие жертвы — откажемся от такого-то незначительного права или от такой-то маленькой свободы. Никогда не идите на подобную сделку, никогда не жертвуйте личными свободами в обмен на обещание безопасности, потому что ваши жертвы будут реальными и немедленными, а безопасность — отдаленной и иллюзорной. Именно на этом основаны традиционные брачные соглашения. То же самое происходит, когда добропорядочные граждане жертвуют гражданскими свободами ради интересов своей страны, потому что ее лидер обещает им личную и национальную безопасность за счет коллективной жертвы — отмены законов, нарушения неприкосновенности частной жизни и гражданских свобод. Классическая книга Эриха Фромма «Бегство от свободы» напоминает нам, что это — первый шаг любого фашистского лидера, даже в «демократическом» обществе.

«Я могу сопротивляться несправедливой системе». Перед лицом могущественных систем, которые мы описали, люди теряют уверенность. Трудно бороться с военной и тюремной системой, с бандой, сектой, общиной, корпорацией и даже с неблагополучной семьей. Но открытое сопротивление при поддержке решительно настроенных единомышленников может изменить ситуацию. В следующем разделе мы поговорим о людях, которые изменили систему, потому что были готовы рискнуть, начали бить тревогу, решили положить конец коррупции или предпринимали последовательные конструктивные действия, чтобы изменить ситуацию. Сопротивление может состоять даже в том, чтобы физически устраниться из тотальной ситуации, в которой система управляет потоками информации, наградами и наказаниями. А можно не поддаться групповому мышлению и найти доказательства злоупотреблений. Можно обратиться к помощи других людей, консультантов, журналистов или революционно настроенных соотечественников.

Системы изо всех сил сопротивляются изменениям и противостоят даже справедливым атакам. Поэтому акты героизма, бросающие вызов несправедливым системам, лучше всего совершать не в одиночку, а заручившись чьей-нибудь поддержкой. Сопротивление одиночки система может объявить бредом и сумасшествием. Двух противников она может счесть жертвами их общей мании, но если вас уже трое, вы становитесь силой, и с вами придется считаться.

Эта программа из десяти шагов — только стартовый пакет, с помощью которого можно разработать стратегию, помогающую отдельным людям и сообществам противостоять нежелательным влияниям и манипуляциям. Как я уже говорил, более полный набор рекомендаций и соответствующие ссылки, основанные на результатах исследований, можно найти на веб-сайте «Эффекта Люцифера» в разделе Resisting Influence Guide (Руководство по сопротивлению [нежелательному] влиянию, http://lucifereffect.com / guide.htm).

Прежде чем двинуться к конечной остановке нашего путешествия, где мы встретимся с героями и поговорим о том, что такое героизм, я хотел бы добавить последнюю рекомендацию.

Обращайте внимание на попытки подкупа и небольшие хитрости, обман, мошенничество, сплетни, слухи, расистские или женоненавистические шутки, злые розыгрыши и попытки запугивания. Все они могут стать ступенями, ведущими к окончательному падению. Они позволяют незаметно влиять на мысли и действия, направленные против других людей. Большие злодеяния всегда начинаются с маленьких шагов, которые кажутся незаметными. Но помните, зло — это наклонная плоскость. Оказавшись на ней, можно легко скатиться вниз.

ПАРАДОКСЫ ГЕРОИЗМА

Молодая женщина бросает вызов авторитетному преподавателю, который намного старше ее, вынуждая его признать, что он — соучастник ужасных действий, которые совершаются под его началом. Ее твердая позиция помогает прекратить злоупотребления по отношению к невинным заключенным.

Можно ли назвать этот поступок «героическим», учитывая, что многие другие люди, наблюдавшие страдания заключенных, не смогли ничего противопоставить системе, даже когда видели, что она дошла до крайностей?

Нам хотелось бы прославлять героизм как совершенно особенное поведение, а героев — как необыкновенных людей. Однако почти все, кого вознесли на этот пьедестал, скажут вам, что в их поступках не было ничего особенного и что на их месте так поступил бы каждый. Они вовсе не считают себя героями. Возможно, такая реакция связана с укоренившимся убеждением, которое свойственно всем нам: герои — это супермены, их мало, это люди какой-то особой породы. Возможно, дело не только в том, что героям свойственна скромность. Возможно, здесь играют роль наши общие, привычные, но неверные представления о том, что значит быть героем.

Давайте же рассмотрим лучшие проявления человеческой природы и трансформации обычного в героическое. Мы исследуем разные концепции и определения героизма и предложим несколько категорий героических действий. Затем мы приведем несколько примеров, относящихся к этим категориям, и, наконец, создадим таблицу, в которой сравним банальность зла и банальность героизма. Но сначала давайте вернемся к тому человеку и к тому акту, с которых мы начали этот раздел, и благодаря которым закончился Стэнфордский тюремный эксперимент.

В восьмой главе я рассказывал о Кристине Маслач, недавно защитившей диссертацию и получившей степень доктора философии на факультете психологии Стэнфордского университета. Между нами возникли романтические отношения. Однажды она увидела, как скованных цепью заключенных, словно каторжников, с мешками на головах, ведут в туалет, а охранники выкрикивают им приказы. Мое очевидное безразличие к их страданиям заставило ее взорваться.

Ее более поздние размышления о том, что она тогда чувствовала и как интерпретировала свои действия, помогает понять сложное явление героизма [11].

«Он [Зимбардо] стал свидетелем моей невероятно сильной эмоциональной вспышки (вообще я скорее сдержанный человек). Я была рассержена и напугана, по моим щекам текли слезы. Я сказала что-то вроде: "*То, что ты делаешь с этими мальчишками, — это ужасно!*"

Что интересного можно рассказать обо мне как о Терминаторе Стэнфордского тюремного эксперимента? Я думаю, есть несколько тем, на которые я хотела бы обратить внимание. Во-первых, позвольте мне сказать, чем эта история не является. Вопреки стандартному (и банальному) американскому мифу, Стэнфордский тюремный эксперимент — это не история об одиночке, бросившем вызов большинству. Скорее это история о большинстве — о том, как все, кто так или иначе имел отношение к этому тюремному исследованию (участники, исследователи, наблюдатели, консультанты, члены семей и друзья), попали под его влияние. Основной сюжет этой истории — как ситуация может сокрушить личность и свести на нет самые благие намерения.

Почему же моя реакция была другой? Ответ, как мне кажется, заключается в двух фактах: я стала участницей ситуации позже всех и я была "посторонней". В отличие от всех остальных, я не была добровольной участницей эксперимента. В отличие от всех остальных, в этом тюремном контексте у меня не было никакой социально определенной роли. В отличие от всех остальных, я не находилась там каждый день, следуя за всеми мелкими изменениями ситуации и ее развитием. Поэтому ситуация, в которую я попала в конце недели, не была "такой же", как у всех остальных. У меня не было никакого прошлого опыта в этом особом месте и не было представлений об общем будущем. Для всех остальных эта ситуация все еще оставалась в рамках "диапазона нормальности", тогда как для меня это был сумасшедший дом.

Будучи посторонней, я не знала, какие социальные правила здесь действуют и можно ли им не подчиняться. Поэтому мое несогласие приняло другую форму — форму бунта против самой ситуации. Тогда некоторые восприняли это как героический поступок, но я не чувствовала ничего героического. Наоборот, в роли "инакомыслящей" мне было очень страшно и одиноко, я сомневалась, правильно ли оцениваю ситуацию и людей, а возможно, я сомневалась даже в собственной ценности как социального психолога».

Затем Кристина делает важное замечание. Чтобы акт личного неповиновения был достоин звания «героического», он должен содержать в себе попытку изменить систему, устранить несправедливость, исправить нанесенный вред:

«Признаюсь, мне пришлось подумать и о том, как поступить, если Фил будет продолжать СТЭ, несмотря на мои решительные протесты. Стала бы я обращаться в более высокие инстанции — к заведующему кафедрой, к декану, или в Комитет по опытам на человеке, чтобы положить этому конец? Без всяких сомнений. И я рада, что мне не пришлось этого делать. Но оглядываясь назад, я вижу, что такие действия были бы важны и необходимы, чтобы мои ценности реализовались на практике. Когда кто-то жалуется на несправедливость, но жалобы приводят только к "косметическому ремонту", а сама ситуация остается неизменной, такое инакомыслие и неповиновение мало чего стоит».

Она говорит о том, что мы уже обсуждали в дискуссии об экспериментах Милгрэма: словесные протесты «преподавателя» просто успокаивали его «эго» и давали возможность подавить неприятные чувства, продолжая при этом мучить «ученика». Чтобы действительно бросить вызов власти, неповиновение должно выражаться *в поведении*. Однако в эксперименте Милгрэма никто ни разу не продемонстрировал более существенного неповиновения, чем тихое отступление. Обычно преподаватель-мучитель выходил из этой печальной ситуации, даже не попытавшись ее изменить. Кристина прекрасно говорит о том, что могло сделать героическое меньшинство, чтобы выступить против авторитетной фигуры не на словах, а на деле:

«Как оценить результат классического оригинального исследования Милгрэма? Ведь треть участников не подчинилась и отказалась продолжать эксперимент до конца. Предположим, что это был не эксперимент; а "легенда" Милгрэма была правдой, исследователи действительно изучали роль наказания в процессе обучения и решили протестировать около тысячи участников, чтобы на практике выяснить, как влияет разумное наказание на эффективность обучения. Если бы в такой ситуации вы не подчинились, отказались продолжать, получили свои деньги и молча ушли, то ваш героический поступок никак не облегчил бы участь других 999 участников, испытывающих те же страдания. Это было бы просто отдельное событие, не имеющее никаких социальных последствий — если бы за ним не последовал следующий шаг, а именно, вызов всей структуре и гипотезам исследования. Неповиновение отдельного человека должно превратиться в системное неповиновение, способное изменить ситуацию или систему, и не только в отдельном случае. Тлетворные ситуации слишком легко сводят на нет благие намерения диссидентов или даже героев-мятежников: им дают медали за их подвиги и подарочные сертификаты за то, что они держат свое мнение при себе».

Из чего сделаны героизм и герои?

Бывают ли ситуации, когда человека, совершившего геройский поступок, на основании критериев, которые мы изложим ниже, нельзя назвать героем? И в каких обстоятельствах его поступок можно назвать не героическим, но трусливым?

Действия Кристины не прошли даром: эксперимент, который вышел из-под контроля и начал причинять больше вреда, чем мы думали в его начале, был закончен. Она не считает себя героиней, потому что просто выразила свое личное отношение и убеждения, которые помогли мне, научному руководителю эксперимента, согласиться с ней и сделать то, чего она хотела добиться. Чтобы остановить вышедший из-под контроля эксперимент, ей не пришлось бить тревогу, обращаясь в более высокие инстанции.

Давайте сравним ее действия с поступками двух потенциальных героев этого исследования — заключенного Клея-416 и Сержанта. Оба они открыто бросили вызов охранникам и серьезно пострадали за это. Голодовка Клея и его отказ съесть сосиски подорвали тотальную власть охранников и могли бы сплотить его товарищей в борьбе за свои права. Этого не случилось. Отказ Сержанта произносить ругательства, несмотря на издевательства охранника Джона Уэйна, другие заключенные тоже могли воспринять как героический вызов и вместе противостоять злоупотреблениям, но и этого не случилось. Почему? И тот, и другой действовали в одиночку, не рассказав о своих убеждениях или намерениях другим заключенным, не заручившись их поддержкой и согласием. Поэтому охранники просто объявили их «нарушителями спокойствия» и возложили на них ответственность за страдания остальных заключенных (хотя истинной причиной этих страданий были действия самих охранников). Действия Клея и Сержанта можно было считать героическими, но их самих нельзя назвать героями, потому что они так и не попытались изменить систему, заручившись поддержкой других «диссидентов».

Их пример указывает на другой аспект героизма. Героизм и статус героя всегда существуют в социальном контексте. Звание героя присваивают человеку другие люди, а не он сам. Чтобы поступок считался героическим, а человек — героем, необходимо социальное согласие. Но подождите! Ведь палестинского террориста-смертника, погибшего и унесшего с собой жизни невинных мирных жителей Израиля, в Палестине считают героем, а в Израиле — исчадием ада. Точно так же его могут признать героическим борцом за свободу или трусливым приспешником терроризма, в зависимости от того, кто делает эту оценку [12].

Это означает, что определения героизма всегда зависят от культуры и от времени. По сей день артисты-кукольники дают представления об Александре Македонском перед детьми в отдаленных турецких деревнях. Там, где находились его командные пункты и где его солдаты вступали в брак с деревенскими девушками, Александр считается великим героем. А в тех городах, которые он покорил в своей неустанной жажде править миром, Александра изображают великим злодеем — хотя после его смерти прошло больше тысячи лет [13].

Более того, чтобы войти в историю, в любой культуре действия героя должны быть засвидетельствованы и сохранены для потомков. Это делают те, кто умеет писать и обладает полномочиями записывать историю или передавать ее в устной традиции. У бедных, отсталых, колонизированных, неграмотных народов обычно почти нет общепризнанных героев — просто потому, что не осталось доказательств их свершений.

Определения героя и героизма

Науки о поведении никогда не изучали героизм систематически [14]. Намного лучше герои и героизм исследованы в литературе, искусстве, мифологии и кино. Есть множество научных данных о темных сторонах человеческой природы: убийствах и самоубийствах, уровне преступности, количестве заключенных, уровне бедности и количестве случаев шизофрении в данной популяции. Но количественные данные о положительной деятельности человека найти нелегко. Мы не ведем учета того, сколько актов милосердия, доброты или сострадания происходит в обществе в течение года. Мы очень редко узнаем о геройских поступках; и такая кажущаяся редкость заставляет нас думать, что героизм — редкое явление, а герои — какие-то исключительные люди. Тем не менее недавно вновь стали обращать больше внимания на то, как важно пробуждать лучшие свойства человеческой природы. Это привело к новым исследованиям и к эмпирической строгости движения «позитивной психологии». Под руководством психолога Мартина Селигмана и его коллег это движение стремится изменить традиционную парадигму — в отличие от традиционной психологии, сосредоточенной на негативных проявлениях человеческой природы, оно посвящено ее позитивным сторонам [15].

Общепринятая концепция героизма учитывает прежде всего физический риск, но при этом не уделяет должного внимания другим аспектам героических поступков — например, благородству цели, отсутствию насильственных действий и личным жертвам, на которые идет герой. На основании анализа человеческих добродетелей последователи «позитивной психологии» создали набор из шести основных категорий добродетельного поведения, которые признаются почти во всех культурах. Вот эти категории: мудрость и знания, храбрость, человечность, справедливость, умеренность и трансценденция. Храбрость, справедливость и трансценденция — основные аспекты героизма. Трансценденция подразумевает убеждения и действия, превосходящие границы личности.

Героизм возвращает нас к лучшим качествам человеческой природы. Всем нам нравятся героические истории — ведь они напоминают о том, что человек способен сопротивляться злу, противостоять искушениям, подняться над посредственностью, услышать призыв к действию и последовать ему, когда другие ничего не могут сделать.

Многие современные словари описывают героизм как «доблесть» или «смелость». Это синонимы храбрости, а храбрость снова возвращает нас к героическому. Однако раньше авторы словарей добросовестно старались разбить это понятие на составляющие, предлагая тонкие различия между словами, которыми обычно описывают геройские поступки. Например, в полном толковом словаре английского языка Вебстера (Webster's Revised Unabridged Dictionary) 1913 года издания героизм связан с храбростью, смелостью, силой духа, стойкостью, отвагой и доблестью [16].

Герои войны

Почти во всех исторических примерах героизма подчеркивается смелость, включающая в себя храбрость, отвагу и риск получить серьезные ранения или погибнуть. По мнению психологов Элис Игли и Селвина Беккера, чаще героем считают того, в чьей жизни смелость сочетается с благородством цели, а не того, кто проявляет только смелость [17]. Идея благородства в героизме часто не может быть выражена словами и неуловима. Обычно готовность рисковать жизнью и здоровьем или идти на личные жертвы заметить гораздо легче. Идеал героя войны всегда служил темой множества историй, от древних эпосов до современной журналистики.

Архетипом героя войны часто считается Ахиллес, командовавший греческими войсками во время Троянской войны [18]. Действия Ахиллеса были основаны на приверженности военному кодексу, в соответствии с которым они считались доблестными. Его действия были героическими, но его главным побуждением было стремление к славе и известности, которые навсегда сделают его бессмертным в памяти людей.

Историк Люси Хьюз-Халлет утверждает, что «герой может пожертвовать собой ради того, чтобы другие могли жить или чтобы самому навсегда остаться в памяти других… Ахиллес отдаст все, даже жизнь, чтобы доказать свою неповторимость и тем самым наполнить свою жизнь смыслом и избежать забвения» [19]. Желание рискнуть своим физическим бытием в обмен на память и признание следующих поколений может показаться пережитком другой эры, но и сегодня достойно серьезного рассмотрения в оценке современного героического поведения.

Такое традиционное представление о герое также предполагает, что в героях есть нечто особенное. Хьюз-Халлет пишет: «Есть люди, — писал Аристотель, — столь богоподобные, столь исключительные, что они естественным образом, по праву своей выдающейся одаренности, превосходят любые моральные суждения или законы: "Нет такого закона, который бы подчинял себе людей такого калибра: они сами и есть закон"». На этой концепции Аристотеля основано следующее определение героизма: «Героизм — выражение величественного духа. Он связан со смелостью, целостностью и презрением к ограничивающим компромиссам, посредством которых трусливое большинство управляет своей жизнью — качества, которые все мы признаем благородными… [Герои] способны совершить нечто важное — победить врага, спасти народ, сохранить политическую систему, завершить путь — что не удавалось совершить *никому другому* (курсив мой. — *Ф. З.*) [20]».

Гражданские герои

Если Ахиллес — архетип героя войны, то Сократ занимает то же место среди гражданских героев. Его учение было так опасно для афинских правителей, что он стал жертвой государственной цензуры, а в итоге был осужден и приговорен к смерти за то, что отказался отречься от своих взглядов. Если сравнить военный героизм Ахиллеса с гражданским героизмом Сократа, становится ясно, что, хотя героические поступки обычно совершаются ради других людей или фундаментальных нравственных принципов общества, герой часто находится в эпицентре действия конструктивных и деструктивных сил. Л. Хьюз-Халлет считает, что «крылья возможности покрыты перьями смерти». По ее мнению, герои подвергают себя смертельной опасности, чтобы добиться бессмертия. И Ахиллес, и Сократ — яркие примеры героизма, они идут на смерть ради тех норм поведения, в соответствии с которыми решили жить, хотя эти нормы очень разные.

Выбор Сократа, решившего умереть ради своих идеалов, служит вечным напоминанием о силе гражданского героизма. Легенда гласит, что в час смерти Сократ вызвал к жизни образ Ахиллеса, отстаивая свое решение умереть, но не подчиниться тем, кто пытался заставить замолчать его голос в борьбе с деспотизмом.

Вот еще один героический поступок: «неизвестный мятежник» противостоял 17 танкам, брошенным на площадь Тяньаньмэнь, чтобы разогнать митинг свободы во время демократического восстания в Пекине 5 июня 1989 г. Этот юноша остановил почти на 30 минут смертельное наступление танковой колонны, а потом залез на передний танк — говорят, он стал кричать танкисту: «Что вы здесь делаете? Вы принесли хаос в этот город. Возвращайтесь назад, развернитесь и прекратите убивать людей». «Человек-танк» мгновенно стал международным символом сопротивления; он с честью прошел окончательное испытание личной храбрости и навсегда увековечил гордый образ человека, в одиночку бросающего вызов военной мощи. Фотография этого человека облетела весь мир и сделала его универсальным героем. Точно неизвестно, что с ним случилось после этого героического поступка. Сообщали, что он был брошен в тюрьму, казнен и даже что ему удалось спастись. Но что бы с ним ни случилось, его статус гражданского героя был признан всеми. Журнал *Time* в апреле 1998 г. включил «человека-танка» в список 100 самых влиятельных людей двадцатого века.

Мирные граждане, которые совершают героические поступки и идут на серьезный риск, отличаются от солдат или сотрудников спасательных служб, рискующих жизнью постоянно, потому что они профессионалы, выполняющие свои обязанности и следующие определенным нормам поведения, к тому же прошедшие соответствующее обучение. Поэтому для людей, связанных долгом, и для тех, кто долгом не связан, понятие героизма, связанного с физическим риском, может быть разным. Но сами поступки и возможные жертвы, которых они могут потребовать, очень похожи.

Героизм, связанный с физическим риском и с социальным риском

В одном из определений героизма, предложенном психологами, определяющим качеством героизма считается физический риск. Для С. Беккера и Э. Игли герои — это «люди, которые решили пойти на риск ради одного или нескольких людей, несмотря на возможность погибнуть или нанести серьезный вред своему здоровью» [21]. Авторы признают и другие мотивы героизма, например, верность своим принципам, но они остаются практически неисследованными. Странно, что психологи так узко рассматривают героизм и не уделяют внимания другим формам риска, которые могут быть связаны с героизмом: например, риск для карьеры, риск оказаться в тюрьме или риск потерять социальный статус.

Кроме того, разные концепции героизма в той или иной степени учитывают идеи храбрости, справедливости и трансценденции — элементы классификации добродетелей и достоинств Селигмана. Например, добродетель смелости основана на четырех достоинствах характера. Это верность, храбрость (она похожа на отвагу), стойкость (аналог силы духа) и активность. Справедливость считается еще одной добродетелью. Проявления этой добродетели — беспристрастность, лидерство и способность работать в команде. На практике понятие «служить благородному делу или идеалу» часто сводится к вопросу справедливости, например, к отмене рабства. Наконец, трансценденция — еще одна добродетель, связанная с героизмом. Это сила, связывающая нас со всей вселенной, придавая смысл нашим действиям и нашему существованию. В литературе, посвященной героизму, нет ясных определений понятия трансценденции. Но его можно связать с определением силы духа в героическом поведении, приведенном в словаре Вебстера 1913 года издания. Трансценденция позволяет человеку, совершающему геройский поступок, не думать о том, что в результате он может пострадать. Чтобы стать героем, человек должен подняться над риском и опасностями, которые всегда связаны с героизмом. Для этого ему нужно или изменить свое восприятие природы риска, или снизить его значимость, в соответствии с ценностями высшего порядка.

Новая классификация героизма

Размышления о героическом поведении в связи со Стэнфордским тюремным экспериментом подтолкнули меня к более глубоким исследованиям этой интригующей темы, которые я вел в беседах с моим коллегой, психологом Зено Франко. Сначала мы расширили концепцию героического риска, затем расширили традиционные определения героизма, и, наконец, создали новую классификацию героизма. Нам казалось очевидным, что риск или личные жертвы не обязательно связаны с непосредственной угрозой жизни или здоровью. Компонентом риска в героизме может быть любая серьезная угроза для качества жизни. Например, героизм может включать в себя упорство и настойчивость перед лицом очевидной длительной угрозы здоровью или серьезных финансовых последствий; потерю социального или экономического статуса или гонения. Такая точка зрения значительно расширяет определение героизма. Поэтому мы решили, что нужно исключить некоторые формы героизма, который на самом деле является не героизмом, а псевдогероизмом.

Не все диссиденты, воины или святые становятся героями. Герой должен проявить осознанное благородство и при этом идти на личные жертвы. Иногда людей считают героями, хотя они не заслужили этого. Они становятся героями, потому что государство или какие-то организации преследуют некие собственные цели. Такие «псевдогерои» — порождения СМИ, выполняющих заказ влиятельных системных сил [22].

За свой поступок герой получает самые разные награды. Но если он ожидал получить какую-то выгоду за свой поступок, то должен быть лишен героического статуса. Если же та или иная выгода является дополнительным результатом поступка, если она неожиданная и ненамеренная, поступок считается героическим. Ведь героический поступок не эгоцентричен, а *социоцентричен*.

Можно сказать, что героизм имеет четыре основных особенности: а) героический поступок должен быть совершен добровольно; б) он должен быть связан с риском или потенциальными личными жертвами, например, с угрозой гибели, краткосрочной или долгосрочной угрозой здоровью или серьезного ухудшения качества жизни; в) он должен быть совершен ради кого-то другого, будь то один или несколько человек или общество в целом; и г) поступок не должен быть связан с ожиданием побочной, посторонней выгоды.

Героизм ради благородной идеи обычно не столь драматичен, как героизм, связанный с физическим риском. Но героический поступок, связанный с физическим риском, часто становится результатом мгновенного решения, принятого в момент действия. Далее, героизм, связанный с физическим риском, обычно предполагает возможность, но не стопроцентную вероятность, серьезной травмы или смерти. При этом человек, совершающий поступок, часто сразу же исчезает со сцены. С другой стороны, можно утверждать, что некоторые формы гражданского героизма — так сказать, более героические, чем героизм, связанный с физическим риском. Такие люди, как Нельсон Мандела, Мартин Лютер Кинг и доктор Альберт Швейцер, намеренно и сознательно подвергали себя испытаниям героической гражданской деятельностью — день за днем, на протяжении почти всей своей жизни. В этом смысле риск при геройском поступке, связанном с физической опасностью, можно назвать *опасностью,* а риск, связанный с гражданским героизмом, — *жертвой.*

Личные жертвы влекут за собой последствия, не ограниченные во времени. Как правило, у гражданских героев есть возможность тщательно продумать свои действия и взвесить последствия своих решений. Каждый из них может отступить от идеалов, которые защищал, потому что цена его поступка слишком высока, но все же они этого не делают. Каждый из этих людей рисковал своими жизненными благами в разной степени. Их деятельность влекла за собой серьезные последствия: арест, тюремное заключение, пытки, опасность для жизни членов семьи и даже убийство.

Можно сказать, что защита самых высоких гражданских идеалов перед лицом опасности является основной концепцией героизма. Пойти на физический риск — всего лишь одно средство встретить опасность, с которой можно столкнуться, совершая героический поступок. Согласно словарю, героизм — «это презрение к опасности не по незнанию или легкомыслию, но вследствие благородной преданности какой-то *высшей цели* (курсив мой. — *Ф. З.*), и обоснованная уверенность в способности встретить опасность в духе такой цели». Опасность может представлять прямую угрозу для жизни, либо эта угроза может быть косвенной. Взгляните на одно из заявлений Нельсона Манделы, сделанное в начале двадцатисемилетнего тюремного заключения, к которому он был приговорен за то, что выступил против тирании апартеида:

> «Всю свою жизнь я посвятил борьбе африканских народов. Я боролся против власти белых, и я боролся против власти черных. Я лелеял идеал демократического и свободного общества, в котором все люди сосуществуют в гармонии и имеют равные возможности. Это — идеал, ради которого я надеюсь жить и которого надеюсь достичь. Но если будет нужно, ради этого идеала я готов умереть» [23].

На основании такого более гибкого определения героизма мы с Зено Франко создали рабочий вариант классификации с 12 подкатегориями героизма: двумя подкатегориями военного героизма и героизма, связанного с физическим риском, и десятью подкатегориями гражданского героизма, связанного с социальным риском. Кроме того, в классификации указаны отличительные особенности каждого из 12 типов героизма и связанных с ним форм риска, и приведено по несколько примеров, взятых из исторических и современных источников.

Мы создали эту классификацию априори, на основании обзоров литературы и дискуссий. Она не имеет эмпирических оснований и не является полной и окончательной. Скорее, это рабочая модель, которую можно исправлять с помощью новых данных, а также идей и предложений читателей. Очевидно, все наши подкатегории, определения, риски и примеры в значительной степени обусловлены нашей культурой и нашим временем. В целом они отражают точку зрения взрослых представителей среднего класса европейско-американского происхождения. Другие точки зрения, конечно, могли бы расширить и обогатить ее.

Примеры героизма

Я бы хотел облечь плотью наш скелет героизма, вдохнуть жизнь в эту концепцию и привести примеры разных типов героизма. Я приведу здесь десять примеров, которые представляют для нас особый интерес. С некоторыми из этих людей я знаком лично. И если уж мы утверждаем, что героев создает ситуация, то можем использовать некоторые основные ситуационные маркеры, чтобы объединить некоторых из этих героев в группы — героев борьбы с апартеидом, борьбы с коммунизмом, войн во Вьетнаме и в Ираке, а также героев и мучеников, погибших в массовом самоубийстве в Джонстауне.

Герои борьбы с апартеидом

В авангарде борьбы за свободу и человеческое достоинство находятся герои особого типа. Они готовы отдать жизнь борьбе против притеснений системы. Мохандас Ганди и Нельсон Мандела выбрали героический путь, который привел, при их активном участии, к уничтожению двух систем апартеида. В 1919 г. Ганди начал кампанию пассивного сопротивления британскому господству в Индии. Он был заключен в тюрьму на два года. Затем более 20 лет он боролся за освобождение Индии, за равное отношение к представителям разных индуистских каст и за религиозную терпимость. Вторая мировая война на время отложила самоопределение Индии, но в 1948 г. страна, наконец, отпраздновала независимость от Великобритании. Вскоре Ганди был убит, но он стал примером несгибаемого непротивления злу насилием [24].

В Южной Африке в 1948 г. возникла официальная, узаконенная система апартеида, которая оставалась в силе вплоть до 1994 г. Она фактически поработила коренное черное население. В 1962 г. Нельсона Манделу судили за подстрекательство к забастовкам и протестам, а также по другим обвинениям. Следующие 27 лет он провел в печально известной тюрьме на острове Роббен. Во время заключения Мандела и другие политические заключенные стали использовать саму тюремную систему, чтобы создать и реальную, и символическую ситуацию сопротивления. Она послужила толчком для того, чтобы народ Южной Африки и весь мир положили конец системе апартеида. Мандела сумел изменить самооценку нескольких поколений заключенных, заставив их понять, что они — политические заключенные, совершившие достойные поступки во имя правого дела. Тем самым он помог трансформировать

КЛАССИФИКАЦИЯ ГЕРОИЗМА

	Подтип	Определение	Риск / жертва	Примеры
Военный героизм — храбрость, смелость, доблесть	1. Связан с военным и другим профессиональным долгом. Физический риск	Люди, находящиеся на военной службе или представители профессий, связанных с постоянным риском; героический поступок должен выходить за рамки служебного долга	Серьезные травмы. Смерть	Ахиллес, награжденные медалью Почета Хью Томпсон, адмирал Джеймс Стокдейл
Гражданский героизм	2. Не связан с военным и другим профессиональным долгом. Физический риск	Гражданские лица, которые спасают других от физического ущерба или смерти, сознательно рискуя собственной жизнью	Серьезные травмы. Смерть	Награжденные медалью Фонда героев имени Карнеги
Социальный героизм — смелость, стойкость, сила духа	3. Религиозные деятели	Преданное многолетнее религиозное служение, воплощающее в себе самые высокие принципы или открывающее новые религиозные / духовные территории. Часто становятся духовными учителями или примерами преданности идеалам	Самопожертвование посредством аскетизма. Вызов религиозным авторитетам и ортодоксальности	Будда, пророк Мухаммед, Франциск Ассизский, мать Тереза

КЛАССИФИКАЦИЯ ГЕРОИЗМА

	Подтип	Определение	Риск / жертва	Примеры
Социальный героизм — смелость, стойкость, сила духа	4. Политически-религиозные деятели	Религиозные лидеры, которые обратились к политике, чтобы добиться серьезных перемен в обществе, или политические деятели, чья политическая деятельность основана на глубоких духовных убеждениях	Казнь. Тюремное заключение	Мохандас Ганди, Мартин Лютер Кинг, Нельсон Мандела, Архиепископ Десмонд Туту
	5. Мученики	Религиозные или политические фигуры, которые сознательно (иногда намеренно) рискуют жизнью ради высшей цели	Полная или почти полная вероятность гибели ради высокой цели или идеала	Иисус, Сократ, Жанна д'Арк, Хосе Марти, Стив Бико
	6. Политические или военные лидеры	Как правило, лидеры нации или группы в трудные времена; стремятся объединить нацию, создать общее видение, могут воплощать в себе качества, которые считаются необходимыми для выживания группы	Убийство. Оппозиция. Риск проиграть выборы. Риск стать жертвой клеветнической кампании. Тюремное заключение	Авраам Линкольн, Роберт Ли, Франклин Рузвельт, Уинстон Черчилль, Вацлав Гавел

КЛАССИФИКАЦИЯ ГЕРОИЗМА

	Подтип	Определение	Риск / жертва	Примеры
Социальный героизм — смелость, стойкость, сила духа	7. Исследователь. Первооткрыватель	Человек, исследующий неизвестные географические территории или использующий новые и непроверенные методы передвижения	Риск для здоровья. Серьезные травмы. Смерть. Цена возможности (длительность путешествия)	Одиссей, Александр Македонский, Эмилия Эрхарт, Юрий Гагарин
	8. Герои науки (авторы открытий)	Человек, исследующий неизвестные области науки, использующий новые и неизвестные методы исследования или обнаруживающий новую научную информацию, представляющую ценность для человечества	Неспособность убедить других в важности своих открытий. Профессиональный остракизм. Финансовые убытки	Галилео Галилей, Томас Алва Эдисон, Мария Кюри, Альберт Эйнштейн
	9. Добрые самаритяне	Люди, активно помогающие тем, кто нуждается в помощи в ситуации, связанной со значительными препятствиями для проявлений альтруизма, но не всегда — с непосредственным физическим риском	Карательные санкции со стороны властей. Арест. Пытки. Смерть. Цена возможности. Остракизм	Мирные жители, спасавшие евреев во время Холокоста, Харриет Тубмен, Альберт Швейцер, Ричард Кларк, Ирена Сендлер

КЛАССИФИКАЦИЯ ГЕРОИЗМА

	Подтип	Определение	Риск / жертва	Примеры
Социальный героизм — смелость, стойкость, сила духа	10. Те, кто победил, несмотря на минимальные шансы на успех	Те, кто преодолел серьезные трудности, добился успеха, несмотря на обстоятельства, и стал примером для других	Неудача. Отвержение. Презрение. Зависть	Горацио Элджер, Хелен Келлер, Элеонора Рузвельт, Роза Паркс
	11. Борцы с бюрократией	Сотрудники крупных организаций в конфликтах внутри организаций или между ними; как правило, следуют своим принципам, несмотря на сильное давление	Опасность для карьеры. Профессиональный остракизм. Потеря социального статуса. Финансовые убытки. Утрата доверия. Риск для здоровья	Луи Пастер
	12. Разоблачители	Люди, которые знают о незаконных или неэтичных действиях в организации и сообщают о них, не ожидая награды	Опасность для карьеры. Профессиональный остракизм. Потеря социального статуса. Финансовые убытки. Потеря доверия. Физические репрессии	Рон Риденаур, Дебора Лейтон, Кристина Маслач, Джо Дарби

отношение и убеждения многих охранников и бросить вызов всей тюремной системе [25].

Герой борьбы с коммунизмом

В Восточной Европе ежедневная жестокость коммунистического режима вызвала к жизни еще один тип героизма. Его пример — Вацлав Гавел. Он занимает выдающееся положение в том смысле, в каком это применимо к далай-ламе. В то же время это совершенно обычный человек, бывший рабочий сцены и писатель. Однако именно он стал архитектором «бархатной революции», в 1989 г. свергнувшей коммунистический режим в Чехословакии. Прежде чем убедить правительство, что тоталитарный коммунизм губителен для всей Чехословакии, Гавел неоднократно оказывался в тюрьме и провел в заключении в общей сложности почти пять лет. Он был одним из инициаторов подписания «Хартии 77» и идейным вдохновителем чехословацкого движения за права человека, в которое входили интеллектуалы, студенты и рабочие. Горячий сторонник непротивления злу насилием, Гавел сформулировал концепцию «посттоталитаризма», которая помогла его соотечественникам поверить, что они в силах изменить репрессивный режим, который сами ненамеренно поддерживают, пассивно подчиняясь его власти. В письмах из тюрьмы жене и в своих выступлениях Гавел говорил о том, что первый шаг для свержения неприемлемого социального и политического порядка должен заключаться в том, чтобы граждане сами поняли, что они привыкли жить во лжи. 29 декабря 1989 г. Федеральное Собрание ЧССР избрало Гавела президентом. 2 февраля 1993 г. этот скромный, застенчивый человек стал первым президентом независимой Чехии. В последнее время он как известный политический деятель и гражданин выступал против политической несправедливости и активно действовал ради мира во всем мире [26].

Герои войны во Вьетнаме

Два очень разных типа военного героизма в чрезвычайно жестких условиях мы видим в действиях Джеймса Стокдейла и Хью

Томпсона. Стокдейл, мой бывший коллега из Стэнфорда, затем работавший в Гуверовском институте (он был приглашенным преподавателем моего учебного курса об управлении сознанием), получил звание вице-адмирала. Он умер в 2005 г., в возрасте 81 года. Многие считают его одним из самых ярких примеров военного героизма XX века — более семи лет он провел в плену и за это время неоднократно переносил чрезвычайно жестокие пытки, но так и не выдал своим мучителям-вьетконговцам никакой важной информации. Выжить ему помогало философское образование: в плену он следовал учению философов-стоиков. Стоицизм Стокдейла помог ему психологически дистанцироваться от пыток и боли, которыми он не мог управлять, и сосредоточиться на том, чем мог управлять в той ужасной тюрьме. Он создал особый кодекс поведения для себя и для других заключенных. Чтобы выжить в столь ужасных условиях, нельзя допустить, чтобы враг сломил волю героя: именно так вел себя Эпиктет, когда его пытали римские власти [27].

Хью Томпсон прославился, проявив чрезвычайную смелость в смертельном бою — в бою против своих собственных солдат! Одним из самых ужасных событий в истории американской армии стала резня во вьетнамской деревне Милай (Сонгми) 16 марта 1968 г. Американские солдаты под командованием офицеров из роты «Чарли» — капитана Эрнеста Медины и лейтенанта Уильяма Калли — окружили и убили 504 вьетнамских мирных граждан [28]. Разозленное неудачами, вызванными партизанскими засадами и минами-ловушками, командование американских войск приказало уничтожить «Пинквилль», (кодовое название этой деревни, ставшей «резиденцией» коммунистических бригад Вьетконга). Не обнаружив в деревне вражеских бойцов, солдаты собрали всех ее жителей — мужчин, женщин, стариков, детей и младенцев и открыли по ним автоматный огонь (некоторых они сожгли заживо, а многих женщин изнасиловали и даже скальпировали).

Во время этой резни вертолет, которым управлял уорент-офицер Хью Томпсон, находился в воздухе, обеспечивая прикрытие. Томпсон посадил вертолет, чтобы помочь группе вьетнамских мирных граждан, которые, казалось, еще были живы. Когда Томпсон и два члена его экипажа вернулись к своему вертолету, подав несколько дымовых сигналов, они увидели, что капитан Медина и другие солдаты стреляют в раненных вьетнамцев. Томпсон поднял вертолет над деревней Милай (Сонгми), где солдаты как раз собирались взорвать хижину, полную раненых. Томпсон приказал остановить резню и стал угрожать, что откроет огонь из тяжелых орудий вертолета, если кто-то из солдат или офицеров не выполнит его приказ.

Командующие офицеры были старше по званию, чем Томпсон, но он не позволил званиям встать выше этики. Он приказал вывести мирных жителей из хижины, но лейтенант стал возражать, утверждая что солдат могут забросать гранатами. Но Томпсон не собирался отступать и ответил: «Я могу сделать это гораздо успешнее. Придержите своих людей. Вы у меня под прицелом». Затем он вызвал еще два вертолета, чтобы эвакуировать одиннадцать раненных вьетнамцев. Его вертолет вернулся, чтобы спасти ребенка, который, как он заметил, продолжал цепляться за убитую мать. Только после того, как Томпсон доложил о резне вышестоящим офицерам, был отдан приказ о прекращении огня [29].

В результате таких неслыханных действий, о которых много говорили в СМИ, Томпсон стал персоной нон грата среди военных. В наказание его неоднократно посылали на самые опасные задания. Пять раз его вертолет был сбит, он получил перелом позвоночника и всю жизнь страдал от психологических последствий травм, полученных во время той ужасной войны. Прошло 30 лет, прежде чем армия признала его поступки и поступки его товарищей, Глена Андреотти и Лоуренса Колберна, геройскими. Все они были награждены Солдатской медалью, высшей наградой армии за храбрость, не связанную с непосредственными боевыми действиями. Хью Томпсон умер в январе 2006 г. (Удивительно, но в некоторых кругах лейтенанта Калли тоже считали героем; в 1971 г. песня в его честь даже вошла в хит-парад Top 40 журнала *Billboard* [30].)

Герои, начавшие бить тревогу во время войны в Ираке

Менее драматичные формы героизма мы наблюдаем, когда человек бросает вызов системе, сообщая ей новости, которых она не хочет знать, — в данном случае, о соучастии офицеров и рядовых военнослужащих в плохом обращении с мирными гражданами. Среди таких героев — Джо Дарби, резервист, героические действия которого помогли прекратить злоупотребления и пытки в Абу-Грейб.

Сейчас мы очень хорошо знаем, в какой атмосфере совершались злоупотребления, обрушившиеся на заключенных «защищенного комплекса» Абу-Грейб, блок 1А, со стороны военных полицейских и других военных, занимавшихся сбором разведданных. Когда ужасные снимки пыток, оскорблений и насилия наконец заставили военное руководство обратить внимание на сложившуюся ситуацию, всему этому был положен конец. Весь этот ужас остановил самый обычный молодой человек, совершивший необычный поступок. То, что он сделал, говорили мне многие военные, потребовало от Дарби большого личного мужества, потому что этот парень был всего лишь скромным резервистом. Тем не менее он не побоялся доложить командованию о том, что под его началом происходит нечто ужасное.

Впервые Дарби увидел фотографии на компакт-диске, который дал ему его приятель Чарльз Гренер. Сначала они показались ему довольно забавными. «По-моему, пирамида из голых иракцев, когда видишь ее в первый раз, выглядит очень смешной... Когда она возникла на экране, я рассмеялся», — вспоминает Дарби в недавнем интервью [31]. Но затем он увидел другие снимки — откровенно сексуальные, запечатлевшие избиения и так далее, — и его настроение изменилось. «Мне все это показалось неправильным. Я не мог выбросить это из головы. Дня через три я принял решение доложить об этих фотографиях». Для Дарби это было трудное решение, потому что он полностью осознавал, перед каким моральным конфликтом он оказался. «Поймите: я не хотел предавать товарищей... Но для меня это было слишком. Мне надо было выбирать между тем, что я считал правильным с нравственной точки зрения, и верностью к другим солдатам. И то и другое одновременно было невозможно» [32].

Дарби боялся мести его товарищей, если бы они узнали, кто передал военному следователю диск с фотографиями [33]. Он сделал копию компакт-диска с фотографиями, написал анонимное письмо, положил их в обычный конверт и вручил его агенту Криминального следственного отдела. Он просто сказал, что кто-то оставил конверт в его рабочем помещении. Вскоре после этого специальный агент Тайлер Пьерон допросил Дарби, и тот признал: «Да, это я положил эти снимки в конверт». Затем он дал показания под присягой. Все это сохранялось в тайне до тех пор, пока министр обороны Дональд Рамсфельд неожиданно не «выдал» Дарби в 2004 г., во время слушаний в конгрессе, посвященных злоупотреблениям. В этот момент Дарби обедал вместе с сотней других солдат в общей столовой. Его быстро увели, и несколько следующих лет он провел под охраной. «Но я ни разу об этом не пожалел, — недавно сказал Дарби. — Прежде чем доложить о фотографиях, я принял обдуманное решение. Я знал, что если люди узнают, что это был я, мне несдобровать».

Обнародование снимков привело к нескольким официальным расследованиям злоупотреблений, не только в Абу-Грейб, но и на всех других военных объектах, где содержались задержанные. Поступок Дарби остановил пытки и злоупотребления и привел к существенным изменениям в управлении тюрьмой Абу-Грейб [34]. При моем содействии в 2004 г. Дарби получил благодарность президента Американской психологической ассоциации. Он не смог лично принять эту почетную награду: из-за постоянных угроз в адрес его семьи ему, его жене и матери пришлось почти три года оставаться под усиленной охраной. Наконец, в 2005 г. Дарби был признан героем нации и удостоен почетной награды «Профили мужества»[1]. Вручая ему эту награду, Кэролайн Кеннеди, президент Фонда президентской библиотеки Джона Кеннеди, сказала: «Люди, которые готовы пойти на личный риск ради интересов нации и ценностей американской демократии, должны быть признаны и отмечены всеми органами власти. Наша страна в долгу перед специалистом армии США Джозефом Дарби, чьи действия поддержали принцип верховенства права, которому предана наша страна».

---

[1] Награда «Профили мужества» присуждается Фондом президентской библиотеки Джона Кеннеди государственным и общественным деятелям, которые принимают мужественные и высоконравственные решения. Премия названа в честь книги Джона Кеннеди Profiles in Courage, в которую вошли биографии восьми американских сенаторов, проявивших, по мнению автора, наибольшую стойкость убеждений и верность высоким целям. — *Прим. ред.*

Герои Джонстауна

Дебби Лейтон и Ричард Кларк остались в живых, тогда как другие 913 американских граждан погибли в результате массовых самоубийств и убийств, которые произошли в поселении Джонстаун в Гайане 18 ноября 1978 г. Дебби Лейтон выросла в относительно богатой семье в Окленде, Калифорния. Ее родители были белыми, представителями среднего класса. А Ричард, перед тем как приехать в Сан-Франциско, жил в скромном афроамериканском пригороде в Миссисипи. После ужасов Джонстауна они оба приехали в Залив и стали моими друзьями. Их можно назвать героями разного типа. Дебби начала бить тревогу, а Ричард стал «добрым самаритянином».

Дебби присоединилась к конгрегации Храма народов преподобного Джима Джонса в 18 лет. Она много лет оставалась его верной последовательницей, и даже стала финансовым секретарем Храма. Ей даже доверяли переводить миллионы долларов из Джонстауна на секретные банковские счета в Швейцарии. Ее мать и брат Ларри тоже были прихожанами Храма. Но со временем она поняла, что Джонстаун больше похож на концентрационный лагерь, чем на обещанную утопию, где будут царить межрасовая гармония и слияние с природой. Почти тысяче преданных верующих приходилось заниматься каторжным трудом, они голодали, подвергались физическому и сексуальному насилию. Их караулили вооруженные охранники, повсюду были шпионы и доносчики. Джонс даже вынудил свою паству практиковать регулярные «тренировки» самоубийства. Они назывались «Белые ночи» и очень пугали Дебби. Однажды она поняла, что он действительно готовит свою паству к массовому самоубийству.

Это было очень опасно, но она решила сбежать из Джонстауна и рассказать о безумной власти Джонса родственникам и представителям правительства. Она не предупредила о своем бегстве даже больную мать — из опасения, что эмоциональная реакция матери привлечет внимание Джонса. После сложных приготовлений Дебби действительно сбежала и сразу же сделала все возможное, чтобы информировать власти об ужасающей ситуации в Джонстауне и предупредить их о готовящейся трагедии, которую она считала неизбежной.

В июне 1978 г. она дала показания под присягой американскому правительству, предупреждая о возможности массового самоубийства. 37 подробных пунктов ее показаний начинались так: «Угроза и возможность массового самоубийства членов Храма народов. Я, Дебора Лейтон Блейки, заявляю следующее, под угрозой ответственности за лжесвидетельство: цель этих показаний под присягой состоит в том, чтобы привлечь внимание правительства Соединенных Штатов к ситуации, которая угрожает жизни граждан Соединенных Штатов, проживающих в Джонстауне, Гайана».

Шесть месяцев спустя предсказание этой Кассандры сбылось с устрашающей точностью. К сожалению, государственные чиновники скептически отнеслась к ее просьбам о помощи. Они не могли поверить в правдивость ее невероятного рассказа. Однако некоторые заинтересованные родственники поверили ей и убедили конгрессмена из Калифорнии Лео Райана заняться расследованием. В поездке в Гайану Райана сопровождали журналисты, оператор и некоторые родственники. У обманутого конгрессмена сложилось весьма позитивное представление об «идеальных» условиях жизни в коммуне. Когда он собирался возвращаться, несколько семей решили воспользоваться защитой Райана и уехать вместе с ним. Но было поздно. Джонс, ставший к тому времени настоящим параноиком, подумал, что беглецы расскажут правду о Джонстауне. Он приказал убить конгрессмена и некоторых его сопровождающих, а затем призвал своих последователей выпить яд. Его печально известную последнюю речь мы обсуждали в главе 12; ее полный текст можно найти на сайте, посвященном Джонстауну [35].

Дебби Лейтон написала красноречивый отчет о том, как она сама и многие другие люди оказались в ловушке, поддавшись убедительным речам этого дьявольского проповедника. Превращение Джима Джонса из добродетельного священника в ангела смерти, подобное трансформации Люцифера, во всех шокирующих подробностях описано в ее книге «Обольстительный яд» [36]. Я уже говорил, что существуют явные параллели между тактикой управления сознанием, которую использовал Джонс, и методами, описанными в классическом романе «1984» Джорджа

Оруэлла. Это наводит на мысль, что Джонстаун был полевым экспериментом в сфере самых крайних методов управления сознанием — возможно, даже при поддержке ЦРУ [37].

Ричард Кларк был простым, земным парнем, неразговорчивым, но очень наблюдательным. По его словам, он почувствовал что-то странное, как только приехал в Джонстаун. В земле обетованной никто не улыбался. Все в этом воображаемом раю изобилия были голодными. Люди говорили шепотом и никогда не смеялись. Работа не только была важнее игры — на игры просто не оставалось времени. Голос Джонса звучал с утра до ночи — он постоянно произносил речи, или они транслировались в записи. Мужчины и женщины жили в отдельных бараках, и секс, даже между супругами, был разрешен только с ведома Джонса. Уехать было невозможно, потому что люди оказались посреди джунглей в чужой стране, за тысячи километров от дома.

Ричард Кларк придумал план. Он добровольно вызвался выполнять работу, которую никто не хотел делать, — в вонючем свинарнике, расположенном на окраине поселения. Это было идеальное место, где можно было спрятаться от отупляющей риторики Джонса и начать искать путь через джунгли к свободе. Ричард медленно и основательно прокладывал этот путь. Когда пришло время, он изложил свой план побега Дайане Луи и предупредил ее, что когда настанет подходящий момент, они уйдут вместе. Вопреки системе шпионажа Джонса Ричард принял весьма рискованное решение — рассказать о возможности побега членам нескольких семей. Утром в воскресенье, 18 ноября, Джонс приказал устроить праздник в честь возвращения конгрессмена Райана в США с хорошей вестью о том, каких успехов достигла его сельскохозяйственная социалистическая утопия. Ричард решил, что это самый подходящий момент. Он собрал свою партию беглецов из восьми человек; они сделали вид, что отправляются на праздничный пикник, и Ричард повел их через джунгли к свободе. К тому времени, когда они добрались до столицы Гайаны, все их друзья и родные в Джонстауне были уже мертвы.

Ричард Кларк недавно умер от естественных причин. Он знал, что принял правильное решение, доверившись интуиции, знанию законов улицы и своим собственным «детекторам лжи». Но больше всего он был рад тому, что спас жизнь тем, кто последовал за ним к свету из сердца тьмы [38].

Спасительница еврейских детей

Польская женщина Ирена Сендлер спасла от верной смерти почти две с половиной тысячи еврейских детей. Она организовала «круг» из двадцати польских католиков, которые тайно вывозили детей из Варшавского гетто в корзинах и в машинах скорой помощи. Она знала, что любой, кто будет уличен в помощи евреям в оккупированной нацистами Польше, рискует быть расстрелян вместе со всей своей семьей. В 1943 г. Сендлер, наконец, арестовали, но, несмотря на пытки, она отказалась назвать имена детей, которые теперь жили в польских семьях. Недавно Сенат Польши почтил ее героические поступки, но ей в это время было уже 97 лет и она была слишком стара, чтобы лично участвовать в этой церемонии. Однако Сендлер написала письмо одному из когда-то спасенных ею детей. Она пишет: «Каждый ребенок, спасенный при моем содействии и при содействии всех наших замечательных помощников, которых сегодня уже нет в живых, является оправданием моего существования, но не поводом для славы» [39].

Четырехмерная модель героизма

На основании нашей концепции и представленных здесь примеров героического поведения можно предложить первоначальную модель героизма. В рамках полной мотивационной структуры отдельного человека героизм может быть описан в трех измерениях: тип риска / жертва; стиль участия или подход; цель. На одном конце оси типа риска / жертвы находится физический риск, а на другом — социальный риск. Точно так же на одном конце оси стиля участия или подхода находится активный героизм (отвага), а на другом — пассивный героизм (сила духа). Третье измерение, Цель, описывает стремление спасти жизнь или сохранить верность идеалам. В каком-то смысле это синонимы: ведь спасение жизни — не менее благородный идеал. Но в данном контексте важно различие между ними. Первые три измерения этой модели изображены на иллюстрации.

К этой модели мы добавим четвертое измерение — время. Героем можно стать в результате единственного действия. Но героические поступки могут копиться в течение длительного времени. Мгновенный героизм, героизм, проявленный в единственном поступке, в военном контексте называют храбростью — например, акт храбрости в поединке. Напротив, постоянный военный героизм, смелость, снова и снова проявляемую на поле боя, называют мужеством. Пока нам неизвестны сопоставимые отрезки времени, которые бы определяли продолжительность гражданского героизма. Возможно, так происходит из-за того, что драматичное качество героизма, возникающее в чрезвычайных обстоятельствах, не столь очевидно в гражданской сфере. Среди гражданских героев можно сравнить ограниченный во времени, определяемый ситуацией героизм момента, например, героизм тех, кто рискнул разоблачить коррупцию, с постоянным героизмом, связанным со служением обществу.

КОНТРАСТЫ ГЕРОИЗМА: ВЫДАЮЩЕЕСЯ И БАНАЛЬНОЕ

*Не в этой жизни истинная слава
Стяжается по праву*[1].

Джон Мильтон

К традиционному представлению о том, что герои — какие-то исключительные люди, мы можем теперь добавить противоположную точку зрения: некоторые герои — обычные люди, совершившие необычный поступок. Первый образ более романтичен, к нему благоволят древние мифы и современные СМИ. Он предполагает, что герой сделал что-то, чего обычный человек на его месте не сделал бы или не смог бы сделать. Эти суперзвезды, должно быть, родились героями. Они — исключение из правил.

Вторая точка зрения состоит в том, что «исключения подтверждают правило». Она побуждает нас исследовать взаимодействие между ситуацией и человеком, мотивы, побудившие

---

[1] Цит. по: Мильтон Дж. Люсидас. Пер. Ю. Корнеева. — *Прим. пер.*

его действовать героически, в определенное время и в определенном месте. Ситуация может стать либо катализатором, побуждая к действию, либо устранить препятствия действию, например, сформировать коллективную социальную сеть поддержки. Примечательно, что в большинстве случаев люди, неоднократно совершавшие героические поступки, как и Кристина Маслач, не считают себя героями.

Такие вершители героических дел, как правило, говорят, что просто сделали то, что в тот момент казалось им необходимым. Они убеждены, что на их месте любой поступил бы так же, или не могут понять, почему другие этого не сделали. Нельсон Мандела говорил: «Я был не мессией, а обычным человеком, я стал лидером в результате необычных обстоятельств» [40]. Так часто говорят самые разные люди, совершившие героический поступок: «В этом не было ничего особенного», «Я сделал то, что нужно было сделать». Все это — слова «обычного» воина, нашего «банального героя». Давайте противопоставим эту позитивную банальность тому, что Ханна Арендт называет «банальностью зла».

О банальности зла

Арендт предложила концепцию банальности зла на основании своих наблюдений во время судебного процесса над Адольфом Эйхманом, обвиненном в преступлениях против человечности, за участие в организации геноцида европейских евреев. В книге «Банальность зла: Эйхман в Иерусалиме» Арендт утверждает, что людей, подобных Эйхману, не следует считать исключениями, монстрами или садистами-извращенцами. Она уверена: диспозиционный подход, который обычно применяется к тем, кто вершит злодеяния, создает впечатление, что эти люди отличаются от остальных представителей рода человеческого. Нет, говорит Арендт, Эйхмана и иже с ним нужно воспринимать в их самой обычной заурядности. В таком случае мы понимаем, что такие люди — скрытая и вполне реальная опасность для любого общества. Защита Эйхмана была основана на том, что он просто выполнял приказы. По поводу мотивов и совести этого серийного убийцы Арендт отмечает:

«Что касается низменных мотивов, был полностью уверен в том, что не является *innerer schwainenhund*, грязным ублюдком по натуре; что же касается совести, то он прекрасно знал, что поступал бы вопреки своей совести как раз в тех случаях, если бы не выполнял того, что ему было приказано выполнять — с максимальным усердием отправлять миллионы мужчин, женщин и детей на смерть».

Больше всего поражает в отчете Арендт то, что Эйхман казался абсолютно нормальным и совершенно обычным человеком:

«Полдюжины психиатров признали его "нормальным". "Во всяком случае, куда более нормальным, чем был я после того, как с ним побеседовал!" — воскликнул один из них, а другой нашел, что его психологический склад в целом, его отношение к жене и детям, матери и отцу, братьям, сестрам, друзьям "не просто нормально: хорошо бы все так к ним относились"» [41].

Вот классический вывод Арендт:

«Проблема с Эйхманом заключалась именно в том, что таких, как он, было много, и многие не были ни извращенцами, ни садистами — они были и есть ужасно и ужасающе нормальные. С точки зрения наших юридических институтов и наших норм юридической морали эта нормальность была более страшной, чем все зверства, вместе взятые, поскольку она подразумевала... что этот новый тип преступника, являющегося в действительности "врагом человечества", совершает свои преступления при таких обстоятельствах, что он практически не может знать или чувствовать, что поступает неправильно...» [42].

Далее следует кульминационная сцена, описывающая полный достоинства подъем Эйхмана на эшафот:

«Словно в последние минуты он [Эйхман] подводил итог урокам, которые были преподаны нам в ходе долгого курса человеческой злобы, — урокам страшной, бросающей вызов словам и мыслям банальности зла» [43].

Как мы уже говорили, идею, что злодеяния могут совершать «обычные люди», выдвинул в своей книге историк Кристофер Браунинг. Он описал хронику систематического уничтожения евреев в польских деревнях, которые совершали солдаты 101-го резервного полицейского батальона, отправленного в Польшу из Гамбурга. Эти немолодые отцы семейств, представители рабочего класса, весьма среднего достатка, расстреляли тысячи безоружных евреев — мужчин, женщин, детей и стариков — и организовали депортацию в концлагеря тысяч других. В своей книге Браунинг утверждает, что солдаты были совершенно «обычными людьми». Он полагает, что политика массовых убийств нацистского режима «вовсе не была необычным или исключительным событием, до неузнаваемости изменившим пейзаж повседневности. Как показывает история 101-го резервного батальона, массовые убийства могут превратиться в обычную работу, когда сама нормальность становится совершенно ненормальной» [44].

Подобных взглядов придерживается и психолог Эрвин Стауб. Вывод из его обширных исследований состоит в том, что «зло, которое проистекает из обычного мышления и совершается обычными людьми, является нормой, а не исключением» [45]. Зигмунт Бауман, еще один исследователь ужасов Холокоста, признает основными причинами жестокости социальные, а не «характерологические детерминанты» или «дефекты личности». Бауман полагает, что исключение из этой нормы — те редкие люди, которые способны следовать своим моральным принципам, сохранять независимость, несмотря на давление разрушительной власти. Такие люди редко осознают, что обладают этой скрытой силой, пока она не пройдет проверку практикой [46].

Еще одно свойство банальности зла ведет нас в логово мучителей. Мы хотим понять, являются ли такие люди, которые занимаются тем, что любыми средствами стараются сломить волю, сопротивление и достоинство своих жертв, просто патологическими злодеями. Те, кто изучал пытки, пришли к выводу, что эти люди в целом ничем не выделялись среди своих собратьев, до тех пор, пока им не поручили ужасную миссию. Джон Конрой, изучавший людей, участвовавших в пытках в трех разных тюрьмах в Ирландии, Израиле и Чикаго, пришел к выводу, что во всех случаях «отвратительные действия» совершали «обычные люди». Он утверждает, что мучители выполняют волю определенных авторитетов, от имени которых уничтожают противников [47].

Моя коллега, греческий психолог Мика Харитос-Фатурос провела всестороннее исследование солдат, участвовавших в пытках во время правления военной хунты в Греции (1967–1974). Она пришла к выводу, что мучителями не рождаются, но становятся в процессе обучения. Кто может стать мучителем и безжалостно пытать других людей? «Это может сделать сын каждого из нас», — пишет она. В течение нескольких месяцев обычных молодых людей из сел и деревень учили методам пыток — их учили проявлять зверскую жестокость, оскорблять самым ужасным образом, причинять невыносимую боль и страдания любому, кого объявляли «врагом», хотя это были граждане их собственной страны [48]. Такие выводы не ограничиваются какой-то одной страной, они касаются многих тоталитарных режимов. Мы изучали «чернорабочих насилия» в Бразилии — полицейских, которые пытали и убивали других граждан Бразилии по приказу правящей военной хунты. Как свидетельствуют все доказательства, которые нам удалось собрать, это тоже были «обычные люди» [49].

О банальности героизма [50]

Итак, мы должны согласиться, что большинство из тех, кто совершает злодеяния, мало чем отличаются от тех, кто совершает героические поступки, — все это простые, обычные люди. Банальность зла имеет много общего с банальностью героизма. Ни то ни другое не является прямым следствием каких-то особых диспозиционных тенденций; в человеческой душе или в человеческом геноме не существует никаких особых признаков, указывающих на предрасположенность к патологии или к героизму. И то и другое возникает в определенных ситуациях в определенное время, под влиянием мощных ситуационных сил, побуждающих некоторых из нас пересекать границу между бездействием и действием. Наступает решающий момент, когда человек оказывается во власти сил, возникших в поведенческом контексте. В сочетании эти силы увеличивают вероятность действия во зло или на благо другим. При этом решение может быть сознательным или неосознанным. Чаще всего мощные ситуационные силы побуждают человека действовать импульсивно. Среди ситуационных векторов, побуждающих к действию, можно назвать групповое давление и групповую идентичность, превращение личной ответственности в коллективную, ориентацию на «здесь и сейчас», отсутствие мыслей о будущих последствиях, наличие примера для подражания и приверженность идеологии.

Размышляя о европейских христианах, которые помогали евреям во время Холокоста, я думаю о «банальности добродетели». Меня снова и снова поражает, как много было таких «спасителей». Эти люди поступали по совести, они не считали себя героями, действовали из соображений обычной порядочности. Обычность их добродетели особенно поразительна в контексте невероятных злодеяний систематического геноцида нацистов в масштабах, которых раньше никогда не видел мир [51].

В течение всего нашего путешествия я хотел показать, что и злоупотребления охранников — военных полицейских по отношению к узникам Абу-Грейб, и жестокость охранников в нашем Стэнфордском тюремном эксперименте иллюстрируют ситуацию, описанную в «Повелителе мух», — когда обычные люди на время превращаются в исчадия ада. Мы должны поставить их рядом с теми, кто творит немыслимые злодеяния, с такими тиранами, как Иди Амин, Сталин, Гитлер и Саддам Хусейн. А герои момента должны стоять рядом с теми, кто совершал героические поступки всю свою жизнь.

Героический поступок Розы Паркс, отказавшейся сидеть на местах для «цветных» в задней части автобуса в Алабаме, поступок Джо Дарби, предавшего гласности пытки в Абу-Грейб, или действия спасателей-добровольцев, которые приходят на помощь любому, кто попал в беду, — все это акты мужества, имевшие место в определенное время в определенном месте. Напротив, героизм Мохандаса Ганди или Матери Терезы — это доблестные действия, длившиеся всю жизнь. «Хронический» героизм относится к «острому» героизму, как мужество к смелости.

Такая точка зрения предполагает, что каждый из нас может с легкостью стать героем или злодеем, в зависимости от того, какие ситуационные силы на нас влияют. Поэтому очень важно понять, как можно ограничивать, сдерживать и предотвращать ситуационные и системные силы, побуждающие некоторых из нас к социальной патологии. Но для любого общества не менее важно создавать «героические образы». Для этого необходимо напоминать людям, что каждый из нас — герой, ждущий своего часа; он готов услышать призыв и поступить по совести, когда наступит решающий момент. И решающий вопрос для каждого из нас состоит в том, действовать ли, чтобы помочь другим, или нет. Давайте же приготовим лавровые венки для всех тех, кто откроет в себе источник скрытых сил и добродетелей, которые позволят им идти вперед и бросить вызов несправедливости и жестокости, в соответствии со своими принципами и ценностями.

Большой объем исследований, посвященных ситуационным детерминантам антиобщественного поведения, который мы рассмотрели здесь, подтвержденный исследованиями Милгрэма о власти авторитета, а также Стэнфордский тюремный эксперимент убедительно демонстрируют, что нормальных, обычных людей можно побудить совершать невероятно жестокие действия против ни в чем не повинных *других* [52]. Однако в этих исследованиях, как и во многих других, всегда было не только большинство, которое слушалось, приспосабливалось, подчинялось, поддавалось убеждению и соблазну. Всегда было и меньшинство, которое сопротивлялось, возражало и не подчинялось. В определенном смысле героизм — это и есть способность сопротивляться мощным ситуационным силам, которые так легко улавливают в свои сети большинство людей.

Отличаются ли те, кто оказывает сопротивление, от тех, кто слепо подчиняется [53]? Нисколько. Наша концепция банальности героизма утверждает, что герои момента не слишком отличаются от большинства, от тех, кто поддался соблазну. До сих пор почти нет эмпирических исследований, подкрепляющих подобные утверждения. Героизм — непростое явление, оно с трудом поддается систематическому изучению, сопротивляется ясным определениям и сбору данных «в поле». Героические поступки непредсказуемы, и оценить их можно только после того, как они были совершены. Поскольку героев обычно расспрашивают спустя месяцы или годы после того, как героический поступок был совершен, не существует никаких прогностических исследований того, что фотограф Анри Картье-Брессон называл «решающим моментом» героического поступка [54]. Надо признаться, мы не знаем, на чем основаны решения героев, когда они решают совершить рискованный поступок.

Героизм утверждает связи между людьми

По причинам, которые мы до сих пор как следует не понимаем, тысячи обычных людей в любой стране мира, оказавшись в особых обстоятельствах, совершают героические поступки. На первый взгляд точка зрения, которую мы изложили в этой книге, развенчивает миф о герое и превращает выдающееся в банальное. Но это не так — ведь мы признаем, что акт героизма действительно является редкостью. Героизм поддерживает идеалы сообщества, служит удивительным руководством и примером просоциального поведения. Банальность героизма означает, что мы все — герои, ждущие своего часа. Это выбор, который в тот или иной момент придется сделать каждому из нас. Я верю, что, рассматривая героизм как эгалитарный, общий признак человеческой природы, а не редкое качество, присущее немногим избранным, мы можем лучше способствовать героическим поступкам. Как пишет журналист Кэрол Депино, «каждый способен стать героем, в той или иной степени. Иногда мы этого не осознаем. Для кого-то это может быть что-то очень простое, например, просто придержать для кого-нибудь дверь и сказать: "Привет". Мы — все герои для кого-то» [55].

Эта новая тема универсальности обычных героев побуждает нас по-новому взглянуть на обычных героев среди нас, на тех, чьи ежедневные жертвы делают лучше нашу жизнь.

И поэтому последний вывод, который можно извлечь из нашего долгого путешествия в сердце тьмы и обратно, состоит в том, что героические поступки и людей, которые их совершают, необходимо прославлять. Эти поступки и эти люди создают самые важные связи между нами: они создают единую Человеческую Связь. Злу, таящемуся среди нас, нужно противостоять и в конечном счете преодолевать его ради живых сердец и героической решительности каждого из нас. И это не просто абстрактная концепция. Как напоминает нам российский писатель и бывший узник сталинского ГУЛАГа Александр Солженицын: «Линия, разделяющая добро и зло, проходит... через каждое человеческое сердце — и через все человеческие сердца» [56].

Спасибо, что разделили со мной это путешествие.

Чао!
Фил Зимбардо

М. Эшер, «Предел — круг 4 (ад и рай)» © 2013 The M. C. Escher Company The Netherlands. All rights rights reserved. www.mcescher.com.

Примечания

Глава первая.
Психология зла: ситуационные трансформации характера

1. *Milton J.* Paradise Lost // J. Milton: Complete Poems and Major Prose / Ed. by M. Y. Hughes. New York: Odyssey Press, 1957. Цитаты из кн. 1, с. 254; описание демонической конференции Сатаны, ll. 44–389.
2. *Pagels E.* The Origin of Satan. New York: Random House, 1995. P. XVII.
3. *Frankfurter D.* Evil Incarnate: Rumors of Demonic Conspiracy and Satanic Abuse in History. Princeton, NJ: Princeton University Press, 2006. P. 208–209.
4. Некоторые другие полезные книги, в которых исследуются альтернативные психологические теории зла: *Baumeister R. F.* Evil: Inside Human Cruelty and Violence. New York: Freeman, 1997; The Social Psychology of Good and Evil / Ed. by A. G. Miller, New York: Guilford Press, 2004; *Shermer M.* The Science of Good & Evil: Why People Cheat, Gossip, Care, Share and Follow the Golden Rule. New York: Henry Holt, 2004; *Staub E.* The Roots of Evil: The Origins of Genocide and Other Group Violence. New York: Cambridge University Press, 1989; *Waller J.* Becoming Evil: How Ordinary People Commit Genocide and Mass Killing. New York: Oxford University Press, 2002.
5. Сегодня выходит все больше книг по культурной психологии, где сравниваются различия в поведении и ценностях между обществами, которые можно назвать ориентированными на независимость и индивидуализм, и культурами, ориентированными на взаимозависимость и коллективизм. Хорошую коллекцию основополагающих фактов относительно того, как та или иная ориентация влияет на концепции личности, можно найти в докладе: *Markus H., Kitayama S.* Models of Agency: Sociocultural Diversity in the Construction of Action // Nebraska Symposium on Motivation: Cross-Cultural Differences in Perspectives on Self / Ed. by V. Murphy-Berman, J. Berman. Lincoln: University of Nebraska Press, 2003.
6. Одно из лучших описаний концепции фиксированных качеств в психологии содержится в книге: *Gelman S.* The Essential Child: Origins of Essentialism in Everyday Life. New York: Oxford University Press, 2003.
   Другим полезным источником данных о том, как наши представления об интеллекте как сущностном (фиксированном) или накопительном (переменном) качестве влияют на успех во многих областях, является отчет о многолетних исследованиях, которые проводила Кэрол Двек: *Dweck C.* Mindset: The New Psychology of Success. New York: Random House, 2006.

7. Конструктивный подход к подобному школьному насилию описан в работе моего коллеги, психолога Элиота Аронсона. Он использует теории социальной психологии, чтобы предложить «дорожную карту», позволяющую изменить социальное окружение в школе таким образом, чтобы оно подкрепляло взаимопомощь и сотрудничество, а не конкуренцию и отвержение: Aronson E. Nobody Left to Hate: Teaching Compassion After Columbine. New York: Worth, 2000.
8. The Malleus Maleficarum of Kramer and Sprenger / Ed. and trans. by M. Summers. New York: Dover, 1948. Книга написана немецкими монахами-доминиканцами Генрихом Крамером и Якобом Шпренгером в XV в.
9. Ответственность за этот злополучный теологический полет воображения лежит на длительной истории насилия по отношению к женщинам. Историк Энн Барстоу пишет о том, что систематическое использование и широкая распространенность мужского насилия по отношению к женщинам основаны на власти мужчин в церковных и государственных иерархиях, которые и инициировали это «коллективное помешательство по поводу ведьм»: Barstow A. L. Witchcraze: A New History of European Witch Hunts. San Francisco: HarperCollins, 1995.
10. *Wright Mills C.* The Power Elite. New York: Oxford University Press, 1956. P. 3–4.
11. *Keen S.* Faces of the Enemy: Reflections on the Hostile Imagination / Enlarged ed. San Francisco, CA: Harper & Row, 2004. См. также впечатляющий DVD-диск, который создали Билл Джерси и Сэм Кин. Дальнейшую информацию можно найти на сайте: http://www.samkeen.com.
12. *Simons L. W.* Genocide and the Science of Proof // National Geographic. 2006. Jan. P. 28–35. См. также прекрасный анализ массовых убийств в работе: *Dutton D. G., Doyankowski E. O., Bond M. H.* Extreme Mass Homicide: From Military Massacre to Genocide // Aggression and Violent Behavior. 2005. Vol. 10, May — June. P. 437–473. Эти психологи утверждают, что выбор жертв резни, геноцида или политических преследований зависит от политических и исторических факторов. Этот выбор основан на том убеждении, что в прошлом некая социальная группа имела или получала незаслуженные преимущества. Это позволяет оправдать насилие как месть против этой «злокозненной» группы. В свою очередь, это представление оправдывает убийство мирных жителей на том основании, что в будущем они могут представлять опасность для агрессоров, «восстанавливающих справедливость».
13. Печальная история использования изнасилований как средства террора связана с одной женщиной, которую журналист Питер Лэндсмен в своей статье, опубликованной в журнале *New York Times Magazine,* назвал «Министром по изнасилованию». См.: Landesman P. A Woman's Work // The New York Times Magazine. 2002. Sept. 15. P. 82–131. (Все дальнейшие цитаты — из этой статьи.)
14. *Hatzfeld J.* Machete Season: The Killers in Rwanda Speak. New York: Farrar, Straus and Giroux, 2005.
15. *Dallaire R., Beardsley B.* Shake Hands with the Devil: The Failure of Humanity in Rwanda. New York: Carroll and Graf, 2004.
16. Психолог Роберт Джей Лифтон, автор книги «Нацистские врачи» (The Nazi Doctors), утверждает, что изнасилование часто является эффективным оружием, позволяющим создать атмосферу непрерывных страданий и чрезвычайных унижений, и не только для самой жертвы, но и для тех, кто ее окружает. «Женщина считается символом чистоты. Этот символ — основа семьи. И когда она подвергается подобному вандализму, это бесчестит всех. Этот факт сохраняет навсегда унижения у оставшихся в живых и у их се-

мей. Поэтому изнасилование действительно может быть хуже смерти» (*Landesman P.* A Woman's Work. P. 125). См. также: Mass Rape: The War Against Women in Bosnia-Herzegovina / Ed. by A. Stiglmayer. Lincoln: University of Nebraska Press, 1994.
17. *Chang I.* The Rape of Nanking: The Forgotten Holocaust of World War II. New York: Basic Books, 1997. P. 6.
18. *Badkhen A.* Atrocities Are a Fact of All Wars, Even Ours // San Francisco Chronicle. 2006. Aug. 13. P. E1–E6; *Nelson D., Turse N.* A Tortured Past // Los Angeles Times. 2006. Aug. 20. P. A1, ff.
19. *Bandura A., Underwood B., Fromson M. E.* Disinhibition of Aggression Through Diffusion of Responsibility and Dehumanization of Victims // Journal of Research in Personality. 1975. Vol. 9, № 4. P. 253–269. Участники полагали, что другие студенты, якобы находившиеся в соседней комнате, получают удары током; на самом деле животные или другие люди (которых на самом деле в соседней комнате не было) не получали ударов током.
20. Цитата из статьи в *New York Times*, в которой идет речь о нашем исследовании механизмов отключения внутреннего контроля среди сотрудников исправительных учреждений, принимающих участие в исполнении смертной казни. См.: *Casey B.* In the Execution Chamber the Moral Compass Wavers // The New York Times. 2006. Feb. 7.
См. *Osofsky M. J., Bandura A., Zimbardo P. G.* The Role of Moral Disengagement in the Execution Process // Law and Human Behavior. 2005. Vol. 29, № 4. P. 371–393.
21. Недавно я коснулся этих вопросов в своей речи на церемонии вручения премии Фонда Гавела, которую получил 5 октября 2005 г., в день рождения Вацлава Гавела, бывшего президента Чешской Республики и ее героического революционного лидера. См. *Zimbardo P. G.* Liberation Psychology in a Time of Terror. Prague: Havel Foundation, 2005. Текст доступен в Интернете: http://www.zimbardo.com / downloads / havelawardlecture.pdf.
22. *Tagore R.* Stray Birds. London: Macmillan, 1916. P. 24.

Глава вторая.
Воскресенье: неожиданные аресты

1. Это раннее исследование и теория деиндивидуации описаны в моем докладе, прочитанном в 1970 г.: *Zimbardo P. G.* The Human Choice: Individuation, Reason, and Order Versus Deindividuation, Impulse, and Chaos // 1969 Nebraska Symposium on Motivation / Ed. by W. J. Arnold, D. Levine. Lincoln: University of Nebraska Press, 1970. P. 237–307. Более свежую статью о вандализме можно найти в статье: *Zimbardo P. G.* Urban Decay, Vandalism, Crime and Civic Engagement // Schrumpfende Stadte / Shrinking Cities / Ed. by F. Bolenius. Berlin: Philipp Oswalt, 2005.
2. Скотт Фрэзер руководил исследовательской группой в Бронксе, а его коллега Эбб Эббезен — группой в Пало-Альто.
3. Diary of an Abandoned Automobile // Time. 1968. Oct. 1.
4. Чтобы провести это полевое исследование, нам пришлось получить разрешение местной полиции; она, между прочим, уведомила меня, что поступило сообщение от соседей о похищении оставленного автомобиля — конечно же, мной.
5. «Теория разбитых окон», состоящая в том, что можно снизить уровень преступности, поддерживая порядок в районе, впервые была описана в статье:

Wilson J. Q., Kelling G. L. The Police and Neighborhood Safety // The Atlantic Monthly. 1982. March. P. 22–38.
6. Я принимал участие в разработке программы тренинга для антивоенных активистов. Я предложил методы, которые бы позволили добиться поддержки граждан на приближающихся выборах, используя основные социально-психологические стратегии и тактику убеждения и переговоров. Мы с Бобом Абельсоном, моим бывшим преподавателем из Йельского университета, объединили эти идеи и методы в руководстве: *Abelson R. P., Zimbardo P. G.* Canvassing for Peace: A Manual For Volunteers. Ann Arbor, Mich.: Society for the Psychological Study of Social Issues, 1970.
7. Первыми в череде этих жестоких столкновений между полицейскими и студентами в кампусах стали беспорядки в Висконсинском университете в октябре 1967 г. Студенты протестовали против появления в кампусе рекрутеров компании Dow Chemical, производителя печально известных напалмовых бомб, выжигавших землю и убивавших мирное население во Вьетнаме. Здесь тоже ректор университета действовал слишком поспешно, понадеявшись, что городская полиция сумеет сдержать демонстрантов. Но полицейские применили слезоточивый газ, избили студентов дубинками и устроили настоящий погром. Я вспоминаю особенно красноречивый снимок дюжины полицейских, избивающих одного-единственного студента, лежащего на земле. Лица почти всех полицейских скрыты масками от слезоточивого газа, почти все они без формы, по которой их можно было бы опознать. Анонимность плюс власть — рецепт катастрофы. Этот случай мобилизовал студентов по всем Соединенным Штатам. Большинство из этих студентов не интересовались политикой в прошлом и не участвовали в забастовках, в отличие от своих европейских товарищей, которые в самом прямом смысле вышли на баррикады в ответ на ограничения правительств в сфере свободного доступа к государственному образованию и другие несправедливые решения.
1 мая 1970 г. в Кентском университете, штат Огайо, студенты выступили против продолжения войны во Вьетнаме и плана Ричарда Никсона и Генри Киссинджера ввести войска в Камбоджу. Студенты подожгли здание Службы подготовки офицеров резерва. Чтобы их утихомирить, была мобилизована тысяча национальных гвардейцев. Они применили против протестующих слезоточивый газ. Губернатор Огайо Джеймс Роудз заявил по телевидению: «Мы собираемся уничтожить проблему в корне, а не просто устранить ее симптомы». Это опрометчивое замечание привело к чрезвычайной жестокости по отношению к студентам. Они создали проблему — и их нужно было «уничтожить», без всяких сомнений и переговоров.
4 мая группа безоружных студентов подходила к 70 гвардейцам, вооруженным винтовками и штыками. Один гвардеец запаниковал и выстрелил в толпу. В слепой вспышке паники за ним последовали другие гвардейцы и тоже начали стрелять в студентов. За три секунды прозвучало 67 выстрелов! Четверо студентов были убиты; восемь — ранены, некоторые серьезно. Среди убитых и раненых оказались и те, кто не участвовал в демонстрации, — они просто проходили мимо и случайно оказались на линии огня. Одна убитая студентка, Сандра Шейер, находилась в 120 м от стрелявших. По иронии судьбы был убит и курсант Службы подготовки офицеров резерва Билл Шредер. Эти двое не участвовали в демонстрации и стали жертвами «сопутствующего ущерба».
Один солдат позже сказал: «Мой разум говорил мне, что это неправильно, но я выстрелил в человека, и он упал». Никто так и не понес ответственности за эти убийства. Есть культовая фотография этого события: девушка в ужасе

кричит над телом упавшего студента. Это событие также мобилизовало дальнейшие антивоенные настроения в Соединенных Штатах.

Всего через 10 дней после резни в Кентском университете произошел еще один подобный случай, хотя он гораздо менее известен. В государственном колледже Джексона в Миссисипи были убиты три студента, 12 были ранены: национальные гвардейцы открыли огонь по чернокожим студентам в кампусе колледжа.

Кроме этих смертельных столкновений, почти все акции во время общенациональных студенческих забастовок в мае 1970 г. были относительно мирными, хотя было зафиксировано несколько случаев вандализма и насилия. Во многих ситуациях власти своевременно принимали меры, чтобы предотвратить насилие. Губернатор Калифорнии Рональд Рейган на четыре дня закрыл все 28 кампусов государственных университетов и колледжей. Гвардейцев отправили в кампусы университетов Кентукки, Южной Каролины, Иллинойса в Урбане и Висконсина в Мэдисоне.

Были столкновения в Беркли, в университете Мэриленда в Колледж-Парке и в других местах. В государственном колледже Фресно в Калифорнии зажигательная бомба разрушила вычислительный центр, на создание которого недавно были потрачены миллионы долларов.

8. Эту программу начала группа студентов Стэнфордского университета, ее поддержал муниципалитет Пало-Альто — я встретился с его представителями, чтобы убедить их в необходимости активных примирительных акций.

9. Это описание подготовки к воскресным арестам в полиции Пало-Альто основано не на записях о наших действиях, а на моих позднейших воспоминаниях, а также на желании создать связный сюжет. Описание экспериментальных процедур и теоретического обоснования нашего исследования основано на том, что я рассказал капитану Зеркеру и руководителю телеканала KRON, чтобы заручиться их поддержкой и провести съемку арестов, а также оператору по пути в полицейское управление, в дополнение к тому, что, как я помню, я говорил в то утро полицейским, участвовавшим в арестах. Я хотел донести эту важную информацию до читателя, избежав при этом длинных наукообразных отступлений. Основные причины этого исследования были по большей части теоретическими. Мы хотели изучить относительное воздействие личностных и ситуационных факторов на трансформацию поведения в новом поведенческом контексте. В следующих главах мы поговорим об этом подробнее.

10. Следующие три сценария были созданы на основании предварительно собранной информации о трех наших «заключенных» и позднейших интервью с ними, а также наблюдений, сделанных во время их воскресных арестов. Конечно же, создавая эти воображаемые сценарии, я творчески переработал эту информацию. Но мы увидим некоторые параллели с последующим поведением этих студентов в роли «заключенных».

Глава третья.
Воскресенье: начинаются унизительные ритуалы

1. Если не указано иначе, весь диалог заключенного и охранника взят из дословной расшифровки стенограммы видеозаписи, сделанной во время эксперимента. Имена заключенных и охранников изменены, чтобы скрыть их личность. Материалы Стэнфордского тюремного эксперимента, на которые мы ссылаемся в книге, и все оригинальные данные хранятся в Архиве истории американской психологии (Archives of the History of American Psychology)

в Акроне, Огайо. Все дальнейшие материалы автора также будут размещены в этом Архиве под грифом «Труды Филипа Зимбардо». Первый том материалов будет посвящен Стэнфордскому тюремному эксперименту. Контактная информация Архива: http://www.uakron.edu или ahap@uakron.edu. СТЭ был предметом обширных обсуждений в прессе, и некоторые его участники решили раскрыть свою личность. Но сейчас я впервые подробно описываю эксперимент для широкой аудитории. Поэтому я решил изменить имена всех заключенных и охранников, чтобы скрыть их истинную личность.

2. Эти правила были продолжением тех, которые Джаффе и его сокурсники разработали прошлой весной для своего проекта в ходе моего курса «Социальная психология в действии». Они создали «тюрьму» в своем общежитии. На этом курсе студенты выбирали проект из 10 предложенных мной тем, в каждой из которых исследуются аспекты поведения людей в организациях — домах престарелых, тоталитарных сектах, а также социализации в ролях заключенных и охранников. Джаффе и около 10 других студентов выбрали в качестве темы тюрьму и в ходе этого исследования в течение двух выходных дней создали в своем общежитии «тюрьму» и руководили ею — с весьма драматичными результатами, которые и побудили нас провести данный формальный эксперимент.

Я дал несколько советов по поводу «тюрьмы», устроенной этими студентами, но не знал, что у них получилось, пока они не представили свой проект в классе на следующий день после своих «тюремных выходных». Я был поражен тем, какие сильные чувства они открыто выражали перед аудиторией. Это были гнев, фрустрация, стыд и замешательство, связанные с их собственным поведением и поведением друзей, играющих новые роли. Затем я стал задавать им вопросы, и стало очевидно, что ситуация действительно была очень тяжелой. Но студенты выбрали эту тему сами, и поэтому было неясно, дело в них или в «тюремной» атмосфере. Только управляемый эксперимент, где участники получают роли охранников и заключенных случайным образом, мог отделить личностные факторы от ситуационных. Этот студенческий проект стал одним из стимулов для создания этого эксперимента, который мы и провели следующим летом.

Итоговый отчет Джаффе, представленный 15–16 мая 1971 г., называется просто «Смоделированная тюрьма» (A Simulated Prison). Неопубликованный отчет, Стэнфордский университет, весна 1971 г.

3. Отчет смены охранников.
4. Аудиозапись заключительной оценки заключенного.
5. Меню первой недели, предложенное столовой Студенческого союза Стэнфорда:
Воскресенье. Тушеная говядина.
Понедельник. Бобы с перцем чили.
Вторник. Куриное рагу.
Среда. Индейка по-королевски.
Четверг. Оладьи с беконом.
Пятница. Спагетти с фрикадельками.
Завтрак: стакан сока и овсяные хлопья или вареные яйца и яблоко.
Ланч: 2 куска хлеба с одной из следующих приправ: мясное ассорти, ветчина, печеночный паштет.
Яблоко, печенье, молоко или минеральная вода.
6. Ретроспективный дневник заключенного.
7. Ретроспективный дневник заключенного.
8. Ретроспективный дневник заключенного.

9. Письмо заключенного в архиве.
10. Интервью охранника в программе Chronolog телеканала NBC, ноябрь 1971 г.
11. Ретроспективный дневник охранника.
12. Расшифровка стенограммы видеосъемки встречи охранников. См. фильм Quiet Rage: The Stanford Prison Experiment на диске DVD.

Глава четвертая.
Понедельник: бунт заключенных

1. Цитаты в этой и в других главах, посвященных Стэнфордскому тюремному эксперименту, взяты из многих источников, которые я пытаюсь по возможности точно идентифицировать. Среди этих архивных материалов — расшифровки стенограмм видеосъемки, сделанной в течение разных эпизодов эксперимента; отчеты смен охраны, которые некоторые охранники писали в конце своей смены; заключительные интервью в конце исследования; заключительные оценки, сделанные после того, как участники ушли домой, обычно в течение нескольких недель; ретроспективные дневники, которые участники отправляли нам после завершения исследования; аудиозаписи интервью; интервью, сделанные для телепрограммы Chronolog телеканала NBC, сентябрь 1971 г. (вышли в эфир в ноябре того же года); личные наблюдения и последующие воспоминания Крейга Хейни, Кристины Маслач и мои собственные, приведенные в изданной главе. Эта цитата взята из заключительного оценочного отчета.
2. Если не указано иначе, этот и другие диалоги между заключенными и охранниками взяты из расшифровок стенограммы видеозаписей, сделанных во время эксперимента.
3. Отчет смены охранников.
4. Ретроспективный дневник охранника.
5. Ретроспективный дневник охранника.
6. Эти слова заключенного №8612 — одно из самых драматических событий всего исследования. Чтобы эксперимент сработал, все должны были действовать так, будто это настоящая тюрьма, а не «экспериментальная модель». В некотором смысле, для этого нужно общее согласие, молчаливая договоренность воспринимать все события в духе тюремных, а не экспериментальных метафор. Для этого все должны знать, что это — только эксперимент, но действовать так, будто это настоящая тюрьма. №8612 разрушает метафору, выкрикивая, что это не тюрьма, а всего лишь эксперимент. В хаосе, возникшем в этот момент, внезапно возникла тишина, и он привел конкретный, но странный пример того, почему эта тюрьма — «ненастоящая». Он сказал, что в реальных тюрьмах у заключенных не забирают одежду и кровать. Тогда другой заключенный открыто возразил ему: «Отбирают». После этого обмена репликами возникло правило добровольной цензуры, и все остальные заключенные, охранники и сотрудники по молчаливому согласию избегали упоминаний об «эксперименте». Чтобы получить более полное представление о подобных процессах добровольной цензуры, см. недавнюю работу Дэйла Миллера: *Miller D.* An Invitation to Social Psychology: Expressing and Censoring the Self. Belmont, CA: Thomson Wadsworth, 2006.
7. Ретроспективный дневник заключенного.
8. Аудиозапись интервью заключенного.
9. Неясно, что в этом случае означает «контракт». На сайте тюремного эксперимента (http://www.prisonexp.org) можно найти следующие материалы: описание исследования для участников; письменное согласие, которое все

они подписали; заявление для Комитета Human Subjects Research Committee Стэнфорда.
10. Ретроспективный дневник заключенного.
11. Ретроспективный дневник заключенного.
12. Ретроспективный дневник заключенного.
13. Цитата из статьи, посвященной нашим воспоминаниям о СТЭ: *Zimbardo P. G., Maslach C., Haney C.* Reflections on the Stanford Prison Experiment: Genesis, Transformations, Consequences // Obedience to Authority: Current Perspectives on the Milgram Paradigm / Ed. by T. Blass. Mahwah, NJ: Erlbaum, 1999. P. 193–237.
14. Там же. С. 229.
15. Заключительное интервью заключенного.

Глава пятая.
Вторник: две неприятности — гости и мятежники

1. Если не указано иначе, все диалоги заключенных и охранников взяты из расшифровок стенограмм видеосъемки, сделанной во время эксперимента.
2. Отчет смены охранников.
3. Интервью в программе Chronolog телеканала NBC (ноябрь 1971 г.).
4. Ретроспективный дневник охранника.
5. Ретроспективный дневник заключенного.
6. Аудиозапись заключительного интервью «стукача» с доктором Зимбардо.
7. Ретроспективный дневник заключенного.
8. Ретроспективный дневник заключенного.
9. Этот грант финансировал мое исследование, посвященное деиндивидуации (см. главу 13), а затем я использовал его для проведения тюремного эксперимента. Это был грант O. N. R.: N001447-A-0112–0041.
10. См.: *Festinger L.* A Theory of Cognitive Dissonance. Stanford, CA: Stanford University Press, 1957. См. также сборник исследований моих нью-йоркских студентов, коллег и моих: The Cognitive Control of Motivation / Ed. by P. G. Zimbardo. Glenview, IL: Scott, Foresman, 1969.
11. См.: *Janis I., Mann L.* Decision Making: A Psychological Analysis of Conflict, Choice, and Commitment. New York: Free Press, 1977.

Глава шестая.
Среда: ситуация выходит из-под контроля

1. Все диалоги между охранниками, заключенными, персоналом и священником взяты из расшифровок стенограмм видеосъемки, дополненных примечаниями и моими личными воспоминаниями. Имя священника изменено, чтобы скрыть его личность, но все остальные детали о нем и его взаимодействиях с заключенными и мной переданы со всей возможной точностью.
2. Мы увидим ту же самую реакцию в главе 14: реальный охранник, сержант Фредерик в тюрьме Абу-Грейб, жаловался на отсутствие ясных указаний о том, что допустимо по отношению к заключенным, а что нет.
3. Отчет смены охранников.
4. Ретроспективный дневник заключенного.
5. Аудиозапись финального интервью «шпиона» с доктором Зимбардо.
6. Интервью в программе Chronolog телеканала NBC (ноябрь 1971 г.).
7. В виде отступления замечу, что единственным человеком, который действительно видел, как я обсуждаю проблемы дегуманизации заключенных и вла-

сти охранников, был адвокат известного чернокожего радикального политического заключенного Джорджа Джексона. В субботу, 21 августа 1971 г. я получил от этого адвоката письмо с приглашением быть свидетелем-экспертом от имени его клиента, который должен был скоро предстать перед судом по делу о предполагаемом убийстве охранника «братьями Соледад». Он хотел, чтобы я взял интервью у его клиента, отбывавшего заключение в одиночной камере тюрьмы Сан-Квентин, иронически прозванной «Воспитательным центром» (возможно, по аналогии с романом Джорджа Оруэлла «1984»). В субботу произошли события, не позволившие мне принять его приглашение. При попытке к бегству Джексон был убит. Позднее я принимал активное участие в нескольких судебных процессах. Во время одного процесса федеральный суд назвал «Воспитательный центр» местом «жестоких и изощренных наказаний». Кроме того, я был также свидетелем-экспертом во втором судебном процессе, над «шестеркой из Сан-Квентина», это было дело о заговоре с целью убийства. Процесс проходил в элегантном здании суда округа Мэрин, спроектированном Фрэнком Ллойдом Райтом. Его изящество составляло почти комический контраст со зданием «Воспитательного центра».
8. Завершающая оценка заключенного.
9. Ранее, в среду, прошло заседание комиссии по условно-досрочному освобождению — мы подробнее поговорим о нем в следующей главе. Но ни один из заключенных не был освобожден досрочно, я не совсем понимаю, о чем говорит Сержант. Возможно, о том, что двое заключенных были освобождены в связи с чрезвычайно сильными стрессовыми реакциями. Может быть, охранники сказали остальным заключенным, что эти двое были освобождены досрочно, чтобы вызвать в них надежду. «Максимальная безопасность» должна означать, что они находятся в карцере.
10. Завершающая оценка заключенного.
11. В очередной раз проигрывая видеозапись этой сцены, я вдруг понял, что этот охранник, разыгрывающий свою версию знаменитой роли Мартина Строттера, жестокого надзирателя в «Хладнокровном Люке», выглядит и ведет себя как актер Пауэрс Бут в роли печально известного преподобного Джима Джонса в фильме «Гайанская трагедия» (Guyana Tragedy). Эта чудовищная трагедия произошла шесть лет спустя. «Хладнокровный Люк» (1967), сценарий Дона Пирса, режиссер Стюарт Розенберг, Пол Ньюман в роли Люка Джексона. «Гайанская трагедия» (1980), режиссер Уильям Грэм.

Глава седьмая.
Власть даровать свободу

1. Карло Прескотт открыл день следующим монологом перед другими членами комиссии: «Комиссии по условно-досрочному освобождению славятся тем, что отклоняют даже идеальные кандидатуры, например парней, которые прошли терапию, консультирование, учились. Кандидатуру этого парня комиссия отклоняет потому, что он бедный, потому что он рецидивист, потому что он вернется в плохой район, потому что у него умерли родители, потому что у него нет средств к существованию, потому что комиссии не нравится его лицо или потому что он отстрелил полицейскому палец. Она берет парня, которого можно назвать идеальным заключенным, который никогда не создает никаких проблем... совершенно идеальный заключенный, — и она отклоняет его кандидатуру три, четыре, пять, шесть раз. Молодых ребят, которые почти наверняка вернутся в тюрьму, которые, скорее всего, будут сформированы и совершенно сломаны тюрьмой и никогда не адаптируются

в обществе, освобождают гораздо быстрее, чем тех, кто ведет себя нормально, никогда не создает проблем или сможет достаточно долго воровать или мошенничать на свободе, не попадаясь. Это кажется безумием, но дело в том, что тюрьма — это большой бизнес. Тюрьмам нужны заключенные. Те, кто попадает в тюрьму и берет себя в руки, сюда не возвращаются, они могут сделать очень много. Но те, кто оказывается здесь на неопределенный срок... когда вы говорите [как комиссия по условно-досрочному освобождению]: у меня очень много времени, я могу играть в эту игру вечно, то на самом деле показываете, что комиссия по условно-досрочному освобождению не должна рассматривать самые очевидные обстоятельства, которые...»

2. Если не указано иначе, все диалоги заключенных и охранников взяты из расшифровок стенограмм видеозаписей, сделанных во время эксперимента; в том числе и цитаты из слушаний комиссии по условно-досрочному освобождению.

3. Я посетил много слушаний комиссии по условно-досрочному освобождению штата Калифорния в тюрьме Вакавилль в рамках проекта государственной защиты, который возглавляли адвокатские фирмы Сидни Волински. Проект был разработан для оценки функций комиссий по условно-досрочному освобождению в системе неопределенных сроков заключения, которую тогда собиралось отменить Калифорнийское управление исправительных учреждений. Согласно этой системе судьи могли устанавливать неопределенный срок заключения, например, от 5 до 10 лет. Как правило, в итоге заключенные отбывали не средний, а максимальный срок.

Я с грустью и ужасом наблюдал, как заключенные отчаянно пытаются убедить комиссию, состоящую из двух человек, что заслуживают освобождения. На это у них было всего несколько минут. Один из членов комиссии даже не слушал, потому что читал документы следующего заключенного из длинной очереди, которая выстраивалась перед ним каждый день, а второй заглядывал в то, что читал первый, возможно, в первый раз. Если заключенному отказывали в условно-досрочном освобождении, как это чаще всего бывало, то в следующий раз он мог предстать перед комиссией только через год. Мои заметки свидетельствуют о том, что главным условием досрочного освобождения была длительность собеседования, а она зависела от первого вопроса. Если этот вопрос касался прошлого заключенного — его преступления, жертвы, судебного процесса или проблем, возникших у него в тюрьме, о досрочном освобождении можно было забыть. Но если заключенного спрашивали о том, что он делает для того, чтобы раньше выйти на свободу, или же о планах на будущее после освобождения, вероятность досрочного освобождения была выше. Возможно, член комиссии по условно-досрочному освобождению принимал решение заранее и подсознательно формулировал свои вопросы так, чтобы получить больше доказательств того, почему заключенный не заслуживает досрочного освобождения. Если, с другой стороны, он видел в документах заключенного нечто позитивное, то разговор о будущем давал заключенному несколько минут, чтобы подкрепить этот оптимизм.

4. Опыт Джейн Элиот с голубоглазыми и кареглазыми детьми описан в книге: Peters W. A Class Divided, Then and Now. Expanded Edition. New Haven, CT: Yale University Press, 1985. Питерс участвовал в съемке обоих знаменитых документальных фильмов: фильма ABC News The Eye of the Storm (доступен в Guidance Associates, New York) и следующего фильма PBS Frontline, A Class Divided (доступен онлайн: http://www.pbs.org/wgbh/pages/frontline/shows/divided/etc/view.html).

5. Эта пространная цитата из выступления Карло взята из интервью в программе Chronolog телеканала NBC, которое он дал продюсеру Ларри Голдстайну. Записано в Стэнфорде в сентябре 1971 г., напечатано моим секретарем Розанн Сосотт. К сожалению, это интервью не вошло в основную версию программы, которая вышла в эфир.
6. *Jackson G.* Soledad Brother: The Prison Letters of George Jackson. New York: Bantam Books, 1970. P. 119–120.

Глава восьмая.
Четверг: столкновение с реальностью

1. Осознанное сновидение — полупросоночное состояние, когда сновидящий может отслеживать и даже контролировать, как разворачивается его сон. Хорошее описание этого интересного явления можно найти в книге моего коллеги: *La Berge S.* Lucid Dreaming: A Concise Guide to Awakening in Your Dreams and in Your Life. Boulder, CO: Sounds True Press, 2004). [См. рус. пер.: *Лаберж С.* Осознанное сновидение. Киев: София; М.: Изд-во Трансперсонального ин-та, 1996.]
2. Аудиозапись интервью заключенного с Кертом Бэнксом.
3. Завершающая оценка охранника.
4. Завершающая оценка заключенного.
5. Завершающая оценка охранника.
6. Завершающая оценка охранника.
7. Завершающая оценка охранника.
8. Интервью в программе Chronolog телеканала NBC, ноябрь 1971 г. Варниш — студент третьего курса факультета экономики.
9. Завершающая оценка охранника.
10. Ретроспективный дневник охранника.
11. «Работа по инструкции» (Work to rule) (основное определение см. http://en.wikipedia.org/wiki/Work_to_rule). Работа по правилам была альтернативой профсоюзов забастовкам государственных служащих. Закон запрещает участвовать в забастовках работникам служб, связанных с обеспечением безопасности, например полицейским и пожарным; если бы они начали забастовку, их бы немедленно уволили. Поэтому им пришлось искать другие альтернативы. Очевидно, первым прецедентом в США стала знаменитая забастовка полицейских Бостона в 1919 г. Тогда губернатор штата Массачусетс Калвин Кулидж уволил 1200 полицейских и заявил: «Никто не имеет права бастовать в ущерб безопасности граждан, никогда и нигде». Сейчас эти слова часто цитируют. Эти слова принесли ему популярность, которая помогла Кулиджу занять кресло вице-президента, а потом и президента Соединенных Штатов. Схожий случай произошел в 1969 г. в полицейском управлении Атланты: Союз полицейских (Fraternal Order of Police, FOP) использовал тактику «замедления», практически идентичную «работе по правилам». В то время активистов хиппи обычно не арестовывали, полиция относилась к ним мягко; это была общепринятая, но все же неофициальная практика. Требуя, в частности, увеличения заработной платы и уменьшения рабочей нагрузки, FOP прибег к тактике «замедления». Полицейские стали выписывать огромное количество штрафов хиппи и другим мелким нарушителям. Это перегрузило административную систему, практически парализовало работу полиции и вызвало опасения по поводу возможной вспышки преступности. В конечном счете полицейские добились увеличения заработной платы и улучшения условий труда. См.: *Levi M.* Bureaucratic Insurgency: The Case of Police Unions. Lexington,

MA: Lexington Books, 1977; International Association of Chiefs of Police, Police Unions and Other Police Organizations. New York: Arno Press and The New York Times, 1971. (Bulletin № 4, September 1944).
12. Завершающее интервью заключенного.
13. Опрос заключенного после эксперимента.
14. Завершающая оценка заключенного.
15. Историк и политолог Шейла Говард исследовала историю тактики голодовок как политического инструмента и обнаружила, что первым к ней прибег Теренс Максвини, член парламента и недавно избранный мэр Корка. Добиваясь статуса политического заключенного, он умер во время голодовки в 1920 г. Лидер ирландской партии Шинн Фейн Джерри Адамс в предисловии к книге Бобби Сэндса (ссылку см. ниже) отмечает, что именно пример Максвини вдохновлял Махатму Ганди. С 1976 по 1981 г. было несколько случаев голодовок среди ирландских политических заключенных. Последний эпизод стал самым известным, тогда в результате голодовки умерли 10 человек. Среди них были семь членов ИРА, в том числе один из ее лидеров Бобби Сэндс и трое членов INLA (ирландская армия Национального освобождения). Заключенные-республиканцы (т. е. члены IRA / INLA) объявили голодовку в тюрьме Лонг-Кеш («Мэйз»), расположенной к югу от Белфаста. Среди других протестов, которые они провели во время голодовки, была «одеяльная забастовка»: заключенные отказывались носить тюремные робы, потому что они были символом статуса уголовного преступника; вместо этого они заворачивались в одеяла, чтобы согреться во время голодовки.
Бобби Сэндс написал в тюрьме серию вдохновляющих стихотворений и других произведений; они принесли ему международную политическую поддержку, особенно в оккупированных странах, в первую очередь на Ближнем Востоке — в Иране и Палестине. В свою очередь в городе Дерри (где преобладает католическое, националистическое и республиканское население) и в некоторых районах Белфаста можно увидеть палестинские флаги, вывешенные рядом с ирландским триколором.
См. некоторые ценные работы по этому вопросу: *Howard S.* Britain and Ireland 1914–1923. Dublin: Gill and Macmillan, 1983; *Adams G.* Foreword // Sands B. Writings from Prison. Cork: Mercier Press, 1997; *Von Tangen Page M.* Prisons, Peace, and Terrorism: Penal Policy in the Reduction of Political Violence in Northern Ireland, Italy, and the Spanish Basque Country, 1968–1997. New York: St. Martin's Press, 1998.
16. Завершающая оценка заключенного.
17. Завершающее интервью заключенного, также источник следующей цитаты.
18. Ретроспективный дневник охранника.
19. Ретроспективный дневник заключенного.
20. Опрос заключенного после эксперимента.
21. Ретроспективный дневник заключенного.
22. Эта обширная цитата, как и следующая, взята из эссе Кристины Маслач, опубликованного вместе с эссе Крейга Хейни и моим: *Zimbardo P. G., Maslach C., Haney C.* Reflections on the Stanford Prison Experiment: Genesis, Transformations, Consequences // Obedience to Authority: Current Perspectives on the Milgram Paradigm / Ed. by T. Blass Mahwah, NJ: Erlbaum, 1999. P. 193–237. Цитаты на с. 214–216.
23. Там же. С. 216–217.
24. Бруно Бетельхейм сообщает о подобном явлении среди заключенных нацистского концентрационного лагеря, куда он попал в начале Холокоста, до того

как концентрационные лагеря стали лагерями смерти. Он вспоминает, что некоторые заключенные оставляли попытки выжить и превращались в зомби. Его трогательное описание попыток выжить и отказа от них в ужасающих условиях стоит привести полностью. Вот отрывок из эссе Owners of Their Face, опубликованного в кн.: *Bettelheim B.* Surviving and Other Essays. New York: Alfred A. Knopf, 1979. P. 105–106:

«Я прочел стихотворение Пауля Целана под влиянием того, что узнал о выживании в лагерях, наблюдая за собой и другими: даже самые ужасные зверства эсэсовцев не могли уничтожить волю к жизни — до тех пор, пока человек мог поддерживать в себе желание жить и сохранить чувство собственного достоинства. В таком случае пытки могли даже усилить сопротивление, чтобы не позволить смертельному врагу сломать волю к жизни и остаться верным себе так долго, как позволяют условия. В таком случае действия эсэсовцев пробуждали в человеке ярость, он чувствовал себя как никогда живым. Это лишь укрепляло в нем желание выжить, чтобы в один прекрасный день победить врага.

…Все это действовало только в некоторой степени. Если не было никаких или почти никаких признаков, что кто-то, или мир в целом, действительно обеспокоен судьбой заключенного, его способность придавать положительное значение знакам из внешнего мира в конечном счете исчезала, и он чувствовал себя покинутым. Обычно это катастрофически влияло на его волю, а вместе с ней — на его способность выжить.

Только очень явная демонстрация, что человек не покинут — и СС следило за тем, чтобы заключенные видели это как можно реже, а в лагерях смерти вообще никогда, — давала надежду, пусть на мгновение, даже тем, кто ее уже полностью утратил. Но те, кто достиг состояния окончательной депрессии и распада, превращались в ходячие трупы, потому что их покидала воля к жизни — в лагерях их называли "мусульманами" (Muselmanner). Они уже не верили ни в какие подтверждения того, что о них не забыли».

Глава девятая.
Пятница: все исчезает в темноте

1. Ретроспективный дневник охранника.
2. Серос — восемнадцатилетний первокурсник, который хотел стать социальным работником.
3. Сообщение охраны о происшествии.
4. Если не указано иначе, все диалоги между заключенными и охранниками взяты из расшифровок стенограмм видеосъемки, сделанной во время эксперимента.
5. Письмо государственного защитника, 29 августа 1971 г.
6. Метод «Дебрифинга критического инцидента» (Critical Incident Stress Debriefing, CISD) был основным методом лечения жертв травматического стресса — террористических атак, стихийных бедствий, изнасилований и других злоупотреблений. Но последние эмпирические данные ставят под вопрос его терапевтическую ценность и даже указывают на случаи, когда он приносил вред, увеличивая и продлевая отрицательный эмоциональный компонент стресса. Побуждая людей выражать эмоции, в некоторых случаях можно спровоцировать отрицательные реакции, а не устранить их.
Вот некоторые важнейшие работы на эту тему: *Litz B., Gray M., Bryant R., Adler A.* Early Intervention for Trauma: Current Status and Future Directions // Clinical Psychology: Science and Practice. 2002. Vol. 9, № 2. P. 112–134; *McNally R.,*

Bryant R., Ehlers A. Does Early Psychological Intervention Promote Recovery from Posttraumatic Stress? // Psychological Science in the Public Interest. 2003. Vol. 4, № 2. P. 45–79.
7. Ретроспективный дневник заключенного.
8. Ретроспективный дневник охранника. Участникам заплатили только за одну неделю (потому что эксперимент был прерван досрочно), из расчета 15 долларов за один день в роли заключенного или охранника.
9. Ретроспективный дневник охранника.
10. Завершающая оценка заключенного.
11. Завершающая оценка заключенного.
12. Ретроспективный дневник заключенного.
13. Ретроспективный дневник охранника.
14. Завершающая оценка заключенного.
15. Ретроспективный дневник заключенного.
16. Завершающее интервью охранника.
17. Опрос охранника после эксперимента.
18. Ретроспективный дневник охранника.
19. Ретроспективный дневник охранника.
20. Опрос заключенного после эксперимента.
21. Ретроспективный дневник охранника.
22. Аудиоинтервью охранника.
23. Ретроспективный дневник охранника.
24. Расшифровка стенограммы интервью для фильма «Тихая ярость: Стэнфордский тюремный эксперимент» (Quiet Rage: The Stanford Prison Experiment).
25. Интервью в программе Chronolog телеканала NBC, ноябрь 1971 г.
26. Ретроспективный дневник охранника.
27. Ретроспективный дневник охранника.
28. Прозвище охранника Хеллмана, Джон Уэйн, имеет интересную параллель, на которую мне указал коллега Джон Штейнер, почетный профессор социологии университета Сонома, переживший Холокост. Подростком он попал в концентрационный лагерь Бухенвальд и провел там несколько лет. Когда он узнал, что наши заключенные назвали одного из худших охранников Джоном Уэйном, он провел параллель со своим собственным опытом: «В общем-то, охранники лагеря оставались для нас анонимными. Мы назвали их "герр лейтенант" или "герр офицер СС", но у них не было имен, не было личности. Но одному охраннику, который был хуже всех, мы тоже дали прозвище. Он стрелял в людей без всяких причин, убивал, бросал на забор, по которому был пропущен электрический ток. Его жестокость напоминала ковбоя с Дикого Запада. Поэтому мы называли его Том Микс, но только за глаза». Том Микс — крутой ковбой, герой вестернов 30-х и 40-х годов. Его можно назвать предшественником Джона Уэйна.
29. Завершающая оценка охранника.
30. Опрос охранника после эксперимента.
31. Опрос охранника после эксперимента.

Глава десятая.
Значение и выводы Стэнфордского тюремного эксперимента: алхимия трансформаций характера

1. Понятие выученной беспомощности первыми предложили Мартин Селигман и его коллеги, исследовавшие поведение животных. В ходе эксперимента

собаки получали удар током — и ничего не могли сделать, чтобы его избежать. Скоро они прекращали попытки к бегству, сдавались и пассивно принимали удары — даже когда легко могли убежать. Более поздние исследования показали параллели с людьми: находясь в ситуации неизбежного шума, люди быстро отказывались от попыток прекратить его, даже если могли это сделать. Также очевидные параллели можно найти в ситуациях клинической депрессии, жестокого обращения с детьми и супругами, военнопленными и обитателями домов престарелых. См. некоторые работы: *Seligman M. E. P.* Helplessness: On Depression, Development and Death. San Francisco: Freeman, 1975; *Hiroto D. S.* Locus of Control and Learned Helplessness // Journal of Experimental Psychology. 1974. Vol. 102, № 2. P. 187–193; *Buie J.* «Control' Studies Bode Better Health in Aging // APA Monitor. 1988. July. P. 20.
2. Собранные нами данные и результаты их статистического анализа лучше всего отражены в первой опубликованной нами научной статье: *Haney C., Banks C., Zimbardo P.* Interpersonal Dynamics in a Simulated Prison // International Journal of Criminology and Penology. 1973. Vol. 1. P. 69–97. Этого журнала больше не существует. Он не входил в число изданий Американской психологической ассоциации, поэтому в электронных архивах его нет. Но PDF-файл этой статьи можно найти на сайте, посвященном СТЭ: http://www.prisonexp.org/pdf/ijcp1973.pdf. См. также *Zimbardo P. G., Haney C., Banks W. C., Jaffe D.* The Mind is a Formidable Jailer: A Pirandellian Prison // The New York Times Magazine. 1973. Apr. 8. P. 36 ff; *Zimbardo P. G.* Pathology of Imprisonment // Society. 1972. Vol. 9, № 6 P. 4, 6, 8.
3. *Adorno T. W., Frenkel-Brunswick E., Levinson D. J., Sanford R. N.* The Authoritarian Personality. New York: Harper, 1950.
4. Studies in Machiavellianism / Ed. by R. Christie, F. L. Geis. New York: Academic Press, 1970.
5. *Comrey A. I.* Comrey Personality Scales. San Diego: Educational and Industrial Testing Service, 1970.
6. Рисунок был опубликован в кн.: *Zimbardo P. G., Gerrig R. J.* Psychology and Life. 14th ed. New York: HarperCollins, 1996. P. 587.
7. *Bettelheim B.* The Informed Heart: Autonomy in a Mass Age. Glencoe, IL: Free Press, 1960.
8. *Frankel J.* Exploring Ferenczi's Concept of Identification with the Aggressor: Its Role in Trauma, Everyday Life, and the Therapeutic Relationship // Psychoanalytic Dialogues. 2002. Vol. 12, № 1. P. 101–139.
9. *Aronson E., Brewer M., Carlsmith J. M.* Experimentation in Social Psychology, in Handbook of Social Psychology / Ed. by G. Lindzey, E. Aronson. Hillsdale NJ: Erlbaum, 1985. Vol. 1.
10. *Lewin K.* Field Theory in Social Science. New York: Harper, 1951; *Lewin K., Lippitt R., White R. K.* Patterns of Aggressive Behavior in Experimentally Created 'Social Climates' // Journal of Social Psychology. 1939. Vol. 10, № 2. P. 269–299.
11. *Lifton R. J.* The Nazi Doctors: Medical Killing and the Psychology of Genocide. New York: Basic Books, 1986. P. 194.
12. Фильм «Хладнокровный Люк» вышел на экраны США в ноябре 1967 г.
13. *Zimbardo P. G., Maslach C., Haney C.* Reflections on the Stanford Prison Experiment: Genesis, Transformations, Consequences // Obedience to Authority: Current Perspectives on the Milgram Paradigm / Ed. by T. Blass. Mahwah, NJ: Erlbaum, 1999. P. 193–237; цитата — на с. 229.
14. Заключительное интервью заключенного, 19 августа 1971 г.
15. *Lifton R. J.* Thought Reform and the Psychology of Totalism. New York: Harper, 1969.
16. *Ross L., Nisbett R.* The Person and the Situation. New York: McGraw-Hill, 1991.

17. *Ross L.* The Intuitive Psychologist and His Shortcomings: Distortions in the Attribution Process // Advances in Experimental Social Psychology / Ed. by L. Berkowitz. New York: Academic Press, 1977. Vol. 10. P. 173–220.
18. См. более полный отчет об этих ролевых трансформациях в статье: *Lyall S.* To the Manor Acclimated // The New York Times, 2002. May 26. P. 12.
19. *Lifton R. J.* The Nazi Doctors. P. 196, 206, 210–211.
20. *Zimbardo P. G., Maslach C., Haney C.* Reflections on the Stanford Prison Experiment. P. 226.
21. *Zarembo A.* A Theater of Inquiry and Evil // Los Angeles Times. 2004. July 15. P. A1, A24–A25.
22. *Festinger L.* A Theory of Cognitive Dissonance. Stanford, CA: Stanford University Press, 1957; *Zimbardo P. G., Leippe M. R.* The Psychology of Attitude Change and Social Influence. New York: McGraw-Hill, 1991; *Zimbardo P. G.* The Cognitive Control of Motivation. Glenview, IL: Scott, Foresman, 1969.
23. *Rosenthal R., Jacobson L. F.* Pygmalion in the Classroom: Teacher Expectation and Pupils' Intellectual Development. New York: Holt, 1968.
24. *Bernard V. W., Ottenberg P., Redl F.* Dehumanization: A Composite Psychological Defense in Relation to Modern War // The Triple Revolution Emerging: Social Problems in Depth / Ed. by R. Perruci, M. Pilisuck. Boston: Little, Brown, 1968. P. 16–30.
25. *Lief H. I., Fox R. C.* Training for 'Detached Concern' in Medical Students // The Psychological Basis of Practice / Ed. By H. I. Lief, V. F. Lief, N. R. Lief. New York: Harper & Row, 1963; *Maslach C.* 'Detached Concern' in Health and Social Service Professions (доклад, представленный на ежегодном собрании Американского психологического общества, Монреаль, Канада, 30 августа 1973 г.).
26. *Zimbardo P. G.,* Mind Control in Orwell's 1984: Fictional Concepts Become Operational Realities in Jim Jones' Jungle Experiment // 1984: Orwell and Our Future / Ed. by M. Nussbaum, J. Goldsmith, A. Gleason. Princeton, NJ: Princeton University Press, 2005. P. 127–154.
27. Цитата из Приложения Р. Фейнмана к отчету комиссии Роджерса по поводу несчастного случая с космическим кораблем «Челленджер». См. его обсуждение этой ситуации во втором томе его автобиографии: *Feynman R.* What Do You Care What Other People Think? Further Adventures of a Curious Character (as told to Ralph Leighton). New York: Norton, 1988.
28. *Ziemer G.* Education for Death: The Making of the Nazi. New York: Farrar, Staus and Giroux, 1972.
29. Nazi Mass Murder: A Documentary History of the Use of Poison Gas / Ed. by E. Kogon, J. Langbein, A. Ruckerl. New Haven, CT: Yale University Press, 1993. P. 5, 6.
30. *Lifton R. J.* The Nazi Doctors. P. 212, 213.

Глава одиннадцатая.
Стэнфордский тюремный эксперимент: этика и практические результаты

1. Понятие «тотальной ситуации», оказывающей сильное воздействие на человеческое функционирование, предложил Ирвин Гофман (Erving Goffman), описывая влияние атмосферы учреждений на психически больных и заключенных. Также его использовал Роберт Джей Лифтон в описании методов допроса китайских коммунистов. Тотальная ситуация — та, в которой человек физически, а затем и психологически подавлен до такой степени, что вся информация и системы вознаграждения (reward structures) оказываются в пределах

крайне узких границ. Мы с Крейгом Хейни использовали эту концепцию, изучая структуру средних школ, которые иногда весьма напоминают тюрьмы. См.: *Goffman E.* Asylums: Essays on the Social Situation of Mental Patients and Other Inmates. New York: Doubleday, 1961; *Lifton R. J.* Thought Reform and the Psychology of Totalism. New York: Norton, 1969; *Haney C., Zimbardo P. G.* Social Roles, Role-playing and Education: The High School as Prison // Behavioral and Social Science Teacher. 1973. Vol. 1. P. 24–45.
2. *Zimbardo P. G.* Psychology and Life. 12th ed. Glenview, IL: Scott, Foresman, 1989; рис. на с. 689.
3. *Ross L., Shestowsky D.* Contemporary Psychology's Challenges to Legal Theory and Practice // Northwestern University Law Review. 2003. Vol. 97. P. 1081–1114.
4. *Milgram S.* Obedience to Authority. New York: Harper & Row, 1974.
5. *Baumrind D.* Some Thoughts on Ethics of Research: After Reading Milgram's 'Behavioral Study of Obedience' // American Psychologist. 1964. Vol. 19, № 6. P. 421–423.
6. См. копию заявки в Комитет по опытам на человеке: http://www.prisonexp.org / pdf / humansubjects.pdf.
7. См.: *Ross L., Lepper M. R., Hubbard M.* Perseverance in Self-Perception and Social Perception: Biased Attributional Processes in the Debriefing Paradigm // Journal of Personality and Social Psychology. 1975. Vol. 32, № 5. P. 880–892.
8. *Kohlberg L.* The Philosophy of Moral Development. New York: Harper & Row, 1981.
9. См. исследование Нила Миллера в области биологической обратной связи и автономного обусловливания, а также примеры того, как фундаментальные исследования могут принести практическую пользу: *Miller N. E.* The Value of Behavioral Research on Animals // American Psychologist. 1985. Vol. 40, № 4. P. 423–440; *Miller N. E.* Introducing and Teaching Much-Needed Understanding of the Scientific Process // American Psychologist. 1992. Vol. 47, № 7. P. 848–850.
10. *Zimbardo P. G.* Discontinuity Theory: Cognitive and Social Searches for Rationality and Normality-May Lead to Madness // Advances in Experimental Social Psychology / Ed. by M. Zanna. San Diego: Academic Press, 1999. Vol. 31. P. 345–486.
11. Подробнее о фильме «Тихая ярость»: P. G. Zimbardo (автор и продюсер) и K. Musen, (соавтор и сопродюсер), Quiet Rage: The Stanford Prison Experiment (video) (Stanford, CA: Stanford Instructional Television Network, 1989).
12. Личное общение, электронная почта, 5 июня 2005 г.
13. *Haney C.* Psychology and Legal Change: The Impact of a Decade // Law and Human Behavior. 1993. Vol. 17, № 4. P. 371–398; *Haney C.* Infamous Punishment: The Psychological Effects of Isolation // National Prison Project Journal. 1993. Vol. 8, № 2. P. 3–21; *Haney C.* The Social Context of Capital Murder: Social Histories and the Logic of Capital Mitigation // Santa Clara Law Review. 1995. Vol. 35. P. 547–609; *Haney C.* Reforming Punishment: Psychological Limits to the Pain of Imprisonment. Washington, DC: American Psychological Association, 2006; *Haney C., Zimbardo P. G.* The Past and Future of U. S. Prison Policy: Twenty-five Years After the Stanford Prison Experiment // American Psychologist. 1998. Vol. 53, № 7. P. 709–727.
14. *Zimbardo P. G., Maslach C., Haney C.* Reflections on the Stanford Prison Experiment: Genesis, Transformations, Consequences // Obedience to Authority: Current Perspectives on the Milgram Paradigm / Ed. by T. Blass. Mahwah, NJ: Erlbaum, 1999, цитаты на с. 221, 225.
15. Там же. С. 220.

16. *Maslach C.* Burned-out // Human Behavior. 1976. Vol. 5, Sept. P. 16–22; *Maslach C.* Burnout: The Cost of Caring. Englewood Cliffs, NJ: Prentice-Hall, 1982; *Maslach C., Jackson S. E., Leiter M. P.* The Maslach Burnout Inventory. 3rd ed. Palo Alto, CA: Consulting Psychologists Press, 1996; *Maslach C., Leiter M. P.* The Truth About Burnout. San Francisco: Jossey-Bass, 1997.
17. Кертис Бэнкс сделал замечательную научную карьеру. Всего через три года он получил диплом доктора философии Стэнфордского университета и стал первым афроамериканцем — преподавателем факультета психологии Принстонского университета. Затем он перешел в университет Говарда, сотрудничал с организацией «Сервис образовательных тестов» (Educational Testing Service), основал и издавал журнал Journal of Black Psychology. К сожалению, в 1998 г. он умер от рака.

    Дэвид Джаффе после Стэнфордского тюремного эксперимента сделал выдающуюся карьеру в медицине. Сейчас он — директор отделения неотложной медицинской помощи в детской больнице Сент-Луиса и адъюнкт-профессор педиатрии в Вашингтонском университете, Сент-Луис, штат Миссури.
18. *Zimbardo P. G.* The Stanford Shyness Project // Shyness: Perspectives on Research and Treatment / Ed. by W. H. Jones, J. M. Cheek, S. R. Briggs. New York: Plenum Press, 1986. P. 17–25; *Zimbardo P. G.* Shyness: What It Is, What to Do About It. Reading, MA: Addison-Wesley, 1977; *Zimbardo P. G., Radl S.* The Shy Child. New York: McGraw-Hill, 1986; *Zimbardo P. G., Pilkonis P., Norwood R.* The Silent Prison of Shyness. Psychology Today. 1975. May. P. 69–70, 72; *Henderson L., Zimbardo P. G.* Shyness as a Clinical Condition: The Stanford Model // International Handbook of Social Anxiety / Ed. by L. Alden, R. Crozier. Sussex, UK: John Wiley & Sons, 2001. P. 431–447.
19. *Zimbardo P. G., Andersen S., Kabat L. G.* Induced Hearing Deficit Generates Experimental Paranoia // Science. 1981. Vol. 212, № 4502. P. 1529–1531; *Zimbardo P. G., La Berge S., Butler L. D.* Physiological Consequences of Unexplained Arousal: A Posthypnotic Suggestion Paradigm // Journal of Abnormal Psychology. 1993. Vol. 102, № 3. P. 466–473.
20. *Zimbardo P. G.* A Passion for Psychology: Teaching It Charismatically, Integrating Teaching and Research Synergistically, and Writing About It Engagingly // Teaching Introductory Psychology: Survival Tips from the Experts / Ed. by R. J. Sternberg. Washington, DC: American Psychological Association, 1997. P. 7–34.
21. *Zimbardo P. G.* The Power and Pathology of Imprisonment // Congressional Record, Serial № 15, 1971, Oct. 25. Hearings Before Subcommittee № 3 of the Committee on the Judiciary, House of Representatives, Ninety-Second Congress, First Session on Corrections, Part II, Prisons, Prison Reform and Prisoner's Rights: California. Washington, DC: U. S. Government Printing Office, 1971.
22. *Zimbardo P. G.* The Detention and Jailing of Juveniles // Hearings Before U. S. Senate Committee on the Judiciary Subcommittee to Investigate Juvenile Delinquency, Sept. 10, 11, and 17, 1973. Washington, DC: U. S. Government Printing Office, 1974. P. 141–161.
23. *Zimbardo P. G.* Transforming Experimental Research into Advocacy for Social Change // Applications of Social Psychology / Ed. by M. Deutsch, H. A. Hornstein. Hillsdale, NJ: Erlbaum, 1983.
24. *Lovibond S. H., Mithiran X., Adams W. G.* The Effects of Three Experimental Prison Environments on the Behaviour of Non-Convict Volunteer Subjects // Australian Psychologist. 1979. Vol. 14, № 3. P. 273–287.
25. *Banuazizi A., Movahedi S.* Interpersonal Dynamics in a Simulated Prison: A Methodological Analysis // American Psychologist. 1975. Vol. 30, № 2. P. 152–160.

26. *Orlando N. J.* The Mock Ward: A Study in Simulation // Behavior Disorders: Perspectives and Trends / Ed. by O. Milton, R. G. Wahlers. 3rd ed. Philadelphia: Lippincott, 1973. P. 162–170.
27. *Derbyshire D.* When They Played Guards and Prisoners in the US, It Got Nasty. In Britain, They Became Friends // The Daily Telegraph. 2002. May 3. P. 3.
28. *Bloche M. G., Marks J. H.* Doing unto Others as They Did to Us // The New York Times. 2005. Nov. 4.
29. *Mayer J.* The Experiment // The New Yorker. 2005. July 11–18. P. 60–71.
30. *Gray G., Zielinski A.* Psychology and U. S. Psychologists in Torture and War in the Middle East // Torture. 2006. Vol. 16, № 2. P. 128–133, цитаты на с. 130–131.
31. The Schlesinger Report // The Torture Papers / Ed. by K. Greenberg, J. Dratel. UK: Cambridge University Press, 2005. P. 970–971. В гл. 15 мы подробнее поговорим о результатах этого независимого исследования.
32. *Alvarez Richard* [Статья о Стэнфордском тюремном эксперименте] // Cover. 1995. Sept. P. 34.
33. *French Philip* [Рецензия на фильм Das Experiment // The Observer, online. 2002. March 24.
34. *Bradshaw Peter* [Рецензия на фильм Das Experiment // The Guardian, online. 2002. March 22.
35. *Ebert Roger* [Рецензия на фильм Das Experiment // Chicago Sun-Times, online, 2002. October 25.
36. *Gopnik B.* A Cell with the Power to Transform // The Washington Post. 2005. June 16. P. C1, C5.
37. *Mares W.* The Marine Machine: The Making of the United States Marine. New York: Doubleday, 1971.

Глава двенадцатая.
Исследование социальных мотивов: власть, конформизм и подчинение

1. К. С. Льюис (1898–1963), преподаватель английского языка эпохи Средневековья и Возрождения в Кембриджском университете. Также был романистом, автором детских книг и популярным оратором, в своих выступлениях затрагивал темы морали и религии. В самой известной своей книге «Письма Баламута» (The Screwtape Letters) (1944) выступает от имени старого дьявола в аду, который пишет письма дьяволу-новичку, недавно отправленному на Землю. «Внутренний круг» (The Inner Ring) — лекция в Королевском колледже Лондонского университета. Прочитана студентам в 1944 г.
2. *Baumeister R. F., Leary M. R.* The Need to Belong: Desire for Interpersonal Attachments as a Fundamental Human Motivation // Psychological Bulletin. 1995. Vol. 117, № 3. P. 497–529.
3. *Cialdini R. B., Trost M. R., Newsome J. T.* Preference for Consistency: The Development of a Valid Measure and the Discovery of Surprising Behavioral Implications // Journal of Personality and Social Psychology. 1995. Vol. 69, № 2. P. 318–28. См. также: *Festinger L.* A Theory of Cognitive Dissonance. Stanford, CA: Stanford University Press, 1957.
4. *Zimbardo P. G., Andersen S. A.* Understanding Mind Control: Exotic and Mundane Mental Manipulations // Recovery from Cults / Ed. by M. Langone. New York: W. W. Norton, 1993. См. также: *Scheflin A. W., Opton, Jr. E. M.* The Mind Manipulators: A Non-Fiction Account. New York: Paddington Press, 1978.

5. В дополнение к нормативному социальному давлению, побуждающему соглашаться с представлениями других людей, на работе существуют рациональные силы, потому что здесь люди способны предоставлять друг другу ценную информацию и обоснованные рекомендации. См.: *Deutsch M., Gerard H. B.* A Study of Normative and Informational Social Influence upon Individual Judgement // Journal of Abnormal and Social Psychology. 1955. Vol. 51, № 3. P. 629–636.
6. «Cool Mom» Guilty of Sex with Schoolboys: She Said She Felt Like «One of the Group» // Associated Press. 2005. July 26. Отчет о ее участии в вечеринках с наркотиками и сексуальными оргиями с октября 2003 г. по октябрь 2004 г. в городке Голден, штат Колорадо.
7. Корыстные, эгоцентричные и самые необычные предубеждения являются предметом множества исследований. Данные об их влиянии в разных сферах можно найти в книге: *Myers D.* Social Psychology. 8th ed. New York: McGraw-Hill, 2005. P. 66–77.
8. *Pronin E., Kruger J., Savitsky K., Ross L.* You Don't Know Me, but I Know You: The Illusion of Asymmetric Insight // Journal of Personality and Social Psychology. 2001. Vol. 81, № 4. P. 639–656.
9. *Asch S. E.* Studies of Independence and Conformity: A Minority of One Against a Unanimous Majority // Psychological Monographs. 1951. Vol. 70, № 416; *Asch S. E.* Opinions and Social Pressure // Scientific American. 1955. Nov. P. 31–35.
10. *Deutsch M., Gerard H. B.* 1955.
11. *Blass T.* Obedience to Authority: Current Perspectives on the Miligram Paradigm. Mahwah, NJ: Erlbaum, 1999. P. 62.
12. В 1949 г. мы со Стенли Милгрэмом сидели за одной партой в старших классах средней школы Джеймса Монро в Бронксе, Нью-Йорк. Мы оба были тощими подростками, полными амбиций и желания кем-то стать, чтобы сбежать из своего «гетто». Стенли был маленьким и умным, к нему все обращались за советами. А я был высоким и пользовался популярностью, со мной все советовались по поводу взаимоотношений. Даже тогда мы были сторонниками ситуационной теории. Я только что вернулся в школу Монро после ужасного года в средней школе Северного Голливуда, где оказался в роли отверженного и не имел друзей (потому что, как я позже узнал, по школе прошел слух, что мой отец — член нью-йоркской семьи сицилийской мафии). А в школе Монро меня выбрали «Джимми Монро», самым популярным мальчиком старших классов. Однажды мы со Стенли обсуждали, как и почему произошло это превращение. Мы согласились, что я не изменился, и все дело в ситуации. Несколько лет спустя мы снова встретились снова, в Йельском университете, в 1960 г. Мы оба были начинающими преподавателями — он в Йеле, а я — в Университете Нью-Йорка. Оказалось, что в школе Стенли всегда хотел быть популярным, а я хотел быть умным. Нами руководили неисполненные желания.

Я должен также упомянуть о своем недавнем открытии: у нас со Стенли есть еще одна общая черта. В подвале Йельского университета я устроил лабораторию, в которой позже Милгрэм проводил свои эксперименты с послушанием (после того как не мог больше использовать первоклассную лабораторию по изучению социального взаимодействия социолога О. К. Мура). Я создал эту лабораторию несколькими годами раньше для исследования, которое проводил вместе с Ирвином Сарнофф. Мы проверяли гипотезы Фрейда о различиях между страхом и беспокойством и их влияние на социальную принадлежность. Это была небольшая лаборатория в подвале здания, где читался

вводный курс психологии. У этого здания было восхитительное британское название: Линсли-Читтенден Холл. Также интересно, что и СТЭ, и эксперименты Милгрэма проводились в подвалах.
13. *Blass T.* The Man Who Shocked the World. New York: Basic Books, 2004. P. 116.
14. См.: *Cialdini R.* Influence. New York: McGraw-Hill, 2001.
15. *Freedman J. L., Fraser S. C.* Compliance Without Pressure: The Foot-in-the-Door Technique // Journal of Personality and Social Psychology. 1966. Vol. 4, № 2. P. 195–202; см. также: *Gilbert S. J.* Another Look at the Milgram Obedience Studies: The Role of the Gradated Series of Shocks // Personality and Social Psychology Bulletin. 1981. Vol. 7, № 4. P. 690–695.
16. *Fromm E.* Escape from Freedom. New York: Holt, Rinehart and Winston, 1941. В Соединенных Штатах страх перед угрозой национальной безопасности со стороны террористов, раздуваемый администрацией Буша, вынудил многих граждан, Пентагон и национальных лидеров согласиться с тем, что пытки заключенных — это необходимый метод сбора информации, которая могла бы предотвратить будущие нападения. Эти настроения, как мы увидим в главе 15, способствовали злоупотреблениям американских охранников в тюрьме Абу-Грейб.
17. *Blass T.* The Man Who Shocked the World. Appendix C: The Stability of Obedience Across Time and Place.
18. *Hofling C. K., Brotzman E., Dalrymple S.* et al. An Experimental Study in Nurse-Physician Relationships // Journal of Nervous and Mental Disease. 1966. Vol. 143, № 2. P. 171–180.
19. *Krackow A., Blass T.* When Nurses Obey or Defy Inappropriate Physician Orders: Attributional Differences // Journal of Social Behavior and Personality. 1995. Vol. 10. P. 585–594.
20. *Meeus W., Raaijmakers Q. A. W.* Obedience in Modern Society: The Utrecht Studies // Journal of Social Issues. 1995. Vol. 51, № 3. P. 155–176.
21. Из The Human Behavior Experiments, стенограмма: Sundance Lock. 2006. May 9. Jig Saw Productions, P. 20. Расшифровка стенограммы доступна на сайте, посвященном СТЭ: http://www.prisonexp.org/pdf/HBE-transcript.pdf.
22. Эти цитаты и факты о трюках с обысками по телефону взяты из поучительной статьи, напечатанной в газете, выходящей в Луисвилле, штат Кентукки: *Wolfson A.* A Hoax Most Cruel // The Courier-Journal. 2004. Oct. 9. Статья доступна на сайте издания по адресу: http://www.courier-journal.com/apps/pbcs. dll/article? AID=/20051009/NEWS01/510090392/1008Hoax.
23. Цитата из телевизионного интервью 1979 г.; см.: *Levine R. V.* Milgram's Progress // American Scientist Online. 2004. № 4: July-August. Эта статья — рецензия на книгу: *Blass T.*, Obedience to Authority (см. прим. 11 к этой главе).
24. *Jones R.* The Third Wave // Experiencing Social Psychology / Ed. by A. Pines, C. Maslach. New York: Knopf, 1978. P. 144–152.
25. The Wave — телевизионная докудрама, режиссер Александр Грэсхофф, 1981 г.
26. *Peters W.* A Class Divided Then and Now. Expanded ed. New Haven, CT: Yale University Press, 1985. Петерс участвовал в съемке обоих фильмов: документального фильма, снятого ABC News: The Eye of the Storm (доступен через Guidance Associates, New York) и снятого позднее на PBS Frontline: A Class Divided (доступен по адресу: http://www.pbs.org/wgbh/pages/frontline/shows/divided/etc/view. html).
27. *Mansson H. H.* Justifying the Final Solution // Omega: The Journal of Death and Dying. 1972. Vol. 3, № 2. P. 79–87.

28. *Carlson J.* Extending the Final Solution to One's Family. Неопубликованный отчет, Гавайский университет, Маноа, 1974 г.
29. *Browning C. R.* Ordinary Men: Reserve Police Battalion 101 and the Final Solution in Poland. New York: HarperCollins, 1993. P. XVI.
30. *Staub E.* The Roots of Evil: The Origins of Genocide and Other Group Violence. New York: Cambridge University Press, 1989. P. 126, 127.
31. *Steiner J. M.* The SS Yesterday and Today: A Sociopsychological View // Survivors, Victims, and Perpetrators: Essays on the Nazi Holocaust / Ed. by J. E. Dinsdale. Washington, DC: Hemisphere Publishing Corporation, 1980. P. 405–56; цитаты на с. 433. См. также: *Miller A. G.* The Obedience Experiments: A Case Study of Controversy in Social Science. New York: Praeger, 1986.
32. *Goldhagen D. J.* Hitler's Willing Executioners. New York: Knopf, 1999. См. также рец.: *Reed C.* Ordinary German Killers // Harvard Magazine. 1999. March-April. P. 23.
33. *Arendt H.* Eichmann in Jerusalem: A Report on the Banality of Evil. Revised and enlarged ed. New York: Penguin Books, 1994. P. 25, 26, 252, 276. Следующие цитаты из этого источника. (Следует иметь в виду, что русское издание — *Арендт X.* Банальность зла: Эйхман в Иерусалиме / Пер. С. Кастальского. М.: Европа, 2008 — выполнено не с полного издания, вышедшего в 1965 г. и которое с тех пор переиздается, в том числе в переводах, а с самого первого, вышедшего в 1963 г.)
34. *Huggins M., Haritos-Fatouros M., Zimbardo P. G.* Violence Workers: Police Torturers and Murders Reconstruct Brazilian Atrocities. Berkeley: University of Califrornia Press, 2002.
35. *Haritos-Fatouros M.* The Psychological Origins of Institutionalized Torture. London: Routledge, 2003.
36. Tortures in Brasil: A Report by the Archdiocese of São Paulo / Ed. by J. Dassin; Transl. by J. Wright. New York: Vintage books, 1998.
37. *Morales F.* The Militarization of the Police // Covert Action Quarterly. 1999. № 67: Spring-Summer. P. 67.
38. *McDermott T.* Perfect Soldiers: The Hijackers: Who They Were, Why They Did It. New York: HarperCollins, 2005.
39. *Kakutani M.* Ordinary but for the Evil They Wrought // The New York Times. 2005. May 20. P. B32.
40. *Coile Z.* Ordinary British Lads // San Francisco Chronicle. 2005. July 14. P. A1, A10.
41. *Silke A.* Analysis: Ultimate Outrage // The Times. London, 2003. May 5.
42. Я участвовал в этой истории благодаря знакомству с братом одного из немногих, кому удалось избежать резни, его сестрой, Дайаной Луи и ее другом Ричардом Кларком. Я предложил им услуги консультанта, когда они вернулись в Сан-Франциско вскоре после этих ужасных событий. Позже я стал свидетелем-экспертом в деле Ларри Лейтона, обвиненного в заговоре с целью убийства конгрессмена Райана. Благодаря ему я подружился с его сестрой, Дебби Лейтон, еще одной героиней сопротивления Джиму Джонсу. Мы больше узнаем о них в последней главе, где обсуждается их героизм.
43. Расшифровка стенограммы последней речи Джонса 18 ноября 1978 г. получила название *Death Tape* (FBI № Q042). Доступна он-лайн бесплатно, на сайте Института Джонстауна в Окленде, штат Калифорния. Расшифровано Мэри Маккормик Маага: http://jonestown.sdsu.edu/AboutJonestown/Tapes/Tapes/Deathtape/Q042.maaga.html.
44. *Banaji M.* Ordinary Prejudice // Psychological Science Agenda. 2001. P. 8–16; цитата на с. 15.

Глава тринадцатая.
Исследование социальных мотивов:
дегуманизация и зло бездействия

1. *Swift J.* Gulliver's Travels and Other Works. London: Routledge, 1906. Критика Свифта в адрес собратьев-людей косвенно связана со словами, обращенными к его альтер-эго, Лемуэлю Гулливеру, который в своих путешествиях в Бробдингнег и в другие места встречается с разными персонажами. Людей, т. е. иеху, он называет «извращенными в самой своей основе». Мы также узнаем, что наши пороки не подлежат исправлению, потому что не хватит никакого времени, «чтобы избавиться от всех пороков и безрассудств, которым подвержены иеху, даже если бы только они имели малейшее расположение к добродетели и мудрости».
2. *Weiss R.* Skin Cells Converted to Stem Cells // The Washington Post. 2005. Aug. 22. P. A01.
3. *Golding W.* Lord of the Flies. New York: Capricorn Books, 1954. P. 58, 63.
4. *Zimbardo P. G.* The Human Choice: Individuation, Reason, and Order Versus Deindividuation, Impulse, and Chaos // 1969 Nebraska Symposium on Motivation / Ed. by W. J. Arnold, D. Levine. Lincoln: University of Nebraska Press, 1970.
5. *Bond M. H., Dutton D. G.* The Effect of Interaction Anticipation and Experience as a Victim on Aggressive Behavior // Journal of Personality. 1975. Vol. 43, № 3. P. 515–527.
6. *Kiernan R. J., Kaplan R. M.* Deindividuation, Anonymity, and Pilfering. Доклад, прочитанный на съезде Западной психологической ассоциации (Western Psychological Association) в Сан-Франциско в апреле 1971 г.
7. *Watson Jr. R. J.* Investigation into Deindividuation Using a Cross-Cultural Survey Technique // Journal of Personality and Social Psychology. 1973. Vol. 25, № 2. P. 342–345.
8. Ниже указаны наиболее важные исследования по деиндивидуации: *Diener E.* Deindividuation: Causes and Consequences // Social Behavior and Personality. 1977. Vol. 5, № 1. P. 143–156; *Diener E.* Deindividuation: The Absence of Self-Awareness and Self-Regulation in Group Members // Psychology of Group Influence // Ed. by P. B. Paulus. Hillsdale, NJ: Erlbaum, 1980. P. 209–242; *Festinger L., Pepitone A., Newcomb T.* Some Consequences of De-individuation in a Group // Journal of Abnormal and Social Psychology. 1952. Vol. 47, № 2, Suppl. P. 382–389; *Le Bon G.* The Crowd: A Study of the Popular Mind. London: Transaction, 1995; *Postmes T., Spears R.* Deindividuation and Antinormative Behavior: A Meta-analysis // Psychological Bulletin. 1998. Vol. 123, № 3. 238–259; *Prentice-Dunn S., Rogers R. W.* Deindividuation in Aggression // Aggression: Theoretical and Empirical Reviews / Ed. by R. G. Geen, E. I. Donnerstein. New York: Academic Press, 1983. P. 155–172; *Reicher S., Levine M.* On the Consequences of Deindividuation Manipulations for the Strategic Communication of Self: Identifiability and the Presentation of Social Identity // European Journal of Social Psychology. 1994. Vol. 24, № 4. P. 511–524; *Singer J. E., Brush C. E., Lublin S. C.* Some Aspects of Deindividuation: Identification and Conformity // Journal of Experimental Social Psychology. 1965. Vol. 1, № 4. P. 356–378; *Spivey C. B., Prentice-Dunn S.* Assessing the Directionality of Deindividuated Behavior: Effects of Deindividuation, Modeling, and Private Self-Consciousness on Aggressive and Prosocial Responses // Basic and Applied Social Psychology. 1990. Vol. 11, № 4. P. 387–403.

9. *Goffman E.* Stigma: Notes on the Management of Spoiled Identity. Englewood Cliffs, NJ: Prentice-Hall, 1963.
10. См.: *Maslach C., Zimbardo P. G.* Dehumanization in Institutional Settings: «Detached Concern» in Health and Social Service Professions; The Dehumanization of Imprisonment. Доклад, представленный на конференции Американской психологической ассоциации (American Psychological Association) в Монреале, Канада, 30 августа 1973 г.
11. См.: *Ginzburg R.* 100 Years of Lynching. Baltimore: Black Classic Press, 1988. Фотографии судов Линча, издававшиеся в виде открыток, собраны в книге: *Allen J., Ali H., Lewis J., Litwack L. F.* Without Sanctuary: Lynching Photography in America. Santa Fe, NM: Twin Palms Publishers, 2004.
12. См.: *Kelman H. C.* Violence Without Moral Restraint: Reflections on the Dehumanization of Victims and Victimizers // Journal of Social Issues. 1973. Vol. 29, № 4. P. 25–61.
13. *Herbert B.* «Gooks» to «Hajis» // The New York Times. 2004. May 21.
14. *Bandura A., Underwood B., Fromson M. E.* Disinhibition of Aggression Through Diffusion of Responsibility and Dehumanization of Victims // Journal of Research in Personality. 1975. Vol. 9, № 4. P. 253–269.
15. См. обширные работы Альберта Бандуры об отключении внутреннего контроля, в частности: *Bandura A.* Social Foundations of Thought and Action: A Social Cognitive Theory (Englewood Cliffs, NJ: Prentice-Hall, 1986); *Bandura A.* Mechanisms of Moral Disengagement // Origins of Terrorism: Psychologies, Ideologies, Theologies, States of Mind / Ed. by W. Reich. Cambridge, UK: Cambridge University Press, 1990. P. 161–191; *Bandura A.* Moral Disengagement in the Perpetration of Inhumanities // Personality and Social Psychology Review (Special Issue on Evil and Violence). 1999. Vol. 3 P. 193–209; *Bandura A.* The Role of Selective Moral Disengagement in Terrorism // Psychosocial Aspects of Terrorism: Issues, Concepts and Directions / Ed. by F. M. Mogahaddam, A. J. Marsella. Washington, DC: American Psychological Association Press, 2004. P. 121–150; *Bandura A., Barbaranelli C., Caprara G. V., Pastorelli C.* Mechanisms of Moral Disengagement in the Exercise of Moral Agency // Journal of Personality and Social Psychology. 1996. Vol. 71, № 2. P. 364–374; *Osofsky M., Bandura A., Zimbardo P. G.* The Role of Moral Disengagement in the Execution Process // Law and Human Behavior. 2005. Vol. 29, № 4. P. 371–393.
16. В одном сюжете агентства Рейтер тридцатипятилетняя мать, представительница народа хуту по имени Муканквайя, рассказывает, как она и другие женщины хуту окружили детей своих «врагов» — соседей-тутси. С поразительной решительностью они забили ошеломленных детей до смерти палками. «Они не кричали, потому что знали нас, — сказала она. — Они только выпучили глаза. Мы убили очень многих, я не могу даже посчитать». Она оправдывала свои действия тем, что она и другие женщины-убийцы «сделали детям одолжение»: лучше, если дети умрут сейчас, потому что иначе они останутся сиротами, ведь их отцов зарубили мачете, которые правительство выдало мужчинам-хуту, а их матерей изнасиловали и убили. У этих детей была бы очень трудная жизнь, рассуждала она и другие женщины-хуту. Поэтому, забив их до смерти, они освободили их от печального будущего.
17. См.: *Keen S.* Faces of the Enemy: Reflections on the Hostile Imagination. San Francisco, CA: Harper & Row, 2004. Также можно посмотреть одноименный DVD-фильм (2004).
18. Цит. по: *Bruinius H.* Better for All the World: The Secret History of Forced Sterilization and America's Quest for Racial Purity. New York: Knopf, 2006.

19. См.: *Galton F.* Hereditary Genius: An Inquiry into Its Laws and Consequences. 2nd ed. London: Macmillan, 1892; Watts and Co., 1950; *Soloway R. A.* Democracy and Denigration: Eugenics and the Declining Birthrate in England, 1877–1930. Chapel Hill: University of North Carolina Press, 1990; Race Betterment Foundation: Proceedings of the Third Race Betterment Conference. Battle Creek, MI: Race Betterment Foundation, 1928; *Black E.* War Against the Weak: Eugenics and America's Campaign to Create a Master Race. New York: Four Walls Eight Windows, 2003; *Black E.* IBM and the Holocaust: The Strategic Alliance Between Nazi Germany and America's Most Powerful Corporation. New York: Crown, 2001.
20. *King Jr. M. L.* Strength to Love. Philadelphia: Fortress Press, 1963. P. 18.
21. *Latane B., Darley J. M.* The Unresponsive Bystander: Why Doesn't He Help? New York: Appleton-Century-Crofts, 1970.
22. *Darley J. M., Latane B.* Bystander Intervention in Emergencies: Diffusion of Responsibilities // Journal of Personality and Social Psychology. 1968. Vol. 8, № 4, pt. 1. P. 377–383.
23. *Schroeder D. A., Penner L. A., Dovidio J. F., Pilliavin J. A.* The Psychology of Helping and Altruism: Problems and Puzzles. New York: McGraw-Hill, 1995. См. также: *Batson C. D.* Prosocial Motivation: Why Do We Help Others? // Advanced Social Psychology / Ed. by A. Tesser. New York: McGraw-Hill, 1995. P. 333–381; *Straub E.* Helping a Distressed Person: Social, Personality, and Stimulus Determinants // Advances in Experimental Social Psychology / Ed. by L. Berkowitz. New York: Academic Press, 1974. Vol. 7. P. 293–341.
24. *Darley J. M., Batson C. D.* From Jerusalem to Jericho: A Study of Situational Variables in Helping Behavior // Journal of Personality and Social Psychology. 1973. Vol. 27, № 1. P. 100–108.
25. *Batson C. D., Cochran P. J., Biederman M. F.* et al. Failure to Help in a Hurry: Callousness or Conflict? // Personality and Social Psychology Bulletin. 1978. 4, № 1. P. 97–101.
26. Abuse Scandal to Cost Catholic Church at Least $2 Billion, Predicts Lay Leader // Associated Press. 2005. July 10. См. также документальный фильм «Избави нас от лукавого» (Deliver Us from Evil) об отце Оливере О'Грэйди из Северной Калифорнии, обвиненном в том, что он в течение 20 лет растлевал малолетних мальчиков и девочек. Кардинал Роджер Мэхони, знавший о множестве жалоб на отца О'Грэйди, не стал лишать его сана. Вместо этого он периодически переводил этого извращенца в другие округа, где тот продолжал надругательства над детьми (Режиссер Эми Берг; дистрибуция Lionsgate Films, October 2006).
27. *Ross L., Nisbett R. E.* The Person and the Situation. Philadelphia: Temple University Press, 1991.
28. *Bandura A.* Self-Efficacy: The Exercise of Control. New York: Freeman, 1997.
29. *Kueter R.* The State of Human Nature. New York: iUniverse, 2005. Обзор психологических эффектов культуры см.: *Brislin R.* Understanding Culture's Influence on Behavior. Orlando, FL: Harcourt Brace Jovanovich, 1993. См. также: *Markus H., Kitayama S.* Culture and the Self: Implications for Cognition, Emotion and Motivation // Psychological Review. 1991. Vol. 98, № 2. P. 224–253.
30. *Ross L. Shestowsky D.* Contemporary Psychology's Challenges to Legal Theory and Practice // Northwestern University Law Review. 2003. Vol. 97. P. 1081–1114; цитата на с. 1114. Очень полезен обширный обзор с анализом роли ситуации в области права и экономики, содержащийся в статье двух ученых-юристов, Джона Хэнсона и Дэвида Йосифона: *Hanson J., Yosifon D.* The Situation: An Introduction to the Situational Character, Critical Realism, Power Economics, and Deep Capture

// University of Pennsylvania Law Review. 2003. Vol. 129. P. 152–346. Кроме того, мой коллега Крейг Хейни много писал о важности факторов контекста в правосудии; см., например: *Haney C.* Making Law Modern: Toward a Contextual Model of Justice // Psychology, Public Policy and Law. 2002. Vol. 8, № 1. P. 3–63.

31. *Richard F. D., Bond, Jr. D. F. Stokes-Zoota J. J.* One Hundred Years of Social Psychology Quantitatively Described // Review of General Psychology. 2003. Vol. 7, № 4. P. 331–363.
32. *Fiske S. T., Harris L. T., Cudy A. J. C.* Why Ordinary People Torture Enemy Prisoners // Science. 2004. Vol. 306, № 5701. P. 1482–1483; цитата на с. 1482. См. также анализ Сьюзен Фиске в ее книге: *Fiske S. T.* Social Beings. New York: Wiley, 2003.

Глава четырнадцатая.
Злоупотребления и пытки в Абу-Грейб: причины и действующие лица

1. Итоговый отчет Независимой группы по изучению операций по задержанию подозреваемых, проводимых министерством обороны (Independent Panel to Review DoD Detention Operations). Полный текст доклада доступен на сайте министерства обороны США по адресу: http://www.defense.gov/news/Aug2004/d20040824finalreport.pdf. Он был выпущен 8 ноября 2004 г.
2. CBS 60 Minutes, доступен по адресу: http://www.cbsnews.com/stories/2004/04/27/60II/main614063.shtml.
3. Есть свидетельства того, что генерал Майерс лично позвонил Дэну Ретеру за восемь дней до того, как сюжет о злоупотреблениях в Абу-Грейб должен был выйти в эфир в программе 60 Minutes II, и попросил его отложить выход сюжета в эфир. Он оправдывал эту просьбу тем, что хотел избежать опасности для «наших войск» и «военных действий». CBS выполнил просьбу Майерса и отложил эфир на две недели. Когда телеканал все же решил передать сюжет в эфир, оказалось, что журнал The New Yorker готовится опубликовать подробное журналистское расследование Сеймура Херша. Это доказывает, что военное руководство хорошо знало о «проблемах с имиджем», которые возникнут в результате освещения проблемы в СМИ.
4. Выступление в конгрессе: Donald Rumsfeld, Federal Document Clearing House, 2004, доступно по адресу: http://www.highbeam.com / library / wordDoc. doc? docid = 1P1:94441824; Testimony of Secretary of Defense Donald H. Rumsfeld Before the Senate and House Armed Services Committees, May 7, 2004; доступно по адресу: http://www.defenselink.mil/speeches/2004/sp20040507secdef1042.html.
5. Цит. по: *Hochschild A.* What's in a Word? Torture // The New York Times. 2004. May 23. Сьюзен Зонтаг в своем эссе бросила изящный вызов мнению, что все эти действия были просто «злоупотреблениями», а не «пытками». См.: *Sontag S.* Regarding the Torture of Others // The New York Times Magazine. 2004. May 23. P. 25 ff.
6. У министра иностранных дел Ватикана, архиепископа Джованни Лайоло, была другая точка зрения: «Пытки? Это более серьезный удар по Соединенным Штатам, чем 11 сентября. Только его нанесли не террористы, но сами американцы». Редактор лондонской арабоязычной газеты *Al Quds Al Arabi* сказал: «Освободители хуже диктаторов. Это как раз та соломинка, которая сломала спину американского верблюда».
7. Я хотел создать Фонд Джо Дарби, чтобы собрать пожертвования в национальном масштабе и передать их Дарби, как только он выйдет из-под защиты. Репортер *USA Today* Мэрилин Элиас уверила меня, что ее газета готова опуб-

ликовать историю об этом «герое в бегах» и рассказать о Фонде, если я укажу счет, куда люди смогут отправлять пожертвования. В течение многих месяцев я тщетно пытался убедить различные организации заняться сбором пожертвований для Фонда, в том числе Amnesty International, банк родного города Дарби, мой собственный банк в Пало-Альто и Ассоциацию жертв пыток. Мне отказывали, и каждый раз я выслушивал те или иные причины, которые казались мне просто оправданиями и отговорками. Мне удалось убедить тогдашнего президента Американской психологической ассоциации, Дайану Хальперин, предоставить Дарби слово на ежегодной конференции ассоциации, но для этого пришлось преодолеть серьезное сопротивление совета директоров. Для слишком многих это дело было слишком политическим.

8. Цитата из "A Question of Torture," PBS News Frontline. 2005. Oct. 18.
9. CBS, 60 Minutes II. 2004. Apr. 28.
10. Цит. по: Iraq Prison Abuse Stains Entire Brigade // The Washington Times. 2004. May 10.
11. *Karpinski J., Strasser S.* One Woman's Army: The Commanding General at Abu Ghraib Tells Her Story. New York: Miramax Press, 2005.
12. Интервью на радио BBC с бригадным генералом Дженис Карпински, 15 июня 2004 г. Эти обвинения она повторила на конференции, проведенной в Стэнфордском университете 4 мая 2006 г.
13. Психологическое тестирование проходило в форме интервью с военным психологом доктором Альвином Джонсом 31 августа и 2 сентября 2004 г. За интервью следовала серия психологических тестов: Minnesota Multiphasic Inventory, Second Edition (MMPI-2); the Millon Clinical Multiaxial Inventory-111; и the Wechsler Abbreviated Intelligence Scale (WASI). 21 сентября я получил официальный отчет психологов-консультантов, данные тестов и отправил их доктору Ларри Бейтлеру, руководителю Тихоокеанской аспирантуры по психологии в Пало-Альто. Он провел независимую интерпретацию тестов, не зная звания и имени испытуемого. У себя дома, во время интервью с Чипом, я провел тест Maslach Burnout Inventory (MBI) и отправил результаты эксперту по рабочему стрессу доктору Майклу Лейтеру, Center for Organizational Development в Вулфвилле, Канада. 3 октября 2004 г. было получено его официальное заключение. Он также не знал имени и звания испытуемого.
14. Отчет психологов-консультантов, 31 августа 2004 г.
15. Исследование застенчивости можно найти в моей книге: *Zimbardo P. G.* Shyness: What It Is. What to Do About It. Reading, MA: Perseus Books, 1977 (см. русское издание: *Зимбардо Ф.* Застенчивость. Что это такое и как с ней справляться / Пер. с англ. М. Горшкова. СПб.: Питер, 1995).
16. 372-я военно-полицейская рота — подразделение резервистов, расположенное в Креспгауне, штат Мэриленд. Почти все солдаты этой роты были уроженцами небольших бедных городков в Аппалачах, где в местных СМИ часто публикуются объявления о вербовке в армию. Люди там часто вступают в вооруженные силы подростками, чтобы заработать денег, или увидеть мир, или просто чтобы уехать из родного города. По отчетам, 372-я рота была сплоченной группой. См. журнал *Time*. Special Report. 2004. May 17.
17. Мое интервью с Чипом, 30 сентября 2004 г. и его личное письмо от 12 июня 2005 г.
18. Заключение доктора Альвина Джонса об интервью и психологическом тестировании Фредерика (31 августа, 2 сентября 2004 г.).
19. Заключение доктора А. Джонса по результатам тестов.

20. Эти и другие цитаты взяты из Test Interpretation of Client on September 22, 2004, заключение доктора Ларри Бейтлера.
21. Существует обширная психологическая литература, посвященная когнитивной перегрузке и когнитивным ресурсам. Перечислю несколько работ: Kirsh D. A Few Thoughts on Cognitive Overload // Intellectica. 2000. Vol. 30, № 1. P. 19–51; Hester R., *Garavan H.* Working Memory and Executive Function: The Influence of Content and Load on the Control of Attention // Memory & Cognition. 2005. Vol. 33, № 2. P. 221–233; Paas F., Renkl A., Swelle J. Cognitive Load Theory: Instructional Implications of the Interaction Between Information Structures and Cognitive Architecture // Instructional Science. (2004): 32. P. 1–8.
22. Все вопросы и ответы взяты из интервью от 30 сентября 2004 г.; оно проходило в моем доме, было записано на магнитофон, а затем расшифровано моим помощником Мэттом Эстрадой.
23. *Smith R. J., White J.* General Granted Latitude at Prison: Abu Ghraib Used Aggressive Tactics // The Washington Post. 2004. June 12. P. A01. Доступно по адресу: http://www.washingtonpost.com / wp-dyn / articles / A35612-2004Jun11.html.
24. Опытный военный следователь сказал мне, что, по его мнению, следователи манипулировали персоналом военной полиции, чтобы те помогали им получить нужную информацию: «*Здесь* главная зацепка. Недобросовестные следователи (в той или иной степени, в порядке убывания: младшие военные следователи, контрактники, сотрудники ЦРУ) намеренно играли в эти игры с людьми, готовыми им верить. Я знаю, что происходит, когда военным полицейским поручают охрану задержанных (это была компания пехоты, которую назначили управлять тюрьмой), и они начинали относиться ко мне, как будто я был воплощением всех возможных стереотипов «следователя», свойственных американской культуре; но когда я говорил им, что не только не собираюсь делать то, чего от меня ожидают, но и объяснял почему, они не только понимали мою точку зрения, но согласились со мной и охотно меняли свое поведение. Контроль одного человека над другим — огромная ответственность, и людей нужно обучать, а не просто отдавать приказы». Получено 3 августа 2006 г.; источник предпочел остаться анонимным.
25. Интервью Чипа Фредерика со мной 30 сентября 2004 г.
26. Заявление Кена Дэвиса было включено в документальный фильм The Human Behavior Experiments, вышедший в эфир на телеканале Sundance Channel 1 июня 2006 г.
27. *Fiske S. T., Harris L. T., Cuddy A. J.* Why Ordinary People Torture Enemy Prisoners // Science. 2004. Vol. 306, № 5701. P. 1482–1483.; Цитата — на с. 1483.
28. Личная переписка по электронной почте, 30 августа 2006 г. Публикуется с разрешения автора. Сейчас автор работает в службе безопасности министерства торговли.
29. Об отчете генерал-майора Дж. Фея, составленного в соавторстве с генерал-лейтенантом Э. Джонсом, мы подробнее поговорим в следующей главе. Часть отчета Фея — Джонса представлена в книге: The Abu Ghraib Investigations: The Official Reports of the Independent Panel and the Pentagon on the Shocking Prisoner Abuse in Iraq / Ed. by S. Strasser. New York: Public Affairs, 2004. Полностью отчет доступен по адресу: http://news.findlaw.com / hdocs / doc s / dod / fay82504 rpt.pdf. Полный текст доклада доступен по адресу: http://news.findlaw.com/hdocs/docs/dod/fay82504rpt.pdf.
30. *Fuoco M. A., Blazina E., Lash C.* Suspect in Prisoner Abuse Has a History of Troubles // Pittsburgh Post-Gazette. 2004. May 8.

31. Показания аналитика военной разведки во время предварительного слушания дела Гренера.
32. Условие относительно фактов, дело Соединенные Штаты против Фредерика, 5 августа 2004 г.
33. Личная переписка с Чипом Фредериком, отправлено из форта Ливенворт 12 июня 2005 г.
34. Охранник Хеллман в The Human Behavior Experiments, 1 июня 2006 г.
35.

36. Там же. Отчет члена парламента Кена Дэвиса о The Human Behavior Experiments.
37. См.: http://www.supportmpscapegoats.com.
38. Now That's Fucked Up: http://www.nowthatsfuckedup.com/bbs/index. php (см., в частности: http://www.nowthatsfuckedup.com/bbs/ftopic41640.html.)
39. *Allen J. et al.* Without Sanctuary: Lynching Photography in America.
40. *Browning C. R.* Ordinary Men.
41. *Struk J.* Photographing the Holocaust: Interpretations of the Evidence. New York: Palgrave, 2004.
42. http://www.armenocide.am.
43. Подробнее о трофейных фотографиях Тедди Рузвельта и его сына Кермита см.: On Safari with Theodore Roosevelt, 1909. Доступно в сети: http://

eyewitnesstohistory.com/tr.htm. Интересно, что было объявлено, будто экспедиция посвящена «коллекционированию» животных, на самом деле это было сафари, настоящая охота. Было убито 512 животных, среди них — 17 львов, 11 слонов и 20 носорогов. Как ни странно, в 1953 г. внук Теодора Рузвельта Кермит-младший руководил операцией ЦРУ «Аякс» в Иране, первом успешном государственном перевороте при поддержке ЦРУ, когда от власти был отстранен (демократически избранный) премьер-министр Мохаммед Моссадык. ЦРУ объясняло этот переворот коммунистической угрозой, которая возникла бы, если бы Моссадык остался у власти. По словам журналиста Стивена Кинзера, ветерана *New York Times*, эта операция стала моделью для действий США в следующие 50 лет. За это время Соединенные Штаты и ЦРУ успешно устранили (или поддерживали устранение) глав государств в Гватемале (1954), затем на Кубе, в Чили, в Конго, во Вьетнаме, и что важнее всего для нашей истории — устранили Саддама Хусейна в Ираке (2003 г.). С. Кинзер также отмечает, что атмосфера в этих странах после государственных переворотов часто характеризовалась нестабильностью, гражданскими войнами и бесчисленными эпизодами насилия. Эти операции оказывали на них мощное влияние, ощутимое по сей день. Огромные лишения и страдания, к которым они привели, настроили против Соединенных Штатов целые регионы мира. Чтобы завершить этот круг, от операции «Аякс» до боевых действий в Ираке, Соединенные Штаты предприняли еще одну миссию контрразведки, а возможно даже планировали войну с Ираном. Сеймур Херш, наш хороший знакомый и журналист *The New Yorker*, расследовавший резню в Милай (Сонгми) и злоупотребления в Абу-Грейб, опубликовал эти данные; см.: http://www.newyorker.com / fact / content / ? 050124fa_fact; *Kinzer S.* All the Shah's Men: An American Coup and the Roots of Middle East Terror. Hoboken, NJ: Wiley, 2003; *Kinzer S.* Overthrow: America's Century of Regime Change from Hawaii to Iraq. New York: Times Books, 2006.

44. Цитата из моих заметок, сделанных во время дискуссии (проходившей под моим руководством), когда Дженис Карпински говорила о «Преступлениях против человечества, совершенных администрацией Буша», 4 мая 2006 г. Опытный военный следователь подвергает сомнению версию о том, что следователи поощряли охранников делать фотографии: «Я не думаю, что "разрешение" исходило от следователей, если оно вообще было... Я сам следователь, я руковожу следственными действиями больше 20 лет, мне знакомы все возможные "подходы", и я не верю, что следователь не только сознательно вовлек бы человека в противоправное действие, имеющее сомнительную ценность для расследования, но при этом еще и вступил в сговор с другими и таким образом попал от них в зависимость». Данное заключение получено 3 августа 2006 г.; источник предпочел остаться анонимным.
45. Этот отчет CBS о злоупотреблениях в лагере Букка доступен по адресу: http://www.cbsnews.com/stories/2004/05/11/60II/main616849.shtml.
46. Эти и другие свидетельства приведены в отчете Human Rights Watch «Leadership Failure: Firsthand Accounts of Torture of Iraqi Detainees by U. S. Army's 82nd Airborne Division». 2005. Sept. 24. Отчет доступен по адресу: http://hrw.org/reports/2005/us0905.
47. По приказу командования восьмилетний тюремный срок для Чипа Фредерика был уменьшен на шесть месяцев. Еще на восемнадцать месяцев его уменьшили армейская комиссия по вопросам апелляций и освобождения заключенных и комиссия по условно-досрочному освобождению (август 2006 г.), на основании множества апелляций и оправданий, моих заявлений и многих других свидетельств.
48. Личное сообщение, 12 июня 2005 г.

49. *Aronson E., Mills J.* The Effect of Severity of Initiation on Liking for a Group // Journal of Abnormal and Social Psychology. 1959. Vol. 59, № 2. P. 177–181.
50. Один офицер сказал мне: «Я сам говорил: "это Стэнфорд", описывая необычное садистское поведение со стороны тех, кто командует другими».
51. А. Хенсли — сертифицированный эксперт по травматическому стрессу и представитель Американской академии экспертов по травматическому стрессу, которая проводит психологическое консультирование и является советником по антитеррористическим акциям федерального правительства. Хенсли, докторант Университета Капелла со специализацией по посттравматическим стрессовым расстройствам, активно изучал злоупотребления в тюрьме Абу-Грейб. Хенсли отмечает: «Надежность утверждений, высказанных в этом докладе, может быть установлена с помощью такого же анализа с участием репрезентативной выборки со стороны ответчика. Положительная корреляция подобных данных может указывать на валидность "эффекта Зимбардо" в исправительном учреждении Абу-Грейб, таким образом объясняя ненормативное поведение» (р. 51). *Hensley A. L.* Why Good People Go Bad: A Psychoanalytic and Behavioral Assessment of the Abu Ghraib Detention Facility Staff. Стратегия защиты военного трибунала, представленная в Зональный совет обороны (Area Defense Council), Вашингтон, округ Колумбия, 10 декабря 2004 г.
52. *Norland R.* Good Intentions Gone Bad // Newsweek. 2005. June 13. P. 40.

Глава пятнадцатая.
Суд над Системой: соучастие командования

1. Заключительное заявление, сделанное майором Майклом Холли 21 октября 2004 г. во время суда Военного трибунала над сержантом Айвеном Фредериком, Багдад, 20 и 21 октября 2005 г., с. 353–354.
2. Мое импровизированное заключительное заявление, 21 октября 2004 г., с. 329.
3. «Административное зло» возникает, когда агенты системы разрабатывают процедуры коррекции, стадии процесса, наиболее эффективные для достижения желаемого результата. При этом агенты системы не понимают, что средства достижения желаемого результата являются безнравственными, незаконными и неэтичными. Им не хочется замечать реальности злоупотреблений и ужасающих последствий, к которым приводят их политика и методы. Административное зло можно найти в корпорациях, в полиции, в исправительных учреждениях или военных и государственных центрах, и даже в радикальных революционных группах.
40 лет назад мы видели это в расчетливом подходе Роберта Макнамары к войне во Вьетнаме. Научно-аналитическое мышление наряду с технически-рационально-юридическим подходом к социальным и политическим проблемам позволяет организации и ее участникам творить зло, которое замаскировано и скрыто за «принципами этики». Бывают ситуации, когда государство санкционирует участие своих представителей в действиях, которые обычно считаются безнравственными, незаконными и порочными, объявляя их необходимыми для защиты национальной безопасности. Холокост и интернирование японско-американских граждан во время Второй мировой войны — примеры административного зла. Точно так же, как и программа пыток администрации Буша в ходе «войны с терроризмом».
Понятие «административного зла» предложили Гай Адамс и Дэнни Бельфур в своей прекрасной книге: *Adams G. B., Balfour D. L.* Unmasking Administrative Evil. Revised ed. New York: M. E. Sharpe, 2004.

4. Хороший источник о хронологии Абу-Грейб и отчетах следствия по делу можно найти по адресу: http://www.globalsecurity.org / intell / world / iraq / abughurayb-chronology.htm.
5. Журналист Сеймур Херш рассказал историю злоупотреблений и пыток в Абу-Грейб в статье: Hersh S. M. Torture at Abu Ghraib. American Soldiers Brutalize Iraqis: How Far Up Does the Responsibility Go? // The New Yorker. 2004. May 5; P. 42.
6. Доступно по адресу: http://news.findlaw.com / nytimes / docs / iraq / tagubarpt.html#ThR1.14.
7. Часть отчета Фэя — Джонса напечатана в книге: The Abu Ghraib Investigations: The Official Reports of the Independent Panel and the Pentagon on the Shocking Prisoner Abuse in Iraq / Ed. by S. Strasser, C. R. Whitney. New York: PublicAffairs, 2004. Полностью отчет доступен по адресу: http://news.findlaw.com/hdocs/docs/dod/fay82504rpt.pdf. См. также: Strasser S., Whitney C. R. The 9 / 11 Investigations: Staff Reports of the 9 / 11 Commission: Excerpts from the House-Senate Joint Inquiry Report on 9 / 11: Testimony from Fourteen Key Witnesses. New York: Public Affairs, 2004.
8. Говорят, что командующий CENTCOM Джон Абизэйд лично высказал просьбу, чтобы расследование возглавил офицер более высокого ранга, чем генерал-майор Дж. Фэй. Тогда он смог бы допрашивать офицеров более высокого ранга. Армейские инструкции не позволяли делать это генерал-майору Дж. Фею, но генерал-лейтенант Э. Джонс мог допрашивать офицеров любого ранга.
9. *Miles S. H.* Oath Betrayed: Torture, Medical Complicity, and the War on Terror. New York: Random House, 2006.
10. *Schmitt E.* Abuses at Prison Tied to Officers in Military Intelligence // The New York Times. 2004. Aug. 26.
11. 24 августа 2004 г. члены Независимой группы по изучению операций по задержанию подозреваемых, проводимых министерством обороны, проинформировали министра обороны Дональда Рамсфельда о завершении своего отчета. Группа состояла из четырех человек: бывшего министра обороны Гарольда Брауна; бывшего члена палаты представителей Тилли Фоулера; генерала ВВС США в отставке Чарльза Хорнера, и бывшего министра обороны Джеймса Шлезингера, который возглавлял группу. Полный текст доклада, включая Приложения, можно найти по адресу: http://www.prisonexp.org/pdf/SchlesingerReport.pdf.
12. См. http://www.hrw.org. Другой ценный ресурс — телепрограмма A Few Bad Apples телекомпании Canadian Broadcast Company, которая вышла в эфир 16 ноября 2005 г. Телепрограмма была посвящена той ночи, 25 октября 2003 г., когда несколько солдат пытали иракских заключенных в блоке 1А, а другие наблюдали за этими пытками. Этот инцидент описан в главе 14. Все началось с того, что прошел слух, будто несколько заключенных изнасиловали мальчика; впоследствии оказалось, что это ложь. На сайте CBC описана хронология событий, которые привели к этим злоупотреблениям, приведены статьи Сеймура Херша об Абу-Грейб и докладные записки Бушу, Рамсфельду и Санчесу; см.: http://www.cbc.ca / fifth / badapples / resource.html.
13. Abu Ghraib Only the «Tip of the Iceberg». Human Rights Watch Report, April 27, 2005.
14. *Schmitt E.* Few Punished in Abuse Cases // The New York Times. 2006. Apr. 27. P. A24. Эта статья основана на полном тексте доклада, подготовленном Центром прав человека и глобального правосудия Нью-Йоркского университета в сотрудничестве с Human Rights Watch и Human Rights First. Авторы обработали статистические данные, содержащиеся приблизительно в 100 000

докумeнтах, полученных по Закону о свободе информации. Они отмечают, что приблизительно две трети всех злоупотреблений произошли в Ираке.
15. Abu Ghraib Dog Handler Gets 6 Months. CBS News Video Report, May 22, 2006. Доступно на сайте CBS News по адресу: http://www.cbsnews.com / stories / 2 006 / 03 / 22 / iraq / main1430842.shtml.
16. Полный текст доклада доступен по адресу: http://humanrightsfirst.org / wp-content / uploads / PDF / 06425-etn-by-the-numbers.pdf.
17. Полный отчет Human Rights Watch, включая цитаты, которые я привожу, доступен по адресу: http://www.hrw.org / reports / 2005 / us0405 / 1.htm; на том же сайте с 2.htm до 6.htm — дополнительные разделы этого длинного отчета.
18. Показания конгрессу министра обороны Дональда Рамсфельда, слушание Комитета Сената по делам вооруженных сил по поводу плохого обращения с иракскими заключенными, Federal News Service, 7 мая 2004 г.
19. См.: http://www.genevaconventions.org / .
20. Report of the International Committee of the Red Cross (ICRC) on the Treatment by the Coalition Forces of Prisoners of War and Other Protected Persons by the Geneva Conventions in Iraq During Arrest, Internment and Interrogation. February 2004. См.: http://cryptome.org/icrc-report.htm.
21. Цит. по: A Question of Torture. PBS Frontline. 2005. Oct. 18.
22. Показания генерал-лейтенанта Рикардо Санчеса, Комитет Сената по делам вооруженных сил, слушания о злоупотреблениях по отношению к иракским заключенным, 19 мая 2004 г.
23. Цит. по: *Danner M.* Torture and Truth: America, Abu Ghraib and the War on Terrorism. New York: The New York Review of Books, 2004. P. 33.
24. Дженис Карпински, интервью по поводу A Question of Torture, PBS Frontline. 2005. Oct. 18.
25. Памятная записка генерал-лейтенанта Рикардо Санчеса. Interrogation and Counter-Resistance Policy, 14 сентября 2003 г.; доступно по адресу: http://www.aclu.org/Safeand Free/SafeandFree.cfm?ID=17851&c=206.
26. Интервью Джозефа Дарби, журнал GQ, сентябрь 2006 г.
27. Статья Джейн Майер в *The New Yorker*,, цит. по: A Question of Torture PBS Frontline. 2005. Oct. 18.
28. Позже (июнь 2006 г.) почти 90 задержанных, содержавшихся в Гитмо, устроили голодовку, протестуя против несправедливого заключения. Командующий ВМФ назвал эту акцию тактикой «привлечения внимания». Чтобы заключенные не умерли от голода, их пришлось кормить принудительно, через носовые трубки, с помощью как минимум шести санитаров. Это само по себе напоминает пытки, хотя официальные лица утверждают, что это «безопасно и гуманно». См.: *Fox B.* Hunger Strike Widens at Guantanamo // Associated Press. 2006. May 30; *Selsky A.* More Detainees Join Hunger Strike at Guantanamo // Associated Press. 2006. June 2.
Ранее я уже говорил о голодовках политических заключенных в Ирландии и в других местах, проводя параллель с тактикой, которую использовал наш заключенный Клей-416. Одним из самых известных участников ирландской голодовки, которые умерли от голода, был Бобби Сэндс. Знаменательно, что организатор голодовок в Гитмо, Биньям Мохаммед аль-Хабаши заявил, что либо он и другие участники голодовки добьются уважения к своим требованиям, либо погибнут как Бобби Сэндс, который «обладал смелостью суждений и уморил себя голодом до смерти. Никто ни на мгновение не должен усомниться в том, что у моих братьев здесь меньше смелости». См.: *McCabe K.* Political Prisoners' Resistance from Ireland to GITMO: «No Less Courage». URL: http://www.CounterPunch.com (5 мая 2006 г.).

29. GITMO Suicides Comment Condemned. U. S. Officials' «Publicity Stunt» Remark Draws International Backlash // Associated Press. 2006. June 12. Правительственный чиновник — Колин Грэффи, второй помощник госсекретаря США по публичной дипломатии (Public Diplomacy). Представитель военно-морских сил — Генри Харрис.
30. Дженис Карпински, интервью A Question of Torture. PBS Frontline, 18 октября 2005 г. Также приводится в материале Iraq Abuse "Ordered from the Top", размещенном на сайте BBC 15 июня 2004 г. URL: http://news.bbc.co.uk / 1 / hi / world / americas / 3806713.stm.
  Когда Миллер прибыл в Абу-Грейб, он сказал: «На мой взгляд, вы обращаетесь с заключенными слишком мягко. В Гуантанамо заключенные знают, что мы здесь главные, и они знают это с самого начала». Он сказал: «К заключенным надо относиться как к собакам, и если вы думаете или чувствуете иначе, вы потеряли контроль».
31. Wilson S., Chan S. As Insurgency Grew, So Did Prison Abuse // The Washington Post. 2004. May 9; См. также: Karpinski J. One Woman's Army. New York: Hyperion, 2005. P. 196–205.
32. Smith J. R. General is Said to Have Urged Use of Dogs // The Washington Post. 2004. May 26.
33. General Kern в A Question of Torture, PBS Frontline. 2005. Oct. 18.
34. Генерал-майор Джеффри Миллер ушел в отставку 31 июля 2006 г. Он решил уйти, не получив нового звания, потому что его репутация была запятнана утверждениями о непосредственном участии в пытках и злоупотреблениях в тюрьмах Абу-Грейб и Гитмо, согласно военным источникам и источникам в конгрессе.
35. Генерал Майерс продолжает обвинять во всех злоупотреблениях в тюрьме Абу-Грейб только охранников, эту «ложку дегтя», игнорируя или отклоняя все доказательства множества независимых следственных групп, доказывающих активное соучастие офицеров высокого ранга и множество системных недостатков. Это указывает либо на самоотверженное упорство генерала, либо на его невежество. Доступно по адресу: http://www.pbs.org/wgbh/pages/frontline/torture/etc/script.html.
36. Было создано более 100 000 страниц правительственных документов, с подробными описаниями злоупотреблений и пыток задержанных. Их можно найти через поисковую систему ACLU. Документы находятся в открытом доступе: http://www.aclu.org / torturefoiasearch. История Army Information Paper, созданного в апреле 2004 г,. доступна по адресу: http://www.rawstory.com/news/2006/New_Army_documents_reveal_US_knew_0502.html.
37. Schmitt E. Outmoded Interrogation Tactics Cited // The New York Times. 2006. June 17. P. A11.
38. Газета Toledo Blade из Огайо и ее репортеры получили Пулитцеровскую премию за расследование злодеяний особой группы «Тайгер Форс» (Tiger Force) во Вьетнаме. В течение семи месяцев это подразделение совершало убийства мирных жителей и погромы, которые вооруженные силы скрывали в течение трех десятилетий. Это было привилегированное десантно-диверсионное подразделение 101-й воздушно-десантной дивизии. Армия расследовала свидетельства о его военных преступлениях, злодеяниях, пытках, убийствах и нападениях на мирных жителей и заключила, что можно предъявить обвинения 18 солдатам, но никакие обвинения предъявлены не были. Эксперты сходятся во мнении, что если бы злодеяния «Тайгер Форс» были расследованы раньше, возможно, это могло предотвратить резню в Милай (Сонгми), происшедшую шесть месяцев спустя.

39. Американский репортер Нир Розен, который жил в Ираке в течение трех лет и говорит по-арабски, причем на иракском диалекте, пишет: «Этим занятием стало одно огромное преступление против иракского народа, и по большей части оно осталось незамеченным американским народом и СМИ»; см. статью Н. Розена, размещенную 27 июня 2006 г. на сайте truthdig.com: *Rozen N.* The Occupation of Iraqi Hearts and Minds: http://truthdig.com / dig / item / 20060627_occupation_iraq_hearts_minds.
    См. также комментарий к этой статье репортера Хейфера Зангана: *Zangana H.* All Iraq is Abu Ghraib. Our Streets Are Prison Corridors and Our Homes Cells as the Occupiers Go About Their Strategic Humiliation and Intimidation // The Guardian. 2006. July 5.
40. *Badkhen A.* Atrocities Are a Fact of All Wars, Even Ours: It's Not Just Evil Empires Whose Soldiers Go Amok // San Francisco Chronicle. 2006. Aug. 13. P. E1, E6. Автор цитирует (на с. E1) Джона Пайка (John Pike), руководителя GlobalSecurity.org.
41. *Grossman D.* On Killing: The Psychological Cost of Learning to Kill in War and Society. Boston: Little, Brown, 1995. См. также сайт Д. Гроссмана: http://www.killology.com.
42. *Haddock V.* The Science of Creating Killers: Human Reluctance to Take a Life Can Be Reversed Through Training in the Method Known as Killology // San Francisco Chronicle. 2006. Aug. 13. P. E1, E6. Автор цитирует (на с. E1) рядового Стивена Грина.
43. *Cloud D. S.* Marines May Have Excised Evidence on 24 Iraqi Deaths // The New York Times. 2006. Aug. 18; *Oppel, Jr. R. A.* Iraqi Leader Lambasts U. S. Military: He Says There Are Daily Attacks on Civilians by Troops // The New York Times. 2006. June 2.
44. *Cloud D. S., Schmitt E.* Role of Commanders Probed in Death of Civilians // The New York Times. 2006. June 3; *Kaplow L.* Iraqi's Video Launched Massacre Investigation // Cox News Service 2006. June 4.
45. Peers Vowed to Kill Him if He Talked, Soldier Says // Associated Press report. 2006. Aug. 2, доступно по адресу: http://www.msnbc.com/id/14150285.
46. *Whitmire T.* Ex-Soldier Charged with Rape of Iraqi Woman, Killing of Family // Southeast Missourian. 2006. July 5; доступно по адресу: http://www.semissourian.com / story / 1159037.html; *Rawe J., Ghosh A.* A Soldier's Shame // Time. 2006. July 17. P. 38–39.
47. The Torture Question // PBS Frontline. 2005. Oct. 18. См.: http://www.pbs.org/wgbh/pages/frontline/torture/etc/script.html.
48. «Снять перчатки» означает победить противника в кулачном бою, отказавшись от мягких перчаток, которые обычно надевают для таких поединков. Это выражение означает жесткую и упорную борьбу, бой без правил, по которым обычно ведется бой между противниками.
49. *Reid T. R.* Military Court Hears Abu Ghraib Testimony: Witness in Graner Case Says Higher-ups Condoned Abuse // The Washington Post. 2005. Jan. 11. P. A03. «Фредерик, сержант, которого понизили в звании до рядового, когда он признал себя виновным в злоупотреблениях в Абу-Грейб, сказал, что консультировался с шестью офицерами, от капитана до полковника, по поводу действий охранников, но ему никто не приказал остановиться. Фредерик также сказал, что представитель ЦРУ, которого он называл "агентом Ромеро", посоветовал ему "пожестче относиться" к одному подозреваемому во время допроса. Агент сказал ему, что его не волнует, что делают солдаты, "лишь бы его не убили", сказал Фредерик». Статья находится по адресу: http://www.washingtonpost.com/wp-dyn/articles/A62597-2005Jan10.html.

50. *Zagorin A., Duffy M.* Time Exclusive: Inside the Wire at Gitmo // Time. 2005. June 20. Доступно по адресу: http://www.time.com/time/magazine/article/0,9171,1071284,00.html.
51. Цит. по: *Mayer J.* The Memo // The New Yorker. 2006. Feb. 27. P. 35.
52. Детальные интервью с капитаном Фишбеком и этими двумя сержантами включены в доклад Human Rights Watch «Leadership Failure: Firsthand Accounts of Torture of Iraqi Detainees by the Army's 82nd Airborne Division», опубликованный в сентябре 2005 г. См.: hrw.org/reports/2005/us0905/1.htm. Полный текст письма Фишбека сенатору Маккейну был опубликован в *Washington Post* 18 сентября 2005 г.; доступен по адресу: http://www.washingtonpost.com/wp-dyn/content/article/2005/09/27/AR2005092701527.html.
53. *Saar E., Novak V.* Inside the Wire: A Military Intelligence Soldier's Eyewitness Account of Life at Guantanamo. New York: Penguin Press, 2005.
54. Радиоинтервью Эми Гудмен с Эриком Сааром, программа Democracy Now, Pacifica Radio, 4 мая 2005 г., доступно по адресу: http://www.democracynow.org / 2005 / 5 / 4 / inside_the_wire_a_military_intelligence.
55. *Dowd M.* Torture Chicks Gone Wild // The New York Times. 2005. Jan. 30.
56. *Saar E., Novak V.* Inside the Wire. P. 220–228.
57. См.: *Thompson A. C., Paglen T.* The CIA's Torture Taxi // San Francisco Bay Guardian 2005. Dec. 14. P 15, 18. Расследование этих журналистов выявило наличие загадочного самолета Boeing № N313P, принадлежавшего частной компании, имевшей беспрецедентное разрешение приземляться на любой американской военной базе в мире. Было доказано, что с помощью этого самолета был похищен гражданин Германии ливанского происхождения Халед аль-Масри. Эксперт по правам человека Американского союза гражданских свобод Стивен Уотт предполагает, что это один из 26 самолетов ЦРУ, предназначенных для таких операций.
58. См.: The Road to Abu Ghraib / Human Rights Watch. 2004. June. Доступно по адресу: http://www.hrw.org/reports/2004/usa0604. См. также: *Barry J. Hirsh M., Isikoff M.* The Roots of Torture // Newsweek. May 24. 2004. «Согласно хорошо осведомленным источникам, — утверждают они, — директива президента уполномочила ЦРУ создать серию секретных мест заключения за пределами Соединенных Штатов и допрашивать их заключенных с беспрецедентной жестокостью».
59. The Torture Question. Transcript. P. 5.
60. Там же.
61. *Silva J.* Europe Prison Inquiry Seeks Data on 31 Flights: Romania, Poland Focus of Investigation into Alleged CIA Jails // Associated Press. 2005. Nov. 23.
62. 21 Inmates Held Are Killed, ACLU Says // Associated Press. 2005. Oct. 24; полный отчет Американского союза защиты гражданских свобод см: Operative Killed Detainees During Interrogations in Afghanistan and Iraq, October 24, 2005. Доступно по адресу: http://www.aclu.org/news/NewsPrint.cfm?ID=19298&c=36.
63. См.: *Huggins M., Haritos-Fatouros M., Zimbardo P. G.* Violence Workers: Police Torturers and Murderers Reconstruct Brazilian Atrocities. Berkeley: University of California Press, 2002.
64. White House, President Bush Outlines Iraqi Threat: Remarks by the President on Iraq (October 7, 2002).
65. Iraq on the Record: The Bush Administration's Public Statements on Iraq; доклад подготовлен Подразделением специальных исследований Комитета по правительственным реформам Палаты представителей США 16 марта 2004 г.; Доступен по адресу: http://www.why-war.com / files / 2004 / 03 / iraq_on_the_record.html.

66. *Suskind R.* The One Percent Doctrine: Deep Inside America's Pursuit of Its Enemies Since 9 / 11. NewYork: Simon & Schuster, 2006. P. 10.
67. *Gopnik A.* Read It and Weep // The New Yorker. 2006. Aug. 28. P. 21–22.
68. *Zimbardo P., Kluger B.* Phantom Menace: Is Washington Terrorizing Us More than Al Qaeda? // Psychology Today. 2003. May 1. P. 34–36; Роуз Макдермот и Филип Зимбардо развивают эту тему: *McDermott R., Zimbardo P. G.* The Politics of Fear: The Psychology of Terror Alerts // Psychology and Terrorism / Ed. by B. Bonger et al. New York: Oxford University Press, 2006. P. 357–370.
69. The Washington Post. 2005. Oct. 26. P. A18.
70. Замечания Чейни о «темной стороне», сделанные в беседе с Тимом Рассертом во время пресс-конференции 16 сентября 2001 г., Кэмп-Дэвид, Мэриленд. (В свое время высказывание Чейни было размещено на сайте администрации президента США (www.whitehouse.gov), но в настоящее время его там нет. Однако эти слова многократно цитировались в американской прессе. См., например: *Froomkin D.* Cheney's «Dark Side» Is Showing // The Washington Post. 2005. Nov. 7; http://www.washingtonpost.com / wp-dyn / content / blog / 2005 / 11 / 07 / BL2005110700793.html).
71. Цит. по: *Dowd M.* System on Trial // The New York Times. 2005. Nov. 7.
72. *Risen J.* State of War: The Secret History of the C. I. A. and the Bush Administration New York: Free Press, 2006.
73. Цит. по: *Lewis A.* Making Torture Legal // The Washington Post. 2004. June 17. Копию документа можно увидеть по адресу: http://www.washingtonpost.com / wp-srv / nation / documents / dojinterrogationmemo20020801.pdf.
74. The Torture Papers: The Road to Abu Ghraib / Ed. by K. J. Greenberg, J. L. Dratel. New York: Cambridge University Press, 2005.
75. Цит. по: *Lewis A.* Introduction // The Torture Papers. P. XIII. Нужно также упомянуть, что несколько адвокатов министерства юстиции, назначенных администрацией Буша, восстали против юридических обоснований, предоставлявших президенту фактически неограниченные полномочия, позволяющие шпионить за гражданами и пытать подозреваемых. Репортеры *Newsweek* назвали их реакцию «придворным восстанием» (февраль 2006 г.), «спокойным, но драматичным проявлением храбрости». Некоторые из этих людей дорого заплатили за защиту верховенства права и были подвергнуты остракизму, им было отказано в повышении, а некоторых попросили уйти с занимаемой должности.
76. *Minutaglio B.* The President's Counselor: The Rise to Power of Alberto Gonzales. New York: HarperCollins, 2006.
77. *Gonzalez R. J.* Review of Minutaglio's The President's Counselor // San Francisco Chronicle. 2006. July 2. P. M1, M2.
78. *Dedman B.* Gitmo Interrogations Spark Battle Over Tactics: The Inside Story of Criminal Investigators Who Tried to Stop the Abuse // MSNBC. COM. 2006. Oct. 23. Статья доступна в Сети по адресу: http://www.msnbc.msn.com / id / 15361458.
79. FBI Fed Thousands of Spy Tips. Report: Eavesdropping by NSA Flooded FBI, Led to Dead Ends // The New York Times. 2006. Jan. 17.
80. *Lichtblau E., Risen J.* Spy Agency Mined Vast Data Trove, Officials Report // The New York Times. 2005. Dec. 23. См. также: *Liptak A., Lichtblau E.* Judge Finds Wiretap Actions Violate the Law // The New York Times. 2006. Aug. 18.
81. *Herbert B.* The Nixon Syndrome // The New York Times. 2006. Jan. 9.
82. *Savage C.* Bush Challenges Hundreds of Laws // The Boston Globe. 2006. Apr. 30.
83. *Greenhouse L.* Justices, 5–3, Broadly Reject Bush Plan to Try Detainees // The New York Times 2006. June 30. Адвокату ВМФ, который представлял одного из заключенных тюрьмы Гитмо, администрация Буша отказала в повыше-

нии, поскольку он серьезно и честно относя к своим обязанностям. Капитан-лейтенант Чарльз Свифт не позволил своему подзащитному из Йемена признать себя виновным перед военным трибуналом, как его убедили сделать. Он пришел к выводу, что такие трибуналы являются неконституционными и поддержал решение Верховного суда отклонить его приговор по делу Hamdan v. Rumseld. Отказ повысить его в звании положил конец его двадцатилетней выдающейся карьере офицера. *New York Times* пишет: «Защитой г-на Хамдена и выступлением перед конгрессом в июле 2003 г. капитан-лейтенант Свифт сделал все, что может сделать одиночка, чтобы продемонстрировать ужасные заблуждения залива Гуантанамо и беззаконие военных комиссий мистера Буша» (The Cost of Doing Your Duty // New York Times. 2006. Oct. 11. P. A26).

84. *Adams G. B., Balfour D. L.* Unmasking Administrative Evil. New York: M. E. Sharpe, 2004. См. также важную работу, дающую представление об истинных масштабах бедствий, к которым привели некорректная политика администрации Буша в Ираке и отрицание Пентагоном реальных фактов боевых действий: *Ricks T.* Fiasco: The American Military Adventure in Iraq. New York: Penguin Books, 2006.

85. Подполковник Джордан, который руководил допросами в тюрьме Абу-Грейб, был обвинен в семи нарушениях и признан виновным в преступном злоупотреблении полномочиями — спустя несколько лет после того, как обнаружились эти злоупотребления. Сообщают, что он мирился со злоупотреблениями весьма оригинальным способом: поставил фанерную стену, чтобы их не видеть (см.: *Benjamin M.* First officer is charged in Abu Ghraib scandal: http://www1.salon.com/news/feature/2006/04/29/jordan/index.html; статья от 29 апреля 2006 г.). 26 апреля 2006 г. Джордана обвинили в семи нарушениях статей Uniform Code of Military Justice, но окончательное решение было принято только 6 сентября 2006 г. См.: http://cbsnews.com/stories/2006/04/26/iraq/main1547777.shtml. Полковник Паппас получил право иммунитета от судебных преследований благодаря сделке: он согласился свидетельствовать о предполагаемых злоупотреблениях Джордана. Когда генерал-майора Джеффри Миллера вызвали для дачи свидетельских показаний, связанных с использованием собак для запугивания задержанных, он использовал свое конституционное право отказа от дачи невыгодных для себя показаний. История приведена в статье: *Serrano R. A., Mazzetti M.* Abu Ghraib Officer Could Face Charges: Criminal Action Would Be First in Army's Higher Ranks // Los Angeles Times. 2006. Jan. 13.

86. В январе 2006 г. в Нью-Йорке состоялся трибунал Международной комиссии по расследованию преступлений против человечности, совершенных администрацией Буша. Среди других обвинений, которые этот трибунал предъявил администрации Буша, были шесть пунктов обвинения в соучастии против Д. Рамсфельда, Дж. Тенета, Д. Чейни и Дж. Буша.

Пытки. Пункт 1: администрация Буша разрешала использование пыток и злоупотреблений, что является нарушением норм международного права, прав человека, конституционных прав граждан и статутного права.

Выдача. Пункт 2: администрация Буша разрешала выдачу людей, удерживаемых в заключении, в тюрьмы других стран, где, как известно, применяются пытки.

Незаконное задержание. Пункт 3: администрация Буша разрешала без оснований задерживать людей, находившихся в зонах боевых действий и в других странах, далеких от зон боевых действий, и при этом не соблюдала норм Женевских конвенций относительно содержания военнопленных и лишала их защиты, предоставленной им американской Конституцией. Пункт 4: администрация Буша разрешала задержание в Соединенных Штатах десятков тысяч иммигрантов на основании предварительного заключения и содержала их в тюрьмах без суда и следствия в нарушение международных прав, конституционных прав граждан и закона о гражданских правах. Пункт 5: администрация Буша использовала вооруженные силы, чтобы задерживать граждан США без предъявления обвинений, отрицая их право оспаривать свое задержание в американских судах.

Убийство. Пункт 6: администрация Буша совершила убийства, наделяя полномочиями ЦРУ убивать тех, кого приказывал убрать президент, американских граждан, граждан других стран, в любой точке мира.

Дополнительную информацию об этом трибунале и его выводах можно найти по адресу: http://www.bushcommissionindictments_files / bushcommission. org / indictments.htm. Три видеозаписи доказательств Bush Crimes Commission можно просмотреть на сайте http://www.BushCommission.org.

Глава шестнадцатая.
Сопротивление ситуационному влиянию и торжество героизма

1. «Грек Зорба» — классический роман Нико Казантакиса, написан в 1952 г. В 1964 г. на экраны вышел фильм под тем же названием режиссера Михалиса Какоянниса. Алексиса Зорбу сыграл Энтони Куинн, Алана Бэйтса мы видим в роли застенчивого интеллектуального босса, полной противоположности безгранично открытому, страстному и живому Зорбе.
2. *Sagarin B. J., Cialdini R. B., Rice W. E., Serna S. B.* Dispelling the Illusion of Invulnerability: The Motivations and Mechanisms of Resistance to Persuasion // Journal of Personality and Social Psychology. 2002. Vol. 83, № 3. P. 526–541.
3. В 1979 г. в универмаге «Вулворт» в Манчестере вспыхнул пожар. Почти все покупатели спаслись, но десять человек погибли в огне, хотя легко могли уйти. По словам начальника пожарной охраны, они погибли, потому что беспокоились о «правилах ресторана», а не о «правилах выживания». Эти люди как раз закончили ужинать и ждали, когда подойдет официант, чтобы оплатить счет: ведь нельзя покидать ресторан, не заплатив. Никто не хотел отличаться от других; никто не хотел вызвать осуждение окружающих. Они сидели, ждали и в итоге погибли. Этот случай описан в передаче британского телеканала The Human Zoo, в которой я участвовал.
4. *Langer E. J.* Mindfulness. Reading, MA: Addison-Wesley, 1989.
5. *Halpern D. F.* Thought and Knowledge: An Introduction to Critical Thinking. 4th ed. Mahwah, NJ: Erlbaum, 2003.
6. *Poche C., Yoder P., Miltenberger R.* Teaching Self-Protection to Children Using Television Techniques // Journal of Applied Behavior Analysis. 1988. Vol. 21, № 3. P. 253–261.
7. *Kahneman D., Tversky A.* Prospect Theory: An Analysis of Decision Under Risk // Econometrica. 1979. Vol. 47. P. 262–291; *Tversky A., Kahneman D.* Loss Aversion in Riskless Choice: A Reference-Dependent Model // Quarterly Journal of Economics. 1991. Vol. 106, № 4. P. 1039–1061.
8. *Lakoff G.* Don't Think of an Elephant: Know Your Values and Frame the Debate. White River Junction, VT: Chelsea Green, 2004; *Lakoff G. Johnson M.* Metaphors We Live By. 2nd ed. Chicago: University of Chicago Press, 2003.
9. *Zimbardo P. G., Boyd J. N.* Putting Time in Perspective: A Valid, Reliable Individual Differences Metric // Journal of Personality and Social Psychology. 1999. Vol. 77, № 6. P. 1271–1288.
10. *Stein A.* Quiet Heroes: True Stories of the Rescue of Jews by Christians in Nazi-Occupied Holland. New York: New York University Press, 1991.

11. Я цитирую размышления Кристины Маслач о значении Стэнфордского тюремного эксперимента в главе, написанной в соавторстве с Крейгом Хейни и мной: *Zimbardo P. G., Maslach C., Haney C.* Reflections on the Stanford Prison Experiment: Genesis, Transformations, Consequences // Obedience to Authority: Current Perspectives on the Milgram Paradigm / Ed. by T. Blass. Mahwah, NJ: Erlbaum, 2000. P. 216–220.
12. Альтернативный анализ поведения террористов-смертников можно найти в книге психолога Фатхали Могаддама: *Moghaddam F.* From the Terrorists' Point of View: What They Experience and Why They Come to Destroy Us. New York: Praeger, 2006.
13. Более полную информацию можно найти в увлекательной книге Майкла Вуда о его путешествии по маршруту военных походов Александра Македонского: *Wood M.* In the Footsteps of Alexander The Great: A Journey from Greece to Asia. Berkeley: University of California Press, 1997. Компания BBC выпустила также документальный фильм о путешествии Майкла Вуда; производство Maya Vision, 1997 г.
14. Многие идеи, представленные в этом разделе, были развиты в сотрудничестве с Зено Франко и более подробно изложены в нашей статье Celebrating Heroism: a Conceptual Exploration, 2006 (принято к публикации). Сейчас я занимаюсь новым исследованием, которое призвано выявить модель принятия решений в ситуации, когда человек сопротивляется социальному давлению и отказывается повиноваться авторитетам. Мое первое исследование на эту тему, в сотрудничестве с Пьеро Боккарио, недавно закончено в университете Палермо, Сицилия (Inquiry into Heroic Acts: The Decision to Resist Obeying Authority; находится в подготовке).
15. *Seligman M., Steen T., Park N., Peterson C.* Positive Psychology Progress: Empirical Validation of Interventions // American Psychologist. 2005. Vol. 60, № 5. P. 410–421. См. также: *Strumpfer D.* Standing on the Shoulders of Giants: Notes on Early Positive Psychology (Psychofortology) // South African Journal of Psychology. 2005. Vol. 35, № 1. P. 21–45.
16. См. электронную версию этого издания: ARTFL Project: 1913 Webster's Revised Unabridged Dictionary, http://humanities.uchicago.edu / orgs / ARTFL / forms_ unrest / webster.form.html.
17. *Eagly A. Becker S.* Comparing the Heroism of Women and Men // American Psychologist. 2005. Vol. 60, № 4. P. 343–344.
18. *Hughes-Hallett L.* Heroes. London: HarperCollins, 2004.
19. Там же. С. 17. Стоит помнить, что после смерти Ахиллеса его призрак говорит Одиссею, что предпочел бы быть живым слугой крестьянина, чем мертвым героем. Согласно Гомеру, героизм состоит не в умении сражаться и не в смелости. Скорее, он состоит в умении создавать и поддерживать узы преданности и взаимопомощи с братьями по оружию. Свинопас может оказаться не менее достойным героем, чем Ахиллес (и в «Одиссее» Гомера это так), если он следует правилам вежливости и взаимного уважения. Героизм Гомера отличается от героизма Хьюз-Халлет.
20. Там же. С. 5–6. Это определение «трагического» героя принадлежит Аристотелю. Макбет — герой в этом смысле, хотя он — зло, и это всем известно. Трагический герой должен пасть, потому что он считает, что «он и есть закон», как показывает судьба Креона в «Антигоне».
21. *Becker S., Eagly A.* The Heroism of Women and Men // American Psychologist. 2004. Vol. 59, № 3. P. 163–178; цитата на с. 164.
22. Псевдогероизм в его худшем проявлении демонстрирует нам пример бесстыдной эксплуатации истории американского солдата Джессики Линч.

С помощью преувеличений и лжи Линч превратилась из обычной девушки, которая была ранена, потеряла сознание и попала в плен, в героиню, якобы в одиночку отбившуюся от кровожадных похитителей, и обладательницу медали Почета. Этот сценарий вымышлен от начала до конца, потому что армии нужны были герои — в то время было мало хороших новостей о войне в Ираке. Документальный фильм телеканала BBC раскрывает ложь и обман, связанные с созданием этой фиктивной героини. История рядовой Линч была слишком хороша, чтобы не снять по ней докудраму на телеканале NBC, не напечатать ее в ведущих журналах и не пересказать в книге, за которую Линч получила аванс в миллион долларов. См.: Saving Pvt. Jessica Lynch // BBC America documentary. 2003. July 18; *Bragg R.* I Am a Soldier, Too: The Jessica Lynch Story. New York: Vintage, 2003.

23. *Brink A.* Leaders and Revolutionaries: Nelson Mandela // Time Magazine. 1998. Apr. 13; доступно по адресу: http://www.time.com/time/time100/leaders/profile/mandela.html.
24. *Soccio D.* Archetypes of Wisdom. 2nd ed. Belmont, CA: Wadsworth, 1995.
25. *Cascio W. F., Kellerman R.* Leadership Lessons from Robben Island: A Manifesto for the Moral High Ground (рукопись подготовлена к публикации).
26. В октябре 2005 г. в связи с награждением премией Фонда Гавела за исследования и работы мне посчастливилось провести несколько дней в обществе Вацлава Гавела. Я советую прочитать его письма к жене Ольге из тюрьмы, а также его политическую биографию, написанную Полом Вильсоном в виде введения к этой книге: *Havel V.* Letters to Olga: June 1979 — September 1982. New York: Knopf, 1988.
27. *Soccio D.* Archetypes of Wisdom. Belmont, CA: Wadsworth, 1995.
28. *Hersh S.* My Lai 4: A Report on the Massacre and Its Aftermath. New York: Random House, 1970. Одно из самых полных описаний резни в Милай (Сонгми), включая имена участников, фотографии и события, которые привели к суду над лейтенантом Уильямом Калли, сделано Дугом Линдером: *Linder D.* Introduction to the My Lai Courts-Martial, доступно по адресу: http://www.law2.umkc.edu/faculty/projects/ftirals/mylai/MY1_intro.htm.
Фотографии убитых вьетнамских женщин, детей, младенцев и стариков сделал 16 марта 1968 г. армейский фотограф Рональд Хеберле своим собственным фотоаппаратом. Второй, официальной армейской камерой он эти злодеяния не фотографировал. Это свидетельствует о том, что военные пытались замять дело, утверждая, что убитые были повстанцами, а не безоружными мирными жителями. Но в отличие от Абу-Грейб, ни на одной из его фотографий не были запечатлены американские солдаты, позирующие на фоне своих жертв.
29. *Angers T.* The Forgotten Hero of My Lai: The Hugh Thompson Story. Lafayette, LA: Acadian House Publishing, 1999.
30. В этой оде лейтенанту Калли говорится: «Сэр, я следовал всем приказам и делал все, что мог. Трудно судить врага и об этом трудно говорить. Но среди нас нет никого, кто бы этого не понимал».
31. Джо Дарби впервые высказался публично после демонстрации злодеяний в Абу-Грейб в интервью Уиллу Хилтону в журнале GQ, сентябрь 2006 г. См.: *Hylton W. S.* Prisoner of Conscience // GQ. 2006. Sept. (высказывания Дарби взяты из этого источника). Доступно на сайте журнала: http://www.gq.com/news-politics/newsmakers/200608/joe-darby-abu-ghraib.
32. *Zernike K.* Only a Few Spoke Up on Abuse as Many Soldiers Stayed Silent // The New York Times. 2004. May 22. P. 1.

33. *Williamson E.* One Soldier's Unlikely Act: Family Fears for Man Who Reported Iraqi Prisoner Abuse // The Washington Post. 2004. May 6. P. A16.
34. Полковник Ларри Джеймс, личная беседа, 24 апреля 2005 г.
35. См.: http://jonestown.sdsu.edu/AboutJonestown/Tapes/Tapes/DeathTape/death.html.
36. *Layton D.* Seductive Poison: A Jonestown Survivor's Story of Life and Death in the People's Temple. New York: Doubleday, 2003. Также см. ее сайт: http://www.deborahlayton.com.
37. Мои идеи, связанные с методами управления сознанием Джима Джонса, описанными в романе «1984» Оруэлла, а также с программой управления сознанием ЦРУ MKULTRA, изложены в статье: *Zimbardo P. G.* Mind Control in Orwell's 1984: Fictional Concepts Become Operational Realities in Jim Jones' Jungle Experiment // 1984: Orwell and Our Future / Ed by. M. Nussbaum, J. Goldsmith, A. Gleason. Princeton, NJ: Princeton University Press, 2005. Подробный рассказ о событиях в Джонстауне как об эксперименте ЦРУ приведен в книге Майкла Майреса: *Meires M.* Was Jonestown a CIA Medical Experiment? A Review of the Evidence. Lewiston, NY: E. Mellen Press, 1968. (Studies in American Religion; Vol. 35.)
38. См. историю, которую я написал совместно с репортером Дэном Салливаном о Ричарде Кларке и Дайане Луи: *Sullivan D., Zimbardo P. G.* Jonestown Survivors Tell Their Story // Los Angeles Times 1979. March 9, part 4. P. 1, 10–12.
39. *Lukas R.* Savior to Jewish Kids // Associated Press. 2007. March 15.
40. *Brink A.* Leaders and Revolutionaries: Nelson Mandela.
41. *Arendt H.* Eichmann in Jerusalem: A Report on the Banality of Evil. Rev. and enlarged ed. New York: Penguin, 1994. P. 25–26.
42. Ibid. P. 276.
43. Ibid. P. 252.
44. *Browning C. R.* Ordinary Men: Reserve Police Battalion 101 and the Final Solution in Poland. New York: HarperPerennial, 1992. P. XIX.
45. *Staub E.* The Roots of Evil: The Origins of Genocide and Other Group Violence. New York: Cambridge University Press, 1989. P. 126.
46. *Bauman Z.* Modernity and the Holocaust. Ithaca, NY: Cornell University Press, 1989.
47. *Conroy J.* Unspeakable Acts, Ordinary People: The Dynamics of Torture. New York: Knopf, 2000.
48. *Haritos-Fatouros M.* The Psychological Origins of Institutionalized Torture. London: Routledge, 2003.
49. *Huggins M., Haritos-Fatouros M., Zimbardo P. G.* Violence Workers: Police Torturers and Murderers Reconstruct Brazilian Atrocities. Berkeley: University of California Press, 2002.
50. Концепция банальности героизма впервые была представлена в эссе Ф. Зимбардо на конференции Edge Annual Question 2006. Это ежегодное мероприятие, которое проводится по инициативе Джона Брокмана. Каждый год он приглашает ведущих мировых ученых ответить на провокационный вопрос. В 2006 г. вопрос звучал так: «Какова ваша самая опасная идея?» См.: *Zimbardo P. G.* The Banality of Evil, the Banality of Heroism // What is Your dangerous idea? Today's Leading Thinkers on the Unthinkable / Ed. by J. Brockman. New York: Simon & Schuster, 2007. P. 275–277.
51. См. *Rochat F., Modigliani A.* Captain Paul Grueninger: The Chief of Police Who Saved Jewish Refugees by Refusing to Do His Duty // Obedience to Authority: Current Perspectives on the Milgram Paradigm / Ed. By T. Blass. Mahwah, NJ: Erlbaum, 2000.

52. *Milgram S.* Obedience to Authority: An Experimental View. New York: Harper & Row, 1974. См. также: *Zimbardo P. Haney C., Banks W. C., Jaffe D.* The Mind Is a Formidable Jailer: A Pirandellian Prison // The New York Times Magazine. 1973. Apr. 8. P. 36 ff.
53. Исследование в области личностных коррелятов, отличающих «послушных» от «непокорных», указывают всего на несколько существенных показателей. Те, кто получил высокий балл по шкале авторитарности (шкала F), больше склонны подчиняться власти, а у «непокорных» выявлены более низкие значения по шкале F. См.: *Elms A. C., Milgram S.* Personality Characteristics Associated with Obedience and Defiance Toward Authoritative Command // Journal of Experimental Research in Personality. 1966. Vol. 1. P. 282–289. Вторая переменная, которая может влиять на склонность подчиняться или не подчиняться, — это вера в то, что жизнью человека управляют внешние факторы, а не внутренние решения. К подчинению более склонны те, кто считает, что их поведением управляют внешние силы. Например, среди участников исследования — христиан склонность к подчинению была выше всего среди тех, кто верил в божественный контроль их жизни. А те, кто получил низкий балл по шкале веры во внешний божественный контроль, были склонны отклонять и научные, и религиозные авторитеты. См. *Blass T.* Understanding Behavior in the Milgram Obedience Experiment: The Role of Personality, Situations, and Their Interactions // Journal of Personality and Social Psychology. 1991. Vol. 60, № 3. P. 398–413.
54. *Midlarsky E., Jones S. F., Corley R. P.* Personality Correlates of Heroic Rescue During the Holocaust // Journal of Personality. 2005. Vol. 73, № 4. P. 907–934.
55. *De Pino C. S.* Heroism Is a Matter of Degree // El Dorado Times. 2006. Jan. 17.
56. *Solzhenitsyn A. I.* The Gulag Archipelago, 1918–1956. New York: Harper & Row, 1973. Vol. 2. P. 615 (Солженицын А. И. Архипелаг ГУЛАГ. 1918–1956. М.: Сов. писатель; Новый мир, 1989. Т. 2. С. 570).

Об авторе

ФИЛИП ЗИМБАРДО — профессор психологии Стэнфордского университета, преподает в Йельском, Нью-Йоркском и Колумбийском университетах. Соавтор книги «Психология и жизнь» и автор книги «Застенчивость», общий тираж которых составил больше 2,5 млн экз. В 2002 г. избран президентом Американской психологической ассоциации, директор Стэнфордского Междисциплинарного центра политики, образования и исследований терроризма. Один из авторов и ведущий сериала телеканала PBS *Discovering Psychology*, получившего несколько наград. В 2004 г. выступал свидетелем-экспертом во время судебного процесса над одним из резервистов армии США, обвиненном в злоупотреблениях в тюрьме Абу-Грейб, Ирак. Созданный им сайт http://prisonexp.org ежегодно посещают миллионы людей. Личный веб-сайт автора: http://zimbardo.com. Веб-сайт, посвященный этой книге: http://LuciferEffect.com.

Предметно-именной указатель

А

Абельсон, Боб 685
Абу-Грейб, тюрьма 7, 8, 13, 19, 28,
  34, 48, 49, 52, 90, 348, 359, 361,
  393, 394, 397, 434, 481, 482,
  486–492, 494–497, 500, 503,
  505, 506, 510, 511, 517–519,
  523, 526, 528, 529, 531–533,
  535, 537–541, 545–552,
  557–566, 568, 570–575, 577,
  579, 582, 584, 585, 587, 588,
  590, 592–595, 600, 604, 607,
  608, 614, 618, 622, 623, 626,
  627, 631, 632, 665, 666, 676,
  689, 702, 707, 710, 712, 713,
  715, 716, 719, 722, 725
Австралия 388, 420
Агентство национальной безопасности 624
Агрессия 10, 46, 55, 56, 107, 121, 149,
  159, 209, 236, 290, 321–324, 408,
  457, 460, 469, 517, 535, 601, 615
  влияние анонимности на возникновение 453, 456, 457
Ад 3, 22–25, 80, 278, 315, 334, 385,
  388, 452, 459, 505, 537, 598,
  647, 676, 680, 700, 760
  как наказание за грехи 33
Аддингтон, Дэвид 620
Акт о военных преступлениях (War Crimes Act) 580
Акт против пыток (Anti-Torture Act) 580
Александр Македонский 647, 660, 721
Аллен, Марисса 19
Аль-Джамади, Манадель (задержанный-28, «Ледяной человек») 584, 585–587

«Аль-Каида» 576, 616, 621
Аль-Катани, Мохаммед 605
Альтруизм 30, 57, 474, 475, 660
Амбюль, Меган 509, 520, 528, 541
Американский союз защиты гражданских свобод 595
Амин, Иди 29, 676
Андерсон, Линн 20
Андреотта, Гленн 664
Анонимность
  и героизм 666
  социальное влияние 56, 57, 159,
    347, 448, 455–458, 515–517,
    535, 566, 638
Антисемитизм 437
Апартеид 265, 656, 657
Аполлонические черты 460, 536
Арабы, предрассудки против 534
Арендт, Ханна 437–439, 672, 673
Армия США 52, 483, 487, 492, 512,
  541, 542, 545, 549, 550, 553, 561,
  562, 577, 595, 599, 622, 663, 666
  ее героизм 656, 662, 664
  и убийства мирных жителей 597–599
  обучение в 397, 596, 597
  Полевой устав 576, 590
  правила обращения с заключенными 489, 511, 556
  распространенность злоупотреблений в военных тюрьмах 536, 538, 570, 571, 574–578
  снисходительность к офицерам, виновным в злоупотреблениях 577
Атрибутивное милосердие 336, 479
«Аум Синрике» 335

Афганистан *360, 485, 549, 552, 553, 568, 570, 575, 577, 580, 581, 594, 595, 607, 614, 619, 621, 622*
Ахиллес как архетип героя войны *650, 651*
Аш, Соломон *405, 406, 408*

Б

Багдад *491, 501, 519, 539, 545, 550, 585, 595, 598, 712*
Байби, Джей *575*
Бакка, лагерь *537, 558, 561, 595, 711*
Балджер, Джейми *30*
Банаджи, Марзарин *448*
«Банальности героизма» понятие *15, 53, 643, 675, 678, 723*
«Банальности зла» концепция *15, 437, 439, 443, 643, 672, 674, 675, 703*
Бандура, Альберт *46, 48, 463, 466, 467*
Батальоны смерти *359*
    Бразилия *439–441*
    Руанда *39*
Бездействие как содействие злу *7, 290, 292, 330, 366, 448, 449, 451, 470, 471, 473, 476, 477, 546, 556, 557, 561, 568, 704*
Безопасность как человеческая потребность *640*
Бей Бирч *386*
Бейтлер, Ларри *502, 503, 708, 709*
Беккер, Селвин *649, 652*
Бенке, Стивен *19*
Бержевен, Николь *42*
Берлин *357, 473*
Беспомощность *104, 249, 326, 342, 351, 618*
Беттельхейм, Бруно *326*
Бласс, Том *19*
Блох, Грегг *392*
Бог и проблема зла *24, 33*
Борьба с преступностью *57, 58, 327, 432, 442*
Бразилия *439, 441–443, 487, 615, 675*
Брандо, Марлон *264*
Братья Соледад *55, 77, 249, 690*

Браунинг, Кристофер *433, 435, 674*
Брейсуэлл, Дуг *20*
Брекенридж, Адам *19*
Брокман, Джон *20*
Брокоу, Роджер *600–602*
Бронкс, район Нью-Йорка *10, 56, 57, 63, 263, 288, 458, 684*
Броуди, Рид *577*
«Брошенный автомобиль», эксперимент *56, 57, 458*
Бруич, Шон *19*
Брюс, Ленни *338*
Бурунди *335*
Буш Джордж Уокер *14, 49, 541, 546, 547, 575, 579, 593, 608, 614–622, 624, 625, 627, 631, 702, 710, 712, 718–720*
Бэккус, Рик *591*
Бэнкс, Уильям Кертис (Керт) *17, 50, 65, 66, 70, 84, 103, 151, 155, 156, 173, 215, 217, 218, 220, 224, 229, 238, 239, 252, 268, 276, 296, 300, 316, 370, 379, 381, 692, 699*
Бэр, Боб *492*

В

Вандализм *10, 29, 56, 57, 59, 458, 478, 683, 684, 686*
Ведьмы как посредники Сатаны *24, 32–34, 683*
Великобритания *444, 470, 477, 493, 657*
Вельзевул *24*
Верховный суд США *625, 719*
Вивер, Джейсон *19*
Вильсон, Пол *722*
Властвующая элита *35, 36*
Власть, основания для *330*
Внутреннего круга понятие *401*
Военная полиция *8, 13, 28, 48, 52, 90, 434, 495, 496, 500, 505, 506, 510, 512, 514, 519, 522, 523, 533, 538, 546, 549, 552, 553, 555, 557–561, 563, 564, 566, 568, 569, 571, 573, 575, 578, 585, 586, 589, 591, 593, 601, 602, 604, 626, 631, 665, 676, 708, 709*

Военная разведка *493, 505, 507, 510–512, 523, 525, 527, 528, 546, 553, 555, 557, 560–564, 566–568, 571, 575, 578, 586, 588, 589, 591, 594, 602, 613, 614, 710*
Военнопленные, правовая защита *621*
Военные трибуналы *52, 595, 625, 712, 719*
Военные тюрьмы *34, 251, 360, 394, 495, 519, 522, 545, 549, 552, 570, 572, 575, 581, 582, 594, 614, 618, 626*
Война *45, 226, 361, 456, 458, 463, 468, 470, 497, 524, 528, 542, 548, 596, 622, 664*
  в Ираке *360, 486, 512, 548, 587, 606, 615, 620, 657, 710, 722*
  в Корее *391*
  во Вьетнаме *55, 158, 357, 542, 657, 662, 663, 685, 712*
Война с терроризмом *442, 541, 546, 572, 577, 587, 593, 607, 608, 613, 615–622, 624, 712*
Восприятие времени, искажения *115, 185, 381, 383, 640*
Враги государства *37, 359, 361, 392, 427, 439, 441, 448, 468, 615*
Вражеские некомбатанты *621*
Врачи
  в нацистских лагерях смерти *329, 340, 361, 362, 683*
  и Стэнфордский тюремный эксперимент *120, 122, 177, 183, 235, 252*
Вторая мировая война *30, 45, 408, 427, 462, 530, 657, 712*
Вуд, Майкл *721*
Выгорание *380, 498, 508*
«Выдача» задержанных *613, 719*
«Выживание, уклонение, сопротивление и побег» (Survival, Evasion, Resistance and Escape, SERE), программа *391, 392, 393*
Выученная беспомощность *311, 364, 365, 695*
Вьетнам *28, 45, 353, 357, 542, 596, 685, 710, 715*

Г

Гавайский университет *431, 470*
Гавел, Вацлав *659, 662, 684, 722*
Гайана *28, 445, 667, 668, 669*
Гамбург *434, 477, 674*
Ганди, Мохандас *195, 260, 657, 659, 677, 693*
Гватемала *710*
Гейдрих, Ренхард *361*
Геноцид
  армян *38, 530*
  в Боснии *335, 476*
  в Руанде *28, 38, 335, 599*
  и бездействие международного сообщества *476*
  распространенность *37, 335, 439, 449*
Германия *268, 427, 436, 437, 615, 623, 717*
Героизм
  альтернативные концепции *671, 678*
  «банальность» *15, 53, 643, 675, 678, 723*
  исключительность *14, 678*
  и социальная поддержка *264, 642, 647, 672*
  и террористы-смертники *647*
  классификация *653, 654, 656*
  награды за него *654, 664, 666*
  непредсказуемость *678*
  определение *289, 643, 646–648, 650, 652, 654, 656*
  примеры *649, 651, 656, 657, 662, 663, 670*
  торжество *628, 679*
  четырехмерная модель *670, 671*
Гитлер, Адольф *29, 37, 361, 420, 433, 437, 447, 470, 615, 623, 676*
Голдинг, Уильям *347, 451, 456, 517*
Голодовка как тактика протеста *265, 270, 283, 591, 693, 714*
«Голубоглазые и кареглазые дети», эксперимент *236, 430, 431*
Гольдхаген, Даниэль *437*
Гонсалес, Альберто *575, 622*

Гренер, Чарльз 509, 513, 520, 523–527, 539, 541, 543, 555, 556, 561, 586, 665, 710
«Грехи волка» 25
Грех упущения 290
Греция 441, 460, 615, 675
Гринберг, Карен 622
Гроссман, Дэйв 597
Группы влияние 365, 403, 408, 637, 638
Групповое мышление 169, 518, 574, 635, 641
Грэм, Уильям 690
Гуантанамо (Гитмо), тюрьма 265, 392, 393, 497, 510, 523, 546, 567, 568, 570, 575–577, 580, 581, 588, 590–592, 599, 605, 606, 608, 609, 611–613, 622, 623, 625, 714, 715, 718
Гудмен, Эми 608, 717

Д

Давление времени как ситуационная переменная 475
Даллер, Ромео 44
Даннер, Марк 583, 588
Данте, Алигьери 24, 366
Дарби, Джо 491, 494, 533, 554, 570, 590, 661, 665, 666, 676, 707, 714, 722
Дарли, Джон 473
Дарфур, провинция Судана 38, 335, 476
Дауд, Морин 609
Движение за освобождение женщин 55
Дегуманизация
    в психиатрических больницах 389
    в тюрьмах 300
    и военная доктрина 36
    и жестокость войны 45
    и нагота 568, 574
    и трансформации характера 12, 448, 462, 463, 468, 574
    как предпосылка злоупотреблений 37, 42, 638
    как психологический процесс 27, 46, 52, 353, 354, 380, 520

сопротивление 635, 638
экспериментальные исследования 51, 463, 466
Деиндивидуация
    и зеркальные очки 72
    и трансформации характера 448, 455, 457, 459, 574
    как предпосылка жестокого поведения 13, 56, 347, 348, 518
    как ситуационная сила 51, 347, 459, 535
    сопротивление 635, 637
    эксперименты, посвященные ей 51, 452, 455, 456
Депино, Кэрол 678
Де Форже, Элисон 42
Джаффе, Девид 17, 50, 83, 84, 86, 88, 93, 103, 104, 119, 122, 124, 125, 137, 151, 173, 215, 238, 273, 279, 299, 306, 333, 370, 381, 687, 699
Джейкобсон, Ленор 351
Джеймс, Ларри 20
Джексон, Джордж 55, 77, 249, 303, 356, 387, 690
Дженовезе, Китти 471, 475
Джонс, Альвин 497, 708
Джонс, Джим 335, 445–447, 667–690, 703, 723
Джонсон, Боб 20
Джонс, Рон 428, 429, 480
Джонстаун, Гайана 447, 657, 667–669, 703, 723
Джонс, Энтони 562, 563, 709, 713
Джордан, Стивен 562, 565, 601, 626, 719
Диаз, Уолтер 586
Диалло, Амаду 443
Дионисийские черты 460, 536
Добро
    поведенческие категории 653
    противоречия между добром и злом 23, 26, 27, 29, 34
«Добрый самаритянин» (эксперимент) 474, 475
Доминирование и иерархии 34, 35, 551

Донн, Джон 405
Допросы 65, 73, 75, 220, 239, 243, 244, 391–393, 442, 493, 495, 497, 505, 510–513, 523, 528, 533, 546, 547, 551, 553, 555, 560, 561, 563–567, 570, 571, 574, 575, 578, 580–585, 587–593, 595, 599–603, 605–609, 611, 613, 614, 618, 621–623, 626, 666, 697, 716, 719
Дрейтель, Джошуа 622
«Другой», психологическая конструкция 26
Дрюи, Марчи 20
Дэвис, Джавал 483, 509, 541, 555, 556
Дэвис, Кен 516, 527, 709, 710

Е

Евгеника 470
Египет 613

Ж

Женевские конвенции 489, 541, 547, 580, 581, 588, 591, 607, 608, 620, 621, 719

З

«Заключенные-призраки» 513, 584, 587
Залив Свиней, Куба 169
Застенчивость, исследования 381, 382
Зеркер, Джеймс 60–63, 152, 686
Зимбардо, Адам 20
Зимбардо, Роуз 20
Зимбардо, Таня 19
Зло
   административное 551, 625, 712
   бездействия 7, 290, 292, 330, 448, 449, 451, 470, 476, 477, 546, 556, 561, 568, 704
   важность понимания 51
   как манифестация Сатаны 24, 33
   конфликт представлений о нем 450
   определение 29

   противоречия между добром и злом 23, 26, 27, 29, 34
   сопротивление 15, 679
Злоупотребления
   в военных тюрьмах 49, 90, 510, 512, 523, 524, 529, 545, 552, 554, 555, 557, 562, 563, 566, 568–571, 577, 578, 582, 593–595, 614, 665, 666
   влияние на личность 236
   во время допросов 547
   по отношению к женщинам 391, 419
   постепенная эскалация 419
Змиевски, Артур 395
Знание себя, ограничения 27
Зонтаг, Сьюзен 707
Зюскинд, Рон 616

И

Игли, Элис 649, 652
«Идентификация с агрессором» 326
Идеология
   как оправдание для системных злоупотреблений 34, 43, 51, 359, 419
   как ситуационная сила 676
Изнасилования
   в Нанкине 39, 44, 45, 462
   в Руанде 38, 39, 41
   как преступления против человечности 37, 45
   солдатами советской армии 45
Израиль 647, 675
Израэль, Джон 561, 562
Ингленд, Линди 487, 509, 520, 525, 533, 535, 539, 541, 544, 606
Индия 657
   сопротивление британскому господству 657
Инициации и преданность группе 11, 402, 545
Инквизиция 32, 33, 52, 440, 586
Интернет как средство распространения фотографий 529
Иордания 613
Италия 539, 615
Йо, Джон 575

К

Какутани, Мичико 443
Калли, Уильям 542, 543, 663, 664, 722
Камбоджа 38, 45, 59, 60, 685
Камю, Альбер 617
Капоте, Трумен 43
Кардона, Сантос 510
Карпински, Дженис 495–497, 510, 533, 562, 575, 588, 592, 708, 710, 714, 715
Католицизм 28, 33, 172, 179, 345, 461, 476, 670
Кекумбиби, Сильвестр 39
Кеннеди, Джон 169, 666
Кеннеди, Кэролайн 666
Кеннел, Джейсон 557
Керн, Пол 569, 584, 592
«Киллология» 597
Киммит, Марк 484, 486, 512
Кинг, Мартин Лютер 471, 655, 659
Кинзер, Стивен 710
Кин, Сэм 37, 469
Киссинджер, Генри 55, 330, 685
Кларк, Ричард 660, 667, 669, 703, 723
Когнитивный диссонанс 169, 348, 350, 617, 636
Когнитивный контроль, потеря 459
Кодекс поведения, общий 368
Колберн, Лоуренс 664
Кольберг, Ларри 374
Командной ответственности принцип 578, 579, 581
Комиссии по условно-досрочному освобождению 159, 171, 215, 216, 218–220, 223, 231–235, 237, 238, 247, 249, 256, 261, 262, 265, 271, 282, 283, 291, 313, 345, 353, 373, 386, 690, 691, 711
Коммунизм 442, 657, 662
Конвенция против пыток 580, 581, 588, 622
Конго 710
Конрой, Джон 675
Конформизм
   сопротивление 628, 637, 639
   социальные мотивы 52, 400, 448, 451, 519, 700

Концентрационные лагеря, нацистские 28, 326, 340, 361, 434, 436, 437, 477, 611, 667, 693, 695
Корея 226
Корпорации
   злоупотребления руководства 28
   и зло бездействия 476
   и «элита власти» 35
Криминальный следственный отдел 666
Критическое мышление как сопротивление нежелательному влиянию 636
Кроппер, лагерь 519, 595
Круз, Армин 510
Куба 169, 265, 360, 477, 485, 549, 552, 567, 590, 594, 599, 710
Куросава, Акира 526
Кэмбоун, Стивен 592

Л

Лагуранис, Энтони 600–605, 607, 608
Лайоло, Джованни 707
Лакофф, Джордж 639
Лангер, Элен 636
Латане, Бибб 473
Левин, Курт 328
Лейтер, Майкл 708
Лейтон, Дебора 661, 667, 668, 703
Лейтон, Ларри 703
Лестик, Майк 396
Линча суд 462, 530, 627, 705
Линч, Джессика 721
Лири, Тимоти 357
Лифтон, Роберт Джей 329, 341, 509, 683, 697
Личная неуязвимость, иллюзия 27, 289, 334
Личностные шкалы Комрея 314, 315
Личность, тестирование 314, 317
Личность, определение 632
Лишение сна как одно
   из злоупотреблений 148, 153, 252, 280, 311, 393, 583, 590, 596, 605, 614
Лояльность, влияние инициации 545
Луи, Дайана 669, 703, 723

Льюис, Клайв Стейплз 400–402, 432, 700
Льюис, Энтони 621
Любомирски, Саша 20
Люцифер 4, 11, 12, 23, 24, 26, 390, 445, 642, 668, 760

М

Майами 477
Майер, Джейн 392, 584, 585, 714
Майерс, Гэри 20, 490, 491, 497, 541
Майерс, Ричард 483, 484, 486, 572, 593, 707, 715
Майлз, Стивен 569
Макдермот, Роуз 19, 718
Макдермот, священник 172–176, 178, 179, 215, 264
Макдермот, Терри 443
Маккейна поправка 618, 625
Маккейн, Джон 606–608, 717
Макнамара, Роберт 158, 712
Мандела, Нельсон 265, 655–657, 659, 672
Мандель, Марвин 60
Мао Цзедун 38
Марди-Гра эффект 460, 461, 535
Маркс, Джонатан 392
Марокко 613
Маслач, Кристина 1, 238, 263, 287, 344, 370, 380, 385, 488, 643, 661, 672, 688, 693, 721
Массовое самоубийство в Гайане 28, 445, 667, 690
Массовые убийства 28, 29, 38, 42, 341, 365, 434, 443, 667, 674, 683
Мать Тереза (Бояджиу, Агнес Гонджа) 658, 677
Меджия, сержант 463
Медина, Эрнест 542, 663, 664
Медсестры и подчинение указаниям врачей 421, 422
Международный комитет Красного Креста 563, 580–582, 584, 594, 611, 622
Мерк, Лео 560
Мерфи, Уилл 20
Милай (Сонгми), резня 45, 463, 542, 543, 596, 663, 664, 710, 715, 722
Милгрэма эксперимент 314, 369, 414–420, 422, 424, 435, 445, 453, 480, 517, 645, 646, 677, 702
Милгрэм, Стенли 369, 408, 409, 426, 701
Миллер, Джеффри 497, 567, 575, 576, 580, 588–592, 606, 626, 715, 719
Миллер, Дэйл 688
Миллер, Нил 698
Миллс, Чарльз Райт 35
Мильтон, Джон 23, 24, 51, 671
Министерство внутренней безопасности США 617
Министерство обороны США
  Оперативная группа криминальных расследований 623
  Управление морских исследований 67, 158, 372
Министерство обороны США (Пентагон) 45, 392, 393, 483, 485, 487, 552, 553, 569, 582, 594, 595, 618, 623, 702, 707, 713, 719
Министерство юстиции США 620, 621, 718
Молодежная культура 1960–1970-х гг. 357
Мора, Альберто 605, 623
Морская пехота США, учебный лагерь 397
«Морские котики», подразделение 513, 584, 585, 586, 614
Моссадык, Мохаммед 710
Мосул 595, 603
Мьюзен, Кен 388

Н

Нанкин 39
НАСА (National Air and Space Administration, NASA) 360, 361
Насилие 10, 29, 45, 47, 48, 50, 58–60, 68, 102, 104, 140, 163, 172, 209, 231, 236, 241, 252, 254, 258, 260, 284, 288, 289, 327, 331, 345, 372, 390, 391, 395, 401, 422, 435, 436, 439, 456, 467, 468, 473, 476, 478, 483, 484,

486, 487, 489, 506, 512, 522, 524, 526, 529, 535, 536, 538, 561, 564, 594, 596, 600, 604, 657, 662, 665, 667, 675, 683, 686, 710
Нацизм 426, 427, 428, 434, 622
«Национальная безопасность», как оправдание системных злоупотреблений 359, 440, 441, 615, 620, 641
Неаполь 539
Незаконные вооруженные формирования 549
Никсон, Ричард 55, 191, 624, 685
Нордленд, Рон 548
Нравственное воспитание 374
Ньирамасухуку, Полин 40
Нью-Йорк 10, 41, 55, 58, 158, 355, 356, 442, 443, 458, 471–473, 475, 535, 701, 713, 719, 725
Ньюман, Пол 690

О

«Образ врага», психологическая конструкция 36, 37, 42, 469, 518, 574, 618
«Обрамление», его значение 639
Ожидания как самореализующиеся пророчества 351
О'Коннор, Къеран 19
Организация Объединенных Наций 39, 40, 44
«Орген-Е», оперативная база 595
Орландо, Норма Джин 389
Оруэлл, Джордж 35, 360, 447, 669, 690
Отвержения, страх 382, 402
Ответственность 556, 683
 в системах власти 358, 625
 гражданская 58, 246, 459, 461
 и западные социальные нормы 478
 и сопротивление негативным влияниям 10, 637
 коллективная 418, 464, 466, 517, 637, 676
 личная 50, 58, 105, 274, 290, 346, 459, 464, 466, 468, 473, 478, 488, 535, 565, 566, 596, 637, 676

 уклонение от 346, 347, 418, 448, 455, 511
Отключение внутреннего контроля как предпосылка злоупотреблений 518, 574
 когнитивные механизмы 466, 467, 536, 598, 603, 604
 теория 46
 экспериментальные исследования 46, 51

П

Палестина 30, 647, 693
Пало-Альто, штат Калифорния 54, 55, 57–60, 62, 64, 65, 76, 80, 128, 152, 215, 218, 240, 327, 345, 382, 427, 458, 629, 684, 686, 708
Память, позитивные и негативные качества 364
Паппас, Томас 493, 562, 565, 586, 592, 601, 626, 719
Параноидальные расстройства 384, 632
Паркс, Роза 661, 676
Патологические ситуации 374, 394, 488, 504, 540, 677
Патологическое поведение 30, 312, 384, 502, 540, 629
Пауст, Джордан 622
Пауэлл, Колин 616, 619, 622
Пейглс, Элайн 25
Пирс, Дон 690
Питцер, Кеннет 59, 60
Плакиас, Теренс 520
Плус, Скотт 388, 396
Поведение
 влияние диспозиционных или ситуационных причин 8–10, 12, 13, 26, 30–32, 70, 139, 287–289, 310, 311, 313, 334, 336, 337, 360, 363, 366, 380, 391, 403, 416, 426, 427, 437, 441, 443, 445, 460, 472, 474, 475, 478, 481, 487, 488, 490, 500, 504, 517, 541, 563–565, 567, 570, 572, 574, 626, 628–632, 634, 672, 676, 677, 686, 720

исследования поведения свидетелей 472, 473
категории добродетели 649, 653
неверные представления о личном контроле за ним 9, 478, 634
Подчинение авторитету 53, 288, 403, 408, 415, 416, 418, 423, 425, 426, 430, 437, 519, 637, 638, 651
  и сопротивление преступлениям 424, 675
  и социальное влияние 53, 422, 427, 448, 451, 519
Подчинение административной власти 422, 430
Подчинения, стратегии 53, 417
«Позитивная психология», движение 648, 649
Полиция, злоупотребления 28, 34, 442, 476, 485
Польша 434, 437, 670, 674
Понсе, Уильям 588
Порнография и Интернет 529, 532
Посттоталитаризм 662
Поул, Джеймс 541
Правила
  как ситуационные силы 337, 413, 428
  обращения с военнопленными 489
Правосудие и науки о поведении 479
Прайс, Дэвид 543
Пратканис, Энтони 19
Предрасположенность и поведение 30, 34, 336, 439, 479, 502
Предрассудки
  как социальный процесс, способствующий злоупотреблениям 519
  опыт в школьном классе 236, 430
Прескотт, Карло 17, 102, 105, 123, 171, 216, 218–220, 222–225, 227, 229, 232–235, 239–241, 243, 244, 246, 247, 331, 690
Преступления против человечности 462, 481, 592, 627, 672, 719
Преступность и борьба с ней 57, 58, 327, 432, 442
Принятие, человеческая потребность 350, 402, 638

Приюты для женщин — жертв насилия 391
Провенанс, Сэмюэль 512
Прозвища, их влияние на поведение 638
Пропаганда и негативные стереотипы 36, 354, 361, 462
Псевдогероизм 654, 721
Психиатрические больницы 389, 492
Психология 23, 31, 350, 479, 572, 681, 687, 725
  основные цели 368
  традиционная ориентация на диспозицию 31
  тюремного заключения 17, 50, 102, 105, 123, 235, 342, 370
Пытки 7, 13, 29, 33, 34, 36, 52, 348, 365, 391–394, 413, 439–442, 446, 457, 478, 480, 486–488, 491, 493, 497, 529, 530, 537, 541, 546, 549–552, 569, 575, 577–584, 586–590, 593, 594, 599, 600, 602, 612–615, 618, 620–622, 625–627, 631, 663, 665, 675, 708, 712, 713, 715, 718, 719
  эротические 599, 608, 609
Пьерон, Тайлер 666

Р

Раздельное мышление как механизм психологической защиты 340
Разоблачители 30, 590, 661, 671
Райан, Лео 668, 669, 703
Райдера отчет 552–554
Райдер, Дональд 552–554, 558
Райзен, Джеймс 621
Райс, Кондолиза 616
Рамсфельд, Дональд 393, 485, 547, 552, 569, 575, 576, 580, 581, 583, 587, 589, 592, 616, 619, 622, 624, 627, 666, 713, 714, 719
Расизм 55, 123, 462, 534
Ратнер, Майкл 613
Реальность
  индивидуальные интерпретации 526
  социальное конструирование 352, 402, 526

Резервная военная полиция 486, 500, 505, 509, 511, 512, 523, 527, 557, 560, 564, 600, 674
Рейтер, Эстер 426
«Репетиция» (Repetition), фильм 395
Риденаур, Рон 661
Риз, Дональд 507, 586
Розенберг, Стюарт 690
Розенталь, Роберт 351
Рокфеллер, Нельсон 356
Роли как ситуационный фактор влияния на поведение 339, 342, 345, 347, 349, 351, 418, 436, 630
Ромеро, Энтони 614
Росс, Ли 336, 479
Руанда 38, 41, 44
Рузвельт, Кермит 710
Рузвельт, Кермит, мл. 710
Рузвельт, Теодор 531, 710
Рузвельт, Франклин 52, 477, 659
Рузвельт, Элеонора 661
Руссо, Жан-Жак 449

С

Саар, Эрик 608–611, 717
Саддам Хусейн 29, 38, 90, 483, 491, 492, 509, 616, 676, 710
Самарра 595
Саммерс, Донна 426
Самосознание как сопротивление нежелательным влияниям 635
Санчес, Рикардо 393, 497, 511, 553, 554, 569, 575, 576, 580, 587–590, 592, 626, 713, 714
Сатана 24, 25, 449, 681
Сваннер, Марк 585–587
Свифт, Джонатан 449, 704
Свифт, Чарльз 719
Сексуальные злоупотребления духовенства 28, 476
Секты и управление сознанием 668
Селигман, Мартин 648, 653, 695
Сивитс, Джереми 539, 541
Силк, Эндрю 444
«Синдром впервые осужденного» 178
Система, определение 632

Системы власти 287
и влияние на поведение 34, 50, 105, 236, 287, 288, 311, 335, 337, 359, 436, 437, 487, 488, 628, 641
и зло бездействия 476
и карательные акции 422
недостойные методы 369
самозащита 514
сопротивление 14, 289, 642, 674
Ситуационные детерминанты поведения 8, 9
Ситуационные силы
и иллюзия нашей неуязвимости 12, 404, 405, 460, 478, 479, 634
и роли 342, 347, 349, 351
и силы зла 9, 26, 49, 105, 139, 288, 289, 334, 335, 366, 400, 519, 646, 676, 677
исследования 12, 51, 402, 414, 417, 480, 481, 677
и трюк «обыск» 424, 426
как побуждение к действию 676, 677
как сила добра 676, 677
сопротивление им 14, 52, 265, 289, 312
Ситуация, определение 632
Скиннер, Джон 487
Скотт, Гэри 447
Скука, как причина злоупотреблений 102, 366, 533
Смелость, определения 649, 653
Смит, Майкл 510, 577
Снайдер, Шеннон 507, 561
Сноу, Чарльз 417
Содержание несовершеннолетних правонарушителей 386
Сократ 466, 651, 659
Солженицын Александр 679
Социальная психология зла 10, 28, 31, 47, 51, 328, 329, 445, 448, 480, 481, 518, 572, 573
Социальная реальность, влияние на поведение 655, 678
Спарако, Джо 64
СПИД (синдром приобретенного иммунодефицита) 41
Справедливость, определения 653

Стайнер, Джон 436
Сталин, Иосиф 29, 38, 676
Стауб, Эрвин 435, 674
Стерилизация насильственная 470
Стефанович, Стивен 561, 562
Стивенсон Роберт Льюис 334
Стил, Майкл 599
Стоицизм как тактика выживания во время пыток 663
Стокдейл, Джеймс 658, 662
Строзье, Чарльз 41
Стэнфордский проект по застенчивости (Stanford Shyness Project) 382
Стэнфордский тюремный эксперимент (СТЭ) 7, 12, 28, 52, 128, 289, 302, 310, 315, 327, 328, 334, 337, 339, 342, 344, 347, 349, 352, 354, 355, 356, 358, 360, 363–368, 370, 372, 374–383, 385–397, 400, 402, 404, 418, 435, 490, 516, 519, 526, 540, 545, 547, 557, 572, 604, 643, 644, 645, 653, 676, 677, 687–689, 695–697, 700, 702
Стэнфордский университет 17, 50, 60, 123, 272, 533, 604, 629, 687, 708
 факультет психологии 51, 63, 67, 80, 372, 629, 643
 Экспертный совет по этике 372
Сумасшествие, когнитивно-социальные основы 383, 384

Т

Тагуба, Антонио 496, 523, 554, 555, 557–562
Тагубы отчет 550, 554, 555, 557, 560, 561, 594
Тактики управления сознанием 226, 401
Тафт, Уильям 575
Тенет, Джордж 575, 576, 580, 583, 584, 627, 719
Теория разбитых окон 58, 458, 684
Теренций 335
Террористические акты 392, 443, 505, 534, 615, 617, 694
Террористы-смертники 30, 443, 444, 448, 647, 721
Тикрит 595, 599
Тихая ярость (Quiet Rage), фильм 377, 378, 388, 391, 695, 698
Тихоокеанская высшая школа психологии (Pacific Graduate School of Psychology) 382
Томпсон, Скотт 19
Томпсон, Хью 78–80, 658, 663, 664
Трансформации характера 23, 26, 71, 89, 233, 303, 306, 310, 334, 335, 356, 400, 544, 628, 681, 695
Трансценденция, определение 649, 653
Трофейные фотографии 13, 20, 48, 434, 483, 528, 530–533, 543, 544, 710
Троянская война 37, 650
Турция 38
Тхить Нят Хань 348
Тюремная реформа в США 385, 386
Тюремное заключение, психология 17, 50, 102, 105, 123, 235, 328, 331, 342, 370
 Аттика, штат Нью-Йорк 355, 356
 Вакавилль, штат Калифорния 123
 Гуантанамо (Гитмо), Куба 265, 392, 393, 497, 510, 546, 568, 570, 576, 577, 580, 581, 588, 590–592, 605, 608, 613, 622, 625, 715, 719
 Лонг-Кеш, Белфаст 265, 693
 Сан-Квентин 68, 123, 124, 355, 356, 378, 387, 690
 Фолсом 123
 Форт Ливенуорт, штат Канзас 545
Тюрьмы
 военные 34, 251, 360, 394, 495, 519, 522, 545, 549, 552, 570, 572, 575, 581, 582, 594, 614, 618, 626
 и социальные протесты 55, 77, 356
 исследования 378, 379, 389
 как метафора несвободы 103, 331
 системные злоупотребления 360

У

Уайт, Грегори *387*
Убийства
  в средних школах *30*
  мирных жителей в г. Хадита, Ирак *597, 598*
  мирных жителей в Китае *45, 462*
  мирных жителей в Милай (Сонгми) *463, 542, 663*
Уилкерсон, Лоуренс *619, 620*
Униформа, психологическое влияние *351, 630*
Уоксмен, Генри *616*
Управление морских исследований Министерства обороны США *67, 158, 372*

Ф

Федеральное бюро расследований (ФБР) *426, 510, 624*
Фей, Джордж *523, 563, 713*
Фейнман, Ричард *360, 697*
Фея-Джонса отчет *550, 565–568, 570, 583, 584, 709*
Филипс, Сьюзи *161, 162*
Фиске, Сьюзен *480, 519, 707*
Фишбек, Йен *538, 606–608, 717*
Флинн, Бернард *492*
Формик, Ричард *595*
Франко, Зено *19, 654, 656, 721*
Франкфуртер, Дэвид *26*
Фредерик, Айвен («Чип») *8, 19, 20, 490, 491, 497, 499, 500–502, 504, 505, 507, 508, 512–516, 521, 522, 524, 525, 534, 538–544, 545, 549–552, 556, 566, 569, 575, 584, 604, 608, 626, 627, 631, 689, 708–712, 716*
Фредерик, Марта *8, 497–499*
Фрейд, Анна *326*
Фрейд, Зигмунд *383, 701*
Фромм, Эрих *420, 641*
Фрэзер, Скотт *684*
Фундаментальная ошибка атрибуции *336, 414, 630*

Х

Хаггинс, Марта *441*
Харитос-Фатурос, Мика *441, 675*
Хармен, Сабрина *509, 521, 541, 555, 587*
Хатцфельд, Жан *43*
Хейни, Крейг *17, 50, 64, 66, 79, 103, 137, 151, 215, 216, 219, 238, 272, 305, 316, 332, 343, 379, 688, 693, 698, 707, 721*
Хемингуэй, Эрнест *531*
Хендерсон, Линн *382*
Хенсли, Алан *547, 712*
Херш, Сеймур *542, 553, 554, 581, 707, 710, 713*
Холли, Майкл *540, 549, 712*
Холлингсуорт, Энн *20*
Холмс, Оливер Уэнделл *470*
Холокост *265, 408, 427, 433, 437, 449, 477, 530, 660, 674, 676, 693, 695, 712*
Храбрость, определение *653*
Храм народов, секта *335, 445, 447, 667, 668*
Хубер, Джерри *20*
Хьюз-Халлет, Люси *650, 651, 721*

Ц

Центральное разведывательное управление (ЦРУ) *52, 442, 492, 505, 510, 511, 513, 555, 565, 566, 571, 575, 576–578, 580, 583–587, 593, 594, 606, 608, 612–614, 618, 619, 621, 626, 627, 669, 709, 710, 716, 717, 720, 723*

Ч

Чанг, Айрис *45*
Чейни, Дик *547, 575, 593, 614, 616, 618–620, 627, 718, 719*
Челленджер, космический корабль *360, 697*
Человек-танк (участник восстания на площади Тяньаньмень) *652*
Человеческая природа извращения *364*

позитивные качества *648*
сепарация и слияние *633*
Человеческие потребности
  в принадлежности *365*
  в социальном одобрении *350, 459, 638*
  извращение *365, 400*
  и фрустрация *366*
«Черные пантеры», партия *55, 356*
Чехословакия *611, 662*
Чили *710*
Чирлидеры *149, 161*

Ш

Швейцер, Альберт *655, 660*
Шейер, Майкл *613*
Шейер, Сандра *685*
«Шестерка из Сан-Квентина», судебный процесс *387, 690*
Шестовски, Донна *479*
Шкала F (тестирование личности) *314, 436*
Шкала макиавеллизма (тестирование личности) *315*
Школа
  в Райсвилле, штат Айова *237, 430*
  Джеймса Монро, Бронкс, Нью-Йорк *701*
  Кабберли, Пало-Альто, Калифорния *429, 430*
  «Колумбайн», штат Колорадо *444*
  летняя *69, 79, 102, 123, 171, 218, 245*
  полицейская *441*
Шлезингера отчет *394, 482, 547, 552, 570–573, 589*
Шлезингер, Джеймс *517, 522, 569, 713*
Шмитт, Карл *623*
Шредер, Билл *685*
Шрёдер, Дэвид *474*

Э

Эббезен, Эбб *684*
Эберт, Роджер *395*
Эгоцентризм западной культуры *27, 336*

Эйхман, Адольф *438, 672, 673*
Элиот, Джейн *236, 430, 691*
Эмоции, подавление *355*
Эмпирические методы обучения, последствия *428, 431, 480*
Эпиктет *331, 663*
Эстрада, Мэтт *19*
Этика, в экспериментальных исследованиях *367–372*
Эффект Люцифера *518, 544, 573, 628*
Эффект Пигмалиона *352*
Эшер, Мауриц *22, 23, 680*
Эшкрофт, Джон *575*

Я

Яблонски, Дэн *426*
Язык, манипуляции *361, 365, 418, 464, 467, 598*

A

Amnesty International, правозащитная организация *612, 626, 708*

B

Baghdad Central Confinement Facility (BCCF) *492*

C

Cupiditas, определение *24*

D

Das Experiment, фильм *700*

E

Enron, корпорация *28, 476*

F

Frontline, телесериал *546, 626, 691, 702, 708, 714, 715, 716*

H

Human Rights Watch, правозащитная организация *42, 538, 546, 574, 575, 577, 578, 580, 583, 587, 588, 590, 593, 607, 614, 626, 711, 713, 714, 717*

T

Titan Corporation *505, 510*

W

WorldCom, корпорация *28, 476*

Зимбардо Филип

ЭФФЕКТ ЛЮЦИФЕРА

Почему хорошие люди
превращаются в злодеев

Руководитель проекта *И. Серёгина*
Корректоры *С. Мозалёва, М. Миловидова, Е. Чудинова*
Компьютерная вёрстка *А. Фоминов*
Дизайн обложки *О. Белоус*

Подписано в печать 11.01.2018. Формат 60×90/16.
Бумага офсетная № 1. Печать офсетная.
Объем 46,5 печ. л. Тираж 2000 экз. Заказ № 299.

ООО «Альпина нон-фикшн»
123060, г. Москва
ул. Расплетина, д. 19, офис 2
Тел. +7 (495) 980-5354
www.nonfiction.ru

Знак информационной продукции
(Федеральный закон № 436-ФЗ от 29.12.2010 г.)

16+

Отпечатано с готовых файлов заказчика
в АО «Первая Образцовая типография»,
филиал «УЛЬЯНОВСКИЙ ДОМ ПЕЧАТИ»
432980, г. Ульяновск, ул. Гончарова, 14

Издательство «Альпина нон-фикшн»

Сказать жизни «Да!»
Психолог в концлагере
Виктор Франкл, пер. с нем., 7-е изд., 2016, 239 с.

Эта удивительная книга сделала ее автора одним из величайших духовных учителей человечества в XX веке. В ней философ и психолог Виктор Франкл, прошедший нацистские лагеря смерти, открыл миллионам людей всего мира путь постижения смысла жизни. Дополнительный подарок для читателя настоящего издания — пьеса «Синхронизация в Биркенвальде», в которой выдающийся ученый раскрывает свою философию художественными средствами.

Воспоминания
Виктор Франкл, пер. с нем., 2-е изд., 2016, 196 с.

Жизнь Виктора Франкла, знаменитого психиатра, создателя логотерапии, стала для многих людей во всем мире уроком мудрости и мужества, поводом для вдохновения. В 1945 году он оказался в числе немногих, кто сумел уцелеть в Освенциме. Страшный опыт концлагеря обогатил его профессионально как психотерапевта, и миссией ученого стала помощь людям в поисках смысла жизни. В этой книге Франкл, с присущим ему обаянием скромности, повествует о детстве и юности в Вене, о работе в психиатрической клинике между двумя мировыми войнами, о выживании в концлагере и жизни после войны. Он поясняет свои расхождения с Зигмундом Фрейдом и Альфредом Адлером и уточняет их влияние на логотерапию, приводит множество подробностей о становлении психоанализа и различных его направлений. Автобиография Виктора Франкла — уникальное свидетельство очевидца главных событий и духовных смятений XX века.

По вопросам приобретения этих и других книг обращайтесь по тел. **+7 (495) 120-07-04**
www.nonfiction.ru

Издательство «Альпина нон-фикшн»

Доктор и душа
Логотерапия и экзистенциальный анализ
Виктор Франкл, пер. с нем., 2017, 338 с.

В чем секрет исцеления, когда речь идет о душе человека? В фигуре психотерапевта, в правильно подобранной технике или лекарстве, в желании самого больного? Где проходит грань между медициной и философией в этих сложных вопросах? Эта книга — главный научный труд Виктора Франкла, первый вариант которого он написал еще перед депортацией в концентрационный лагерь. Исследуя концептуальные и эмпирические подходы в психиатрии, Франкл дополняет понимание души понятием духа как ядра личности, которое остается сохранным в любой болезни, показывает роль экзистенциального анализа в лечении душевных расстройств — от неврозов и депрессии до шизофренических психозов. Пациент обращается к психиатру, отчаявшись в поисках цели и смысла жизни. И в этом поиске Франкл видит основное стремление и важнейшую задачу человека, именно на нем строит свой метод (логотерапию), помогающий понять, обрести, вернуть смыслы — смысл жизни, страдания, работы и любви.

Логотерапия и экзистенциальный анализ
Статьи и лекции
Виктор Франкл, пер. с нем., 2016, 344 с.

В основу книги психиатра, психолога, невролога, философа и основателя Третьей Венской школы психотерапии Виктора Франкла вошли 13 написанных им за 60 лет работы статей и лекций о логотерапии — психотерапевтическом методе, в котором делается акцент на поисках человеком смысла бытия. В книге прослеживается зарождение и становление логотерапии, дается ее теоретическое обоснование и приемы практического применения. Помимо этого, сборник чрезвычайно интересен как документ эпохи, как свидетельство выжившего очевидца и участника трагических событий XX века, призванного собственной жизнью и судьбой проверить и подтвердить теоретические положения своих умозаключений. Биография Виктора Франкла, прошедшего ужас нацистских лагерей смерти, служит ярчайшим доказательством его выводов о том, что главной жизненной силой является воля человека к смыслу.

По вопросам приобретения этих и других книг обращайтесь по тел. **+7 (495) 120-07-04**
www.nonfiction.ru

Издательство «Альпина нон-фикшн»

Подчинение авторитету
Научный взгляд на власть и мораль
Стэнли Милгрэм, пер. с англ., 2-е изд., 2017, 282 с.

На что способен пойти добропорядочный гражданин, повинуясь приказу? Размышления о десятках тысяч людей в фашистской Германии, отправлявших на смерть себе подобных, просто выполняя свой долг, натолкнули Стэнли Милгрэма на мысль о провокационном эксперименте. Поведение испытуемых в ходе разных вариаций эксперимента неизменно подтверждало страшные догадки Милгрэма: одни участники испытаний сурово «наказывали» других, не пользуясь своим правом отказаться. Парадокс заключается в том, что такие добродетели, как верность, дисциплина и самопожертвование, которые мы так ценим в человеке, привязывают людей к самым бесчеловечным системам власти. Но со времен нацистских лагерей смерти природа человека не изменилась. Вот почему актуальность концепции, которую со страшной убедительностью подтверждает эксперимент, можно оспаривать, но опасно недооценивать. Знаменитый эксперимент Милгрэма, поначалу вызвавший у многих протест и недоверие, позже был признан одним из самых нравственно значимых исследований в психологии.

Дары несовершенства
Как полюбить себя таким, какой ты есть
Брене Браун, пер. с англ., 4-е изд., 2017, 200 с.

Мы все стыдимся своих недостатков. Стараемся вести себя и выглядеть так, чтобы окружающие не заподозрили нас в уязвимости, в том, что на самом деле мы далеко не так хороши, какими стараемся казаться. Современный человек слишком часто испытывает чувство стыда, и автор книги, знаменитый американский психолог Брене Браун, именно стыд называет эпидемией нашей культуры. Посвятив многие годы изучению историй самых разных людей, она приходит к выводу, что только приняв свои несовершенства, полюбив недостатки и позволив себе быть такими, какие есть, мы сможем жить в полную силу, в гармонии с собой и с миром. Брене Браун предлагает непростой, но неожиданный и смелый путь самоисцеления. Результаты исследований и личный опыт автора легли в основу одной из самых искренних книг по популярной психологии.

По вопросам приобретения этих и других книг обращайтесь по тел. +7 (495) 120-07-04
www.nonfiction.ru

Издательство «Альпина нон-фикшн»

Поток
Психология оптимального переживания

Михай Чиксентмихайи, пер. с англ., 7-е изд., 2017, 461 с.

В своей культовой книге выдающийся ученый Михай Чиксентмихайи представляет совершенно новый подход к теме счастья. Счастье для него сродни вдохновению, а состояние, когда человек полностью поглощен интересным делом, в котором максимально реализует свой потенциал, Чиксентмихайи называет потоком. Автор анализирует это плодотворное состояние на примере представителей самых разных профессий и обнаруживает, что эмоциональный подъем, который испытывают художники, артисты, музыканты, доступен в любом деле. Более того, к нему надо стремиться — и не только в целенаправленной деятельности, но и в отношениях, в дружбе, в любви. На вопрос, как этому научиться, и отвечает книга.

Эволюция личности

Михай Чиксентмихайи, пер. с англ., 4-е изд., 2017, 420 с.

Эта исключительно своевременная книга автора знаменитой теории счастья посвящена судьбам мира. Лишь активное и сознательное участие в эволюционном процессе поможет нам наполнить жизнь смыслом и радостью, считает Михай Чиксентмихайи, самый цитируемый психолог современности. Судьба человечества в следующем тысячелетии зависит от того, какими сегодня станем мы сами. Захотим ли мы ставить перед собой «сложные» задачи, освободиться от влияния «мемов», устаревших моделей поведения и манипулирования нашим сознанием. Объединение усилий множества людей, каждый из которых реализует собственный потенциал, и общественное переосмысление нашего эволюционного наследия позволят обратить силу живительного потока на решение вызовов современности. В этом залог не только выживания нашего вида, но и его подлинного возрождения. Рекомендуется читать всем.

По вопросам приобретения этих и других книг обращайтесь по тел. **+7 (495) 120-07-04**
www.nonfiction.ru